日本反垄断法详解

——逐条解说及案例百选

陈肖盈／译
日本神奈川县律师协会反垄断法研究会／编著

法律出版社
LAW PRESS · CHINA
——北京——

著作权合同登记号
图字：01-2021-4658

目录

前　言

本次，由神奈川县律师协会反垄断法研究会成员共同执笔的《反垄断法及分包法》中与日本《反垄断法》相关的部分，由本人的学生、在华东政法大学执教的陈肖盈翻译并在中国出版发行，本人倍感荣幸。

第二次世界大战前的日本，拥护财阀等垄断组织，并走向帝国主义侵略战争之路，给中国人民造成了巨大的损害和痛苦。战后，驻日盟军总司令部为了避免第二次世界大战前失败的重演，采取了一系列拆分第二次世界大战前构建的垄断经济组织的措施。为了确保这些成果能够永久地保留和发展，日本于 1947 年制定了《反垄断法》，并设立了公平交易委员会作为其执法机关。

日本的《反垄断法》在禁止经营者及经营者团体的私人垄断、不正当限制交易（卡特尔）以及不公平的交易方法的同时，也对可能产生私人垄断或不正当限制竞争影响的企业合并进行事前规制。在本人进入公平交易委员会工作的 1966 年以后，日本开始将《反垄断法》作为应对通货膨胀的有力武器并进行严格执法。

日本的《反垄断法》与以行政处罚为中心的欧盟竞争法以及中国《反垄断法》不同，除行政处罚外还规定了刑事处罚。几十年来，日本一直积极推行《反垄断法》的立法和执法工作：1969 年，对石油总经销商实施的价格卡特尔行为作出刑事告发，最终相关人员被宣判有罪；1977 年，在原排除措施命令的基础上开始执行课征金缴纳命令；2005 年，增设课征金减免制度（宽大制度）；2019 年，对 37 名经营者作出合计 692.7 亿日元的课征金缴纳命令［该数额相当于该年度公平交易委员会年度预算（约 114 亿日元）的 6 倍］。

伴随 2018 年 12 月生效的《跨太平洋伙伴关系协定》的签订，日本对《反垄断法》也进行了系列修订，设立了基于公平交易委员会与经营者的双方合意就《反垄断法》疑似违法行为以自主方式进行解决的承诺机制（确认程序），并在 2019 年的修订中设立了依据经营者的配合程度而对课征金进行减免的协助调查减免制度。其中，协助调查减免制度因是本书在日本出版（2019 年 3 月）后的 2020 年 12 月正式实施的，本书没有对其作出解读。尽管如此，日本《反垄断法》的实体规定并没有变化。

为确保规制市场经济秩序的《反垄断法》得以有效应对市场经济的变化，日本《反垄断法》并没有在条文中对禁止的对象行为作出明确的定义，而是依靠执法机构以及法院不断累积的经验逐步在解释中明晰和确定。本书就是基于公平交易委员会以及法院的判断，对约 300 件案例的主要判例或审决逐条进行介绍，并指出各个案例对实务的指引，以期完整且立体地帮助读者了解拥有 70 多年实施经验的日本《反垄断法》的全貌。因此，本书也是了解日本如何对《反垄断法》进行解释和运用的合宜之选，希望能为中国学者、实务人士等研究日本《反垄断法》提供参考。

铃木 满

2021 年 2 月

原著作者一览表

主　　编

【铃木 满】神奈川县律师协会、泽藤·井泽·阿部律师事务所
桐荫法科大学院客座教授

撰　　写

【铃木 满】神奈川县律师协会、泽藤·井泽·阿部律师事务所
桐荫法科大学院客座教授
（专栏 1 至 5、7）

【清水 规广】神奈川县律师协会、清水·安达律师事务所
（第 3 条，第 7 条之 2 第 1 款、第 5 至 6 款，第 61 至 70 条，专栏 6）

【池田 阳子】神奈川县律师协会、明大昭平律师事务所
（第 74 条，第 77 至 88 条）

【畑中 隆而】神奈川县律师协会、本町律师事务所
（第 22 至 26 条）

【苑田 浩之】神奈川县律师协会、横滨 EAST 律师事务所
（第 2 条第 5 款，第 7 条之 2 第 2 至 4 款）

【 中道 徹 】神奈川县律师协会、律师法人常磐律师事务所
横滨国立大学法科大学院兼职教授
（第 21 条）

【村濑 景子】神奈川县律师协会、M&F 合伙人律师事务所
（第 2 条第 9 款第 4 至 5 项，一般指定第 11 至 14 款，第 20 条之 6）

【田中 康晃】神奈川县律师协会、田中・石原・佐佐木律师事务所
［第 2 条第 3 款，一般指定第 10 款（共著），第 6 条（共著），第 9 条，第 11 条］

【田锅 智之】神奈川县律师协会、M&F 合伙人律师事务所
（第 7 条之 2 第 7 至 13 款、第 17 款，第 8 条第 1 至 4 项，第 8 条之 2，第 8 条之 3，第 70 条之 2 至第 70 条之 4）

【芦田 一宪】神奈川县律师协会、FUJITA 株式会社（执笔时：内田宪宏律师事务所）
（第 45 至 52 条，第 101 至 118 条）

【星原 正明】神奈川县律师协会、星原律师事务所
（第 53 至 60 条，第 89 至 98 条，专栏 8）

【岛津 圭吾】神奈川县律师协会、R&G 横滨律师事务所
［第 2 条第 9 款第 1 至 3 项，一般指定第 1 至 9 款、第 10 款（共著），第 6 条（共著），第 8 条第 5 项（共著），第 19 条，第 20 条（共著），第 71 条］

【根本 雄司】神奈川县律师协会、律师法人大通综合律师事务所
（第 7 条）

【加藤 正太】神奈川县律师协会、泽藤・井泽・阿部律师事务所
［第 1 条，第 2 条第 1 至 2 款、第 4 款、第 6 款，第 8 条第 5 项（共著），企业合并规制，第 10 条，第 13 至 16 条］

凡　　例

1. 本书的编写方法

本书是以如下方式进行编写的：首先在《反垄断法》的各条款中通过“概要”对条款内容进行介绍，其次引入相关违法案例，对案件概要、案件焦点、法院或公平交易委员会的判断进行解读。对于没有相应案例的条款，原则上省去“概要”部分的内容。

2. 关于判决及审决的引用

带引号部分原则上为直接引用判决或审决中表述的内容。对于判决或审决中需要重点强调的部分，笔者通过标注下划线的方式予以突出。对于引用过程中因部分摘引而出现主语不明的部分或新旧法中出现差异的部分，则通过“（笔者注：○○）”的方式进行释明。

3. 案例号的表示

判决的案例号根据案例数据库“D1-Law.com 判例体系”（https://www.dl-law.com）中的判例 ID 以“［ ］”的形式表示。

例：最一小判平成 24・2・20 民集第 66 卷第 2 号第 796 页［28180414］。

法令名简称

简称	全称
反垄断法	关于禁止私人垄断和确保公正交易的法律 ※ 日本亦将该法简称为“独占禁止法”或“独占法”
实施条例	关于禁止私人垄断和确保公正交易的法律的实施条例
赠品表示法	不当赠品类及不当表示防止法
一般指定	不公平的交易方法
1982 年一般指定	不公平的交易方法（1982 年公平交易委员会告示第 15 号） 2009 年公平交易委员会告示第 18 号修订前的内容
1953 年一般指定	不公平的交易方法（1953 年公平交易委员会告示第 11 号）
减免规则	课征金减免报告及资料提交规则
听取意见规则	公平交易委员会听取意见规则
审查规则	公平交易委员会审查规则

续表

简称	全称
法务大臣权限法	有关在涉及国家利害关系的诉讼中法务大臣的权限等的法律
违法规则	关于公平交易委员会违法案件调查的规则
企业合并指南	关于企业合并审查的反垄断法运用指南 （公平交易委员会 2004 年）
行政指导指南	关于行政指导的反垄断法上的思考（公平交易委员会 1994 年）
告发违法调查指南	关于对违反反垄断法行为进行刑事告发以及违法案件调查的公平交易委员会方针（公平交易委员会 2005 年）
经营者团体指南	关于经营者团体活动的反垄断法指南（公平交易委员会 1995 年）
审查程序指南	反垄断法审查程序指南（公平交易委员会 2015 年）
知识产权指南	关于知识产权使用的反垄断法指南（公平交易委员会 2007 年）
农协指南	关于农业协同合作社活动的反垄断法指南(公平交易委员会2007年）
排他型私人垄断指南	关于排他型私人垄断的反垄断法指南（公平交易委员会 2009 年）
不正当廉价销售指南	关于不正当廉价销售的反垄断法思考（公平交易委员会 2009 年）
滥用优势地位指南	关于滥用优势地位的反垄断法思考（公平交易委员会 2010 年）
流通交易惯例指南	关于流通、交易惯例的反垄断法指南（公平交易委员会 1991 年）
垄断状态指南	关于垄断状态的定义规则中业务领域的思考（公平交易委员会 1984 年）

判例、审决出处简称

简称	全称
民集	最高裁判所民事判例集
刑集	最高裁判所刑事判例集
审决集	公平交易委员会审决集
裁判集民	最高裁判所裁判集民集
裁判集刑	最高裁判所裁判集刑集
高裁民集	高等裁判所民事判例集
高裁刑集	高等裁判所刑事判例集
行裁例集	行政事件裁判例集
下级民集	下级裁判所民事裁判例集
下级刑集	下级裁判所刑事裁判例集
刑裁月报	刑事裁判月报
判夕	判例 TIMES
判时	判例时报

续表

简称	全称
金融法务	旬刊金融法务事情
商事法务	旬刊商事法务
金融商事	金融・商事判例
东高民时报	东京高等裁判所判决时报（民事）
平成〇年度企业合并案例	平成〇年度的主要企业合并案例
平成〇年度公取委年度报告	平成〇年度公平交易委员会年度报告

第 1 章

总　　则

第 1 条【目的】

概 要

本条规定了贯彻本法的目的。

《反垄断法》是为维护和促进日本自由经济秩序而制定的有关经济活动的基本法律，通过禁止私人垄断、不正当限制交易、不公平的交易方法，规制经营者团体、规制企业合并等，促进“公平且自由的竞争”，据此“发挥经营者的创造性，繁荣经营活动，提高就业及国民实际收入水平”，并最终实现“确保消费者的利益，促进国民经济民主健康发展”之目的。

因此，本法的直接目的是促进“公平且自由的竞争”，最终目的是“确保消费者的利益，促进国民经济民主健康发展”。

《反垄断法》的目的（第 1 条）如图 1-1 所示：

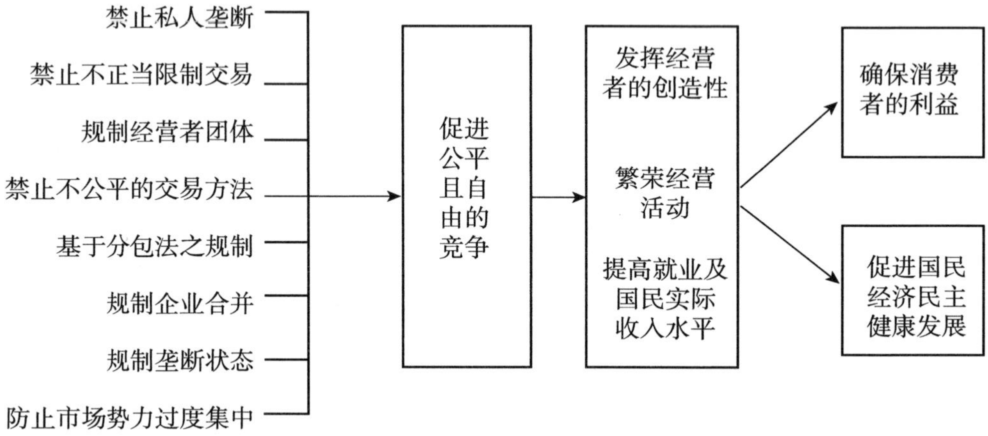

图 1-1 《反垄断法》的目的

本法的最终目的多用于判断是否存在违法阻却事由（公共利益、正当理由等）（参考石油价格卡特尔刑事案）。

石油价格卡特尔刑事案

（最二小判昭和 59・2・24 刑集第 38 卷第 4 号第 1287 页［27801091］）

"鉴于《反垄断法》的立法宗旨、目的及其修订过程，该法第 2 条第 6 款中的'违反公共利益'原则上是指违反该法直接保护的法益即自由竞争的经济秩序，即便已实施的行为在形式上符合前述情形，但前述法益与该行为所保护的法益相比较，在实质上并不违反第 1 条规定的'确保消费者的利益，促进国民经济民主健康发展'这一最终目的的例外情形下，排除适用前述规定的'不正当限制竞争'行为。"

专栏

1

第二次世界大战前的日本经济与《反垄断法》的制定

自明治时代以来日本推行“殖产兴业”和“富国强兵”政策，并拥护财阀、卡特尔等垄断组织。最终导致第二次世界大战结束时四大财阀的实收资本在日本所有企业的实收资本中占比近 1/4（24.5%），金融部门占比甚至达到近 1/2（49.7%）。（见表 1-1）

表 1-1 第二次世界大战结束时四大财阀及旗下公司占据日本所有企业实收资本比例

单位：%

产业类别	三井	三菱	住友	安田	四大财阀合计
金融业	13.9	13.2	5.4	17.2	49.7
重工业	12.7	10.7	8.4	0.7	32.4
轻工业	5.9	1.6	0.6	2.5	10.7
所有产业	9.4	8.3	5.2	1.6	24.5

资料来源：公平交易委员会：《反垄断政策 20 年史》，第 8 页。

注：数值为第二次世界大战结束时四大财阀及旗下公司（761 家）的实收资本额在日本所有企业实收资本额中的占比。表格内所列各财阀占比的数值均为约数，故其数值合计与“四大财阀合计”的比例略有偏差。

上述财阀利润的聚集以及低工资的强推，导致日本国内市场不断紧缩，并逐渐驱使日本走向帝国主义侵略战争之路。

战后，驻日盟军总司令部（GHQ）为了避免第二次世界大战前局势的重演，在拆分第二次世界大战前构建的垄断经济组织的同时，大力推行三大经济民主化政策，希望以此培养如其他民主主义国家一般能够与军阀的政治支配力量相抗衡的组织。即拆分财阀等的产业民主化政策、劳动组织合法化政策以及农地改革政策。

其中,产业民主化政策的推行表现为如下: 1945年11月GHQ发布了《控股公司拆分事宜》，基于此，1946年4月控股整理委员会设立，在该委员会的指导下开始拆分财阀以及排除经济力量，具体而言，在处分83家财阀公司、56家财阀家族股份的同时，在1947年1月开除了245家大型企业约1500名重要员工；此外，在1947年12月制定了《经济力量过度集中排除法》，分别将原垄断企业旧王子制纸拆分为3家公司、旧日本制铁拆分为2家公司、旧大日本麦酒拆分为2家公司、旧东洋制罐拆分为2家公司，以排除市场集中力量。

而为确保上述过渡措施的成果得以持续，1947年4月，日本颁布了《反垄断法》，并在同年7月设立了该法的执行机构——公平交易委员会。

（铃木　满）

第2条第1款【经营者】

概　要

本款对本法的规制对象“经营者”作出了界定。

《反垄断法》的规制对象“经营者”是指以反复且持续地提供有价商品或服务为业而从事经济活动的主体，除企业外，还包括国家、地方公共团体以及医生或律师等资格从业人员。

关于“从事……业务”的解释，“都营芝浦屠宰场案”（案例1）中指出“业务是指对某些经济利益的供给反复且持续地进行反向给付的经济活动，且无论主体的法律属性为何”，并判定地方公共团体所经营的屠宰场属于《反垄断法》所规制的经营者。而在同年的“有奖贺年明信片案”（案例2）中，生产制造贺年明信片的国家（当时的邮政省）也被认定为经营者。

在医疗服务是否属于《反垄断法》适用对象的问题上曾有过争议的"观音寺市三丰郡医师会案"（案例3）指出"医疗领域所提供的医疗服务的内容、品质往往会受到竞争的影响，有必要通过公平且自由的竞争保障需求者的利益、促进医疗服务的健康发展，因此医疗服务的提供也应当属于《反垄断法》的适用对象"，将向需求者有价提供医疗服务的私人医生认定为《反垄断法》的规制对象。

而"日本建筑师协会案"（案例4）也认定向需求者提供有价建筑设计监督管理服务的建筑师事务所为经营者。

此外，"滋贺县药剂师协会案"（案例5）认定受雇于药妆店等特定医药品销售者的管理药剂师属于为获得经营者利益而从事业务的经营者。

案例1　都营芝浦屠宰场案

（最一小判平成元・12・14民集第43卷第12号第2078页、审决集第36卷第570页［27805326］）

1. 案情概要

在东京都内经营民营屠宰场的原告指出，尽管东京都经营的芝浦屠宰场的屠宰费用获得了东京都知事的认可，但是自1965年起该价格一直远低于成本价，相关行为构成《反垄断法》所禁止的不正当廉价销售行为，违反该法规定，并以因该不法行为遭受损失为由提起了损害赔偿诉讼。

2. 案件焦点

作为公营企业的芝浦屠宰场是否属于《反垄断法》上的经营者。

3. 法院的判断

"《反垄断法》第2条第1款规定的经营者是指，从事商业、工业、金融业及其他业务者，这里的业务是指对某些经济利益的供给反复且持续地进行反向给付的经济活动，且无论主体的法律属性为何。因此，只要不存在法律适用除外的情形，地方公共团体作为经济活动的主体应当被认为属于经营者。”

4. 注意事项

应注意，地方自治体直营的事业单位也适用《反垄断法》。

案例 2　有奖贺年明信片案

（大阪高判平成 6・10・14 讼务月报第 42 卷第 1 号第 1 页［27828782］）

1. 案情概要

从事私制明信片生产销售的原告指出，国家以 43 日元的价格销售印有抽奖编号且附带捐款的明信片的行为属于《反垄断法》所禁止的不当廉价销售行为，以因上述行为遭受损失为由提起了损害赔偿诉讼。

2. 案件焦点

国家发行邮政明信片的行为是否适用《反垄断法》。

3. 法院的判断

“邮政是由国家经营的业务，并由邮政大臣负责管理（《邮政法》第 2 条），‘任何人不得以邮政为业以及在国家从事的邮政业务之外从事邮政业务’（《邮政法》第 5 条），同时，‘邮政大臣负责邮票以及其他印有邮费的凭证的发行，并由邮政省及其他法律规定的主体进行销售’（《邮政法》第 33 条第 1 款）。因此，印有邮费金额的邮政明信片（官制明信片）也可被视为‘邮票以及其他印有邮费的凭证’，对此的发行和销售依法由国家垄断。

然而《邮政法》在第 22 条第 3 款规定邮政明信片由邮政大臣发行的同时，还在其但书中规定，一般明信片以及往返明信片作为第二类邮件，允许私人按照指定的规格和样式制造。从《邮政法》的诸项规定来看，国家垄断的邮政业务是指书信和其他指定物件的邮递以及相关邮票类产品的发行和销售，而邮政明信片的发行和销售尽管与邮政业务相关联，但并不被包含在邮政业务之列，不属于国家垄断。因此，仅是有关邮政明信片的发行和销售，作为被控诉人的国家也被视为业务主体，属于《反垄断法》上的经营者，与作为控诉人的从事私制邮政明信片生产和销售的经营者之间存在竞争关系。

尽管如此，根据《邮政规则》第12条的规定，《邮政法》第22条第3款所规定的邮政大臣发行的邮政明信片是指在明信片左上角印有邮费的明信片（第1款第4项），而印有邮费的明信片又属于《邮政法》第23条所规定的‘邮票以及其他印有邮费的凭证’，这一凭证只能由邮政大臣发行，由邮政省及其他法律规定的主体进行销售（《邮政法》第23条第1款），因此，印有邮费的邮政明信片（官制明信片）必然仅能由邮政大臣发行，由邮政省及其他指定主体进行销售。因此，在这类邮政明信片的发行和销售方面，国家与制造和销售私制明信片的经营者之间又不存在竞争。

但是，《邮政法》第22条第3款只是对邮政大臣发行普通邮政明信片的规定，并未规定其只能发行印有邮费的明信片，而仅有作为省令的《邮政规则》的规定将印有邮费的明信片等同于前述凭证，并且，从需求者的角度来看，印有邮费的明信片与不印有邮费的明信片之间并无实质差别，两者可被视为同类商品。据此，虽说印有邮费的明信片仅能由邮政大臣发行而不允许私人印制，但是并不意味着作为被控诉人的国家不是发行和销售邮政明信片的经营者、其与制造和销售邮政明信片的控诉人之间不存在竞争关系。

综上，本案认定贺年明信片的发行和销售适用《反垄断法》的规定。”

4. 注意事项

法院从如属于法律规定的由国家垄断的业务则不属于第2条第1款中关于“业务”的立场出发，认可了邮政省（当时）和销售商之间的竞争关系，并论证其并非垄断业务。

案例 3　观音寺市三丰郡医师会案

（东京高判平成 13·2·16 审决集第 47 卷第 545 页、判时第 1740 号第 13 页[28060844]）
（参考案例 115）

1. 案情概要

由于观音寺市三丰郡医师会通过限制医疗机构的开设进而限制经营者的数量，并通过限制会员追加医疗机构的诊疗科目和增加病床等不正当地限制了成员经营者的功能和活动，公平交易委员会对其作出审决。观音寺市三丰郡医师会对此不服并向东京高等法院提起了审决取消诉讼。本案中医师会提起上告但最终被驳回。

2. 案件焦点

医疗服务是否适用《反垄断法》。

3. 法院的判断

“不可否认，医疗领域具有原告所主张的特殊性。然而，尽管价格竞争在非营利性医疗服务领域无法发挥作用，但是由于不同医生开出的治疗方案和配方不同产生的治疗费用存在差异，且医疗机构从医人员的专业能力、设备水平等也存在差异，在医疗领域，竞争原理在所提供的医疗内容、品质方面仍然发挥作用，有必要通过公平且自由的竞争确保需求者的利益得到保护，促进医疗服务的健康发展。鉴于此，医疗服务的提供也属于《反垄断法》的规制对象。此外，根据 1985 年修订的《医疗法》，都道府县负责制定本都道府县保障医疗服务提供体制的计划（以下简称医疗计划），并在医疗计划中明确确保地域范围内医院病床齐备的医疗区域、需求床位数等（在 1997 年修订的《医疗法》中，将诊所中疗养型病患所需的病床数也纳入医疗计划中）。正如原告所主张的，该医疗计划是通过抑制医院病床数量的无序增加来纠正医疗资源在地区间的不均、确保相关医疗机构间的功能协作，但也因此在一定范围内限制了自由竞争，且要实现医疗计划的关键还需获得当地医师会等的理解和协助。但是，既然是《反垄断法》所追求的自由竞争的例外，对于医疗服务提供的限制只是顺应《医疗法》‘保障医疗提供体制、维系国民健康’之目的，其手段也仅限于《医疗法》所认可的范围。”

4. 注意事项

本案争论的焦点在于《反垄断法》能否适用于医疗服务领域，而判决最终认定竞争原理在医疗领域也同样发挥功效，因此认定适用《反垄断法》。

案例 4　日本建筑师协会案

（公取委审判审决昭和 54・9・19 审决集第 26 卷第 25 页）

本案审决指出，在以建筑师事务所作为正式会员组成的日本建筑师协会实施的决定建筑设计监督管理业务的报酬标准之行为中，建筑师事务所属于经营者，日本建筑师协会属于经营者团体。

案例 5　滋贺县药剂师协会案

（公取委排除措施命令平成 19・6・18 审决集第 54 卷第 474 页）

本案审决指出，（1）属于会员管理药剂师、作为个人业务创办销售药品的药店的经营者等；（2）由会员管理药剂师担任代表或董事的药店创办者等；（3）雇佣会员管理药剂师的法人药店创办者等；（4）雇佣会员管理药剂师的个人药店创办者等，属于《反垄断法》上的经营者。

第 2 条第 2 款【经营者团体】

概 要

本款规定了本法所界定的“经营者团体”。

经营者团体是指“以增进经营者共同利益为主要目的的两个以上经营者的结合体或联合体”，包括社团法人、财团法人、合作社等。

“经营者共同利益”是指，成员经营者直接或间接贡献的经济活动上的利益，可以是经营者各自的具体利益，也可以是行业的整体利益。

“主要目的”是指，多个目的中最主要的目的，不限于章程、规章中规定的目的，而根据活动内容等进行实质判断。

“两个以上经营者的结合体”中的“经营者”，不仅包含经营主体，也包含为实现其利益而进行活动的董事、员工和代理人。律师等自由职业主体在从事经济活动业务的情形下也属于经营者，作为其结合体的律师协会则属于经营者团体。

但是，即便是由两个以上经营者组成的结合体或联合体，“以经营营利性业务作为主要目的，且仍在经营该业务”的，不属于经营者团体而属于经营者。

从现有案例来看，“经营者团体”一般具备如下几个要件：（1）有章程、规章等，（2）有代表人，（3）有意思决定机构，（4）有事务所，但是，也有案件在认定“经营者团体”时并不要求充分具备上述要件。尽管如此，自日本设立课征金制度以来，更多被认定属于经营者团体实施的不正当限制交易行为的案件适用的是第 3 条后半段的规定而非第 8 条第 1 项的规定［例如，在北海道上川支厅农业土木工程串通投标案（公取委劝告审决平成 12・6・16 审决集第 47 卷第 273 页）中，由约 300 家经营者组成的经营者团体实施了串通通标行为，但最终适用第 3 条后半段而非第 8 条第 1 项的规定］。

在名古屋游艺场防止犯罪合作社案（案例 6）中，就拥有防止犯罪这一公共目的的游艺场防止犯罪合作社是否属于经营者团体的问题曾出现争议。尽管该合作社拥有防止犯罪这一公共目的，但是根据合作社成员“贡献营业利益”的实际情形最终认定该合作社属于经营者团体。

案例 6　名古屋游艺场防止犯罪合作社案

（名古屋地判平成 9・7・9 审决集第 45 卷第 510 页［28140087］）

1. 案情概要

经营游艺场的 WESTERN 株式会社（以下简称 WESTERN）由于违反了名古屋游艺场防止犯罪合作社团体交易协议中要求的只能从爱产商会购买与现金交换用的老虎机赠品（以下简称特殊赠品）的规定，被该合作社除名。而成为名古屋游艺场防止犯罪合作社的成员，可以享受购买老虎机新机时警察检查从简之便。就此，WESTERN 提起了请求确认除名决定无效的诉讼。

此外，原告还提起控诉，但最终被驳回。

2. 案件焦点

游艺场防止犯罪合作社是否属于《反垄断法》上的经营者团体。

3. 法院的判断

“要成为《反垄断法》上的经营者团体，该团体应当具有增进经营者利益之目的。所谓经营者利益，除了团体内成员经营者的个别的、具体的利益外，还包含对团体一般的、抽象的利益间接贡献的利益。基于此，即便该团体以实现公共目的为目的，也不可因此就直接认定该团体不属于经营者团体，只有在该团体有利于成员经营者的利益提高时，才可以称其为以经营者的利益提高为目的，并认定其属于经营者团体。

被告实施行为之目的，是通过与中区防止犯罪联合协议会的密切联络，普及游艺场相关犯罪防范思想、促进行业的发展以及合作社成员的经济发展，该协会实际上也确实通过传达警察指示的事项等将保持与警察的密切联系以及阻止黑社会对游艺场的介入等防止游艺场上的犯罪发生作为目的开展活动。上述目的的实现与游艺场经营者的经营活动紧密关联。事实上，被告与爱产商会签订本案团体交易协议，通过被告合作社规章……要求被告合作社成员采购特殊赠品时仅能向爱产商会购买。前述目的虽说拥有防止犯罪这一公共目的，但从实际情形来看也可以说是致力于提高被告成员经营者之利益。

综上认为被告属于《反垄断法》第2条第2款第1项的经营者团体。”

4. 注意事项

本案判决指出，“经营者利益”除了“团体内成员经营者的个别的、具体的利益外，还包含对团体一般的、抽象的利益间接贡献的利益”，在此基础上指出本案合作社的行为虽然拥有防止犯罪这一公共目的，但从事实上也“致力于提高被告成员经营者之利益”，进而认定该合作社属于“经营者团体”。

第2条第3款【董事】

概 要

本款规定了本法所界定的“董事”。

《反垄断法》中“董事”的概念比《公司法》第329条第1款中“董事”的概念更广，根据是否实际参与公司经营进行判断。具体而言，包括株式会社、相互公司[①]的董事、监事，合伙公司、合资公司、合营公司的业务执行人员，《公司法》上的经理(《公司法》第10条)，在《公司法》上拥有与经理同等权限的公司雇员(例

① 即相互保险公司，以职员的相互保险为目的而设立的社团法人。

如，总部总经理分店长、营业总部部长等）［《企业合并指南》第 1 的 2（1）］。

“与此相当的人”不是指董事、监事等，而是以商谈人员、顾问、参与者等名义通过出席董事会等实际参与公司经营的人。部长、课长、组长、主任等人员属于员工而非董事［《企业合并指南》第 1 的 2（1）］。

《反垄断法》上涉及“董事”的规定，包括不公平的交易方法（第 2 条第 9 款第 6 项第 6 目、一般指定第 13~15 款）、经营者团体规制（第 2 条第 1 款后半段、第 8 条之 2 第 3 款、第 8 条之 3、第 95 条之 3）、企业合并规则（第 13 条、第 17 条之 2 第 2 款）。

其中，企业合并规则中的董事兼任（第 13 条）是指，某一公司的董事或员工兼任其他公司董事的行为。由于公司董事参与公司的意思决定、执行公司业务，可能通过董事兼任形成限制两公司间竞争的意思决定，因此，第 13 条的规定禁止可能实质性限制竞争的董事兼任行为。

但是，由于仅通过董事兼任而未进行资本结合往往很难形成稳定的合并关系，适用第 13 条规定的案件仅有广岛电铁案（案例 7）。

此外，公司的董事或员工在办理完离职手续后到其他公司任职董事的，不适用董事兼任规则［《企业合并指南》第 1 的 2（1）］。

案例 7　广岛电铁案

（公取委同意审决昭和 48·7·17 审决集第 20 卷第 62 页）

广岛电铁株式会社取得广岛巴士株式会社 85% 的股份，并有 2 名董事和 1 名员工兼任广岛巴士株式会社的董事、1 名董事兼任广岛巴士株式会社的监事。

公平交易委员会指出，“广岛电铁株式会社取得广岛巴士株式会社的股权，并由被审人一（广岛电铁株式会社代表董事）、被审人二（广岛电铁株式会社董事）、被审人三（广岛电铁株式会社员工）兼任广岛电铁株式会社董事（或员工）和广岛巴士株式会社董事的行为，均可能对广岛市主要区域的轨道以及公共巴士的客运市场竞争造成实质性限制，认定广岛电铁株式会社违反《反垄断法》第 10 条第 1 款前半段、被审人一（广岛电铁株式会社代表董事）、被审人二（广岛电铁株式会社董事）、被审人三（广岛电铁株式会社员工）分别违反《反垄断法》第 13 条第 1 款的规定”，判定会实质性限制客运市场（地域市场为广岛市全域）的竞争，构成违反第 13 条规定的董事兼任。

第 2 条第 4 款【竞争】

概 要

本款规定了“竞争”的概念。

《反垄断法》是以促进“公平且自由的竞争”为目的、对限制或阻碍“竞争”的行为和状态进行规制的法律，竞争的概念也是《反垄断法》中最为重要的概念。

本款分别在第 1 项和第 2 项中对“卖方竞争”和“买方竞争”作出了规定。

第 2 条第 5 款【私人垄断】

概 要

本款规定了第 3 条禁止的“私人垄断”的概念。

1. 私人垄断

私人垄断与不正当交易、不公平的交易方法，共同构成了《反垄断法》的三大禁止行为。如图 1-2 所示，私人垄断是通过不公平的交易方法以及股权持有等方式，排除或支配其他经营者的经营活动，进而维持和强化市场支配力的行为。

2. 私人垄断的成立要件

根据第2条第5款的规定，可以分为：第一，“单独、与其他经营者合并或共谋、或采取其他任何方式，排除或支配其他经营者的经营活动”（行为要件）；第二，“在一定的交易领域实质性限制竞争”（效果要件）；第三，“违反公共利益”（违法阻却要件）3个要件。其中，如果满足行为要件和效果要件则在形式上构成私人垄断，但是如果满足违法阻却要件则不构成私人垄断（如图1-2所示）。以下将分别对上述3个要件进行解释。

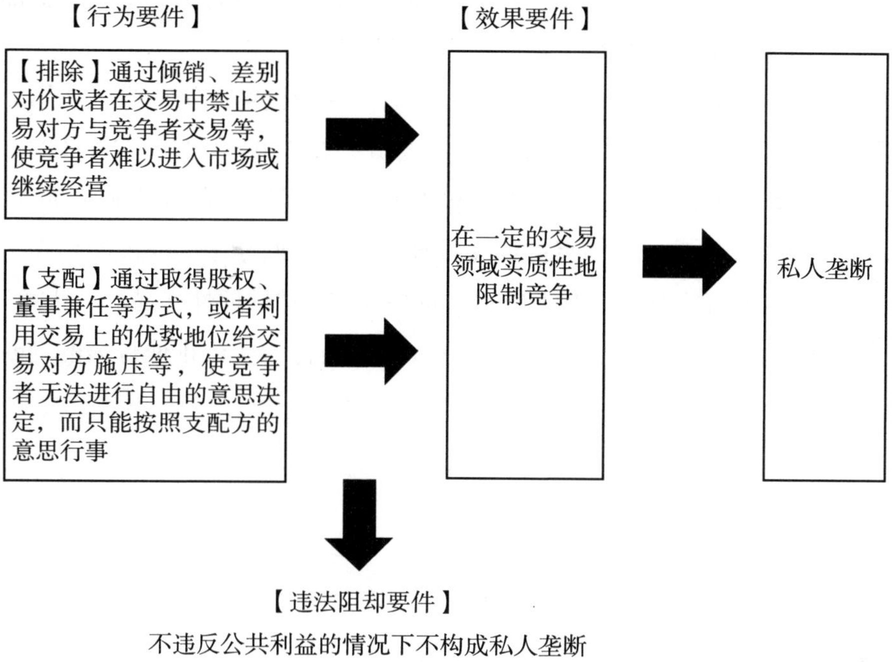

图1-2　私人垄断

（1）行为要件

①单独、与其他经营者合并或共谋、或采取其他任何方式，排除或支配其他经营者的经营活动

既可以是单个经营者实施的行为，也可以是多个经营者实施的行为，且在方

法上没有限制。

②排除其他经营者的经营活动（排他型垄断）

“排除其他经营者的经营活动” 的行为（排他行为）是指，通过倾销、差别对价或者在交易中禁止交易对象与竞争者交易等，使竞争者难以进入市场或难以继续经营。

在东日本电信电话案（案例18）中，最高法院判决针对排他行为分析指出，“本案行为是通过单独或单方面拒绝交易甚至廉价销售的方式形成、维持甚至强化自身的市场支配力，以人为的方式脱离正常竞争手段范围的行为，应当根据能否造成竞争者难以进入 FTTH 服务市场的效果进行判断” 。

在 2009 年《反垄断法》的修订中，排他型垄断被纳入第 7 条之 2 第 4 款规定的课征金的适用对象。同时，公平交易委员会在 2009 年 10 月 28 日颁布了以“为明确排他型垄断的构成要件，确保透明执法，提高经营者的可预见性”（《排他型私人垄断指南》序 1）为目的的《排他型私人垄断指南》。该指南在第 2 条 1（2）中，将排他行为分为“低于成本的价格设定”“排他性交易”“搭售”“拒绝交易或歧视性交易” 4 个类型，并分别针对各类行为构成排他行为的判断因素作出了规定。

案例 8　雪印乳业与农林中金案

（公取委审判审决昭和 31・7・28 审决集第 8 卷第 12 页）（参照案例 128）

1. 案情概要

在北海道的牛奶采集市场占有约 80% 市场份额的雪印乳业以及北海道黄油，在获得北海道唯一一家为乳畜业农民及单位农协提供奶牛引入资金融资服务的农林中金以及负责其窗口业务和担保业务的北海道信用农业协同工会联合会（以下简称北信连）的同意后，将奶牛引入资金融资的服务对象限定为仅向雪印乳业以及北海道黄油提供生乳的乳畜业农民及单位农协。

2. 案件焦点

上述行为是否构成排他行为。

3. 公平交易委员会的判断

上述行为排除了作为竞争者的乳业生产商的牛奶采集活动，属于排他行为。

4. 注意事项

本案涉及试图垄断北海道生乳交易这一原料采购市场的行为。

雪印乳业以及北海道黄油在牛奶采集特别是牛奶定价上经常采取一致行动，在牛奶的采集量上，雪印乳业约占北海道生产总量的50%，北海道黄油占比超20%，二者合计占比约80%。两家公司在获得农林中金以及北信连的完全同意后实施了上述行为。

农林中金以及北信连也因在交易中附加约束性条件成为排除措施命令的对象。

案例9　东洋制罐案

（公取委劝告审决昭和47·9·18审决集第19卷第87页）

1. 案情概要

本案中，东洋制罐发出通告，拒绝向计划进行罐头自生产的罐头厂商提供特殊罐容器，致使上述罐头厂商只能放弃生产。具体而言，东洋制罐停止向进行罐头自生产的罐头厂商提供罐头厂商无法自行生产的食用罐头容器的行为，阻碍了罐头厂商的罐头生产，构成排他行为。此外，东洋制罐还通过取得竞争对手北海制罐多数股份、向北海制罐派遣董事等方式限制北海制罐在本州建设工厂等，支配其经营活动（支配行为），上述行为也被认定违反《反垄断法》（参照案例22）。

2. 注意事项

在日本，食品罐头容器主要是由包括东洋制罐在内的13家制造商供应。而在本案行为发生后，东洋制罐的供应量在这13家制造商的总供应量中占比达到约56%（第2位制造商的占比约23%）。此外，在罐头厂商对东洋制罐具有较高依赖度的背景下，东洋制罐利用其在日本食品罐头交易市场上的优势地位阻碍了罐头自生产这一新型的市场进入方式。

案例10　日本医疗食品协会案

（公取委劝告审决平成8·5·8审决集第43卷第209页）

1. 案情概要

日本医疗食品协会与一级批发商日清医疗食品共谋实施了医用食品登记制度、制造工厂认定制度以及销售商认定制度，二者的上述行为被认定排除了试图进行医用食品制造以及销售的经营者的经营活动，构成排他行为。

此外，日本医疗食品协会还和日清医疗食品一起与一级批发商NACX签订协议和备忘录，约定NACX在与日清医疗食品不互相竞争的地区以与日清医疗食品相同的价格销售商品，支配NACX及其二级批发商的经营活动。上述行为被认定构成“支配行为”、违反《反垄断法》（参照案例23）。

2. 注意事项

本案是厚生省（当时）外围团体的厚生大臣（当时）指定的、作为医用食品检查机关的日本医疗食品协会在医用食品领域与具有垄断供给体制的日清医疗食品共谋垄断日本医用食品制造销售市场的案件。

本案发生后，当时的厚生大臣下令解散了日本医疗食品协会。

案例 11　老虎机专利池案

（公取委劝告审决平成 9·8·6 审决集第 44 卷第 238 页）

1. 案情概要

日本国内的老虎机主要由 10 家老虎机制造商供应。上述 10 家老虎机制造商及其共同设立的日本游艺机专利运营联盟通过集聚该联盟管理运营的专利等的实施许可协议的方式强化市场进入壁垒，同时不允许希望进入市场的经营者使用上述专利。上述行为被认为排除了新的市场进入者，构成排他行为。

2. 注意事项

本案中的 10 家老虎机制造商负责日本国内绝大部分老虎机的供应，并拥有与老虎机制造相关的多数专利。上述专利授权许可等的相关业务主要是委托日本游艺机专利运营联盟负责实际运营管理。在此背景下，本案行为被视为在日本老虎机制造领域封锁专利池之行为，违反《反垄断法》。

此外，还可以同时参考《反垄断法》第 21 条有关知识产权的解说。

案例 12　八乐梦案

（公取委劝告审决平成 10·3·31 审决集第 44 卷第 362 页）

1. 案情概要

在特定医疗用床的招投标活动中，八乐梦指使都立医院的招标负责人基于八乐梦所拥有的工业产权构造的规格要求制作规格书，致使仅有八乐梦的产品能够达到规格书要求。同时，八乐梦还指使都立医院的招标负责人在招标活动的现场说明会上表明将向八乐梦采购之意，从实质上排除了竞争者的投标（排他行为）。此外，八乐梦还指示参与投标活动的销售商制定投标价格，支配上述销售商的经营活动（支配行为），此行为也被认定违反《反垄断法》（参照案例 24）。

2. 注意事项

本案行为是在东京都财务局的特定医疗用床采购交易中，被诉人利用官方采购负责人的无知制作有利于自己的规格书等的行为，构成利用公共机关的权力实施的从公共投标活动中成功排挤竞争者的私人垄断行为。

案例 13　NORDION 案

（公取委劝告审决平成 10・9・3 审决集第 45 卷第 148 页）

1. 案情概要

位于加拿大的 NORDION 在销售放射性医药原料钼 99 的过程中，与日本两家公司（日本该原料的全部需求方）分别签订排他性采购协议，约定在 1996~1998 年需要的所有钼 99 均只能从 NORDION 处购买。NORDION 的上述行为排挤了竞争者的市场进入，被认定为排他行为。

2. 注意事项

NORDION 的产量在全球钼 99 市场占比过半，且销量占比也较大。NORDION 要求日本钼 99 的所有需求者（2 家）均仅能从其下采购所需的钼 99 之行为，排挤了日本钼 99 交易市场竞争者（主要竞争者来自比利时）的市场进入。

案例 14　北海道新闻社案

（公取委同意审决平成 12・2・28 审决集第 46 卷第 144 页）

1. 案情概要

北海道新闻社是北海道实力雄厚的报社，其在得知函馆新闻社有意在函馆地区发行报纸的计划后，实施了：（1）事先注册函馆新闻社可能使用的商标；(2) 向通信社施压禁止通信社向函馆新闻社发送新闻；(3) 降低函馆地区的广告价格等行为。上述行为因限制了函馆新闻社的市场进入，被认定构成排他行为。

2. 注意事项

本案行为发生时，北海道新闻社发行一般日报的晨报在北海道地区的发行数在该区域的发行总数占比过半，其中，在函馆地区的发行数在该地区总发行数中占据较大比例，而晚报在函馆地区的发行数在该地区总发行数中也同样占据较大比例。本案就是在此背景下发生的，北海道新闻社企图在函馆地区这一较小地域市场的一般日报发行市场实施私人垄断行为，性质恶劣，最终被认定为排他行为。

案例 15　有线 BROAD-NETWORKS 案

（公取委劝告审决平成 16・10・13 审决集第 51 卷第 518 页）

1. 案情概要

有线 BROAD-NETWORKS 接连推出仅面向其竞争对手 CANSYSTEM 的客户的转换协议系列优惠，包括每月低于 3675 日元的无线费用以及包含安装调谐器当月在内的 3 个月以上无线费用的免费服务等。有线 BROAD-NETWORKS 的上述行为集中抢夺了 CANSYSTEM 的客户，被认定为排他行为。

2. 注意事项

有线 BROAD-NETWORKS 在日本商用音乐播放服务的签约数占比原本就达到约 68%。在占据日本商用音乐播放交易市场如此高的市场份额的背景下，有线 BROAD-NETWORKS 通过实施上述抢夺竞争对手客户的行为将市场份额进一步提升至约 72%。

案例 16　英特尔案

（公取委劝告审决平成 17・4・13 审决集第 52 卷第 341 页）

1. 案情概要

英特尔与日本国内电脑厂商中的 5 家就其生产销售的搭载于电脑的 CPU 达成约定，厂商如能满足下列要求之一，英特尔将向其提供英特尔产 CPU 的回扣以及资金补助，包括（1）使用英特尔产 CPU 的数量应在所使用 CPU 的总数中占比(MSS)达 100%,不使用英特尔产 CPU 以外的 CPU(竞争者的 CPU）；（2）确保 MSS 占比达到 90%，且其他竞争者产的 CPU 占比不得超过 10%；（3）对于产量相对较多且属于不同商品群可搭载于所有电脑的 CPU，不得使用其他竞争者的产品。英特尔的上述行为，被认定为排他行为。而在英特尔实施上述行为后，其在电脑 CPU 市场的市场份额达到约 89%。

2. 注意事项

本案是在日本 CPU 销售市场占据较高市场份额的英特尔以向日本国内电脑厂商提供回扣以及资金补助为条件要求电脑厂商不得使用竞争对手生产的 CPU。上述行为被认定为在面向日本国内电脑厂商的 CPU 销售市场上的排他型垄断行为。

案例 17　NIPRO 案

（公取委审判审决平成 18・6・5 审决集第 53 卷第 195 页）

1. 案情概要

从事医疗器具生产销售的 NIPRO 以其安瓿用玻璃管的销售商 NAIGAI 集团销售进口安瓿用玻璃管为由，对 NAIGAI 集团以及从 NAIGAI 集团购买玻璃管进行安瓿加工销售的内外硝子工业采取了提高销售价格、缩短票据期限、附加全面取消特别折扣等不利的交易条件、要求拒绝接受与进口玻璃管同类产品的订货等行为。

在日本，安瓿用玻璃管的生产商仅有日本电气硝子一家企业，将日本电气硝子的产品批发给安瓿加工商的代理店也仅有两家，分别是西日本地区的 NIPRO 和东日本地区的前田硝子。

2. 案件焦点

上述行为是否构成排他行为。

3. 公平交易委员会的判断

NIPRO 的上述行为“是为实现对 NAIGAI 集团继续或扩大销售进口玻璃管的牵制并对其实施制裁之目的而采取的连贯行为”。

“被审人（笔者注：NIPRO，下同）尽管未能实现其目的，但不能因此否认其行为构成《反垄断法》第 2 条第 5 款所规定的行为。”

“在西日本地区玻璃管供应市场占据市场支配地位（在对作为需求者的安瓿加工商而言必须采购日本电气硝子产的玻璃管的市场上占据该玻璃管供应的垄断地位）的被审人，以限制 NAIGAI 集团进口玻璃管为目的限制 NAIGAI 集团玻璃管进口及相关的经营活动，同时，还促使其他安瓿加工商缩小进口玻璃管的业务，进而大概率地排除了被审人的竞争对手的经营活动。其行为属于《反垄断法》第 2 条第 5 款所规定的‘排除其他经营者的经营活动’之行为。”

4. 注意事项

鉴于 NIPRO 的上述行为在公平交易委员会作出排除措施命令时已经停止，且出现了因安瓿塑料化的发展致使相关市场大幅缩小、NAIGAI 集团进口量逐渐扩大等市场变化，最终认定本案行为未达到“认为有必要”（旧法第 54 条第 2 款）的情形而未下达排除措施命令，然而根据公平交易委员会的上述判断，即便 NIPRO 的目的从结果上未能实现但并不意味着其不构成排他行为。

本案中，在西日本地区玻璃管供应市场垄断销售国内产品的批发商NIPRO（本案行为开始时在西日本地区的市场份额已经超过 90%）实施的拒绝交易等行为被认定为“排他型垄断”，这是依据其在市场上的地位才得以实施的行为，在结果上导致 NAIGAI 集团的经营活动以及国外生产玻璃管的竞争者的经营活动受到限制。

案例 18　东日本电信电话案

（最二小判平成 22・12・17 民集第 64 卷第 8 号第 2067 页［28163513］）

1. 案情概要

以东日本地区为业务范围的电信经营者东日本电信电话（以下简称NTT 东日本）在 2002 年 6 月 1 日至 2004 年 3 月 31 日向拥有光纤设备的独栋住宅推广由 NTT 东日本自行提供的通信服务（以下简称 FTTH 服务）的新类型——新家庭型 FTTH 服务时，为让用户使用 NTT 东日本的FTTH 服务，将向用户收取的服务费（以下简称用户费用）设定在比 NTT东日本向其他电信商收取的连接费用更低的金额。

公平交易委员会以 NTT 东日本的上述行为构成第 2 条第 5 款所规定的排他型私人垄断行为为由，对其作出审决认定其违反第 3 条规定。对此，NTT 东日本提起了请求取消上述审决的诉讼。

此外，鉴于本案行为在公平交易委员会发布排除措施命令时已经停止且市场状况发生改变，审决最终认定本案行为未达到“认为有必要”（旧法第 54 条第 2 款）的情形而未要求采取排除措施。

2. 案件焦点

上述行为从 NTT 东日本自身市场支配力的形成、维持甚至强化来看是否具有脱离正常竞争手段范围的人为性，是否会对 FTTH 服务市场竞争对手的市场进入带来明显障碍。

3. 法院的判断

“对本案行为是否构成《反垄断法》第2条第5款所指的‘排除其他经营者的经营活动’行为（以下简称排他行为）的判断，应当根据本案单独以及单边拒绝交易甚至廉价销售行为的实施从NTT东日本自身市场支配力的形成、维持甚至强化来看是否具有脱离正常竞争手段范围的人为性以及是否会对FTTH服务市场竞争对手的市场进入带来明显障碍进行分析。”

“对于这个问题，具体应当从竞争对手（是指FTTH服务市场竞争者，也包含潜在竞争者，下同）在光纤连接设备市场上找到替代上告人（笔者注：NTT东日本，下同）的连接对象的难易程度、上告人和竞争对手在FTTH服务市场上的地位和竞争条件的差异以及本案行为的持续时间等要素进行综合考量。”

“新家庭型FTTH服务在实质上与采用芯线直连方式提供服务的基础型FTTH服务并无区别，但是新家庭型的用户费用却低于NTT东日本向其他电信商收取的芯线直连型的连接费用。因此，连接NTT东日本光纤连接设备的通信商无论如何有效地运营FTTH服务业务，将芯线直连型FTTH服务的用户费用设定在新家庭型FTTH服务的同等金额及以下都必然会发生损失。”

“上告人在直接向用户提供光纤连接设备的同时，还向其竞争对手——其他电信商提供连接设备，利用其作为光纤连接设备市场事实上的唯一供应商这一地位，对其竞争对手附加从经济合理性的角度来看无法实现的设备连接条件。因此，其单独以及单边拒绝交易甚至廉价销售行为的实施从自身市场支配力的形成、维持甚至强化来看具有脱离正常竞争手段范围的人为性，并对FTTH服务市场竞争者的市场进入带来明显障碍，构成在上述市场上的排他行为。”

4. 注意事项

本案是最高法院首次对私人垄断行为作出判断的案件，对排他行为的解释具有重大意义。

本案行为开始时，在东日本地区的独栋住宅 FTTH 服务市场，NTT 东日本在东日本地区的各都道县签约数占比达到 82%~100%（包含商用），同时，NTT 东日本还是光纤连接设备市场事实上的唯一供应商。本案行为是在这一背景下实施。

案例 19　日本音乐著作权协会（JASRAC）案

（最三小判平成 27・4・28 民集第 69 卷第 3 号第 518 页［28231502］）

1. 案情概要

受音乐作品著作权人的委托负责对音乐著作权作品的使用许可等音乐著作权进行管理（以下将实施管理的经营者简称为管理经营者）的日本音乐著作权协会（以下简称 JASRAC），与几乎所有的广播业务经营者就其管理的音乐著作权作品播放使用的综合许可签订许可使用合同，并在合同中规定按照每年度的广播业务收入乘以规定比例得到的金额或规定金额收取使用费。JASRAC 基于上述方法的收费行为被认为在《反垄断法》上违法。

2009 年 2 月 27 日，公平交易委员会以 JASRAC 的上述行为构成第 2 条第 5 款规定的排他型私人垄断行为、违反第 3 条的规定为由对 JASRAC 作出了排除措施命令。JASRAC 对此表示不服并提出审判请求。2012 年 6 月 12 日，公平交易委员会又以 JASRAC 的上述行为不构成排他型私人垄断行为为由作出了取消上述排除措施命令的审决。基于此，同样作为管理经营者的 E-LICENSE 起诉公平交易委员会要求其取消上述审决。

2. 案件焦点

上述行为从 JASRAC 自身市场支配力的形成、维持甚至强化来看是否具有脱离正常竞争手段范围的人为性，是否会对其他管理经营者的市场进入带来明显障碍。

3. 法院的判断

“对本案行为是否构成《反垄断法》第 2 条第 5 款所指的‘排除其他经营者的经营活动’的行为，应当从 JASRAC 市场支配力的形成、维持甚至强化来看其是否具有脱离正常竞争手段范围的人为性，以及是否会对其他管理经营者的市场进入带来明显障碍进行判断［参照最高裁平成二一年（行ヒ）第 348 号同二二年一二月一七日第二小法庭判决・民集第 64 卷第 8 号第 2067 页］（笔者注：案例 18）。”

“对本案行为是否会产生上述效果的判断，应当从包含本案市场在内的音乐著作权管理市场的市场状况、参与者（笔者注：JASRAC，下同）和其他管理经营者在上述市场的地位和竞争条件的差异、播放使用的音乐著作权作品的特点、本案的行为方式和持续时间等要素进行综合考虑。”

“在本案市场上，即便音乐著作权管理由许可制改为注册制，广播业务经营者也很难不与负责大部分音乐著作权委托管理的参与者签订基于综合许可的使用许可协议。在这一背景下，参与者就其管理乐曲的使用许可相关费用采取无法反映播放比例的方法计算金额，就使得如果广播业务经营者还向其他管理经营者支付播放费用就会导致所应负担的播放费用在总额上的增加，再加上乐曲的播放使用原本具有替代性，参与者可以因此抑制广播业务经营者使用其他管理经营者所管理的乐曲，又因其抑制的范围涉及几乎所有的广播业务经营者，且持续时间长，这就给其他管理经营者的市场进入带来明显障碍。”

“除非另有特殊情形进行解释，从市场支配力的形成、维持甚至强化来看，参与者的本案行为应当被认定为具有脱离正常竞争手段范围的人为性。”

4. 注意事项

本案沿袭了最高法院在东日本电信电话案（案例 18）中对排他行为的解释。

尽管本案将“人为性”与“给其他管理经营者的市场进入带来明显障碍”分别展开讨论，但与将上述二者做一并讨论的东日本电信电话案中最高法院判决（案例 18）并无实质区别。

JASRAC 在本案行为实施期间，受托管理着大部分音乐著作权，在日本广播业务经营者管理乐曲播放使用许可市场实施了本案行为。

案例 20　奥道后温泉观光巴士案

（高松高判昭和 61・4・8 判夕第 629 号第 179 页［27801641］）

1. 案情概要

拥有非限定执照运营允许运载包含普通旅客在内的巴士（国铁松山站至奥道后路段）的伊予铁道在得知与其在同路段运营仅限运载游客的奥道后温泉观光巴士申请转向非限定执照许可后，以奥道后温泉观光巴士的行为违反了双方签订的关于不经营非限定执照涉及业务的协议［原协议（三）的约定］为由，提起诉讼要求取消奥道后温泉观光巴士的执照申请（民事案件）。

在一审中，伊予铁道的请求被驳回，在控诉审中，其控诉也被驳回。其后伊予铁道提起上告，但上告也被驳回。

2. 案件焦点

根据协议限制奥道后温泉观光巴士经营一般公交客运的行为是否构成排他行为（私人垄断）。

3. 法院的判断

（1）“控诉人（笔者注：伊予铁道，下同）根据原协议（三）的约定以及协议修订案试图限制被上诉人（笔者注：奥道后温泉观光巴士，下同）参与非限定的一般公交业务，控诉人的上述行为应认为属于排除竞争对手之行为，并通过上述行为确实妨碍了试图参与非限定的一般公交业务的奥道后温泉观光巴士的经营活动。”

（2）“控诉人根据原协议（三）的约定以及协议修订案妨碍被控诉人将在上述路线开展的业务从限定执照业务转向非限定公交业务之行为，在实质上限制了一定交易领域的竞争，构成《反垄断法》第 3 条所禁止的私人垄断行为。”

4. 注意事项

本案虽属于民事案件，但妨碍竞争经营者参与运载包含普通旅客在内的一般公交客运之行为被认定构成排他行为。

作为路段内仅有的两家巴士运营经营者，伊予铁道与奥道后温泉观光巴士在松山市各交通站点和奥道后直接连接的路线上开展全面的业务竞争（但奥道后温泉观光巴士业务的运载对象仅限于游客）。本案行为便是在此背景下实施的，相关市场是松山市各交通站点和奥道后的直连路线。

此外，本案最终在判决中认定“原协议（三）的约定无效”，是以违反《反垄断法》（私人垄断）为由认定协议在私法上无效的为数不多的案例之一。

③支配其他经营者的经营活动（支配型垄断）

“支配其他经营者的经营活动”（支配行为）是指，通过股份取得或董事兼任等使得竞争对手难以作出自由的意思决定，或者利用其在交易上的优势地位给竞争对手施压致使对方难以作出自由的意思决定而不得不按照支配者的意思行事的行为。

东京高等法院在野田酱油案（案例 21）的判决中指出，支配行为“原则上是指在某种意义上制约其他经营者并剥夺其决定经营活动的自由的行为”。

案例 21　野田酱油案

（东京高判昭和 32・12・25 审决集第 9 卷第 57 页、高裁民集第 10 卷第 12 号第 743 页［27486743］）

1. 案情概要

野田酱油（现为 KIKKOMAN）在明知竞争对手会追随其提供的厂商建议零售价（价格领导制，“Price Leadership”）的情形下指定野田酱油生产销售的酱油之转售价格并据此统一零售价格的行为，被认为在《反垄断法》上违法。

2. 案件焦点

包含野田酱油、YAMASA、HIGETA、丸金在内的位列行业前四的品牌在决定价格时，是否有在价格上与野田酱油保持一致的客观必要性。此外，其他三大品牌对野田酱油的价格追随是否属于野田酱油的支配行为。

3. 法院的判断

（1）“支配其他经营者经营活动的私人垄断行为，原则上是指在某种意义上限制其他经营者并剥夺其决定经营活动的自由的行为。法律对于支配的方式没有作出特别的规定，除了在客观上完全无法预期的偶发情形等特殊情形外，一般认为经营者在实施经营活动过程中能够知悉市场上存在的客观条件，因此也应当知悉自身在遵照市场客观条件实施行为的过程必然会对其他经营者的经营活动产生影响。而经营者的类似行为如果以客观条件为杠杆从结局上限制其他经营者的经营活动，则属于支配其他经营者的经营活动之行为。”

（2）除野田酱油以外的“其他三大品牌在决定其价格时……往往最终

会追随 KIKKOMAN 并实施与其相同的零售价格，这也是三大品牌确保自身市场地位的唯一方法”。

（3）“本案的原告（笔者注：野田酱油，下同）只要作出转售价格、特别是零售价格的指示并维持该价格，鉴于野田酱油在行业内的优势地位，最终零售价格至少在东京都内将形成一致，KIKKOMAN 标识的酱油无论在哪个零售店都将被以相同的价格出售，而野田酱油决定的价格还将导致与其处于同一品牌等级的其他三大品牌为维持其品牌等级而不得不采用相同的零售价格。从中可以看出，从零售价、批发价到出厂价 3 个阶段的价格体系都不得不与野田酱油的价格保持一致，野田酱油指示和维持转售价格的行为最终会对其他生产者的价格决定产生支配效果。”

4. 注意事项

本案中，价格领导制的存在使得领导企业通过对转售价格的限制支配了竞争对手的价格决定。野田酱油的行为虽然只是限制了转售价格，但其在了解酱油市场存在的客观条件（整体上包含规格、品质、零售价格）的情形下对零售价格进行限制，并以此为杠杆不仅对流通商还对竞争对手实施了间接的支配行为，因此认定其行使了支配力。

在本案行为实施期间，KIKKOMAN、YAMASA、HIGETA 和丸金四大品牌在日本全国总产量的合计占比为 23.3%，其中，KIKKOMAN 占比为 14.0%，其他 3 个品牌合计占比为 9.3%，此外，四大品牌在东京都内总出货量占比达 68.5%，其中 KIKKOMAN 占比为 36.7%，其他 3 个品牌合计占比为 31.8%，无论是生产能力还是实际出货数量，KIKKOMAN 都领先一筹。而本案就是在此背景下，在存在价格领导制的情形下在东京都内的酱油交易市场上实施的行为。

案例 22　东洋制罐案

（公取委劝告审决昭和 47・9・18 审决集第 19 卷第 87 页）

1. 案情概要

在案例 9 中已经介绍，该案是东洋制罐通过取得竞争对手北海制罐（根据《过度经济力集中排除法》分立设立的企业）的多数股份以及派遣董事等方式，阻碍北海制罐进军本州市场的案件。具体而言，东洋制罐通过取得本州制罐、四国制罐、北海制罐以及三国金属的股份（分别持有上述 4 家公司已发行股份总数的 81%、71.5%、29% 和 50%），让东洋制罐的董事等在保留现职或使其离职的情形下分别就任上述 4 家公司的董事（在其中的 3 家公司中担任代表董事），以及在基本了解北海制罐的合并计划后阻碍北海制罐进军本州市场等方式，让上述 4 家公司按照东洋制罐的要求从事经营活动。东洋制罐的上述行为被认定构成支配行为。此外，东洋制罐还向计划进行罐头自生产的罐头厂商发出拒绝向其提供特殊罐容器的通告，致使上述罐头厂商不得不放弃生产（排他行为），上述行为亦被认定违反《反垄断法》。

2. 注意事项

本案是在日本食品罐头交易领域通过企业合并支配被取得股份公司（北海制罐等）经营活动的案件。最终，东洋制罐被要求出售其拥有的北海制罐不低于发行股票数量 5% 的股份。

案例 23　日本医疗食品协会案

（公取委劝告审决平成 8・5・8 审决集第 43 卷第 209 页）

1. 案情概要

在案例 10 中已经介绍，日本医疗食品协会与一级批发商日清医疗食品共谋实施医用食品登记制度、制造工厂认定制度以及销售商认定制度（排他行为）。此外，日本医疗食品协会还与日清医疗食品一同和一级批发商NACX签订协议和备忘录，约定NACX在与日清医疗食品不互相竞争的地区以与日清医疗食品相同的价格销售商品，支配NACX及其二级批发商的经营活动（支配行为）。上述行为均被认定违反《反垄断法》。

2. 注意事项

基于日本医疗食品协会对日清医疗食品在医疗食品领域垄断供给体制的批判，NACX进入一级批发市场。然而，日本医疗饮食协会依照日清医疗食品的指示，以签订上述内容的协议作为NACX进入一级批发市场的条件。

案例24　八乐梦案

（公取委劝告审决平成10·3·31审决集第44卷第362页）

1. 案情概要

如案例12所介绍的，八乐梦在特定医疗用床的招投标活动中，指使都立医院的招标负责人基于八乐梦所拥有的工业产权构造的规格要求制作规格书，同时指使都立医院的招标负责人在招标活动的现场说明会上表明将向八乐梦采购之意（排他行为）。此外，八乐梦还指示参与投标活动的销售商制定投标价格，支配上述销售商的经营活动（支配行为）。上述行为均被认定违反《反垄断法》。

2. 注意事项

国家以及地方公共团体订购的医院专供医疗用床几乎都是由八乐梦生产销售。因此，八乐梦在特定医疗用床市场上拥有较高市场份额的情形下，指示参加投标活动的销售商的投标价格，产生了与投标商之间串通投标相同的效果。

案例 25　福井县经济农业协同组合连合会案

（公取委排除措施命令平成 27・1・16 审决集第 61 卷第 142 页）

1. 案情概要

在位于福井县的农协作为委托人在本县实施的名为“美味福井米生产体制整备业务”（2012 年 3 月 31 日前称为美味福井米业务）的辅助业务的谷物干燥、定制、储藏设备的制造承包工程等（包含与上述辅助业务同时发起但不作为辅助业务的制造承包工程和建设工程，以下简称特定共干设施工程）的招标活动中，福井县经济农业协同组合连合会（以下简称福井县经济连）作为委托代办人，不仅指定工程货物的预定中标人，还通过指示投标参与者投标价格的方式确保预定中标人中标。福井县经济连的上述行为支配了上述经营者的经营活动，构成支配行为。

2. 注意事项

本案与“案例 22”“案例 23”“案例 24”不同，是“案例 21”野田酱油案以来久违的仅存在支配行为的《反垄断法》违法案例。

福井县经济连的会员，除位于福井县的所有单位农协外，还包括分别实施信用业务、互助业务以及福利业务的农业协同组合连合会等。在会员单位农协作为委托人发起的特定共干设施工程项目中，福井县经济连作为委托代办人，可以说以官商串通的方式在特定共干设施工程交易领域中实施了本案行为。

（2）效果要件

①一定的交易领域

“一定的交易领域”是私人垄断、不正当限制交易以及被禁止的企业合并的共同构成要件。

“一定的交易领域”是实施竞争的“场所”，也是限制竞争的“场所”。这一“场所”根据交易对象商品或服务、地域、交易阶段、交易对象的不同进行具体界定。

作为事后规制的私人垄断和不正当限制交易与作为事前规制的企业合并，在“一定的交易领域”的界定方法又有所不同。具体而言，私人垄断和不正当限制交易作为事后规制，是对已实施行为的事后追踪，在界定“一定的交易领域”时能够依据竞争受到限制的范围对“一定的交易领域”进行界定；而企业合并作为事前规制，需要在假定行为实施（事前预测）的情形下对“一定的交易领域”进行界定，与事后规制相比在界定上难度有所提高。

对于私人垄断中“一定的交易领域”的界定问题，《排他型私人垄断指南》在第3条1（1）中指出“一定的交易领域是指，通过排他行为对竞争产生实质性限制的范围，并根据具体行为以及交易对象、地域、方式等进行界定”，同时在该指南第3条1（2）（3）中列举了界定时的主要考虑因素，第一，在产品市场方面包括用途、价格、数量的变化等以及需求者的认识、行动，第二，在地域市场方面包括供给者的业务区域、需求者的购买范围、商品的特性、运输方式及费用等。

在有关私人垄断的案例中认定的“一定的交易领域”，可以参考各案例中“注意事项”部分的分析。

案例26　NIPRO案

（公取委审判审决平成18·6·5审决集第53卷第195页）

1. 案情概要

参照案例17。

2. 案件焦点

本案中，西日本地区能否构成一定的交易领域。

3. 公平交易委员会的判断

“由于进口安瓿用玻璃管的价格远低于日本电气硝子所生产的安瓿用玻璃管，二者之间存在替代关系。如前面所述，日本电气硝子是日本唯一一家安瓿用玻璃管生产企业。在西日本地区，被审人（笔者注：NIPRO，下同）是唯一一家在该区域设置总店并向安瓿加工商供应日本电气硝子生产的安瓿用玻璃管的企业，而同样在该地区设置总店的安瓿加工商 NAIGAI 集团则从国外安瓿用玻璃管生产商进口大量安瓿用玻璃管。鉴于本案的商品特性以及交易实情，在安瓿用玻璃管的交易中，可以建立以被审人以及国外安瓿用玻璃管生产商为供应方、以在西日本地区设置总店的安瓿加工商为需求方的西日本地区安瓿用玻璃管供给市场。”

4. 注意事项

NIPRO 与日本电气硝子之间签订销售代理店协议，约定仅授权 NIPRO 向在西日本地区设置总店的安瓿加工商销售日本电气硝子生产的安瓿用玻璃管，因此，西日本地区的上述安瓿加工商只能从 NIPRO 购买日本电气硝子生产的安瓿用玻璃管。在此状况下，应当说，西日本地区市场构成一定的交易领域。

案例 27　东日本电信电话案

（最二小判平成 22・12・17 民集第 64 卷第 8 号第 2067 页［28163513］）

1. 案情概要

参照案例 18。

2. 案件焦点

本案中，一定的交易领域应当以包含 FTTH 服务以及 ADSL 服务在内的全体宽带服务市场进行界定，还是仅以 FTTH 服务进行界定。

3. 法院的判断

“本案行为实施期间，存在不考虑与 ADSL 服务等的价格差异而因注重通信速度等最终在宽带服务中选择 FTTH 服务的消费者，对于这些消费者而言，其他宽带服务与 FTTH 服务之间几乎不存在需求可替代性，因此，FTTH 服务市场独立构成《反垄断法》第 2 条第 5 款中的‘一定的交易领域’。”

4. 注意事项

尽管在宽带服务中还存在 ADSL 服务等其他服务，但本案判决依据当前宽带服务市场的实际情形将 FTTH 服务市场认定为“一定的交易领域”。具体来说，是指东日本地区面向独栋住宅用户的 FTTH 服务市场。

案例 28　奥道后温泉观光巴士案

（高松高判昭和 61・4・8 判タ第 629 号第 179 页［27801641］）

1. 案情概要

参照案例 20。

2. 案件焦点

松山市各交通站点和奥道后直接连接路线的一般公交客运市场能否构成一定的交易领域。

3. 法院的判断

“松山市的各交通站点，即高浜港、松山观光港、堀江港、松山空港、国铁松山站、松山市站与奥道后直接连接的路线（途中并非完全没有车站），其主要作用是将游客从上述各个交通点输送至奥道后，因此作为一个整体构成一定的交易领域。”

4. 注意事项

本案将一定的交易领域非常具体地界定为松山市各交通站点和奥道后直接连接路线的一般公交客运市场。

②实质性限制竞争

“实质性限制竞争”是私人垄断、不正当限制交易以及被禁止的企业合并的共同构成要件。

关于私人垄断中对“实质性限制竞争”的解释主要基于东宝·斯巴鲁案（东京高判昭和26·9·19审决集第3卷第166页、高裁民集第4卷第14号第497页［27486725］）（案例119）以及东宝·新东宝案（东京高判昭和28·12·7高裁民集第6卷第13号第868页［27486731］）（案例35）的判决。

《排他型私人垄断指南》在第3条2（1）中指出，“关于《反垄断法》第2条第5款中规定的‘在一定的交易领域实质性限制竞争’，裁判案例中指出，是指竞争减少，特定的经营者或经营者团体能根据其意思在某种程度上自由地左右价格、品质、数量及其他条件，并因此形成、维持、强化其支配市场的能力（东京高判平成21·5·29审决集第56卷第2分册第262页、民集第64卷第8号第2118页［28161176］）。根据该解释，如果达到形成、维持、强化市场支配状态的效果，即便实际上并未提高价格等，也可能被认定为实质性限制竞争”。而《排他型私人垄断指南》在第3条2（2）中还指出了认定时的主要考虑因素，包括行为人的地位及竞争者的状况（行为人的市场份额及其位序、市场竞争状况、竞争者状况），潜在的竞争压力（制度上进入壁垒的高低、事实上进入壁垒的高低、市场进入者的商品和行为人的商品之间的可替代程度），需求者的对抗能力，效率性，消费者利益的保护等。

案例29　NIPRO案

（公取委审判审决平成18·6·5审决集第53卷第195页）

1. 案情概要

参照案例17。

2. 案件焦点

本案中 NIPRO 的行为是否会产生实质性限制竞争的后果。

3. 公平交易委员会的判断

“本案中，在西日本安瓿用玻璃管供给市场作为日本电气硝子生产的安瓿用玻璃管的唯一供应商并具有市场支配力的被审人（笔者注：NIPRO，下同），牵制 NAIGAI 集团继续进口或扩大进口安瓿用玻璃管并企图施加制裁，以此限制进口拥有竞争能力的竞争对手的玻璃管，使市场无法出现在质量和价格竞争下应有的竞争状态。因此认定本案中被审人的行为对西日本地区玻璃管供应市场造成了实质性限制竞争的影响。”

4. 注意事项

本案审决中对“实质性限制竞争”的表述是“限制进口拥有竞争能力的竞争对手的玻璃管，使市场无法出现在质量和价格竞争下应有的竞争状态”。

案例 30　东日本电信电话案

（最二小判平成 22・12・17 民集第 64 卷第 8 号第 2067 页［28163513］）

1. 案情概要

参照案例 18。

2. 案件焦点

前述案例中 NTT 东日本的行为是否会产生实质性限制竞争的后果。

3. 法院的判断

“尽管在市场上存在东京电力以及有线 BROAD 两个竞争者，但是鉴于上述竞争者提供 FTTH 服务的区域有限以及 FTTH 服务的特性等，可以认为在本案行为实施期间，FTTH 服务市场上的既存竞争者难以对在市场上处于领先地位的上告人（笔者注：NTT 东日本）形成牵制，并最终造成‘实质性限制竞争’的后果，即造成形成、维持、强化其支配市场力的后果。”

4. 注意事项

本案判决指出“实质性限制竞争”是指造成形成、维持、强化其支配市场力的后果。这与《排他型私人垄断指南》在第 3 条 2（1）中介绍的东京高判平成 21・5・29 审决集第 56 卷第 2 分册第 262 页、民集第 64 卷第 8 号第 2118 页［28161176］（案例 31、本判决原审）中的解释一致。

（3）违法阻却要件（公共利益）

“公共利益”是私人垄断和不正当限制交易中规定的概念。

尽管满足前文的“行为要件”和“效果要件”即在形式上构成“私人垄断”，但是也可能因为未违反“公共利益”致使违法性受到阻却而不构成“私人垄断”。因此，“公共利益”也被称为违法性阻却要件。

关于私人垄断中“公共利益”这一违法性阻却要件，在前文的东日本电信电话案（案例 18）的原审（东京高判平成 21・5・29 审决集第 56 卷第 2 分册第 262 页、民集第 64 卷第 8 号第 2118 页［28161176］）（案例 31）中解释为“公共利益是指《反垄断法》直接保护的法益——维护自由竞争经济秩序”，这一解释与石油价格卡特尔刑事案最高法院判决（案例 37）中的解释在主旨上相同。在私人垄断案件中，还未有过以“公共利益”为由阻却违法性的案例，在《排他型私人垄断指南》中也没有关于“公共利益”的专门条款［但在关于“实质性限制竞争”的“（注）”中有所提及］。

关于“公共利益”的解释，将在“不正当限制交易”的部分（第 2 条第 6 款）具体说明。

案例 31　东日本电信电话案

（东京高判平成 21・5・29 审决集第 56 卷第 2 分册第 262 页、民集第 64 卷第 8 号第 2118 页［28161176］）

1. 案情概要

参照案例 18。

2. 案件焦点

本案行为是否违反“公共利益”。

3. 法院的判断

“原告（笔者注：NTT 东日本）主张，其降低 P28 型的导入费及使用费的目的是让 FTTH 服务以更优惠的价格提供给用户并得以普及，这与《反垄断法》保护消费者利益的目的是一致的。但是，公共利益是指《反垄断法》直接保护的法益——维护自由竞争经济秩序。尽管原告降低了向独栋住宅用户提供的 FTTH 服务的使用费，但是该行为也造成其他经营者难以进入面向独栋住宅用户提供的 FTTH 服务市场，如此对新的市场参与者的市场进入造成阻碍的行为有违公共利益……因此本案无法只因原告降低了价格而认定其行为属于未实质性违反‘确保消费者的利益，促进国民经济民主健康发展’这一《反垄断法》最终目的例外情形，无法认定其行为未违反公共利益或违反性受到阻却。”

4. 注意事项

本案判决否定了 NTT 东日本提出的因为以更优惠的价格向用户提供 FTTH 服务所以应该被许可的反驳，将公共利益解释为《反垄断法》直接保护的法益——维护自由竞争经济秩序，从而无法认定其行为未违反公共利益。本案是案例 18 的原审，也是私人垄断案件中涉及公共利益问题的参考案例。

第 2 条第 6 款【不正当限制交易】

概 要

本款对第 3 条以及第 6 条禁止的“不正当限制交易”行为作出了界定。

1. 沿革（《反垄断法》的最初规定）

在 1947 年《反垄断法》制定之初，“不正当限制交易”在第 2 条第 4 款中被界定并在第 3 条中被禁止。作为补充规定，第 4 条还设置了关于“禁止特定的共同行为”的规定。当时所被禁止的“特定的共同行为”是指以下 4 类行为（旧法第 4 条第 1 款），（1）决定、维持或者提高价格（价格卡特尔），（2）限制产量或销量（数量卡特尔），（3）限制技术、产品、销售渠道以及顾客（技术、产品、销售渠道以及顾客卡特尔），（4）限制新增或扩张设备、采用新技术或新生产方式（设备新增和新生产方式卡特尔）。但是，旧法第 4 条第 2 款中规定，“如果共同行为在一定的交易领域内对竞争产生的影响未达到足以出现问题的程度，则不适用前款规定”。也就是说，上述四类行为，即便未达到“在一定的交易领域实质性限制竞争”的程度，也同样作为共同行为受到规制。但是，上述规定在 1953 年的法律修订中被删除了。原因是在修订之前的审决中出现对于同一共同行为重复适用第 3 条和旧法第 4 条第 1 款各项规定的情况［例如，东宝・新东宝案东京高裁案件（案例 35）］。

2. 不正当限制交易的成立要件

第 2 条第 6 款的规定可以分为（1）“与其他经营者共同……对经营活动进行相互约束并具体实施”（行为要件），（2）“在一定的交易领域实质性限制竞争”（效果要件），（3）“违反公共利益”（违反性阻却要件）3 个部分。

其中，如满足“行为要件”和“效果要件”即在形式上构成“不正当限制交易”，但在这一情形下如果满足“违反性阻却要件”则不成立“不正当限制交易”（如图 1–3 所示）。

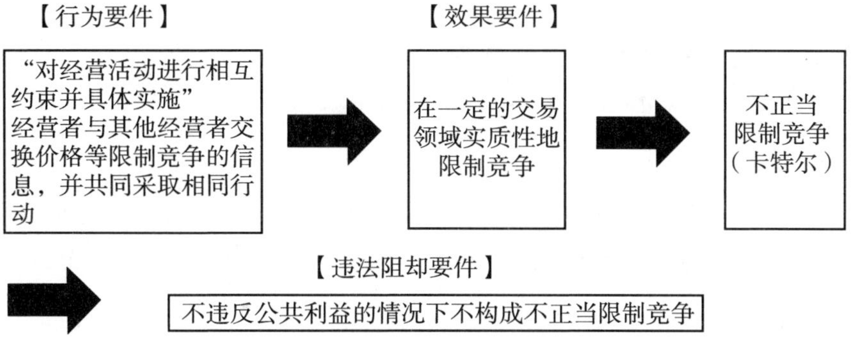

图 1-3　不正当限制交易（卡特尔）

下文将分别对各要件进行说明。

（1）行为要件

①与其他经营者共同

即“共同行动”，只有在多个经营者实施共同行为的情形下才构成不正当限制交易。但是，多数经营者共同实施的排除市场进入者的行为也可能构成“排他型私人垄断”［例如，老虎机专利池案（公取委劝告审决平成 9・8・6 审决集第 44 卷第 238 页）（案例 11）］。

要成立共同行动，不仅要求行为的结果在外观上存在一致，还要求行为人之间具有“意思联络”。这里的“意思联络”不要求达成具有法律约束力的合意等，仅是默示的合意便可［胶合板投标价格协定案（案例 32）］。

这里的“意思联络”，是指“多个经营者之间相互知悉甚至预测到对相同性质或者相同种类的商品的提价，且具有协同步调的意愿”，如果“特定的经营者与其他经营者之间就涨价行为进行信息交换，并采取相同或类似的行为”，原则上认定其具有意思联络［东芝化学审决取消请求案（案例 33）］。

案例 32　胶合板投标价格协定案

（公取审判审决昭和 24・8・30 审决集第 1 卷第 62 页）

1. 案情概要

胶合板厂家在特别调度厅发起的胶合板招标活动中因事前交换信息并协同投标价格，被认定构成不正当限制交易。

2. 案件焦点

默示的合意是否成立共同行动。

3. 公平交易委员会的判断

"在判断什么程度的主观意思联络能构成共同行动的问题上，本委员会认为，要成立共同行动，仅仅存在行为结果在外观上一致的事实并不够，还有必要进一步分析行为人之间是否存在任何形式的意思联络。在本案中，某经营者预测其他经营者的行动，并有意协同步调并实施一致行动，在这些经营者之间就存在前文所指的意思联络。"

4. 注意事项

本案审决肯定了默示的合意同样成立共同行动。这一判断在东芝化学审决取消请求案（案例 33）得到进一步明确。

案例 33　东芝化学审决取消请求案

（东京高判平成 7・9・25 判タ第 906 号第 136 页［27828631］）

1. 案情概要

日立化成工业、东芝化学等 8 家公司因共同决定提高纸质基材酚醛树脂铜层压板的国内需求者交货价格而收到排除劝告。除了东芝化学以外的 7 家公司都接受了该劝告。在审判中，东芝化学主张其未参与共同行动，但该主张在审决中未得到认可。在审决取消诉讼中，法院判定公平交易委员会的审决程序违法，因此取消审决并退回公平交易委员会重审。其后，公平交易委员会对本案再次作出审决，而东芝化学又再次提出取消审决的诉讼。

2. 案件焦点

本案商品价格的协同上涨是否属于因“意思联络”而实施的共同行动。

3. 法院的判断

“要证明原告在本案中的行为属于第3条禁止的‘不正当限制交易’即‘经营者通过与其他经营者共同提高价格等对经营活动进行相互约束并具体实施，在一定的交易领域实质性地限制竞争’中所说的‘共同’（行动），就有必要证明多个经营者在提高价格时相互存在‘意思联络’。然而，这里所说的‘意思联络’是指多个经营者之间相互知悉甚至预测到对相同性质或者相同种类的商品的提价，且具有协同步调的意愿。虽然这不仅仅要求他方经营者知悉或认可一方经营者的价格上涨，但也不要求经营者必须以明示相互之间约束的方式来达成合意，只要相互之间认识到其他经营者的提价行为并予以默示的认可就足矣（所谓默示的意思联络）。原本，不正当限制交易中的合意通常都尽力避免公之于众，如果按照必须以公之于众的方式达成合意来解释的话则明显不符合实情。因此，应当根据造成价格上涨的前后原因分析经营者的认识和想法，并对经营者之间是否存在共同的认识和想法进行判断。根据前面的分析可以得出，在特定的经营者与其他经营者之间就涨价行为进行信息交换并采取相同或类似行为的情形下，如果特定经营者的上述行为不属于‘与其他经营者的行为不存在关联，而是为应对交易市场上的价格竞争，根据自身的判断而实施的行为’这样的特殊情形，就不得不推定上述经营者之间存在协同行动的相互期待关系，并具有前述的‘意思联络’。”

“本案中，由于8家公司在事前曾有过信息交换和意见交换的会务，且交换的信息和意见的内容均与本案商品的价格上涨有关，从结果上可以认定其实施了共同提高本案商品国内需求者交货价格的行为。也就是说，原告在知悉7家同行公司提高价格的意向和合意、并以此预测7家公司将实施涨价行动后（在前述会务中，对于住友电木提出的协助涨价请求，各家公司均表示赞成，原告也当场表示赞同涨价，并积极要求3家大型公司遵守约定实施涨价），实施了与1987年6月10日决定内容相同的涨价行为。根据前述事实，原告是以追随7家同行公司之意而实施的涨价行为，而7家同行公司也同时预想到原告将追随其行为，因此可以认定，关于本案商品的价格协同上涨是具有'意思联络'的共同行为。"

4. 注意事项

本案作为典型案例对第2条第6款中"不正当限制交易"的解释很具有代表性。

②对经营活动进行相互约束

对于相互约束性的解释，部分判决曾指出，如果竞争经营者之间未施加一定限制以共同限制经营活动则不构成相互约束，例如，报纸销售渠道协议案（案例34）中指出，"具有相互竞争关系的独立经营者……共同进行相互限制并约束经营活动自由"即构成相互约束；东宝·新东宝案（案例35）中也指出相互约束是"在本质上对各当事人的经营活动共同设定一定的限制"。

然而，后来人们对这些判决的观点又有了重新认识。公平交易委员会在1991年7月制定的《流通交易惯例指南》中指出，"对经营活动的约束，并不要求其内容必须在行为人（例如，制造者和销售者）之间全部相同，由于是对行为人经营活动分别作出的限制，只要是为达到排除特定经营者等的共同目的而实施的即可"，认可了不同交易阶段的经营者之间也成立不正当限制交易。此外，标签串通投标刑事案东京高等法院判决（案例36）还指出，"不能赞同共同行为的主体'经营者'必须是存在同质竞争关系的经营者或是相同交易阶段的竞争者的观点"。

其次，关于约束的程度，石油价格卡特尔刑事案（案例 37）的判决指出，关于共同提高石油价格的协议，“在有意为实施协议内容而努力且认为其他人也会依照该协议行事而签订协议的情形下，即使没有为确保实效性的制裁规定，也满足‘对经营活动进行相互约束’的要件”，认为即便是未对业务内容进行具体限制的所谓绅士协议，也可能满足相互约束的要件。

此外，种苗卡特尔案（案例 38）的判决认为，在经营者之间就各经营者按照事先决定的基准价格决定价格表上价格（价格表价格）之事达成合意的情形下，即便当事经营者之间没有关于具体交易价格的合意也认定为存在相互约束。

案例 34　报纸销售渠道协议案

（东京高判昭和 28・3・9 高裁民集第 6 卷第 9 号第 435 页［27486729］）

1. 案情概要

朝日新闻等报纸出版总社在第二次世界大战前与东京都内的报纸销售店签订有关报纸销售的协议，在协议中规定报纸销售店进行排他性报纸销售的区域。第二次世界大战后，上述协议尽管已经失效，但业务形态依旧维持。因上述划分市场的行为，公平交易委员会对报纸出版总社和报纸销售店作出审决。报纸出版总社和报纸销售店其后提起了请求取消审决的诉讼。

2. 案件焦点

（1）不正当限制交易的主体“经营者”是否仅限于竞争经营者；

（2）处于不同交易阶段的报纸出版总社和报纸销售店之间能否成立共同行为，此外，仅对当事人的一方施加限制的行为是否属于共同行为。

3. 法院的判断

（1）关于焦点（1）

“共同行为与不正当限制交易尽管在程度阶段上有所差异，但其行为在本质上终归一致。由此可以认为，尽管法律规定在表述中未对经营者作出具体限定，但可以理解为经营者是相互之间存在竞争关系的独立的经营者。经营者之间施加一定的限制、约束自由的经营活动即成立共同行为，本质上是对各当事经营者一定的经营活动设置共通的限制。”

（2）关于焦点（2）

①“这里形成的共同行为本质上是对报纸销售店相互之间经营活动的限制。就此，尽管认定了报纸出版总社参与区域协议的事实，但这仅意味着存在协议形成的契机，而无法认定其是各报纸出版总社相互间的区域协议。无论如何，虽然各报纸出版总社在各区域内仅向一家报纸销售店销售报纸，但是这个‘各区域’包含了东京都在内的全国所有地区，从整体上来看，在各报纸出版总社层面并不存在区域限制。”

②“仅向一方当事者施加限制的行为，即便可能存在私人垄断或者不公平的竞争方法，但也不属于这里所说的共同行为。此外，在一群经营者聚集在一起通过签订契约、协议等方式对经营活动施加一定限制的情形下，即便其中包含不同种类以及不同交易阶段的经营者，只能说仅在自身经营活动受到共通限制的经营者之间成立共同行为。”

4. 注意事项

本案判决否定了报纸出版总社与报纸销售业者这样处于不同交易阶段的经营者之间成立共同行为。尽管本案的影响较大，且在此之前公平交易委员会也作过不少将不同交易阶段经营者之间的共同行为认定为不正当限制交易的审决，但自本案以后就再未出现过类似案例。然而在标签串通投标刑事案（案例 36）中，法院判决认为“不能赞同共同行为的主体‘经营者’必须是存在同质竞争关系的经营者或是相同交易阶段的竞争者的观点”，开始出现对本案判决观点修正的趋势｛《流通交易惯例指南》对这一问题也有作说明［第 2 部第二 3（1）］｝。

案例 35　东宝·新东宝案

（东京高判昭和 28·12·7 高裁民集第 6 卷第 13 号第 868 页［27486731］）

1. 案情概要

东宝与其子公司新东宝之间签订了关于所制作电影的分配完全由东宝负责的排他分配协议。该行为因被认定构成共同行为以及不正当限制交易行为而被公平交易委员会作出审决。东宝对此不服并提出了请求取消审决的诉讼。

2. 案件焦点

本案协议仅对一方经营者施加约束，能否构成不正当限制交易。

3. 法院的判断

“不正当限制交易行为，即使其程度在不同阶段存在差异，但是与旧法中所指的共同行为在本质上仍然相同，在具有竞争关系的独立经营者之间共同施加一定限制、约束其经营活动自由，本质上是对各当事经营者经营活动设置共通的限制。而如果仅对一方当事经营者施加限制，虽然依情形可以构成旧法中的不公平的竞争方法，并可能构成私人垄断，但是由于其限制缺乏相互性而不应当被认为构成不正当限制交易。”

“本案原告向新东宝提供资金要求新东宝制作的电影全部委托其负责分配，并限制新东宝的电影销售渠道和顾客。原告实施的上述限制行为，是仅针对新东宝的单方限制，而非二者之间的相互限制。被告指出原告和新东宝依据原协议的主旨共同实施业务，暂且不说相关行为是否可以称为‘共同’，由于本案中所谓的‘共同实施’中并不伴随相互约束，不应该认定这里的‘共同实施’属于《反垄断法》第 2 条第 4 款（笔者注：现行法第 2 条第 6 款）中的共同行为。因此，被告提出的原告和新东宝的行为违反《反垄断法》第 2 条第 4 款第 3 项后段规定的主张存在错误，公平交易委员会的审决在这一问题的判断上法律适用不当。”

4. 注意事项

本案与“案例 34”的报纸销售渠道协议案相同，认为限制的内容如果不是两家公司之间共通的内容则不构成“相互约束”。而《流通交易惯例指南》则指出，约束并不要求其在所有行为人之间内容都相同。

案例 36　标签串通投标刑事案

（东京高判平成 5・12・14 高裁刑集第 46 卷第 3 号第 322 页［27817495］）

1. 案情概要

TOPPAN MOORE 等 3 家公司被指定为社会保险厅发起的隐私保护用标签指名竞争投标项目的投标参与者。上述 3 家公司与日立信息达成合意，约定今后的招标由 3 家中的任意一家中标，并由中标者将所有的订单发给日立信息，在此期间通过调整中标及订单价格的方式在 4 家公司之间平分利益。公平交易委员会就上述行为下达审决，同时向总检察长提起告发、起诉。

此外，日立信息虽不是投标参与者，但与其存在业务合作关系的 BF 公司按照其指示参与了投标。

2. 案件焦点

不正当限制交易的主体“经营者”是否仅限于拥有竞争关系的经营者。

3. 法院的判断

“辩护律师援引东京高裁昭和 28 年 3 月 9 日判决・高裁民集第 6 卷第 9 号第 435 页［即报纸销售渠道协议案（笔者注：案例 34）］的内容指出，这里所指的‘经营者’要求必须是存在竞争关系的经营者，而日立信息由于不是被指名投标参与者，与其他指名投标参与者之间不存在竞争关系，因此不属于‘经营者’。然而，前述判决是报纸销售店在仍保留战时残余的合卖制度的背景下，通过报纸销售总店与报纸销售店之间默示的协议来划分各报纸销售店的销售区域，并因此被认定违反 1953 年修订前的《反垄断法》第 3 条和第 4 条第 1 款第 3 项的规定。当时的第 4 条第 1 款第 3 项中规定‘经营者不得共同……限制技术、产品、销售渠道和顾客’，并在第 4 条第 2 款中规定‘如果共同行为在一定的交易领域内对竞争产生的影响未到达足以出现问题的程度，则不适用前款规定’。也就是说，前述判决认为第 4 条第 1 款的规定并不是以相关行为对竞争产生实质性影响为犯罪成立的积极要件，并在此基础上指出该款规定中纳入了对影响可能性的考虑，据此将‘经营者’限定为具有竞争关系的经营者。但是 1953 年《反垄断法》修订时前述第 4 条的规定被删除，现行法在第 89 条第 1 款第 1 项的法律责任追究条款中规定‘违反第 3 条的规定……不正当限制交易的经营者’，在第 3 条规定‘经营者不得实施私人垄断以及不正当限制交易’，在第 2 条第 6 款中规定‘……不正当限制交易是指……违反公共利益，在一定的交易领域实质性限制竞争的行为’并将相关共同行为‘实质性限制竞争’作为前述犯罪成立的积极要件，因此如果按照前述判例将‘经营者’限定为具有竞争关系的经营者进行解释就存在问题，但至少，这里所指的‘经营者’不适宜按照辩护律师所主张的将其限定为存在竞争关系的经营者（笔者注：辩护律师主张，日立信息不是被指名投标参与者，与上述 3 家公司之间不存在竞争关系）。

《反垄断法》第 2 条第 1 款将‘经营者’定义为‘从事商业、工业、金融业及其他行业者’，而经营者所实施的共同行为要求‘在一定的交易领域实质性限制竞争’，因此当然可以理解为实施共同行为的主体经营者仅限于具备实施上述行为的立场（资格）的经营者，在这一点上对‘经营者’并非没有限定。然而，日立信息……代替指名投标参与者 BF 公司参与串通投标，其他 3 家指名投标参与者也认同并共同与其反复实施串通投标，可以说如果没有日立信息的同意本案的串通投标就难以实现，因此在这一点上可以认为日立信息与其他 3 家指名投标参与者之间在实质上存在竞争关系，尽管在立场上存在差异但也不影响对‘经营者’的认定。鉴于此，不能赞同认为共同行为的主体‘经营者’必须是存在同质竞争关系的经营者或是相同交易阶段的竞争者的观点。”

4. 注意事项

投标参与者等援引报纸销售渠道协议案（案例 34）的判决主张指出，由于日立信息不是指名投标参与者、与其他指名投标参与者之间不存在竞争关系，不属于不正当限制交易的“经营者”。而判决认为，由于报纸销售渠道协议案审判时的规定与现行法下的规定在内容上有所改变，将“经营者”限定为存在竞争关系的经营者或是在同一交易阶段的经营者都不妥当，本案不能适用报纸销售渠道协议案的判决。

判决指出，共同行为的主体“经营者”必须是可以在一定交易领域实施实质性限制竞争行为的经营者，而日立信息“代替指名投标参与者 BF 公司参与串通投标，其他 3 家指名投标参与者也认同并共同与其反复实施串通投标，可以说如果没有日立信息的同意本案的串通投标就难以实现”，从而认定日立信息与 3 家指名投标参与者之间存在竞争关系。

据此，本案判决作出了妥当的判断。但是日立信息与 BF 公司如果不是“一个整体”，本案的串通投标也难以实现，因此，在事实认定阶段也可以从两家公司是否可以作为“一个整体”对两家公司的关系进行“朴素的”事实认定。

案例 37　石油价格卡特尔刑事案

（最二小判昭和 59・2・24 刑集第 38 卷第 4 号第 1287 页［27801091］）（参照案例 112）

1. 案情概要

出光兴产等石油总经销商共同决定并实施了石油产品销售价格的上涨行为。原审法院认为，石油总经销商的上述行为对经营活动进行了相互约束，违反公共利益，对石油产品出厂销售阶段的市场竞争造成实质性限制，依法对行为人个人作出有罪判决。

2. 案件焦点

相互约束需要到达何种程度。

3. 法院的判断

“被告人在有意为实施各自所属被告公司的业务内容而努力且认为其他被告公司也会照此实施的情形下，签订了各公司一同在一定幅度内提高石油产品价格的协议……签订上述协议，明显造成了事实上的各被告公司的经营活动被相互约束的后果，因此满足《反垄断法》第2条第6款中‘对经营活动相互约束’的要件，构成《反垄断法》第2条第6款以及第3条所规定的不正当限制交易行为。而各观点中所主张的没有确保实效性的制裁规定，不会影响上述结论的得出。”

4. 注意事项

本案判决指出，在《反垄断法》第3条和第8条第1项的适用问题上由公平交易委员会进行裁量。

案例38　种苗卡特尔案

（东京高判平成20・4・4审决集第55卷第791页［28161734］）（参照案例114）

1. 案情概要

32家种子罐装销售商就罐装种子问题达成合意，约定各年度在决定销售价格时约定基准价格，并约定各公司在该年度向客户分发的价格表上的价格（价格表价格）以及销售价格依据前年度基准价格的变动情形来决定。

2. 案件焦点

相互约束需要到达何种程度。

3. 法院的判断

“在设定价格时，各公司原本应当自行收集有关市场动向的信息、判断其他竞争公司的销售情形以及客户需求的变化，并自行负担上述判断结果伴随的风险。然而，由于各公司之间存在本案合意，各公司依据基准价格设置价格表价格，并知悉其他经营者也采用相同方法设置价格表价格，因此，即便依据基准价格决定本公司的价格表价格和销售价格，其在竞争中也不会处于不利地位，并可以此来减少、规避在价格设定上存在的风险，削弱与价格表价格以及销售价格设置相关的经营者间的竞争。

本案中，32 家公司自身在依据本基准价格设置价格表价格和销售价格的同时，知悉其他公司也同样依据基准价格设置价格表价格和销售价格……并可以此为限预知经营者相互之间的限制竞争行为，足以构成不正当限制交易中相互约束性的相互预测这一前提条件。”

4. 注意事项

本案的合意内容是经营者就每年的基准价格达成合意，经营者根据这一合意，约定每年的基准价格，各公司再根据基准价格决定价格表价格，并进一步根据价格表价格决定销售价格。尽管本案的合意不是直接就销售价格达成的合意，但本案判决确定了本案合意所形成的相互约束性。

（2）效果要件

①一定的交易领域

如前文所述，“一定的交易领域”是指竞争实施的“场所”，同时也是实质性限制竞争的“场所”。这里的“场所”“基本上是从需要替代性的角度出发”“并根据需要考虑供给替代性”，依据交易对象商品或服务的不同、地域的不同、交易阶段的不同以及交易对象的不同进行界定。

在现有的不正当限制交易的案例中，对“一定的交易领域”作出了如下认定。

Ⅰ即食拉面价格卡特尔案

（公取委劝告审决昭和 49・3・26 审决集第 20 卷第 346 页）

针对 6 家即食拉面厂商协同上涨即食拉面的建议零售价以及批发店和量贩店的销售价格的行为，审决指出“6 家公司一直以来协商决定即食拉面的建议零售价，并以大概其七成的价格作为自己的销售价格”“6 家公司除向批发商销售即食拉面外，还向大规模零售商、消费生活协同合作社等大量销售即食拉面的零售商（以下简称量贩店）直接销售”，据此认定本案的“一定的交易领域”为“日本即食拉面制造商销售市场”。

Ⅱ汇款手续费协议案

（公取委劝告审决平成 16・7・27 审决集第 51 卷第 476 页）

香川县内学校等的伙食费、教材费等（以下简称学校各类费用）除通过一般账户转账的方法收取外，收取方法还有：学校等通过在香川县内 6 家金融机构中的 5 家中的任意一家开办存款账户并与其签订特别转账协议的方式由转账签约金融机构自动扣除学校各类费用，以及根据转账相关委托协议将从学生等的监护人在其他 4 家金融机构中的任意一家开设的存款账户中扣除的学校各类费用存入学校等的存款账户（以下简称学费系统）。针对 5 家金融机构协同收取以往从未收取过的转账手续费的行为，本案认定“一定的交易领域”为“通过学费系统提供的学校各类费用转账服务市场”。

Ⅲ塑料砖协同涨价案

（公取委劝告审决昭和 55・2・7 审决集第 26 卷第 85 页）

针对占据日本半硬质塑料地板砖（以下简称塑料砖）大部分销售份额的 4 家公司协同提高塑料砖销售价格的行为，基于“塑料砖分为市面商品（笔者注：2 毫米厚）和 3 毫米厚两种，而其中市面商品占绝大多数”“4 家公司直接或通过批发商将市面商品提供给工程商。而 4 家公司即使是通过批发商将市面商品提供给工程商，通常也是将 4 家公司决定的向工程商销售的价格扣除批发商佣金后的价格作为销售价格进行销售”的事实，认定本案的“一定的交易领域”为“市面商品的销售市场”。

案例 39　石油投标价格协定案

（东京高判昭和 31・11・9 行裁例集第 7 卷第 11 号第 2849 页［27486736］）

1. 案情概要

日本石油等 10 家公司达成共识，以旧统制价格为基准对统制废弃后的大宗需求者销售的石油产品进行自律销售，并共同以该价格参与投标。公平交易委员会对此作出审决。日本石油等 10 家公司不服，提起了取消审决的诉讼（驳回请求）。

2. 案件焦点

面向大宗需求者的直接销售市场是否构成一定的交易领域。

3. 法院的判断

“原告的石油制品是石油总经销商通过各自旗下的配给渠道向消费者以及政府机关等所谓大宗需求者直接销售的方式展开销售的。因此，包含上述两类方式在内的日本国内石油制品销售市场与其他种类商品相区别并独立构成一个交易领域。其中，针对大宗需求者进行的石油制品销售是由这些原告石油总经销商一同获得参加投标以及报价等机会后进行的。这些石油总经销商以大宗需求者为共同客户，通过向其提供同种商品的方式相互竞争，因此，石油制品销售市场这一整体又可以进一步细分为石油总经销商面向大宗需求者的直接销售市场，该市场与石油总经销商通过旗下所拥有的渠道向一般需求者进行的销售相区别而单独形成一个‘竞争圈’。”

4. 注意事项

本案中“一定的交易领域”的界定既肯定了石油制品销售市场这一整体市场，又进一步肯定了面向大宗需求者的直接销售市场这一细分市场。即肯定了“一定的交易领域”的多层性。

案例 40　石油联盟生产调整刑事案

（东京高判昭和 55・9・26 高裁刑集第 33 卷第 5 号第 359 页［27486275］）

1. 案情概要

①以精炼石油经营者、石油制品销售者以及同时兼营精炼石油经营业务和石油制品销售业务的经营者为会员组成的石油联盟，决定会员的石油处理量并要求会员依此实施。

②公平交易委员会就上述行为下达审决并向总检察长提起了请求刑事处罚的告发。但是，法院以本案缺乏违法性认识为由判定全员无罪。

2. 案件焦点

精炼石油市场能否被界定为“一定的交易领域”。

3. 法院的判断

“原油处理是将原油放置于蒸馏装置精炼石油，因此，将原油处理本身界定为交易领域存在困难，在精炼石油经营者之间是就原油处理量展开的竞争，而不是在交易领域展开的竞争。但是，原油处理的目的是生产能够成为商品的石油制品，而所生产的石油制品中大部分又是由同时从事石油精炼的石油总经销商或者与石油精炼经营者合作的石油总经销商进行销售的，在石油总经销商之间存在销售竞争，并形成相应的竞争市场。这一市场可以依据石油制品种类的不同而进一步细分，但是由于还存在除冲绳县以外的石油总经销商在日本国内整体展开销售竞争的石油制品市场，故可以将其作为一个交易领域来把握。

本案中的各项行为，是对除冲绳县以外的日本几乎全部的精炼石油经营者的原油处理量所进行的限制，并且从既已认定的规模、方式和效果来看，上述限制构成对整体石油制品市场竞争的实质性限制，因此前述市场可以被认为形成‘一定的交易领域’。”

4. 注意事项

尽管本案行为限制的是非交易对象的原油处理量，但会因此导致对整体石油制品市场竞争的限制，由此认定石油制品市场构成“一定的交易领域”。

案例 41　旭矿末审决取消请求案

（东京高判昭和 61・6・13 行裁例集第 37 卷第 6 号第 765 页［27800808］）

1. 案情概要

从事石灰石粉末生产销售业务的原告，在福岛县田村郡地区开采并供应石灰石，而从事水泥生产销售的案外人住友水泥也在该地区开采并供应石灰石。

两家公司（同时包含各自关联公司）前后 3 次签订协议，约定双方在田村郡地区所拥有的石灰石矿区未经对方同意不得向第三人转让、设置抵当权或租矿权等，且不得将开采权向第三人转让、提供担保或设置租矿权等。此外双方还约定，住友水泥不在大越地区进行石灰石粉末等的生产销售，原告未经住友水泥同意不得生产水泥以及不得向住友水泥的竞争对手提供石灰石等。

公平交易委员会对两家公司作出审决认定其实施了“不正当限制交易”行为。对此，原告单方提起了取消审决的诉讼。本案请求被驳回后，原告又提起上告，但最终仍被驳回。

2. 案件焦点

“福岛县田村郡地区的石灰石供给”能否构成“一定的交易领域”。

3. 法院的判断

"《反垄断法》第2条第6款中的'一定的交易领域'是指特定行为造成实质性限制竞争影响的范围，该范围根据具体行为以及交易的对象、地域、方式等进行界定。

本案审判决定中指出……田村郡地区开采的石灰石大多为白度在90%以上的结晶质石灰石，既可用于水泥生产，也可用于石灰石粉末生产，事实上也主要作为水泥以及石灰石粉末的原料使用。尽管田村郡地区所拥有的前述白度较高的石灰石的产量是静冈县以东地区埋藏的同种石灰石矿产量中最大的一个，但是在田村郡地区开采的石灰石，因其运输限制以及运费与产品价格的关系等难以实现远距离供应。要在该地区从事水泥以及石灰石粉末的生产，往往难以获得其他地区石灰石的供应，而不得不依赖于该地域及其周边地区开采的石灰石。然而，田村郡地区可供开采的大部分石灰石都埋藏在原告（包含原告持有或持有股份过半的公司）以及住友水泥所拥有的石灰石矿区，在田村郡地区从事水泥生产的只有住友水泥一家，该公司从自家矿产开采并供应用于水泥生产的石灰石，但是从原告以及住友水泥各自所有的矿区内的石灰石品质和埋藏量来看，两公司开采的石灰石，除用于石灰石粉末的生产外，也在相当长的期间内持续供应于水泥生产，田村郡地区不存在可以替代两家公司的其他经营者。基于上述各项事实可以认为，前述认定合理、值得肯定。

综合考虑前述事实以及不否认住友水泥以外的水泥生产商进入田村郡地区的可能性，虽说在田村郡地区开采的石灰石目前主要供应于石灰石粉末的生产，但是同时也供应于水泥生产……如果两家公司石灰石的供应对象均受到限制，可以预测田村郡地区用于石灰石粉末生产和水泥生产的石灰石的需求供给关系在整体上都会受到限制竞争的影响。据此，本案审决认定在田村郡地区存在面向水泥生产商的包含潜在供给在内的石灰石供给交易市场并无不合理之处，该认定并不欠缺实质性证据。"

4. 注意事项

本案在一个相对有限的地域范围内界定一定的交易领域。而除了石灰石粉末的品质、用途、运输成本等因素外，本案在认定一定的交易领域时还有一个特点就是纳入了对 “面向水泥生产商的潜在供给”的考虑。

案例 42 标签串通投标刑事案

（东京高判平成 5・12・14 高裁刑集第 46 卷第 3 号第 322 页［27817495］）

1. 案情概要

参照案例 36。

2. 案件焦点

本案如何界定“一定的交易领域”。

3. 法院的判断

“交易是围绕一定商品或者服务的需求和供给而进行的双边的经济活动，因此，如果只限定于从社会保险厅中标、接受订货的单边行为进行判断就存在不妥。要通过促进公平且自由的竞争来达到确保消费者的利益、促进国民经济民主健康发展的目的，从将一定行为作为规制处罚对象的《反垄断法》的主旨以及社会经济性交易的复杂化、流通过程的多样化现状考虑，在判断‘一定的交易领域’时……不能依据‘交易阶段’等既定的概念机械地进行理解，而应当根据交易的对象、地域、方式等，探讨违法行为人共同行为的交易对象以及由此受到影响的范围，进而界定竞争受到实质性限制的范围并决定‘一定的交易领域’（东京高判昭和 61・6・13 行裁例集第 37 卷第 6 号第 765 页）（笔者注：参照旭矿末审决取消请求案，案例 41）。

本案中，被告 4 家公司的职员实施的串通投标及合意的内容……从交易阶段来看，虽然可以分为（1）从社会保险厅中标、接受订货的经营者及其价格以及（2）从中标经营者处获得订单的次经营者及其价格这两个部分，但是既然未成为指名投标参与者的日立信息也是参与前述串通投标及合意的一员，要实现其以次经营者的身份平分所得利益之目的，就应当存在共同决定中标经营者的发货价格（次经营者的订货价格）的情况，从结果上（1）和（2）应视为不可分的一个合意整体。

如此来看，合意的对象交易及竞争自由因此受到限制的范围应该是……社会保险厅订购的本案标签经由中标经营者、次经营者、卷材标签经营者等从制造到社会保险厅收货的一系列交易中，从社会保险厅到次经营者阶段与订货、销售相关联的交易，应当作为本案的‘一定的交易领域’，是在现实上因本案串通投标和合意而使竞争受到实质性影响的交易领域。”

4. 注意事项

本案中“一定的交易领域”是指“经由中标经营者、次经营者、卷材标签经营者等从制造到社会保险厅收货的一系列交易中，从社会保险厅至次经营者阶段与订货、销售相关联的交易”。

②实质性限制竞争

对于“实质性限制竞争”的解释，是以东宝·斯巴鲁案东京高等法院判决（案例 119）中“实质性限制竞争是指减少竞争，使得特定的经营者或经营者团体能根据其意思在某种程度上自由地左右价格、品质、数量及其他条件，并因此出现或至少将会出现能够支配市场的状态”这一判决解释为基础的。

从既有的不正当限制交易案件来看，对于是否达到“在某种程度上自由地左右价格、品质、数量及其他条件，并因此出现或至少将会出现能够支配市场的状态”的判断，大概可以推测“市场份额达到 50% 以上”是其中的一个标准。

Ⅰ高松市豆腐价格卡特尔案

（公取委劝告审决昭和 43・11・29 审决集第 15 卷第 135 页）

在高松市豆腐零售市场占据市场份额 50% 的 7 家豆腐销售商共同提高豆腐价格的行为被认定为“实质性限制高松市豆腐销售领域的竞争”。

Ⅱ进口图书价格协同案

（公取委劝告审决平成 8・5・31 审决集第 43 卷第 314 页）

为 6 所国立大学提供特定外币支付图书（进口外国图书的销售商通过与 6 所国立大学签订特别随意合同①的方式订货，不签订进口总代理店合同而直接以外币支付的方式进口国外新上市图书）的进口销售商，在国外新上市图书外币零售价格的基础上增加必要费用等（加价金额）作为标准零售价格进行销售。在 6 所国立大学的总支付金额占比过半的 7 家进口销售商共同决定最低加价金额的行为，被认定为实质性限制竞争。

案例 43　东宝・新东宝案

（东京高判昭和 28・12・7 高裁民集第 6 卷第 13 号第 868 页［27486731］）

1. 案情概要

参照案例 35。

2. 案件焦点

何种状态足以达到“实质性限制竞争”。

3. 法院的判断

“实质性限制竞争是指减少竞争，使得特定的经营者或经营者团体

① 特别随意合同是指国家或自治体在进行公共项目的招标时，不通过竞争投标，而是通过指定特定经营者的方式签订的合同。

能根据其意思在某种程度上自由地左右价格、品质、数量及其他条件，并因此出现支配市场的状态……换言之，所处状态下，其他竞争经营者在从事经营活动的过程中无法摆脱该经营者或经营者团体的意思约束自主决定价格、品质、数量等并因此获得足够的利润以维持生存。在什么情形下形成这样的市场支配状况是一个相对的问题，无法一概而论，且与当时各方面经济条件密切相关。仅仅根据市场上经营者的供给（或需求）数量是无法决定的。因此，未根据各方面因素进行考量，而仅仅依据原告掌握着日本 1/3 电影的发行这一事实，无法直接证明原告以及新东宝的竞争对手松竹、大印等经营活动的自由受到约束。审决中关于这一问题的认定缺乏实质性的证据。”

4. 注意事项

本案判决在引用东宝・斯巴鲁案（案例 119）关于“实质性限制竞争”的解释后补充指出“换言之，所处状态下，其他竞争经营者在从事经营活动的过程中无法摆脱该经营者或经营者团体的意思约束自主决定价格、品质、数量等并因此获得足够的利润以维持生存”。所补充的内容并非仅仅是对东宝・斯巴鲁案解释的简单“换言”，而是达到了对构成要件要求更加严格(因此认定产生实质性限制的案件减少)的效果。而《企业合并指南》在对“实质性限制竞争”的解释中也引用了本判决前段部分的内容。

案例 44　多摩串通投标（新井组）案

（最一小判平成 24・2・20 民集第 66 卷第 2 号第 796 页、审决集第 58 卷第 2 分册第 148 页［28180414］）

1. 案情概要

新井组等 33 家企业约定，在财团法人东京都新都市建设公社（以下简称公社）发起的工程招标活动中，（1）事先约定预定中标人，（2）中标价格由预定中标人决定，预定中标人以外的经营者配合预定中标人按照其决定的价格中标。

2. 案件焦点

何种状态足以达到“实质性限制竞争”。

3. 法院的判断

“鉴于《反垄断法》是通过促进公平且自由的竞争来达到确保消费者的利益、促进国民经济民主健康发展之目的（第1条），该法第2条第6款中所指的‘在一定的交易领域实质性限制竞争’是指，损害该交易相关市场所拥有的竞争机能，而在如本案基本合意通过约定在一定投标市场上中标调整的基本方法和顺序等来限制竞争的情形下，是指当事人通过协商达到能够根据其意思自由左右该投标市场上的中标人以及中标价格的状态。此外，本案基本合意的当事人及对象工程的规模、内容等……公社对于预定价格在500万日元以上的工程招标是采用工程意向型指名竞争投标的方式，而对于大规模工程以及高施工技术要求的工程，原则上则是通过优先选定在有意向参加投标的经营者的等级排位中排位靠前的经营者为指名经营者的方式进行选择，且实际中更多是等级较靠前的建筑承包商被选定为指名经营者。对于等级A以上的土木工程，即便在有意向参加投标的位居等级A序列的经营者中，本案33家企业以及其他47家企业被选定为指名经营者的可能性也更高，且基于本案基本合意的个别中标调整……可以期待得到其他47家企业和本地经营者的协助以及相应的竞争回避，综上考虑，本案基本合意达到了上述可以自由左右中标人以及中标价格的状态。并且……本案工程期间公社发起的特定土木工程中相对数量的工程事实上基于本案基本合意进行了中标调整，而其中大部分工程由预定中标人或其JV中标，且大部分是以超过97%的高中标率中标的。据此可以认定，本案工程期间，公社发起的包含特定土木工程在内的等级A以上的土木工程相关招标中的相当一部分招标事实上受到了约束力的影响。因此，本案基本合意满足第 2 条第 6 款中的‘在一定的交易领域实质性限制竞争’要件。”

4. 注意事项

本案延用了东宝・新东宝案（案例 43）中对于实质性限制竞争的定义，认为是指“能够在一定程度上自由左右（中标人或价格等）的状态”。

案例 45　技研系统案

（公取委审判审决平成 12・8・8 审决集第 47 卷第 224 页）

1. 案情概要

公平交易委员会就千叶市发包的测量业务认定 91 家公司实施了串通投标并对其发出劝告。其中 90 家公司作出了应诺，但作为“下田项目”中标人的被审人未作出应诺，本案就是对此进行的审判审决。

劝告所针对的案件事实如下。千叶市指名了包含被审人在内的 10 家公司为指名投标人，而上述 10 家公司在出席的集会中约定由 T 公司作为预定中标人。但是希望自己中标的被审人不遵循约定，且在与 T 公司的谈判以失败告终后，两家公司最终分别以各自的价格参加投标。其他 8 家公司则试图协助 T 公司中标。而最终由被审人中标。

审决认定不存在违法事实。

2. 案件焦点

参与有关中标调整集会的经营者，在不遵循集会上有关中标调整的约定而独自报价参与投标的情形下，能否依旧认定其参与中标调整。

3. 公平交易委员会的判断

“被审人的 S 课长在参加本案集会时，T 公司的 H 部长向其说明了本案合意的内容，并请求其协助 T 公司成为预定中标人。但 S 课长向 H 部长表明了被审人希望自己中标的意愿。在本案集会以后至中标期间，H 部长多次致电请求被审人协助 T 公司成为预定中标人，但被审人均不应邀。而被审人应 H 部长的请求在投标当日与其会面后，依旧拒绝了其协助 T 公司中标的请求。如此，被审人一直未接受 T 公司关于中标调整的邀请（因此，H 部长也告知了其他 8 家被指名投标人）。被审人的上述行为，不被认定属于依照本案合意在存在多个中标意向人的情形下的中标意向人通过谈判等方式约定预定中标人的行为。尽管 S 课长是在知悉本案合意的内容以及本案集会的目的是进行下田项目的中标调整的前提下出席集会的，但是这也不足以认定被审人根据本案合意参与了下田项目的中标调整。"

4. 注意事项

本案判决认可了技研系统在审判中的辩解而认定其未参与串通投标。在这一意义上，本案可以说是审判制度发挥作用的一个代表性案例。本案中的"下田项目"是一个由 2 家公司"相互断打的项目"，最终中标率仅有 60%。审决作出上述判断也理所应当。

（3）违法性阻却要件

前文亦已指出，尽管满足"行为要件"和"效果要件"在形式上成立"不正当限制交易"，但即便如此，如果相关行为不违反"公共利益"则因违法性受阻却而不构成"不正当限制交易"。因此，"违反公共利益"也被称为违法性阻却要件。

关于"公共利益"的解释，长期依据的是胶合板投标价格协定案（案例 46）中的解释。该案审决指出，"共同决定价格等行为，违反了《反垄断法》第 1 条规定的保护自由竞争这一核心精神，阻碍了投标制度的优势发挥，因此，该行为自身违反公共利益"。此后的不正当限制交易案件中则认为无须对"公共利益"作出特意的解读。

而之后的石油价格卡特尔刑事案最高裁判决（案例 47）对胶合板投标价格协

定案中关于“公共利益”的解释作出了修正。该案判决指出，“‘违反公共利益’原则上是指违反该法直接保护的法益即自由竞争的经济秩序，即便已实施的行为在形式上符合前述情形，但前述法益与该行为所保护的法益相比较，在实质上并不违反第 1 条规定的‘确保消费者的利益，促进国民经济民主健康地发展’这一最终目的的例外情形下，排除适用前述规定的‘不正当限制竞争’行为”。

在第 1 次东京都水表串通投标刑事案东京高等法院判决（案例 48）中，针对被告所提出的串通投标的实施因出于保护中小企业这一目的而具有违法性阻却事由的主张，判决指出“尽管也存在保护中小企业竞争的一面，但是将水表的投标价格设置在接近于东京都预定单价的行为，已经侵害了《反垄断法》的价值而具有违反国民经济利益之危险”，不认同其违法性被阻却。

案例 46　胶合板投标价格协定案

（公取审判审决昭和 24・8・30 审决集第 1 卷第 62 页）

1. 案情概要

参照案例 32。

2. 案件焦点

如何解释第 2 条第 6 款中所指的“违反公共利益”。

3. 法院的判断

“本案经营者在参与公共投标时（本案中的报价投标是投标形式的一种，但并不属于会计法规上的竞争投标）的共同决定价格等行为，违反了《反垄断法》第 1 条规定的保护自由竞争这一核心精神，阻碍了投标制度的优势发挥，因此，该行为自身违反公共利益。协定价格的内容是否妥当、经营者是否获得不当利益以及是否给国家带来损失等事项并非判断是否违反公共利益的标准。”

4. 注意事项

公平交易委员会长期以来主要依据本案判决对“违反公共利益”进行解释，而现在主要依据石油价格卡特尔刑事案（案例 47）进行解释。

案例 47　石油价格卡特尔刑事案

（最二小判昭和 59·2·24 刑集第 38 卷第 4 号第 1287 页［27801091］）

1. 案情概要

参照案例 37。

2. 案件焦点

“违反公共利益”能否解释为“违反包含生产者和消费者双方在内的国民经济全体的利益”。

3. 法院的判断

“鉴于《反垄断法》的立法宗旨、目的及其修订过程，该法第 2 条第 6 款中的‘违反公共利益’原则上是指违反该法直接保护的法益即自由竞争的经济秩序，但将前述法益与该行为所保护的法益进行比较后可以认为，在实质上并不违反第 1 条规定的‘确保消费者的利益，促进国民经济民主健康地发展’这一最终目的的例外情形下，即使已实施的行为在形式上符合前述情形，也可以排除适用前述有关‘不正当限制竞争’行为的规定。”

4. 注意事项

关于第 2 条第 6 款“违反公共利益”的解释，判决在指出“违反自由竞争的经济秩序”这一原则的基础上，指出“即便已实施的行为在形式上符合前述情形，但将前述法益与该行为所保护的法益权衡比较后可以认为”，实质上并不违反第 1 条规定的“最终目的”的例外情形不属于“‘不正当限制竞争’行为”。但是该判决并未对何谓“例外情形”作出具体说明。

案例 48　第 1 次东京都水表串通投标刑事案

（东京高判平成 9・12・24 高裁刑集第 50 卷第 3 号第 181 页［28035051］）

1. 案情概要

在 1996 年东京都以指名竞争投标的方式发起的水表招标项目中，在 1995 年被指名为投标参与者的各家公司就基于应中标比率达成中标合意的同时约定，由事先选出的负责人在每次投标时告知各家公司预定中标人和预定中标价格，各家公司据此进行投标或报价以确保预定中标人中标。

高等法院对 25 家公司处以罚款（500 万至 900 万日元）并对 34 名行为人个人处以 6 至 9 个月的有期徒刑（缓期 2 年执行）。其中 2 家公司和 1 名行为人对量刑不服提起了上告，但均被驳回。

2. 案件焦点

本案中的串通投标能否因具有保护中小企业之目的而认定其不违反“公共利益”。

3. 法院的判断

“国家以及地方公共团体的买卖及其他合同大致上与国民经济的利益或负担、行政目的达成的利益或负担（最终成为国民的经济利益或负担）以及包含中小企业在内的经营关系者的利益或负担三方面相关。因此，当上述利益出现对立时，在对限制竞争的罪行的违法性等进行判断时，必须以法令所认可的价值为中心，基于法律的主旨对上述利益等的优劣进行判断。”

“保护中小企业的措施是由国家以及地方公共团体来实施的，不但不允许经营关系者代为之，而且只有当其优越于《反垄断法》等所认可的法律价值时才能被作为《反垄断法》法律责任适用时的违法性阻却事由。而本案串通投标中，包含中小企业在内的经营关系者全体实施了限制竞争的行为，尽管也存在保护中小企业竞争的一面，但是将水表的投标价格设置在接近东京都预定单价的行为，已经侵害了《反垄断法》的价值并具有违反国民经济利益之危险，显然不能主张其立场优越，因此不能认同其违法性被阻却。”

4. 注意事项

本案判决指出，国家以及地方公共团体的投标合同中包含了（1）国民经济的利益或负担，（2）行政目的达成的利益或负担，（3）包括中小企业在内的经营关系者的利益或负担这 3 个要素。但是，（3）常常与（1）和（2）出现矛盾，在投标合同制度的运用上，如果对（3）过于重视则可能导致投标合同制度优势难以有效发挥。本案是地方公共团体等将投标参与者限定在较小的地域范围内并以限制竞争的方式运用该制度的一个代表案例，而本案中上告人也是基于此提出的主张。

专栏

2

串通投标是二阶卡特尔

串通投标首先达成的是“基本合意”，即“对于政府机关 X 发起的建设工程招标项目，在投标参与者中选定预定中标人，其他投标参与者协助预定中标人中标”，这是“第一阶段的卡特尔”。其后，在政府机关 X 每次实际发起建设工程招标时，再就“预定中标人的确定”进行“个别合意”，即“第二阶段的卡特尔”。在建设工程中，由于招标标的不同会导致招标规模及其内容出现差异，因此不得不采用“二阶卡特尔”。

日本曾经存在基于《关于环境卫生相关业务运营的正当化法律》的理发费卡特尔（原本属于《反垄断法》适用除外情形，但在 1995 年的修订中被废止），这也属于“二阶卡特尔”。具体而言，理发业的全国团体首先设定“正当化标准”，再由都道府县的支部基于该标准设置“正当化规章”来实施理发费卡特尔。由于理发业在各地区的情形均有差异，即便在理发业中存在“正当化标准”，也可能存在例如在A县未设定“正当化规章”的情形，这就导致即便存在全国性理发费卡特尔，但在A县的理发业中却不存在理发费卡特尔的情形。

理发业中的“正当化标准”相当于串通投标中的“基本合意”，“正当化规章”则相当于“个别合意”。在串通投标中，也可能出现虽然存在“基本合意”，但是预定中标人无法最终确定在1个经营者上，即不存在“个别合意”的情形。不存在“个别合意”的情形与理发业中A县未设置“正当化规章”的情形相同，都被认为是“未实施卡特尔”。

但是在协和EXEO案（东京高判平成8·3·29审决集第42卷第424页，判时第1581号第37页［28011566］）（案例100）（尽管预定中标人由10家缩小至2家，但最终还是难以选定1个经营者作为预定中标人的案件）中，判决认为，“竞争者缩小至2个经营者也会产生一定的调整效果”。这个判决就存在未意识到串通投标存在“二阶卡特尔”的问题。

而在多摩串通投标（新井组）案（最一小判平成24·2·20民集第66卷第2号第796页、审决集第58卷第2分册第148页［28180414］）（案例44）中，判决对于适用课征金的对象工程作出了具体的判断标准，即（1）属于“基本合意”的对象工程，（2）是基于“基本合意”作出的“个别合意”的结果，（3）导致具体限制竞争效果的发生。这一判断在意识到串通投标具有“二阶卡特尔”特征的基础上，明确了成为课征金对象的3个条件，具有一定的妥当性。

（铃木　满）

专栏

3

不正当限制交易的成立时期

在笔者任职于公平交易委员会审查部（现审查局）的20世纪60年代后期，在价格卡特尔案件审决的“法令适用”一栏中，需要认定“○○公司决定并实施提高×××的销售价格的行为违反公共利益，对日本×××的销售市场造成实质性限制竞争的影响……”这里的“实施”是指“合意内容（涨价）的实施”。因此，调查官有必要对实施的状况（是否依据合意实施涨价行为）进行调查。

对此持有疑问的笔者在担任静冈县家用薄纸工业合作社案（该合作社协商决定提高合作社成员厕纸等的销售价格以及停止造纸机运转的案件）[昭和49（劝）30]的审查官（长官）时，为明确所谓“具有实效性的合意”，在劝告书的“事实”一栏中记载“静冈薄纸工业合作社成员基于前述决定，至1974年7月上旬向客户分发了700份关于涨价的通知文书”，并在拟定实施本案厕纸等涨价行为之日（1974年7月21日）的前一天（7月20日）下达排除劝告。据此明确了“只要是具有实效性的合意，在达成合意的时间点即违反《反垄断法》”的观点。

这一观点在石油价格卡特尔刑事案（最二小判昭和59·2·24刑集第38卷第4号第1287页[27801091]）（案例37）中得到进一步认可。该案判决指出，“经营者通过与其他经营者协商决定价格等达成对经营活动进行相互约束的合意的，如果该合意违反公共利益并对一定交易领域的竞争造成实质性限制，即违反《反垄断法》第89条第1款第1项，而不要求各经营者开始实施前述决定的内容或既定的实施时期确实到来才能成立该罪”，认定达成合意的时间点即成立不正当限制竞争罪。在这一情形下，合意具有实效性便成为必然的前提。

另外，在近年的审决以及排除措施命令中，更多使用的是“〇〇公司达成提高 ××× 销售价格的合意，违反公共利益……”省略了“实施”的表述。

（铃木　满）

专栏

4

“行政指导”与不正当限制交易的成立与否

即便以往应当按照“民·民”的方式予以解决的案件，现今出于依据行政机构的“指导”能够更顺利地推进案件的考虑，更多采用的是借助于行政机构的指导由行政机构对“民”进行应对的方式。原通商产业省发布的《关于纤维业减产及设备废弃的指导》等就尤为有名，由官僚所组织的串通投标也类似于该类行为。在因不服公平交易委员会的处分而向法院提起的取消处分诉讼中，原告提出“其行为依据行政指导而实施，违法性受阻”的主张并不少见。那么，“行政指导”与不正当限制交易的成立究竟存在怎样的关系呢？

能够明确回答这个问题的，应该是石油价格卡特尔刑事案（最二小判昭和 59·2·24 刑集第 38 卷第 4 号第 1287 页［27801091］）（案例 37）。该案判决对于行政指导是否符合违法性阻却事由的问题指出，“即使是在石油业法中无直接依据而作出的关于价格的行政指导，在确有必要的情形下，只要是依据社会共识所认可的方法实施，且与《反垄断法》‘确保消费者的利益，促进国民经济民主健康地发展'的最终目的不存在实质性抵触，就没有理由认定其违法。即便在经营者之间达成的价格合意在形式上违反《反垄断法》的相关规定，如果其依照的是合法的行政指导并协助该指导实施，其违法性就受到阻却”。

此外，在确认本案中原通商产业省的行政指导合法的基础上，本案判决还指出，“本案中的被告不过是就不同石油制品涨价上限的行业理想方案达成合意，且前述理想方案是在获得通商产业省认可的前提下从指定期限开始至认可期限为止各公司一同涨价的合意，这明显不能被认为是依照行政指导并协助该指导实施的行为”，最终认定违法性未受到阻却。

基于该案判决，公平交易委员会在1994年6月发布了《行政指导指南》并明确指出“如法令中存在有关建议、指导、劝告、指示等具体规定的行政指导，其目的、内容、方法等必须与法令的规定相一致，相对人依据各自的自主判断，只要依照上述《行政指导指南》实施，该《行政指导指南》相对人的行为在《反垄断法》上就不构成违法”，同时还指出，“只要没有《反垄断法》适用除外的规定，即便是因该行政指导诱发的行为，如果符合《反垄断法》违法行为的要件，也不妨碍《反垄断法》对该行为的适用”，认为即便是依照行政指导实施的行为也不阻却其《反垄断法》上的违法性。此外，对于法令中没有具体规定的行政指导，如果因该行政指导诱发的行为符合《反垄断法》违法行为要件，也不妨碍《反垄断法》对该行为的适用。

该《行政指导指南》自发布以来，行政机构在事前获得公平交易委员会对指导内容不与《反垄断法》相抵触的认可成为惯例。这也使得越来越多接受《行政指导指南》的经营者或经营者团体会向拟实施指导的行政机构确认“该行政指导是否在事前获得公平交易委员会的认可”。

（铃木　满）

第2条第7款、第8款【垄断状态】（略）

第2条第9款【不公平的交易方法】

概 要

1. 沿革

1947年《反垄断法》制定之初，在第2条第6款中对不公平的竞争方法作出了定义，将拒绝交易（第1项）、差别对价（第2项）、不正当廉价销售（第3项）、使用不正当利益引诱顾客及强制交易（第4项）、附加排他性条件交易（第5项）、附加约束性条件交易（第6项）这6类行为界定为不公平的竞争方法，此外，还在第7项规定中包含了“违反公共利益的竞争手段……公平交易委员会指定的行为”。也就是说，除6类行为外，不公平的竞争方法的认定采取的是由公平交易委员会指定的方式。截至1953年，公平交易委员会指定了酱油业、味噌业、酱料业、咖喱粉及胡椒业、海运业共计6个行业的不公平的竞争方法。

在1953年《反垄断法》的修订中，“不公平的竞争方法”被修改为概念更为宽泛的“不公平的交易方法”，并在第2条第7款中作出了相应的规定。根据第7款的规定，“不公平的交易方法是指符合下述任何一项的行为，在具有阻碍公平竞争可能性的行为中，由公平交易委员会指定的行为”，并规定了差别对待（第1项）、不正当对价（第2项）、使用不正当利益引诱顾客及强制交易（第3项）、附加约束性条件交易（第4项）以及新增的利用不正当地位（第5项）和对竞争对手的交易妨碍及内部干涉（第6项）共计6类行为。也就是说，具有阻碍公平竞争可能性的6类行为由法律进行规定，公平交易委员会在该框架内再对不公平的交易方法进行具体指定（定义）。换言之，第2条第7款并不是将不公平的交易方法的认定全权委任给公平交易委员会，而是在限定的范围内委任公平交易委员会进行指定。

在1953年9月1日，公平交易委员会基于第2条第7款的规定制定了1953年一般指定。1953年一般指定中指定了12类不公平的交易方法，分别是拒绝交易（第1项）、差别对待（第2项）、共同行为等内部差别对待（第3项）、差别对价（第4项）、不正当廉价销售及不正当高价买入（第5项）、使用不正当利益引诱顾客及强制交易（第6项）、附加排他性条件交易（第7项）、附加约束性条件交易（第8项）、干涉交易对象的董事选任（第9项）、滥用优势地位行为（第10项）、对竞争对手的交易妨碍（第11项）以及对竞争对手的内部干涉（第12项）。

在1977年的修订中，不公平的交易方法的定义规定由原来的第2条第7款变更为第2条第9款。

为确保不公平的交易方法更加符合实际情形，公平交易委员会在1982年6月对1953年一般指定作出了全面修订（以下简称1982年一般指定），指定了共同拒绝交易（第1项）、其他交易限制（第2项）、差别对价（第3项）、交易条件等差别对待（第4项）、经营者团体的差别对待（第5项）、不正当廉价销售（第6项）、不正当高价买入（第7项）、欺骗性引诱顾客（第8项）、使用不正当利益引诱顾客（第9项）、捆绑销售（第10项）、附加排他性条件交易（第11项）、限制转售价格（第13项）、滥用优势地位（第14项）、对竞争对手的交易妨碍（第15项）以及对竞争对手的内部干涉（第16项）这16类行为为不公平的交易方法。

而在2009年的修订中，除将部分不公平的交易方法纳入课征金的对象违法行为外，还对不公平的交易方法的定义方式作出了变更。即适用课征金的不公平的交易方法改为由法律确定，并在第2条第9款中分别对共同拒绝交易（第1项）、差别对价（第2项）、不正当廉价销售（第3项）、限制转售价格（第4项）和滥用优势地位（第5项）作出了定义。而不属于上述行为（不适用课征金制度）的不公平的交易方法则通过公平交易委员会的告示进行指定。这是为确保不公平的交易方法适用课征金而对定义方式作出的相应变更，而并非对不公平的交易方法的范围进行的调整，规定的内容与修订之前第 2 条第 9 款第 1 项至第 6 项第 1 目至第 6 目的内容相同。

2. 一般指定与特殊指定

不公平的交易方法具体分为一般指定和特殊指定两种类型。一般指定是为应对日本经济形势，对广泛领域中可能发生的不公平的交易方法的一般类型作出的指定；而特殊指定则是对相关特殊领域中可能发生的不公平的交易方法的具体类型作出的指定。一般指定与特殊指定的关系，就犹如一般法与特殊法之间的关系。

目前，特殊指定有如下 3 个告示：

（1）《新闻业特定的不公平的交易方法》（1999 年公平交易委员会告示第 9 号）；

（2）《特定发货人委托物品运送及保管情形下特定的不公平的交易方法》（2004 年公平交易委员会告示第 1 号，以下简称物流特殊指定）；

（3）《大规模零售商与供应商交易中特定的不公平的交易方法》（2005 年公平交易委员会告示第 11 号）。

3. 关于公平竞争阻碍性的三个观点

公平竞争是指市场上的自由竞争不受阻碍，通过提供物美价廉的商品或服务的方式进行竞争的状态。而对此进行阻碍的行为则作为不公平的交易方法被《反垄断法》禁止。

关于阻碍公平竞争的行为，存在以下 3 个观点［反垄断法研究会报告《关于不公平的交易方法的基本观点》（1982 年），即“反垄断法研究会报告”］。第一，可能侵害经营者相互间自由竞争的行为；第二，可能影响以价格、质量、服务为中心的效率竞争的行为；第三，可能阻碍交易主体对于是否交易以及交易条件进行自由及自主判断的行为。

4. “不当”与“没有正当理由”的区别

在不公平的交易方法的 16 类行为中，有 14 类行为包含了关于“不当”的规定，而仅有共同拒绝交易、不正当廉价销售以及限制转售价格 3 类行为规定了“没有正当理由”，将“不当”与“没有正当理由”区别使用。[①]

“不当”通常使用在从外观上无法直接认定具有公平竞争阻碍性，但超过一定限度则可能表现出公平竞争阻碍性的情形。例如，尽管廉价销售本身属于竞争上较为理想的行为，但是受到他方援助实施的极端廉价销售则因具有排除竞争对手参与市场竞争的可能性而被认为具有公平竞争阻碍性。

“没有正当理由”则用于除外规定，是在原则上认为具有公平竞争阻碍性的行为排除适用的例外情形中使用。

（1）第1次奶粉（和光堂）案（最一小判昭和50·7·10民集第29卷第6号第888页、审决集第22卷第173页［27000369］）（案例57）

该案判决指出，“所谓‘正当理由’，从维持公平竞争秩序的角度来看是指相关约束性条件并不具有给交易对象经营活动带来阻碍自由竞争的可能性的行为，在通常意义上看似正当的情形，即与维护竞争秩序没有直接关系，无论从业务经营还是从交易的角度来看都仅仅具有合理性和必要性的情形等，不能被认定为这里所说的‘正当理由’”，认为应当从维持公平竞争秩序的角度对“不当”与“正当理由”进行判断，且不能仅仅因具有业务经营的必要而认定其具有“正当理由”。第1次奶粉（明治商事）案（最二小判昭和50·7·11民集第29卷第6号第951页、审决集第22卷第198页［27000368］）（案例56）也给出了相同观点。

（2）都营芝浦屠宰场案（最一小判平成元·12·14民集第43卷第12号第2078页、审决集第36卷第570页［27805326］）（案例53）

本案判决指出，“要判断行为是否违反不正当廉价销售的规定，应当从维护公平竞争秩序的角度对具体情形下行为的意图、目的、方式、竞争关系的实际情形以及市场状况等进行综合判断”，最终认定本案行为不具有不当性。

（3）东芝电梯案（大阪高判平成5·7·30审决集第40卷第651页、判夕第833号第62页［27817181］）（案例83）

本案判决指出，尽管不当性是从是否阻碍公平竞争的角度进行判断，但是由于“虽然确保商品安全性与直接竞争的主要原因性质不同，但是这有助于确保消

① 16类不公平交易方法中，不正当廉价销售既包含了“不当”的规定，也包含了“没有正当理由”的规定。

费者的利益，涉及广泛意义上的公共利益”，应当将确保商品安全性作为判断“不当”的“一个重要因素”，最终以不具有确保安全性的必要性为由认定本案行为“不当”。

第 2 条第 9 款第 1 项【共同拒绝供应】

概 要

本项对作为课征金适用对象的共同拒绝供应作出了定义。适用课征金的对象行为仅限于 10 年内屡次发生的情形（第 20 条之 2）。此外，不适用课征金的共同拒绝购买的行为被规定在一般指定第 1 款中。

共同拒绝交易中的交易分为供应和采购两个情形，前者被规定在第 2 条第 9 款第 1 项第 1 目中，属于课征金的适用对象，而后者根据第 2 条第 9 款第 6 项第 1 目和第 4 目的规定，被规定在一般指定第 1 款第 1 项中。此外，共同拒绝交易又分为经营者自己实施拒绝交易的直接拒绝交易情形以及经营者要求其他经营者拒绝交易的间接拒绝交易情形。

将以上法律规定与一般指定的构造进行整理，可以得出表 1–2。

表 1–2　关于共同拒绝交易的规定

类别	共同拒绝交易
直接	拒绝供应（第 2 条第 9 款第 1 项第 1 目） 拒绝采购（一般指定第 1 款第 1 项）
间接	拒绝供应（第 2 条第 9 款第 1 项第 2 目） 拒绝采购（一般指定第 1 款第 2 项）

在审决例以及裁判例中，大多是适用 2009 年修订前一般指定第 1 款的规定，以下将针对共同拒绝供应以及共同拒绝采购分别进行介绍。

1. 共同

（1）意义

“共同”即“共同行为”，该行为的成立不仅要求行为外观具有结果上的一致性事实，还要求行为人之间具有实施该拒绝交易行为的“意思联络”。这里的“意思联络”是指多个经营者相互认识、甚至预测到实施相同内容的拒绝交易行为且认同并有意协同步调。

“意思联络”的成立，并不要求具有明示的合意，只要具有认识、甚至预测到实施相同内容的拒绝交易行为且认同并有意协同步调的意思就足矣。上述判断与不正当限制交易中的行为要件——“与其他经营者共同”的判断基本相同。

上述观点在手机铃声案东京高裁判决（案例 49）中得到了明确。在该案中，5 家音像公司共同出资设立经营来电铃声业务的公司，5 家音像公司共同向该公司委托手机铃声业务并共同拒绝向其他经营手机铃声业务的经营者提供音乐的原版使用许可。5 家音像公司的上述行为被认定构成共同拒绝交易。

案例 49　手机铃声案

（公取委劝告审决平成 17・4・26 审决集第 52 卷第 348 页、公取委审判审决平成 20・7・24 审决集第 55 卷第 294 页、东京高判平成 22・1・29 审决集第 56 卷第 2 分册第 498 页）

1. 案情概要

5 家大型音像公司（以下简称 5 家公司）共同出资设立经营手机铃声业务的 LABEL MOBILE 公司，并将手机铃声业务委托给该公司。

手机铃声业务是指，将刻录在用于销售的音乐 CD 等音乐原版唱片中的部分歌曲等音乐（音源）设置为手机来电铃声（手机铃声）进行发布的业务。该原版唱片由音像公司等制作，在著作权法上拥有唱片制作者权，因此，将音乐（音源）作为手机铃声供应时，必须事先获得唱片制作者权所有者的使用许可。

由于 LABEL MOBILE 公司的手机铃声业务开展情况良好，部分经营手机铃声业务的其他经营者也向该公司以及 5 家公司申请了使用许可。然而，5 家公司向其他手机铃声经营者提供其拥有唱片制作者权的用于手机铃声的音乐的使用许可的实际情形为，5 家公司中有 3 家公司完全不向其他手机铃声经营者提供，剩下 2 家公司向其他手机铃声经营者提供的比例仅分别为 0.04% 和 0.51%，处于拒绝提供使用许可以及与此相近的状况。

公平交易委员会认为，5 家公司在向 LABEL MOBILE 公司委托业务的同时，共同拒绝向其他手机铃声经营者提供业务经营所需要的音乐使用许可的行为符合 1982 年一般指定第 1 款第 1 项的规定、违反第 19 条的规定，对 5 家公司作出了劝告。

5 家公司中的 1 家公司对该劝告作出了应诺，但此外的 4 家公司未作出应诺。公平交易委员会在随后的审判审决中认定本案行为构成共同拒绝交易。4 家公司又向东京高等法院提起了取消审决的诉讼。

下文，将对本案的最终判断——东京高等法院的判决进行介绍。

2. 案件焦点

5 家公司是否构成共同拒绝提供唱片制作者权的使用许可。

3. 法院的判断

（1）关于拒绝交易的“共同性”的判断标准

“这里（笔者注：1982 年一般指定第 1 款）所说的‘共同’，基于共同拒绝交易的规则主旨，不仅要求行为外观具有结果上的一致性事实，还要求行为人之间具有实施该拒绝交易行为的‘意思联络’。这里的‘意思联络’是指多个经营者相互认识、甚至预测到实施相同内容的拒绝交易行为且认同并有意协同步调。而‘意思联络’的成立，并不要求具有明示的合意，只要具有认识、甚至预测到实施相同内容的拒绝交易行为且认同并有意协同步调的意思就足矣。”

（2）判断

“基于上述各项事实……由于在手机铃声业务开始时必须事先获得音乐的唱片制作者权的使用许可，拥有唱片制作者权的音像公司在经营业务上可以利用其拥有的绝对优势地位，协同拥有唱片制作者权的音像公司一起通过 LABEL MOBILE 公司率先开拓手机铃声供应业务这一新的市场，并尽可能排除音像公司以外的其他经营者的市场进入，同时基于 5 家公司的唱片制作者权保障其利益、开展手机铃声业务……此外，在 5 家公司通过 LABEL MOBILE 公司开展的手机铃声业务步入正轨后，为避免其他手机铃声经营者的市场进入对手机铃声的价格稳定造成影响，利用使用许可的方法拒绝向其他手机铃声经营者提供音乐……从结果上来看，5 家公司也几乎均未通过允许其他手机铃声经营者获得可以设定手机铃声价格的使用许可权向其他手机铃声经营者提供音乐。

综合考虑上述事实后可以认定，5 家公司相互认识到为了避免其他手机铃声经营者进入市场进行价格竞争而实施的拒绝向其他手机铃声经营者提供唱片制作者权使用许可的方式行之有效……并相互默认基于上述认识实施的行动，具有相互协同步调的意思，即可以认为 5 家公司具有拒绝唱片制作者权使用许可的意思联络。”

4. 注意事项

本案中，高等法院首次在判决中明确，共同拒绝交易中“共同”与作为不正当限制交易的要件“共同”的意思相同，除要求行为具有外观上的一致性外，还必须具有意思联络。

（2）直接共同拒绝供应的案例

相关案例包括，拒绝将 Rockman 机械借与非会员的 Rockman 施工工艺的施工业者以及禁止向其转售的行为被认定构成共同拒绝供给的 Rockman 施工工艺案，以及混凝土协同合作社协议约定禁止向非合作社成员的混凝土销售商销售混凝土而仅与合作社成员进行交易的行为被认定构成共同拒绝供给的冈山县南生混凝土协同合作社案。

Ⅰ Rockman 施工工艺案

（公取委劝告审决平成 12・10・31 审决集第 47 卷第 317 页）

依据 Rockman 施工工艺经营下水道管渠埋设工程等土木工程业务的 17 家公司，在由施工企业组成的 Rockman 施工工艺协会设立施工部门会议之际，为防止非会员企业与会员企业在上述工程施工上出现投标竞争，以禁止上述工程施工时使用的建设机械（Rockman 机械）的主要销售商向非会员企业销售或租借 Rockman 机械为前提，制定施工部门会议细则等并要求会员遵守。上述禁止向非会员租借或销售 Rockman 机械的行为被认定构成共同拒绝供给。

Ⅱ冈山县南生混凝土协同合作社案

（公取委劝告审决昭和 56・2・18 审决集第 27 卷第 112 页）

冈山县南生混凝土协同合作社（以下简称混凝土协同合作社）以销售该合作社所售混凝土的混凝土销售商为“代行销售商”，并与其签订交易基本协议进行交易。而为了提高价格维持的实际效果，混凝土协同合作社要求有实力的销售商设立协同合作社，并最终成立冈山县南生混凝土零售商协同合作社（以下简称零售商协同合作社）。混凝土协同合作社其后修改了交易基本协议，增设代行销售商仅限于零售商协同合作社成员的条款，并仅与该合作社成员混凝土销售商签订修改后的交易基本协议，且仅向上述销售商销售混凝土。上述行为被认定构成共同拒绝供给。

（3）间接共同拒绝供应的案例

相关案例包含新泻市出租车券共同拒绝交易案。在该案中，经营乘车通用券业务的公司的主要股东为 20 家出租车经营者，为了让低价运营的其他经营者无法与该公司签订乘车通用券业务相关协议，共同解散该公司，而在新设立的经营乘车通用券业务的公司也同样实施了使其他相关经营者无法与该新设公司签订乘车通用券业务相关协议的行为。上述行为被认定构成共同拒绝供给。

新泻市出租车券共同拒绝交易案

（公取委措施命令平成 19・6・25 审决集第 54 卷第 485 页）

本案中，出租车以及其他 19 家出租车经营者拒绝与 3 家乘车通用券经营者、3 家低价运营公司之间签订乘车通用券相关协议，并在此基础上，共同促使新泻出租车中心拒绝与 3 家乘车通用券经营者、3 家低价运营公司签订新泻交通圈内乘车通用券相关协议。上述行为被认定构成共同拒绝供给。

2. 没有正当理由（公平竞争阻碍性）

（1）公平竞争阻碍性的意义

《流通交易惯例指南》（第 2 部第 2）中指出，共同拒绝供给是指经营者或者经营者团体与竞争对手以及交易对象等共同阻碍新的市场参与者进入市场，并试图排除市场上既存经营者的行为。该行为侵犯了开展有效竞争的前提条件——经营者自由的市场进入，原则上构成违法。“没有正当理由”就表达了上述意思。

该指南还指出，从行为人的数量、市场地位、商品或服务的特征等来看，通过共同拒绝交易使得其他经营者的市场进入出现显著困难或者从市场中被排除，使得市场竞争受到实质性限制的情形构成不正当限制竞争，而未达到此程度的情形则构成不公平的交易方法。

（2）正当理由

下述情形被认定具有“正当理由”，不阻碍公平竞争。包括：

Ⅰ设置行业的自律规则，对未达到该规则要求的，拒绝与其交易的情形

该情形是出于确保商品的质量和安全性以及保护消费者等的角度在行业中设置一定的标准，并拒绝与未达到该标准的经营者交易。

明确否定该情形下公平竞争阻碍性的法院判决主要有日本游艺枪协同合作社案东京地方法院判决（东京地裁平成 9・4・9 审决集第 44 卷第 635 页、判タ第 959 号第 115 页［28030441］）（案例 113）。该判决指出，一般而言，“在设置

自律标准的目的从竞争政策的角度被认可且标准的内容和实施方法具有为实现前述自律标准设置目的的合理性的情形下，可以认为其具有正当理由，不构成不公平的交易方法，不违反《反垄断法》的规定”，否定了公平竞争阻碍性，但同时指出，日本游艺枪协同合作社要求合作社成员批发店和零售店一致拒绝采购作为非协会会员的原告的产品的行为构成共同拒绝购买。

Ⅱ被拒绝交易的经营者容易在市场上找到其他交易对象，且并非为确保《反垄断法》上违法行为实效性之目的而实施的情形

该情形下相关行为对竞争造成的影响有限，不承认其具有公平竞争阻碍性。根据该观点否认公平竞争阻碍性的案例主要有关西国际机场新闻销售案（大阪高裁平成 17・7・5 审决集第 52 卷第 856 页［28151370］）（案例 131）。

Ⅲ作为确保《反垄断法》上违法及不正当行为实施效果的手段而拒绝交易的情形

关于这一情形的审决有为防止不正当廉价销售拒绝分包而被认定具有“正当理由”的大阪刷子工业协同合作社案（案例 125）。

第 2 条第 9 款第 2 项【不正当差别对价】

概 要

本项对不公平的交易方法中作为课征金适用对象的不正当差别对价进行了界定。

在 2009 年《反垄断法》修订前，不正当差别对价均被规定在一般指定的第 3 款中，而 2009 年的修订将持续性提供商品或服务的情形升级由第 2 条第 9 款第 2 项进行规定，以行为重复性等为要件适用课征金的规定。与此相对，在一般指定第 3 款中规定的情形则不适用课征金的规定。

在不正当差别对价中，持续性提供商品或服务的情形被规定在第 2 条第 9 款第 2 项中，除此以外的情形则被规定在一般指定第 3 款中。将前后两类情形的规

定内容进行对比可以发现，除了持续性的有无外，是否要求“可能使其他经营者的经营活动出现困难”也存在不同。

原本，因地域、交易对象的不同在销售价格上有所差别符合契约自由的原则并不存在任何问题，但是如同下文所列举的，如果价格上的差别对待会导致竞争的消灭，该行为则具有不正当性，属于本款规定的情形。

1. 可能使其他经营者的经营活动出现困难的情形

流通交易惯例指南中仅仅介绍了与差别对价相关的《反垄断法》以及一般指定的条文内容，而对于其规制的基本观点，则是在不正当廉价销售指南中作出说明［流通交易惯例指南第 1 章第 1（2）］。

根据不正当廉价销售指南，有实力的经营者为排除竞争对手，通过仅在与该竞争对手相竞争的销售地区实施廉价销售等抢夺竞争对手顾客的行为，符合该情形的规定［不正当廉价销售指南第 5（1）①（ア）］。

符合该情形的案例主要有第 2 次北国新闻社案（案例 50）。在该案中，北国新闻社在石川县和富山县销售的报纸除名称不同外，还存在 50 日元的定价差别，该销售行为被认定适用《新闻业特定的不公平的交易方法》。

案例 50　第 2 次北国新闻社案

（东京高决昭和 32・3・18 行裁例集第 8 卷第 3 号第 443 页［27486737］）

1. 案情概要

从事日报发行销售业务的北国新闻社，以石川县为主要销售市场按 330 日元的价格发行销售北国新闻，与此同时，还以富山县为主要销售市场发行销售富山新闻，虽然富山新闻与北国新闻的版面均为 12 页，但是富山新闻是按 280 日元的价格销售。

公平交易委员会认为，北国新闻社的行为符合第 2 条第 7 款（当时）以及《新闻业特定的不公平的交易方法》（1954 年公平交易委员会告示第

3号，以下简称新闻业特殊指定）第3款“以报纸的发行销售为业者，无论是以直接方式还是间接方式，对不同地域或者不同交易对象设置不同价格，或者采取不同价格折扣的行为”的规定，构成不公平的交易方法，违反第19条的规定，公平交易委员会在作出关于本案的审决之前，向北国新闻社发出紧急停止命令，要求其停止以低于北国新闻的价格销售富山新闻的行为。

对此，北国新闻社辩称北国新闻和富山新闻并非同一报纸。

2. 案件焦点

北国新闻和富山新闻能否说是同一报纸。

3. 法院的判断

新闻业特殊指定第3款“是关于以报纸发行销售为业者对自己的商品（报纸）根据地域或者交易对象的不同设置不同价格的规定，该规定以被设置不同价格的两个报纸因相同而应当设置相同的价格为前提”。

“北国新闻与富山新闻首先在报纸的种类上属于同一范畴，每月的报道量也几乎相同，每日的版面构成除了部分地方新闻外的其他一般报道在选择和处理上都具有共性，在表明报纸直接观点的社论部分除去地方关注外也几乎相同，且在作为确保读者持续购买的有效手段的小说连载部分（尽管此行为是出于节约原著费用等经费的考虑，但这并不影响事实本身）等也完全相同。鉴于此，可以说北国新闻与富山新闻在纸面上表现出的特点相同，并且，至少至本案行为发生时，北国新闻社自身也向内部和外部表明了富山新闻是北国新闻的富山版这一事实，此后北国新闻社虽然将富山新闻标题下的‘北国新闻富山版’的旁注删除了，但也不能因此改变二者的特点。因此，应当认定北国新闻与富山新闻属于前述特殊指定意义上的同一报纸。”

“应当说，1957年12月1日以后，北国新闻与富山新闻的日报晚报组合版在不同地区设置不同价格进行销售的前述事实属于《反垄断法》第2条第7款前述特殊指定第3款的规定情形，具有违反《反垄断法》第19条的嫌疑。”

4. 注意事项

新闻业特殊指定在第1款中将发行公司对不同地域以及不同对象实施差别对价的行为指定为不公平的交易方法。本案中，北国新闻社在富山县以不同于石川县的价格销售报纸的行为是否属于对不同地域实施差别对价行为是主要的争议焦点。法院认定，两个报纸尽管在标题和排版上有所不同，但在内容上属于“同一报纸”，构成差别对价。

2. 可能使交易对象在竞争上显著有利或显著不利的情形

不正当廉价销售指南列举了如下情形，即有实力的经营者没有正当理由，就同一商品的交易价格等实施差别对待，给受到差别对待的相对人的竞争机能造成直接且重大的影响，并因此对公平的竞争秩序带来不良影响。

符合该情形的案例主要有塑料砖销售价格上涨协议案（案例51）。在该案中，东洋油毡及其他2家公司在市面上销售塑料砖时，在直接交易的销售价格以及通过批发商供应的结算价格的设置上根据交易对象是否属于塑料砖工程协同合作社成员而适用不同的价格。上述行为被认定构成不正当差别对价。

案例51　塑料砖销售价格上涨协议案

（公取委劝告审决昭和55·2·7审决集第26卷第85页）

1. 案情概要

占据市面上大多数塑料砖销量的东洋油毡、田岛应用化工、日东纺织、信越聚合物（4家公司）在与同行业公司成立塑料砖工业协会的同时，为维持塑料砖的销售价格，支持以各地区的工程单位为成员组成的塑料砖工程协同合作社的设立和运营。

4家公司中的东洋油毡以及另外1家公司为促使工程单位加入塑料砖工程协同合作社，对非会员单位设置的单片53日元的售价比会员单位的单片价格贵大约5日元，同时在通过批发商供应的情形下，面向非会员销售的批发商结算价格也比面向会员单位销售的单片价格贵大约4日元。

而4家公司中东洋油毡以及其他2家公司在面向合作社会员销售塑料砖时，根据合作社会员单位购买数量的不同，还通过所属的塑料砖工程协同合作社给会员单位单片大约1.5日元的回扣，而对于非会员单位则以高于会员单位的价格供应塑料砖。

本案中，根据会员单位以及非会员单位的不同设置不同价格进行销售以及向会员单位提供回扣的行为被认定构成不正当差别对价。

2. 注意事项

为确保价格卡特尔的实际效果，本案采取了设置不同销售价格的手段。对此，公平交易委员会认为上述行为与价格卡特尔是不同的违法行为，构成不正当差别对价。

第2条第9款第3项【不正当廉价销售】

概 要

本项规定对不公平的交易方法中作为课征金适用对象的不正当廉价销售进行了界定。

1. 沿革

在2009年《反垄断法》修订前，不正当廉价销售均被规定在旧一般指定第6

款中。而2009年修订时，旧一般指定第6款前半部分的内容变为由第2条第9款第3项进行规定，并以行为重复性等为要件适用课征金的规定（第20条之4）。

与此相对，旧一般指定第6款后半部分的内容现被规定在一般指定第6款中，但上述内容不适用课征金的规定。

2. 第2条第9款第3项与一般指定第6款的关系

第2条第9款第3项适用于以明显低于所需费用的价格持续供应商品或服务的情形。与此相对，一般指定第6款则适用于其他以不正当低价供应商品或服务的情形。

3. 不正当廉价销售规制的主旨

与其说廉价销售是促进竞争、确保消费者利益的行为，不如说是部分经营者通过设置竞争对手无法反击的极端低价排除市场上的其他经营者（竞争对手或潜在市场进入者）的、具有公平竞争阻碍性的行为。公平交易委员会在1984年发布了不正当廉价销售指南，根据该指南，“并非通过企业效率实现的低价商品提供，而是通过不计盈亏的低价企图抢夺顾客的行为，从《反垄断法》的目的来看可能存在问题，对这类情形有必要进行规制”（不正当廉价销售指南第2）。

4. 廉价销售的方式

不正当廉价销售指南中指出，不正当廉价销售的第一个构成要件是“以低于总销售成本为前提”，而“总销售成本是指，供应廉价销售的对象商品所需的所有费用合计，在制造业中通常是指在制造成本基础上计入销售费用以及一般管理费，在销售业中通常是指在采购成本基础上计入销售费用以及一般管理费”［不正当廉价销售指南第4（1）、第3（1）ア（ウ）注2］。

而在以低于不提供廉价商品就不会发生费用（具有可变性的费用）的价格供应商品的情形下，则推定为明显低于供应所需的费用（总销售成本）［不正当廉价销售指南第3（1）ア（エ）a］，在以高于具有可变性费用的价格供应的情形下适用一般指定第6款的规定［不正当廉价销售指南第4（1）］。

涉及不正当廉价销售的案例包括如下：

（1）MARUETSU · HELLO MART 案（公取委劝告审决昭和 57 · 5 · 28 审决集第 29 卷第 13、18 页）

在作为实力零售商的 MARUETSU 和 HELLO MART 的 1 公升纸包装牛奶销售过程中，HELLO MART 上本乡店将原本 1 瓶 178 日元的销售价格降低至 160 日元后，MARUETSU 上本乡店便以 158 日元的价格进行对抗。此后，二者各自在近 2 个月时间内不断调价，原本采购价格在 155 日元或 160 日元的牛奶持续以每位顾客第一瓶 100 日元、第二瓶起 150 日元的价格进行销售。上述行为被认定构成不正当廉价销售。

（2）滨口石油案（公取委排除措施命令平成 18 · 5 · 16 审决集第 53 卷第 867 页）

作为和歌山县田边地区石油制品实力零售商的滨口石油，其南纪田边店在 106 天的时间里以低于采购价格加销售费用的价格销售挥发油（其中，以低于采购价格销售的时间达 80 天），此外，其白浜机场线店在 43 天的时间里以低于采购价格加销售费用的价格销售挥发油（其中，以低于采购价格销售的时间达 30 天）。上述行为被认定构成不正当廉价销售。而本案中滨口石油的行为从现行法来看，以低于采购价格进行销售的行为适用第 2 条第 9 款第 3 项的规定，而以低于采购价格加销售费用的价格进行销售的行为则适用一般指定第 6 款的规定。

5. 对竞争的影响

不正当廉价销售的第二个构成要件是“可能使其他经营者的经营活动出现困难”。这里的“其他经营者”一般是指经营廉价销售对象商品的经营者。而“可能使其他经营者的经营活动出现困难”指向经营活动出现实际困难之前（包含具有盖然性的情形）。廉价销售对竞争的影响应当综合考虑行为人经营的规模和方式、廉价销售商品的数量、廉价销售的期间、广告宣传的情形、商品的特性、行为人的意图或目的等来决定［不正当廉价销售指南第 3（2）］。

相关案例包括，在支持业务合作的背景下因以明显低于成本的价格销售报纸而被下达紧急停止命令的中部读卖新闻社案（案例 52）；依据许可费用制确定费用，但被认为可能适用不正当廉价销售而最终否定了其行为不正当性的都营芝浦屠宰场案（案例 53）；鉴于邮政附带业务的性质以及《邮政法》的主旨等，认定国家在制造销售印有邮费金额的邮政明信片时将附有图标的明信片以低价进行销售的行为不属于不正当廉价销售的有奖贺年明信片案（案例 54）。此外，适用第 24 条请求停止规定的案件还有邮政包裹不正当廉价销售案（案例 55）。

6. 正当理由

如果相关廉价销售行为具有“正当理由”则不适用不正当廉价销售的规定。例如，对于生鲜食品以及季节性商品，在销售旺季结束后进行的甩卖，即便设置低于采购价格的销售价格也被认定为具有“正当理由”。此外，从供需关系来看，在价格低落时期设置与此相应的价格也同样被认定为具有“正当理由”。

案例 52　中部读卖新闻社案

（东京高决昭和 50・4・30 审决集第 22 卷第 301 页、高裁民集第 28 卷第 2 号第 174 页［27486753］）

1. 案情概要

中部读卖新闻社以东海 3 县（爱知县、三重县、岐阜县）为销售地区，从 1975 年 3 月 25 日起，其以 6 个月后的发行量达到 50 万份为目标开始发行中部读卖新闻的晨报，销售价格设定在每份报纸单月 500 日元，而其他报纸的晨报晚报统合版的价格为每份报纸单月 1300 日元。

公平交易委员会认为，即便从低对中部读卖新闻的报纸售价进行计算，每份报纸单月售价也应达到 812 日元，进而认定中部读卖新闻社的上述行为符合 1953 年一般指定第 5 款“不正当地以低价提供物资、资金及其他经济上的利益”的情形，违反第 19 条的规定，命令其不得以低于 812 日元的价格销售报纸，并请求法院下达紧急停止命令。

2. 案件焦点

本案行为是否构成不正当廉价销售。

3. 法院的判断

“通常《反垄断法》不公平的交易方法中的不正当廉价并不是指低于其市场价格，而是指低于其成本。然而，根据释明材料，的确可以认为被申请人的前述价格是对应其成本采取的定价。但是，前述价格，与其说主要是通过被申请人的所谓企业努力而获得的结果，不如说是因为获得与其具有业务合作关系的读卖新闻社的强大支持这一特殊原因而导致的结果，且可以明显看出如果没有上述支持，上述定价就难以实现。基于上述特殊原因确定的成本，便不能直接以基于前述不正当廉价的标准认定其性质。这是因为在判断《反垄断法》上相互之间具有竞争关系的经营者中的一方提供物资等的价格是否属于不正当廉价、构成不公平的交易方法时，如果其成本不是通过所谓的企业努力、而是因该经营者自身的特殊事由而形成，那么就应当将其置于考虑之外，从不存在上述事由的一般的独立经营者的自身责任出发，以企业为维持相应规模在经济上通常需要计入的费用为标准计算。据此，在具有强大资金实力的经营者在一段期间内无视成本以压倒性的低价销售商品或者某一经营者将某一行业的利益投入到其他行业以实现以压倒性的低价提供商品等方法获得在相关市场上的竞争优势的情形下，即便该经营者在整体收支上出现亏损，但如果导致与其抗衡的其他竞争对手遭受重大损害，也明显阻碍了公平竞争。如果《反垄断法》不将这类竞争手段作为不公平方法进行规制便功亏一篑，因此应当将其作为不正当对价进行规制，而在计算时应该根据经济上通常所需的所有必要费用计算其成本。”

“综上，不用说该公司以每份报纸单月 500 日元的价格销售中部读卖新闻，其只要以低于 812 日元的价格销售就构成不正当廉价销售，具有违反第 19 条规定的嫌疑。”

4. 注意事项

本案指出，不正当廉价销售中“明显低于供应所需费用的价格”是指低于成本的价格，且明确应当根据经济上通常所需的所有必要费用来计算其成本的标准。而关于本案的紧急停止命令可具体参考案例157。

案例53　都营芝浦屠宰场案

（最一小判平成元・12・14民集第43卷第12号第2078页、审决集第36卷第570页［27805326］）

1. 案情概要

参考案例1。

2. 案件焦点

（1）不正当廉价销售中“不正当”的判断标准为何。

（2）认可制度下的屠宰费用是否应当成为不正当廉价销售的规制对象。

（3）本案中的廉价销售行为是否具有不正当性。

3. 法院的判断

（1）“以明显低于成本的价格持续提供商品或服务的行为，由于无法反映企业的努力以及正常的竞争过程，同时还可能产生对竞争者经营活动造成困难等不利于公平竞争秩序的恶劣影响，原则上被禁止。又因不具有前述不正当性而排除适用的情形仅限于具有旧一般指定之五所指的‘不正当’以及一般指定之六中所指的‘没有正当理由’的情形。同时，由于其所依据的《反垄断法》第19条是以维护公平竞争秩序为目的，判断是否构成‘不正当’以及‘没有正当理由’时，换言之，在判断是否违反不正当廉价销售规则时，应当立足于维护公平竞争秩序的角度，结合具体情形下行为的意图、目的、方式、竞争关系的实际情形、市场状况等进行综合判断。”

（2）“与屠宰场费用相关的认可制度是从以坚持公营中心主义的旧屠宰场法……时期开始采用的，此后，立足于促进民营屠宰场有效普及的《屠宰场法》也沿用了上述制度。但该法中明确指出，屠宰场具有公共属性，容易形成垄断以及寡占状态，有必要对顾客进行保护，因此委托认可行政机构对申请的屠宰场费用是否过高进行判断。在这一点上，尽管经营者决定价格的自由受到限制，但是屠宰场费用的认可金额不仅在各屠宰场间存在差异，在金额的设置以及变更的申请上各经营者均具有进行自主裁量的自由……在地方公共团体征收屠宰场费用进行屠宰场经营的情形下，即便依据的是《屠宰场法》中的费用认可制度，也应当受到不正当廉价销售规制的约束。”

（3）“在废除公营中心主义的《屠宰场法》下，仅仅因为作为公营企业的屠宰场经营主体是出于特定的政策目的而实施廉价销售行为，不可以就说其不具有公平竞争阻碍性，这在《反垄断法》第 19 条的规定中也已经明确。但是，对前述被上诉人的意图和目的、包含三河岛和芝浦在内的屠宰场竞争关系的实际情形、屠宰场的市场状况、上诉人实际征收额低于认可金额的事实等进行综合考虑，不得不说其并不阻碍公平竞争，不属于旧一般指定之五中所指的‘不正当’以及一般指定之六中所指的‘没有正当理由’的情形，被上诉人的前述行为不违反《反垄断法》第 19 条的规定。因此，认同作出同样主旨判决的原审对行为正当的判断，原审判决的主张并不违法。”

4. 注意事项

本案认为依据认可费用制确定的费用也可能构成不正当廉价销售，同时还明确了“不正当”以及“没有正当理由”要件的意义。

案例 54　有奖贺年明信片案

（大阪高判平成 6・10・14 讼务月报第 42 卷第 1 号第 1 页［27828782］、上告审最高三小判平成 10・12・18 审决集第 45 卷第 467 页［28140083］）

1. 案情概要

参照案例 2。

2. 案件焦点

国家以上述价格销售有奖贺年明信片的行为是否构成不正当廉价销售。

3. 法院的判断

不带图案的贺年明信片，“由于其销售价格法定，只要是按照印面金额上所示的法定金额进行销售就不构成《反垄断法》所禁止的不正当廉价销售”。

“对印有图案等的邮政明信片的销售价格作出特别规定的《邮政法》第34条第1款第2项中规定，可以按照‘超过印面金额的金额根据所需费用由省令规定的金额’进行销售。从该规定来看，确定印有图案等的邮政明信片的销售金额时应考虑的‘所需费用’是指，从印有图案等的邮政明信片的制造费用中扣除未印刷图案等邮政明信片的制造费用后的费用，即印刷图案等所需要的费用。从这一观点来看，本案中带有图案的明信片所增加的1.91日元的费用在1988年确定的销售额42日元中被考虑其中……因此，实质上并非无偿。此外，从明信片‘SakuraMail’以及‘KamoMail’的增加费用（该费用在确定明信片销售金额时完全未被考虑）分别仅为0.6日元和0.61日元来看，国家在经营邮政业务时通过尽可能以低价、普遍公平的方式提供邮政服务来达到增进公共福利的目的（《邮政法》第2条）。鉴于邮政明信片的制造销售也属于邮政业务附带业务的性质，印有图案的贺年明信片的价格低廉并不属于‘没有正当理由’（公平交易委员会告示15《不公平的交易方法》第6款），也不属于‘不正当’的低价。因此，上诉人提出的本案行为构成不正当廉价销售、违反《反垄断法》规定的主张不能得到采纳。”

4. 注意事项

鉴于本案贺年明信片费用增加金额较少以及属于依据《邮政法》经营业务等考虑，本案认定本案行为不构成不正当廉价销售。

案例 55　邮政包裹不正当廉价销售案

（东京高判平成 19・11・28 审决集第 54 卷第 699 页、判时第 2034 号第 34 页［28140088］）（参照案例 132）

1. 案情概要

经营快递业务的控诉人（大和运输）指出，被控诉人（日本邮政公社）的一般小型包裹（邮政包裹服务）依据新的费用体系进行供应的行为构成旧一般指定第 6 款（该款前半部分内容现由《反垄断法》第 2 条第 9 款第 3 项规定，后半部分内容由一般指定第 6 款规定）规定的不正当廉价销售行为，此外，被控诉人通过向经办控诉人业务的便利店提供利益的方式引诱上述便利店经办其业务的行为，构成旧一般指定第 9 款规定的使用不正当利益引诱顾客，请求根据第 24 条的规定责令被控诉人停止行为。控诉人在请求被原审驳回后提起了控诉。在控诉审中，作为预备性诉讼请求，控诉人还提出了被控诉人引诱便利店的行为构成旧一般指定第 15 款（现第 14 款）、对竞争对手的交易造成妨碍的主张（驳回控诉）。

控诉人在控诉审中还申请追加对不法行为的损害赔偿请求为预备性请求。但法院最终以损害赔偿请求与停止请求在证明对象和主旨上存在差异并造成主位诉讼请求的诉讼手续出现明显滞后为由，驳回其追加的变更。

2. 案件焦点

依据新费用体系提供邮政包裹服务是否构成不正当廉价销售。

3. 法院的判断

驳回控诉。

（1）旧一般指定第 6 款的意义

“以低于市场价的价格提供服务的行为，如果其价格是通过经营者的效率提高而实现的，可以刺激其他经营者提高效率，不存在阻碍竞争的效果。然而，以低于供应成本的价格提供商品或服务的行为（亏本销售），则因缺乏经济合理性，且具有排除竞争对手、阻碍竞争的效果，应当作为廉价销售行为进行规制。商品或服务的价格高于营业成本加上销售费用以及一般管理费用的总销售成本时，可以被认为是经营者通过效率提高实现的价格，但是当商品或服务的价格低于总销售成本时，往往被视为具有不计盈亏阻碍竞争的效果。

根据上述观点，一般指定第 6 款以低于市场价的价格行为作为规制对象，其在前半部分规定以显著低于'供应所需费用'即总销售成本的价格持续性供应的行为原则上视为不公平交易，在后半部分规定虽然供应服务等的价格低于总销售价格但其程度没有达到显著或者其供应没有达到持续的状态，但是从维护公平竞争秩序的角度应将以不正当的价格提供服务等的行为视为不公平交易。"

（2）本案中不正当廉价销售的判断

"由于 2004 年 10 月修订后的新费用大致在市场价的范围之内，即便一一考虑控诉人提出的各项主张，也无法找到充足的证据证明新费用低于总销售价格。

……鉴于此，无法认为其属于一般指定第 6 款前半部分以及后半部分所规定的低于总销售成本进行服务提供的行为。此外，由于 2004 年 10 月修订的新费用的明细及总额并不明确，也无法确定新费用体系下提供一般小型包裹（邮政包裹）服务的总销售成本，即便按照控诉人在控诉中提出的新费用体系低于总销售成本的主张，也无法认定其达到显著的程度，并且，根据控诉人、被控诉人以及其他经营者市场份额的变化情况也无法认定新费用具有阻碍竞争的效果，因此，无法认定构成不正当廉价销售。

……即便有行政上的优惠措施，只要没有因此设置其他经营者无法做到的有利价格的特殊情形，就无法认定该行为属于一般指定第 6 款后半部分所指的'不正当低价'。但是，本案中控诉人基于新费用体系提供一般小型包裹（邮政包裹）服务的行为，无法认定其是依靠税费以及邮政业务收益填补赤字而维持的行为。

此外，控诉人还主张，被控诉人依据新费用体系对一般小型包裹（邮政包裹）的价格设置是基于以极端低价抢夺竞争对手（尤其是控诉人）客户这一意图而实施的，属于试图排除有力竞争对手的行为，具有不正当性……但是，被控诉人自2004年10月开始实施的一般小型包裹（邮政包裹）的新费用体系，尽管与其他民营快递相比具有价格低廉的经营优势，但这仅仅能够说明被控诉人的行为引起了以该商业模式为参考的控诉人对其价格优势的注意，并不足以认定其行为具有公平竞争阻碍性，因此，无法采纳控诉人的主张。”

“被控诉人的一般小型包裹（邮政包裹）在2003年至2006年3月，在快递市场的市场份额排行中位居第五，受理包裹数量最大占比也仅达到7.8%，无法认定被控诉人设定了阻碍与控诉人以外的经营者间竞争的价格。另外……尽管控诉人快递的平均价格高于被控诉人以及其他经营者的价格，但是在2003年至2006年3月始终维持市场份额（受理包裹数量）排行第1的优势，并有市场份额进一步扩大的趋势……鉴于上述事实，难以认定被控诉人基于新费用体系提供一般小型包裹（邮政包裹）服务的行为使控诉人以及其他经营者的经营活动出现困难。”

4. 注意事项

本案判决明确了不正当廉价销售规制的主旨。在实务上，控诉人无法获知证明邮政包裹服务“供应所需费用”的具体金额直接影响了对案件事实的判断。而如何获得对方成本的相关资料也是一个难题。

专栏

5

关于中部读卖新闻社不正当廉价销售案的余谈

中部读卖新闻社案（东京高决昭和50·4·30审决集第22卷第301页、高裁民集第28卷第2号第174页［27486753］）（案例52）作为不正当廉价销售的代表性案例在反垄断领域广为人知。这里笔者介绍一下关于该案的一些小故事。

该案最终作为中部读卖新闻社案实施的不正当廉价销售案件受到审查，笔者当时就担任该案现场责任人（调查长官）这一重任。因为该案的核心人物是T氏，所以也无法避开T氏谈这个案件。鉴于此，为彻底调查案件的事实情况，当时笔者对T氏也进行了彻底的调查。

T氏是报纸销售店老板的长子，大学毕业后，作为记者进入读卖新闻社工作。其后，T氏从读卖新闻社离职并设立了房地产公司。其间，T氏结识了被称为“报纸销售之神”的M氏（其后成为读卖新闻社的社长）并交往密切。1952年，在作为关东地区报纸的读卖新闻进军大阪的过程中，T氏表现突出并成为M氏的得力助手。关于读卖新闻如何成功进军大阪，其“方法”在松本一朗撰写的《斗魂的人》（大自然出版社，1973年）一书中有详细介绍。具体方法包括：（1）由与读卖新闻社无直接关系的T氏在大阪设立印刷公司；（2）将公司名称变更为“大阪读卖新闻社”，并以不到其他报纸价格（280日元）一半的价格130日元发行“读卖新闻”晨报；（3）在发行数量达到其他报纸数量同等程度（50万份左右）后，以“晨报＋晚报”的套餐形式发行报纸，售价也与其他竞争报纸大致相当。但是，当时公平交易委员会并未以不正当廉价销售进行处理（笔者注：禁止报纸差别对价行为的《新闻特殊指定》在1955年发布，而由于在读卖新闻进军大阪的 1952 年时该指定还尚未发布，当时未认定其行为可能存在差别对价的问题）。

经历此番“成功体验”之后，读卖新闻社在 1975 年进军名古屋市场时也有意让 T 氏等按照“完全相同的方法”操作。T 氏等制定了进军名古屋的方案，首先在名古屋设立印刷公司，将公司命名为“中部读卖新闻”，并按照晨报单月 500 日元的优惠价格（其他报纸晨报晚报统合版售价为 1300 日元）发行。但是正在完全照搬大阪模式进军名古屋时，公平交易委员会将其作为《反垄断法》违反案件处理，东京高等法院责令其将售价提高至 812 日元，而后同意审决进一步要求其将售价再提高至 1100 日元，由此读卖新闻不得不放弃超过竞争报纸发行数量的“单月销售 50 万份”这一目标。

笔者认为，T 氏等犯下的最大错误就是将 1952 年的公平交易委员会和 1975 年的公平交易委员会同等对待。

在案件审结相当长的一段时间后，笔者在与 T 氏会面时向他确认了此事。然而，T 氏却说是根据某人的建议才采取了上述行动。建议的内容具体包括：(1) 与读卖新闻社不存在直接关系的 T 氏发行名为“中部读卖新闻”的报纸，既不存在差别对价的问题，又因为属于新的市场进入不存在不正当廉价销售的问题；（2）如果读卖新闻社与中部读卖新闻社的“业务合作协议”被发现，就可能以差别对价问题受到追究，因此，最好将业务合作协议保管在 T 氏家中。

听到之后，笔者当时终于明白了读卖新闻社在进军名古屋市场时采用了与进军大阪市场时不同的“业务合作”这一新方法的“原因”，以及当时未能找到“业务合作协议”这一有力证据的“原因”。当时的《反垄断法》与现在不同，在第 47 条（调查的强制处分）第 1 款第 4 项（现场调查）规定的“其他必要场所”中并不包含“住所”。而熟知这一情形的“某人”就是很好地利用了这个规定漏洞。

这个案件，让笔者不由想起了当年通宵工作并向东京高等法院提出紧急停止命令时的情形，以及作为老一代公平交易委员会人铭记在心的道理——不懂装懂给出笨拙建议，终究是“粗读兵法当指挥，上阵必定吃大亏”。

＊本稿为本人于 2017 年 6 月发表于《公正取引》的文章的部分内容。

（铃木　满）

第 2 条第 9 款第 4 项【限制转售价格】

概　要

本项对不公平的交易方法中作为课征金适用对象的限制转售价格进行了界定。

1. 沿革

在 2009 年《反垄断法》修订前，限制转售价格被规定在一般指定第 12 款，而 2009 年修订时将旧一般指定第 12 款的内容改为由第 2 条第 9 款第 4 项进行规定，并以行为重复性等为要件适用课征金的规定（第 20 条之 5）。

本项在①中分别说明了生产商对批发商以及批发商对零售商限制转售价格的情形，并在②中说明了经营者（生产商）通过批发商对零售商限制转售价格的情形。而本项的规制对象是商品销售价格，对服务提供价格的限制则适用一般指定第 12 款（附加约束性条件交易）的规定。

2. 构成限制转售价格的行为

在欧美各国，生产商通常会向流通商提示“价目表”作为流通商决定销售价格时的参考，即便向消费者出示这个价目表也不构成对销售商转售价格的限制。而在日本，在以消费品为中心的广泛领域设置了“厂商建议零售价”以及“报价”[①]，并向消费者以及需求者出示，上述价格成为各个流通阶段决定价格的标准，甚至成为消费者进行商品选择的标准。尽管最近开始出现废除“厂商建议零售价”改用“价格开放制”的趋势，但是在多数消费品流通领域仍然继续使用厂商建议零

① 在市场行情变化较大时，由生产者向批发商事先报出商品的出售价格。

售价制以及报价制。

由于生产商设定的厂商建议零售价以及报价仅是为流通商提供的参考，其本身不存在问题，但是如果“经营者不仅作为参考价格提供，还要求遵守该价格等对流通商销售价格的限制”，则构成违法。

流通交易惯例指南［第1部第12（3）］就是否构成限制转售价格的问题指出，应当根据“流通商基于经营者以任何人为方式提供的价格进行的销售能否确保其实效性进行判断”，并具体分为（1）基于经营者与流通商之间的合意限制转售价格的情形，以及（2）通过其他人为方式限制转售价格的情形。下文将做具体说明。

（1）基于经营者与流通商之间合意限制转售价格的情形

是指无论是以书面方式还是口头方式，经营者通过与流通商之间达成合意，要求流通商根据其提示的价格进行销售的情形。具体包括如下案例。

①流通商按照经营者提示的价格进行销售是基于书面以及口头协议的情形。

Ⅰ武藤工业案

（公取委劝告审决昭和49·11·22审决集第21卷第148页）

该公司在销售绘图机等时，与交易对象零售商签订协议，要求零售商以不低于零售价格9成的价格进行销售。

Ⅱ富士胶卷案

（公取委劝告审决昭和56·5·11审决集第28卷第10页）

该公司在医疗用X光胶片的交易中，与富士X光株式会社签订包含维持特约店以及准特约店销售价格条款的交易合同。

Ⅲ大冢制药案

（公取委劝告审决昭和58·3·31审决集第29卷第96页）

该公司在销售奥乐蜜C（Oronamin C）时，要求特定区域内的代理店以及特约店签订写有终端交易价格的“奥乐蜜 C 销售协议”，并要求上述代理店以及特约店遵守协议上的要求等。

②要求流通商提交关于按照经营者提示的价格进行销售的同意书的情形。

③以流通商按照经营者提示的价格进行销售为条件，且仅与接受该条件的流通商进行交易的情形。

第 1 次奶粉（明治商事）案

（参考案例 56）

该公司在销售婴儿奶粉时，自行指定零售价以及批发价，并仅与同意按照前述指定价格进行销售的销售商进行交易等。

④以按照经营者提示的价格销售、库存商品不得降价销售而以该经营者回购为交易条件的情形。

（2）通过协议以外的其他人为方式限制转售价格的情形

对不按照经营者提示的价格进行销售的对象施加经济上的不利条件，或者暗示会对其实施不利行为等，通过人为方式要求对象按照其提示的价格进行销售的情形。具体包括如下案例。

①对未按照经营者提示的价格进行销售的对象施加停止出货等经济上的不利条件（削减出货量、提高出货价格、削减回扣、拒绝供应其他商品等，下同），或者告知、暗示将对其实施上述不利行为的情形。

Ⅰ第 1 次奶粉（明治商事）案

（参考案例 56）

该公司在销售婴儿奶粉时，对未按照其提示的批发价格进行销售或者与登记零售商以外的零售商进行交易的批发商，大幅度削减用于补贴批发商销售利润而另外支付的约定回扣，同时，对未按照其提示的零售价格进行销售的与该公司直接交易的零售商，取消其登记资格等，并通知交易对象销售商进行具体实施。

Ⅱ第 1 次奶粉（和光堂）案

（参考案例 57）

该公司实施零售商登记制，如零售商未按照其提示的价格销售则取消其登记资格，同时该公司还自行指定婴儿奶粉的批发价和零售价，要求批发商支付与其提示的批发价等额的货款，批发商应得的中间利润则以感谢金名义以回扣方式事后另行支付，而对于未按照其提示的价格进行销售或者与登记零售商以外的零售商进行交易的批发商，则以对该批发商不利的方式计算感谢金的金额等。

Ⅲ武藤工业案

（公取委劝告审决昭和 49・11・22 审决集第 21 卷第 148 页）

该公司在销售绘图机等商品时，对于以低于其提示的零售价格九成的价格向零售商销售商品的批发商以及经营竞争对手商品的批发商，采取停止出货等措施。

Ⅳ视觉公司案

（公取委劝告审决昭和 51・1・7 审决集第 22 卷第 115 页）

该公司要求代理店不得在其指定价格的基础上折价销售其产品，并向代理店、会员店分发会员店价格表，声明将对不履行其指示的代理店、会员店采取制裁措施。代理店、会员店大多遵循了该公司的指示。

Ⅴ白元案

（公取委劝告审决昭和 51・10・8 审决集第 23 卷第 60 页）

该公司规定了其产品面向二级批发商的销售价格、面向零售商的销售价格以及最低零售价，并要求一级批发商按照其指定的面向二级批发商的销售价格以及面向零售商的销售价格进行销售，同时要求二级批发商按照其指定的面向零售商的销售价格进行销售，并禁止向未按照其指示进行销售的零售商销售白元的产品。

Ⅵ任天堂案

（公取委劝告审决昭和 58・4・20 审决集第 30 卷第 3 页）

该公司要求交易对象批发商不得以低于其指定的标准零售价格向零售商销售其公司产品，并对以低于标准零售价格进行销售的批发商采取了停止出货等措施。

Ⅶ山崎面包案

（公取委劝告审决昭和 60・5・15 审决集第 32 卷第 7 页）

该公司以量贩店遵守其指定的标准零售价格为交易条件，并在量贩店接受该条件后才开始交易。如果量贩店以低于标准零售价的价格进行销售，该公司在要求量贩店按照其指定的标准零售价进行销售的同时，还通过停止出货等方式予以警告。

②对按照经营者提示的价格进行销售的流通商给予回扣等经济利益（降低出货价格、供应其他产品等，下同），或者通知、暗示流通商给予回扣的情形。

Ⅰ GUNZE 案

（公取委劝告审决昭和 51・6・14 审决集第 23 卷第 39 页）

该公司指定销售商以及代理点的转售价格以及销售对象，并实施以遵守情况为标准计算奖金等的奖金制度。

Ⅱ耐克日本案

（公取委劝告审决平成 10・7・28 审决集第 45 卷第 130 页）

该公司直接要求零售商或通过交易对象批发商要求零售商按照其指定的建议零售价进行销售，并要求零售商不得经营其他平行进口商品，同时，只允许符合该要求的店铺销售其人气商品等。

③经营者通过收集销售价格报告、巡视门店、派遣店员监督价格、查阅账本等资料等促使流通商按照其提示的价格进行销售的情形。

卫材（EISAI）案

（公取委劝告审决平成3・8・5审决集第38卷第70页）

该公司通过试买、派遣零售业负责人巡视等要求零售商按照其指定的建议零售价进行销售。

④通过在商品上设置密码等，阻断进行低价销售的流通商的流通路径，并要求向该流通商销售过商品的流通商不得再向低价流通商销售商品的方式促使流通商按照其提示的价格进行销售的情形。

Ⅰ松下电器产业案

（公取委劝告审决昭和46・3・12审决集第17卷第187页）

该公司要求批发商不得向低价零售商销售松下产品并要求批发商不得实施类似的销售行为，同时，通过在商品上附加符号的方式追踪低价销售路径，自行提高或通过批发商提高商品价格等。

Ⅱ欧伯（OLD PARR）案

（公取委劝告审决昭和53・4・18审决集第25卷第1页）

该公司要求经营平行进口商品的特约店以及以明显低于标准零售价格销售商品的特约店停止采购欧伯商品，并在欧伯的纸箱上填写特约店号等。其后，该公司尽管通知了特约店已停止上述行为，但是并未全面告知特约店以外的流通商。

Ⅲ小口油肥案

（公取委劝告审决昭和57・6・10审决集第29卷第27页）

该公司要求交易对象一级批发商不得以低于其指定的零售价格向销售门店销售其公司商品，且不得向进行低价销售的零售店销售商品，同时还通过停止出货、标记销售路径追踪号码、警告等方式确保其限制行为的有效性。

Ⅳ任天堂案

（公取委劝告审决昭和 58・4・20 审决集第 30 卷第 3 页）

该公司要求交易对象批发商不得以低于其指定的标准零售价销售其公司商品，同时还通过在电子玩具的包装箱上标记流通号码、停止向低于标准零售价销售商品的批发商出货等措施确保其限制行为的有效性。

Ⅴ卫材（EISAI）案

（公取委劝告审决平成 3・8・5 审决集第 38 卷第 70 页）

该公司要求零售商按照其指定的建议零售价销售其公司商品，在与交易对象批发商签订的《Juvelux300 销售协议》中设置了按照建议零售价进行销售以及在包装纸箱上标明交易对象零售商名称及电话号码的条款，并通过 Juvelux 产品的试购来确认建议零售价的维持以及转售情形，通过在 Juvelux 产品上标记流通批号或者内部批号追踪转售路径。

⑤通过收购进行低价销售的流通商的商品、让该流通商或者其采购商收购该商品、或者要求该流通商支付收购费用等促使流通商按照经营者提示的价格进行销售的情形。

松下电器产业案

（公取委劝告审决昭和 46・3・12 审决集第 17 卷第 187 页）

该公司要求批发商不得向进行低价销售的零售商销售松下产品并要求批发商不得实施类似的销售行为，同时，通过在商品上标记符号的方式追踪低价销售路径，自行收购或通过批发商收购低价销售的商品。

⑥向进行低价销售的流通商传达其他流通商对于其低价销售行为的抱怨并要求其不得进行低价销售，以此促使流通商按照经营者提示的价格进行销售的情形。

3. 成立“正当理由”的案例

除非适用《反垄断法》第 23 条规定的适用除外情形（转售价格的适用除外），

限制转售价格原则上构成不公平的交易方法，属于违法行为。因此，有必要弄清在什么情形下成立本款规定中的“正当理由”。

对此，在第1次奶粉（明治商事）案（案例56）中，对于“正当理由”作出了如下解释，即“从维护公平竞争秩序的角度来看，是指相关约束性条件不会对交易对象的经营活动带来阻碍自由竞争的可能，而仅因附加前述约束性条件具有业务经营上的必要性或合理性是无法认定其具有‘正当理由’的”。

此外，在第1次奶粉（和光堂）案（案例57）中，也提出了同样的观点，认为“尽管当事人提出了‘如果是对市场竞争力较低的商品实施转售价格维持行为，将可能因此促进与其他商品之间的竞争，应当认为具有正当理由’的主张……然而，前述转售价格维持行为的实施，虽然强化了行为人与其他竞争者之间的竞争关系，但是只要无法保证该行为一定会带来在与销售该商品的销售商之间进行自由的价格竞争情形下相同的经济效果，就不能否定其阻碍竞争的可能性”。

对于消费者认知度高、对丰富零售商产品种类具有重要作用的商品，多数情形下无法期待能够通过限制转售价格促进品牌间竞争，甚至在多数情形下，品牌内的价格竞争会变得更加重要。公平交易委员会就指出，HAMANAKA案（案例58）中的HAMANAKA毛线以及阿迪达斯日本案中的EasyTone运动鞋具有较高的消费者认知度甚至知名度，并认定上述产品是零售商不可缺少的重要商品类型，最终作出了排除措施命令。

而在阿迪达斯日本案（公取委排除措施命令平成24·3·2审决集第58卷第1分册第284页）中，该公司在EasyTone系列运动鞋（锐步品牌的运动鞋，通过增加肌肉负担可期待带来下半身的瘦身效果）的销售过程中，自行要求或通过批发商要求零售商以高于阿迪达斯日本指定的限定折扣价（原价的9折）销售2010年10月以前上市的EasyTone系列运动鞋并要求零售商按照阿迪达斯日本指定的商品价格销售2010年10月以后上市的EasyTone系列运动鞋。对此，公平交易委员会指出“EasyTone的电视广告等的宣传使得瘦身鞋市场不断扩大，并有不少消费者指名购买EasyTone系列运动鞋，因此，对于销售瘦身鞋的零售商而言，属于不可缺少的重要商品类型”，认定本案行为构成限制转售价格。

案例56　第1次奶粉（明治商事）案

（最二小判昭和50・7・11民集第29卷第6号第951页、审决集第22卷第198页［27000368］）

1. 案情概要

明治商事在发售婴幼儿奶粉FⅡ时，为维持商品价格，自行指定批发价格和零售价格，通知并要求交易对象销售商遵守并实施如下策略：（1）仅与约定按照前述指定价格销售且仅与在该公司登记的销售商进行交易；（2）如批发商不遵守指定的批发价格或者与登记的零售商以外的零售商交易，则大幅削减作为填补批发商销售利润而由该公司另行约定支付的回扣金额；（3）与该公司直接进行交易的零售商（特殊零售商）如不遵守指定的零售价格，则取消其登记等。

明治商事在收到认定其行为构成限制转售价格的审决后提起审决取消诉讼，但被驳回，其后又进行上告，依旧被驳回。

2. 案件焦点

本案中的限制转售价格行为是否具有1953年一般指定第8款中所述的"正当理由"。

3. 法院的判断

"法律禁止不公平的交易方法的目的是维持公平的竞争秩序，因此，应当参照法律的上述目的对1953年法律第2条第7款第4项中的'不正当'进行判断，而将同项规定内容进一步具体化的一般指定第8款是从附加限制条件会给交易对象的经营活动带来阻碍自由竞争的效果这一角度认定前述行为具有不正当性，并基于排除具体情形下不具有前述不正当性目的而附加了'虽然没有正当理由'的限定。因此，前述的'正当理由'是从维持公平的竞争秩序角度得出的概念，是指相关约束性条件不会对交易对象的经营活动带来阻碍自由竞争的可能，而仅因附加前述约束性条件具有业务经营上的必要性或合理性是无法认定其具有‘正当理由’的。”

4. 注意事项

本案明确指出，“正当理由”是指不会对交易对象的经营活动带来阻碍自由竞争的可能，而仅因附加前述约束性条件具有业务经营上的必要性或合理性是无法认定其具有“正当理由”的。

案例 57　第 1 次奶粉（和光堂）案

（最一小判昭和 50·7·10 民集第 29 卷第 6 号第 888 页、审决集第 22 卷第 173 页［27000369］）

1. 案情概要

和光堂（上告人）为维持婴幼儿奶粉的价格，事先指定其批发价格和零售价格，通知并要求销售商遵守并实施如下策略：（1）对零售商实行登记制，如零售商不遵守前述零售价格则取消其登记；（2）要求批发商向和光堂支付与前述指定批发价格等额的货款，而批发商应得的中间利润则由和光堂以感谢金名义以回扣方式事后另行支付，但是如果批发商未遵守指定批发价格或者与登记零售商以外的零售商交易，则对前述感谢金采取不利于对方的计算方式进行处理；（3）为确认批发商的销售价格以及销售对象，要求批发商明示各商品的流通路径。

和光堂在收到认定其行为构成限制转售价格的审决后提起了审决取消诉讼但被驳回，其后又进行上告，依旧被驳回。

2. 案件焦点

（1）1953 年一般指定第 8 款中“限制”的含义；

（2）市场份额低的经营者限制转售价格是否也适用 1953 年一般指定第 8 款；

（3）“正当理由”的含义与转售价格适用除外（2000 年法律第 76 号

修订前第 24 条之 2）之间的关系。

3. 法院的判断

（1）“从促进公平竞争的角度来看，对于交易价格以及交易对象的选择等，应当由该交易当事人在考虑经济效率的基础上自主判断、具体决定，因此，如果该当事人以外的经营者对上述事项施加限制，则明显会构成对前述‘交易’的限制，而这里的‘限制’，并不要求将服从该交易条件作为合同义务进行约定，只要因不服从可能带来经济上的不利影响以确保限制的实效性就足矣。”

（2）“审决指出婴幼儿奶粉存在如下特殊情形，即从商品性质来看，即便在不同品牌之间存在价格差异，消费者也往往会购买特定的品牌，且在使用后往往不会轻易切换至其他品牌，因此，对于特定品牌的需要不会中断，作为应对，销售商不论量多量少通常都会常备上述品牌的奶粉。上告人的婴幼儿奶粉也同样存在这个情形……根据上述事实关系，即便如论述中所称上告人在婴幼儿奶粉的市场份额较低、销售商经营的数量较小，但作为从零售商处接到订单的批发商，也不能中止就前述奶粉与上告人之间的交易，此外，只要交易继续进行，为确保前述感谢金补贴利润，也不得不服从上告人对销售价格以及销售对象的限制。因此，审决中作出的无论市场份额高低，本案中的销售手段对对方批发商及零售商的交易造成了限制的认定并不存在不合理之处。”

（3）“法律禁止不公平的交易方法的目的是维持公平的竞争秩序，因此，应当参照法律的上述目的对 1953 年法律第 2 条第 7 款第 4 项中的‘不正当’进行判断，而将前述第 4 项规定的内容进一步具体化的一般指定第 8 款是从附加限制条件会给交易对象的经营活动带来阻碍自由竞争的效果这一角度认定前述行为具有不正当性，并基于排除具体情形下不具有前述不正当性的目的而附加了‘虽然没有正当理由’的限定。因此，前述的‘正当理由’

是从维持公平的竞争秩序的角度得出的概念，是指相关约束性条件不会对交易对象的经营活动带来阻碍自由竞争的可能，而仅因附加前述约束性条件具有业务经营上的必要性或合理性是无法认定其具有‘正当理由’的。

上告人主张，不认可通过转售价格维持行为进行价格限制的‘正当理由’与法律第 24 条之 2 的规定相矛盾。而前述规定是以转售价格维持行为构成附加限制性交易条件、只要没有‘正当理由’即构成违法为前提。被上告的委员会为了防止因销售商的不正当廉价销售以及钓鱼营销等造成制造商商标信用下降等危害的出现，从保障竞争的要求考虑，仅对于认为允许维持价格具有合理性的特定商品或有特殊历史原因的著作的转售价格维持行为不予考虑是否具有‘正当理由’，而例外地认定其行为并不违法，但这与以保障销售商之间的竞争为目的的一般指定第 8 款规定在经济政策上的观点不同，对于不属于前述例外的商品的转售价格维持行为应当通过对各个行为是否会阻碍竞争进行判断来认定是否具有‘正当理由’，这与法律第 24 条之 2 的规定之间并不存在矛盾。此外，上告人还主张，如转售价格维持行为发生在市场竞争力较小的商品上，反而能因此促进与其他商品之间的竞争，应当认定具有‘正当理由’。如前文所述，一般指定第 8 款着眼于排除对交易对象经营活动造成竞争限制的行为，因此前文所说的转售价格维持行为虽然强化了行为人与其他竞争者之间的竞争关系，但是只要无法保证该行为一定会带来在与销售该商品的销售商之间进行自由的价格竞争情形下相同的经济效果，就不能否定其阻碍竞争的可能性。”

4. 注意事项

和光堂婴幼儿奶粉的市场份额虽然很小（5% 左右），但是判决指出，由于婴幼儿奶粉具有“一般会购买特定的品牌，且原则上不会切换至其他品牌”这一商品特性，“无论市场份额高低，本案中的销售手段对对方批发商及零售商的交易造成了限制”这一审决认定并不存在不合理之处。

案例 58 HAMANAKA 案

（东京高判平成 23・4・22 审决集第 58 卷第 2 分册第 1 页［28222156］、公取委审判审决平成 22・6・9 审决集第 57 卷第 1 分册第 28 页）

1. 案情概要

从事毛线生产销售的 HAMANAKA 株式会社，没有正当理由，在向零售商供应毛线时附加维持最低折扣价格的条件并要求批发商在向零售商供应毛线时对零售商附加维持最低折扣价格的条件。公平交易委员会以上述行为构成 2009 年 10 月 28 日法律修订前的一般指定第 12 款第 1 项以及第 2 项规定的行为、违反第 19 条的规定为由作出排除措施命令。HAMANAKA 株式会社提出了要求取消该命令的审判请求，但被驳回。

2. 案件焦点

能否认定存在“正当理由”。

3. 法院的判断

“旧一般指定第 12 款中的‘正当理由’，从维持公平的竞争秩序的观点来看，是指相关约束性条件不会对交易对象的经营活动带来阻碍自由竞争的可能……一般而言，从产业及文化上维护手工编织业具有一定的价值，但是这与确保消费者的利益这一《反垄断法》的目的并无直接关系，此外，为实现上述目的，对不属于该法第 23 条所指定的商品实施了明显对交易对象经营活动带来阻碍自由竞争影响的本案行为，不能说是必要且适当的。因此，不能认定本案行为具有一般指定第 12 款中的‘正当理由’。”

4. 注意事项

尽管原告主张本案行为实施的目的是让大多数中小零售商得以维持生存、从产业及文化上维护手工编织业并保护全体手工编织行业，但是法院指出正当理由“从维持公平的竞争秩序的观点来看，是指相关约束性条件不会对交易对象的经营活动带来阻碍自由竞争的可能”，并在此基础上认为给交易对象自由竞争带来明显阻碍的本案行为，从方法上而言不能说是必要且适当的。

4. 不构成“限制转售价格”的案例

在委托销售以及经营者与使用者直接进行价格交涉并决定采购价格的交易中，流通商仅发挥中介功能，在被认定“实质上是由经营者进行销售”的情形下，即便经营者对该流通商实施价格指定，通常也不认为其行为违法。

此外，即便在经营者调查销售其商品的流通商的实际销售价格、销售对象等的情形，如果不存在因流通商未按照该经营者指定的价格销售而对该流通商施加停止出货等经济上的不利措施或者通知或暗示将施加上述措施等限制流通商的销售价格的行为，而只是单纯的流通调查，通常也不认为存在问题（《流通交易惯例指南》第 1 部第 1 的 3）。

5. 经销协议、特许协议中的价格限制

出于统一经营以及明确消费者选择标准的考虑，经销制通常会提示建议零售价。然而，由于存在加盟店不得不依据地域市场的实际情形设定销售价格的情形以及不得不对库存商品等进行降价销售的情形，总部在向加盟店供应商品时限制加盟店的销售价格，原则上违反本款规定。并且，即便在非直接供应商品的情形下，对加盟店供应商品或服务的价格进行不正当限制也同样可能适用一般指定第 12 款的规定。

在特许协议中，特许人限制被特许人销售或转售使用其特许技术产品的价格的行为，是对被特许人以及购买该产品的流通商的经营活动中最基本的竞争手段的限制，明显会造成减少竞争的效果，因此，原则上构成不公平的交易方法（一般指定第 12 款）［参照《知识产权指南》第 4 的 4（3）］。

第 2 条第 9 款第 5 项【滥用优势地位】

概 要

本项对作为课征金适用对象的滥用优势地位进行了界定。

1. 沿革

在 2009 年《反垄断法》修订前，滥用优势地位规定在一般指定第 14 款中。而 2009 年修订时将作为课征金适用对象的滥用优势地位改为由第 2 条第 9 款第 5 项进行规定。

2009 年修订前的一般指定第 14 款第 1 项以及第 2 项基本上完全保留在本款第 1 目和第 2 目中（但是，新增了持续性交易的交易对象的要求等），第 3 项以及第 4 项的内容在本款第 3 目中作出了更为明确的界定，而第 5 项中规定的“对交易对象公司的董事选任进行不正当干预”因不适用课征金的规定，继续保留在一般指定第 14 款中。

2. 优势地位

《滥用优势地位指南》对“利用自己在交易上优越于交易对象的地位”进行了说明（第 2 的 1、2）。

“要说交易的一方当事人（甲）在交易地位上优越于另一方当事人（乙），并不要求当事人具有市场支配地位或者绝对优势地位，只要其在与交易对象的关系中具有相对的优势地位即可。甲相较于交易对象乙而言具有优势地位是指，对乙而言由于与甲的交易难以继续将会对其业务经营带来巨大影响，即便甲向乙提出了明显对其不利的要求等，乙也不得不接受的情形。”此外，“在判断时，应当综合考虑乙对甲的交易依赖程度、甲的市场地位、乙变更交易对象的可能性以及其他说明与甲交易具有必要性的事实（与甲的交易额、甲今后发展的可能性、经营交易对象商品或服务的重要性、与甲交易对乙的信用带来的保障、甲乙经营规模的差异等）。此外，在判断甲对乙而言是否具有交易上的优势地位时……还应注意，除了大企业与中小企业的交易外，在大企业之间以及中小企业之间的交易中，也存在交易的一方当事人对另一方当事人而言具有交易上的优势地位的情形”。

拥有优势地位的行为人，如果在交易过程中对交易对象施加不正当的不利条件，通常可以认定其构成“利用”（《滥用优势地位指南》第2的3）。

上述观点是基于优势地位产生于日本广泛存在的、长期的、持续性交易关系这一背景。也就是说，如果长期的持续性交易没有广泛存在，即便与交易对象的交易继续出现困难，当事人也能容易找到其他交易对象，其业务经营并不会因此受到影响。这样，当事人在交易对象提出对自己明显不利的要求时，能够自由且自主地判断是否接受该要求，交易对象也因此不具备优势地位。然而，日本的现状却与此相反。

在因滥用优势地位受到课征金处罚的第一案——山阳MARUNAKA案等案件中，对优势地位作出了如下认定：

（1）山阳MARUNAKA案（公取委排除措施命令平成23·6·22审决集第58卷第1分册第193页）

山阳MARUNAKA是总店位于冈山县区域的最大型百货店以及综合超市，且在冈山县零售行业的食品销售额占比位居第一；山阳MARUNAKA每年都会增加门店，年营业额超过1200亿日元，大多数供应商都期待今后能提高与山阳MARUNAKA的交易额；部分供应商存在如开始或扩大与其他经营者交易就难以保障在山阳MARUNAKA的营业额或同等程度营业额的情形；部分供应商存在因来自山阳MARUNAKA的营业额在其总营业额中占据较大比重而十分重视与山阳MARUNAKA之间交易关系的情形。根据上述事实，认定山阳MARUNAKA具有优势地位。

（2）爱电王（EDION）案（公取委排除措施命令平成24·2·16审决集第58卷第1分册第278页）

特定供应商与爱电王之间的交易额以及交易量大而稳定，与爱电王的交易额在其总营业额中占比较高：爱电王在2011年3月的合并营业额达到约9010亿日元，在日本家电零售业中位居第二，且 2011 年 3 月末，爱电王的门店数量合计达到 1072 家；特定供应商如开始或扩大与其他经营者交易就难以保障在爱电王的营业额或同等程度营业额；近年爱电王门店数年年增加等。基于上述事实，认定爱电王具有优势地位。

首次就适用课征金的滥用优势地位作出审决的日本玩具反斗城案(Toys“R”Us)（案例 59）对于如何判断“优势地位”指出，“对交易对象施加在正常商业惯例下不正当的不利条件的行为（以下简称滥用行为）是指，从一般的企业行为来看，该交易对象不具有接受相关条件的合理性的行为。因此，在认定乙接受了甲所实施的滥用行为这一事实的情形下，除非存在乙接受该滥用行为的特殊事由，否则可以推定对乙而言与甲的交易具有必要性和重要性，并属于‘即便甲向乙提出明显对其不利的要求等，乙也不得不接受的情形’。这也是导致与甲的交易难以继续将会对乙的业务经营带来巨大影响的重要原因……而对于能否说甲拥有相较于乙的优势地位的问题上，应当从甲的行为是否构成滥用行为、滥用行为的内容、乙是否具有接受上述行为的特殊事由进行分析，同时，还应综合考虑①乙对甲的交易依赖程度、②甲的市场地位、③乙变更交易对象的可能性以及④其他说明与甲交易具有必要性、重要性的事实”。

换言之，如果存在构成“滥用行为”（参考下文“3”）的行为且存在虽不具有接受上述行为的特殊事由但最终接受的事实，可以在考虑前段①至④的具体情形下认定具有优势地位。在判断“是否具有优势地位”之前，应当先对行为是否构成“滥用行为”进行判断。此外，对于判断“优势地位”重要因素——“①交易依赖程度”，即便在仅有 0.5% 的情形下，如果没有特殊事由却接受“滥用行为”，通常可以认定其“利用优势地位实施了滥用行为”。

3. 滥用行为

“正常的商业惯例”是从维护、促进公平竞争秩序的角度被认可的行为。因此，虽说符合现有的商业惯例但是也无法立即认定该行为具有正当性（《滥用优势地位指南》第 3）。

对于“退货”“降价”等行为，日本玩具反斗城案（案例 59）指出，“原则上，给交易对象施加事先无法计算的不利条件，阻碍该交易对象依据自由及自主的判断进行交易的行为构成滥用行为”，而基于交易对象的同意和申请，给予交易对象直接利益的情形，则“不属于给交易对象施加事先无法计算的不利条件的情形，不构成滥用行为”。该案中，基于说明实施“退货”“降价”等行为原委的证据（当时负责人之间交换的邮件和文件），认定在基于交易对象的申请并在使交易对象获得直接利益的情形下实施“退货”“降价”的行为不构成滥用行为，最终取消了排除措施命令和课征金缴付命令。

案例 59　日本玩具反斗城案

（公取委审判审决平成 27・6・4 审决集第 62 卷第 119 页）

1. 案情概要

被审人（日本玩具反斗城）至少在 2009 年 1 月 6 日至 2011 年 1 月 31 日，利用其相对于供应商中的 117 家（以下简称特定供应商）的优势地位，在从特定供应商中的 63 家收到交易相关商品后参照正常的商业惯例不正当地要求将该商品退回给该交易的交易对象，以及不正当地要求特定供应商中的 80 家降低交易价格。上述行为构成第 2 条第 9 款第 5 项规定的行为，违反第 19 条的规定（本案违法行为）。根据第 20 条之 6 的规定，本案违法行为的实施期间为 2009 年 1 月 6 日至 2011 年 1 月 31 日，对于本案中在修订法的实施日 2010 年 1 月 1 日之后实施的行为，根据被审人分别与特定供应商中 61 家之间的采购金额（合计 369 亿 866 万 5689 日元）计算课征金，最终金额为 3 亿 6908 万日元。

2. 案件焦点

本案中被审人在从 14 家特定供应商中的 5 家收到交易相关商品后要求将该商品退回给该交易的交易对象（以下简称本案退货）并要求 14 家中的 13 家降低交易价格（以下简称本案降价，而在排除措施命令中认定包含本案退货以及本案降价在内的违法行为统称为本案行为）的行为，是否利用了被审人相对于14家供应商的优势地位；参照正常的商业惯例是否属于不当行为。

3. 公平交易委员会的判断

（1）滥用优势地位的判断标准

根据滥用优势地位规制的主旨，要说交易的一方当事人（甲）相较于另一方当事人（乙）而言在交易上具有优势地位，并不要求甲具有市场支配地位或与之相当的绝对优势地位，只要在与交易对象的关系中具有相对的优势地位即可。此外，甲相对于交易对象乙而言具有优势地位是指，对乙而言如果与甲之间的交易难以继续将对乙的业务经营带来较大影响，那么即便甲对乙提出了显著对其不利的要求，乙也不得不接受的情形。

而对交易对象实施了参照正常的商业惯例不正当的不利行为（以下简称滥用行为）是指从正常的企业行动来看，该交易对象没有接受合理性的行为。因此，在甲实施滥用行为且乙接受的事实被确认的情形下，只要不存在乙接受该滥用行为的特殊事由，就可以推定对乙而言，与甲的交易必要且重要，同时，还可以认为是"即便甲对乙提出了显著对其不利的要求，乙也不得不接受的情形"的现实化，可以说是与"对乙而言，如果与甲之间的交易难以继续将对乙的业务经营带来较大影响"相关联的重要因素。

此外，如果乙对甲存在较大的交易依赖性，乙与甲进行交易的必要性便提高，对乙而言，如果与甲之间的交易难以继续容易对乙的业务经营带来较大影响；如果甲的市场份额较大或顺位靠前，乙可以期待通过与甲的交易实现交易数量和交易金额的增加，乙与甲进行交易的必要性提高，对乙而言，如果与甲之间的交易难以继续容易对乙的业务经营带来较大影响；此外，如果乙与其他经营者开始交易或者扩大交易存在困难或者乙在与甲的交易中进行了高额投资，乙与甲进行交易的必要性提高，对乙而言，如果与甲之间的交易难以继续容易对乙的业务经营带来较大影响。

因此，对于甲是否具有相对于乙的优势地位的问题，应当分析甲的行为是否构成滥用行为、滥用行为的内容、乙是否存在接受该滥用行为的特殊事由，并在此基础上对①乙对甲的交易依赖程度、②甲的市场地位、③乙变更交易对象的可能性、④其他反映与甲交易的必要性和重要性的具体事实进行综合判断。

（2）本案中的滥用行为

在被审人与14家特定供应商的交易中，本案退货及本案降价的对象商品的交易方式均为购买交易。

在这样的购买交易中，在不存在归责于交易对象的事由的情形下进行的退货或降价，是对签订的买卖合同的反悔，原本应当由购买商负担的库存风险、因降价销售导致销售额降低风险等不利便转嫁给供应商，这对交易对象而言，通常不存在合理性，因此这样的行为往往会给该交易对象带来事先无法预计的不利影响，阻碍该交易对象通过自由自主的判断进行交易，因此认为构成滥用行为。

但是，作为退货的例外，在下列情形下，不视为给该交易对象带来事先无法预计的不利影响，不认为构成滥用行为：①在购入商品之际，根据与该交易对象之间的合意明确约定退货条件且依据该条件退货的情形；②事先获得该交易对象的同意，并且自行负担因退回商品而对该交易对象造成的正常损失的情形；③该交易对象主动提出接受商品退货，且该交易对象对该商品进行处分能够给该交易对象带来直接利益的情形等。

此外，作为降价的例外，在下列情形下，不视为给该交易对象带来事先无法预计的不利影响，不认为构成滥用行为：①降价要求是作为价格交涉的一环提出的，且其金额被认定能反映供需关系的情形；②该交易对象为实施降价销售而提出降价申请，且通过降价销售处理商品可以给该交易对象带来直接利益的情形等。

如上，在无法归责于交易对象的情形下进行的退货和降价，尽管承认存在例外的情形，但是通常情形下对交易对象而言不具有合理性，只要不存在属于例外情形的特殊事由，就可以推测将给该交易对象带来事先无法预计的不利影响，构成滥用行为。

（3）对本案的分析

被审人所实施的本案退货及本案降价均属于在不存在可归责于 14 家特定供应商的事由的情形下实施的退货及降价，而对于本案退货和降价是否属于被审人利用其相对于 14 家特定供应商在交易上的优势地位实施的滥用行为的分析结果是，可以认为，被审人在本案退货中对 5 家供应商中的 3 家实施的本案退货以及在本案降价中对 13 家供应商中的 10 家实施的降价均属于滥用了其在交易上的优势地位而实施的滥用行为。

此外，根据下列证据可以认定，被审人以保障自身利益等为目的，有组织有计划地实施了一系列本案行为（但是，否定被审人利用交易上的优势地位实施滥用行为的情形除外）：

①被审人为保障自身利益，作为公司方针，在为清空销售情况不佳的商品等而实施降价销售时，要求供应该销售情况不佳的商品等的供应商承担部分甚至全部降价金额以填补因降价造成的利益损失，甚至还向销售情况不佳的商品等的供应商退货；

②被审人为恢复低迷的业绩，在董事会上以改善被审人利益为目的批准通过了系列方针，包括按照商品群以及店铺改善销售情况不佳的商品等、作为业务利益改善方针的一部分而确保合适的库存数量以避免出现销售情况不佳的商品等、评估经营效率削减销售管理费；

③被审人根据上述方针，在对销售情况不佳的商品进行降价销售的同时要求供应商汇报拟承担的金额、就销售情况不佳的商品的退货问题的具体交涉方法等进行个别的具体指导、制定确保贯彻行动方针的成绩评

价指标等。

4. 注意事项

本案是2009年《反垄断法》修订将滥用优势地位作为课征金适用对象后的首例审决，也因此成为之后案件的重要指引。

案例60　三井住友银行利率互换损害赔偿请求案

（福冈高判平成23・4・27判夕第1364号第158页［28173450］）

1. 案情概要

控诉人公司指出，在控诉人公司与被控诉人银行依次签订交换变动利率和固定利率的利率互换协议1及协议2之际，被控诉人银行违反上述各合同的说明义务，滥用交易上的优势地位并基于此进行了不适当及不公平地引诱。据此，控诉人根据《关于金融商品销售等的法律》（2006年法律第66号修订前的法律）第4条、《民法》第709条及第715条的规定提起诉讼，要求被控诉人银行支付其已向被控诉人银行支付的相当金额及其延长损害金，同时指出在控诉人公司与被控诉人银行签订以建筑脚手架材料为集体动产担保物的固定担保合同时，因被控诉人银行职员违反说明义务，上述协议是基于不法行为以及违反公序良俗等而签订的无效协议，被控诉人银行因此的获利为不当得利，要求被控诉人银行支付其已向被控诉人银行支付的报酬和手续费的相当金额及其延长损害金。

就上述各项请求，原审认为，对于控诉人公司指出的本案利率互换协议2中的引诱行为，被控诉人银行职员的行为的确存在违反《关于金融商品销售等的法律》的情形，认定其行为属于不法行为，责令被控诉人银行支付73万9527日元的损害赔偿金及其延迟损害金，但对于此外的其他请求，则被认定理由不充分而被驳回。控诉人公司以及被控诉人银行双方均对败诉部分不服并提起控诉。

2. 案件焦点

由于控诉人公司每月受设备费用所迫忙于票据结算，从被控诉人银行短期借款的次数增多且依存度提高，短期借款的金额增加，其比例甚至达到 50% 至 60%。本案中的担保协议能否说是被控诉人银行利用其优势地位与控诉人公司签订的协议。

3. 法院的判断

(1) 经认定，控诉人公司的总借款余额，截至 2002 年 10 月末共计约 9.6 亿日元，其中约 5 亿日元的借款来自主力银行 N。而截至 2003 年 10 月末，控诉人公司的总借款金额约为 11 亿日元，其中约 4.9 亿日元来自该主力银行 N，而仅有约 7800 万日元的借款来自被控诉人银行。

控诉人公司在 2003 年 7 月 9 日签订本案利率互换协议 1 后，在至 2004 年 5 月 25 日期间，通过本案 6 次短期借款从被控诉人银行处共计借款 3.5 亿日元，在 2004 年 6 月 25 日至 2005 年 5 月 6 日通过本案 4 次短期借款融资 3.6 亿日元，在第一个借款日 6 月 25 日受到引诱的本案利率互换协议 2 是在上述融资过程中于 2004 年 6 月 18 日签订的，此外，在 2005 年 10 月 31 日签订本案担保协议的同时还借款本案 4 亿日元。

(2) 可以看出，在控诉人公司与被控诉人银行签订本案利率互换协议 1 的 2003 年 7 月 9 日，从融资余额等来看被控诉人银行明显不具有相对于控诉人公司的突出优势地位，而本案 6 次短期融资是在超过两个半月以后的 9 月 29 日开始的，或许在其后具备了融资条件，但不能认可被控诉人银行在引诱签订本案利率互换协议 1 的过程中滥用了优势地位。

此外，关于本案利率互换协议 2，在通过本案 4 次短期借款进行的合计 3.6 亿日元的一系列借款过程中，控诉人公司被提议进行借款金额为 1 亿日元的利率互换交易，控诉人公司尽管将被提议的借款金额减半，但如前文交易过程等所示，融资依旧顺利进行，可以认定被控诉人银行希望扩大与作为优良企业的控诉人公司之间的交易并试图与主力银行并驾齐驱。

鉴于此，无法认定被控诉人银行不正当地利用了其优势地位或使用不正当的违法手段强迫控诉人公司签订上述协议。

4. 注意事项

本案中滥用优势地位行为尽管未被认定，但是在 2001 年至 2004 年，三井住友银行在未向经营者明示融资条件等的情形下强行要求其购买利率衍生产品之一的利率互换产品的行为因构成滥用优势地位而在 2005 年 12 月 2 日被作出劝告审决。交易依存度、引诱的方式（在劝告审决中认定了如下事实，如不购买利率互换产品则可能在融资上受到不利对待；即使拒绝，上司也会带头进行反复交涉等）等被作为判断的要素。

而在本案控诉审中，因被控诉人银行违反说明义务而认可了基于不法行为的部分损害赔偿请求。被控诉人银行其后提出上告，上告审中法院以上告人未违反说明义务为由，驳回控诉审中上告人的败诉部分，被上告人公司的请求驳回最终被确定。

4. 滥用优势地位的行为类型

（1）第 2 条第 9 款第 5 项第 1 目——强行购买、使用

《滥用优势地位指南》中指出，“与该交易相关的商品或服务以外的商品或服务”并不仅指自己提供的商品或服务，也包含自己所指定经营者提供的商品或服务，而“要求购买”不仅包含以购买为交易条件的情形以及对未实施购买的交易对象施加不利条件的情形，事实上还包含其他被认定为使交易对象不得不购买的情形，具体包含以下示例（《滥用优势地位指南》第 4 的 1）：

①通过施加如不购买将终止交易、减少交易数量等能够影响今后交易的条件并使交易对象予以接受的方式强行要求购买。

②通过采购负责人等能够影响交易对象交易关系的人要求其购买的方式强行要求购买。

③通过要求交易对象有组织、有计划购买的方式强行要求购买。

④在交易对象明示没有购买意愿以及虽无该明示但可以明确认定没有购买意愿的情形下，反复提出购买要求或者强行将商品送至交易对象处强行要求其购买。

⑤要求零件加工的订购商为自己的客户厂商介绍产品的采购商，如果订购商无法介绍采购商则要求订购商自行购买该产品。

⑥在交易日趋电子化之际，部分交易对象已经对电子化作出应对并与其他经营者签订网络服务使用合同，已无再接受新的相同服务的必要。尽管如此，仍以终止今后的交易为要挟，要求交易对象使用其指定的价格更高的网络服务。

相关的案例包括如下：

Ⅰ三越案

（公取委同意审决昭和 57・6・17 审决集第 29 卷第 31 页）

当事人规定了其销售的商品或服务中部分特定商品或服务的销售目标金额以及达到该目标的期限，在门店以外的销售中利用交易关系要求供应商购买该特定商品或服务等，强行要求供应商承担这部分费用。

Ⅱ KARAKAMI 观光案

（公取委劝告审决平成 16・11・18 审决集第 51 卷第 531 页）

当事人通过事先分别给供应商设定应购买该酒店住宿券的数量、以书面形式要求其购买、在无购买申请的情形下多次要求其购买等方式，强行要求供应商购买住宿券或者强行指定供应商参加其举办的相关宴会的人数并收取参加费用等。

Ⅲ三井住友银行利率互换案

（公取委劝告审决平成 17・12・26 审决集第 52 卷第 436 页）

在从融资方收到新的融资申请时，当事人建议上述融资方进行利率互换交易，如融资方不答应则施加不利的融资条件，以此强行要求融资方进行利率互换。

Ⅳ大和案

（公取委排除措施命令平成 21・3・5 审决集第 55 卷第 716 页）

当事人要求供应商及其员工购买电器产品、衣服等。

Ⅴ山阳 MARUNAKA 案

（公取委排除措施命令平成 23・6・22 审决集第 58 卷第 1 分册第 193 页）

在销售圣诞商品之际，采购负责人在联谊会上分发申请资料并要求填写最低采购量后当场下单，以此强行销售圣诞商品等。

Ⅵ RALSE 案

（公取委排除措施命令平成 25・7・3 审决集第 60 卷第 1 分册第 341 页）

当事人在名为“男装特卖会”的促销会销售西装及其关联商品（以下简称西装等）之际，采购负责人向特定供应商中的 18 人分别提出了购买数量要求，并对不购买的特定供应商多次提出购买要求等，强行要求其购买西装等。

（2）第 2 条第 9 款第 5 项第 2 目——强行要求提供经济上的利益

《滥用优势地位指南》中指出，本目下的“经济上的利益”是指以赞助费、合作费或其他名义提供的金钱或劳务等。下文将根据要求承担赞助费等、要求派遣员工等、要求提供其他经济上的利益的分类，分别介绍具体示例（《滥用优势地位指南》第 4 的 2）。

①要求承担赞助费等

该类行为是指，在交易上具有相对优势地位的经营者要求交易对象以赞助费等名义承担费用的情形。在经营者与交易对象之间未明确说明该赞助费等的金额及其计算依据、用途等而给交易对象施加事先无法计算的不利条件的情形，以及超过该交易对象获得直接利益等的合理负担范围给对方带来不利影响的情形下，参照正常的商业惯例可以认定其施加了不利条件，构成滥用优势地位。

符合该项内容的审决例包含如下：

Ⅰ三越案

（公取委同意审决昭和 57・6・17 审决集第 29 卷第 31 页）

当事人要求供应商负担全部或部分卖场的装修费用以及各卖场开展大甩卖等特定商品销售活动的费用，且未设置特别的标准。

Ⅱ全国农业协同合作社联合会案

（公取委劝告审决平成 2・2・20 审决集第 36 卷第 53 页）

当事人以“系统外渠道”低价推销用于蔬果包装的纸箱时，要求市町村的农业协同联合会来填补与“系统内渠道”供应的差价，而这一费用实际上是以“市场情形对策费”的名义由指定厂商负担的。

Ⅲ罗森案

（公取委劝告审决平成 10・7・30 审决集第 45 卷第 136 页）

当事人要求日用杂货的供应商在罗森的决算期支付没有特别计算依据且对于供应商而言没有支付合理性的费用。

Ⅳ RALSE 案

（公取委排除措施命令平成 25・7・3 审决集第 60 卷第 1 分册第 341 页）

当事人在新店开张或者装修后新开业实施开业促销之际，以该促销活动的“合作费”为名义，在事先未对计算依据和用途等作出明确说明且未考虑特定供应商可能获得的促销效果等利益的情形下，要求特定供应商中的 54 个支付其单方面决定的金额或者按照其各采购部门自行设定的计算方法计算得出的金额。

②要求派遣员工等

该类行为是指，在交易上处于优势地位的经营者要求交易对象派遣员工等的情形。在经营者与交易对象之间并未明确说明派遣员工的具体情形以及具体条件而给交易对象施加事先无法计算的不利条件的情形以及超过交易对象通过派遣员工等能够获得的直接利益等的合理负担范围而给对方带来不利影响的情形下，参照正常的商业惯例可以认定其施加了不利条件，构成滥用优势地位。

符合该项内容的审决例包含如下：

Ⅰ MrMAX 案

（公取委劝告审决平成 16・11・11 审决集第 51 卷第 526 页）

当事人要求供应商在结算时支付高于事先约定金额的费用，并在门店新店开业、装修、停业经营时要求供应商派遣员工协助其销售活动。

Ⅱ KOHNAN 商事案

（公取委劝告审决平成 16・12・6 审决集第 51 卷第 538 页）

当事人为确保结算时的毛利，利用供应交易，要求供应商以营业年度下半年实施的促销活动的合作费为名义提供金钱支持，同时，在其门店新店开张以及装修新开业之际要求供应商派遣员工协助门店陈列商品、补充商品等。

Ⅲ UNY 案

（公取委劝告审决平成 17・1・7 审决集第 51 卷第 543 页）

当事人在盘点库存之际要求供应商派遣员工协助其盘点库存等。

Ⅳ YAMADA 电机案

（公取委排除措施命令平成 20・6・30 审决集第 55 卷第 688 页）

当事人事先未与供应商达成关于员工派遣条件的合意，却告知供应商日期和门店等并要求其派遣员工负责陈列商品、补充商品以及接待客户。

Ⅴ 山阳 MARUNAKA 案

（公取委排除措施命令平成 23・6・22 审决集第 58 卷第 1 分册第 193 页）

当事人在新店开业之际，要求为开业门店供应商品的特定供应商派遣员工到该门店负责包含特定供应商供应商品以外的商品在内的门店商品的搬运工作。

Ⅵ爱电王（EDION）案

（公取委课征金缴纳命令平成 24・2・16 审决集第 58 卷第 1 分册第 384 页）

当事人在与特定供应商之间未就员工派遣条件达成合意的情形下，告知特定供应商门店和日程等并要求其派遣员工等到店从事商品搬运、门店布置等与特定供应商员工的销售技术和能力无关的工作。

在 2008 年 9 月至 2010 年 11 月，当事人要求家电厂商等特定供应商派遣员工负责商品搬运、门店布置等工作涉及的新开业门店以及装修后新开业门店合计达到 133 家，派遣员工数量合计达到 11,172 人，最终被处以课征金 40 亿 4796 万日元的处罚。

③要求提供其他经济上的利益

该类行为是指，除要求支付赞助费、派遣员工以外，在交易上处于相对优势地位的经营者没有正当理由要求交易对象无偿提供订单内容中未包含的模具、设计图纸、专利权等知识产权，而交易对象出于对今后交易可能受影响的担心而不得不接受的情形，参照正常的商业惯例可以认定其施加了不利条件，构成滥用优势地位。

（3）第 2 条第 9 款第 5 项第 3 目——拒绝收货、退货、延迟支付、降价及其他

尽管本目列举了拒绝收货、退货、延迟支付以及降价作为示例，但也包含了给交易对象带来不利影响的其他行为。《滥用优势地位指南》中就列举了单方决定交易价格、要求重新定价等情形。

此外，《关于特许经营体系的反垄断法上的思考》中指出，特许经营总部超过实施特许经营的必要限度不正当地设置正常的商业惯例下对加盟店不利的交易条件或者对加盟店施加交易条件或实施上的不利影响的情形，以及在特许经营合同结束后，特许经营总部仍要求继续维持在特定区域设立的总部的商权，施加超过总部为加盟店提供的知识产权保护等的必要的地域、期间以及内容范围的竞业禁止义务的情形等，均构成本目规定的行为。

符合该项内容的审决例包含如下：

Ⅰ罗森案

（公取委劝告审决平成 10・7・30 审决集第 45 卷第 136 页）

当事人要求特许经营的加盟店以及直营店以 1 日元的价格供应日用杂货等。

Ⅱ UNY 案

（公取委劝告审决平成 17・1・7 审决集第 51 卷第 543 页）

当事人单方面要求蔬果的零售商以低于中间批发商采购价的价格供应用于促销活动的蔬果，并以明显低于同类商品一般批发价的价格采购。

Ⅲ丸京（MARUKYO）案

（公取委排除措施命令平成 20・5・23 审决集第 55 卷第 671 页）

当事人以商品周转率低、门店倒闭、季节性商品销售时机结束、从商品展示架上掉落造成破损等理由对商品进行 5 折销售，并要求供应商对这部分商品的供应价格给出折扣。

Ⅳ岛忠案

（公取委排除措施命令平成 21・6・19 审决集第 56 卷第 2 分册第 3 页）

当事人事先未就退货条件与供应商达成合意，却在退货无法给供应商带来直接利益的情形下要求退货。

Ⅴ 7–11 案

（公取委排除措施命令平成 21・6・22 审决集第 56 卷第 2 分册第 6 页）

在加盟店经营超市的废弃商品全部由加盟店按商品原价自行负担的制度之下，经营顾问在得知加盟店将要对即日商品进行清仓促销时要求该加盟店不得进行清仓促销、经营顾问在得知加盟店已经进行了清仓促销后要求加盟店不得再次进行清仓促销以及加盟店在出现过前两种情形后仍然进行清仓促销的情形下，由作为经营顾问上司的员工暗示加盟店将对其采取解除加盟基础合同等对加盟店不利的措施，并要求加盟店不得实施或不得再次实施清仓促销，从而使加盟店不得不停止清仓促销，并由此丧失了依据自身的合理经营判断、减轻废弃即日商品的成本负担的机会。

Ⅵ山阳 MARUNAKA 案

（公取委排除措施命令平成 23・6・22 审决集第 58 卷第 1 分册第 193 页）

当事人将其食品部经营的商品中超过该公司规定的销售期限的部分，在供应该商品的特定供应商不存在过错的情形下退还给该特定供应商。此外，在食品部经营的商品以及该公司日配品部经营的商品中，对于“因整体装修处理库存商品”等为由实施打折促销的部分，在供应该商品的特定供应商不存在过错的情形下，从应向该特定供应商支付的货款中扣除与该打折促销中折扣相当的数额。

案例 61　岐阜商工信用合作社案

（最二小判昭和 52・6・20 民集第 31 卷第 4 号第 449 页［27000280］）

1. 案情概要

被上告人（信用合作社）按照日息 3.5 钱日元、延迟损害金日息 8 钱日元的约定向上告人（个人公司）提供 750 万日元借款。在这一过程中，被上告人采取了设置 5 名连带保证人并对连带保证人所拥有的房地产设置抵押权等担保措施，在此基础上，还向上告人提供了 400 万日元的票据抵押贷款，并要求上告人以 200 万日元的定期存款、400 万日元附带溢价金的定期存款以及 4 笔定期存款 14 万日元为本案贷款债务设立质权。

被上告人从本案贷款以及票据贷款共计 1150 万日元中，先行扣除利息、上述定期存款600万日元、合作社出资金额、手续费等，将余额444万5850日元交付给上告人。

提起请求本案借款合同无效确认诉讼的上告人尽管在一审中胜诉，但却在控诉审中因法院认为其虽违反第19条的规定，但违反程度较轻依旧认定合同有效而反转败诉，据此上告人提出上告。本案判决指出，在被限制的即时补偿性存款[①]的范围等问题上控诉审的事实认定存在差错，因此驳回上告人的败诉部分并退回名古屋高等法院重新审理。

2. 案件焦点

在本案借款合同中，被上告人是否利用交易上的优势地位给上告人施加了参照正常的商业惯例不正当的不利条件。

3. 法院的判断

在借款的同时要求200万日元全额存款以及400万日元定期存款相当于“限制退还的即时补偿性存款”，实质借款金额应为从本案借款及另一笔借款的合计金额1150万日元中扣除600万日元后的550万日元。尽管配备了与该金额充分匹配的人和物的担保，但是补偿性存款的价款额达到52.2%，上告人应支付实际利息（扣除上告人从定期存款等获得的利息金额）的实际利率为年息1成7分8毛，超过了《利息限制法》第1条第1款1成5分的上限。

前述交易条件，至少就被上告人实际借款的550万日元而言，可以认定是被上告人以非法获得高利息为目的向上告人提出的要求。因此，前述交易条件是被上告人利用交易上的优势地位施加的参照正常的商业惯例不正当的不利条件，可以说被上告人在本案贷款中使用了第19条以及一般指定第10款规定的不公平的交易方法。

① 补偿性存款，是指作为贷款条件金融机构在贷款时将贷款额的一部分留作存款，是一种硬性规定的存款形式。

4. 注意事项

本案中除从限制性贷款额比率、其他担保的程度外，还从实质利率超过《利息限制法》的规定认定行为的不正当性。对于本案行为在私法上的效力，请具体参照案例65。

案例62 ASAHI书籍销售案

（东京地判昭和56・9・30下级民集第32卷第9=12号第888页［27442185］）

1. 案情概要

作为书籍、杂志的中间批发商的ASAHI书籍销售（以下简称X），与从X采购并向零售商销售的地方批发商Y等（2家）之间签订了长达20年的持续委托销售（部分买断）杂志类商品的持续交易合同。该合同中不仅包含“不得从X指定对象以外的经营者采购”的排他性特约店条款，还对销售区域进行指定等。而Y等是在X的经营指导和投资下设立的，实质上相当于X的营业所。

其后Y等决定变更采购商，并在合同签订后约8个月时通知X解除合同。X以Y等的行为违反排他性特约店条款、成立债务不履行为由提起诉讼，并要求Y等赔偿合同剩余的19年间的损失利益。

2. 案件焦点

X是否不正当地利用了相对于Y等的优势地位。

3. 法院的判断

（1）排他性特约店条款的设置“是通过确保商品供应者交易关系的稳定来保障经营活动有计划、有效率地进行，但是没有充分证据证明原告利用其在交易上优越于被告的地位以及将在正常的商业惯例上对被告不利的条件强加于被告”。

（2）就合同期限为20年等的约定，法院认定如下事实：①原告是一家拥有员工约 100 名、年销售额约 120 亿日元的批发商，与此相对，被告在屡次更换职业后虽终于成为独立的商人，但并不具有相应的资产和特殊的技能；②在本案交易合同中，销售区域受到限制，从其他经营者处采购受到禁止，而由于交易的商品是书籍、杂志，转售价格也当然被要求维持；③在书籍、杂志等的批发行业，大多签订的是无期间限定的交易合同，而只有部分因实际情形签订了为期 1 年的合同。"如前文介绍，被告使用原告营业所的名称开展营业活动，在被告开业时，原告进行了大量的教育和投资，可以说，被告是依靠原告的经济实力成长起来的，即具有类似于原告实质上的营业所这一性质。鉴于此，原告利用其在交易上的优势地位，参照正常的商业惯例不正当地施加了 20 年期限的约束这一不利条件，应当说原告不正当地利用其在交易上的优势地位这一行为自身阻碍了以企业努力为根本的公平竞争秩序……使用了一般指定第 10 款中规定的不公平的交易方法。"

4. 注意事项

虽然不能说设置排他性特约店条款就是利用了优势地位，但是原告在 20 年间约束交易对象的行为是利用其优势地位不正当地给被告带来不利影响的行为，因此认定其阻碍了以企业努力为根本的公平竞争秩序。

案例 63　7-11 日本停止请求案

（东京地裁平成 23・12・22 审决集第 58 卷第 2 分册第 255 页、判夕第 1377 号第 221 页［28180099］）

1. 案情概要

本案中，与 Y（7-11 日本）签订特许经营合同（以下简称本案基本合同等）经营便利店的 X 等主张，Y 强行要求其从事代收公共费用等和邮件服务等（以下简称本案对象服务）相关业务（以下简称本案对象业务）以及要求其在晚上 11 点至第二天早上 7 点开店营业（以下简称本案深夜营业）的行为构成第 2 条第 9 款第 5 项第 3 目中所规定的滥用优势地位行为，违反第 19 条的规定，根据第 24 条的规定提出停止请求，并要求禁止 Y 继续强行要求实施本案对象业务以及本案深夜营业并在本案基本合同等中删除附加于 X 等的本案深夜营业义务的条款。

2. 案件焦点

（1）Y 对 X 等施加的从事本案对象服务的义务是否构成滥用优势地位。

（2）Y 对 X 等施加的本案深夜营业义务是否构成滥用优势地位。

3. 法院的判断

从 X 等在店铺经营等上对 Y 的依赖程度、X 等的初期投资、合同结束对 X 等带来的不利影响、业务规模的差距等来看，应当说在本案基本合同等签订后 Y 在交易上的地位优越于 X 等。

尽管如此，特许人要求被特许人从事代收服务的行为参照于正常的商业惯例并不被认为属于不正当地给被特许人带来不利的行为，且在与特许人签订的基本协议基础上，签订规定本案深夜营业义务的附属协议而使加盟特许经营连锁店的被特许人具有本案深夜营业义务的事实明确，特许人拒绝被特许人提出的变更协议要求、依据该协议要求被特许人本案深夜营业的行为参照于正常的商业惯例并不认为属于不正当地给被特许人带来不利的行为。

因此，Y 要求 X 等实施本案对象业务的行为，参照于正常的商业惯例并不被认为属于不正当地给被特许人带来不利的行为，不构成滥用优势地位。

4. 注意事项

公平交易委员会在《关于特许经营体系的反垄断法上的思考》第 3（1）中也指出，在特许经营体系总部与加盟者的交易中，对于总部是否具有交易上的优势地位的判断，可以《滥用优势地位指南》中的判断要素作为标准。

本案对于是否属于“参照正常的商业惯例不正当地”的问题在详细地事实认定的基础上予以了否定。

5. 本款中的公平竞争阻碍性

本款中的公平竞争阻碍性是指，可能对交易主体就交易与否以及交易条件进行的自由和自主判断带来阻碍。即具有优势地位的经营者将在平等关系主体之间难以实现的交易条件强加给交易对象，从而使该交易对象在竞争上处于不利地位，并使其在不依靠自身的效率竞争情形下获得较竞争对象而言的有利地位，便被认定具有本款所规定的公平竞争阻碍性。

案例 64　日本玩具反斗城案

（公取委审判审决平成 27·6·4 审决集第 62 卷第 119 页）

1. 案情概要

参照案例 59。

2. 案件焦点

本案行为、本案退货以及本案降价是否可能阻碍公平竞争。

3. 法院的判断

对于在何种情形下会被认定阻碍公平竞争的问题，应当考虑存在问题的不利影响程度、行为的波及范围等，并依据个案的事实进行判断。

被审人对于特定供应商中的 115 家企业（本案排除措施命令认定的本案违法行为的对象——排除了特定供应商中不被认定被审人利用自己在交易上的优势地位实施滥用行为的 2 家企业之外的经营者，以下简称 115 家企业），至少在 2009 年 1 月 6 日至 2011 年 1 月 31 日超过 2 年的时期内，通过一系列有组织有计划的行为实施本案滥用行为，并因此给115家企业造成了事先无法预计的不利影响，阻碍115家企业在自主和自由判断的基础上进行交易，也就是说，115家企业可能因退货和降价导致其在与竞争对手的竞争中处于不利地位，而被审人则可能因退货和降价促使其在与其竞争对手的竞争中处于有利地位，从这一点上即可以认定本案滥用行为具有公平竞争阻碍性。

4. 注意事项

本案是2009年《反垄断法》修订中将滥用优势地位作为课征金适用对象后的首例审决，也因此给之后的案件作出了重要指引。

6. 私法上的效力

滥用优势地位行为被《反垄断法》第19条禁止，其不仅是排除措施命令（第20条）以及课征金缴纳命令（第20条之6）的适用对象，同时也可能因违反公序良俗（《民法》第90条）而被否定其在私法上的效力。

案例65　岐阜商工信用合作社案

（最二小判昭和52・6・20民集第31卷第4号第449页［27000280］）

1. 案情概要

参照案例61。

2. 案件焦点

违反《反垄断法》的合同，在私法上是否无效。

3. 法院的判断

"对于违反《反垄断法》第19条的合同在私法上的效力问题，姑且不论该合同违反公序良俗的情形，不能如上告人所主张的以该条规定为强制性法规为由直接认定其无效。《反垄断法》是以维持公平且自由的竞争经济秩序来实现确保消费者的利益、促进国民经济民主健康发展之目的，该法在第20条中规定由作为专门机构的公平交易委员会对交易行为是否存在违反第19条规定的事实及其违法程度进行判定，并通过采取下达能够具体且妥当地处理或排除该违法状态的劝告、停止命令等灵活措施来确保该目的的实现。因此，从该法条的主旨来看，如直接否定违反该法第19条规定采取不公平的交易方法的行为在私法上的效力很难说是符合该法的目的的。此外，本案的交易条件虽然导致实质利息违反《利息限制法》，但即便如此，鉴于对于该违法结果将采取下文所述方式进行整改，本案借款以及构成该交易条件的本案另一笔借款、本案定期存款以及与本案定期存款相关的各项合同，尚且都无法认定其违反《民法》第90条所称的公序良俗。因此，在这一点上，认定上述合同有效的原审判断应当是妥当的。

但是，前述交易条件导致实质利息超过了《利息限制法》第1条第1款所规定的利率上限，进而导致延迟损害金的实质比例也超过了该法第4条第1款所规定的比例上限，因此，对于上述超过部分，应当参照该法的法意将其作为违法行为进行整改。而为了让本案交易中的实质利息以及延迟损害金的实质比例不违反《利息限制法》中的规定，如果对本案借款以及本案另一笔借款的借款利率进行统一整改，在计算上反而会导致本案另一笔借款的借款利率上涨，在方法上有失妥当；而应当以认定在因即时补偿性存款的存在而导致实质利息违反《利息限制法》的持续期间内本案借款合同中与利率以及延迟损害金比例相关部分的约定无效方式进行整改，将上告人支付的利息中超过以实质借款额550万日元为本金按照《利息限制法》第1条第1款规定利率计算所得金额的部分（而对于先行扣除利息的实质超过部分，更应当依据该法第2条进行计算）以及上告人支付的延迟损害金中超过按照该法第4条第1款规定的比例以与前面同样的方式计算所得金额的部分，根据《民法》第 488 条以及第 489 条的规定充当本案借款合同以及本款另一笔借款合同的剩余本金债务更为合适。”

4. 注意事项

本案以实质利息超过《利息限制法》为由认定其具有不正当性，并在此基础上对违反第 19 条规定采取不公平的交易方法的行为在私法上的效力问题指出“直接认定其无效很难说是符合该法的目的的”，认定在实质利息违反《利息限制法》的期间内的部分约定无效。

案例 66　ASAHI 书籍销售案

（东京地判昭和 56・9・30 下级民集第 32 卷第 9=12 号第 888 页［27442185］）

1. 案情概要

参照案例 62。

2. 案件焦点

违反《反垄断法》的合同效力以及持续供应合同的内容、损害赔偿。

3. 法院的判断

（1）关于约束期间为 20 年的规定，可以认为采取了《反垄断法》第 19 条、第 2 条第 9 款第 5 项以及一般指定第 10 款规定的不公平的交易方法，且其违法程度严重、违反公序良俗，应当认定其在私法上无效。

（2）持续供应合同“由于约束期间的约定……无效，只能解释为对期限没有约定，然而原告在被告开业期间提供了大量的资金和劳力”，法院认可了被告提出的“权衡双方的利益状况，要么设置一定期间的预告期间，要么在未对该期间的损害进行赔偿的情形下不得解除合同”的主张，判定被告赔偿 6 个月预告期间的损失利益。

4. 注意事项

本案合同因《反垄断法》违法程度严重且违反公序良俗而否定了其在

私法上的效力。

案例 67　FUJIO 餐饮（FUJIO FOOD SYSTEM）案

（大阪地判平成 22・5・25 判时第 2092 号第 106 页［28163501］）

1. 案情概要

持续承包被告（FUJIO 餐饮株式会社）经营的餐饮店的店铺内部装修工程等的破产人富士设备工业株式会社（以下简称富士设备）的破产财产管理人即原告以富士设备与被告之间关于工程承包价款的降价约定属于违反公序良俗的无效约定等为由，提起诉讼要求被告返还不当得利。

2. 案件焦点

被告要求富士设备同意降价的行为是否构成第 2 条第 9 款第 5 项的滥用优势地位行为，能否以违反公序良俗为由认定其在私法上无效。

3. 法院的判断

（1）本案确认了如下事实：①富士设备不仅持续承包被告发包的店铺施工工程，还是被告的被特许人、被告办公室的租赁方等，与被告关系密切；②在本案工程实施的 2006 年，富士设备与被告相关的工程在富士设备所有承包项目中的占比超过 9 成；③被告的资本金达到富士设备的约 110 倍，二者在员工数以及经营利益等方面也存在较大规模的差异；④在包含本案工程在内的被告 2005 年以后的直营店铺工程中，富士设备在双方未就承包金额达成合意的情形下动工，在工程完成后，被告方将富士设备制作的预算等进行降价核定并确定承包金额，且多是在工程完成并交接后才一笔支付，这使富士设备的资金运转困难，对被告一笔支付承包款的依赖大幅提高；⑤被告的工程设计图必须经被告确认，即便是由于其在工程即将完成前下达变更或追加工程的指示而导致工程交付较最初确定的预计竣工日延迟，富士设备也必须向被告支付延迟损害金。

据此，在工程进行过程中，富士设备对被告交易依赖大幅提高，对富士设备而言，如与被告之间的交易难以持续，将对其业务继续带来较大障碍；因此，被告在交易上处于优越于富士设备的地位，即便被告对富士设备提出了对其不利的交易条件，富士设备也不得不接受。从上述关系来看，被告具有相对于富士设备的优势地位。

（2）在包含本案降价约定在内的各项工程的最终承包金额约定中，由于富士设备已经支付了与工程相关的材料费、分包费等，急需尽早确认金额并收到承包款。可以说，本案降价约定中，富士设备处于即便金额不理想也不得不接受的处境。此外，在确定最终承包金额时，被告的负责人缺少对工程费用的估算经验，而只能以坪单价为基准计算。虽然本案工程也包含基本工程以外的其他工程，但却以与坪单价乘以坪数的金额大致相同的金额作为最终评估金额，富士设备的负责人对本案约定的金额表示不满。

综上，关于本案降价约定，不得不说是被告利用其优势地位，在富士设备不得不遵从被告公司核定金额的情形下使其服从未能反映各具体工程内容的、缺乏合理性的降价要求，暂且不说是否违反第2条第9款第5项的规定，因其违反公序良俗而应在私法上认定无效。

4. 注意事项

本案是请求返还不当得利的案件，未对承包公司与发包公司之间关于承包金额的约定是否构成《反垄断法》上滥用优势地位行为作出判断。但是，由于发包公司利用其优势地位使对方服从缺乏合理性的降价要求，降价约定在低于工程成本的部分上被认定违反公序良俗而无效，法院认可了请求金额约一成的返还。

案例 68 烟屋工机应收账款请求案

（名古屋地判昭和 49・5・29 审决集第 21 卷第 488 页、下级民集第 25 卷 5=8 号第 518 页［27441621］）

1. 案情概要

（1）从事机械零件生产销售业务的原告（烟屋工机）与从事机械零件销售业务的被告在 1968 年 8 月签订了如下持续性买卖合同：

①合同期限为 2 年；②被告的经营区域为岐阜市、关市、美浓市、八幡市以及各务原市以西；③被告在任何情形下都不得从原告以外的其他经营者处采购；④如违约应支付 50 万日元。

（2）原告以被告违反该合同约定、自 1969 年 3 月起向八幸商事及其他经营者采购零件为由，起诉要求被告支付违约金 50 万日元等。名古屋地方法院责令被告支付应付账款及其利息，但未责令其支付违约金。

2. 案件焦点

本案合同是否违反《反垄断法》、是否不具有私法上的效力。

3. 法院的判断

“对于违反《反垄断法》规定的合同在私法上究竟有效还是无效不能一概而论，应当根据具体情形对促进自由竞争以及确保交易安全这两个终极利益进行比较衡量，看在该情形下何者优先更符合正义衡平的观点，由此来决定有效或无效。其结论依该禁止规定的主旨以及该违法行为内容的不同而千差万别，但终归而言，如果认可该合同将明显违背正义就不得不否认其在私法上的效力。依据这一观点，如果法律强制履行该合同将直接且积极地导致《反垄断法》原本试图禁止的垄断状态实现，那么这样的合同因明显违反正义在任何意义上都无法认定其有效。

从本案来看……原告是一家拥有 50 多年汽车维修工具销售历史、40 多名员工、2000 万日元的资本金以及 7.8 亿日元年销售额的中坚企业，而被告K自1968年8月12日签订本案合同后才开始从事维修工具的销售，之前仅是一介上班族，在维修工具的销售方面完全是一个门外汉，且不过是筹集了被告K自身存款以及亲戚支援的共计约100万日元的营业资金开始营业的经营者，虽然其使用了原告岐阜营业所的商号，但是其实质上是独立核算盈亏的交易对象，且被原告严格要求不得低于一定价格销售商品，并被要求单方面遵照原告的决定，营业区域也被限定在岐阜县内的部分地区，如无法为对方提供充分的利益，其自身利益也无法得到任何保障。在经济实力上存在如此差距的原告和被告K之间约定禁止从其他经营者处采购，并通过约定违反该禁止约定将承担50万日元违约金的方式强制禁止约定的履行［原告与被告就双方之间存在上述约定不存在争议。而仅仅禁止从其他经营者处采购行为本身因视为通常的排他性特约店交易而不认为违反《反垄断法》第2条第7款第4项（一般指定第7款）的规定］，不仅符合利用自己在交易上相较于对方的优势地位向对方施加参照正常的商业惯例不合理的交易条件的情形（《反垄断法》第2条第7款第5项——一般指定第10款），且属于前文所述的将直接且积极地导致《反垄断法》原本试图禁止的垄断状态实现的情形，因此应当认定要求其支付50万日元违约金的条款部分在私法上无效。”

4. 注意事项

本案判决指出，违反《反垄断法》规定的合同在私法上究竟是有效还是无效不能一概而论，但如将直接且积极地导致《反垄断法》原本试图禁止的垄断状态实现的合同自身因明显违反正义应被视为无效。本案中，由于原告与被告之间经济实力相差悬殊，而且合同内容不但限制了被告的销售价格、销售区域、采购对象，还约定违反合同应支付50万日元等，对被告而言明显不利，构成滥用优势地位。因此，本案判决否认了合同条款在私法上的效力，未责令原告支付违约金。

案例 69　日本机电案

（大阪地判平成元・6・5 判タ第 734 号第 241 页［27805410］）

1. 案情概要

（1）原告是从事建筑工程器材生产销售的经营者，被告从原告处借来模具用于制造临时器材并供应给原告（但是非专属分包商）。

（2）1980 年因原材料等费用上涨导致成本提高，被告向原告提出了提价要求但被拒。由于与原告之间的交易逐渐无利可图，被告决定从原告处独立出来，自行开发在构造和外观上与原告的钳子和支架不同的钳子和支架，在秘密进行实用新型等申请的同时，独立于原告产品另行生产并销售给其他公司。然而在 1981 年 5 月，被告销售给中央 BUILD 工业株式会社的产品被原告发现。原告对此提出强烈抗议，但是被告辩称其未私自出售原告产品，只是供应了其自行开发的产品。然而，原告让 K 把新的合同拿给被告，并告知被告如其不在新的合同上签字，将终止与被告的交易，并将对出具的票据提出异议申请、将应付金额委托保管并予以拒付等。被告的专务董事 G 等担心原告如采取上述措施将对被告造成致命打击，无奈之下只好在前述合同上签字。该合同内容包括，被告不得接受来自原告以外的其他经营者有关与原告订购产品相同或类似产品以及其他与原告生产销售产品相竞合产品的订单并生产销售；此外，如被告违反前项规定，原告可以直接收回原告的违约产品等并按照违约产品销售价格乘以销售数量的 10 倍金额要求损害赔偿。

（3）大约 1 年后，原告以被告再次将原告产品私自销售为由申请返还模具等临时处分，交易关系终止，不久后被告破产。

（4）原告基于合同提起诉讼要求被告进行损害赔偿。对此被告提出反诉，要求原告支付未付的应付款项。

原告的请求被驳回。被告的反诉大部分被认可。

2. 案件焦点

本案合同是否违反《反垄断法》、是否因违反公序良俗而不具有私法上的效力。

3. 法院的判断

"被告即便将与原告产品类似的产品销售给其他公司，只要不侵害原告的工业产权，并不会对原告产生不同于竞争公司销售行为的损害，且难以找出原告限制并非其专属分包公司的被告销售其自行开发产品的合理理由（无合理证据证明被告自行开发的钳子和支架侵害了原告的实用新型专利及设计权）。

基于上述事实，原告利用其在交易上相较于对方的优势地位，以参照正常的商业惯例不正当的方式设置给对方造成不利影响的交易条件，扰乱健康的交易秩序，阻碍公正的商业惯例的养成，违反公序良俗［参照 1984 年《反垄断法》第 19 条、第 2 条第 9 款，1982 年 6 月 18 日公平交易委员会告示第 1 号（不公平的交易方法第 14 款）］，因此，依据《民法》第 90 条的规定认定本案合同的前述条款无效。"

4. 注意事项

本案判决认定相关行为构成滥用优势地位，"以扰乱健康的交易秩序，阻碍公正的商业惯例的养成"为由认定违反公序良俗，依据《民法》第 90 条的规定认定本案合同的相关条款无效。

第 2 条第 9 款第 6 项【一般指定】

概 要

本项将适用课征金规定的不公平的交易方法（第 2 条第 9 款第 1 项至第 5 项）以外的不公平的交易方法委任给公平交易委员会指定。目前，公平交易委员会共指定了如下 15 类行为为不公平的交易方法（通称一般指定）。

一般指定第 1 款——共同拒绝交易

概 要

本款对不公平的交易方法中不适用课征金规定的“共同拒绝购买”作出了界定。

1. 共同

这里的“共同”与“共同拒绝供应”中的“共同”意思相同。

2. 没有正当理由（公平竞争阻碍性）

（1）公平竞争阻碍性的意义

这里的“公平竞争阻碍性”与“共同拒绝供应”中的“公平竞争阻碍性”意思相同。

共同拒绝供给对竞争产生的不利影响程度较为严重，因此适用课征金的规定，而共同拒绝购买相对而言影响程度较低，不适用课征金的规定。

（2）正当理由

被认定具有“正当理由”而否定其公平竞争阻碍性的情形，与共同拒绝供给相同并包括如下情形。

①设立行业自律规则，对未达到规则要求的，拒绝与其交易

明确该情形下可以否定公平竞争阻碍性的案例主要有“日本游艺枪协同合作社案”（东京地裁平成 9·4·9 审决集第 44 卷第 635 页、判夕第 959 号第 115 页［28030441］）（案例 113）。

在该案中，生产销售气枪、BB 弹枪等玩具枪的原告指出，根据《中小企业协同合作社法》设立的日本游艺枪协同合作社要求批发店和零售店不接受作为非合作社成员的原告的产品从而导致原告销量减少，且该合作社还实施了对原告的产品安全性能进行诽谤的妨碍行为。据此，原告向法院提出了要求该合作社及合作社成员赔偿损失、公开道歉以及停止妨碍行为的请求。对此，法院认定被告的上述行为在形式上符合共同拒绝交易的构成要件。

②被拒绝交易的经营者容易在市场上找到其他交易对象，且非为确保《反垄断法》上违法行为实效性之目的而实施的情形

根据这一观点否认公平竞争阻碍性的判例主要有“关西国际机场新闻销售案”（大阪高判平成17·7·5审决集第52卷第856页［28151370］）。该案是关于第24条的停止请求案，具体参考案例131。

3. 其他相关案例的介绍

其他相关案例还有，报纸销售店的店主因协商拒绝购买千叶新闻而被认定构成共同拒绝购买的“千叶新闻案”（案例70）。

案例70　千叶新闻案

（东京高决昭和30·4·6审决集第7卷第163页、高裁民集第8卷第2号第177页［27486733］）

1. 案情概要

为应对千叶新闻社进军千叶县，朝日新闻社、每日新闻社和读卖新闻社分别与千叶县内200余家交易对象销售店之间以不接受千叶新闻社的供应为条件进行交易。在此状况下，上述3家新闻社系统的报纸销售店店主协商不采购千叶新闻。公平交易委员会向东京高等法院提出了紧急停止命令申请，请求法院责令朝日新闻社等停止上述行为。

2. 案件焦点

报纸销售店的行为是否构成共同拒绝购买。

3. 法院的判断

报纸销售店的行为是“不正当地拒绝千叶新闻社的千叶新闻供应”，构成共同拒绝交易行为。

本案中，“如上述附加排他性交易条件以及拒绝购买千叶新闻的行为确实实施，千叶新闻将失去大部分作为顾客的报纸订阅人，并被排除在千叶县

报纸销售领域竞争之外，而一旦失去顾客，其不单纯是丧失顾客，还可能导致永久性地停止营业，造成千叶县报纸销售市场公平竞争受到阻碍的后果，可以推定按照正常程序下达排除措施命令的审决无法恢复前述法益侵害。”

此外，本案中上述3家报纸发行社的行为是否构成附加排他性交易条件也是案件焦点之一，本决定对此予以肯定。

4. 注意事项

本案因被申请人服从本决定停止了违法行为，最终未作出审决。而与本案相关的紧急停止命令可具体参照案例156。

一般指定第2款——其他拒绝交易行为

概 要

本款对单独拒绝交易行为作出了界定。

1. 认定属于不正当行为的情形

经营者选择与哪个经营者交易或者不交易，从根本上应属于经营者选择交易对象的自由，而单独拒绝交易被认为属于不正当行为的情形仅限于（1）为确保其他违法行为的实施效果而拒绝交易的情形以及（2）作为具有市场势力的经营者排除市场竞争者的手段而拒绝交易的情形（《流通交易惯例指南》第1部第3）。

2. 认定属于不正当行为的案例

属于情形（1）的判决主要有化妆品公司因解除销售公司销售业务委托合同而被认定适用一般指定第2款规定的“诺薇雅（NOEVIR）化妆品案”东京高等法院判决（案例71）；审决主要有大正制药因对加盟本公司以外连锁店的加盟者采取要求退出本公司连锁店、中止交易的行为而被认定构成单独拒绝交易行为的“第2次大正制药案”（公取委劝告审决昭和30・12・10审决集第7卷第99页），以及“雪印乳业与农林中金案”（公取委审判审决昭和31・7・28审决集第8卷第12页）（案例8）。

在“第2次大正制药案”中，大正制药从1946年开始就组织成立大正连锁店并采取给予加盟店一定比例回扣的方针。其后，大正制药制定了要求加盟店专营大正制药相关商品销售业务的交易协议书，要求加盟本公司以外连锁店的加盟者退出本公司连锁店并中止与其的交易。该行为被认定构成单独拒绝交易行为。

案例71　诺薇雅（NOEVIR）化妆品案

（东京高判平成14·12·5审决集第49卷第788页、判夕第1139号第154页［28080506］）

1. 案情概要

（1）控诉人与诺薇雅（被控诉人）签订销售业务委托合同销售诺薇雅化妆品，但由于其违反该委托合同中“不得经营诺薇雅化妆品以外的化妆品”以及“不得利用销售公司的身份，劝说其下的代理店或美容顾问（所属代理店等）经营其他公司产品”的约定，合同被解除。

控诉人指出该合同的解除属于构成一般指定第2款的违法行为，以构成不法行为为由提起了针对被控诉人公司、被控诉人分店店长、分店副店长（控诉人的负责人）的损害赔偿请求之诉。

（2）诺薇雅采取的是连锁销售的方式，即根据销售商的销售额情况可以从二级代理店升级至一级代理店，并相应提高销售抽成，增加旗下代理店的层级。此外，在达到一定销售额后，还准备了津贴（奖金）、达标费、境外游等特殊待遇。这就容易导致为强行提高销售额而持有大量库存、经营恶化的销售商出现。

控诉人也是在持有大量借款以及部分旗下代理店未收款的情形下拥有超过1亿日元的流通库存，其通过要求退货、促销等谋求经营重振，并开始与其他品牌（PILICA化妆品）接触。

（3）控诉人因在一审中败诉而提起控诉，并在本次判决中胜诉。被控诉人提出上告但被驳回。

2. 案件焦点

本案合同的解除是否构成一般指定第 2 款规定的情形。

3. 法院的判断

在被控诉人公司的销售系统下，为避免销售店、代理店因超过其销售能力采购商品等不合理的销售活动而导致经营出现困难，被控诉人公司“虽然拥有对旗下销售公司及代理店进行适当指导监督的责任，却没有为改善（笔者注：销售系统）做出真挚的努力，而随着旗下销售公司以及代理店持续推行扩大营业额的方针……控诉人已经陷入了深刻的经营危机……即便如此也没有采取降低库存等从根本上改善经营的对策，反而以进一步扩大销售为目标不接受控诉人提出的退货要求，使控诉人不得不通过代理律师以内容证明邮件[①]的方式要求退货，并开始考虑经营 PILICA 的产品。作为对上述要求的报复措施，被控诉人收集控诉人违反本案委托合同的证据并要求解除合同，其后拒绝了与控诉人的交易。最终导致控诉人长年构建起来的销售网络崩溃”。

“如上，通过构建销售系统并据此形成销售网络的被控诉人公司，在交易对象控诉人无法轻易找到除被控诉人以外的其他交易对象的情形下作出的一系列应对，可以说是为使交易对象经营活动陷入困难而实施的拒绝交易行为，不存在其他特别的理由。上述行为可能构成《反垄断法》第 19 条、公平交易委员会告示第 15 号（一般指定）第 2 款的不正当拒绝交易行为，很可能构成《反垄断法》第 19 条的不公平的交易方法。此外，即便不符合该法条的规定，也明显属于违反其宗旨的行为。”

① 内容证明邮件是指邮政事业公司开具的官方证明邮件，可证明“谁、给谁、何时、发送了什么样的文件”，文章内容及寄件日期均可得到官方证明。但是，由于邮件被送至收件人的事实以及送达的时间没有被证明，所以通常是附带投递证明一起寄送的。

4. 注意事项

本案认定控诉人在无法轻易找到除被控诉人（诺薇雅）以外的其他交易对象的情形下实施的单独拒绝交易行为违法。

3. 公平交易委员会在以往审决中的判断

（1）全国农业协同合作社联合会案
（公取委劝告审决平成 2・2・20 审决集第 36 卷第 53 页）

该联合会禁止供应蔬果包装纸箱的指定厂商等将用于该包装纸箱的瓦楞纸板（蔬果用瓦楞纸板）通过其规定的系统以外的渠道（系统外渠道）销售，同时对违反上述规定通过系统外渠道以低于系统内渠道价格对外销售的厂商采取停止交易的措施等。上述行为被认定构成单独拒绝交易。

（2）Rockman 施工工艺案
（公取委劝告审决平成 12・10・31 审决集第 47 卷第 317 页）

经营用于 Rockman 施工工艺下水道管渠埋设工程等土木工程的建设机械（Rockman 机械）的主要销售商拒绝向 Rockman 施工工艺协会施工部非会员租借及转售 Rockman 机械的行为构成单独拒绝交易。

（3）松下电器产业案
（公取委劝告审决平成 13・7・27 审决集第 48 卷第 187 页）

该公司与销售公司一同对其家电产品的流通路径进行调查，并要求批发商和零售商拒绝与实施低价销售的零售商进行交易。本案认定该行为构成单独拒绝交易。此外，本案还认定，“松下电器在日本多数家用电器市场的销售额位居第一，在日本家用电器销售领域具有相当强的市场实力，而松下电器的产品在消费者中也具有较高的人气，对于家用电器的零售商而言，销售松下电器的产品具有一定的经营优势”。

一般指定第 3 款——差别对价

概 要

本款对不公平的交易方法中不适用课征金规定的差别对价作出了界定。

在 2009 年《反垄断法》修订前，不正当差别对价均规定在一般指定第 3 款中，而 2009 年修订时将持续性提供商品或服务的情形变为由第 2 条第 9 款第 2 项进行规定，以行为重复性等为要件适用课征金的规定（第 20 条之 3）。与此相对，本款中规定的情形则不适用课征金的规定。

第 2 条第 9 款第 2 项与本款的区别在于，本款规定并不以“持续性”以及“使其他经营者的经营活动出现困难”为要件。而对于本款规定的其他说明，可以参考对第 2 条第 9 款第 2 项的说明。

一般指定第 4 款——交易条件等的差别对待

概 要

本款对价格以外的交易条件等的不当差别对待作出了界定。

交易条件是指除价格以外的回扣、付款方式等，上述作为交易条件的情形以及在实际交易过程中对上述内容作出有利或不利对待的情形均可适用本款规定。例如，

（1）可能使自己的竞争对手的经营活动出现困难的情形；

（2）可能在竞争上给交易对象带来显著有利或不利影响的情形；

（3）为实现《反垄断法》上的违法或不正当目的而实施的情形。

在目前的审决例中尚未有适用情形（1）和情形（2）的案例，但适用情形（3）的案例则有因根据连锁加盟店是否约定优先销售大正制药公司商品在回扣等上进行差别对待而被认定构成在交易条件上不正当差别对待的“第2次大正制药案”，因在国产车用修补玻璃交易中对积极销售进口玻璃的玻璃销售商实施提高国产玻璃批发价格、减少配送次数等行为而被认定在交易条件上不正当差别对待的“AUTOGLASS东日本案”。

（1）第2次大正制药案

（公取委劝告审决昭和30·12·10审决集第7卷第99页）

大正制药从1946年开始就组织成立大正连锁店并采取给予加盟店一定比例回扣的方针。然而，加盟店要获得回扣，必须签订旨在专门销售大正制药商品的交易协议书，并以忠诚履行协议义务为获得回扣的条件，而未签订交易协议书的加盟店则不能获得回扣等利益。上述行为被认定构成在交易条件上的不正当差别对待。

（2）AUTOGLASS东日本案

（公取委劝告审决平成12·2·2审决集第46卷第394页）

AUTOGLASS是在北海道地区、东北地区、信越地区以及关东地区经营国产汽车修补用玻璃（以下简称车修玻璃）最大制造商产品的唯一零售商。为了抑制进口车修玻璃销售商增加带来的进口玻璃流通的活跃，AUTOGLASS对于积极销售进口玻璃的位于千叶县以及枥木县的交易对象销售商分别提高约15%以及约10%的批发价，并同时减少货品的配送次数。上述行为被认定构成在交易条件上的不正当差别对待。

根据《流通交易惯例指南》，根据销售价格以及是否经营竞争对手的产品等在回扣上进行差别对待的行为，如果对流通商造成了违法的限制或者产生相同的影响，便适用本款规定构成违法。而对于以占有率回扣、累进回扣以及附加核对账目交易义务的方式提供回扣的情形，《流通交易惯例指南》

中也对其适用本款规定构成违法的判断作出了说明（《流通交易惯例指南》第 1 部 3）。

观察经营者给交易对象提供回扣（一般区别于结算价格，是根据制度或个别交易的不同而向交易对象支付的金钱）的实际情形可以发现，回扣可以分为以纠正结算价格为目的的回扣以及以促销为目的的回扣等多种类型。由于回扣的支付包含不同的目的，同时还具有促进反映市场状况的价格形成的效果，并不直接认定给予回扣在《反垄断法》上存在问题。

但是，根据给予回扣方法的不同，也可能给交易对象经营者的经营活动带来限制，进而可能产生《反垄断法》上的问题。在经营者给予回扣的标准不明且具有裁量性时，特别是该标准不明的回扣在交易对象经营者的利润中占据较大比重的情形下，经营者的销售政策往往容易在交易对象经营者中推行，从而容易限制交易对象经营者的经营活动。

下面列举的就是在《反垄断法》上存在问题的情形。

（1）回扣被用作限制交易对象经营者经营活动的手段

在交易对象经营者未按照经营者所提示的价格销售的情形下削减其回扣等，以回扣作为手段，限制交易对象经营者的销售价格、竞争对手产品的经营、销售地域、销售对象等，该情形适用于第 2 条第 9 款第 4 项（限制转售价格）、一般指定第 11 款（附加排他性条件的交易）以及第 12 款（附加约束性条件的交易）的规定。

（2）回扣具有限制经营竞争对手产品的效果

经营者在给予回扣时，存在按照交易对象经营者在一定时期内经营该经营者产品的营业额占其总营业额的比例以及在交易对象经营者门店内展示的该经营者产品占全体产品的比例给予回扣（占有率回扣）的情形。在判断此类回扣是否具有限制经营竞争对手产品的效果时，应当根据回扣的水平、给予回扣的标准、回扣的累进率、回扣的可追溯性等进行综合考虑。

在占有率回扣的给予会限制交易对象经营者经营竞争对手产品、产生市场封锁效果的情形下，属于不公平的交易方法并构成违法（一般指定第 4 款、第 11 款以及第 12 款）。

而采取累进回扣的方式，虽然具有促进反映市场状况的价格形成的效果，但是在累进率显著较高的情形下，还可能导致交易对象经营者相较于其他产品优先经营该经营者产品的效果。在通过上述方式造成对交易对象经营者经营竞争对手产品的限制、产生市场封锁效果的情形下，属于不公平的交易方法并构成违法（一般指定第 4 款、第 11 款以及第 12 款）。

一般指定第 5 款——经营者团体实施的差别对待等

概 要

本款对经营者团体内部的差别对待作出了界定。

经营者团体以团体形式实施的不公平的交易方法被规定在第 8 条第 1 款第 5 项中，而本款规定是从经营者的立场对经营者团体实施的行为进行规制。

相关的审决案例有，农协对于停止向农协的发货方发货而转向向其他公司发货的会员不予受理鲜奶的委托销售等行为被视为经营者团体等内部的差别对待的“浜中村主畜农业协同合作社案”（公取委劝告审决昭和 32・3・7 审决集第 8 卷第 54 页）。

在该案中，农协在将协会成员生产的鲜奶发货给北海道黄油的同时，对于停止向北海道黄油发货而转向向明治乳业发货的协会成员采取了下列措施，（1）不再接受鲜奶的销售委托，（2）拒绝出借畜舍建设资金、奶牛引入资金等资金，（3）在使用人工授精所等协会设施时区别于协会成员要求现金支付等，（4）劝说退会等。其中，行为（1）和（3）属于在经营者团体内部对经营者实施不正当差别对待的行为，行为（4）是经营者团体对经营者的不正当排斥，上述行为均对经营者的经营活动带来明显的不利影响，适用本款的规定。

一般指定第 6 款——不正当廉价销售

概 要

本款对不适用课征金规定的不正当廉价销售作出了界定。

2009 年《反垄断法》修订时将旧一般指定第 6 款前半部分的内容规定在第 2 条第 9 款第 3 项中，而旧一般指定第 6 款后半部分的内容则规定在本款中。

本款除规定第 2 条第 9 款第 3 项的行为外，还对以不正当的低价提供商品或服务的行为进行规定。其内容统一在第 2 条第 9 款第 3 项进行说明。

适用本款规定的主要案例有在第 2 条第 9 款第 3 项中已做介绍的“滨口石油案”以及“邮政包裹不正当廉价销售案”（案例 55）。在“滨口石油案”中，滨口石油以低于采购价格计入销售费用的总价格销售挥发油的行为被认定构成本款行为，而“邮政包裹不正当廉价销售案”则明确了不正当廉价销售规制的意义。

一般指定第 7 款——不正当高价买入（略）

一般指定第 8 款——欺骗性引诱顾客

概 要

本款对欺骗性引诱顾客作出了界定。

本款的公平竞争阻碍性主要指可能对以价格、质量、服务为中心的效率竞争产生影响。这里的“顾客”除消费者外也包含经营者。但是，针对消费者采取的欺骗性引诱行为被规定在《不当赠品类及不当表示防止法》（以下简称《赠品表示法》）（第 5 条）中，而本款主要是以针对经营者采取的欺骗性引诱行为为规制对象的。

例如，特许经营总部在募集加盟店时，未对重要事项进行明示，或者发布虚假或夸大的信息，使其比实际特许经营的内容显著优良或者有利，造成经营者的误解并不正当地引诱竞争对手的顾客的行为就适用本款的规定［公平交易委员会《关于特许经营体系的反垄断法上的思考》第2（3）］。

与本款规定相关的审决主要有，通过传销以奖金等为诱惑引诱相关人员成为其销售人员的行为被认定构成欺骗性引诱顾客的“HOLIDAY MAGIC案”（公取委劝告审决昭和50·6·13审决集第22卷第11页）。在该案中，化妆品销售商HOLIDAY MAGIC公司将称为经销商的销售人员从上而下分为GENERAL、MASTER、ORGANIZER、HOLIDAY GIRL四个等级，并采取以从经销商购买产品金额的等额奖金作为激励的制度吸引消费者成为经销商。上述行为被认定适用本款规定。

此外，与本款规定相关的判决主要有，明知即将破产却不告知事实真相依旧以任何人只要努力都能简单获得高额收入进行宣传的传销行为被认定构成欺骗性引诱顾客的“比利时钻石损害赔偿请求案”（案例72）。

案例72　比利时钻石损害赔偿请求案

（东京高判平成5·3·29审决集第39卷第608页、判夕第861号第260页［27815492］）

1. 案情概要

（1）本案组织是以在曾因传销而屡遭社会批判的HOLIDAY MAGIC株式会社工作且拥有组织销售系统知识和经验的H和F为中心对研发的新商品进行销售的机构，且该机构是为在形式上避免与当时为规制传销等而制定的《关于防止无限连锁链的法律》、《关于上门销售等的法律》以及《反垄断法》等法律相抵触于1983年3月设计的。

被控诉人是造成以老龄人为主的多数对象受到高额损害并产生深刻社会问题的丰田商事的集团企业，并从事钻石为主的宝石等销售。本案组织的销售系统①不仅着眼于钻石销售，还以促进采购钻石的会员连锁性增加并以会员为媒介扩大钻石销售为目的；②会员如成功向第三者销售钻石或者成功让第三人加入组织，作为对价可以获得一定比例的经济利益；③被劝说入会的后续加入者也可以享受“②”的待遇，而为了让所有加入者都能获得经济利益有必要让加入者连锁化并如无限连锁的描述一般无限扩大；④其结果就是组织的存续必须依靠新加入者群体的无限扩大。也就是说，尽管本案组织最终必将破裂，但控诉人对该事实拒不告知，而以只要努力谁都可以简单地获得高收入为说辞进行劝诱或让会员以此进行劝诱。

此外，作为加入本案组织的必要条件，需采购40万日元左右的钻石，而根据美国宝石学会的鉴定估值后发现，该钻石的实际价值仅为其购入价格的一成左右。

（2）受害者（原告）以因上述劝诱受到损害为由，提起请求损害赔偿的诉讼。原告因在一审中败诉提起控诉。在控诉审中，控诉人（比利时钻石）的请求得到认可。

被控诉人提起上告但被驳回［最三小判平成9·2·14平成五年（オ）第1360号公刊物未刊登［28140122］］。

2. 案件焦点

（1）本案的劝诱方法是否构成《反垄断法》上的不公平的交易方法。

（2）本案组织销售是否构成不法行为。

3. 法院的判断

（1）“在进行劝诱时，被劝诱者未被告知前述本案组织存在的问题点（笔者注：组织破裂将成为必然）以及事后劝诱新的成员入会的现实困难，只是列举成功的特例，让人误以为只要努力谁都可以简单地获得高收入……可以认为其劝诱方法属于‘欺骗性引诱顾客’。”

“控诉人等在本案营销方法下不得不捐赠的钻石采购费均被认为是因被控诉人的不法行为而受到的损害。”

（2）“在加入本案组织之际的捐赠是以前述钻石销售货款的形式支付的，因此要认定本案组织构成《关于防止无限连锁链的法律》第2条中所述的‘无限连锁链’在法律条文的适用上存在困难。但是综合来看，可以认为本案组织的性质符合该法第1条中所述的‘尽管终将失败却一味煽动相关人员的侥幸心理，并给相当多数加入者带来经济损失’。据此，鉴于法律禁止无限连锁链的开设和运营并将其作为刑事处罚的对象，对于与无限连锁链具有相同性质的本案组织的开设和运营，也不得免除对其进行社会性的违法评价。”

4. 注意事项

本案与 HOLIDAYMAGIC 案件相同，认定相关行为构成传销。

一般指定第9款——使用不正当利益引诱顾客

概 要

本款对使用不正当利益引诱顾客作出了界定。

所谓“正常的商业惯例”，是从维护公平竞争秩序的角度认定的。而本款对于公平竞争阻碍性以及顾客的范围认定与前款规定相同。此外，对于巨额有奖销售行为，则适用《赠品表示法》（基于第3条的告示）的规定。

与本款规定相关的审决主要有“HOLIDAY MAGIC 案”（公取委劝告审决昭和50·6·13审决集第22卷第11页）。

此外，与本款规定相关的判决主要有证券公司弥补部分顾客在有价证券销售中的损失的行为被认定为使用不正当利益引诱顾客的“野村证券股东代表诉讼案”（案例73）。

案例 73　野村证券股东代表诉讼案

（最二小判平成 12・7・7 民集第 54 卷第 6 号第 1767 页［28051547］）

1. 案情概要

为填补在有价证券等交易中顾客产生的损失或者追加其利益进而维持或扩大与该客户之间的交易关系，野村证券对部分顾客的损失进行填补，以参照正常的商业惯例不正当的利益引诱竞争对手的顾客与自己交易。公平交易委员会就野村证券的上述行为作出审决（公取委劝告审决平成 3・12・2 审决集第 38 卷第 134 页）。

被作出审决后，野村证券的股东根据《商法》第 267 条（当时）的规定，提起了追究董事会责任的诉讼。

2. 案件焦点

本案中的损失填补是否构成使用不正当利益引诱顾客。

3. 法院的判断

"证券公司对部分顾客在有价证券买卖等交易中产生的损失进行填补的行为，参照证券界正常的商业惯例应当说是提供了不正当利益，因此，野村证券为维持扩大与 A 公司之间的交易关系对该公司实施的本案损失填补行为，构成一般指定第 9 款（使用不正当利益引诱顾客）规定的行为，违反《反垄断法》第 19 条的规定。"

4. 注意事项

在与当时的《证券交易法》相当的现行的《金融商品交易法》第 42 条之 2 第 6 项中也禁止本案的损失填补等行为，因此，与本案类似的《反垄断法》违法案件今后应该不会再出现。

一般指定第 10 款——捆绑销售等

概 要

本款对不公平的交易方法中的捆绑销售作出了界定。

本款前半部分中的“捆绑销售”是指，将销路不好的“弱势商品”捆绑在销路较好的“强势商品”上进行销售的行为。被捆绑的商品（包含服务，下同）多是自己的商品，有时也是自己指定（如子公司等）的商品。“使其购买”是指使其不得不购买的情形。此外，本款后半部分中的“相互交易”是指利用购买力向交易对象经营者施加进行相互交易的条件或强制相互交易的行为。

本款中的公平竞争阻碍性一是指限制交易对象经营者选择交易对象的自由、影响基于价格及品质等效率竞争的竞争手段；二是指减少被捆绑销售经营者的竞争对手的交易机会的可能性［《流通交易惯例指南》第 1 部第 5 的 1（2）］。

与本款规定相关的审决主要有在销售著名游戏软件之际将库存的其他游戏软件一同捆绑销售的“松叶屋案”劝告审决和“藤田屋案”审判审决（案例 74），在获得将电子表格计算软件作为内置软件出厂的许可后将 WORD 软件一同搭载而被认定为构成捆绑销售的“日本微软案”劝告审决（案例 75）。此外，与本款规定相关的判决主要有“东芝电梯案”大阪高裁判决（案例 76）。

案例 74　藤田屋案

（公取委审判审决平成 4・2・28 审决集第 38 卷第 41 页）

1. 案情概要

作为游戏软件二级批发商的藤田屋在销售其批发购入的 7.76 万个“勇者斗恶龙 4”游戏软件之际，根据过去的交易业绩在交易对象零售商中以分配数量的方式售出了约为 7.33 万个，对于剩余的“勇者斗恶龙 4”则要求交易对象零售商与其库存的其他 3 款软件同时采购，结果使 25 家零售商在购买约 1700 个“勇者斗恶龙 4”游戏软件的同时还购买了其他库存游戏软件约 3500 个。上述行为被认定构成捆绑销售。

2. 案件焦点

（1）①一般指定第 10 款的“使其购买”具体指何种行为。

②如顾客未遭受损害该如何处理。

③如交易对象为消费者是否也构成“使其购买”。

（2）一般指定第 10 款的“不正当”具体指何种情形。

3. 公平交易委员会的判断

（1）①要构成“使其购买”，则要求“从客观上看存在不少顾客在接受某商品供应时不得不购买其他商品”。

“本案的捆绑销售，是在勇者斗恶龙 4 的需求大幅度超过供给、交易对象零售商希望尽可能多地购得该游戏软件且难以从新的交易对象处购得该游戏软件的状况下实施的，可以认定不少顾客在客观上不得不购买其他商品，因此可以说构成一般指定中规定的‘使其购买’的情形。”

“可以认定，接受本案捆绑销售的顾客零售商原本希望购买的仅是勇者斗恶龙 4，但为了购得勇者斗恶龙 4 而不得不购买自己原本不想要的其他游戏软件。”

②“顾客即使未因本案捆绑销售遭受损害，一般指定第 10 款所规定的捆绑销售也并不以顾客遭受损害为成立要件。”

③“一般指定第 10 款的规定在对象为消费者的情形下以及在对象为作为商人的零售商的情形下并无适用上的差别，本案捆绑销售构成强制即‘使其购买’的情形。”

（2）“一般指定第 10 款中规定的不正当是指具有阻碍公平竞争的可能性。而阻碍公平竞争的可能性又指，因为实施了该捆绑销售行为，使得购买者被强制要求购买被捆绑销售的商品，其商品选择受到阻碍，在结果上侵害了通过提供物美价廉的商品获得顾客的效率竞争，进而可能对竞争秩序带来不利影响。

由于勇者斗恶龙 4 是一款人气产品，本案的捆绑销售是利用该产品的市场影响力而非价格、品质等与其他软件进行捆绑销售，不得不说其阻碍了购买者的商品选择自由、侵害了零售商效率竞争，是有失公正的竞争手段。”

4. 注意事项

捆绑销售一般是由在市场上具有某类垄断地位的经营者实施的，但是本案的经营者尽管不具有垄断地位，但是利用了“勇者斗恶龙 4”这样在市场上极具人气产品的市场影响力而进行捆绑销售，具有公平竞争阻碍性，值得关注。

案例 75　日本微软案

（公取委劝告审决平成 10・12・14 审决集第 45 卷第 153 页）

1. 案情概要

本案中，日本微软在获得交易对象电脑制造销售商将电子表格计算软件作为内置软件出厂的许可后要求该电脑制造销售商将文字处理软件“WORD”一同搭载或捆绑，并且在获得将“EXCEL”和“WORD”作为内置软件出厂的许可后要求将日程管理软件“OUTLOOK”一同搭载。上述行为被认定构成捆绑销售。

2. 案件焦点

本案行为是否构成一般指定第 10 款规定的行为。

3. 公平交易委员会的判断

“微软公司在向交易对象电脑制造销售商供应电子表格计算软件时不

正当地要求其向自己购买文字处理软件，甚至在向交易对象电脑制造销售商供应电子表格计算软件和文字处理软件时不正当地要求其向自己购买日程管理软件，上述行为构成不公平的交易方法（1982 年公平交易委员会告示第 15 号）第 10 款规定的行为。”

4. 注意事项

（1）本案是第一起从在主商品市场上具有较大市场竞争力的经营者通过实施捆绑销售可能消灭从商品市场上的自由竞争角度认定捆绑销售具有公平竞争阻碍性的案件。

而日本微软主商品的市场份额尽管未予以明确，但假使其拥有超过 50% 的市场份额，通过实施捆绑销售，不仅能达到排除竞争者的效果，还可能造成支配许可费的后果，可认定属于排他型私人垄断行为。

（2）公平交易委员会在对本案作出劝告审决的同时，也对日本微软以及美国微软就浏览器软件附加排他性交易条件的行为作出警告。

案例 76　东芝电梯案

（大阪高判平成 5·7·30 审决集第 40 卷第 651 页、判夕第 833 号第 62 页[27817181]）

1. 案情概要

（1）电梯所有者及管理者等除受《建筑基准法》的规制外，通常还与电梯的维护检查业者签订持续性维修协议。本案中，作为东芝子公司的东芝品牌电梯维修检查业者的控诉人，因拒绝向未与自己签订持续性维修合同的经营者提供维修零件以及延迟交货等被提出损害赔偿请求，并在一审中败诉。本案是该案的控诉审判决。而控诉最终被驳回。

（2）被控诉人有甲、乙两名。即①拒绝申请采购维修零件的甲被控诉人（大楼所有者）进行采购，②担心仅要求供应零件会被拒的乙被控诉人（维修检查业者）以大楼所有者的名义委托维修，但控诉人仅对其采取应急处理，称替换零件需等待3个月而未对不良零件进行更换，导致事故再次发生。乙被大楼所有者解除了维修合同。

（3）在甲提出供应请求的约 2 个月之前，因制造商系列的维修检查业者不愿向独立维修检查业者销售维修零件等可能构成对竞争对手的交易妨碍（一般指定第 15 款），公平交易委员会对控诉人等作出警告。

2. 案件焦点

（1）本案控诉人的行为是否属于捆绑销售行为。

（2）是否构成一般指定第 10 款中的“不正当”。

3. 法院的判断

（1）“控诉人在甲案件中的行为，是基于前述控诉人捆绑销售的方针实施的，即便无法完全否定其构成不正当妨碍交易的行为，根据一般指定也可认定前述行为构成第 10 款而非第 15 款中规定的行为。”

（2）①“这里说的‘不正当’应当根据是否会对公平竞争造成阻碍进行判断。

然而，确保商品的安全性虽说与直接竞争的要因在性质上存在差异，但二者都是以实现消费者的利益为目的，在广义上与公共利益相关。因此，在判断该交易方法是否‘不当’时，应当将该交易方法是否是确保安全性所必须的作为考虑要素之一。”

②“在明确确保安全性的必要性之后，将商品与服务进行捆绑交易，如果会造成购买者失去商品选择的自由、阻碍经营者之间公平的效率竞争，则构成不当。而所谓的品牌形象，尽管从企业经济活动的合理性来看可能存在问题，但在《反垄断法》上不存在问题。”

③“本案的问题不是在独立的维修业者订购零件作为自身库存的情形下，而是在东芝品牌电梯的所有者现实发生故障时要求供应修理所必须的零件的情形下。鉴于作为制造商的东芝及作为东芝子公司并一手销售东芝

品牌电梯零件的控诉人能够轻易掌握东芝品牌电梯及其零件的数量、耐用年数、故障频率的信息以及电梯所有者难以将该电梯更换为其他公司产品，在一定期间内长期储备该零件并在必要时根据需要迅速供应零件应当是该电梯的销售人东芝及控诉人应当对购买并所有东芝品牌电梯者负有的当然义务。”

④“本案中，控诉人并不单独提供本案各类零件，而仅在更换调整作业时才提供，由于不存在可以认定如不通过这样二合一的方式提供零件就无法保障电梯的安全性的证据，应当认定控诉人依据自身的判断拒绝向控诉人以外的维修业者供应本案各类零件单品的交易方法，缺乏《反垄断法》上的正当性和合理性。”

4. 注意事项

（1）原审判决与公平交易委员会警告以及三菱电梯 BUILTECHNO 服务案相同，认为本案行为构成对竞争对手的不正当交易妨碍（一般指定第 15 款），但是大阪高等法院认为对大楼所有者实施的本案行为（甲案件）构成维修零件与维修工程的捆绑销售（一般指定第 10 款）。控诉人的行为从根本而言是对竞争对手作出的不正当妨碍交易行为，同时也是对大楼所有者作出的不法行为，因此作出如上判断。

（2）本案判决指出确保安全性也应当作为对交易方法“不正当”进行判断的要素，并在此基础上以本案中不存在该交易方法具有确保安全性的必要性为由认定其构成不正当的交易方法。

一般指定第 11 款——附加排他性条件的交易

概 要

本款对附加约束性条件的交易中，附加限制与自己的竞争对手进行交易等排他性条件的交易进行规定。

1. 本款下的行为方式

附加排他性条件的交易也被称为“限制经营竞争产品”，以生产商对流通商附加专营义务的专卖制为代表。

尽管本款下的行为容易让人想到滥用优势地位的问题，但是本款规定在表述中强调了“可能减少竞争对手的交易机会”，以此与滥用优势地位相区别。

《流通交易惯例指南》在第 1 部第 2 的 2（1）中指出，“拥有市场力量的经营者通过给交易对象经营者附加不得与自己或者与自己具有亲密关系的经营者的竞争对手进行交易的约束性条件、要求交易对象经营者拒绝与自己或者与自己具有亲密关系的经营者的竞争对手进行交易、给交易对象经营者附加不得经营与自己或者与自己具有亲密关系的经营者的竞争对手的商品（以下简称竞争商品）的约束性条件等行为，造成市场封锁的效果的，属于不公平的交易方法，构成违法［一般指定第 2 款（其他拒绝交易）、第 11 款（附加排他性条件的交易）、第 12 款（附加约束性条件的交易）］。”

所谓“拥有市场力量的经营者”，一般是以市场份额超过 20% 为标准，但是超过了该比例并不意味着经营者的行为就违法，只有在该行为“造成市场封锁的效果”或“造成价格维持的后果”的情形下才构成违法。

《流通交易惯例指南》在第 1 部（2）中指出，“造成市场封锁的效果”是指，该行为造成新的市场进入者以及既有竞争对手难以找到可替代的交易对象、经营活动所需费用提高、失去市场进入或新产品开发的兴趣等可能导致排除市场进入者以及既有竞争对手的后果或者使市场进入者以及既有竞争对手减少交易机会等的情形，并应当从（1）品牌间的竞争状况（市场集中度、商品特性、产品差异化程度、流通路径、市场进入的难易程度等），（2）品牌内的竞争状况（价格的偏差情形、经营该商品的流通商等的营业状况等），（3）经营者的市场地位（市场份额、顺位、品牌竞争力等），（4）对交易对象经营者经营活动的影响（限制的程度、方式等），（5）交易对象经营者的数量以及市场地位等进行综合判断。此外，与单个经营者相比，在多个经营者同时实施上述限制行为的情形下产生市场封锁效果的可能性更大。

“造成价格维持的后果”是指，可能导致行为相对方及其竞争对手间的竞争受到妨碍、在一定程度上自由左右行为相对方的价格以及可能维持或提高相关商品价格的情形。与前文相同，应综合考虑上述（1）至（5）的因素进行判断。

而无论是在判断行为是否构成“造成市场封锁的效果”，还是是否构成“造成价格维持的后果”时，都不要求该行为实际已经导致上述后果的发生。

2. 本款下的公平竞争阻碍性

本款下的公平竞争阻碍性是指可能减少竞争对手的交易机会或减少市场竞争。

“北海道新闻社（对北海 TIMES）案”（案例 77）的判决指出“原告在与各报纸销售店交易时以各报纸销售店不得销售与原告具有竞争关系的报纸为条件，这使得北海 TIMES……不得不重新采取直销或专卖的方式或者找出与原告不存在交易关系的个别合卖店，以此来拓宽自身的销售渠道。原告的行为给多以订购方式进行报纸销售的该市场的市场竞争带来较大的不利影响。而北海 TIMES 直面的困难就如同新的市场竞争者进入一个既有的市场中一般”，据此认定北海道新闻社“附加条件的交易存在不正当性”。

在“ASAHI 书籍销售案”（案例 78）中，ASAHI 书籍销售公司作为书籍的二级批发商“在市场上仅占有较小的市场份额，而其竞争对手东贩以及日贩等能够在市场上自由找到除 ASAHI 书籍销售公司以外的交易对象”，因此认定本案行为不适用旧一般指定第 7 款（现第 11 款）的规定。

此外，与本案相关的审决还有“学习研究社案”（公取委同意审决昭和 54・12・20 审决集第 26 卷第 74 页）。在该案中，学习研究社在销售儿童学习杂志、学习参考书等的过程中要求上门推销的交易对象提交内容包含专营其公司商品、不得经营其他公司商品、违反上述要求立即解约且不得有异议的字据。

案例77 北海道新闻社（对北海TIMES）案

（东京高判昭和29·12·23行裁例集第5卷第12号第3027页［27486732］）

1. 案情概要

北海道新闻社单独或与其他新闻社一同，以不接受其竞争对手北海TIMES的样品报纸或正式报纸的供应为条件与各报纸销售店进行交易。北海道新闻社的上述行为因被认定属于不公平的竞争方法被作出审决，但北海道新闻社对此不服提出了取消审决的诉讼。东京高等法院驳回该诉讼请求。

北海道新闻社提出上告，但最高法院最终支持了高等法院的判决，驳回其上告（最一小判昭和36·1·26民集第15卷第1号第116页［27002352］）。

2. 案件焦点

附加限制性排他条件的“不正当性”为何。

3. 法院的判断

“如审决中所认定的，原告是一家在北海道内发行的报纸数中占比为56%、在札幌市内发行的报纸数中占比为45%且在北海道内的新闻销售店中占比为90%的系统报社，具有强大的经济实力。但是审决也明确指出，原告所拥有的经济实力仅仅意味着原告拥有人为实施审决所认定的竞争方法的机会，而不是据此认定前述竞争方法不当。然而，自实施前述合卖制以来，原告就对各报纸销售店附加只要与其交易就不得经营竞争对手的报纸这一条件，这使得北海TIMES无法利用与原告存在交易关系的现有合卖店销售自家报纸，作为应对只能重新采取直营或专卖的销售方式，或者找出与原告不存在交易关系的个别合卖店，以此来拓宽自身的销售渠道，尤其在以订购方式为主的报纸销售中，其竞争条件已经受到诸多不利限制，其直面的困难就如同新的市场竞争者进入到一个既有的市场中一般。如此，原告人为地阻碍了北海 TIMES 通过采用与北海道独特的地理条件相适应的价格、质量、数量、服务等原有竞争方式进入市场，这与以促进公平自由竞争为目的的法的理念相悖，不得不说附加相关交易条件的行为不当。”

4. 注意事项

在以订购方式为主的报纸销售中，原告逼迫交易对象销售店由合卖店转向专卖店的行为给竞争对手带来了竞争上的不利影响，因此认定其行为不当。

案例 78　ASAHI 书籍销售案

（东京地裁昭和 56・9・30 下级民集第 32 卷第 9=12 号第 888 页［27442185］）

1. 案情概要

参照案例 62。

2. 案件焦点

本案排他性特约店约定是否违反《反垄断法》。

3. 法院的判断

“在书籍、杂志类的批发领域，案外人东京出版销售株式会社（以下简称东贩）的销量位列第一、日贩位列第二、案外人中央社位列第三，且东贩和日贩的销量在整体中合计约占近 7 成，原告只是从案外人中央社采购并进行批发，其市场份额极其有限。根据前述事实，竞争对手东贩和日贩等可以自由选择原告以外的其他交易对象，因此，难以认定前述约定具有阻碍公平竞争的可能性，进而难以认定其违反《反垄断法》第 2 条第 9 款第 4 项的规定以及一般指定第 7 款（笔者注：1953 年）中规定的对交易对象的经营活动附加不正当的约束性条件。”

4. 注意事项

本案以 X 并非市场上有市场势力的经营者为由不认定排他性特约店约

定符合当时一般指定第 7 款（原第 11 款）的规定，但是由于 X 相较于 Y 而言具有交易上的优势地位，并利用其优势地位不正当地对 Y 施加了为期 20 年约束的不利条件，该行为被认定符合当时一般指定第 10 款（原第 14 款）的规定（参照案例 61、案例 66）。

一般指定第 12 款——附加约束性条件的交易

概 要

本款对附加约束性条件的交易中，除附加排他性条件交易（一般指定第 11 款）以及限制转售价格（第 2 条第 9 款第 4 项）以外的情形进行规定。例如，生产商限制流通商的销售区域以及销售对象的行为、限制流通商的价格表示方法等行为、限制转售价格以外价格的行为等。

1. 本款下的行为方式

在判断是否实施了非价格限制行为时，除经营者通过合同等限制交易对象经营者的情形外，还应考虑经营者通过对不服从其要求的交易对象经营者施加经济上的不利影响等人为手段确保限制效果的情形下的限制行为。

《流通交易惯例指南》对于限制行为的违法情形作出了如下解释（第 1 部第 2、第 3）。

（1）限制与自己的竞争对手的交易

除符合一般指定第 11 款规定的情形外，还指拥有市场力量的生产商在与流通商交易的过程中附加限制流通商经营进口竞争商品等特定商品或者特定经营者商品的条件的情形，拥有市场力量的生产商对流通商附加购买接近其最大购买量的商品的义务并以此为交易条件限制流通商经营竞争商品的情形等。

符合该类情形的审决主要有大分大山町农业协同合作社案（公取委排除措施命令平成21·12·10审决集第56卷第2分册第79页）。

经营农产品直销店（以下简称A）的大山农协，在接受A的登记供应商（希望向A出货的供应商必须事先在大山农协登记）的销售委托的同时收取销售金额22%的费用作为供应手续费，并要求A的登记供应商不得向其他经营者经营的农产品直销店（以下简称B）供货，如向B供货则要求停止向A供货并对部分向B供货的登记供应商退回已向A供应的直营农产品等，使得与A存在竞争关系的B的直营农产品供应出现困难。

（2）限制销售区域

在对销售区域的限制中，规定一定区域为主要责任区域并施加在该区域内积极实施销售活动的义务的行为（区域责任制），以及将店铺等销售网点的场所设置限定在一定区域内或指定销售场所的行为（销售网点制）不被认为违法，但是严格的区域限制行为①以及对区域外顾客的被动销售限制行为②则构成违法。

被认定违法的情形①和情形②的示例如下：

①拥有市场力量的经营者对流通商进行严格的地域限制（经营者要求流通商划分一定区域，并禁止在区域外销售），并因此使该商品的价格可能得以维持的情形。

②经营者限制流通商对区域外顾客的销售（经营者要求流通商划分一定区域，并禁止其对区域外的顾客要求作出回应），并因此使该商品的价格可能得以维持的情形。

严格的地域限制仅是以“拥有市场力量的经营者”（一般是以市场份额超过20%为标准）实施的行为为规制对象，除此以外的生产商即便实施上述行为也不属于规制对象。与此相对，对区域外顾客的被动销售限制，即便是中小生产商实施的行为也属于规制对象。之所以有这样的不同，是因为比起严格的地域限制，对区域外顾客的被动销售限制被认为对公平竞争产生的阻碍更大。

无论是严格的地域限制还是对区域外顾客的被动销售限制，都是在“价格可能得以维持”的情形下才进行的规制。这是因为减少流通商之间的价格竞争被认为具有公平竞争阻碍性。在这一情形下，公平交易委员会无须对价格维持的目的以及效果进行详细举证。

构成严格的地域限制的审决主要有旭电化工业案（公取委劝告审决平成7·10·13审决集第42卷第163页）。

在该案中，当事人在与长春石油化学（中国台湾地区）签订提供环氧树脂制造技术的国际合同时，还就许可合同签订了备忘录，在合同结束后依旧限制该公司向日本提供相关技术。

（3）限制流通商的交易对象

①经营者限定批发商的交易对象零售商，并要求零售商只能与特定的批发商进行交易（附加账目交易义务）的行为，如产生价格维持的效果，则属于不公平的交易方法，构成违法。

附加账目交易义务，是指要求批发商将交易对象零售商进行一定的划分，即便其他批发商的账目对象零售商对其提出交易申请也不予以回应的行为。该行为与限制流通商对划分区域以外的顾客要求作出回应的行为相同。

符合该情形的审决有“第2次奶粉（雪印乳业）案”（案例79）等，相关行为是为确保转售价格维持而实施的行为。

②经营者禁止流通商私自进行商品交易（禁止同业交易），该行为由于是对交易最基本的交易对象选择的限制，依据其限制的方式可能导致在销售阶段限制竞争的效果，如产生价格维持的效果，则属于不公平的交易方法，构成违法。

符合该情形的审决包含如下：

Ⅰ而至齿科工业案

（公取委劝告审决昭和62·8·11审决集第34卷第21页）

在批发代理店合同中，设置了禁止同业批发以及零售、如违反约定即解除协议的条款。

Ⅱ卫材（EISAI）案

（公取委劝告审决平成3·8·5审决集第38卷第70页）

该公司在Juvelux产品的交易开始时或在其他必要的时候，要求零售店不得向其他销售商销售Juvelux产品，并通过Juvelux产品的试买确认产品的转售情况。

Ⅲ索尼电脑娱乐案

（参考案例80）

③经营者通过禁止批发商向进行低价销售的零售商销售商品以维持商品价格的行为，构成单独拒绝交易以及附加约束性条件交易。

案例79　第2次奶粉（雪印乳业）案

（公取委审判审决昭和52·11·28审决集第24卷第65页）

1. 案情概要

雪印乳业在销售婴儿奶粉的过程中，为确保其批发价格和零售价格维持在自身的价格水平，实施一店一账目制度以及缴纳制度。

2. 案件焦点

一店一账目制度是否符合1953年一般指定第8款中的“正当理由”的情形。

3. 公平交易委员会的判断

“本案中的一店一账目制度，作为被审人为确保其批发价格和零售价格维持在自身的价格水平的策略而被实施，实质上具有维持转售价格的性质……根据被告人的主张可以认定，零售商对交易对象批发商的选择和变更应依据被审人所规定的程序履行，可以说，处于被审人的管理之下，并不自由，而进行变更将导致零售商无法与2家以上的零售商进行交易。因此，本案的一店一账目制度是对交易对象的选择自由和变更自由的限制，在结果上对零售商适时进行交易对象批发商的选择以及在有利于自身的时间和条件下进行采购造成了阻碍。上述限制同时也妨碍了批发商对交易对象零售商的选择和变更的自由，是将批发商之间就被审人婴儿奶粉的销售价格及各种交易条件进行的竞争限定在极小的范围内。而在批发阶段婴儿奶粉制造商之间的竞争并不活跃的情形下，被审人对婴儿奶粉竞争场所的限制，会在批发商层面产生消灭本应存在的零售商的竞争的效果，因此本案的一店一账目制度有可能阻碍公平竞争。”

4. 注意事项

本案的一店一账目制度，因对零售商适时进行交易对象批发商的选择、以及在有利于自身的时间和条件下进行的采购造成了阻碍，而被认定具有公平竞争阻碍性。

案例 80　索尼电脑娱乐案

（公取委审判审决平成 13・8・1 审决集第 43 卷第 3 页）

1. 案情概要

索尼电脑娱乐在销售名为“Play Station”的家用游戏软件（PS 软件）之际，限制交易对象批发商等销售该软件的价格，并禁止交易对象批发商等销售中古软件、限制批发销售对象。

2. 案件焦点

（1）附加约束性条件中非价格限制行为的公平竞争阻碍性的判断方法。

（2）被审人禁止交易对象销售中古软件的销售方针是否具有公平竞争阻碍性。

（3）即便禁止降价销售的行为消失，禁止在非正规渠道销售的行为是否具有公平竞争阻碍性。

3. 公平交易委员会的判断

（1）“附加约束性条件中的非价格限制行为包含多种内容、方式以及程度的行为，应当根据具体情形对是否具有公平竞争阻碍性进行判断。参照前述最高法院的判决可以看出其也是依据这一主旨进行判断的。但是在如本案这样同时存在多个非价格限制行为以及同时实施价格限制行为的情形下，在对某一非价格限制行为的公平竞争阻碍性进行判断时，应对基于受同时实施的其他非价格限制行为或价格限制行为影响下的市场环境进行判断，被审人所主张的应当与其他行为的存在及其影响相分离来判断该非价格限制行为的公平竞争阻碍性的观点不应得到采纳。”

（2）“本案的所有证据都无法积极证明被审人所实施的禁止销售中古软件的方针是出于维持新品 PS 软件的转售价格之目的……本案中……根据被审人的流通政策实施了限制转售价格的行为并作为其一部分实施了禁止销售中古软件以及禁止在非正规渠道销售的行为……参照新品与中古品的关系以及一般的经济法则，禁止销售中古软件会对新品 PS 软件的销售价格造成影响（笔者注：新品与中古品之间是选择性关系，并相互影响价格和销量），综合来看，禁止销售中古软件的行为具有保障和稳定新品 PS 软件转售价格的效果。因此，从这一点上可以认为，本案禁止销售中古软件的行为包含在限制转售价格行为之中，可以将该行为作为一个整体来认定具有公平竞争阻碍性。”

（3）“尽管被审人在 1997 年 11 月停止了禁止 PS 软件降价销售行为……在禁止在非正规渠道销售的行为的公平竞争阻碍性的证据中，即使失去了在封闭的流通路径内禁止降价销售的前提以及实效性保障，但由于其无法防止 PS 软件流通到封闭的流通路径之外并使排除外来竞争因素的效果立即消失，应认定禁止 PS 软件在非正规渠道销售的行为限制了 PS 软件销售阶段的竞争，具有公平竞争阻碍性。”

4. 注意事项

本案审决明确认定禁止销售中古品以及禁止在非正规渠道的销售行为具有公平竞争阻碍性。

（4）限制零售商的销售方法

①限制销售方法

《流通交易惯例指南》指出，生产商对零售商销售方法（除销售价格、销售区域、销售对象外）的限制，如果Ⅰ存在确保商品安全、保证品质、维持商标信用等在商品销售上切实合理的理由，且Ⅱ对于其他零售商也作出了相同的条件要求，那么在《反垄断法》上就不存在问题。

对此，在“资生堂案”（案例 81）中，对于生产商的销售公司对零售商附加化妆品面对面销售义务的行为，就以具备上述Ⅰ和Ⅱ的要件为由，认定其行为不违反《反垄断法》。此外，类似的案件还有“花王化妆品销售案”（最三小判平成 10・12・18 审决集第 45 卷第 461 页，判夕第 992 号第 98 页［28033492］），由于其内容与“资生堂案”（案例 81）大致相同，在此就不做介绍。

案例 81　资生堂案

（最三小判平成 10・12・18 民集第 52 卷第 9 号第 1866 页、审决集第 45 卷第 455 页［28033493］）

1. 案情概要

（1）上告人（化妆品零售商）将写有商品名称、价格、商品编号的商品目录（商品一览表）分发到事务所等办公场所，通过电话和传真统一接收订单并进行配货的方式（上告人称此为“职场销售”）以 8 折的优惠价格销售化妆品，对于资生堂的化妆品也同样采取上述方式进行销售。

（2）被上告人（资生堂化妆品）向上告人发去落款日为1989年4月12日的整改劝告书，称前述销售方法违反本案特约店合同中规定的面对面销售等条款，劝告其进行整改。经过双方律师重新谈判，双方于同年9月19日签订合意书，决定上告人今后不再通过商品目录销售资生堂化妆品，并以符合本案特约店合同各项条款约定的方式进行销售。

（3）但是，虽然双方签署了上述合意书，但是上告人并没有表现出任何有意改变之前销售方法的态度，因此，被上告人判断上告人没有更改之前销售方法的意向，并根据本案解约条款于1990年4月25日提出解除本案特约店合同（以下简称本案解约），并停止向上告人供货。

（4）本案是有关本案解约的效力之争，上告人要求根据本案特约店合同确认其处于应当接受商品交付的地位、并要求被上告人交付已下单的商品。原审根据前述事实关系，认定上告人违反本案特约定合同中关于面对面销售的义务约定，认为被上告人根据本案解约条款解除合同的行为有效，驳回了上告人的请求。

2. 案件焦点

本案特约店合同中附加的面对面销售义务是否构成不正当附加限制性交易条件。

3. 法院的判断

（1）“从应当尊重生产商以及批发商对销售政策、销售方法的选择自由这一原则考虑，上述生产商以及批发商对零售商施加的在商品销售时向顾客进行产品说明的义务、指导商品的品质管理方法及陈列方法等有关销售方法的限制，可以认为具有促进商品销售的合理理由，且对于其他交易对象也施加了同等限制，其行为本身并不会对公平的竞争秩序带来不利影响，不属于1982年一般指定第13款所指的给对方经营活动‘不正当地’附加约束性条件的情形。”

（2）“本案特约店合同中，对特约店附加的面对面销售义务是指通过对化妆品进行说明、回应顾客关于商品选择及使用方法的疑问（至少应做好根据客户需求进行说明、回答的准备）等附带附加价值进行化妆品销售的方法。被上告人之所以采用前述销售方法，是希望回应顾客在最优的条件下使用化妆品、提高美容效果的期望，或者通过帮助顾客预防皮肤粗糙等皮肤问题给予顾客满足感，以此保持顾客对资生堂化妆品拥有不同于其他商品的信赖（品牌形象）。而鉴于化妆品的商品特性，由于顾客信赖的保持直接影响在化妆品市场上的竞争力，可以认为被上告人采用面对面销售的方法具有一定的合理性。此外，被上告人与其他交易对象之间也存在与本案特约店合同相同的约定，且实际上相当数量的资生堂化妆品都是通过面对面销售的方式进行销售，据此，不能认定被上告人对上告人附加的上述义务属于1982年一般指定第13款中所指的给对方经营活动‘不正当地’附加约束性条件的情形。”

（3）“在对销售方法进行限制的情形下，虽然会因销售经费的增加等或多或少地稳定零售价格，但是不能仅仅因此就直接认定会对销售价格的自由决定造成约束。根据原审判决所列举的证据可以认定其不认为被上告人以面对面销售的方式限制转售价格的判断是妥当的。”

4. 注意事项

本案的争议焦点与下文的花王化妆品销售案基本相同。本案判决对于销售方法的限制问题指出，如果（1）可以认定具有促进商品销售的合理理由，且（2）对其他交易对象也施加了同等限制，那么可以认为不具有不正当性。《流通交易惯例指南》中也指明了这一观点，可以说本案判决是基于该指南作出的。

②限制广告及标识方法

对于作为销售方法之一的广告及标识方法，生产商通过对零售商采取Ⅰ限制在门店、宣传页等上标识价格，或者禁止在广告上对价格进行明示，或者Ⅱ生产商要求作为其交易对象的杂志、报纸等广告媒体拒绝刊登低价销售广告以及明示价格的广告，以此来维持相关商品价格的情形，构成附加约束性条件的交易。

此外，经营者通过直接交易对象经营者限制其交易对象（如生产商通过批发商来限制零售商）的销售方法的行为，也适用本款规定。

因实施前述Ⅰ限制价格标识方法而适用本款规定的审决包含如下：

Ⅰ雅马哈东京案

（公取委劝告审决平成3・7・25审决集第38卷第65页）

该公司要求不得在门店传单、宣传页以及杂志广告上对雅马哈摩托的库存车以低于其规定的零售标准价的价格进行宣传等。

Ⅱ松下电子案

（公取委劝告审决平成5・3・8审决集第39卷第236页）

该公司要求销售其商品的大区域量贩店在销售其新型家电产品时，不得以低于参考价格的价格在报纸夹页广告、门店广告等上进行宣传。

Ⅲ J–PHONE案

（公取委劝告审决平成15・9・4审决集第50卷第369页）

该公司在关东甲信越地区销售面向签订新型手机通信服务合同的消费者的主力商品时，对代理店及其销售店在门店、宣传页上的价格宣传进行限制。

Ⅳ 20世纪福克斯日本案

（公取委劝告审决平成15・11・25审决集第50卷第389页）

该公司在得到分配放映权的电影作品上映时通过规定电影票价格、决定是否对电影票实施价格优惠等限制电影价格。

（5）限制转售价格以外的价格

经营者限制流通商的销售价格（转售价格）属于第 2 条第 9 款第 4 项规定的行为构成违法，而经营者限制转手价格以外价格时，则适用本款规定。

与本款内容相关的审决案例包含如下：

①养乐多总公司案

（公取委劝告审决昭和 40・9・13 审决集第 13 卷第 72 页）

养乐多总公司与其加工商签订关于养乐多的专利使用权和商标使用权的许可协议，并与零售商签订零售协议。在其与加工商签订的协议中，设置了包含如下内容的条款并予以实施：加工商应当遵守与养乐多总公司之间关于零售价格、零售区域以及零售数量的约定，并不得向签订包含禁止销售竞争商品内容在内的零售协议的经营者以外的经营者销售养乐多；加工商必须要求零售商遵守规定的零售价格以及零售区域的条款。

②小林 KOSE 案

（公取委劝告审决昭和 58・7・6 审决集第 30 卷第 47 页）

该公司在销售一款用于冷烫的永久波浪烫发液时，要求代理店使用该烫发液的冷烫费用定价不得低于 6000 日元，并要求美容院也不得低于该价格提供服务。此外，为确保前文要求的有效落实，该公司还与代理店、美容院签订包含维持烫发费用条款在内的备忘录。如果代理店、美容院违反上述指示以及备忘录，则对其采取警告、停止供货等措施。

2. 附加约束性条件的交易在私法上的效力

符合附加约束性条件的交易行为被《反垄断法》第 19 条禁止，其不仅是排除措施命令（第 20 条）以及课征金缴纳命令（第 20 条之 5）的适用对象，还可能因违反公序良俗（《民法》第 90 条）而被否定其在私法上的效力。

相关案例有“蜜丝佛陀（MAX FACTOR）案”（案例82）。尽管该案与“资生堂案”最高法院判决（案例81）以及“花王化妆品销售案”（最三小判平成10・12・18审决集第45卷第461页、判タ第992号第98页［28033492］）相同都涉及化妆品销售方法的问题，但却得出了与前述两案不同的结论。

案例82　蜜丝佛陀（MAX FACTOR）案

［大阪高判平成16・2・25平成14（ネ）第3216号公刊物未刊登］

1. 案情概要

（1）被控诉人（化妆品等的销售商）根据1965年签订的关于蜜丝佛陀交易的本案合同（包含面对面销售条款），通过向控诉人（蜜丝佛陀）公司的订货中心订购化妆品的方式从控诉人处采购化妆品，将写有商品名称、价格、商品编号的商品目录分发到事务所等办公场所，并通过电话和传真统一接收订单进行配货（职场销售）的方式主要以8折的优惠价格进行销售。在职场销售的过程中，并没有与顾客就控诉人化妆品的使用方法等进行面对面的说明或回应等。尽管控诉人方已经知道被控诉人通过职场销售的方式销售化妆品，但是在1998年12月18日之前与被控诉人之间都未就此提出问题。

（2）1994年9月14日，东京高等法院在资生堂案（参照案例81）中作出了职场销售违反特约店合同中关于面对面销售的约定、构成债务不履行的判决。

受此影响被控诉人缩小职场销售的范围，并在同年11月以后依次在全国各地开设分店进行门店销售。被控诉人向控诉人提出与各分店也签订合同的要求，但是被控诉人不予回应。因此，控诉人对于在分店销售的商品，以总店采购后再分发到各分店的方式供应销售。

（3）1998年12月18日，资生堂案（案例81）以及花王化妆品销售案（最三小判平成 10・12・18 审决集第 45 卷第 461 页、判夕第 992 号第 98 页［28033492］）的最高法院判决作出驳回上告的决定，受此影响，控诉人向被控诉人提出了在合同中约定只在被控诉人总店进行面对面销售的请求。

随着分店数量的增加被控诉人从控诉人采购的费用每月平均超过 5000 万日元，被控诉人再次提出了与各分店签订合同的请求，但控诉人依旧拒绝。被控诉人于同年 12 月 29 日完全终止了职场销售，但各分店的销售依旧继续。

（4）1999 年 6 月，控诉人以被控诉人的行为违反合同且破坏信赖关系为由，对被控诉人采取了仅对其供应每月不超过 50 万日元订单量的部分供应措施。

（5）被控诉人于 1999 年 8 月 26 日，向神户地方法院提出了确认其具有接受蜜丝佛陀化妆品交付的地位的确认之诉。

（6）1999 年 12 月 7 日，控诉人以被控诉人存在违反面对面销售条款、违反店铺合同条款以及破坏双方信赖关系的行为为由，作为停止商品出货的理由，根据合同第 18 条的规定通知被控诉人解除合同。

（7）神户地方法院于 2002 年 9 月 14 日作出判决，指出在本案解约时点存在不足以认定破坏作为合同基础的信赖关系的特别事由，原告以违反面对面条款为由解除本案合同的行为无效，认可了被控诉人的请求。

（8）控诉人对此判决不服，向大阪高等法院提起了控诉。

2. 案件焦点

本案合同的解除是否具有私法上的效力。

3. 法院的判断

"控诉人长期以来默认被控诉人的职场销售行为。被控诉人在 1994 年 9 月以后缩小职场销售的范围进行门店销售，且总店和分店大致具备根据顾客需求随时对控诉人化妆品的使用方法等进行说明、回应的能力，其后，被控诉人职场销售的销售额出现了显著降低，自被控诉人中止职场销售至1999年12月7日作出意思表示经过了约1年的时间。结合后述的事实情况[控诉人认可了被控诉人在未与其签订合同(因此，无法确保面对面销售)的被控诉人的各分店销售商品的行为]考虑，不能认可在1999年12月7日意思表示的时点作为本案协议基础的信赖关系破裂。

因此，控诉人在1999年12月7日的意思表示中以被控诉人违反面对面销售条款为由解除合同的行为无效。”

4. 注意事项

本案的同类案件还有“资生堂案”（案例81）以及“花王化妆品销售案”，但是本案作出了不同于其他2起案件的判决。在本案判决中，综合考虑长期以来控诉人默认被控诉人的职场销售行为以及在被控诉人中止职场销售超过1年的时间点提出解约等事实情况，不认定双方信赖关系破裂，因此认定以违反面对面销售为理由的解约无效。

一般指定第13款——对交易对象董事选任的不正当干涉

概 要

本款不在第2条第9款第5项之列，而是作为不适用课征金规定的滥用优势地位行为，被指定为不公平的交易方法。

鉴于本款内容是以剥夺交易对象经营者经营自由权的情形为规制对象，本款中的“该公司董事”仅限于第2条第3款规定的“董事”中具有左右公司经营地位的董事。

与本款相关的违法案例包含如下：

1. 日本兴业银行案

（公取委劝告审决昭和28·11·6审决集第5卷第61页）

对该银行以对象公司的董事选任应遵照其事先的指示且相关董事以社长以下的常务董事整体为范围作为融资条件的行为，公平交易委员会从金融机构债权保全的角度否认该行为的正当性，认定适用1953年一般指定第9款以及第10款的规定。

2. 三菱银行案

（公取委劝告审决昭和32·6·3审决集第9卷第1页）

在融资之际，该银行单方面决定对象公司代表董事会长以及代表董事副社长人选，并要求全体董事提出辞呈以掌握对象公司人事权，此外，在其派遣的董事中3名担任代表董事的人员还获得了社长以及副社长的职位。公平交易委员会从金融机构债权保全的角度否认其行为的正当性，认定适用1953年一般指定第9款以及第10款的规定。

一般指定第14款——对竞争对手的交易妨碍

概 要

本款将“自己或自己担任股东或董事的公司在与国内具有竞争关系的其他经营者与其交易对象进行交易的过程中，采取阻碍合同成立、引诱不履行合同以及其他任何方式不正当地妨碍交易的行为”指定为不公平的交易方法。该行为是自己对竞争对手与其交易对象的交易进行的不正当妨碍，并不局限于利用交易关系而实施的行为。

1. 本款的公平竞争阻碍性

本款下的公平竞争阻碍性大致可分为如下两类。一是竞争手段的不公平，是可能影响以价格、质量、服务为中心的效率竞争的行为；二是减少竞争，是对竞争对手的经营活动的直接干预并可能减少经营者间自由竞争的行为。妨碍平行进口属于后一类型。

相关案例包含如下：

（1）熊本鱼案（公取委劝告审决昭和35・2・9审决集第10卷第17页）

在鲜鱼市场上存在竞争关系的批发商周围设置物理性障碍妨碍竞争。

（2）东京重机工业案（公取委劝告审决昭和38・1・9审决集第11卷第41页）

向与其竞争对手公司签订预约销售合同的顾客提出如与其签约将给予已付款折扣，以此妨碍竞争对手与顾客的交易。

2. 减少竞争的案例

在“东芝电梯案”（案例83）中，拒绝向未签订持续性维修协议的独立维修公司提供电梯零配件以及延期向其交货的行为被认定构成对竞争对手的交易妨碍。

相关的审决还包含如下：

“三蒲地区水泥协同合作社案”中的相关行为原本被认为将大概率适用附加排他性条件的交易（一般指定第11款）以及附加约束性条件的交易（一般指定第12款）的规定，但由于相关行为是否属于“交易条件”未得到明确，最终被认定适用本款规定。

（1）神奈川县混凝土协同合作社案

（公取委劝告审决平成2・2・15审决集第36卷第44页）

在“系列负责制”下，通过①要求使用非成员混凝土制造商生产的混凝土的需求者使用成员经营者生产的混凝土，并提出如不遵从则停止向其供应混凝土等，使混凝土需求者不得与非成员经营者交易；②要求水泥销售公司就其向非成员经营者供应的混凝土部分支付所谓“特别赤字黑字调整金”，妨碍水泥销售公司与非成员经营者的交易。

（2）三蒲地区混凝土协同合作社案

（公取委劝告审决平成 3・12・2 审决集第 38 卷第 127 页）

要求骨料协同合作社停止向非成员企业供应砂石，并要求在停止供应的情形下自行购买与停止数量相当的砂石，以此妨碍骨料协同合作社与非成员经营者的交易。

（3）东京地区 ALC 协同合作社案

（公取委劝告审决平成 15・1・31 审决集第 49 卷第 261 页）

在首都圈实施的与特定轻质泡沫混凝土产品（ALC 产品）相关的工程中，非合作社成员经营者只能以低价从建筑业经营者处获得订单且无法提高价格，否则，该合作社将通过以高于成员经营者的价格向非成员经营者销售 ALC 产品等方式确保在接受工程订单之际由成员经营者申请意向工程（代理申请），且仅在分配订单权利的情形下才能获得订单，以此妨碍非成员经营者与其需求者之间的交易。

（4）尤尼克斯（YONEX）案

（公取委劝告审决平成 15・11・27 审决集第 50 卷第 398 页）

该公司除要求羽毛球比赛主办方不得接受进口销售商的赞助以及不得将进口羽毛球作为比赛指定用球外，在销售其生产的使用水鸟羽毛制作的球拍（以下简称水鸟球拍）之际，如交易对象零售商同时经营进口销售商的水鸟球拍，则通过向交易对象零售商暗示将不再向其供应销售商品的方式促使交易对象零售商不再经营进口销售商的水鸟球拍等与进口销售商销售的水鸟球拍进行对抗，妨碍进口销售商与其交易对象的交易。

（5）第一兴商案

（公取委审判审决平成 21・2・16 审决集第 55 卷第 500 页）

该公司以攻击竞争对手 A 公司的经营活动为目的，利用皇冠唱片公司以及德间唱片公司所管理的乐曲的重要性，要求两家公司拒绝更新一直以来与A公司之间就所管理乐曲签订的使用许可协议，并基于上述拒绝行为，告知通信卡拉OK设备的批发商等皇冠唱片公司以及德间唱片公司管理的乐曲已无法在A公司的通信卡拉OK设备上使用。

3. 妨碍平行进口的案例

平行进口是指进口总代理店（X）以外的经营者（Y）独自从海外调配、进口与X进口销售商品同种的商品在国内销售的行为，是在X进口销售的商品价格明显高于其他国家价格的情形下出现的现象。对进口总代理店而言，平行进口商品的增多将导致其利益减少，因此其努力通过要求进口厂商等不得向日本的平行进口商销售商品的方式来排除平行进口。而促进平行进口又因有利于缩小日本国内外的价格差距，能发挥物价政策上的作用，公平交易委员会一直以来都努力对妨碍平行进口的行为进行积极的规制。

根据《流通交易惯例指南》第3部第2关于不正当阻碍平行进口的规定，（1）妨碍从海外流通渠道入手真货、（2）限制销售商经营平行进口商品、（3）限制经营平行进口商品零售商销售合同的对象商品、（4）将平行进口商品以假货对待并妨碍其销售、（5）买断平行进口商品、（6）拒绝修理平行进口商品等以及（7）妨碍平行进口商品的广告宣传活动等行为在《反垄断法》上存在问题。其中，（1）（2）（3）（7）除适用本款规定外，还可适用一般指定第12款（附加约束性条件的交易）的规定。

相关审决案例包含如下：

（1）YASHIRO案

（公取委劝告审决平成2·9·5审决集第37卷第29页）

经营法国GROOM公司包制品的进口商YASHIRO在得知F公司计划以低于自己的价格通过无店铺销售方式销售GROOM公司的包制品后，通过相关公司要求GROOM公司停止与F公司之间的交易。

（2）无线电仪表交易案

（公取委劝告审决平成 5・9・28 审决集第 40 卷第 123 页）

从丹麦 MEDICA 公司血气分析仪的进口总代理店无线电仪表株式会社获得产品的一手供应并进行国内销售的无线电仪表交易株式会社，在得知其他进口销售商平行进口 MEDICA 公司试剂并通过销售商以低于自己的价格供应给需求者后，要求销售商不得经营平行进口商品，并对未按其要求行事的销售商采取停止供应试剂、终止血气分析仪维修管理的措施。

（3）星商事案

（公取委劝告审决平成 8・3・22 审决集第 42 卷第 195 页）

星商事作为匈牙利赫伦（HEREND）公司陶瓷餐具的进口总代理，对百货店等就平行进口商品进行店面调查，根据商品上的国家编号阻止平行进口商品输出国的出口并通报赫伦公司，要求其不得向经营平行进口商品的进口销售商供货。

（4）松尾乐器商会案

（公取委劝告审决平成 8・5・8 审决集第 43 卷第 204 页）

松尾乐器商会作为德国斯坦威公司汉堡分店制造销售的钢琴的进口总代理，在得知存在平行进口商品后调查产品生产编号并通知汉堡分店，要求其调查进口渠道，并警告其不得销售斯坦威钢琴给日本进口商。

（5）哈根达斯日本案

（公取委劝告审决平成 9・4・25 审决集第 44 卷第 230 页）

在平行进口商品在国内销售的情形下，要求哈根达斯公司不得销售给日本的平行进口销售商，同时要求哈根达斯公司在发现平行进口商品时调查并告知相关产品的有效期号码以及生产批次编号。

（6）GRAND DUKES 案

（公取委劝告审决平成 10・7・24 审决集第 45 卷第 119 页）

该公司作为美国通用生态科技有限公司（GENERAL ECOLOGY）生产的净水器的进口总代理，在得知存在平行进口商品后，调查产品系列编号并通报美国通用生态科技有限公司，要求其不得向平行进口商品的进口销售商供货。

4. 妨碍交易的法律责任

妨碍竞争对手交易的行为如对竞争对手等造成损害，该行为人应根据不法行为的相关规定（《民法》第 709 条）承担损害赔偿责任。

相关案例有“东芝电梯案”（案例 83）。

案例 83　东芝电梯案

（大阪高判平成 5・7・30 审决集第 40 卷第 651 页、判夕第 833 号第 62 页［27817181］）

1. 案情概要

电梯的所有者及管理者等除受《建筑基准法》的规制外，通常还与电梯的维护检查业者签订持续性维修协议。本案中，作为东芝子公司的东芝品牌电梯维修检查业者的控诉人，因拒绝向未与自己签订持续性维修合同的经营者提供维修零件以及延迟交货等被提出损害赔偿请求，并在一审中败诉。本案是该案的控诉审判决。而控诉最终被驳回。

被控诉人有甲、乙 2 名。控诉人①拒绝申请采购维修零件的甲被控诉人（大楼所有者）的采购（甲案件），②担心仅要求供应零件会被拒的乙被控诉人（维修检查业者）以大楼所有者的名义委托维修，但控诉人仅对其采取应急处理，称替换零件需等待 3 个月而未对不良零件进行更换，导致事故再次发生。乙被大楼所有者解除了维修合同（乙案件）。

此外，在甲案件提出供应请求的约 2 个月之前，因制造商系列的维修检查业者不愿向独立维修检查业者销售维修零件等可能构成对竞争对手的交易妨碍（2009 年一般指定第 15 款），公平交易委员会曾对包含控诉人在内的制造商系列的维修检查业者作出过警告。

2. 案件焦点

（1）（乙案件）本案被控诉人的行为，是否构成对竞争对手的交易妨碍（2009 年一般指定第 15 款）。

（2）（乙案件）是否构成 2009 年一般指定第 15 款中的“不正当妨碍”。

（3）（甲案件）违反《反垄断法》的行为是否属于不法行为。

3. 法院的判断

（1）从控诉人在乙案件中的行为来看，控诉人在接受包含更换乙案件零件的调整工程订单后，并未迅速供应零件，而以乙案件被控诉人未与控诉人签订关于东芝品牌电梯的维修合同为由指定 3 个月后的交付日期，使乙案件控诉人在不得已之下委托配置该电梯的大楼建造者——大型建筑公司帮忙催促，在该公司向控诉人投诉后的第二天控诉人才供应了乙案件的零件。控诉人在乙案件中的行为，应当认定构成一般指定第 15 款（当时）的不正当妨碍交易行为。

（2）作为制造商的东芝及作为东芝子公司并一手销售东芝品牌电梯零件的控诉人能够轻易掌握有关东芝品牌电梯及其零件的数量、耐用年数、故障频率的信息，且电梯所有者难以将该电梯更换为其他公司产品，零件的储备和供应是东芝及作为东芝子公司并一手销售东芝品牌电梯零件的控诉人对该电梯所有者应有的义务。另外，电梯作为一类交通（运输）设备，如出现问题应当予以迅速回应，而控诉人以当事人非维修合同的相对方为由，将现有零件的交付日期指定到 3 个月之后，其行为无法认定具有合理性而只能视为不当。

（3）“控诉人在 1984 年 3 月曾受到公平交易委员会就其零件供应问题作出的警告，同时，鉴于控诉人在东芝品牌电梯维修市场上占有约 90%

的市场份额，可以推定控诉人一手垄断了东芝品牌电梯的维修业务，并出于排除独立的维修业者等其他竞争对手之目的而实施了本案各项行为。

从上述认定、判断的内容来看，控诉人应当认识或至少可能认识到其对被控诉人等作出的上述行为属于公平交易委员会一般指定的行为、违反《反垄断法》的规定（该委员会除警告外未采取其他措施，但并不因此左右控诉人的前述认识内容），因此，以上认定的控诉人的本案各项行为可以认为是故意（至少也存在过失）给被控诉人等施加的损害，构成《民法》第 709 条规定的不法行为。”

4. 注意事项

在乙案件中，由于被控诉人是竞争经营者，行为类型属于不正当妨碍交易。而在甲案件中，由于控诉人违反《反垄断法》的应对存在故意或过失而认定其承担不法行为责任。

一般指定第 15 款——对竞争对手的内部干涉（略）

第 2 章

私人垄断及不正当限制交易

第 2 条之 2【有关课征金的定义】（略）

第 3 条【禁止私人垄断及不正当限制交易】

概 要

本条是关于禁止私人垄断以及不正当限制交易的规定，并在第 2 条第 5 款以及第 2 条第 6 款中，分别对私人垄断以及不正当限制交易的违法要件作出了规定。

第 4 条以及第 5 条　删除（2016 年 9 月法律第 259 号）

第 6 条【禁止特定的国际协定或国际合同】

概　要

本条规定是为防止日本经营者作为一方当事人签订的国际协定或国际合同对日本市场带来限制竞争的影响，禁止签订包含不正当限制交易以及不公平的交易方法内容的国际协定或国际合同。

1. 概要

在 1997 年《反垄断法》修订前，合同期限超过 1 年的国际协定或国际合同均要求事先向公平交易委员会申报（旧法第 6 条第 2 款）。但是，该规定受到诸多国家的指责，认为在日本国内签订的协定以及合同没有申报义务，却要求国际协定或国际合同申报，属于双重标准。最终删除了该规定。

违反本条规定签订包含不正当限制交易内容的国际协定或国际合同的行为，适用第 90 条第 1 项等法律责任的相关条款。

2. 规制对象经营者

本条规定以经营者为规制对象，经营者团体则适用第 8 条第 2 项的规定。此外，尽管国际协定或国际合同的当事人既包含国内经营者也包含国外经营者，但是本条规定仅适用于国内经营者。

应当说，本条规定（相较于第 3 条以及第 19 条规定）从更广范围对国际协定或国际合同进行规定，并回避了对国外经营者直接适用的问题。在此之前，《反垄断法》虽然说也适用于国外经营者，但是公平交易委员会对国外经营者的执行效果并不理想。在“三重运费案”（公取委审判开始决定取消决定昭和 47・8・18 审决集第 19 卷第 57 页）中，就因为当事国外经营者在日本国内既无营业场所又无代理人导致审判开始决定书无法送达，最终取消了该决定。

然而，经过 2002 年的修订，第 70 条之 7 规定了适用《民事诉讼法》第 108

条[1]的规定，规定了对应向国外送达的文件进行公示送达的内容（第70条之8第1款第2项、第3项），使对国外经营者也可有程序可依。

3. 包含不正当限制交易内容的国际协定

作为本条规制对象的包含不正当限制交易内容的国际协定就是所谓的国际卡特尔。

以日本国内经营者为主体签订出口卡特尔的行为，在《进出口交易法》（第5条）中得到认可，该行为在《反垄断法》上被排除适用（第33条）。但是，国内经营者经国外经营者的同意签订出口卡特尔的行为，由于卡特尔当事人中增加了国外经营者，其不同于一般的出口卡特尔，国内经营者可能在出口卡特尔的签订、实施或者退出上受到限制，属于包含不正当限制交易内容的国际协定。即国内经营者与国外经营者之间就从日本出口商品的数量、价格等协商确定的国际协定，受到本条规定的禁止（1972年公平交易委员会《关于出口卡特尔以及国际协定的反垄断法解释》）。

包含不正当限制交易内容的国际协定的相关审决有“化学合成纤维（人造丝系列）国际卡特尔（旭化成）案”（案例84）等。此外，与短纤维系列、尼龙系列、聚酯纤维系列等相关的5个案例中尽管也签订了国际协定，但最终并未被认定违反本条规定。此外，在上述审决中，国际协定的国外当事人并未被作为审决的对象当事人。

4. 包含不公平的交易方法内容的国际协定或国际合同

本条规定所规制的国际协定或国际合同是指合同当事人中包含国内经营者，且合同事项中包含不公平的交易方法内容的情形。

本条规定不是以合同的实施行为，而是以合同的签订行为为规制对象。因此，即便相关合同尚未开始实施，也属于规制对象。

此外，第19条仅以使用不公平的交易方法的一方经营者为规制对象，而在本条规定下即便是被使用不公平的交易方法的一方经营者（如被限制的经营者）也

① 《民事诉讼法》第108条规定，对于应当向国外送达的文件，由法官委托该国主管机关或者驻日大使、公使或领事送达。

属于规制对象。

相关的审决主要有“天野制药案”（公取委劝告审决昭和 45・1・12 审决集第 16 卷第 134 页）。该案仅将天野制药作为当事人作出了劝告审决。对此，合同的另一方当事人 NOVO 公司提出了取消该审决的请求诉讼，即“天野制药与 NOVO（审决取消请求）案”（案例 85）。该案中，劝告审决的对象当事人以外的主体（该案合同的相对方是 NOVO 公司）是否是审决取消请求诉讼的适格原告成为争论的焦点，最高法院最终认定 NOVO 公司不具有原告资格。

案例 84　化学合成纤维（人造丝）国际卡特尔（旭化成）案

（公取委劝告审决昭和 47・12・27 审决集第 19 卷第 124 页）

1. 案情概要

本案中，旭化成工业等与西欧的同行之间就人造丝的出口地区（除美国外）、出口限额以及最低售价达成协议并予以实施的行为被认定违反本条规定，审决在主文中责令撤销该协议。

2. 案件焦点

与西欧经营者之间实施有关出口地区、出口限额以及最低售价的协议是否构成不正当限制交易行为，是否违反本条规定。

3. 公平交易委员会的判断

“旭化成工业株式会社、KURARAY 株式会社以及 UNITIKA 株式会社 3 家公司与西欧经营者之间协商决定 3 家公司的人造丝除美利坚合众国地区以外的出口地区、出口限额以及最低售价。上述行为违反公共利益，实质性限制了人造丝在相关地区出口交易领域的竞争，属于签订了包含不正当限制交易条款内容的国际协定的行为，违反《反垄断法》第 6 条第 1 款的规定。”

4. 注意事项

本案确定了“出口交易领域的竞争”这一国际出口卡特尔，认定其属于不正当限制交易行为并适用本条规定。

案例 85　天野制药・NOVO（审决取消请求）案

（最三小判昭和 50・11・28 审决集第 22 卷第 260 页、民集第 29 卷第 10 号第 1592 页［27000346］）

1. 案情概要

（1）总部位于丹麦的 NOVO 公司与天野制药之间签订了关于碱性蛋白酶这一碱性细菌蛋白质分解酶的持续销售合同，因其中关于合同结束后禁止竞争产品的制造、销售及经营的约定违反《反垄断法》旧法第 6 条第 1 款（现第 6 条）的规定，公平交易委员会对天野制药下达了责令删除前述合同条款的审决（昭 44 劝告 22）。

（2）对此 NOVO 公司提出了取消该审决的诉讼（驳回上告）。

2. 案件焦点

劝告审决的对象以外的第三人（本案是指审决对象国际合同的相对方 NOVO 公司）能否成为审决取消诉讼的适格原告。

3. 法院的判断

（1）“无论是否存在客观上的违法行为以及就此采取的排除措施是否合理，劝告审决作为合法有效的审决对其对象具有约束力，但是对于审决对象以外的第三人则不形成上述约束，除非存在特殊的事由，应当认为对象以外的第三人的权利或法律上的利益并不会因劝告审决而受到侵害。”

（2）“既然认定本案审决并不存在对其权利或法律上利益的侵害，上告公司就不具有请求取消本案审决的原告资格，原审的结论正当，原判决的论述不存在违法情形。”

4. 注意事项

本案从劝告审决的性质上认定审决对象（劝告的接收人）以外的当事人（本案是指国际合同的对方经营者 NOVO 公司）不具有取消审决诉讼的原告资格。

第 7 条【排除措施】

概 要

本条在第 1 款中规定，如违反第 3 条以及第 6 条规定的行为仍存在，可以对其采取责令停止等必要措施，并在第 2 款中规定，如违法行为已不存在，只有在认为确实有必要的情形下才可以采取必要的措施。

1. 关于第 7 条第 1 款

本条第 1 款规定，如第 3 条以及第 6 条的违法行为仍然存在，公平交易委员会可以根据第 8 章第 2 节（第 45 条及以下条款）规定的程序，责令经营者停止行为、转让部分业务以及采取其他排除违法行为的必要措施。

公平交易委员会如何对本款规定中的 “停止行为” 以及 “必要措施” 进行解释和运用，可具体参考如下案件。

（1）醋酸乙酯卡特尔案

（公取委劝告审决昭和 48・10・18 审决集第 20 卷第 118 页）

本案是 5 家醋酸乙酯生产商联合决定销售价格和销售数量的案件。由于醋酸乙酯协会与本案也密切相关，审决中除责令取消上述决定外，还责令解散该协会等。

（2）原料乳采购卡特尔案

（公取委劝告审决昭和 49・5・22 审决集第 21 卷第 30 页）

本案是乳制品生产商决定原料乳的采购价格以及牛奶饮品销售价格的案件。审决禁止乳制品生产商与生产商团体协商决定原料乳的采购价格并禁止与专卖店团体协商决定牛奶饮品的销售价格。

（3）东洋制罐案

（公取委劝告审决昭和 47・9・18 审决集第 19 卷第 87 页）

本案中，东洋制罐在持有竞争公司北海制罐 29% 股份的同时，还通过董事兼任等方式阻止北海制罐在本州设立工厂等，支配北海制罐的经营活动。审决除禁止东洋制罐干涉北海制罐的经营活动外，还责令其处理所持有的北海制罐超过 120 万股（约 5% 的股份）部分的股份等。

（4）日本冷藏案

（公取委劝告审决昭和 32・7・18 审决集第 9 卷第 7 页）

本案是函馆市 5 家制冰企业联合决定只通过共同持有股份的销售公司进行商品销售的案件。审决除责令取消上述决定外，还责令上述公司处分该销售公司股份等。

（5）任天堂 DS 价格卡特尔案

（公取委审判审决平成 25・7・29 审决集第 60 卷第 1 分册第 144 页）（案例 89）

本案是夏普等对用于任天堂便携式游戏机的 TFT 液晶显示模块的销售价格达成合意的案件。审决责令，①各公司董事会决议自主决定价格以及不交换关于今后价格修订的信息等，②向其他违法经营者、本公司员工以及违法行为的交易对象告知已作出前述①的决议，③修订今后本公司在商品销售过程中遵守《反垄断法》的行动指南，④对设定价格的负责人以及营业负责人进行定期培训并由法务负责人对其进行定期监督等。

（6）车用风琴式油门等卡特尔案

（公取委排除措施命令平成 24・11・22 审决集第 59 卷第 1 分册第 227 页）

本案是汽车零件厂商对汽车装配厂商的汽车零件订单进行中标调整的案件。审决责令（前文任天堂 DS 价格卡特尔案审决命令①至④外），⑤制作以及修改关于处分违法董事及员工的规定，⑥设置以及完善包含免除举报人责任等内容的有效内部举报制度等。

（7）诺迪安（NORDION）案

（公取委劝告审决平成 10・9・3 审决集第 45 卷第 148 页）

本案是诺迪安在向日本销售钼 –99 的过程中对 2 家交易对象公司附加全部购买义务的案件。审决责令诺迪安修改规定全部购买义务的合同，并将取消全部购买义务之事告知交易对象等。

（8）日本道路公团钢桥串标案

（公取委同意审决平成 18・5・15 审决集第 53 卷第 181 页）

本案是关于日本道路公团发起的钢桥工程的串通投标案。审决责令立即调动在违法行为期间涉及违法行为的公司营业负责人的岗位等，并在今后 5 年内不得允许其从事相同业务，且上述事宜必须在董事会上决议。此外，在针对同一案件中的其他经营者的审决（新日铁案，公取委审判审决平成 21・9・16 审决集第 56 卷第 1 分册第 192 页）中，责令要求在违法行为期间涉及违法行为的公司营业负责人在今后 3 年内不得从事与钢桥工程相关的营业工作。

案例 86 野田酱油案

（东京高判昭和 32・12・25 审决集第 9 卷第 57 页、高裁民集第 10 卷第 12 号第 743 页［27486743］）（参考案例 21）

1. 案情概要

该公司就其制造销售的酱油对批发商、零售商指定转售价格，并通过维持该价格以及统一零售价格的行为支配其他酱油制造商的价格决定，对东京都内酱油交易市场造成实质性限制竞争的影响。公平交易委员会据此对该公司作出审决。

2. 案件焦点

在认定一定交易领域为东京都内的同时，责令在全国范围内采取排除措施，是否脱离了作为预防措施的正当范围。

3. 法院的判断

“转售价格的决定是以表示为前提，如无法表示的转售价格则无意义。而一旦表示，正如审决中确认的事实情况，可以理解作为原告公司指定的转售价格对销售商具有很强的强制力。这并不是讨论指定转售价格行为本身是否违法的问题。如审决所认定的，为排除原告公司的私人垄断以及防止其再次以同样的方法进行私人垄断，在同样的条件下有必要采取措施禁止对转售价格的指定行为。”

“本案最初关注的就是原告在东京都内的私人垄断问题，在审决中认定的事实也证明原告在东京都内存在私人垄断，但从审决的主文可以发现其下达的排除命令措施并不限定于东京都内。根据审决中关于这个问题的说明，其是为了恢复东京都内酱油交易的自由竞争。《反垄断法》赋予了公平交易委员会为排除违反该法行为采取必要措施的权限。该命令原则上限定于必要的内容，但同时如确实有必要则对其内容也不做限定。而如审决的内容所示，原告在全国范围内拥有其酱油的运输生产商且按照统一的价格进行销售，如认可了其在东京都外指定的转售价格，根据以往的习惯可以认为其可能也会对东京都内产生影响，且在以相邻县为代表的地区实施转售价格维持的情形下很可能也在东京都内予以反映并对销售商造成心理上的束缚，特别是在长期统治期间被驯化的风气下，各销售商大多缺乏自主决定销售价格的认识，因此，要排除原告通过对东京都内的价格支配实施的私人垄断，仅仅将转售价格的指定和维持限定在东京都范围内还远远不够，不得不采取必要措施将其范围扩大到东京都外。”

4. 注意事项

法院认为，依据第 7 条作出的排除措施命令，“原则上限定于必要的内容，但同时如确实有必要对其内容也不做限定”，而本案中，由于“要排除原告通过对东京都内的价格支配实施的私人垄断，仅将转售价格的指定和维持限定在东京都范围内还远远不够，不得不采取必要措施将其范围扩大到东京都外”，最终支持了审决。

基于该审决，本案当事人多年来一直无法对自己生产销售的酱油指定厂商建议零售价，而在 1993 年 6 月 28 日，鉴于“必要情形消失”，审决主文中相关部分的内容被取消（审决集第 40 卷第 241 页），此后该当事人的厂商建议零售价才得以恢复。

2. 关于第 7 条第 2 款

本款中的“认为确实有必要的情形”是指，该行为可能反复出现的情形，以及相关违法行为的影响仍然持续、竞争秩序未能完全恢复的情形。具体而言，相关违法行为长期存在；相关违法行为的停止并非基于经营者的自愿，而是基于公平交易委员会的现场调查等外部原因的情形通常被认定属于“认为确实有必要的情形”。

本款规定在确保采取对违法行为已不存在之事普遍告知措施及其他确保排除

该行为所必需的措施的同时，还通过下达将来不得再实施相关行为的命令来防止该行为的再次发生。但是，自该行为消失之日起经过 7 年的，不在此限。这一期限在 2005 年的修订中定为 3 年，其后在 2009 年的修订中定为 5 年，其后在 2019 年的修订中变更为现行的 7 年。

法院以及公平交易委员会如何对本款规定中的“认为确实有必要的情形”以及“必要措施”进行解释和运用，可具体参考如下案件。

（1）邮政编码自动识别机案

（最一小判平成 19・4・19 审决集第 54 卷第 657 页、判夕第 1242 号第 114 页［28131083］）

（案例 88）

本案是关于邮政省发起的邮政编码自动识别区分机招投标项目的串通投标案。由于违法行为已经停止，本案对于是否有必要采取排除措施产生了争议。最高法院在“认为确实有必要的情形”的判断上指出“认可作为日本《反垄断法》的执行机关、且在竞争政策上具有专业知识的上告人（公平交易委员会）的专业裁量”。

而在本案以后，公平交易委员会也开始对于何为“认为确实有必要的情形”进行具体说明。

（2）斯托克炉串通投标案

（东京高判平成 20・9・26 审决集第 55 卷第 910 页）

本案是关于垃圾焚烧设施的串通投标案，由于处分时违法行为已经结束，是否有必要采取排除措施成为案件的焦点。东京高等法院延续了前文邮政编码自动识别机案中最高法院的判断，认为尽管违法行为已经结束 7 年多，但鉴于①在之前已受过警告的情形下再次实施违法行为说明其违法防范体制存在不足，②案件金额高且通过在早期决定接受订单而大幅度节约了营业上的费用和劳力，认定属于“认为确实有必要的情形”。

（3）冈崎管工排除措施案

｛最二小决平成 15・7・11 平成 15 年（行ツ）第 133 号等公刊物未刊登［28240197］｝

本案是关于广岛市自来水局发起的关于特定自来水总管工程的串通投标案。作为本案关系人的冈崎管工以其在收到公平交易委员会劝告之前就已退出本案串通行为、没有对其采取排除措施的必要为由，向法院提出了取消审决的请求。法院认为,退出人如果只是在内心作出退出的决定并不足以说明该行为已经不存在，故支持了公平交易委员会的审决。最终审决作出的①通知发起人其已退出串通投标之事，②确保今后不再实施相关行为的命令得到确定。

（4）北海道上川支厅农业土木工程串通投标案

（公取委劝告审决平成 12・6・16 审决集第 47 卷第 273 页）

本案在公平交易委员会审查开始时已停止串通投标行为，因此，审决责令当事人将停止串通投标之事告知招标方且今后不得再次实施相关行为。而最近大多数卡特尔、串通投标案都是在公平交易委员会审查开始的同时停止违法行为。与本案相同，在类似情形下，都要求当事人告知停止违法行为并责令其不得再次实施相关行为。

（5）燃油附加费等价格协定案

（公取委排除措施命令平成 21・3・18 审决集第 55 卷第 723 页）

本案是日本通运等共同决定国际航空货物运输费用中面向货主收取的燃油附加费等的案件。由于审查开始前行为人已主动停止违法行为等，公平交易委员会认为本案不属于“认为确实有必要的情形”的情形。

（6）车用风琴式油门等卡特尔案

（公取委排除措施命令平成 24・11・22 审决集第 59 卷第 1 分册第 227 页）

本案中，公平交易委员会对于第一个申请适用课征金减免制度的经营者不仅免除了课征金处罚，还未对其作出排除措施命令。

而除本案外，不少案件中对第一个申请适用课征金减免制度的经营者都不仅免除了课征金处罚，也同时未对其作出排除措施命令。

（7）第1次奶粉（明治商事）案

（东京高判昭和46·7·17行裁例集第22卷第7号第1022页［27200720］）（参照案例56）

本案是限制奶粉厂商转售价格的案例。因审决中不作为命令的内容抽象而成为争议的焦点。法院尽管在判决中指出“由于内容过于抽象，不得不认定接受该审决的被审决人不明白具体履行的内容以及其他不能履行或者显著存在履行困难的内容”，但是因本案不符合要件要求，最终对审决予以支持。

案例87　冈崎管工排除措施案

（东京高判平成15·3·7审决集第49卷第624页［28140005］）（参考案例105）

1.案情概要

在广岛市自来水局通过指名竞投的方式发起的自来水总管工程招标中，原告与其他27家经营者至少在1996年7月1日至2000年3月末实施了串通投标。对于公平交易委员会对上述串通投标行为作出的排除措施审决，原告提起了请求取消排除措施审决的诉讼。公平交易委员会认定原告退出本案合意的时间为2000年3月末，但原告指出其退出的时间早于2000年2月28日，而公平交易委员会落款日为2001年2月28日的排除措施劝告书于同年3月1日送达，送达时违法行为不存在的时间已经超过了第7条第2款规定的除斥期间1年（笔者注：现行法规定为7年）的期限，因此原告主张审决违法。

本案请求被驳回，在上告审中也被驳回。

2. 案件焦点

对在公平交易委员会揭发前就已退出串通投标的原告作出审决是否属于不公平的处分。

3. 法院的判断

“公平交易委员会在水产厅案中未对中途退出的 2 个经营者作出劝告的理由说明是，2 个经营者（1）在公平交易委员会开始调查前判断自身行为违法，并在向其他相关人员表明其今后不再实施相关行为的基础上主动退出该行为；(2）为防止再次发生违法行为，完善法律遵守体制。这一认定不存在不合理之处。与此相对，本案中原告从中标调整到退出的原委、原告退出意思的明示与否、原告的营业负责人就其他中标调整作出的友好发言等对排除措施必要性的判断起到重要作用，上述事实的存在说明本案与水产厅案存在明显的差异。因此，对原告作出的本案劝告及本案审决不能说是相较于水产厅案作出的不公平的差别对待。”

4. 注意事项

本案中，冈崎管工主张其在收到本案劝告之前就已从本案合意中退出、与水产厅案相同并没有对其采取排除措施的必要，与此相对，公平交易委员会以本案与水产厅案的情形不同为由（前文画线部分）对其下达了排除措施命令。

案例 88　邮政编码自动识别机案

（最一小判平成 19·4·19 审决集第 54 卷第 657 页、判夕第 1242 号第 114 页［28131083］）

1. 案情概要

在邮政省以指名竞标的方式发起自动识别区分机招标的 1994 年，在投标之前各公司分别会收到负责官员等分发的有关在该省采购计划中分配给各公司的区分机各机型的台数、配备的对象邮局等信息提示，各公司通过参加收到信息提示的区分机项目的投标、退出未收到信息提示的区分机项目的投标的方式，以几乎接近邮政省决定的该项目预定价格的价格中标，同时分别中标了该省总招标额的近半数。自1995年开始，邮政省采用一般竞争投标的方法招标，但信息提示依旧继续，在1995年以及1997年的一般竞标中，各公司仅参加收到信息提示的项目投标而不参加未收到信息提示的项目投标，在1995年4月1日至1997年5月16日，分别中标了邮政省总招标额的近半数。根据上述事实可以认定，与本案一般竞争投标相关的区分机市场存在竞争关系，只有收到负责官员等信息提示的公司才能参加相关项目的投标并设法让其中标的意思联络即形成的共同认识，相关公司基于该共同认识决定预订中标人并由其中标相应的区分机项目。

公平交易委员会在1997年12月10日开始审查本案，但由于负责官员等的信息提示等已经不再进行，本案审决便认定从该日起停止了基于上述共同认识决定预订中标人并让其中标的行为，违法行为终止，在此基础上，责令采取排除措施，即确认停止决定区分机的预订中标人并让其中标的行为并及时报告已经采取的措施（以下简称本案排除措施）。

在原审中，经营者主张不符合“认为确实有必要”的要件要求取消审决。原审指出，本案的不正当限制交易依赖于负责官员等的信息提示，且该信息提示因公平交易委员会的调查开始而不再进行，因此以没有必要责令其确认取消不正当限制交易为由责令公平交易委员会取消排除措施命令（取消审决）。就此，公平交易委员会提出上告。

2. 案件焦点

本案是否属于“认为确实有必要的情形”。

3. 法院的判断

（1）“本案的违法行为是被上告人等共同决定预订中标人并使预订中

标人中标的行为，从负责官员等处收到的信息提示只不过是决定预订中标人的方式。即便没有负责官员等的信息提示，被上告人等也可以通过其他方式共同决定预订中标人并通过让预订中标人中标来实质性限制邮政省以一般竞争投标方式发起招标的区分机交易领域的竞争。从这一观点来看本案审决书的内容，上告人基于如下事实认定构成'认为确实有必要的情形'，并在本案审决书中列明了认定构成《反垄断法》第54条第2款所规定的'认为确实有必要的情形'的事实基础。相关事实包括①被上告人主动接受负责官员等提供的信息，从通过指名竞争投标方式发起的区分机招标时起，与本案违法行为相同的行为就已经在相当长的时间内持续进行；②被上告人反对引入一般竞争投标，要求继续提示信息；③尽管被上告人自1997年12月10日起就已停止本案违法行为，但是其并非基于被告人等的自发，而不过是基于上告人开始对本案进行审查、负责官员等不再提供信息这些外部因素；④区分机市场……处于3家公司寡头垄断的状态，一般来看较容易发生违法行为；⑤被上告人等在审判程序中以未进行中标调整为由否认违法行为的成立。""尽管本案审决书中认定了负责官员等不再提示信息的事实以及自1998年2月27日起投标活动中……新竞争者的加入和竞争环境改变的事实，但这并不影响对符合'认为确实有必要的情形'的判断。"

"此外，在判断是否符合'认为确实有必要的情形'时，应当认可作为日本《反垄断法》的执行机关且在竞争政策上具有专业知识的上告人（公平交易委员会）的专业裁量，对于上告人作出的符合'认为确实有必要的情形'的判断，无法指出其欠缺合理性、超过上告人的裁量权范围或滥用上告人的裁量权。"

（2）综上，"原审判断中存在影响判决的明显违法……驳回原判"。

4. 注意事项

本案判决与原审在判断上的分歧在于，被认为存在问题的违法行为是以负责官员的信息提示为绝对前提，还是说信息提示仅仅是一个方式。对于“认为确实有必要的情形”，原审指出，是指“违法行为将来还有再次出现的可能以及……竞争秩序未能完全恢复的情形等”，对此，本判决未予以否定，该观点在之后的高等法院裁判中也被沿用。

本案判决指出，对于是否符合“认为确实有必要的情形”的判断，以公平交易委员会的判断超过裁量权的范围以及存在滥用为标准，公平交易委员会在判断“认为确实有必要的情形”时，一般是根据违法行为的具体情形、违法行为的持续期间、违法行为的停止状况、市场环境等进行认定，因此，经营者可以着眼于是否具有上述认定事实、证据内容以及“违法行为将来再次出现的可能”等被认定的证据构成来分析公平交易委员会的排除措施命令是否具有合理性。而判决中的“第 54 条第 2 款”已在修订中被删除，现并入“第 7 条第 2 款”中。

案例 89　任天堂 DS 价格卡特尔案

（公取委审判审决平成 25・7・29 审决集第 60 卷第 1 分册第 144 页）

1. 案情概要

对于在 2007 年第 1 季度接受订货并向任天堂销售的任天堂 DS Lite 用 TFT 液晶显示模块（以下简称 DS Lite 用 TFT 液晶显示模块）的价格，当事人之间达成了以 2006 年 9 月 11 日向任天堂出示的价格为标准的合意。上述行为违反公共利益，实质性限制了 DS Lite 用 TFT 液晶显示模块交易领域的竞争。

2. 案件焦点

是否有作出排除措施命令的必要。

3. 法院的判断

本案认定了如下事实，（1）容易发生类似违法行为的价格卡特尔的市场环境在该违法行为结束后仍未发生变化；(2) 2家公司停止违法行为并非出于自发，无法认定该违法行为终止后其实施违法行为的欲望消灭；(3) 通过长时间的信息交换，可以认定2家公司之间形成了协同关系；(4) 尽管制作了遵守《反垄断法》的行动指南等并开展了关于《反垄断法》的培训，但是员工还是实施了违法行为，可以认为上述措施还不充分；(5) 在本案审判程序中，实质决定价格的当权者以不知悉员工间信息交换的结果为由否认实施了价格卡特尔，可以说被审人对包含员工在内的全体公司进行的防止《反垄断法》违法行为再次发生的努力存在疑问。综合上述事实可以认定，被审人还具有再次出现同样违法行为的可能性，因此有必要对被审人下达排除措施命令。

4. 注意事项

在企业不断提高反垄断意识的过程中，相当多数的企业开始制定关于遵守《反垄断法》的行动指南并对员工进行法律培训等，一旦被认定为违法行为，上述努力有可能被用作“认为确实有必要的情形”的事实认定，因此，如果仅仅是形式上的努力很可能在与竞争执法机构的关系中产生相反的效果。

此外，即便进行价格信息交换的负责人与有权决定价格的负责人不同，判决也明确指出，由于重点关注的是存在进行价格信息交换的员工，应当要求第一线的每一个员工都能够认识到相关行为违反《反垄断法》。

第7条之2【与不正当限制交易相关的课征金的计算基础等】

概 要

本条规定了与不正当限制交易（第2条第6款，包含国际卡特尔）相关的课征金适用对象行为的要件、计算方法、计算比例、对象人等。

1. 课征金制度的设置目的

（1）与不正当限制交易相关的课征金缴纳命令的规定是1977年《反垄断法》修订时与针对垄断状态的措施（第8条之4）、征收价格协同上涨的报告（旧法第18条之2，该规定在2005年的修订中被删除）一同增加的。在此之前，对于卡特尔行为采取的行政措施只有排除措施命令。因此，违法行为人依旧能留有因实施卡特尔而获得的利益，可以说“值得冒险”。经营者或经营者团体缔结卡特尔的最大动机就是“能迅速得利”，因此，要强化对卡特尔的抑制效果就有必要改变这个“值得冒险”的状态。而引入课征金制度的目的就是将依靠实施卡特尔获得的不当得利收缴国库，改变“值得冒险”的状态，在行政措施上确保卡特尔禁止规定的有效实施。

（2）在课征金制度设立时，课征金的计算比例原则上是因实施卡特尔而获得的营业额的1.5%，其后随着法律的修改逐步提高至6%（1991年）和10%（2005年）。

（3）课征金适用的违法行为最初仅限于价格卡特尔和供应量卡特尔，2005年《反垄断法》的修订增加了购买量、市场份额、限制交易对象卡特尔以及支配型私人垄断的课征金适用，在2009年的修订中又新增了排他型私人垄断（第7条之9）以及不公平的交易方法中的①共同拒绝交易（第20条之2）、②差别对价（第20条之3）、③不正当廉价销售（第20条之4）、④限制转售价格（第20条之5）、⑤滥用优势地位（第20条之6）的课征金适用，同时还设置了课征金加算制度，即对在过去10年内曾受到过课征金处罚的违法行为人加算50%。

根据公平交易委员会的报告，实际运用课征金处罚的年度总金额最高为302.4亿日元（2013年，涉及经营者共计181名），最低为18.9亿日元（2017年，涉及经营者共计32名），单个经营者的平均处罚金额从2亿8571万日元（2016年）变为5912万日元（2017年）。

（4）排除措施命令的程序与课征金缴纳命令的程序是同时并行的。原本，经营者或经营者团体在对劝告作出应诺后（审决正式确定后）就开始课征金程序，但是为了提高案件处理的速度和效率，在2005年反垄断法修订时修改为两个程序同时进行。

2. 课征金的性质

（1）课征金制度最初的定位是剥夺不当得利，而不认可对超过不当得利的部分征收课征金，然而2005年的《反垄断法》修订提高了课征金的金额并将不当得利金额以上的金额修改为行政处罚。这是因为在提高课征金计算比例的1991年以后，企业的违法行为依旧屡禁不止（甚至还存在1991年以后4次实施违法行为并被处超过3亿日元课征金的企业），为达成行政目的，有必要大幅提高课征金的计算比例并引入课征金加算制度和减免制度，而如果将课征金的性质停留在剥夺不当得利之上则会导致难以作出超过不当得利金额的处罚。

此外，在实际中仅对拥有营业额的行为人进行课征金处罚。

（2）课征金制度是以强化对不正当限制交易行为等的预防效果为目的而采取的行政措施。

"标签串通投标课征金案"（案例90）指出，由于课征金缴纳命令属于行政措施而非刑事处罚，对于受到课征金处罚的经营者等再根据《反垄断法》对其处以刑事处罚，并不与《宪法》第39条关于禁止双重处罚的规定相抵触。

有关国家采购标签的卡特尔不当得利返还请求的"标签串通投标不当得利返还请求案"（案例91）指出，即便同时执行课征金处罚与私法上的返还不当得利请求，在法律上也不存在问题。

就能否处以超过卡特尔不当得利金额的课征金处罚问题存在争议的"机械保险联盟卡特尔课征金案"（案例92）指出，课征金制度作为确保禁止卡特尔规定有效实施的行政措施，不应当要求课征金处罚金额必须与卡特尔行为实际获得的不当得利金额相一致。

课征金制度不是以剥夺不当得利为目的的行政措施，因此课征金应当以同等划一的方式计算。"喷气燃料串通投标（东燃通用石油）案"（东京高判平成18·2·24审决集第52卷第744页［28206292］）（案例108）就指出，不能认同从作为课征金计算基础的营业额中扣除消费税、石油诸税等的合理性。

案例90　标签串通投标课征金案

（最三小判平成10・10・13判タ第991号第107页［28033085］）

1. 案情概要

在社会保险厅以指名竞争投标的方式发起的用于年金等各类通知书的标签招标活动中，原告等与日立信息实施了事前串通决定投标中标人、不正当限制交易的卡特尔行为。公平交易委员会于1993年4月作出了劝告审决，并在1996年8月6日的审决（平5判3）中根据第7条之2第1款、第48条之2第2款的规定对原告及另外2家公司作出了合计1.7亿日元的课征金缴纳命令。此后，原告提出了请求取消该审决的诉讼。而除了对原告及另外3家公司处以刑事罚款外，作为招标活动发起人的国家还以标签采购合同无效为由依据《民法》第703条的规定对原告及另外2家公司提起了请求返款正当价格与中标价格之间差额这一不当得利的诉讼。[①]

2. 案件焦点

在有关卡特尔行为的《反垄断法》违法案件中，在处以罚款的同时，命令被提起返还不当得利诉讼的当事人缴纳课征金，是否违反《宪法》第39条、第29条以及第31条的规定。

3. 法院的判断

"本案的卡特尔行为作为违反《反垄断法》案件被确定了对上告人的罚款处罚，并在国家对上告人提起返款不当得利的民事诉讼的情形下，法院以本案行为构成卡特尔为由根据该法第7条之2第1款的规定对上告人作出缴纳课征金的命令，根据最高法院1954年（オ）第236号以及1958

① 译者注：本案中，因日立信息系统与社会保险厅之间签订的合同未产生实际业绩，公平交易委员会仅对实施串通投标的4家公司中除日立信息系统以外的3家公司作出课征金缴纳命令。在其后由国家提起的返还不当得利诉讼中，国家也仅向上述3家公司提出了返还不当得利的请求。

年4月30日大法庭判决·民集第12卷第6号第938页的主旨，很明显其并不违反《宪法》第39条、第29条以及第31条的规定。”

4. 注意事项

即便对实施卡特尔行为的当事人同时作出课征金缴纳命令、刑事处罚以及返还不当得利命令等，只要各项制度的宗旨、目的、性质等存在差异，可以认为其并不违宪。而本判决认为，对作为课征金计算基础的营业额的计算并不是对行为实施期间交付商品价格的金额进行合计而是对行为实施期间签订合同所约定的金额进行合计计算且未扣除当时消费税的相当金额的做法并不违法。此外，在原审判决中，原告指出了日立信息并未被作为要求缴纳课征金的对象这一问题，但原审判决认为该问题与本案命令原告缴纳课征金的审决无关并将其驳回。

此外，在根据《法人税法》（依据1947年法律第28号、1950年法律第72号修订前的法律）第43条的规定要求当事人缴纳追缴税的同时对逃税犯处以罚款的做法是否违反《宪法》第39条的规定而发生争议的案件中，判决认为，对逃税犯的处罚是着眼于逃税者不正当行为的反社会性以及反道义性而进行的制裁，而追缴税是在当事人存在因少报税或不报税而违反纳税义务的事实基础上必然对该当事人作出的处罚（非裁量性），以此防止因少报税或不报税而违反纳税义务的行为发生，是基于纳税的实际情形而采取的行政措施。因此，判决指出“法律依据行政机构的行政程序以租税的形式要求缴纳追缴税……显然并不是将违反纳税义务者的行为视为犯罪而对其采取的刑事处罚”，“《宪法》第39条规定的主旨并不禁止刑事罚款与追缴税的并处，因此所提出的违宪主张不予采纳”（最大判昭和33·4·30民集第12卷第6号第938页［21009940］）。

案例 91　标签串通投标不当得利返还请求案

（东京高判平成 13・2・8 审决集第 47 卷第 690 页、讼务月报第 48 卷第 10 号第 2353 页［28061140］）

1. 案情概要

对于"案例90"社会保险厅以指名竞争投标的方式发起的标签招标活动，国家作为投标活动的发起人以标签制造协议无效为由，基于不当得利返还请求权，要求实施串通投标的当事人中除日立信息系统以外的 3 家公司返还已支付的货款以及扣除本案标签客观价值相当金额后的剩余金额，并要求其支付迟延履行金。

2. 案件焦点

国家在已经通过要求当事人缴纳课征金的方式挽回部分损失的情形下仍要求当事人返还不当得利的做法是否不当。

3. 法院的判断

"由于《反垄断法》针对卡特尔行为另行设置了刑事处罚的规定，如认为缴纳课征金命令带有制裁色彩的话，那么就违反《宪法》第 39 条禁止双重处罚的规定。因此，课征金制度尽管从社会角度来说不可否认其所具有的制裁功能，但是从根本上来说，其是以剥夺因实施卡特尔行为而获得不当经济性利益为目的的制度。并且，从课征金的经济效果来看，也不可否认课征金制度具有类似《民法》的不当得利制度的功能。

然而，即便存在卡特尔行为，受害者在证明损失与得利之间的因果关系并以此请求返还不当得利上往往存在困难，因此，课征金制度也是为防止实施卡特尔行为的当事人保留不正当的得利而设计的。从这一制度的宗旨来看，如果现实存在受害当事人，请求返还该不当得利不应因课征金制度的存在而受到阻碍。也就是说，利得者首先应当向受害者返还其得利，即便受害者的损失实际上尚未恢复，利得者仅仅支付了课征金，也不影响受害者不当得利返还请求权的行使。

控诉人主张，其是向国家缴纳课征金，而由于本案请求返还不当得利的也是国家，国家已经因已支付课征金的收取获得了损失的部分弥补。

然而，即便同为‘国家’，课征金的缴纳对象‘国库’与本案不当得利返还请求权的主体即以公法人的身份与民间企业处于相同立场的‘国家’也应当有所区别。已缴纳课征金不能够认为就弥补了本案的损失。”

4. 注意事项

应当注意，课征金的处罚对象如实施违法行为，也可能受到课征金、刑事处罚、不当得利返还请求、股东向董事提出的损害赔偿请求、指名停止[①]及其他社会谴责或制裁等。

案例 92 机械保险联盟卡特尔课征金案

（最三小判平成 17・9・13 民集第 59 卷第 7 号第 1950 页、审决集第 52 卷第 723 页［28101751］）

1. 案情概要

损害保险业者团体日本机械保险联盟在接受会员时为确保维持合适的保险费，从 1993 年 3 月开始决定机械保险以及储蓄型保险的基准费率、折扣率以及特约费率，让会员依照其决定内容向主务大臣提交许可申请，同时依据批准内容在所谓的内部规章中规定基准费率、折扣率以及特约费率并决定其他诸项费率，设定接受时统一适用的基准（价目表），要求会员据此计算保险费用。上述行为被认定违反第 8 条第 1 款第 1 项的规定而被作出审决（平 8 劝告 24）。公平交易委员会对作为联盟成员经营者的损害保险公司作出了命令其缴纳在营业保险费基础上乘以一定比例得出的课征金的审决（平成 10 判 4 等）。其后，各损害保险公司因不服该审决提起了

① 指名停止，是指在一定期间内，停止当事人参加国家或地方组织的竞争投标的资格的惩罚性措施。

取消审决的诉讼。

对此，原审东京高等法院作出了基本判断，认为“课征金制度的基本特性归根到底是剥夺卡特尔行为的经济利益，因此在把握服务及其对价时，应当采用在可能的范围内将课征金的金额确定在接近经济上不当得利的金额这一解释”。

2. 案件焦点

在计算课征金金额时，从作为课征金计算对象的营业额（营业保险费）中扣除支付的保险费金额以此接近经济上不当得利金额的解释是否可取。

3. 法院的判断

“《反垄断法》所规定的课征金制度，是在依据1977年法律第63号对《反垄断法》的修订中，以增大卡特尔行为被举报所伴随的不利影响并降低其经济诱因、强化卡特尔的预防效果为目的，在既有的刑事处罚规定（《反垄断法》第89条）以及弥补卡特尔行为带来损害的损害赔偿制度（《反垄断法》第25条）的基础上增设的，以期其作为行政措施在确保禁止卡特尔行为的实效性上机动地发挥作用。在课征金的计算方式上，采用的是在卡特尔行为实施期间对象商品或服务的营业额基础上乘以一定比例的方式计算，但是，由于课征金制度属于行政措施，其计算基准要求具有明确性，且为确保制度通过积极有效地运用而发挥抑制卡特尔行为发生的效果，还应当确保便于课征金计算，而根据个案情形分别计算经济利益的方式则不适宜，因此最终采用了如上的计算方法并维持至今。基于此，可以认为课征金的金额并不一定要求与实际获得的不当得利的金额相一致。”

4. 注意事项

尽管本案判决是对2005年课征金制度修订前的案件作出的判断，但是已经明确了课征金制度的性质是为确保禁止卡特尔行为的实效性而采取的行政措施。因此，在2005年的修订中通过提高课征金的计算比例等明确课征金制度的目的是剥夺经济上不当得利的行政制裁，也使对于不当得利的多寡以及是否应当从营业额中扣除消费税、石油诸税等不再有争论的余地。

3. 课征金所规制的对象违法行为

（1）不正当限制交易（包含国际卡特尔）中适用课征金的违法行为包含与商品或服务价格相关的行为，以及对商品或价格的供应量、购买量、市场份额或交易对象中的任何一项实施实质性限制进而影响其价格的行为。因此，价格卡特尔（包含串通投标）、数量卡特尔、限制顾客或销售渠道卡特尔、分配市场份额卡特尔、共同抵制、限制工作天数或工作时间或开工率等都属于适用课征金的违法行为。

（2）在与课征金相关的案件中，争议最多的问题就是是否属于“相关商品”或“相关服务”。在卡特尔的对象商品在缔结卡特尔时得以明确的情形下不存在争议，但是在未能得到明确的情形下，作为课征金计算对象的“相关商品”或“相关服务”究竟为何往往争议较多。

（3）价格卡特尔等中的“相关商品或服务”。

在卡特尔相关案例中，如能证明商品属于违法行为对象商品的范畴，除非存在特殊事由，法院一般会将各个商品作为受到违法行为约束的商品并推定为“相关商品”。

“喷气燃料串通投标（出光兴产）案”（案例 93）指出，“相关商品”是指属于适用课征金的违法行为的对象商品范畴的商品，作为受到违法行为相互约束的商品，只要该商品不被认定未受到违法行为的相互约束，就应当认定其受到违法行为的约束，据此不认定本案中向全资子公司等销售的商品未受到相互约束。

在“RANGO 案”（案例 94）中，向全资子公司销售商品的行为被视为企业内部向加工部门的物资转移，最终不被认定为课征金的计算对象。

在对在卡特尔行为后销售的新产品是否也应当认定为卡特尔行为的对象涂料

问题上存在争议的“中国涂料课征金缴纳命令审判案”（案例95）指出，在一定领域实施卡特尔的情形下，只要是属于其对象商品的范畴，原则上都可以认为是在卡特尔的影响下进行的交易，而要推翻这一推定，被审理人应当证明存在明示或暗示从该卡特尔退出等的特殊事由。

“东芝化学课征金案”（案例96）则推翻了价格明显高于标准品的高价高档品等存在特殊事由的推定。

案例93　喷气燃料串通投标（出光兴产）案

（东京高判平成22・11・26审决集第57卷第2分册第194页［28206430］）

1. 案情概要

生产销售热可塑性树脂聚丙烯（以下简称PP）的出光石化等7家公司，在2001年3月6日的聚会中，就从该年4月起将供应给PP需求者的产品销售价格以1公斤10日元为目标实施涨价达成合意，其后包含吸收合并了出光石化的原告在内的7家公司被公平交易委员会作出劝告，但原告对此不服并提起了要求取消课征金缴纳命令审决中部分课征金金额的诉讼。

2. 案件焦点

出光石化销售的PP中向该公司的全资子公司出光UNITEC以及该公司出资50%的子公司CALP工业销售的部分是否可以算是“相关商品”的“营业额”并作为课征金计算的对象。

3. 法院的判断

法院在引用“机械保险联盟卡特尔课征金案”（案例92）的最高法院判决的基础上指出，“相关商品”是指“违法行为互相约束的对象商品，即属于违法行为对象商品范畴并受违法行为相互约束的影响的商品。但是，根据课征金制度的宗旨以及课征金的计算方法，对于属于违法行为对象商品范畴的商品，只要实施违法行为的经营者或者经营者团体不存在以明示或暗示的方式将一定的商品排除在相关行为对象之外等说明相关商品与违法行为相互约束并不相关的事实，则认为其受到违法行为的约束，可以将其纳入课征金计算的对象商品范畴，而违法行为人在违法行为实施期间通过交付属于违法行为对象商品范畴的商品而获得的对价金额就成为课征金计算的基础营业额”，“对于向子公司销售的商品，如果存在可以视为在同一企业内向加工部门转移物资的情形，这类向子公司销售的商品则不属于违法行为的对象范围，这些商品的销售额可以排除在课征金计算的基础营业额之外”。但是，实施本案违法行为的经营者并不认可存在将向本案子公司销售的商品排除在本案违法行为对象之外的特殊事由，且本案子公司将以采购的 PP 作为原材料生产的产品销售给各自的需求者。尽管原告与子公司之间的销售价格仅是向大规模需求者销售单价的 9 成，如果向一般需求者销售的价格上涨，以大规模需求者销售单价 9 成的价格销售给本案子公司的 PP 的单价不久后也会自动上涨，因此，不认可向本案子公司销售的“相关商品”可以排除在与本案违法行为相互约束的相关商品范围之外。

4. 注意事项

本案判决指出，向子公司销售的“相关商品”的“销售额”可以不作为课征金计算对象的情形包括向子公司销售的“相关商品”与违法行为的相互约束并不相关的情形、尽管在外观上属于法人主体但是因被完全控制等而在法律上不作为独立的交易主体开展活动的情形、可以视为在同一企业内向加工部门转移物资的情形［RANGO 案（案例 94）中向 2 家全资子公司销售］以及禁止从作为违法行为人的母公司以外的经营者购买“相关商品”且事实上也未从其他经营者处购买的情形等。

案例 94　RANGO 案

（公取委审判审决昭和 59・2・2 审决集第 30 卷第 56 页）

1. 案情概要

生产外包装用混麻箱纸板（以废纸为原材料制作的用于纸箱表层的平板纸）的被审理人，与 14 家同行经营者达成提高该产品销售价格的卡特尔合意，并在 1980 年 1 月 21 日至 5 月 31 日基于该合意从事经营活动。

2. 案件焦点

向全资子公司销售该产品的价格，从业界常识来看是与市场价格不存在关联性的特殊价格，不适用卡特尔，经营者之间的共同意思并不对经营者与其子公司之间的交易产生约束，那么能否因此认为向子公司的销售不属于课征金的适用对象。

3. 公平交易委员会的判断

"本案违法行为是在日本发生的提高向本案产品需求者销售产品价格的一般行为，很明显是在卡特尔的共同意思下对交易对象分别进行具体选择，而并不会因对象是否为子公司而区别对待。"

"向全资子公司销售的营业额，尽管在会计上视为营业额，但由于其也可视为在同一企业内向加工部门转移物资"，向 2 家全资子公司进行的销售不被视为适用课征金的对象销售行为。

案例 95　中国涂料课征金缴纳命令审判案

（公取委审决审判平成 8・4・24 审决集第 43 卷第 3 页，判时第 1567 号第 73 页）

1. 案情概要

生产销售船舶用涂料等的经营者实施了将涂料的销售价格提高 10%~15% 的卡特尔行为（价格卡特尔），但被审理人主张，其在卡特尔行为后才开始销售的新产品不属于"相关商品"，应当将其从作为课征金计算基础的营业额中扣除。

2. 案件焦点

第 7 条之 2 第 1 款的“相关商品”是否包含在卡特尔行为后开始销售的新产品。

3. 公平交易委员会的判断

“在对某商品的价格形成造成恣意影响的特定违法行为被认定为《反垄断法》违法行为的情形下，即便该商品在属于违法行为对象商品范畴的同时与典型对象商品在类别上有所区别，如该类商品在市场上与违法行为的典型对象商品存在替代性且存在竞合关系，只要不存在在违法行为实施过程中以明示或暗示的方式将这一不同类别商品排除在合意对象之外的特殊事由，就应当认定属于第 7 条之 2 中所指的‘相关商品’。”

“根据本案新产品具有与旧产品相比更为优越的特征这一事实，不足以认为存在前述以明示或暗示的方式将本案新产品特意排除在对象商品之外的特殊事由，从本案的全部证据来看也无法找到可认定存在前述特殊事由的事实。因此，应当认定本案新产品属于《反垄断法》第 7 条之 2 中的‘相关商品’。”

案例 96　东芝化学课征金案

（公取委审判审决平成 8・8・5 审决集第 43 卷第 68 页）

1. 案情概要

东芝化学在 1987 年 6 月 10 日与 7 家同行业经营者共同决定提高面向国内酚醛纸质层压板需求者的销售价格。被审理人主张，在计算课征金时，应当将与标准品相比高额的特殊商品、特殊规格商品、特殊客户的 OEM 供应商品等特殊商品排除在课征金计算的对象范围外。

2. 案件焦点

第 7 条之 2 第 1 款的“相关商品”是否应当包含与标准品相比高额的特殊商品、特殊规格商品、特殊客户的 OEM 供应商品等特殊商品。

3. 公平交易委员会的判断

“属于酚醛纸质层压板的本案各商品，只要不存在其他特殊的证明事由，应当纳入本案违法行为的对象商品并将其销售额作为课征金的计算依据。”

“就被审理人在审判庭中提出的积极反证进行分析，根据第 3 号以及第 5 号证据，本案各商品均属于特殊商品，在其制造过程中，需要使用与酚醛纸质层压板标准品（规格省略）相比更多的原材料，并可能出现废件损耗，存在特别成本的支出，因此不得不设定高于标准品的价格，且无法以标准品的单价为基础根据面积比例等决定其价格。此外，本案各商品是由特定的需求者根据最终产品的规格进行定制的，每个商品都根据规格设定不同的价格，与被审理人有过实际交易的顾客数量也十分有限，无法与其他标准品等产生替代或竞合关系。基于以上，无法认为本案各商品可以包含在本案违法行为的对象商品范围内，且在现实中也与标准品不同，在本案违法行为实施前及其实施期间价格完全没有发生变动等，与标准品之间并不存在价格联动性（略）。因此，可以认为本案各商品存在被排除在本案违法行为对象商品范围外的特殊事由。”

4. 注意事项

对于特殊商品的销售额是否应当被纳入课征金计算问题的讨论，“案例 94”以及本案例将相关商品排除在课征金对象范围之外，而“案例 95”则将相关商品包含在对象范围之内。那么，究竟是什么导致上述结果的差异呢？价格卡特尔在本质上具有对商品市场自由价格的形成产生恣意影响的性质。因此，卡特尔行为的参与者对不应将相关特殊商品纳入课征金计算的对象范围进行主张时，应当证明相关商品与卡特尔决定的对象原商品或标准品等典型商品相区别属于不同类别的商品，且未对该商品自由价格的形成产生影响（价格形成的联动约束性），与典型的对象商品不存在替代性和竞合性，[①]具有明示或暗示将相关商品特意从相关卡特尔合意的对象商品中排除等的特别事由。根据上述分析，如果仅主张相关商品属于卡特尔行为后开始销售的新产品(案例95)或属于更加优质的改良品还远远不够。实证中，“案例94”将实际上在同一企业集团内的交易视为同一企业内向其他部门转移物资的行为，而本案例中则指出与典型对象商品之间不存在替代性或竞合性（不存在价格联动性）。

4. 串通投标案中的“相关商品或服务”

在串通投标案中，首先，尽管串通投标参与者之间就投标形成一定的规则（基本合意）、构成不正当限制交易，但是在这个阶段还未发生第7条之2第1款中规定的“营业额”这一课征金计算的基础。在基本合意形成后，对个别中标进行调整，参加者在调整结果的基础上参与投标并决定中标人后才发生“相关商品或服务”的营业额。因此，在基本合意形成后的个别中标调整阶段是否实际发生基于该基本合意限制自由竞争的状况（具体的限制竞争效果）关键在于与“相关商品或服务”之间的关系。特别是在一系列过程中如缺少部分过程或是仅开展部分竞争，就会出现是否属于“相关商品或服务”的问题。

---

① 在判时1567号第73页以及判时第1587号第46页有关“案例95”以及“案例96”的匿名解说中，对特殊商品的特殊事由进行了详细说明。其中，判时1567号的解说对于替代性和竞合性的判断指出，“在判断是否具有替代性和竞争性时，应当综合考量以下因素，包括商品用途的通用性和特殊性，商品形状以及性能的一般性和特殊性，商品制造的共通性和独特性，商品流通的主体、计量单位、方式等的一般性和特殊性，价格设定以及形成的一般性、波及性以及独特性，原材料、经营管理、成本构成等的一般性和特殊性等”。

在有关串通投标是否构成“不正当限制交易”的最高法院相关判决中，“多摩串通投标（新井组）案”（案例 97）就是其后同类案件审判的参考案例。该案判决确定了在串通投标案件中认定属于“相关商品或服务”的标准，即个别项目在满足（1）实施了个别调整、（2）中标人参与了该个别调整、（3）实际发生了具体的限制竞争效果的情形下，就可以认定该个别项目属于“相关商品或服务”。

此外，串通投标中的“相关服务”被认为是指，基于基本合意调整中标等的结果、在个别投标中基于基本合意决定由预定中标人中标等，致使具体的限制竞争效果发生的情形。

在近年的判决中，对于任何一个违法行为人参加投标并中标的工程项目，只要不存在特殊事由，基于基本合意产生的限制竞争效果多在事实上推定影响至个别工程的投标活动。而要认定属于建设工程招投标中的“相关服务”，并不需要提供明确说明决定预订中标人具体过程的证据以及证明相关工程中标被调整的证据。“垃圾焚烧炉串通投标（日立造船）案”（案例 98）、“岩手串通投标（匠建设）案（案例 99）”等案件判例均肯定了这一观点。

即便进行串通也无法将预订中标人限定在 1 家的所谓“互撕”以及存在“局外人”的案例，有“协和 EXEO 案”（案例 100）以及“奥能登串通投标（大东建设）案”（案例 101）。这两个案例就是在串通投标中未能将预订中标人限定在 1 家而最终确定了 2 家预订中标人的案件，但即便如此仍旧认定其产生了具体的限制竞争效果。

而“土屋企业案”（案例 102）指出，即便是在“互撕”的项目中，在确认是否属于“相关商品或服务”时，也要求其属于干预中标调整程序的结果且发生限制竞争的效果，对于拒绝由其他经营者成为预订中标人的合意而自行参加投标并中标的经营者，该案判决认定该经营者未参与个别调整而取消了对其下达的课征金缴纳命令。而在“冈崎管工课征金案”（案例 106）中，对于虽参与了基本合意但其后拒绝参与个别调整的当事人，认为存在投标过程中进行自由的价格竞争的特殊事由，并否认存在基于基本合意决定预订中标人以及已上升至调整程序的直接证据，最终认定当事人不属于课征金处罚的对象。

案例 97　多摩串通投标（新井组）案

（最一小判平成 24・2・20 民集第 66 卷第 2 号第 796 页、审决集第 58 卷第 2 分册第 148 页［28180414］）

1. 案情概要

参照案例 44。

2. 案件焦点

除对建设工程串通投标中的基本合意、第 2 条第 6 款中"在一定的交易领域实质性地限制竞争"等定义存在争议外，本案对"相关服务"的定义也存在争议。

3. 法院的判断

"法律所规定的课征金制度是以增大卡特尔行为被举报所伴随的不利影响并降低其经济诱因、强化卡特尔的预防效果为目的，在既有的刑事处罚规定（第 89 条）以及损害赔偿制度（第 25 条）的基础上增设的内容［参照最高法院 2002 年（行ヒ）第 72 号 2005 年 9 月 13 日第三小法庭判决、民集第 59 卷第 7 号第 1950 页］。

尽管本案的基本合意属于法律第 7 条之 2 第 1 款所规定的'服务的价格相关'的行为，但是鉴于上述课征金制度的宗旨，该款所规定的课征金的对象'服务'，在本案中应是指作为本案基本合意对象的建设工程，并致使基于本案基本合意的订单调整等的结果以及具体限制竞争的效果发生。因此……本案的各项工程均是基于本案基本合意进行个别调整的结果，促使作为预定中标人的经营者中标，且其 89.79% 以及 99.97% 的中标率均处于高位，因此，很明显对本案各项工程产生了具体的限制竞争的效果。

根据上述分析，应当认定本案各项工程属于法律第 7 条之 2 第 1 款中的'相关服务'并属于同款所规定的课征金的对象。"

4. 注意事项

本案可以说是建设工程串通投标案件的圣经级判例。根据本案判决，在串通投标案件中判断是否属于“相关商品或服务”的标准明确为，在各项工程中（1）进行了个别调整，（2）该个别调整与中标者相关，（3）发生了具体限制竞争的效果。

案例 98　垃圾焚烧炉串通投标（日立造船）案

（东京高判平成 24・3・2 审决集第 58 卷第 2 分册第 188 页［28234542］）

1. 案情概要

原告是 5 家成套炉排式焚烧炉的大型制造商，其在 1994 年至 1998 年由地方公共团体通过指名竞争投标等方式发起的炉排式焚烧炉建设工程投标活动中实施了串通投标。据此，公平交易委员会作出排除措施审判审决并对原告下达排除措施命令。其后，公平交易委员会在 2007 年 3 月对原告作出了缴纳 49 亿 102 万日元课征金的审判审决。原告就此提出异议并提起了请求取消审决的诉讼。

事实上在 1994 年至 1998 年，在由地方公共团体以指名竞争投标等方式发起的炉排式焚烧炉建设工程的 87 项招标活动中，由上述 5 家制造商中的制造商中标的工程就有 66 项。

2. 案件焦点

本案各项工程中是否属于“相关服务”。

3. 法院的判断

“相关服务”是指，“在如本案合意的串通投标情形下，在通过不进行自由竞争这一构成不正当限制交易的意思联络而互相约束的基本合意的对象商品或服务中，个别投标活动的相关经营者根据基本合意决定预定中标人并使其中标，因基本合意的成立而产生限制竞争的效果所涉及的商品或服务。而根据本案中5家经营者的基本情形及其实际业绩、本案合意的内容、本案违法行为的实施方式等可以认为，本案合意使得由地方公共团体发起的所有炉排式焚烧炉建设工程均成为中标调整的对象，因此，对于在地方公共团体发起的炉排式焚烧炉建设工程项目中由5家经营者中的经营者参与投标并中标的工程，只要不存在特殊事由，均可以认为是5家经营者基于本案合意在5家经营者间决定预定中标人，并根据本案合意对个别工程投标造成不进行自由竞争这一限制竞争的效果所涉及的对象。”

“如果上述推定成立，从结果来看，串通投标案的课征金审判将推定原告直接或间接地干预调整了所有对象工程中标人的中标行为，而被审理人也提出了不存在其未干预所有对象工程中标调整的事实证据。但是，对于经营者参与投标并中标的工程是否属于本案合意的对象，以及是否可以从本案合意的对象中排除，最清楚相关事实关系的实际上是原告，因此，原告也可能提交主张相关投标应当从本案合意对象中排除的具体事实等予以反证，但这并不是强调事实不存在的证明。”

“如果在参与串通投标的5家经营者之间实施了本案合意并决定预定中标人，那么参加公平竞争的经营者数量就会减少，因此，在实际的投标活动中即便上述预定中标人与未参加串通投标的经营者展开了价格竞争，也无法产生消灭已经发生的限制竞争的效果。”

“由于不存在因为是以合资企业的方式参与投标活动而无法进行中标调整的情形，不能仅凭借以合资企业方式中标的事实阻碍对5家经营者决定预定中标人的认定。”

4. 注意事项

本案判决认为，如果可以认定基本合意的内容（政府机关等发起的个别招标项目中预定中标人的决定方法以及事先约定的预定中标人的中标规则）及其实施状况等，并证明该项目工程属于一定交易领域的范畴且违法行为人参与了该项目工程的投标并中标（仅对该个别工程的中标人处以课征金处罚），只要不存在特殊事由，可以从事实上推定“相关服务”包含基于有关投标的基本合意产生的不进行自由竞争这一限制竞争的效果涉及行为实施期间的所有对象工程。这一观点在之后的“岩手串通投标（匠建设）案”（案例99）以及由同一串通投标组织实施的“岩手串通投标（高光建设）案”（东京高判平成26·2·28审决集第60卷第2分册第144页[28233963]）、“奥能登串通投标（大东建设）案”（案例101）等中也被采用。因此，在今后的案件中要从事实上予以推翻，应考虑如何证明存在可以以明示或暗示的方式将相关对象从基本合意的对象中排除的“特殊事由”。

案例99　岩手串通投标（匠建设）案

（东京高判平成26·3·28审决集第60卷第2分册第155页）

1. 案情概要

本案是有关岩手县发起的建筑工程招标项目的案件。在2001年4月1日至2004年10月25日，该项目133项工程中有118项工程由TST恳谈会等的串通投标组织成员105家公司中标，其中63项工程基于本案合意对中标进行了调整。

2. 案件焦点

本案各项工程是否属于“相关服务”。在增加不同于最初工程的新变更、发起追加工程而使合同金额增加的情况下，增加的金额是否应当被纳入课征金计算的基础金额范畴。

3. 法院的判断

法院作出了如下认定，即基本合意的对象工程的地域和时期上并无偏颇，133项工程中有63项工程进行了中标调整，被举报的集会是以实施串通投标为目的，以及基于基本合意持续性地实施了中标调整。在前述事实的基础上，法院进一步指出“串通投标的对象工程是本案基本合意的对象工程——岩手县发起的特定建筑工程项目，并且在由105家公司中的公司参与投标并中标的工程中，只要不存足以证明该项目被排除在基于本案合意进行中标调整的对象范围外的特殊事由，应当推定原告基于本案合意实施了中标调整、决定预定中标人并因此产生了具体限制竞争的效果。根据该推定，要认定构成《反垄断法》第7条之2第1款中规定的‘相关……服务’，并不一定要求明确基于本案基本合意决定预定中标人的具体原委以及存在证明对该项目进行了中标调整的直接证据”。

对于合同金额的增加部分，法院指出，“与增加部分相关的工程，尽管是在最初工程中标数月后达成的合意，但是工程场所、工期以及工程名称与最初的合同相比并无改变，是以最初的工程为前提的，应当与最初的工程视为一个整体，基于此，应当认为增加变更的部分被涵盖在本案违法行为的效果范围内”，判定应将其包含在课征金计算的基础金额之内。

案例100　协和EXEO案

（东京高判平成8·3·29审决集第42卷第424页，判时第1581号第37页[28011566]）

1. 案情概要

在美国空军合同中心以招标方式发起的电气通信保养业务等的招标项目中，10家同业经营者因组成名为“KABUTO会”的团体并共同决定预定中标人，被下达课征金缴纳命令。其中，仅有协和EXEO对审决提出了异议。

2. 案件焦点

组成并设立KABUTO会能否说就构成了基本合意。在横须贺以及横滨基地项目中，原告与其他经营者意见不合，能否认定其构成“相关服务”。

3. 法院的判断

“对于特定订货人持续订购的工程或服务，属于该领域的承包商在协商确定预定中标人的抽象及概括性协议内容的同时，在获得个别工程或服务的订单时，根据前述协议另行约定决定特定预定中标人的协议之行为，鉴于其并非仅仅根据前述抽象及概括性内容的协定直接决定特定预定中标人，且在获得个别工程或服务等的订单时约定的协议也可能存在无法决定特定的预定中标人的情形，此外在具有上述目的的希望中标的经营者之间的协商行为本身也可能在一定程度上产生限制竞争的效果，因此，应当认为该协议构成前述合意。”

“基于上述协会（笔者注：KABUTO 会）的设立原委（笔者注：在实际行动中接连采取以协商方式决定预定中标人的实际情形，避免因无效竞争导致中标价格降低的结果发生），该协会开始活动以来逐步对各项美国空军合同中心工程的中标事项进行协商，在前一阶段对中标意向进行事前试探并在预定中标人首次中标后进行协助，而鉴于该协会在解散后就不再从事上述活动且前述协商原则上仅在该协会会员间实施，可以认定该协会的设立具有前述之目的且其设立是认定本案基本合意成立的有力事实，这与该协会具有和睦友好之性质之间并不矛盾。”

“在偶尔出现数个具有较强中标意愿的经营者的情形下，因经营者之间的想法存在分歧往往会进行各种讨价还价，但如果依旧无法协调，也只能在无法约束的情形下进入投标程序。虽说可以事先预测到上述事态的发生，但并不是说以协商方式决定预定中标人的基本合意毫无意义，在进入投标程序前进行协商这一行为本身就十分重要，而将竞争者限定为 2 家在一定程度上也具有协调的效果。”

“原告所列工程即便在中标时，也在具有投标意向的 KABUTO 会的会员之间做工作并交换了意见，但最终日电 INTEC 与原告之间无法达成一致意见，而除这 2 家经营者以外的其他会员仍依据前述协商的结果协助 2

家经营者中标。在其他项目中，尤其是原告在其后中标的横须贺项目和横滨项目中会员也依旧进行了协商。此外，在由未曾有过中标业绩的会员提出不满意见的 1986 年 3 月 4 日关于大兴电子的协商中，原告的负责人出席了集会并指出今后应当也照顾一下未曾中标的会员。对于原告承认的上述事实，可以认为包含原告在内的各经营者之间进行的协商是有意义的，且可以认为在 1981 年 11 月时原告完全没有考虑放弃或中止上述协议。”

4. 注意事项

本案判决指出“相关商品或服务”是指该违法行为的全体对象商品或服务，在如本案进行中标调整的情形下，将调整程序提上议程并最终选定 2 家预定中标人且发动 KABUTO 会的投标参与者协助 2 家中的任意一家中标的行为被认为在各项工程中会产生具体的限制竞争的效果。在下文的“奥能登串通投标（大东建设）案”（案例 101）的判例中，判决使用的“减少竞争单位”的措辞表明其认为在各项投标活动中违法行为者的竞争单位减少并因此产生了具体的限制效果，即采用了“竞争单位减少说”的观点。根据这一观点，仅仅因存在未参与串通投标的经营者或存在意见不合的经营者是无法否定其限制效果的［垃圾焚烧炉串通投标（日立造船）案高院判决（案例 98）中也明确了这一观点］。而“土屋企业案”的最高法院判决（案例 102）在采用这一观点的基础上，因认定本案中存在特殊事由而不认定产生具体的限制竞争效果。

对于竞争单位减少说，“多摩串通投标（新井组）案”最高法院判决（案例 97）以及多数东京高院的判决还谈及相关项目的中标率，并指出应在考虑未参与串通投标的经营者存在与否的同时对具体的限制竞争效果进行判断，此外还有观点认为应当在细分个案中不正当限制竞争违法要件的基础上进行判断。[①]

① 白石忠志：《反垄断法》（第 3 版），有斐阁 2016 年版，第 253 页。

案例 101　奥能登串通投标（大东建设）案

（东京高判平成 26・4・25 审决集第 61 卷第 204 页［28222129］）

1. 案情概要

在石川县以指名竞争投标或者附加约束性条件的一般竞争投标方式发起的土木工程招标项目中，包含原告在内的奥能登地区的 79 家建筑商在 2007 年 6 月 1 日至 2010 年 6 月 10 日达成合意，决定共同确定预定中标人、由预定中标人决定中标价格、预定中标人以外的经营者则协助预定中标人以其决定的价格中标，且实际实施了促使预定中标人按照其决定的价格中标的行为。据此，公平交易委员会作出了排除命令。原告对排除命令确定后作出的课征金缴纳命令提出异议，并提起了请求取消审决的诉讼。

2. 案件焦点

基本合意下因违法行为人以外的经营者在未协助原告的情形下参与投标而无法否定存在竞争可能性的情形下，能否说产生了限制竞争的效果。

3. 法院的判断

“即便在项目 1 中 C 建筑商未协助原告中标并与该公司形成了竞争关系，也不足以否定其他投标参与者依据本案基本合意协助原告中标，因此应当认为产生了限制竞争的效果。”

“在除去原告以外的 9 家投标参与者中，可以认定除去 A 建筑商与未参与串通投标的 B 建筑商以外的 7 家投标参与者协助了原告的中标，并因此产生了限制竞争的效果。”

法院参考多摩串通投标（新井组）案最高法院判决（案例 97）指出：“在其他投标参与者可以相对容易地预测不妨碍预定中标人中标的价格的情形下，即便预定中标人没有与其就价格问题直接进行联络，其他投标参与者按照如上价格进行投标也可以协助预定中标人。在上述情形下，即便没有收到来自预定中标人明示中标意愿以及价格的联络，也不妨碍对其基于基本合意进行了中标调整并因此产生了限制竞争效果的认定。”

“10家投标参与者中，在项目1以及项目3中除去未参与串通投标的B建筑商的9家投标参与者以及项目4中除去B建筑商以及A建筑商以外的8家投标参与者之间，基于本案基本合意进行了中标调整，就此认定因竞争单位的减少而导致具体限制竞争效果的发生具有一定的合理性。因此，将上述项目作为课征金的对象并不违反《宪法》及其他法律的规定。”

4. 注意事项

本案是在存在未参与串通投标的经营者的情形下依旧认定产生了限制竞争效果的案件，且中标人就是串通投标的预定中标人。

案例102 土屋企业案

（东京高判平成16・2・20审决集第50卷第708页，金融商事第1189号第28页［28090947］）

1. 案情概要

原告在东京都町田市通过指名竞争投标等方法发起的都市计划道路工程的招标活动中，与S工程实物店等68家经营者一同决定预定中标人，并因此被作出审决。其后，原告被作出了责令缴纳课征金的审决，但原告对此表示不服并提起取消审决的诉讼。由于本案判决将都市计划道路工程排除在课征金对象之外，公平交易委员会对此表示不服并提起上告，但最终被驳回。

2. 案件焦点

建筑工程串通投标中的“相关商品或服务”是指，参与基本合意且基于该合意执行决定预定中标人并使其中标等中标调整程序并因此产生具体限制竞争效果的商品或服务。因此，能否对虽参与了基本合意但拒绝与被指定为预定中标人的其他公司进行调整而最终自行中标的经营者作出缴纳课征金命令。

3. 法院的判断

“‘相关商品或服务’是指，相关违法行为的对象商品或服务，在如本案的中标调整中，相关经营者根据基本合意决定预定中标人并使其中标等，通过执行中标调整程序而产生具体限制竞争效果的商品或服务。同时，鉴于课征金具有防止相关经营者实施不正当限制竞争行为的制裁性要素，要求相关经营者直接或间接地参与中标调整程序的结果是导致限制竞争效果的产生。”

“在都市计划道路工程中，原告根据知悉本案基本合意并基于该合意与原告以外的其他指名经营者共同协调决定预定中标人的 T 建筑商的请求，与 T 建筑商进行了决定最终预定中标人的商议，但原告坚持要求由自己中标并坚持不同意让 T 建筑商成为最终预定中标人，明确拒绝了基于本案合意决定 T 建筑商为预定中标人的合意。此外，由于原告认为除了 T 建筑商外不会有其他以低价参与投标的指名经营者，可以说尽管原告未参与但也可以认识到中标调整的程序在继续推进，但原告自身即便对此有所认识，由于此后其并未要求其他指名经营者的协助或告知其他指名竞争经营者自己的中标价格等，原告并未出于自身利益而进行利用自身虽未参与但实施的中标调整所产生限制竞争效果的行为，因此，不可以说原告间接或后发地参与了该中标调整程序。”

判决书还谈及协和 EXEO 案（案例 100），该案中“尽管参与基本合意的投标参与者进行了协商，但是有 2 家公司均希望中标且协商未果，最终选定了 2 家预定中标人，其他投标参加人在联系 2 家公司中任意一家的投标价格后参加投标。该案最终判定相关工程属于课征金的对象。但是本案中 2 家公司之间协商破裂，而原告由于未联系其他指名经营者告知其投标价格且未要求其他指名经营者协作，两个案件在事实上有所不同，无法直接参照适用。”

“原告尽管参与了基本合意，但在与视为绝对候选人的T建筑商进行单独协商时其一味强调‘没有工作所以想中标’的立场，并明确拒绝根据本案基本合意进行中标调整，致使协商破裂，而其自身又未委托其他指名经营者协助或告知投标价格，是以比其他指名经营者以及T建筑商更低的投标价格投标并中标的。根据上述事实，即便T建筑商联络并告知原告以外的其他指名经营者自己的投标价格并请求他们协助，其他指名经营者作为回应也会以比T建筑商的投标价格更高的价格进行投标以限制竞争，而原告即便知悉上述中标调整程序正在推进，也不能说其是以直接或间接的方式干预中标调整程序并导致具体限制竞争效果的产生，因此不能将该项工程视为课征金的对象。”

4. 注意事项

本案是未参与串通行为的经营者以显著低廉的中标价中标的案例。该案在其后的“多摩串通投标（新井组）案”最高法院判决（案例97）中作为不具有“中标人干预个别调整”要件的案例被列举。

5. 缴纳命令的对象经营者

缴纳课征金的对象经营者是实际实施适用课征金制度的违法经营活动的经营者。例如，在违反第3条价格上涨卡特尔的情形下是指根据价格上涨决定实际提高价格的经营者；在串通投标的情形下是指基于串通合意参与投标的经营者（然而，尽管参与投标，但在实际实施过程中未能中标或未能签约的情形下，由于没有营业额而不成为缴纳课征金的对象）。

6. 卡特尔行为的课征金计算方法

（1）课征金的计算方法

卡特尔情形下的课征金金额按照如下公式进行计算：

课征金金额 = 实施期间 × 相关商品或服务的营业额或采购额 × 一定的计算比例

其中，计算比例根据行业种类和各行业种类资本金额或出资总额及员工数量（是否属于中小企业）的不同而有所差异。

（2）实施期间

不正当限制交易是指与其他经营者共同对经营活动进行相互约束的行为，但是成立相互约束的时期与受相互约束的违法经营活动影响的营业额的产生时期并不一致。因此，依据“作为实施行为的相关经营活动”计算不正当限制交易的计算期间。

作为课征金计算基础的营业额，根据“实施第 7 条之 2 第 1 款以及第 7 条之 9 第 1 款规定的违法行为的经营者实施该违法经营活动之日起至该违法经营活动结束之日的期间”（实施期间）来计算（第 2 条之 2 第 13 款）。实施期间的始期是指“作为实施行为的相关经营活动的开始日期”。在卡特尔的情形下，是指实施具体实现卡特尔内容的任何外部行动之日。例如，在价格上涨卡特尔中是指各卡特尔参与者预定实施涨价之日；在串通投标中是指根据串通投标规则参与投标的最初之日（无论是否中标）。实施期间的终期是指“作为实施行为的相关经营活动的结束日期”。无论是卡特尔还是串通投标，一般都以决定取消之日作为终期（因为决定被取消后往往很难认为经营活动还将继续实施）。

课征金的计算期间限定为从终期开始追溯不超过 10 年的时间。如果以过长时间来规定实施期间，从法律关系的社会安定性来看存在问题，且要把握过去几年营业额的情况可能会给经营者带来过度的负担，因此有必要对期间进行限定。

而旧法中课征金的计算时间仅限定为 3 年。对此，公平交易委员会在 2017 年公布的《反垄断法研究会报告书》中指出，以商法、公司法、税法为代表的法律多将账簿的保存期限规定为 5 年以上，且多数案件的违法行为实施期间超过 5 年，其中还不乏接近 10 年的案件，因此认为有必要对原法律规定的期间进行延长。

“ON-POULTRY 价格卡特尔课征金案”（案例 103）将价格卡特尔的价格上涨决定将实施日期视为实施期间的始期。

“聚丙烯价格卡特尔案”（案例 104）指出，如果已经决定价格的预定涨价日并从那天开始进行涨价交涉，该预定涨价日应视为始期，而在公平交易委员会开展现场调查后，由于确认涨价的集会无法召开，关于涨价的交涉也无法进行，开展现场调查的前一日应视为终期。

在终期的问题上，“冈崎管工排除措施案”（案例 105）也对在具备何种条件下能够认定退出串通投标的问题产生了争议。

“冈崎管工课征金案”（案例 106）认可了实施期间可以依据违法行为认定的不同而有所差异，并认可了虽参与了基本合意但拒绝参与其后个别调整项目的情形可视为在投标中存在自由价格竞争的特殊事由。

案例 103　ON-POULTRY 价格卡特尔课征金案

（东京高判平成 15・4・25 审决集第 50 卷第 691 页［28140003］）

1. 案情概要

原告是以在四国等地区内生产销售食用素雏鸡企业为会员的中四国协议会会员，该协议会在 1996 年 8 月 4 日决定自 5 月 1 日起以所有会员企业的交易对象为对象将素雏鸡的售价提高 1.5 日元（第 1 决定），并在同年 7 月 1 日决定自 8 月 1 日起将售价进行同样的上调（第 2 决定）。其后，原告以向交易对象分发附有该协议会涨价通知书的涨价请求书等方式与交易对象就涨价事宜进行交涉。公平交易委员会认为该协议会的行为违反第 8 条第 1 项规定（在一定交易领域实质性限制竞争），对作为该协议会会员的原告作出了责令缴纳课征金的审决。

2. 案件焦点

原告指出其与交易对象达成的涨价合意是其独自交涉的结果，并不存在作为实施行为的相关经营活动的事实，而对一定的交易对象实施的涨价是根据双方的实际经营状况决定的，不应当作为计算课征金的营业额。

3. 法院的判断

原告是附上中四国协议会的涨价通知书与交易对象进行涨价事宜的交涉，因此，可以认为其是在认识并认同涨价决定的基础上与交易对象就涨价事宜进行交涉且实际进行作为实施行为的相关经营活动，而原告实际开始进行作为实施行为的相关经营活动的日期就是决定开始涨价的5月1日。

“对于作为实施行为的相关经营活动，应明确该违法行为实施的开始日期以及结束日期，只要明确了实施期间，就不要求在该实施期间内产生素雏鸡营业额的行为是作为实施行为的相关经营活动。”

关于向特定交易对象实施的销售行为，法院指出“本案审决对不存在从中四国协议会涨价对象中专门排除适用的特殊事由的认定，无误”。

4. 注意事项

通过决定卡特尔的实施日期并在此之后对卡特尔的对象交易以任意方式实现涨价的情形下，该实施日期以后的全部交易可以被视为具有实效性的卡特尔影响下的相互约束行为，即便是在现实中未能达成价格上涨的交易，其营业额也被视为课征金的对象。

案例 104　聚丙烯价格卡特尔案

（公取委审判审决平成 19・6・19 审决集第 54 卷第 78 页）

1. 案情概要

经营者因协商决定提高聚丙烯（热可塑性树脂）的销售价格而被公平交易委员会作出排除措施命令。本案中就作为实施行为的相关经营活动的实施期间（开始日期及结束日期）的确定问题发生了争议。

2. 案件焦点

（1）实施期间的开始日期是指告知需求者预定涨价的日期，还是指以上涨的价格最初交付商品的日期。

（2）实施期间的结束日期是指公平交易委员会进行现场调查之日的前一日、公司决定退出本案违法行为的前一日、还是指其向其他违法经营者表明退出本案违法行为的会议的前一日。

3. 法院的判断

实施期间的开始日期是指告知需求者预定涨价的日期。

“由于不正当限制交易是指在根据违法行为人达成的合意而形成的相互约束状态下实施的实质性限制竞争行为，其结束日期应当是指该相互约束状态被解除且不再进行限制竞争的经营活动的时点。其典型，可以指所有违法行为人明确作出同意放弃实施不正当限制竞争行为的决定的时点，也可以指部分违法行为人明确退出不正当限制交易的合意的时点。如果违法行为人只是在内部作出终止违法行为的决定还不够，原则上还要求足以消除违法行为人相互之间约束状态的外部表征。”

“在所有违法行为人不再以不正当限制交易的合意为前提，而是形成了退出该合意开展经营活动的常态并使得上述合意确实丧失了其实效性的情形下，即在作为实施行为的相关经营活动不存在的情形下，可以认定其结束日期已经到来。”

“本案中，在本案合意达成后的不到 3 个月时间公平交易委员会就对其开展了现场调查，其间，本案违法行为的参与者中仅有极少数对交易对象成功提高了销售价格，可以说基于合意全面提高价格的计划还只是在努力实现的过程中。而本案被执行现场调查后，相关内容在报纸等也进行了报道，其结果使得根据本案合意提高价格在客观上变得更加困难。其后，为确认参与者涨价实施情况等的集会也无法召开，而基于本案合意进行涨价的交涉也无法得到具体确认。”“综上考虑，本案中，在被执行现场调查后，所有违法行为人不再以本案合意为前提而是形成了脱离合意实施经营活动的常态，可以认定本案合意的实效性已经丧失。”

案例 105 冈崎管工排除措施案

（东京高判平成 15・3・7 审决集第 49 卷第 624 页［28140005］）

1. 案情概要

参考案例 87。

2. 案件焦点

原告何时退出本案合意（实施期间的结束日期），在达到何种条件时可以认定其退出串通投标。

3. 法院的判断

“要确认本案情形下是否已经形成退出中标调整的合意，虽然不要求退出者以明示的方式告知参与者其退出的意思，但是退出者如果仅仅在内心作出退出的决定还远远不够，退出者至少应当具有足以让其他参与者从其行动等探知其退出的充分事实。鉴于此，如前文所述，原告虽然在 2000 年 2 月 28 日的投标中不遵从中标调整的决定自行投标，但是在同年 3 月 6 日的投标中却遵从中标调整的结果协助预定中标人中标，在同月中旬召开的本案合意主要负责人集会上也仅仅决定对原告处以 1 年内不得参与中标调整的处罚，而在同月月底制作并向相关人士分发的外线值班表中就没有出现原告的名字。根据上述事实，本案审决认定原告退出本案合意的时点为该月底的判断不违背经验法则且不存在不合理之处，因此可以认为本案审决在证明该事实上不存在实质证据的欠缺。”

4. 注意事项

课征金相关案件的一个代表性争议就是合意的退出时间（实施期间的结束日期）。本案判决明确了“应当存在足以让其他参与者从退出者的行动等探知其退出的充分事实”这一判断标准。

案例106　冈崎管工课征金案

（公取委审判审决平成17·9·28审决集第52卷第100页）

1. 案情概要

本案与冈崎管工排除措施案（案例105）案情相同，本案是在其后作出的课征金缴纳命令的审判。

2. 案件焦点

（1）在其他违法行为人以2000年8月31日为最终日期追溯3年作为实施期间计算课征金的情形下，能否对从串通投标中半路退出的被审理人只追溯5个月来计算课征金。

（2）12项个别工程是否属于课征金计算的对象。

3. 公平交易委员会的判断

（1）“法律第17条之2所称的实施期间是分别根据实施违法行为的单个经营者实施作为实施行为的相关经营活动的开始日期以及该经营活动的结束日期来确定的，正是因为法条中有这样明确的规定，所以当然允许将被审理人实施期间的开始日期以及结束日期相较于其他违法行为人作出更进一步的追溯。”

（2）12项工程中，对于被审理人在参与基本合意后唯一一项拒绝进行个别调整的项目，“被审理人以4670万日元的价格进行投标，该价格与其他指名经营者的投标价格相比低幅超过15%，且其被作为低价投标的调查对象的事实以及其与其他指名经营者5550万日元以及7300万日元的投标价格存在巨大差距的事实均得到了确认……上述事实与被审理人所述的投标过程相符，可以被视为证明在投标中存在自由竞争的事实”。

4. 注意事项

本案被认定在对象项目中存在特殊事由，且没有直接证据证明是基于基本合意决定预定中标人以及实际参与了中标调整，故将对象项目排除在课征金对象范围外。

7. 课征金计算比例

（1）课征金是从实际实施作为实施行为的相关经营活动的开始日期（始期）起至作为实施行为的相关经营活动的结束日期的期间（终期）的“实施期间”内该行为“相关商品或服务”根据政令规定的方法计算的“营业额”（采购卡特尔的情形下是指采购额）乘以一定比例得出的金额，计算的最长期限为10年。

（2）中小企业即便实施了违法行为，由于其获得的经济利益也相对较少且在课征金缴纳命令的对象经营者总营业额中所占的课征金比例高于大企业，在处罚比例上如不做区分将会给小规模经营者带来较大负担，同时出于对中小企业所面临的经济环境依旧严峻等原因的考虑，对中小企业适用的基础计算比例予以减轻，适用比例为4%。在对是否属于适用中小企业计算比例的中小企业范围的判断上，是根据各行业种类的资本金额或出资总额及员工数量进行判断。（见表2-1）

表2-1　中小企业计算比例适用的中小企业范围

行业	资本金额或出资总额	固定员工数量
制造业、建筑业、运输业等行业	3亿日元以下	300人以下
批发业	1亿日元以下	100人以下
服务业	5000万日元以下	100人以下
零售业	5000万日元以下	50人以下
橡胶制品制造业（部分除外）	3亿日元以下	900人以下
软件业或信息处理服务业	3亿日元以下	300人以下
旅馆业	5000万日元以下	200人以下

此外，对于协同合作社等，如是依据特别法设立的合作社（包含合作社联合会），在满足第2款第1~5项相同标准的情形下也可以适用4%的减轻计算比例（第2款第6项、实施条例第12条）。

（3）违法经营者的行业种类在批发业、零售业或是其他行业种类上的不同会导致在中小企业基础计算比例的适用上出现差异，而在本次《反垄断法》修订前因行业种类的不同更是导致课征金计算比例在适用上的差异，[①] 因此，在既往案件中不少案件在行业种类的认定上存在争议。

"金门制作所案"（案例 107）就非自行生产而是将从其他经营者处采购的微机化仪表销售给液化石油气供应商的营业额应当适用制造业标准还是批发业标准的问题存在争议，案件最终认定，尽管产品并非当事人自行生产，但考虑到其具有与生产商相当的主体参与性质，应当视同为制造业。

"喷气燃料串通投标（东燃通用石油）案"（案例 108）指出，即便是采购其他经营者生产的商品，但是在从实质上看存在认定属于批发业和零售业以外其他行业种类的经营活动的特殊事由的情形下，原则上应适用制造业等的计算比例。

"喷气燃料串通投标（昭和 SHELL 石油）案"（案例 109）指出，即便营业额中有部分属于批发行为带来的收入，但批发业务带来的收入在整体上占比如未过半，课征金的计算比例也应适用批发业和零售业以外的比例。

"AIR WATER 案"（案件 110）指出，即便与采购对象公司之间存在资本关系等，因不具有特殊事由而应认定属于批发业。

案例 107　金门制作所案

（公取委审判审决平成 11・7・8 审决集第 46 卷第 3 页）

1. 案情概要

日本燃气表工业会石油燃气表部门共同决定家用智能仪表的最低销售价格，而金门制作所就是该部门的会员。基于该公司不是自行生产家用智能仪表等事由，在认定是否应适用批发业的课征金计算标准问题上产生争议。

① 本次修订前，根据旧法第 7 条之 2 第 5 款的规定，课征金的计算比例根据行业种类和各行业种类的资本金额或出资总额及员工数量（是否属于中小企业）的不同而有所差异。例如，制造业、建筑业、服务业等为 10%（中小企业为 4%）；批发业为 2%（中小企业为 1%）；零售业为 3%（中小企业为 1.2%）。

2. 案件焦点

家用智能仪表的主要需求者并非消费者，而是液化气的供应商，且被审理人并不生产该商品，是否能够对其适用批发业 1%（当年）的计算比例。

3. 公平交易委员会的判断

“尽管被审理人并不自行生产本案家用智能仪表，但是被审理人（1）基于其积累的高端研发技术，实际上主要进行产品的设计和开发活动；（2）对于主要零配件，也通过自行调度、供应等在技术层面进行干预；（3）不仅根据需求变化制定生产计划，还对产品生产作出指示、批示等，对包含技术层面在内的生产过程进行具体干预，让东京理化以及白川精机生产产品，从生产商的角度进行长期有组织的技术干预。此外，本案中，被审理人甚至从东京理化买断其生产的家用智能仪表，并贴牌（使用自己的商品品牌）进行一手销售，将自己定位为生产商，并使其交易对象也产生这样的认识”，“因此，对于被审理人与本案家用智能仪表相关的经营活动，尽管其实际上并不自行生产，但可以等同视之为制造业”。

案例 108　喷气燃料串通投标（东燃通用石油）案

（东京高判平成 18・2・24 审决集第 52 卷第 744 页［28206292］）

1. 案情概要

原告等 12 家公司，至少在 1995 年至 1998 年，在防卫厅调配实施总部发起的石油产品招标中共同决定预定中标人并使预定中标人中标。对象石油制品有 5 个产品，其中，航空涡轮发动机燃料由于是原告将从其他公司生产的产品销售给防卫厅的，原告就此主张应将其视为批发业或零售业。

2. 案件焦点

（1）将其他公司生产的航空涡轮发动机燃料买入再销售给防卫厅的石油公司的业务是否属于批发业或零售业。

（2）下达根据政令第 6 条规定以合同标准计算的营业额为依据计算得出的课征金的缴纳命令审决是否合法。

3. 法院的判断

（1）“第 7 条之 2 第 1 款（笔者注：当时）将课征金的计算比例规定为原则上 6%，但对批发业和零售业则规定了例外的减轻比例（其中，批发业为 1%、零售业为 2%）。之所以如此设计，是因为批发业和零售业在交易上具有通过将商品从上向下流通而获得利润的突出特点，应根据其经营活动的性质考虑其营业利益相对较小的实际状态。因此，即便一般经营活动的内容是将商品从第三人处购买后再销售，但如果从实质上看存在认定属于批发业和零售业以外其他行业种类的经营活动的特殊事由的情形下，可以等同视之为从事其他行业并基于此进行行业种类的认定。”

（2）其他相关公司对包含航空涡轮发动机燃料在内的石油制品的生产，是作为原告原油供给以及产品买断整体流程中的一个环节而被预定的，对于其他公司生产并供应给原告的航空涡轮发动机燃料，有关产品的数量、规格等生产业务内容主要由原告决定且原告是以主导的地位参与其中的，原告作为支配其他公司的股东还处于实质性共享上述其他公司利益的地位，因此，其他公司实属原告的一个部门，可以认为原告在自己的部门从事与航空涡轮发动机燃料相关的制造业务，据此认定存在前文的特殊事由，审决认定其适用 6% 的基本比例、符合法律规定。

（3）有关审决对参与防卫厅以指名竞争投标的方式发起的航空涡轮发动机燃料等招标活动相关的串通投标的石油公司下达缴纳根据政令第 6 条规定以合同标准计算的营业额为依据计算得出的课征金的命令是否构成“该条所指的‘产生显著差异的情形’的判断，可以从实施条例第 5 条规定的以交付为标准的情形下的价格合计金额与合同规定的价格合计金额之间存在显著差异的盖然性能否在类型或性质上予以认同进行判断”。“从原则上来说，尽管交付标准被称为合同标准的例外，但是二者均是根据政令的规定具有计算营业额的专业技术性标准，并且，实施条例第6条中‘确定存在产生显著差异的情形’的表达与和该内容相关的上述解释的内容并非单一意义上的明确内容，因此在判断实施条例第6条能否适用时，不能否定作为被告的行政委员会在一定范围内的裁量权”，也不能因此说依据合同标准计算营业额允许超过裁量范围或者说是在滥用其裁量权。

4. 注意事项

旧法第7条之2第1款根据经营者行业种类的不同对课征金计算的比例作出了区分，因此认定违法经营活动能否适用批发业或零售业的减轻比例的问题也较为常见。课征金计算比例在原则上规定为10%，且旧法还将批发业和零售业作为例外规定了2%和3%的减轻比例，其主旨是对批发业和零售业交易因流转第三人商品而获利、营业利益也相对较低的考虑。因此，如果在具体案件中对行业种类的认定发生争议，就应当以该主旨为标准从实质上判断其经营活动是否存在特殊事由。本案中，作为供应方的其他公司被认定为原告的一个部门而存在视为制造业的特殊事由，但在“喷气燃料串通投标（昭和SHELL石油）案”（案例109）中，则因不认定其存在特殊事由而否定了对其属制造业的认定。

案例109　喷气燃料串通投标（昭和SHELL石油）案

（东京高判平成24·5·25审决集第59卷第2分册第1页［28233949］）

1. 案情概要

本案和“喷气燃料串通投标（东燃通用石油）案”（案例108）串通投标的内容相同。本案原告也是将其他公司生产的产品销售给防卫厅，因此主张其属于批发业或零售业，并提起了请求取消责令缴纳课征金的审决的诉讼。

2. 案件焦点

原告的营业额中，与从其他公司采购的产品相关的营业额能否被视为零售业的营业额并据此确定课征金的计算比例。

3. 法院的判断

（1）“从案件事实来看本案合意只有 1 个，但如果从法律意义上对基本合意的范围和数量进行分析可以发现，本案合意的内容是，为确保本案石油制品在不同石油种类下的中标数量比例与前一年度各家公司在不同石油种类下中标的实际业绩相呼应，分别决定各个项目的预定中标人。基于该合意，由于预定中标人是根据石油种类的不同分别决定的，且在受到限制的各个交易领域内的竞争也以石油的种类为基础，从法律意义上来说，基本合意的范围应当根据石油种类的不同分别进行考量。因此，从石油种类的数量来看可以属基本合意范围的应当有 5 个，且根据各项合意实施的违法行为也应当有 5 个。”

（2）“法律第 7 条之 2 第 1 款以及实施条例（第 5 条第 1 款及第 6 条第 1 款）规定（笔者注：当时），实施期间内违法行为的对象商品或服务的营业额所乘的课征金计算比例在原则上为6%、零售业为2%、批发业为1%，在计算时以其中一个比例计算课征金（也可以说‘一个违法行为一个计算比例’）。由于课征金制度属于行政措施，其更加强调计算标准的明确性……且要求便于计算”（课征金制度的明确性和高效性）。“课征金缴纳命令是通过对违法行为人给予金钱上的处罚来降低违法的经济诱因并以此达到抑制违法行为这一目的的行政措施，其适用于所有违法行为，课征金在根本上是根据违法行为相关的‘商品或服务’来计算的。”因此，不能将其解释为应当先根据行业种类的不同区分营业额，并分别根据行业种类所对应的课征金计算比例进行计算并最终将计算的结果进行合计。

（3）“对于与违法行为相关的交易，在同时存在可以认定为批发业或零售业的经营活动以及其他行业种类的经营活动的情形下，如果根据前述内容以一个计算比例进行计算的话，则不得不从该经营活动的整体上来判断哪一行业种类的经营活动占据主导来对行业的种类进行认定。鉴于此，应当根据实施期间与违法行为相关的交易占比过半数的经营活动来决定行业种类”。

4. 注意事项

本案判决指出，在与违法行为相关的交易中如果同时存在批发业或零售业以及其他行业种类的经营活动，应遵循“一个违法行为一个计算比例”的原则。本案中，尽管在事实上仅存在一个基本合意，但是从法律意义上来看，根据基本合意的范围以及数量可以依石油的种类认定有 5 项基本合意（也有将所有石油制品交易统一视为一项交易的观点，但根据这一观点，本案的课征金金额反而会变得更高，从结论上来说更支持审决中所指出的根据石油种类分为 5 项交易的观点）。因此，在经营者同时从事批发业、零售业与其他种类经营活动的情形下，应当从经营活动的整体来判断哪一类经营活动占据主导以对其究竟属于哪一行业种类进行认定。而本案中，在从其他公司买入的产品中，仅将在营业额中占比过半的轻油的相关活动所属行业认定为批发业。

在“光缆卡特尔案”（东京高判平成 24・11・30 审决集第 59 卷第 2 分册第 85 页［28224110］）中，原告也提出了应当将其经营活动所属的行业认定为零售业的主张，但判决指出其采购产品的营业额在与该案特定产品相关的交易整体营业额中的占比仅为 5%，同样是以在总营业额中的占比为标准进行判断。

根据“一个违法行为一个计算比例”的原则，即便是同一个经营者，在其实施了多个违法行为的情形下，应当根据违法行为的不同对其经营活动所属的行业种类进行认定，而在同一个卡特尔或串通投标由多个经营者实施的情形下，也应当根据经营者的不同对其经营活动所属的行业种类进行认定。

案件 110　AIR WATER 案

（东京高判平成 26·9·26 审决集第 61 卷第 217 页，判时第 2245 号第 14 页[28231014]）

1. 案情概要

原告是经营商用燃气等相关业务的综合燃气企业，该公司在从其他公司购买空气分离燃气（以下简称本案燃气）的同时也自行生产本案燃气，并将其销售给其他公司。原告与其他公司结成了共同将本案燃气的销售价格提高 10% 的卡特尔。对于原告的前述行为，公平交易委员会依据下述理由认定原告经营活动所处的行业存在不属于批发业的特殊事由，即尽管原告销售的是从 A 公司购买的 A 公司所生产的产品，但是原告与 A 公司实质上是一个整体共同经营业务，在原告与 A 公司之间进行的本案燃气交易中，原告将 A 公司作为其生产部门之一，原告因此获得的利益要高于通过批发获得的利益。基于此，公平交易委员会对原告下达了以 10% 的课征金计算比例计算得出的课征金的缴纳命令。对此，原告提出审判请求，以其属于批发业为由要求取消课征金缴纳命令中超过以 2% 的比例计算的课征金的缴纳命令。

本案是原告提起的请求取消审决的诉讼。原告指出，尽管不存在足以认定原告购买销售 A 公司生产的本案燃气的行为属于制造业经营活动的特殊事由的实质证据，但是本案审决仍然认定存在特殊事由，并适用 10% 的比例计算课征金。对此，高等法院认定原告的业务属于批发业，适用 2% 的课征金计算比例（笔者注：当时），并取消了审决（判决确定）。

2. 案件焦点

A 公司与原告是否实质上属于一个整体，即原告从 A 公司购买的部分能否被认定是原告从事的制造业经营活动。

3. 法院的判断

(1)“在违法行为人所实施的与该违法行为相关的交易中同时存在可以认定为零售业或批发业的经营活动以及其他行业的经营活动的情形下，应当依据违法行为实施期间在与违法行为相关的经营活动中占比过半的来认定违法行为经营者所属的行业种类。”“即便从外观上看其经营活动是从第三者购买商品并进行销售，但在实质上可以认定其存在足以认定从事的是批发业或零售业以外的其他行业的经营活动的特殊事由时，可以认定其从事的是其他行业的经营活动并据此进行行业种类的认定。”

(2)①合资公司 A 公司的出资占比是原告占 45%、B 公司占 55%，且原告指名的 A 公司董事不到半数，常务董事也是由其他公司指名的人员担任，因此，不认为原告具有支配 A 公司的地位以及能对 A 公司进行主导性干预。② A 公司的设立本身就是希望能在本案燃气制造过程中有效利用 B 公司提供的冷却技术等实现在制造成本上竞争力的进一步提高，同时充分利用原告的销售能力等来实现相得益彰的效果。③从批发经营者能够从特定制造商购买其生产的大部分产品来看，二者之间并非一般的大客户与制造商之间的关系，或者作为出资者的批发商与作为出资对象的制造商之间的关系，无法直接推导出前述的“特殊事由”。④在 A 公司制造的本案燃气的销售价格以及生产计划等的决定上能够产生较大影响的是作为共同出资方的 B 公司，基于以上，不能认定 A 公司就原告而言实质上没有经营活动的自由，或者说原告就 A 公司生产部分获得的利益类似于将 A 公司作为其制造部门的情形下的获利。尽管可以认定原告对 A 公司的经营以及对本案燃气的制造进行了一定程度的干预，但是不能认定原告与 A 公司在实质上属于一个整体并从事经营活动，或者 A 公司生产的本案燃气相当于原告自己生产的本案燃气，或获得相近的利益，或与此相近的情形，在原告销售的本案燃气中由其他公司生产的部分约占 47.6%，由 A 公司自己生产的部分占 25.7%，远超半数，因此认定原告属于批发业。

4. 注意事项

本案判决在行业种类的认定问题上指出的“特殊事由的有无”是从原告销售商品中购买部分的占比、对该购买对象的出资比例、董事会构成、对运营活动的干预程度、派出人员数量、技术或设备的供应、利益构成、对制造的干预、业务内容、购买对象经营者的实质独立性等因素综合考量，以此对经营活动的实际情形进行综合判断。当然，公平交易委员会负责在行业种类认定时对“特殊事由”的主张和举证。

8. 课征金对象营业额的计算方法

（1）实施条例分别基于交付标准以及合同标准对卡特尔（不含采购卡特尔）、采购卡特尔以及私人垄断的课征金计算方法作出了规定。

基于卡特尔（不含采购卡特尔）交付标准的课征金计算方法被规定在实施条例第 5 条第 1 款中，将从实施期间交付的商品或提供的服务价格的合计金额中扣除①因分量不足等扣除的金额、②退货商品的金额、③根据实际业绩支付回扣后的金额作为课征金的对象营业额。而采购卡特尔的课征金计算方法被规定在实施条例第 5 条第 2 款中，是将交付商品或提供服务的价格进行合计，并从中扣除应扣费用（如图 2–1 所示）。

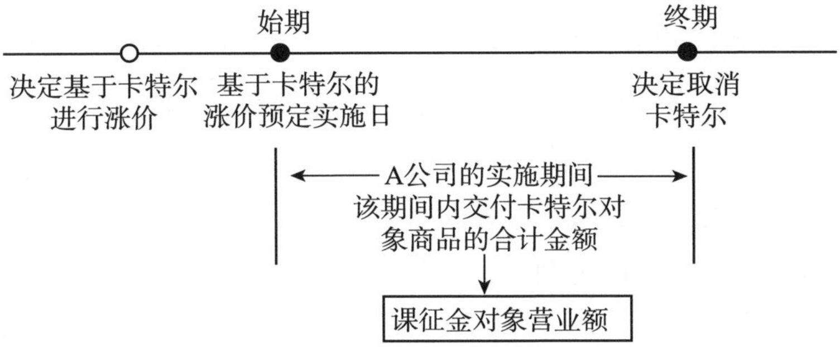

图 2–1　一般情形下的计算方法（基于实施条例第 5 条）

基于合同标准的课征金计算方法被规定在实施条例第6条第1款（除采购卡特尔以外的卡特尔）以及同条第3款（采购卡特尔）中。根据政令第6条第1款的规定，依据合同标准计算课征金，由公平交易委员会在认定“产生显著差异的情形”下采用“实施期间交付商品或提供服务的对价金额”或“实施期间内签订的关于商品销售或服务提供的合同中规定的对价金额”计算。而“产生显著差异的情形”是假定从合同签订到商品交付需要花费较长时间的建筑工程等情形，通常与建筑工程相关的串通投标是根据合同标准进行计算。

基于合同标准的课征金是通过合计实施期间的合同金额来计算。（如图2-2所示）

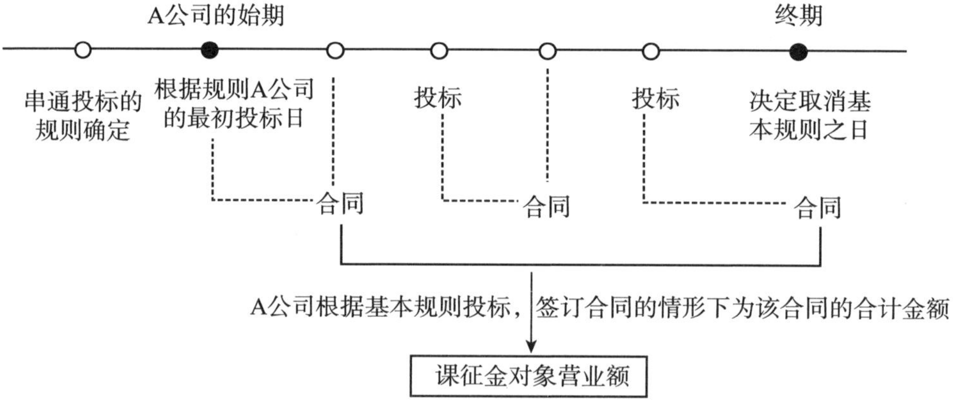

图2-2　串通投标情形下的计算方法的特例（基于政令第6条）

（2）对于交易价格是否包含消费税、石油诸税等问题的相关案例有“标签串通投标课征金案”（案例90）、“喷气燃料串通投标（东燃通用石油）案”（案例108）等。

在以合资企业的方式签订承包合同的情形下，课征金根据承包费用总额按合资企业出资比例计算得到的金额或者合资企业内部决定的各成员的费用收入金额来计算营业额。

在建筑工程串通投标中以合资企业方式中标工程项目后，对于1家成员企业因破产退出合资企业并由其余成员企业继续完成工程项目的情形，“栗木铁工所案”（案例111）指出，在工程完成的情形下计算课征金的对象营业额应当是工程整体的营业额。

此外，对于能否适用实施条例第6条规定的判断，“喷气燃料串通投标（东燃通用石油）案”（案例108）指出，公平交易委员会能够在一定范围内进行自由裁量。

案例111　栗木铁工所案

（东京高判平成20・6・20审决集第55卷第856页［28161729］）

1. 案情概要

从事钢桥上部工程承包业务的原告，因在日本道路公团发起的钢桥上部工程招标项目中参与了决定预定中标人并协助预定中标人中标的串通投标而在2007年9月7日被公平交易委员会作出课征金缴纳命令。对此，原告主张，原告是作为与之后破产的A公司的合资企业签订的合同，政令第6条第1款所指的合同约定价格并非原合同的承包款12亿1800万日元，而是将原合同承包款12亿1800万日元按照合资比例同比分配的金额或是合资企业内部决定的各方承包款的获得金额（原告为12亿1800万日元中的7亿3204余万日元，破产的A公司为4亿8595余万日元），此外，由于约定原告取得破产后A公司份额的本案变更合同并非本案违法行为的相关合同，原告违法行为实施期间的营业额应为扣除A公司部分后剩余的7亿3204余万日元，并据此提起了请求取消审决的诉讼。

2. 案件焦点

以合资企业中标的建筑工程中各成员的“营业额”以及一方成员破产后由剩余成员完成工程情形下的“营业额”的计算方法。

3. 法院的判断

“在以合资企业方式签订承包合同的情形下，各成员实际取得的款项应为按照合资比例同比分配的金额或者由合资企业内部决定的各成员的获得金额，但是由于课征金制度的宗旨在于通过剥夺经营者因实施违法行为而获得的不当经济得利来确保社会公正、抑制违法行为的发生以及确保对不正当限制交易行为的有效禁止，在以合资企业的方式签订承包合同的情形下计算课征金时，应当将承包价款的总额按照合资比例同比分配的金额或者由合资企业内部决定的各成员获得金额计算各成员的‘营业额’。因此可以认为，在以合资企业的方式签订承包合同的情形下，实施条例第6条第1款规定的‘合同约定的价格’是指按照合资比例同比分配的金额或者由合资企业内部决定的各成员的获得金额。尽管如此，不能说本案合资企业与招标方之间的合同是原告与招标方之间的合同以及A与招标方之间的合同这两个单独合同，或者说A破产并退出本案合资企业后原告与招标方签订的本案变更合同是与原告为实施违法行为而签订的原合同无关的新合同。”

“原告和A公司就本案工程承包合同的履行以及分包合同及其他与本案工程实施相关的本案合资企业负担的债务履行与招标方约定，双方作为连带责任人一同履行债务，且在工程推进过程中如出现成员中途退出或成员破产的情形则由剩余的成员完成该工程，此外，还约定在出现上述情形时退出者的出资比例将转移给剩余的成员。因此可以说，原告和A公司连带承担本案工程的全部责任，且在A公司退出后，将本案工程承包人从本案合资企业的成员变更为原告的本案变更合同只不过是对原告在原合同上应承担责任作出的确认。

综上，对本案工程中原告的营业额是原合同上约定的价款12亿1800万日元的认定合理，原告没有理由主张不得将A公司部分计算在原告的营业额之上。”

4. 注意事项

本案指明，因实施串通投标而中标的合资企业的成员相互之间具有完成工程的连带责任，因此在计算参与串通投标的成员的课征金时，应当将由于破产等原因无法承担工程的成员在合资企业中占比的同比配额计算的工程价款纳入营业额计算。

第7条之3【与不正当限制交易相关的课征金的加算比例】

概 要

本条对加重课征金处罚的对象及加算比例作出了规定。

1. 第7条之3第1款

本款对多次实施违法行为的经营者作出了加重课征金处罚的规定。

根据该款的规定，从调查开始之日起（原则上是现场调查时）追溯10年内曾受到课征金缴纳命令（包含自身收到缴纳命令的情形、其完全子公司收到缴纳命令的情形、与收到过缴纳命令等的其他经营者合并或者通过受让或分立继承而获得与该缴纳命令等相关的违法行为的相关业务的全部或部分的情形）的经营者再次实施违法行为的，课征金比例应在原比例基础上加算50%。这是因为累犯通常会获得更高的非法收益。据此得出的加重后的课征金比例为15%，中小企业为6%。

2. 第7条之3第2款

本款对主导实施违法行为的经营者作出了加重课征金处罚的规定。

在实施第1款违法行为过程中发挥主导作用的经营者，所适用的课征金比例应在原比例基础上加算50%。这是由于在卡特尔或串通投标等违法行为中正是因为发挥主导作用的经营者的存在使不正当限制交易行为的实施和继续更加容易，而该规定的设置便是为更好地对上述行为进行限制。

所谓发挥主导作用的经营者是指，（1）企图单独或共同地实施违法行为以及通过要求、委托或唆使使其他经营者实施该违法行为或不得停止该违法行为，（2）依据其他经营者的要求单独或共同地持续对其他经营者就与该违法行为相关的商品或服务相关的价格、供应量、购买量、市场份额或交易对象者进行指定的，（3）通过让其他经营者实施相当于上述（1）或（2）的行为等，实施了促使违法行为容易实施的重要行为的经营者。

适用该款规定第 1 项的案例有发生在 2016 年 9 月 21 日的平成 28 年（措）第 10 号案件。在由东日本高速道路株式会社关东分公司发起的东日本大地震灾害铺设修复工程项目招标活动中，日本道路株式会社单独提议进行中标调整，并促使其他 7 家公司实施违法行为，该案最终被认定适用第 1 项的规定。

适用该款规定第 2 项的案例有发生在 2016 年 2 月 5 日的平成 28 年（措）第 1 号案件。在东北地区、新泻地区以及北陆地区的地方公共团体采购聚合氯化铝的制造销售商中，多木化学以及大明化学工业因各年度在东北地区指定地方公共团体中作为希望供应一定数量的特定聚合氯化铝的制造销售商的交易对象而被认定属于旧法第 7 条之 2 第 8 款第 2 项中的经营者，并根据同款规定适用第 2 项的规定。

适用该款规定第 3 项的案例有发生在 2016 年 9 月 6 日的平成 28 年（措）第 9 号案件。在由东日本高速道路株式会社关东分公司发起的东日本大地震灾害铺设修复工程项目招标活动中，担任调整工作的前田道路株式会社、株式会社 NIPPO 以及日本道路株式会社 3 家公司共同与世纪东急工业株式会社通过听取其他铺路工程企业的中标期望等方式对中标进行调整，最终被认定适用第 3 项的规定。

3. 第 7 条之 3 第 3 款

本款对多次实施违法行为并在违法行为中发挥主导作用的经营者作出了课征金处罚增加 100% 的规定。

本款规定对于同时适用第 1 款和第 2 款规定的经营者所适用的课征金比例应在原比例基础上加算 100%。主要的适用案件有发生在 2013 年 12 月 20 日的平成 25 年（措）第 15 号案件。在东京电力株式会社发起的特定地下输电电缆工程项目招标活动中，关电工为防止中标价格下跌，企图进行中标调整，并促使其他经营者实施违法行为，此外，在调查开始之日起 10 年以内该企业曾受到课征金处罚，因此，最终适用加算 100% 的规定。

第 7 条之 4【与不正当限制交易相关的课征金减免】

概 要

本条规定了与不正当限制交易相关的行为在调查开始前及调查开始后课征金的减免比例情形以及依申请顺位减免比例的变化情形。

1. 课征金减免制度

课征金减免制度是指，对于向执法机构通报卡特尔行为的经营者予以刑事上或行政上处罚的减免，以提高违法行为发现率以及案件处理效率的制度。该制度也被称为宽大制度（leniency program）。

美国、加拿大、英国、法国、德国、意大利、韩国、欧盟等早已引入了该制度。因此，日本在《规制改革推进 3 年计划》（再修订）（2003 年 3 月 28 日内阁会议决定）中将引入课征金减免制度作为竞争政策领域的重要事项，并在 2005 年修订的《反垄断法》中，除大幅提高课征金计算比例外，还增设了对向公平交易委员会报告有关违法行为信息等的经营者给予课征金减免的制度。

（1）由于卡特尔以及串通投标是迅速获取利益的手段，不少经营者认为在避免违法行为败露的同时持续实施上述行为实为“上策”，且卡特尔以及串通投标中参与者一般团结稳定，并有“沉默法则”的约束。而 2005 年的法律修订，就是通过提高“卡特尔风险”来打破这一“法则”。

对经营者而言，“卡特尔风险”就是“制裁的轻重”与“违法行为的发现率”

的乘积。在2005年的修订中，作为加重制裁的措施，在大幅度提高课征金计算比例的同时还积极完善刑事处罚体系，此外，为提高违法行为的发现率，还新增了课征金减免制度以及违法调查权。据此，对经营者而言“卡特尔风险”可以说是显著提高。

（2）课征金减免制度具有如下意义：

第一，由于课征金减免制度的设置，认为先于其他经营者向公平交易委员会提供信息的做法实为“上策”的经营者增加，提高了违法行为的发现率；

第二，作为获得课征金减免的条件，经营者在向公平交易委员会报告违法行为的同时，还应协助案件调查，而不提供协助的经营者将取消减免资格，因此可以提高违法案件的审查效率和审查速度；

第三，可以在卡特尔参与者之间产生“是谁利用这一制度败露了违法行为”的猜疑，并据此期待对违法行为的抑制效果；

第四，为适用减免制度而采取的公司内部调查等往往要花费较多时间，这对于平时做好合规工作的经营者而言更为有利，据此亦可期待反垄断合规的普及。

（3）减免制度适用的对象行为是“根据第7条之2第1款规定缴纳课征金的经营者”，因此仅适用于不正当限制交易行为。

（4）根据该制度的设计，在公平交易委员会开始调查前早于其他经营者申请的经营者可以获得较大比例的课征金减免，且在公平交易委员会调查开始后，仅在与调查开始日前申请减免者的合计数量不超过5家的情形下申请者才能适用10%的减免比例。

（5）在2019年《反垄断法》的修订中引入了调查合作减免制度（第7条之5）。该制度下，根据申请课征金减免的经营者阐明事实真相等配合调查的程度分别适用不同的减免比例。该制度与课征金减免制度一同被称为“新课征金减免制度”。

2. 申请及减免比例

关于申请及减免的比例见表 2–2。

表 2–2 申请及减免比例

调查开始	申请顺位	依申请顺位的减免比例 /%	依配合度的减免比例
前	第 1 顺位	100	—
	第 2 顺位	20	+ 最高 40%
	第 3~5 顺位	10	
	第 6 顺位以下	5	
后	最多 3 家	10	+ 最高 20%
	前述以下	5	

注：公平交易委员会调查开始后申请课征金减免的，仅限于在调查开始日前申请减免者合计数量不超过 5 家的情形下能适用 10% 的减免比例。

3. 调查开始前的申请程序

减免规则对课征金减免程序的细则作出了规定。

课征金减免制度的适用要件包括，（1）在调查开始日（现场调查之日）之前向公平交易委员会提交有关违法行为的事实报告以及资料（以下简称报告等），（2）单独提交报告等，（3）在调查开始日之后停止违法行为。在提交报告等前可以与公平交易委员会进行事前商谈以确认顺位（可匿名）。

在“报告书”中，应写明经营者名称、违法行为的概要（相关行为的对象商品或服务、行为方式、开始日期或结束日期）以及申请适用课征金减免制度的主旨，并以传真方式提交（减免规则第 1 条，由于地方经营者也可以利用传真，以此保障申请机会的平等和顺位确定的透明）。

公平交易委员会在收到相关违法行为的报告时，会以书面形式告知报告提交者其顺位以及具体记录违法行为的报告书和资料的提交期限（一般为 2 周）（减免规则第 7 条）。[①] 申请人在期限内可以将资料自行提交至公平交易委员会，或是通过挂号邮件、传真等方式提交（减免规则第 3 条、第 6 条）。而最早提交的申请人除免除课征金处罚外，还可以被免除刑事告发。[②]

公平交易委员会在认定申请人提交的资料满足各项要件后，会书面告知申请人（第 7 条之 4 第 5 款）。申请的顺位根据样式第 1 号文件的收件顺序决定（减免规则第 7 条）。调查开始前的申请程序见图 2–3。

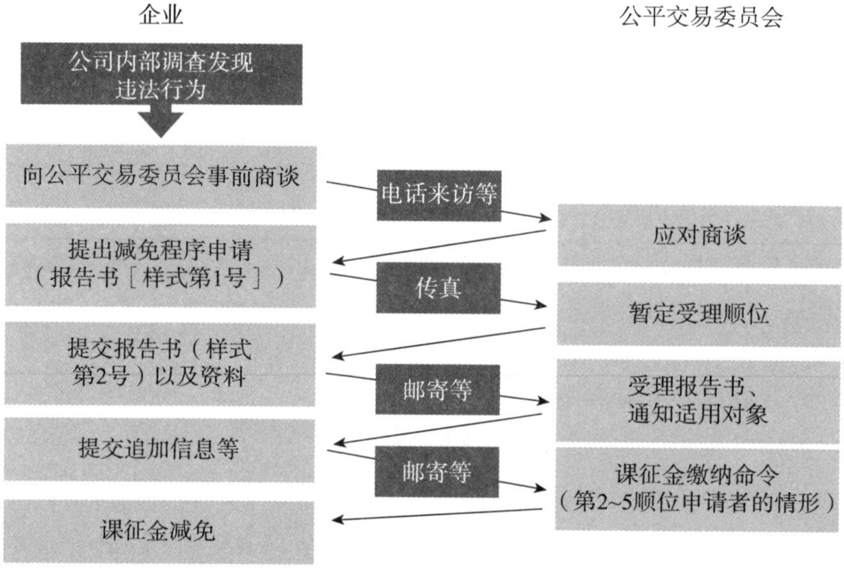

注：对于与调查开始前的第一个申请者以及申请经营者可以作出同等评价的该经营者的董事及员工等，也不予刑事告发（除去不回应追加报告的要求的情形）。

图 2–3　调查开始前的申请程序

资料来源：公平交易委员会《学会反垄断法》（2018 年 4 月）

① 尽管公平交易委员会在其官网上对报告书应书写的内容作出了说明，但说明的内容较为简单。虽然以该程度的信息提交也可能适用课征金减免制度，但是其后还需要配合公平交易委员会的调查。

② 公平交易委员会在 2005 年 10 月公布，对于第一个提供信息的经营者及其员工将不提起刑事告发。

4. 调查开始后的程序

调查开始后申请减免的经营者，如在调查开始后除去节假日外 20 日内提交报告书及资料（减免规则第 4 条、第 5 条）、单独提交报告等、在提交报告后停止违法行为且提交了包含公平交易委员会通过现场调查等尚未掌握的事实内容，可以获得 10%（仅限于在调查开始日前申请减免者合计数量不超过 5 家的情形）或 5% 的减免。

然而，如报告等（包含被要求提交的报告等）中包含虚假内容、该经营者未提交所被要求的报告等、强行要求其他经营者实施违法行为以及妨碍其他经营者停止违法行为的，则不适用课征金减免制度。

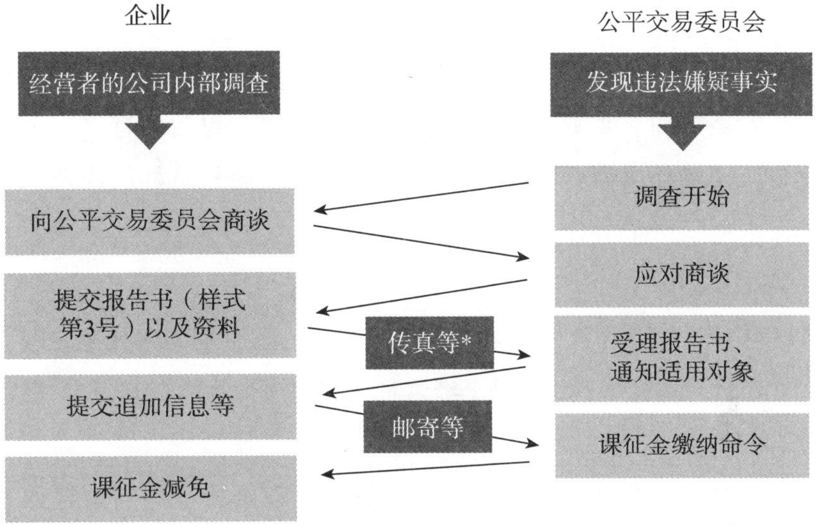

注：报告书仅限于以传真方式提交。而资料则可以通过邮寄等方式提交。

图 2-4　调查开始后的申请程序

资料来源：公平交易委员会《学会反垄断法》（2018 年 4 月）

5. 共同申请

（1）共同申请的效果

根据 2009 年修订的《反垄断法》，在满足第 4 款规定的情形下，属于同一集团的多个经营者视为一个单独的经营者，且上述多个经营者亦可适用课征金减免的相关条款。

由于共同申请减免的多个经营者视为一个经营者，在减免申请的顺位判定上，也应整体作为一个经营者，由全体共享同一顺位。

（2）共同申请的要件

共同申请要求多个经营者共同进行申请，并且经营者应当是符合第 4 款第 1 项且符合第 2 项或第 3 项规定的经营者。因此，即便事后判明可以与已经申请课征金减免的申请者进行共同申请，但是其后想要申请的经营者也不能适用已经申请的经营者的顺位（《课征金减免制度 Q&A》第 17 问）。

①第 4 款第 1 项

本项规定了多个经营者在共同申请时相互之间存在子公司等关系的情形。

子公司等是指拥有半数以上表决权的关系公司，包括拥有这一关系的子公司、母公司、兄弟公司等。因此，分别持有 50% 表决权这样的出资关系就不能满足要件。

②第 4 款第 2 项

本项规定了多个经营者在共同实施违法行为的整个期间内相互之间存在子公司等关系的情形，但这并不要求每个经营者实施违法行为的期间完全一致。

③第 4 款第 3 项

本项规定多个经营者即便没用共同实施违法行为，也应当满足如下任何一个事实的情形，与违法行为相关的业务的全部或部分通过转让或分立的方式使他人继承，并且该违法行为自转让日或分立日起实施；或者通过转让或分立的方式继承与违法行为相关的业务的全部或部分，并且该违法行为自转让日或分立日起实施。在此情形下并不以在转让或分立的时点相互之间是否存在子公司等关系为要件。

第 7 条之 5【与不正当限制交易相关的课征金的调查合作减免】（略）

第 7 条之 6【与不正当限制交易相关的课征金减免失格事由】

概 要

本条规定了公平交易委员会在作出课征金缴纳命令或减免通知前，在确认减免申请者存在本条第 1 款第 1 项至第 7 项事实的情形下，不得对其减免课征金。

具体包括申请者明知或应知所提交的与实施违法行为相关的报告或者资料中含有虚假内容且该内容确实被认定为“虚假”的情形，申请者在该违法行为案件中强迫其他经营者实施违法行为或者妨碍其他经营者停止该违法行为的情形，以及没有正当理由向第三方明确其提交了与实施违法行为相关的事实报告和资料或者达成相关合意或协议的情形。在共同申请的情形下，如任何一个经营者存在“虚假”报告、强迫其他经营者等的情形，则所有的共同申请者均丧失资格。

公平交易委员会在《课征金减免制度 Q&A》第 4 问中指出“要判断是否实施了强迫，可以通过分析该经营者是否对其他经营者施加了任何压力，使被施压的经营者不得不参加卡特尔或串通投标进行判断。例如，告知其他经营者如果其不参加卡特尔将无法从经营者团体获得任何有益信息，以此让该经营者陷入不得不参加卡特尔的处境。对其他经营者停止违法行为的妨碍，也基本类似。在串通投标中，轮流担任干事主持分配订单等案例较为常见，然而在偶尔担任干事的企业提交课征金减免的报告和资料的情形下，如果无法证明其强迫其他经营者实施违法行为，可以认为该经营者能够成为课征金减免的对象”。

第 7 条之 7【与不正当限制交易相关的罚款及课征金的调整】（略）

第 7 条之 8【与不正当限制交易相关的课征金缴纳义务等】（略）

第 7 条之 9【与支配型私人垄断或排他型私人垄断相关的课征金】

概 要

本条规定了与支配型私人垄断以及排除型私人垄断（第 2 条第 5 款）相关的课征金适用对象行为的要件、计算方法、计算比例以及对象人等。

1. 与支配型私人垄断相关的课征金

2005 年《反垄断法》的修订，将私人垄断中，通过对被支配经营者提供的商品或服务的对价以及商品或服务的供应量、市场份额、交易对象中的任何一项施加实质性限制而影响其价格的行为作为课征金的适用对象。

与商品或服务供应相关的行为属于课征金的适用对象，与采购相关的行为则不属于适用对象。

但目前尚未有因实施支配型私人垄断而被处以课征金的案例。

与第 7 条之 4 的规定不同，课征金计算所依据的营业额是指实施期间内（1）相关经营者向被支配经营者提供的商品或服务（包含该被支配经营者在与该行为相关的交易领域内提供商品或服务所必要的商品或服务）的营业额以及（2）相关交易领域内相关经营者提供商品或服务（除去该被支配经营者提供的商品或服务）的营业额。简言之就是（1）违法经营者面向被支配经营者的营业额以及（2）违法经营者面向顾客的营业额的合计金额。

2. 与排除型私人垄断相关的课征金

2000年《反垄断法》修订将排他型私人垄断纳入课征金的适用对象范围，公平交易委员会随之发布了《排他型私人垄断指南》。尽管如此，目前尚未有因实施排他型私人垄断而被处以课征金的案例。

与支配型私人垄断相同，排他型私人垄断中是以与商品或服务的供应相关的行为为对象，而不以与商品或服务的采购相关的行为为对象。而与支配型私人垄断不同的是，其并没有“与价格相关”“对价格产生影响”的要件要求。此外，在课征金的计算期间以及计算比例上也与支配型私人垄断存在差异。

排他型私人垄断中课征金计算所依据的营业额是指，违法行为实施期间内（1）相关经营者向与该行为相关的交易领域内提供商品或服务（除去向该交易领域内提供该商品或服务的其他经营者提供的商品或服务）的营业额以及（2）该经营者向相关交易领域内提供该商品或服务的其他经营者提供商品或服务（包含向该交易领域内提供该商品或服务的其他经营者为提供该商品或服务所必要的商品或服务）的营业额。简言之就是（1）违法经营者面向顾客的营业额以及（2）违法经营者面向其他经营者的营业额（包含向被排除的经营者在内的该交易领域内提供该商品或服务的经营者）的合计金额。

第3章

经营者团体

第8条【经营者团体的禁止行为】

概 要

1. 经营者团体规制的历史沿革

1947年制定的最初的《反垄断法》仅在第5条对经营者作出了规定，而未将经营者团体作为直接的规制对象。根据驻日盟军总司令部（GHQ）的指示，为实现完善《反垄断法》、防止经营者团体统制之目的，日本在1948年7月制定了《经营者团体法》。该法是基于日本的经营者团体多是作为统制团体发展起来且实施了限制竞争的活动这一背景，为规制经营者团体而特别制定的。该法在第2条对经营者团体作出了定义，在第3条规定了申报义务，在第4条规定了许可的行为，在第5条规定了通过分配原材料进行的生产活动、分配的统制与统制的着手、为政府制作和提出原材料等的分配方案等 18 类禁止行为。

《经营者团体法》在 1952 年的修订中结合《反垄断法》进行了调整。在 1953 年《反垄断法》修订之际，《经营者团体法》以被吸收为《反垄断法》第 8 条的形式废止，旧法第 5 条也随之废止。

此外，2009 年《反垄断法》的修订又删除了第 8 条第 2 款关于经营者团体申报义务的规定。

2. 经营者团体规制的特色

本条分别在第 1 项中对在一定交易领域实质性限制竞争的行为、在第 2 项中对签订第 6 条规定的国际协定或国际合同的行为、在第 3 项中对在一定的交易领域限制经营者数量的行为、在第 4 项中对不正当限制成员经营者的机能或活动的行为以及在第 5 项中对要求经营者实施属于不公平的交易方法的行为作出了禁止性规定。其中，第 3 项和第 4 项所规定的行为是经营者团体所特有的禁止行为。

实施第 8 条各项违法行为的经营者团体适用第 25 条无过失损害赔偿责任的规定。违反第 8 条第 1 项至第 4 项规定的行为还同时适用相关处罚规定（第 89 条第 1 款第 2 项、第 90 条第 1 项及第 2 项）。违反第 8 条第 5 项规定的行为，与第 19 条违法行为相同，虽然不适用处罚规定但可适用第 24 条关于停止请求诉讼的规定。

3. 经营者团体指南与事前商谈制度

为明确经营者团体的哪些活动违反《反垄断法》的规定，公平交易委员会在 1979 年制定并发布了《关于经营者团体活动的反垄断法指南》（以下简称《经营者团体指南》）。该指南在 1995 年进行了全面修订，并在 2010 年作出了最终修订。

为配合《经营者团体指南》的制定和发布，日本于 1979 年设置了“事前商谈制度”。在该制度下，经营者团体可以就之后计划开展的活动是否存在反垄断问题与公平交易委员会进行事前商谈。如果是以文书形式进行商谈，公平交易委员会则应以文书形式回答，且不会对回答范围内的活动采取法律措施。

此外，公平交易委员会还针对资格企业团体发布了《关于资格企业团体活动的反垄断法思考》（2001 年 10 月 24 日，公平交易委员会事务局）和《关于医师协会活动的反垄断法指南》（1981年8月8日，公平交易委员会），针对公共投标发布了《关于公共投标中经营者以及经营者团体的反垄断法指南》（1994年7月5日，公平交易委员会）等。

第8条第1项【禁止在一定的交易领域实质性限制竞争】

概 要

本项规定禁止经营者团体实施第3条所禁止的私人垄断以及不正当限制交易行为等。

1. 第8条第1项与第3条的关系

第8条第1项禁止经营者团体实施“在一定的交易领域内实质性限制竞争”的行为，与禁止经营者实施私人垄断（第2条第5款）以及不正当限制交易（第2条第6款）的第3条规定内容相同。

在“石油价格卡特尔刑事案”（案例112）中，违法行为既可被视为由经营者团体实施又可被视为由经营者实施，因此就如何认定行为主体的问题产生了争议。对此，法院指出，可以对任一主体追究刑事责任，且“对哪一主体追究刑事责任，交由公平交易委员会以及检察官进行合理裁量”。在行政处罚上，也交由公平交易委员会对违反第3条规定还是违反第8条第1项规定进行裁量。

私人垄断与不正当限制竞争均以“违反公共利益”为构成要件，然而第8条第1项中并没有相关表述，即并不以此为要件。对于这一点，“日本游艺枪协同合作社案”（案例113）指出，“即便在形式上构成‘在一定的交易领域内实质性限制竞争’，将《反垄断法》所保护的维护自由竞争经济秩序这一法益与该行为所保护的利益相比较，在没有实质违反《反垄断法》所保护的‘确保消费者的利益、促进国民经济民主健康发展’这一最终目标的例外情形下，该行为就不违反公共利益，在实质上不构成‘在一定的交易领域内实质性限制竞争’”，认为两个规定不存在实质上的差异。

2. 第 8 条第 1 项与第 3 项、第 4 项的关系

经营者团体对其向经营者提供或向经营者采购的商品或服务的价格或数量、交易对象或销售渠道、供应所需设备等作为重要竞争手段的事项进行限制，或者对经营者的市场进入进行限制，或者对市场上的竞争经营者进行排挤，并造成实质性限制市场竞争的，违反本项的规定。而如未达到实质性限制竞争的程度的，则原则上违反第 8 条第 3 项、第 4 项的规定。

此外，经营者团体对商品或服务的种类、质量、规格等以及营业的种类、内容、方法等进行限制，并因此实质性限制市场竞争的，也违反本项规定。

3. 第 8 条第 1 项的成立要件

本项在经营者团体的行为“在一定的交易领域”（市场）内产生“实质性限制竞争”的效果时成立，而未对行为作出具体限定。

对于在一定的交易领域实质性限制竞争，可以依据经营者团体实施行为方式（不正当限制竞争、私人垄断、不公平的交易方法）的不同，根据不正当限制交易以及私人垄断条款中规定的内容进行判断。

4. 违反第 8 条第 1 项的既有案例对“一定的交易领域”的认定

违反第 8 条第 1 项的既有案例对“一定的交易领域”作出了如下认定。

（1）塑料净化槽工业协会案

（公取委劝告审决昭和 48・10・18 审决集第 20 卷第 125 页）

该工业协会决定“以一台 5 万 5000 日元为目标对 5 人槽实施涨价”，该决定是在“家用净化槽根据使用人数的不同分为 5 人槽和 10 人槽，而其中 5 人槽的需求量最大，在生产中占比过半，其价格也成为其他产品的标准”这一背景下作出的，因此，审决认定本案的“一定的交易领域”是“日本家用净化槽销售市场”。

（2）三重巴士协会案

（公取委劝告审决平成 2・2・2 审决集第 36 卷第 35 页）

本案尽管认定该协会达成“决定实施为包车、大型活动、高中棒球甲子园以

及滑雪等提供运送服务（以下简称大宗运送等）的最低运费等”的合意，但是仅认定对“为高中棒球甲子园提供运送服务”以及“为世界设计博览会提供运送服务”这一所谓临时性巴士运送服务的最低运费等的金额实际作出具体决定，最终未认定对大宗运送等的最低运费等作出了价格决定且未将其作为课征金的处罚对象。然而，审决中将本案的“一定的交易领域”认定为“三重县大宗运送等的出租巴士交易领域”，并适用本条规定。此外，本案还推定“临时巴士运送服务”的营业额在会员巴士公司的总营业额中占比不足10%。

（3）大阪巴士协会案

（公取委审判审决平成7·7·10审决集第42卷第3页）

巴士协会会员联合决定为“背包旅行”“学校远足”提供服务的巴士价格。审决指出，面向背包旅行的价格决定行为“违反了《道路运输法》中关于禁止设置违法的交易条件的规定”，但“不满足《反垄断法》第8条第1款第1项的构成要件”。此外，面向学校远足的价格决定“不足以确定这一范围是否构成一定的交易领域”，认定其违反第8条第4项的规定。

也就是说，在前述（2）和（3）的案件中，公平交易委员会当时均认可了在上下15%的幅度范围内决定包租巴士运费的行为，而仅认为大阪巴士协会为背包旅行提供运送服务以及三重巴士协会为高中棒球甲子园、世界设计博览会提供运送服务的包车价格违反《反垄断法》的规定。对于这类临时性巴士运送服务领域，“大阪巴士协会案”认定不构成一定的交易领域，而“三重巴士协会案”则认为构成一定的交易领域，两个案件给出了完全不同的结论。

5. 违反第8条第1项的既有案例对“实质性限制竞争”的认定

违反第8条第1项的既有案例对“实质性限制竞争”作出了如下认定。

（1）广岛粮工等案

（公取委劝告审决昭和30·8·15审决集第7卷第5页）

广岛市内的制冰商在设立共同销售机构的同时与零售商团体签订相互排他交

易协议以及零售商团体决定冰的销售价格的行为，被认定违反第8条第1项的规定。

（2）东京都面包协同合作社联合会案

（公取委审判审决昭和38·9·4审决集第12卷第1页）

联合会①决定面包的销售价格和分量，②在告知联合会成员决定事项并要求成员实施的同时，将价目表张贴于零售商门店以确保具体落实的行为，被认定违反第8条第1项的规定。

（3）全国港湾装卸振兴协会案

（公取委劝告审决昭和38·10·25审决集第12卷第18页）

振兴协会①要求会员船上装卸商相互尊重交易对象，并决定违反该要求的违约金，②并具体实施了决定事项，上述行为被认定违反第8条第1项的规定。

（4）北海道芦笋卡特尔案

（公取委劝告审决昭和40·6·23审决集第13卷第46页）

振兴会①在振兴会协议中约定一手购买羊蹄山麓生产的芦笋，决定向GRADLE兴农株式会社和协会分配的比例，并予以实施；②协议会在协议会协议中规定向会员分配从振兴会采购芦笋的比例，并予以实施。上述行为中，行为①被认定违反第8条第1项的规定，行为②被认定违反第8条第4项的规定。

（5）埼玉县指定驾校协会案

（公取委劝告审决昭和41·2·12审决集第13卷第104页）

协会①决定学费、入校费以及考试费用，②向协会会员制作并配发《标准价目表》，③要求协会会员实施决定事项，协会的上述行为被认定违反第8条第1项的规定。

（6）宫城县电视广播电器商业合作社案

（公取委劝告审决昭和 41・8・30 审决集第 14 卷第 29 页）

合作社决定新型电冰箱的最低零售价以及电视的修理费用，并要求成员实施，上述行为被认定违反第 8 条第 1 项的规定。

（7）石油联盟东京支部案

（公取委劝告审决昭和 45・1・21 审决集第 16 卷第 138 页）

由石油制品厂商组成的团体在东京都财务局发起的汽车用油的招标活动中对石油制品厂商系列的特约店进行调整、决定最低供应价并要求成员遵守，此外还决定对煤油的主要销售对象等提高销售价格并要求成员实施。上述行为被认定违反第 8 条第 1 项的规定。

（8）冈山县服装工业合作社案

（公取委劝告审决昭和 48・6・29 审决集第 20 卷第 41 页）

合作社①决定提高在全国市场份额超过 50% 的男子少年校服以及运动服的销售价格；②制作对协会成员销售对象提高售价的通知书，并要求成员分发及实施；③要求大部分成员提高销售价格。上述行为被认定违反第 8 条第 1 项的规定。

（9）家用薄纸工业合作社案

（公取委劝告审决昭和 49・8・8 审决集第 21 卷第 76 页）

静冈县家用薄纸工业合作社决定提高白牛皮纸以及厕纸的销售价格、停止造纸机运作，在大部分造纸机停止运作的同时，还向交易对象分发了涨价通知书。上述行为被认定违反第 8 条第 1 项的规定。本案的一个特征是，公平交易委员会是在实施价格上涨决定之日（7 月 21 日）的前一天（7 月 20 日）下达排除劝告。

（10）日本羊毛纺织会案

（公取委劝告审决昭和 49・11・6 审决集第 21 卷第 127 页）

纺织会①认可会员提出的粗梳毛针织绒线的生产计划，并基于此决定各会员的产量，②要求会员限制产量。上述行为被认定违反第 8 条第 1 项的规定。

（11）进口图书价格卡特尔（第 1 次）案

（公取委劝告审决昭和 51・9・2 审决集第 23 卷第 53 页）

协会①通过决定外国货币与日元的换算率来决定协会成员的进口书价格，②并要求多数协会成员按照①的价格销售图书。上述行为被认定违反第 8 条第 1 项的规定。

（12）熊本县道路铺设协会案

（公取委劝告审决昭和 54・12・3 审决集第 26 卷第 62 页）

熊本县道路铺设协会在熊本县等发起的铺设工程招标中，召开名为“研究会”的会议，要求会员决定预订中标人，如由非会员中标，则劝说其出席研究会，对于不合作的非会员采取拒绝供应沥青复合材料等措施，并要求会员实施。上述行为被认定违反第 8 条第 1 项的规定。

（13）四国区域环境整顿推进会议案

（公取委劝告审决昭和 57・2・26 审决集第 28 卷第 72 页）

推进会议①决定牛奶的最低零售价并要求量贩店按该价格销售，同时还对会员的牛奶销售方式和销售对象进行限制等；②根据①的决定要求大多数量贩店都按高于最低零售价的价格进行销售。推进会议的上述行为被认定违反第 8 条第 1 项的规定。

（14）静冈建设业协会案

（公取委劝告审决昭和 57·9·8 审决集第 29 卷第 66 页）

协会①在静冈县以及静冈市发起的静冈市区域建设工程招标中，订立了为决定预订中标人而准备的《合理化内部规则》，②根据①的要求等在会员中决定预订中标人并协助预订中标人中标。协会的上述行为被认定违反第8条第1项的规定。

（15）美军横须贺基地招标工程案

（公取委课征金缴纳命令昭和 63·12·8 审决集第 35 卷第 57 页）

本案认定作为经营者团体的美军工程安全研究会违反本项规定，同时认定与协会会员协同步调参与串通投标的鹿岛建设违反第 3 条的规定。

（16）四国食用肉流通协议会案

（公取委劝告审决平成 4·6·9 审决集第 39 卷第 97 页）

该案是关于经营者团体实施的采购卡特尔的案件。该协议会通过决定会员半爿猪肉的报价，对四国地区肉猪采购市场的竞争造成实质性影响。该行为被认定违反本项规定。降低价格的采购卡特尔看似对消费者有利，但由于其有碍于公平自由的竞争体系，被认定违反第 8 条第 1 项的规定。

（17）广岛县石油商广岛市联合会案

（公取委审判审决平成 9·6·24 审决集第 44 卷第 3 页）

本案虽然在无直接证据的情形下就“团体决定及其证明”产生争议，但鉴于“在一致提高 4 日元价格这一不自然的协调行为事实的前提下，从当时会员的认识、被审决人以往的活动方针、价格协定的既往史、客观情势、本案执行会成立的原委、事后被审决人实施涨价的确认行为、被审决人关系人关于本案执行会会议内容的违法认识等，以及本案执行会上批露的作为证据的报告与发言内容和被审决人会议的例行召开等情形”，推定本案行为属于团体决定，认定违反第8条第1项的规定。

（18）四日市市医师会案

（公取委劝告审决平成 16・7・27 审决集第 51 卷第 471 页）

医师会决定年龄未满 65 岁的人接种流感疫苗的最低单次费用为 3800 日元的行为被认定违反第 8 条第 1 项的规定。

案例 112　石油价格卡特尔刑事案

（最二小判昭和 59・2・24 刑集第 38 卷第 4 号第 1287 页［27801091］）（参考案例 38）

1. 案情概要

12 家石油总经销商为了将在 OPEC 的攻势下上涨的石油成本等转嫁给石油产品提高售价，共同签订了涨价协议，并因此以不正当限制交易的罪名被提起刑事诉讼。

2. 案件焦点

在《反垄断法》所规制的不正当限制交易行为是由经营者团体实施的情形下，如果该行为中与该经营者团体成员经营者业务相关的行为同时也是由该成员经营者从业人员等实施的，应如何适用第 3 条或者第 8 条第 1 项的规定。

3. 法院的判断

"为达成本案各项合意而召开的集会，尽管其构成有些不合规则，但是可以认为相当于与石油联盟营业委员会及其实体相当的集会。因此，不能否定本案与石油产品价格上涨相关的合意是由名为石油联盟的经营者团体或是说由石油联盟自身达成的。

尽管如此，在《反垄断法》所规制的不正当限制交易行为是由经营者团体实施的情形下，如果该行为中与该经营者团体成员经营者业务相关的行为同时也是由该成员经营者从业人员等实施的，除向经营者团体追究实施前述行为的刑事责任外，也可以向各经营者追究相应责任。但究竟向谁追究，交由公平交易委员会以及检察官进行合理裁量。”

4. 注意事项

在认定不正当限制交易行为等同时属于经营者团体的行为以及经营者自身行为的情形下，对上述二者均可以追究《反垄断法》上的责任。

案例 113 日本游艺枪协同合作社案

（东京地裁平成 9·4·9 审决集第 44 卷第 635 页、判夕第 959 号第 115 页［28030441］）

1. 案情概要

生产销售气枪、BB 弹枪等玩具枪的原告指出，根据《中小企业协同合作社法》设立的日本游艺枪协同合作社要求批发店和零售店不得受理作为非合作社成员的原告的产品，导致原告销量减少，同时该合作社还实施了对原告的产品安全性能进行诽谤的妨碍行为。据此，原告向法院提起了要求该合作社及合作社成员赔偿损失、公开道歉以及停止妨碍行为的诉讼。而除原告外的玩具枪制造商几乎都加入了该合作社，加入比例接近 100%。此外，大部分批发商还加入了东日本、中部、西日本恳谈会中的一个恳谈会。被告数年来对原告实施了多种行为，上述行为将作为共同拒绝交易的行为在后文做讨论。

由于本案判决仅支持了原告的损害赔偿请求，原告在其后提出了控诉。在控诉审中双方以赔偿损失和公开道歉为条件达成和解。

2. 案件焦点

（1）被告的行为是否在一定的交易领域实质性限制竞争。

（2）在适用第 8 条第 1 项时，如果不实质上违反“公共利益”是否就不违法。

3. 法院的判断

（1）“即便在形式上构成‘在一定的交易领域实质性限制竞争’的行

为，但是将《反垄断法》所保护的维护自由竞争的经济秩序这一法益与该行为所保护的利益进行比较可以认为，在实质上认定不违反‘确保消费者的利益，促进国民经济民主健康发展’这一《反垄断法》最终目的（第1条）的例外情形下，该行为不违反公共利益，也最终不会在实质上构成‘在一定的交易领域实质性限制竞争’的行为（参照最高法院第二小法庭昭和59年2月24日判决·刑集第38卷第4号第1287页）。”

将维护自由竞争的经济秩序这一法益与本案妨碍行为所保护的法益进行比较可以认为，在不违反《反垄断法》最终目的的情形下，并不违反公共利益，不构成不正当限制交易行为，也不违反《反垄断法》。

（2）“1990年11月，由于除原告外的玩具枪制造商几乎都是被告合作社的成员，其市场份额接近100%，且经营玩具枪的大部分批发商也都加入了东日本、中部或西日本恳谈会，被告合作社告知其成员批发商并通过成员批发商告知零售店如与原告交易将不再向其提供被告合作社的产品，要求停止与原告的交易，使得原告的市场参与出现明显困难。因此，应当认为本案阻碍行为符合《反垄断法》所规定的经营者团体的禁止行为——‘在一定的交易领域实质性限制竞争’的行为的构成要件。”

4. 注意事项

本项中尽管没有“违反公共利益”的规定，但是在适用过程中也会依据第2条第6款的“违反公共利益”进行判断。

案例114　种苗卡特尔案

（东京高判平成20·4·4审决集第55卷第791页［28161734］）（参照案例38）

1. 案情概要

从事蔬菜种子罐装销售的原告主张，本案审决对实质性限制竞争以及相互约束性等的认定缺乏实质性证据，但法院对原告基于上述主张的请求均予以驳回。

2. 案件焦点

经营者团体的行为与经营者的行为在违反《反垄断法》时的适用关系。

3. 法院的判断

“原告承认，基准价格是由罐装部门讨论研究会决定的，该讨论研究会负责通知和联络 32 家企业，依据其组织和规范推进议事活动并对结果进行汇报。尽管如此，上述决定基准价格的行为虽然可能被认定构成《反垄断法》所规定的不正当限制交易行为，但是本案审决并不是仅以此认定其属于不正当限制交易行为，除 32 家企业在其作为成员的罐装部门讨论研究会上决定基准价格外，还通过对 32 家企业在 1998 年至 2001 年达成的下述合意进行性质认定。即由于在讨论研究会决定上调基准价格的 1998 年以及 1999 年里，各家企业分别将各自销售的 4 类罐装种子价格整体按照基准价格的上涨幅度或者上涨率提高该年度的价目表价格，在决定固定价格的 2000 年以及 2001 年里，各家企业分别将各自销售的 4 类罐装种子价格整体维持在前一年度的价目表价格等，具体可以认定上述企业在讨论研究会上决定了基准价格并通过决定价目表价格以及销售价格的方式相互约束各自的价目表价格以及销售价格。应当认为，上述认定不存在违反经验法则等不合理之处。

也就是说，上述认定，除从基准价格的决定外，还从依据基准价格对价目表价格以及销售价格的设置判断企业之间具有依据基准价格设置价目表价格以及销售价格的相互认识和认可，然而价目表价格以及销售价格的设置一般是各经营者的单独行为，而非经营者团体的行为，可以说讨论研究会的决定行为不仅是讨论研究会的行为、同时也可以说是其成员经营者的行为，因此，可以从上述行为识别出本案合意的内容，并推测出认可该行为的主体是各经营者而非经营者团体。”

4. 注意事项

应注意，对于经营者团体实施的行为也是经营者自身实施的不正当限制竞争行为的情形，在第3条与第8条第1项二者之间适用第3条的规定。

第8条第2项【国际协定等的签订】（略）

第8条第3项【禁止限制经营者的数量】

概 要

本项禁止经营者团体在一定的经营领域限制现在或将来的经营者数量的行为是经营者团体特有的禁止行为。

1. 在不加入该团体将难以开展经营活动的情形下，如试图排除外部经营者等就容易出现问题。因此，该团体是否具有排除外部经营者的能力便成为认定的关键。

2. 成立要件

（1）一定的经营领域

“一定的经营领域”也是垄断状态（第2条第7款）中的概念。①

“一定的经营领域”尽管与代表市场的“一定的交易领域”类似，但是二者是不同的概念。前者更侧重于供给方，而后者则是更侧重于需求方。

（2）限制现在或将来的经营者数量

“限制数量”的行为可以包括限制加入经营者团体、拒绝与外部经营者交易、从自主认证或认定中排除等行为。

① 公平交易委员会事务局于1977年11月29日发布的《关于垄断状态的定义规则中业务领域的思考》在2014年11月27日的修订中，将监视的对象经营领域分为29个领域（此外，在2016年也进行了部分修改）。

3. 第 8 条第 3 项的主要违法案例

（1）鸟取青果商合作社案

（公取委劝告审决昭和 33・2・25 审决集第 9 卷第 41 页）

合作社与所有批发商签订协定，限制其与成员以外的经营者交易，规定要加入合作社需要有成员的介绍，并和成员一起要求批发商不得与超市、日本生活协会等交易的行为，被认定违反第 8 条第 3 项的规定。

（2）千叶医师会案

（公取委劝告审决昭和 55・6・19 审决集第 27 卷第 39 页）

该医师会在承担对会员经营活动具有重要影响的公共事业业务期间，要求会员或非会员如开设医院或诊所应事先获得该医师会的认可，并决定设置千叶医师会医疗机构合理配置指导委员会、制定《千叶医师会医疗机构合理配置指导委员会章程》及其实施的审议标准等。医师会根据上述决定限制开设医院以及诊所等的行为，被认定违反第 8 条第 3 项的规定。

（3）滋贺县混凝土工业合作社（第 1 次）案

（公取委同意审决昭和 58・9・30 审决集第 30 卷第 50 页）

该合作社决定阻止非成员企业增设混凝土制造设备并要求水泥制造商协助配合，同时要求水泥制造商协助配合其阻碍位于三重县上野市的水泥制造商越界至其区域内销售的行为。由于上述行为使部分经营者放弃新增混凝土制造机的计划，上述行为被认定违反第 8 条第 3 项以及第 5 项的规定。

（4）仙台港进口木材调整协议会案

（公取委劝告审决平成 3・1・16 审决集第 37 卷第 54 页）

仙台港内从事装卸业务的经营者仅有 2 家会员企业，如果不依靠上述企业负责装卸将难以从该港进口木材。在此背景下，仙台港进口木材调整协议会决定以拒绝非会员木材进口商使用保税库房的方式阻碍其从仙台港进口木材，并实施了拒绝非会员保税库房的使用申请、通过章程限定会员木材进口商资格以限制加入协议会的会员数量、以阻碍非会员从仙台港进口木材为目的要求会员企业不要为非会员提供装卸服务等行为。上述行为被认定违反第8条第3项以及第5项的规定。

（5）滋贺县混凝土工业合作社（第2次）案

（公取委劝告审决平成5・11・18审决集第40卷第171页）

滋贺县混凝土工业合作社（以下简称混凝土工业合作社）的成员企业销售的混凝土的数量合计占据了滋贺县混凝土销售总量的大半。在该合作社的指导下，其一半的销售量均供应给滋贺县建筑业合作社（以下简称建筑业合作社），而建筑业合作社的成员建筑商则是通过建筑业合作社以共同购买的方式进行采购的。在此背景下，混凝土工业合作社“附加如购买非成员企业混凝土制造设备今后将不得从事混凝土制造销售的条件以及要求停止使用非成员企业混凝土制造设备”的行为，被认定违反第8条第3项的规定。

（6）神奈川县液化气协会案

（公取委排除措施命令平成30・3・9审决集第64卷第297页）

2018年3月9日，公平交易委员会对公益社团法人神奈川县液化气协会作出排除措施命令，认定其违反本项规定。根据公开资料，要在神奈川县从事液化气销售业务的经营者，必须事先与损害保险公司签订符合法令要件的液化气损害赔偿责任保险合同，未签订该合同的经营者无法取得知事等的登记。2017年3月末，神奈川县区域内设置销售点并完成登记的液化气销售业务经营者的大部分都是神奈川县液化气协会的会员。公平交易委员会认为，一般情形下液化气销售商（满足全农团体保险加入资格的经营者除外）很难不加入协会团体保险（仅有神奈川县液化气协会等的会员等才可加入），而加入全农团体保险或个别保险进行液化气销售业务。在此背景下，神奈川县液化气协会拒绝转换营业的经营者的入会申请是对神奈川县液化气销售经营领域现在或将来经营者数量的限制。该行为被认定违反本项规定。

案例 115　观音寺市三丰郡医师会案

（东京高判平成 13•2•16 审决集第 47 卷第 545 页、判时第 1740 号第 13 页[28060844]）（参考案例 3）

1. 案情概要

由于医师会通过限制医疗机构的开设限制经营者的数量，并通过限制会员医疗机构诊疗科目的增加和病床数量的增加等限制成员的机能和活动，公平交易委员会对其作出审决。医师会对此不服并提起了取消审决的诉讼。

医师会主张的观点主要是，医师会是在考虑会员希望标榜其拥有专业知识和经验的科目的前提下，出于保护患者的信赖和医师的伦理之目的而表明对会员标榜诊疗科目的意见，并出于实现《医疗法》的宗旨及医疗规划之目的而表明对会员增加床位的意见，其行为并不违反《反垄断法》的规定。

2. 案件焦点

本案行为是否违反第 8 条第 3 项的规定。

3. 法院的判断

"应当说本案审决作出的有关'原告在医师如不加入原告往往难以开展业务的情形下，为保护现有会员医师的利益，通过以提交开设等申请、商谈委员会审议、听取例会意见、理事会决定同意与否为流程的审议系统进行利害调整和不合理限制的行为构成限制竞争行为'的认定，实质证据确凿、合理。尽管证据等中包含了指出审议系统仅仅是以实现观音寺三丰地区医疗机构的合理配置和确保患者对医师专业知识和经验的信赖为目的而实施的、其并未超过建议或指导的范围的内容，但是鉴于上述各项事实，本法院的判断与本案审决的判断相同，对这些证据不予采用。此外，通过对证据的综合考量，无法推翻本案审决事实认定的合理性。因此，不认同原告提出的其行为不违法以及本案审决所记载的事实认定和法律适用违法的主张。”

4. 注意事项

在不加入原告医师会往往会出现开业困难的情形下，无法加入原告或被原告除名都具有在事实上抑制医疗机构开设等的效果，因此认定其违反第 8 条第 3 项的规定。

案例 116　不动产鉴定损害赔偿请求案

（东京地八王子支判平成 13・9・6 判夕第 1116 号第 273 页［28062517］）

1. 案情概要

从事不动产鉴定的 A 有限公司是社团法人日本不动产鉴定协会的下属团体，其以作为被告的由在茨城县设有办公场所的不动产鉴定士以及从事不动产鉴定的法人组成的社团法人以 2 名会员的推荐为入会条件，以对原告接受来自茨城县内各市町村固定资产税评估的替代鉴定评估订单、来自水户税务署的继承税路线价[①]标准值评估订单以及来自茨城县的国土交通省招标的短期土地价格动态调查的鉴定评估订单造成妨碍为由，提起了基于不法行为的损害赔偿请求。

2. 案件焦点

经营者团体采用的推荐制是否限制了经营者的数量。

3. 法院的判断

“茨城县内的不动产鉴定评估业务大多来自国家行政机关、县、市町村、法院等政府机构的委托，但是茨城县内从事不动产鉴定的经营者只有被告一家。由于被告在政府机构中具有较高的信用度，作为委托方的政府机构实际上也更倾向于找被告的会员不动产鉴定机构进行鉴定。”“不得不说

① 路线价是指面朝道路的土地价格，包含继承税路线价和固定资产税路线价两种类型。接受土地转让时需要多少继承税和赠与税，根据路线价计算。

在茨城县内设置办公产所的不动产鉴定机构如不加入被告的组织将很难开展不动产鉴定业务。”

“尽管被告以2名会员的推荐为入会条件，但是如果2名推荐人容易找到，那么采用推荐制并不会对新的不动产鉴定机构的市场进入造成阻碍。然而，如果鉴定机构刚刚将办公场所从茨城县外搬到县内、在本地并没有熟悉的不动产鉴定士，那么要找到推荐人一般是很困难的。实际上，原告已经找了10多家被告的会员帮忙推荐但均遭到拒绝，最终因总部总务课长的斡旋才得以获得推荐，而从其提出入会申请到最终成功入会花费了近1年2个月的时间，不得不说入会推荐制事实上成为阻碍新的不动产鉴定机构进入市场的手段。虽然被告属于《反垄断法》第2条第2款中规定的经营者团体，但是根据前述情形可以认为，被告以2名会员的推荐为入会条件并对原告的入会造成了近1年2个月的延迟，限制了茨城县内不动产鉴定领域经营者的数量。”

4. 注意事项

在认定不加入经营者团体就将在事实上导致不动产鉴定业务的经营出现困难的情形下，如果推荐人难以确保能被找到，那么加入经营者团体所采用的推荐制将会被认定违反第8条第3项的规定。

第8条第4项【禁止不正当限制成员经营者的机能或活动】

概 要

本项禁止经营者团体实施不当限制成员经营者的机能或活动的行为，是对经营者团体特有的禁止行为。

1. “机能或活动”并未特别区分“机能”和“活动”

机能或活动包含了成员经营者全部的经营活动，除商品或服务的价格或数量、交易对象或销售渠道、供应所需设备等作为重要竞争手段的事项外，还包括对服务的种类、质量、规格等以及营业的种类、内容、方法等的限制。

2. 违反本项规定的情形大体可以分为两类

第一类是第 8 条第 1 项和第 4 项竞合的类型，如经营者团体通过决定成员经营者的价格、数量等在一定的交易领域实质性限制竞争则违反第 8 条第 1 项的规定，而如未达到实质性限制竞争的程度则违反第 8 条第 4 项的规定。而违反第 4 项规定的大部分案件都属于这一类型。

第 8 条第 1 项和第 4 项在适用上的差异在于违反第 1 项的规定适用课征金处罚，而违反第 4 项的规定则不适用课征金处罚。

第二类是对不会导致实质性限制竞争的价格、数量等以外的竞争手段进行不正当限制的类型。

3. 第 8 条第 1 项和第 4 项的竞合类型——限制价格、数量等的案例

该竞合类型的代表案例有“东京都理发师协会荻洼支部案”“冈山县服装工业合作社案”“大阪巴士协会案”“日本冰箱协会案”等。

（1）东京都理发师协会荻洼支部案

（公取委同意审决昭和 28・9・28 审决集第 5 卷第 52 页）

协同合作社的一个支部实施了决定会员理发价格的行为，但由于荻洼支部会员在区域内的理发师中占比较低，最终适用的并非第 8 条第 1 项而是第 4 项的规定。

（2）北海道芦笋卡特尔案

（公取委劝告审决昭和 40・6・23 审决集第 13 卷第 46 页）

协议会因在协议会协定书中规定向会员分配从振兴会采购的芦笋的比例并实际实施上述行为，被认定违反第 8 条第 4 项的规定。

（3）东京国誉会案

（公取委劝告审决昭和 41・10・27 审决集第 14 卷第 46 页）

以国誉纸制品批发商为会员设立的东京国誉会，在《东京地区国誉制品优惠销售规章》中规定，①零售商不得以低于国誉制作的价格表的价格销售商品，②交易对象仅限于在国誉会登记且得到认可的经营者，③禁止批发商以前述①中价格 6 成以上的折扣进行销售。上述行为被认定违反第 8 条第 4 项的规定。

（4）大阪 KIKKOMAN 会案

（公取委劝告审决昭和 43・8・10 审决集第 15 卷第 40 页）

酱油厂商的批发会决定 KIKKOMAN 酱油的批发价以及对中间批发商的手续费，并要求各会员实施的行为被认定违反第 8 条第 4 项的规定。

（5）冈山县服装工业合作社案

（公取委劝告审决昭和 48・6・29 审决集第 20 卷第 41 页）

该合作社决定成员对①少男校服、②运动服、③工作服、④少女校服、⑤少男裤子、⑥少男制服、⑦少男上衣、⑧少女制服产品实施价格上涨。其中，对于在全国市场份额占比过半的①和②的价格上涨行为被认定违反第 8 条第 1 项的规定，而对于在全国市场份额占比为 13%~27% 的③ ~ ⑧的价格上涨行为，由于市场份额较低，被认定违反第 8 条第 4 项的规定。

（6）群马县租车协会案

（公取委劝告审决昭和 57・12・17 审决集第 29 卷第 82 页）

该协会①决定会员出租车运费等的认可申请的内容等，②基于该决定要求会员提交认可申请、在对内容进行逐一检查后要求其向上呈报的行为，被认定违反第 8 条第 4 项的规定。

（7）冈山县卡车协会案

（公取委劝告审决昭和 58・3・31 审决集第 29 卷第 100 页）

该协会①决定对会员增加货车等数量的业务计划变更认可申请和申报进行限制，②基于该决定，对会员业务计划变更的认可申请以及申报进行了限制。上述行为被认定违反第 8 条第 4 项的规定。

（8）日本制药工业协会案

（公取委劝告审决昭和 58・6・30 审决集第 30 卷第 35 页）

该协会对医用药品实施了①就药品价格标准修订采取应对措施，限制会员与价格决定相关的经营活动自由；②与日本药品批发业联合会召开联席会议，一是决定不按照新的药价标准价格下调价格，二是制作包含缩小采购价格差异等内容的《与日本批发业联合会的恳谈事项》文件并分发给流通委员会正副委员长等，同时整理了名为《日本药品批发业联合会与制药协流委的恳谈事项》的文件并在会员中广而告之。上述行为被认定违反第 8 条第 4 项的规定。

（9）大阪巴士协会案

（公取委审判审决平成 7・7・10 审决集第 42 卷第 3 页）

由几乎拥有大阪府内所有出租巴士的巴士经营者、69 名为会员组成的巴士协会决定为学校远足提供出租巴士的最低运送费用。对于该行为，审决中尽管以“该范围的行为不足以确定能否形成一定的交易领域”为由认为难以达到实质性限制竞争的程度，但是从各项决定下的行为程度来看认为相关行为限制了会员出租巴士经营者在认可的运费等范围内决定运费等的自由，认定其违反第 8 条第 4 项的规定。

（10）日本冰箱协会案

（公取委审判审决平成 12・4・19 审决集第 47 卷第 3 页）

该协会将会员经营者向运输大臣申报的冷藏仓库保管费用从已申报的费用提

高约 8.8% 作为标准费用的行为，“从申报费用违背实际费用的实际经济状态来看，即便提高申报费用，也不意味着会员经营者就能按照申报费用实际收取费用”，因而该行为是“以提高申报费用为契机为提高实际费用作出的一点点努力，该决定也只是基于该种程度的认识而作出的”，鉴于“申报费用上涨决定的内容以及对其广泛告知和事后实施的情况，并不认为所决定的实际费用会造成实质性限制竞争的影响”，不认定其违反第 8 条第 1 项的规定。然而，“即便未达到对市场竞争造成实质性限制的程度，其行为对成员经营者的机能或活动作出了不正当的限制，违反了同条第 4 项的规定。而在本案审判程序的开展过程中，针对是否符合第 4 项规定的问题也作出了讨论，由于其被视为被审判人实施的防御行为，如果存在符合第 4 项规定的事实，则可以对其作出认定”。因此，认定“被审判人在 1992 年 6 月 18 日以及 7 月 15 日决定和广泛告知申报保管费、约束和限制会员经营者原有的申报自由的行为……是对会员经营者的机能或活动的不正当限制”，认定上述行为违反第 8 条第 4 项的规定。

（11）多摩新闻协同合作社案

（公取委劝告审决平成 4・3・18 审决集第 38 卷第 177 页）

尽管多摩夹页广告合作社决定非成员经营者夹页广告的代收手续费并要求其遵守的事实得到确认，但是由于其市场份额不到 20%，最终认定上述行为违反第 8 条第 4 项的规定。

（12）东京湾引水区引水员协会案

（公取委排除措施命令平成 27・4・15 审决集第 62 卷第 315 页）

该案的问题主要是对会员与需求者的直接交易以及营业额的调整分配进行限制。2015 年 4 月 15 日，公平交易委员会认定东京湾引水区引水员协会以及伊势三河湾引水区引水员协会等①限制各会员依据自身判断与需求者签订引水协议，②代替各会员将从需求者处收取的引水费用放在费用池中，再按照人头计算并分配给各会员的行为，违反第 8 条第 4 项的规定。

4. 限制价格、数量以外交易条件的案例

该类型的案例主要有“教科书协会案”“东日本湿毛巾协同合作社案”“浜北市医师会案”“三重县社会保险劳务士协会案”等。

（1）教科书协会案

（公取委劝告审决平成 11・11・2 审决集第 46 卷第 347 页）

社团法人教科书协会限制会员自主进行教科书编辑、制作的行为被认定违反第 8 条第 4 项的规定。

（2）宫城县电视广播电器商业合作社案

（公取委劝告审决昭和 41・8・30 审决集第 14 卷第 29 页）

该合作社要求成员不得将低价宣传的对象家电置于门店展示，并因此终止与部分零售商和成员的交易的行为，被认定违反第 8 条第 4 项的规定。

（3）西日本特殊橡胶制版工业合作社案

（公取委劝告审决昭和 43・5・11 审决集第 15 卷第 15 页）

合作社在实施销售对象登记制度的过程中，制定《销售对象登记规章》，以已登记者优先为原则，由合作社对是否予以登记作出决定。上述行为被认定违反第 8 条第 4 项的规定。

（4）日本聚烯烃薄膜工业合作社案

（公取委劝告审决昭和 50・3・7 审决集第 21 卷第 255 页）

该合作社禁止成员增加聚烯烃薄膜的制造设备以及禁止争夺客户并要求成员按要求实施的行为，被认定违反第 8 条第 4 项的规定。

（5）日本建筑师协会案

（公取委劝告审决昭和 54・9・19 审决集第 26 卷第 25 页）

①对于正式会员及其所属的建筑师事务所所经营的设计、工程管理等业务，制定《建筑师业务及报酬规章》并规定设计监理报酬的标准等；制定《建筑设计竞技标准》并规定设计竞技中的报酬计算标准以及对正式会员参加设计竞技的限制；制定《日本建筑师协会宪章》并规定正式会员在设计建筑物以及工程监理的过程中不得进行报酬竞争、不得参加未依据竞技标准而开展的设计竞技，且以正式会员同意宪章的内容为入会条件。②其后，废止了前述①中的《建筑师业务及报酬规章》、修订了《建筑设计竞技标准》、废止了《日本建筑师协会宪章》，并修订了章程，制定与修订后的章程相适应的业务计划，并将上述措施告知全体正式会员。对于该协会的上述行为，尽管认定其违反第 8 条第 4 项的规定，但是由于违法行为已不存在，且认定其已不再属于经营者团体，公平交易委员会最终未要求该协会采取任何整改措施。

（6）关东地区登记卫生检查所协会案

（公取委同意审决昭和 56・3・17 审决集第 27 卷第 116 页）

该协会为处理争夺客户等纠纷，制定了合理配置委员会规定以及罚款规则并予以实施。上述行为被认定违反第 8 条第 4 项的规定。

（7）新泻市租车的士协会案

（公取委劝告审决昭和 56・4・1 审决集第 28 卷第 3 页）

该协会决定限制与会员新增车辆、营业所或者变更位置相关的业务计划变更的认可申请，并基于该决定限制会员业务计划变更的认可申请。上述行为被认定违反第 8 条第 4 项的规定。

（8）东日本湿毛巾协同合作社案

（公取委劝告审决平成 7・4・24 审决集第 42 卷第 119 页）

该合作社基于所谓“不可侵”的禁止争夺顾客的方针禁止会员争夺其他成员的交易对象的行为，被认定违反第 8 条第 4 项的规定。

（9）广岛县石油商业合作社案

（公取委审判审决平成 8・6・13 审决集第 43 卷第 32 页）

该合作社就挥发油、轻油和煤油的销售方法要求所属成员遵守①不张贴低价海报，②不散发面向不特定多数对象的传单、邮件等，③不实施领头人等的行为，④不开展新建或新装修加油站等的任何纪念促销活动，⑤不以石油制品为赠品进行销售等为内容的自律规则 5 原则以及自主规则。“本案中的两个规则都是为限制成员扩大石油制品销售的竞争行为而设置的，二者作为一体被制定、作为一体被贯彻周知、作为一体被要求遵守并作为一体发挥功能，因此，两个规则分别在有机的关联性下作为一体不正当地限制成员的机能或活动”，因此认定其违反第 8 条第 4 项的规定。

（10）浜北市医师会案

（公取委劝告审决平成 11・1・25 审决集第 45 卷第 185 页）

该医师会要求作为会员的私人医生遵守广告自律规章，以此来限制会员的广告活动。上述行为被认定违反第 8 条第 4 项的规定。

（11）三重县社会保险劳务士协会案

（公取委劝告审决平成 16・7・12 审决集第 51 卷第 468 页）

该协会限制会员通过邮件、传真等进行广告宣传以及争夺客户的行为被认定违反第 8 条第 4 项的规定。

第 8 条第 5 项【禁止要求经营者实施属于不公平的交易方法的行为】

概 要

本项禁止经营者团体要求经营者实施属于不公平的交易方法的行为。

1. 本项中的“经营者”是指本条第 4 项中“成员经营者”的供应厂商以及销售对象零售店等经营者。

“要求……实施”包括强制经营者实施属于不公平的交易方法的行为的情形以及鼓励其实施的情形，但并不要求该经营者实际实施。

2. 第 8 条第 5 项的主要违法案例

下文介绍的案例是在劝告审决或同意审决中确定的案例，不存在争议。

（1）宫城县电视广播电器商业合作社案

（公取委劝告审决昭和 41・8・30 审决集第 14 卷第 29 页）

该合作社要求批发商实施拒绝向进行低价销售的非会员零售商供货等拒绝交易的行为。上述行为被认定构成一般指定第 1 款（现第 2 条第 9 款第 1 项）规定的行为，违反第 8 条第 5 项的规定。

（2）西日本特殊橡胶制版工业合作社案

（公取委劝告审决昭和 43・5・11 审决集第 15 卷第 15 页）

该合作社规定成员只能从合作社采购、指定合作社的采购对象为指定代理店、与代理店等签订包含向非成员供应商品也必须通过合作社等内容的约定并基于该约定与代理店等进行交易。上述行为被认定构成一般指定第 1 款（现第 2 条第 9 款第 1 项）规定的行为，违反第 8 条第 5 项的规定。

（3）关东地区登记卫生检查所协会案

（公取委同意审决昭和 56·3·17 审决集第 27 卷第 116 页）

该协会禁止协会会员间的客户流动，同时要求会员争夺不申请入会的非会员的客户。上述行为被认定构成一般指定第 11 款（现第 14 款）规定的行为，违反第 8 条第 5 项的规定。

（4）滋贺县混凝土工业合作社（第 1 次）案

（公取委同意审决昭和 58·9·30 审决集第 30 卷第 50 页）

以混凝土制造商为合作社成员的工业合作社在具有市场实力的水泥制造商的协助下，要求外地混凝土制造商放弃增加制造设备以及跨界销售。上述行为被认定构成一般指定第 2 款规定的行为，违反第 8 条第 5 项的规定。

（5）仙台港进口木材调整协议会案

（公取委劝告审决平成 3·1·16 审决集第 37 卷第 54 页）

以仙台港的木材进口商、港湾运送业者等为会员的协议会要求会员木材进口商以及港湾运送业者拒绝与非会员进行进口木材装卸等交易。上述行为被认定构成一般指定第 1 款（现第 2 条第 9 款第 1 项）规定的行为，违反第 8 条第 5 项的规定。

（6）滋贺县混凝土工业合作社（第 2 次）案

（公取委劝告审决平成 5·11·18 审决集第 40 卷第 171 页）

混凝土工业合作社就与混凝土协同合作社的共同销售业务，对从混凝土协同合作社的竞争对手处采购混凝土的建设协同合作社的成员不提供回扣，并要求混凝土协同合作社也予以实施。在此基础上，要求建设协同合作社的成员以不从非成员处购买混凝土为条件与混凝土协同合作社交易。上述行为被认定构成一般指定第 1 款（现第 2 条第 9 款第 1 项）规定的行为，违反第 8 条第 5 项的规定。

（7）东日本湿毛巾协同合作社案

（公取委劝告审决平成 7・4・24 审决集第 42 卷第 119 页）

该合作社要求资材供应商不向新的市场进入者提供资材的行为被认定构成一般指定第 2 款规定的行为，违反第 8 条第 5 项的规定。

案例 117　爱知县混凝土工业合作社案

（公取委审判审决昭和 61・3・28 审决集第 32 卷第 77 页）

1. 案情概要

以爱知县内混凝土制造商为成员组成的工业合作社决定通过要求为大多数混凝土制造商提供其生产所需的水泥的供应商（水泥制造商）拒绝提供水泥等方式阻碍非成员新增混凝土生产设备，而除要求水泥制造商的配合外，还让水泥制造商要求水泥销售商拒绝向新增混凝土生产设备的非合作社成员提供水泥。上述行为被认定构成一般指定第 2 款的行为，违反第 8 条第 5 项的规定。

被审理人指出无事实证明上述决定和要求属实，且即便存在拒绝向非合作社成员提供水泥的行为也并非被审理人的行为所致。上述主张均被驳回。

2. 注意事项

对于水泥制造商而言，混凝土制造商是他们的“大客户”，因此不得不对这些团体提出的要求予以回应。鉴于此，不少类似案件都被认定违反第 8 条第 5 项的规定。

第 8 条之 2【排除措施】

概 要

本条规定了针对经营者团体第 8 条违法行为的排除措施命令。

本条第 1 款规定在存在第 8 条违法行为的情形下，公平交易委员会可以对经营者团体采取责令停止该行为、解散该团体以及其他为排除该行为所必要的措施，第 2 款规定在违法行为已不存在的情形下，仅在“认为确实有必要的情形”下才可适用第 7 条第 2 款的规定命令其采取排除措施，第 3 款规定在依照前两款规定采取排除措施的情形下，在“认为确实有必要的情形”下也可以对经营者团体的董事、员工等采取确保排除措施所需的必要措施。

公平交易委员会如何对本条中的“认为确实有必要的情形”以及“必要措施”进行解释和运用，可以具体参考如下案例。

（1）日本制药工业协会案

（公取委劝告审决昭和 58・6・30 审决集第 30 卷第 35 页）

本案中，该协会对于医用药品的药品价格标准修订采取应对措施，限制会员与价格决定相关的经营活动自由，同时与批发商团体召开会议，制作包含不按照新的药价基准价格下调价格等内容的文书并分发给流通委员会员工，此外，还制作相同内容的文书分发给会员。审决命令该协会停止应对新药价标准修订所采取的措施，撤回上述文书，完善流通委员会的组织和运营，广泛告知会员、批发商以及医疗机构等，并要求其将来不得再实施类似行为等。

（2）爱知县混凝土工业合作社案

（公取委审判审决昭和 61・3・28 审决集第 32 卷第 77 页）

本案中，该合作社决定阻止非成员增加混凝土制造设备，并要求水泥厂商予以协助，同时还要求水泥厂商拒绝向增加混凝土制造设备的经营者供应水泥。审决命令该合作社取消上述决定，撤回对水泥厂商的要求，并将采取上述措施之事广泛告知成员、爱知县内的非成员混凝土制造商、水泥销售商以及建筑材料销售商。

（3）熊本县道路铺设协会案

（公取委劝告审决昭和 54・12・3 审决集第 26 卷第 62 页）

本案中，对于熊本县等发起的铺设工程招标项目，该协会召开名为研究会的会议，决定在会员中确定预订中标人，如非会员中标则劝说其出席研究会并对不合作的非会员采取拒绝供应沥青复合材料等措施，并要求会员按照上述决定实施。其后，上述决定尽管被取消，但审决命令该协会将取消决定之事广泛告知招标人以及被劝说出席研究会的非会员。

（4）静冈建设业协会案

（公取委劝告审决昭和 57・9・8 审决集第 29 卷第 66 页）

本案中，在静冈县以及静冈市发起的静冈市区域建设工程投标项目中，该协会决定制定确定预订中标人的《合理化内部规则》，并决定基于此在会员中决定预订中标人并协助预订中标人中标。其后，上述决定尽管被取消，但审决命令该协会将取消该内部规定之事广泛告知招标人以及会员，并要求其将来不再实施类似行为。

第 8 条之 3【对成员经营者的课征金处罚以及课征金的减免】

概 要

本条规定了经营者团体在实施第 8 条第 1 项（仅限于实施与不正当限制交易相当行为的情形）或者第 8 条第 2 项（仅限于签订包含不正当限制交易内容的国际协定或者国际合同的情形）规定的违法行为并通过实质性限制商品或服务价格

的相关事项或供应量等影响其价格的情形下，可以适用第 7 条之 2 的规定责令该经营者团体的成员经营者缴纳课征金。

负有课征金缴纳义务的并非经营者团体，而是实际实施经营者团体违法行为的从事经营活动的成员经营者（在为实现经营者利益而实施行为的董事、员工、代理人及其他人员为成员经营者的情形下，也属于该经营者）。其原因在于违法行为所得利益的归属主体并非经营者团体，而是成员经营者。

在经营者团体反复实施违法行为的情形下，对成员经营者不适用加算比例。此外，由于是分别对经营者团体采取刑事处罚、对成员经营者采取课征金处罚，不适用对刑事处罚与课征金的调整。

截至目前，对成员经营者的课征金缴纳命令存在争议的案件主要有“东京海上火灾保险案”（公取委审判审决平成 12・6・2 审决集第 47 卷第 141 页）、“松尾孵化场案”（公取委审判审决平成 14・7・25 审决集第 49 卷第 51 页）、“福田种鸡场案”（公取委审判审决平成 14・9・25 审决集第 49 卷第 69 页）、“一宫家禽孵化场案”（公取委审判审决平成 14・9・25 审决集第 49 卷第 87 页）、“ON-POULTRY 案”（公取委审判审决平成 14・9・25 审决集第 49 卷第 111 页）。

第 3 章之 2 垄断状态

第 8 条之 4【针对垄断状态的措施】（略）

第 4 章

股份的持有、董事的兼任、合并、分立、股份转移以及业务受让

第 9 条【对造成业务支配力过度集中的公司设立等的限制、申报义务】

概 要

作为实现“促进公平且自由的竞争”的手段之一，《反垄断法》在目的条款（第 1 条）中设置了“防止业务支配力的过度集中”的内容。本条规定就是对此作出的回应。

1. 业务支配力集中规制的历史沿革

最初的《反垄断法》在第 9 条中规定“不得设置控股企业”，禁止设立以通过持有股份的方式支配其他公司经营活动为主要业务的控股公司（与下文的业务持股公司相对，仅指纯粹的控股公司），此外还在第 10 条中规定，经营金融业以外业务的业务公司不得取得其他公司的股份，即禁止设立业务控股公

司。上述规定是为避免第二次世界大战后财阀支配日本经济主要部门的状况再度发生而设置的。

1949年第10条的内容被修订，在不产生限制竞争效果的情形下允许取得、持有其他公司的股份，在这一阶段，业务控股公司获得了认可。

在20世纪90年代中期，基于一律禁止控股公司的设立有碍公司业务重组构筑的顺利实施，如第二次世界大战前的财阀已经难以再出现、在主要国家中没有相同规定的存在等理由，作为缓和规制的一个环节，日本开始对控股公司禁止制度进行重新审视。据此，在1997年9月的修订中，仅对会造成业务支配力过度集中的控股公司的设立予以禁止，在这一阶段，纯粹控股公司的设立在原则上也开始变得自由化了。

由于对企业集团核心力量——大规模企业（除金融企业外主要为综合商社）持有股份进行一定的限制能够达到防止业务支配力过度集中、抑制企业的系列化和集团化发展的效果，在1977年《反垄断法》的修订中规定，对于资本金额在100亿日元以上、纯资产在300亿日元以上（1995年以后分别上调至350亿日元和1400亿日元）的大规模企业，不得拥有超过自身资本金额以及纯资产金额的国内股份（旧法第9条之2）。

伴随1997年第9条的修订，该条与第9条之2的规定之间的整合性问题受到关注。经讨论，2002年5月扩大了第9条的规制对象企业范围以应对大规模企业的控股规制，而第9条之2的规定则在本次修订中被删除。

对于第9条以及下文将分析的第11条的违法行为，除依据第17条之2的规定责令处分股份等外，还可以适用其他处罚规定（第91条等）。

第9条以及第11条追究的并不是在特定市场上是否具有反竞争性或是否使用不正当手段，其与《反垄断法》第4章中的其他企业合并规制（该规制也被称为“市场集中规制”）不同，因此被称为一般集中规制。

此外，对于第9条存在的意义，公平交易委员会指出，由于会导致市场集中规制等无法覆盖的不利于市场竞争的影响出现以及会导致将来业务支配力过度集中的盖然性出现，有必要设置本条内容［公平交易委员会《关于废除反垄断法第

9 条一般集中规制所产生的现实弊害》（2015 年 3 月 31 日）］。

2. 禁止造成业务支配力过度集中的公司设立等

本条禁止造成业务支配力过度集中的公司设立（第 1 款）以及向该类公司的转变（第 2 款）。对本条规定，公平交易委员会在 2002 年 11 月发布了《关于业务支配力过度集中的公司的思考》，并对“市场支配力过度集中”作出了如下说明。

（1）企业集团的形态。

①综合业务规模在多个业务领域显著较大。

②资金相关交易对其他经营者的影响力显著较大。

③在多个相互关联的业务领域分别占据有利的地位。

须满足上述任一要件。

（2）对国民经济产生重大影响。

（3）妨碍“促进公平且自由的竞争”。

在全部满足上述要件（第 9 条第 3 款）的基础上，如满足下列第一类至第三类中的任一类型的情形就会被视为“造成业务支配力过度集中的公司”而被禁止设立。但是，分公司的情形、风险资本的情形、金融公司进入不同行业的情形以及小规模的情形（公司与子公司的总资产不足 6000 亿日元）则属于例外，不构成业务支配力过度集中。

第一类：企业集团的总资产额合计超过 15 兆日元并且在 5 个以上营业额超过 6000 亿日元的经营领域分别收购总资产超过 3000 亿日元的公司的情形。

第二类：单独总资产额超过 15 兆日元的大规模金融公司收购金融业以及与金融业紧密关联的业务以外的经营领域的总资产超过 3000 亿日元的公司的情形。

第三类：通过分别收购在原则上具有相互关联性且营业额超过 6000 亿日元的 5 个以上经营领域的经营者（营业额份额超 10% 的公司）而对国民经济产生重大影响的情形。

此外，在控股公司及其子公司的总资产超过 6000 亿日元（银行等为 8 兆日元，其他公司为2兆日元）的情形下，应当在其设立之日起的30日内向公平交易委员会申报（第7款），且应当在每个经营年度结束之日起的3个月内向公平交易委员会提交该控股公司（该银行等）及其子公司的业务报告。

◆ 企业合并规制

1. 日本的企业合并规制

主要国家的竞争法在规制卡特尔和垄断行为的同时，也禁止造成市场支配效果的企业合并。在日本，如果持有公司股份（第10条）、董事兼任（第13条）、持有公司以外经营者的股份（第14条）、合并（第15条）、共同新设分立或吸收分立（第15条之2）、共同股份转移（第15条之3）、受让业务（第16条）（上述下文统称企业合并）会在一定的交易领域造成实质性限制竞争的效果（或者通过不公平的交易方法的情形），该企业合并就会被禁止。

对于当事经营者提交申报的企业合并，公平交易委员会在认可后如判断该合并行为违法并命令恢复原状往往不大现实，因此对于超过一定营业规模的企业合并，采取了事前申报制度（但是相对容易恢复原状的"董事兼任"则不在对象范围内）。

对于当事经营者申报的企业合并案件，公平交易委员会按照图4–1的流程，在一定期间内对该合并行为是否会在一定的交易领域造成实质性限制竞争的效果（问题的有无）进行判断，并告知经营者。如果公平交易委员会判断该企业合并"有可能在一定的交易领域造成实质性限制竞争的效果"，则会告知当事经营者。在这一情形下，当事经营者不得不就是对公平交易委员会指出的问题准备解决措施予以回应还是放弃该企业合并进行判断。如果企业合并被禁止而当事经营者依旧强行实施，公平交易委员会除下达排除措施命令（第17条之2）外，还可以对其适用其他处罚规定（第91条等）。

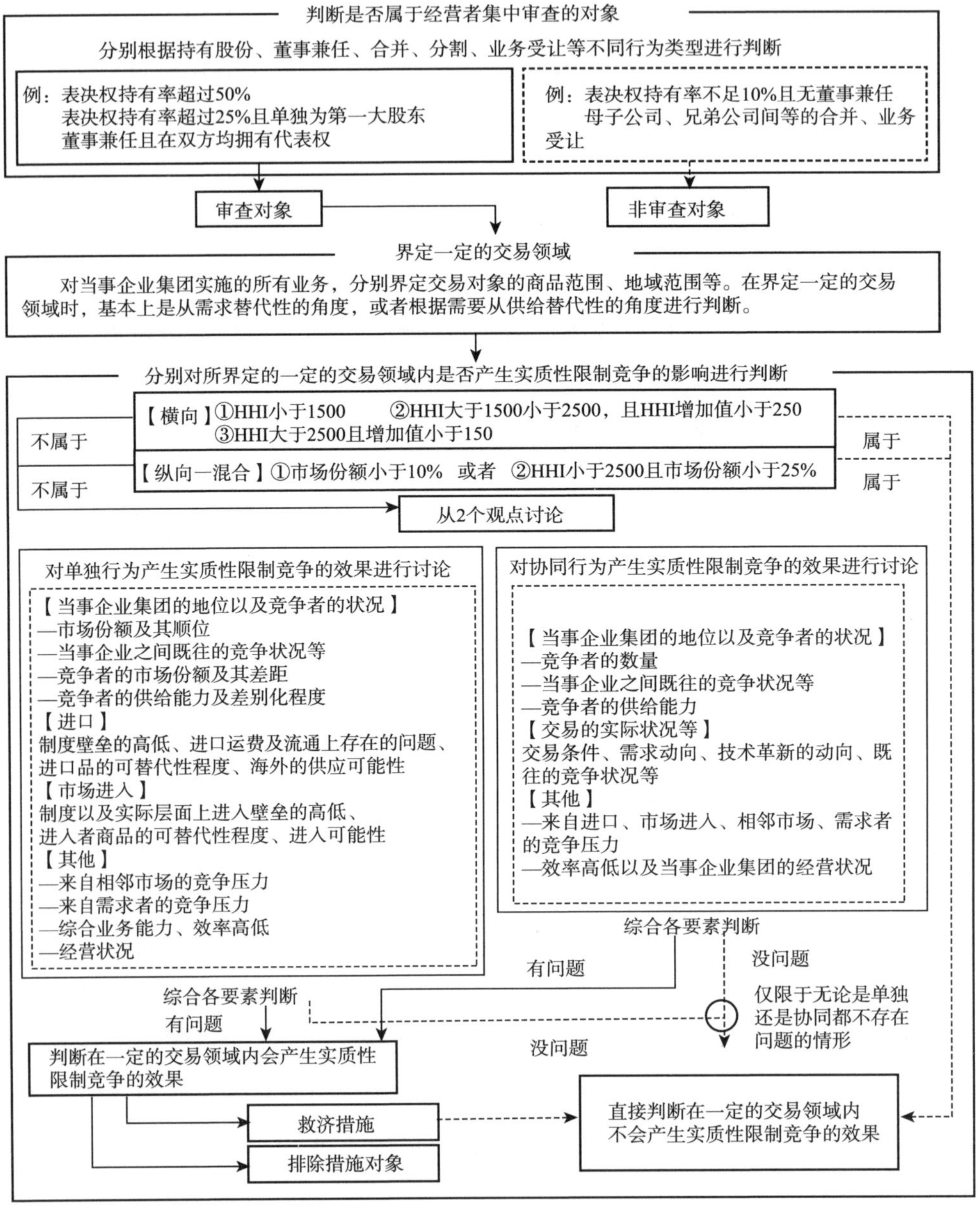

注：HHI，赫芬达尔—赫希曼指数。

图 4–1　企业合并审查流程

资料来源：《企业合并指南》

2.《企业合并指南》的概要

公平交易委员会于2004年5月制定的《企业合并指南》中，对企业合并审查涉及的“一定的交易领域”以及“实质性限制竞争”的解释标准作出了具体说明。该指南无论是对运用企业合并禁止规定（第10条、第13条至第16条）的公平交易委员会官员，还是对计划实施企业合并的经营者而言都极其重要。

此外，公平交易委员会企业合并的审查对象原则上包含如下，股份持有企业集团拥有股份发行公司50%以上有表决权股份的情形（但不包含在股份发行公司设立时取得股份的情形）；股份持有企业集团拥有股份发行公司20%以上有表决权的股份，且该表决权持有比例位列第一的情形[《企业合并指南》第1的1（1）]。

（1）一定的交易领域

正如在第2条第5款（私人垄断）以及第2条第6款（不正当限制交易）中所分析的，“一定的交易领域”在经济学上称为“市场”，是经营者竞争的“场所（范围）”、是限制竞争的“场所（范围）”。对于作为事后规制的私人垄断和不正当限制竞争而言，限制竞争的“场所（范围）”可以根据所实施的行为进行事后认定，但是对于作为事前规制的企业合并而言，限制竞争的“场所（范围）”则需要公平交易委员会在事前进行界定。

《企业合并指南》指出：“一定的交易领域是判断企业合并是否会产生限制竞争效果的范围，对于一定的交易的对象商品范围（包含服务，下同）、交易的地域范围等，原则上从需求者的替代性角度进行判断。在必要时还可以考虑供给者的替代性。”（第2的1）。

对于“商品范围”，是“从需求者的角度判断产品的替代性进而进行界定。而商品的可替代程度在多数情形下与该商品的用途等的同类程度相一致，因此，多数情形下可以根据该标准进行判断”。此外，对于“地域范围”，是“从需求者的角度对各地区供给商品的替代性进行判断。而各地区供给商品的替代性在多数情形下可以根据需求者和供给者的行动以及该商品的运送等是否存在问题进行判断”。

（2）关于“产生实质性限制竞争的效果”的说明

《企业合并指南》引用了“东宝、新东宝案件”高等法院判决中的判断指出，“实质性限制竞争是指，减少竞争，使得特定的经营者或经营者团体能根据其意思在某种程度上自由地左右价格、品质、数量及其他条件，并因此出现或至少将会出现能够支配市场的状态”，而“产生……效果”并不要求企业合并一定会在实质上限制竞争，只要容易导致这一状况的出现即可。

此外，该指南还指出，企业合并包含横向合并、纵向合并和混合合并3种类型，其中，横向合并产生限制竞争效果的可能性较大，而纵向合并和混合合并与横向合并相比对竞争造成的影响较小，只要其不通过封锁市场、排他或协同行为等产生实质性限制竞争的问题，通常不会对一定的交易领域造成实质性限制竞争的效果。

下文将主要针对横向合并产生实质性限制竞争效果的情形进行说明。

①单独行为产生实质性限制竞争效果的判断标准

《企业合并指南》采用的是因单独行为产生实质性限制竞争效果以及因协同行为产生实质性限制竞争效果的方式进行分析。其判断因素主要如下：

Ⅰ当事经营者集团的市场份额及竞争者状况。

ⅰ市场份额及其顺位。

ⅱ当事经营者间既往的竞争状况等。

ⅲ共同出资企业的处理（将特定业务部门全部整合至共同出资企业，如果与出资企业的业务相分离，那么出资企业与共同出资企业之间的关联性就较低。但是，如果只是将商品的生产部门整合至共同出资企业，而出资企业继续负责该商品的销售，那么在出资企业之间通过共同出资企业产生协调关系的情形下，应当根据出资企业的合计市场份额来判断可能对竞争产生的影响）。

ⅳ与竞争对手市场份额的差距（在市场份额存在较大差距的情形下，竞争对手的牵制能力就较弱）。

ⅴ竞争对手的供给能力及其替代性（供给者的供给能力较弱则其牵制力就无法发挥作用。在商品存在差异的情形下，市场份额的差距即便不大，该企业合并对竞争带来的影响也不小）。

Ⅱ 进口（是否存在进口压力）。

Ⅲ市场进入（市场进入是否容易）。

Ⅳ 来自相邻市场的竞争压力。

Ⅴ 来自需求者的竞争压力。

Ⅵ 综合业务能力（合并后当事经营者竞争能力的显著提高是否会对竞争对手开展竞争带来困难）。

Ⅶ 效率性（合并后效率的提高能否预测当事企业集团将实施竞争性行为）。

Ⅷ 当事企业集团的经营状况（是否存在因业绩不振退出市场的可能性）。

②不会产生实质性限制竞争效果的情形

对于横向集中是否会产生实质性限制竞争效果，应当依个案进行判断。但在下列情形下，通常不认为会产生实质性限制竞争效果。

Ⅰ企业合并后的赫芬达尔—赫希曼指数（以下简称 HHI，依据市场份额平方之和计算）小于 1500 的情形。

Ⅱ企业合并后的 HHI 大于 1500 小于 2500，且 HHI 的增加值小于 250 的情形。

Ⅲ企业合并后的 HHI 超过 2500，且 HHI 增加值小于 150 的情形。

此外，企业合并后的 HHI 小于 2500，且企业合并后当事企业集团的市场份额小于 35% 的情形下，通常认为其产生实质性限制竞争效果的可能性较小。

③协同行为产生实质性限制竞争效果的判断标准

对于因协同行为产生实质性限制竞争效果，应综合考虑如下因素进行判断：当事企业集团的地位及竞争对手的状况（竞争对手的数量、当事经营者间既往的竞争状况等、竞争对手的供给能力等）；交易的实际状况等（交易条件等、需求动向、技术革新动向、既往的竞争状况）；来自进口、市场进入以及相邻市场的竞争压力；效率性以及当事企业集团的经营状况等。

（3）救济措施的类型

要解决因企业合并造成的在一定的交易领域实质性限制竞争的问题，最有效的措施就是创造出新的独立的竞争对手，或者强化现有竞争对手让其具备有效的牵制力。而相应的措施包括，转让当事企业集团业务部门的全部或部分、解除与当事企业集团具有合并关系的企业的合并关系等。此外，还有促进进口、市场进入的措施，与当事企业集团行为相关的措施。例如，在由共同出资企业负责生产、出资企业负责销售的情形下，采取切断共同出资企业之间就该商品销售的信息交换来解决因企业合并带来的在一定交易领域的实质性限制竞争的问题。

第 10 条【公司股份持有的限制、申报义务】

概 要

本条是关于禁止公司通过取得或持有其他公司股份的方式支配市场的规定。

1. 概要

本条禁止公司实施通过取得或持有其他公司股份的方式在一定的交易领域内进行实质性限制竞争的行为。此外，公司通过间接取得或持有其他公司股份的方式支配市场的行为，作为规避本款规定的行为在第 17 条中被禁止。

2. 本条的适用案例

（1）违法案例

本条的违法案例主要有广岛电铁案（公取委同意审决昭和 48・7・17 审决集第 20 卷第 62 页）。

①违法行为的概要

广岛电铁取得广岛巴士已发行股份总数 13 万股中约占 85% 的 11 万股的行为，被认定违反第 10 条第 1 款的规定。

②排除措施

责令处分所取得的广岛巴士 11 万股中的 8.5 万股。

（2）运用案例

公平交易委员会在每年 6 月左右会发布前一年度主要的企业合并规制的运用案例，其中就包含了限制持有公司股份的相关案例。下文在对近期处理的第 10 条第 1 款相关案例进行介绍的同时，也会对《企业合并指南》中的“一定的交易领域”“实质性限制竞争”“救济措施”如何在这些案例中进行解释和运用进行分析。

①与第 10 条第 1 款相关的主要运用案例

Ⅰ铁矿石生产销售企业设立共同出资企业[①]

铁矿石生产销售企业必和必拓公司和力拓公司计划在西澳大利亚设立铁矿石生产合资企业。对此，公平交易委员会指出，该项合并将会对依靠全球海上贸易供应铁矿石中的块矿和粉矿生产销售业务带来实质性限制竞争的影响。其后，两家当事企业宣布撤回该项计划。

本案当时是在与澳大利亚、欧盟、德国以及韩国竞争执法机构保持联系的过程中推进审查的。

Ⅱ硬盘驱动器制造销售业务的整合[②]

西部数据（总部位于英属开曼群岛，以下简称 WDI）计划收购 Viviti 科技有限公司的股权。对此，公平交易委员会指出，该项股权收购将会对应用于电脑、家电用 3.5 寸硬盘的制造销售领域带来实质性限制竞争的影响。其后，WDI 向公平交易委员会提交了包含转让硬盘业务等内容在内的救济措施。公平交易委员会指出，如果该救济措施得以实施，该股权收购将不会产生实质性限制竞争的影响。

本案当时是在与美国、韩国竞争执法机构保持联系的过程中推进审查的。

Ⅲ曝光装置厂商的纵向整合[③]

总部位于荷兰、从事半导体制造前一工序中使用的曝光装置的 ASML 集团旗下的美国 ASML 公司（以下简称美国 ASML）计划与 SAIMAA INK 公司（以下简称 SAIMAA）进行整合。本案是有关纵向合并的案例。

对此，公平交易委员会向美国 ASML 指出了下列问题，包括可能存在“投入封锁”的问题，即美国 ASML 的竞争厂商有可能受到 SAIMAA 在交易上的不公平

① 2011 年企业合并案例 1。

② 2012 年企业合并案例 6。

③ 2013 年企业合并案例 4。

对待；可能存在“顾客封锁”的问题，即在与美国ASML的交易过程中，SAIMAA的竞争厂商有可能受到不公平对待；可能存在“获取秘密信息”的问题，即美国ASML和SAIMAA可能利用其分别从竞争对手处获得的秘密信息使竞争厂商处于不利的市场地位。

其后，美国ASML向公平交易委员会提交了救济措施。基于此，公平交易委员会最终认为本案收购将不会产生实质性限制竞争的影响。

本案当时是在与美国、韩国竞争执法机构保持联系的过程中推进审查的。

Ⅳ永旺（AEON）对大荣（DAIEI）的股权取得[①]

经营超市业务的永旺集团计划以公开收购的方式收购大荣的股份，并将该公司作为旗下的子公司。对此，公平交易委员会指出，本案股权收购完成后，当事公司的店铺与竞争经营者中具有竞争力的店铺之间仍然可以保持活跃的竞争，且市场进入压力以及来自相邻市场的竞争压力都能在一定程度上发挥作用，据此认定本案通过当事公司的单独行为以及与竞争经营者的协同行为进行的股权收购并不会造成实质性限制竞争的影响。

Ⅴ石油总经销商的整合（出光整合·JX整合）[②]

出光计划收购昭和SHELL超过20%的有表决权的股份（以下简称出光整合），此外，JX计划收购东燃通用超过50%的有表决权的股份（以下简称JX整合）。由于出光整合与JX整合同时期进行，公平交易委员会采取了基于JX整合对出光整合进行审查以及基于出光整合对JX整合进行审查的方式。

公平交易委员会根据当事公司之间的竞合以及交易关系对大约45个交易领域进行了审查。其中，对于丙烷气、丁烷气、汽油、煤油、轻油以及A重油的各总经销业务，公平交易委员会指出，如果相关救济措施得以实施，两项整合均不会产生实质性限制竞争的影响。

---

① 2014年企业合并案例9。

② 2017年企业合并案例3。

②第 10 条第 1 款的主要运用案例中对“一定的交易领域”的判断

Ⅰ商品、服务的范围

ⅰ铁矿石生产销售企业设立共同出资企业[①]

本案将铁矿石的 3 个种类“块矿”“粉矿”“颗粒”中当事经营者市场份额较低、市场影响力较小的“颗粒”剔除，界定“块矿”“粉矿”为本案的产品范围。

ⅱ硬盘驱动器制造销售业务的整合[②]

本案从需求替代性角度界定了包括电脑、家电用 3.5 寸硬盘，电脑、家电用 2.5 寸硬盘，商用 3.5 寸硬盘，关键任务用 2.5 寸硬盘，关键任务用 3.5 寸硬盘共计 5 个领域的产品市场。

ⅲ曝光装置厂商的纵向整合[③]

本案认为，曝光装置中使用的 KrF 光源和 ArF 光源在分辨能力和价格区间上均存在差异，从作为需求者的曝光装置的制造销售商的角度来看，二者之间不存在替代性，因此分别认定“KrF 光源”以及“ArF 光源”为相关产品市场。

ⅳ永旺（AEON）对大荣（DAIEI）的股权收购[④]

由于在生鲜食品等的齐全度上存在明显差距，区别于便利店、药妆店、家居中心等市场，本案将包含综合超市以及食品超市在内的“超市业”界定为服务范围。

ⅴ石油总经销商的整合（出光整合·JX 整合）[⑤]

根据液化气主要成分的不同可以分为丙烷气和丁烷气，二者在主要用途和沸点上均存在差异，对于物流、保管以及最终需求者使用所需的设备要求也均存在差异，因此二者之间的需求替代性有限。此外，丙烷气和丁烷气对制造设备和制造方法的要求也存在差异，因此不具有供给可替代性。最终，本案将产品范围分布界定为“丙烷气”和“丁烷气”。

---

① 2011 年企业合并案例 1。

② 2012 年企业合并案例 6。

③ 2013 年企业合并案例 4。

④ 2014 年企业合并案例 9。

⑤ 2017 年企业合并案例 3。

Ⅱ 地域范围

ⅰ铁矿石生产销售企业设立共同出资企业①

由于日本国内交易的铁矿石全部都是通过海上贸易供应的，而通过海上贸易供应铁矿石的供应商又几乎都在世界范围内向需求者供应铁矿石等，本案最终界定地域范围为“全球海上贸易市场”。

ⅱ硬盘驱动器制造销售业务的整合②

在全球范围内硬盘实际上都是以同等的价格销售，对于日本国内及国外的硬盘需求者而言，与日本国内及国外的硬盘厂商的交易并不存在差别，因此本案界定地域范围为“全球”。

ⅲ曝光装置厂商的纵向整合③

光源厂商在全球范围内销售实际上价格同等的光源，对作为需求者的日本国内及国外的曝光装置制造销售商而言，国内外光源在使用上并不存在差别，因此本案界定地域范围为“全球”。

ⅳ永旺（AEON）对大荣（DAIEI）的股权收购④

根据各店铺的选址情形、规模等，将各店铺作为商圈所考虑的圆形范围（尽管各店铺情况存在差异，但是大概是在以店铺为中心半径在500~3000m的圆形范围内）界定为地域范围。

ⅴ石油总经销商的整合（出光整合·JX整合）⑤

总经销商与批发商之间的液化气交易价格通常是根据一定的公式计算得出，批发商无论是在日本的任何地区购买，其购买价格都大体相同，且从运费的角度考虑，运送的范围大概是在炼油厂或进口基地（初级基地）所在区域（北海道、东北、关东、中部、近畿、四国、九州以及冲绳）范围内，可能分别在各区域形成液化气的总经销市场。因此本案界定的地域范围为“日本全国”以及“各区域”

① 2011年企业合并案例1。

② 2012年企业合并案例6。

③ 2013年企业合并案例4。

④ 2014年企业合并案例9。

⑤ 2017年企业合并案例3。

的双重市场。

③第 10 条第 1 款的主要运用案例中对“实质性限制交易”的判断

Ⅰ因单独行为实质性限制竞争

ⅰ铁矿石生产销售企业设立共同出资企业[①]

本案认定双方当事人具有扩张生产能力以及减弱销售竞争刺激的可能，双方当事人在块矿领域的市场份额为55%~60%、在粉矿领域的市场份额为40%~45%，市场上不存在有力的竞争对手，且不存在效率提高的可能等。因此认定具有实质性限制竞争的可能性。

ⅱ硬盘驱动器制造销售业务的整合[②]

本案股权收购实施后，当事经营者通过减少自身电脑、家电用 3.5 寸硬盘的供应量容易给市场带来影响；由于竞争对手供给余力不足，且无法预见今后需求增加的可能性，竞争对手提高生产能力的诱因较小，无法对当事经营者的价格上涨产生牵制作用；硬盘需求者的供应商仅有当事经营者及另外 1 家竞争对手，变更电脑、家电用 3.5 寸硬盘的供应商或灵活调整供应比例存在困难。因此，当事经营者可以单独对电脑、家电用 3.5 寸硬盘的供应量进行限制，在一定程度上容易出现自由左右硬盘价格的状况，在一定的交易领域具有实质性限制竞争的可能性。

ⅲ曝光装置厂商的纵向整合[③]

SAIMAA 在上游市场占据较高的市场份额，且竞争对手较少，在其仅向美国 ASML 进行垄断供应的情形下，将抢走美国 ASML 竞争对手的光源供应商，给竞争带来较大的影响。

Ⅱ因协同行为实质性限制竞争

ⅰ硬盘驱动器制造销售业务的整合[④]

在电脑、家电用 3.5 寸硬盘市场上，由于仅有 1 家竞争对手，可以较为容易地预测双方的行动；双方的市场份额分别约占 50%，二者在利害上容易形成一致；

① 2011 年企业合并案例 1。

② 2012 年企业合并案例 6。

③ 2013 年企业合并案例 4。

④ 2012 年企业合并案例 6。

在竞争对手通过限制供应量提高价格的情形下能够同样对供应量进行限制等予以应对，具有较高的与竞争对手协同限制供应量、提高价格的盖然性；市场进入压力未能有效发挥作用；对需求者而言变更供应商或灵活变更供应比例均存在困难。基于以上，由于来自需求者的竞争压力无法有效发挥作用等，本案股权收购实施后，容易出现当事经营者与竞争对手协同在一定程度上左右该硬盘价格的状况，在一定的交易领域具有实质性限制竞争的可能性。

ⅱ石油总经销商的整合（出光整合・JX 整合）①

尽管来自 A 重油的竞合产品（电气、城市燃气等）相邻市场的竞争压力能在一定程度上发挥作用，但受限于转换成本和转换期间无法立即进行大幅的转换，对协同行为的牵制力无法充分地发挥。因此，两项整合中，出光和 JX 可能通过与竞争对手的协同行为对 A 重油总经销领域的竞争造成实质性限制的影响。

④从第 10 条第 1 款的主要运用案例来看对“救济措施”的判断

Ⅰ硬盘驱动器制造销售业务的整合②

本案中，当事经营者就电脑、家电用 3.5 寸硬盘提交了 5 项救济措施，包括转让相当于市场份额 10% 的数量的制造设备；允许受让方使用制造销售所必要的知识产权；根据受让方的需求，在一定期间以受让方具有一定竞争力的价格向受让方供应硬盘零件；以相对于西部数据的独立性、维持和发展转让业务所需的资金实力、专业性、动力等为标准选定受让方，并在与受让方签订协议后向公平交易委员会报告具体的受让方；转让的施行期限是 3 个月。对此，公平交易委员会指出，在实施本案救济措施的前提下，当事经营者的单独行为或与竞争对手的协同行为不会在一定的交易领域产生实质性限制竞争的影响。

Ⅱ石油总经销商的整合（出光整合・JX 整合）③

本案中，公平交易委员会指出 4 家公司可能通过协同行为对液化气总经销领域的市场竞争带来实质性限制的影响。对此，出光提出了在 3 个月以内将昭

① 2017 年企业合并案例 3。
② 2012 年企业合并案例 6。
③ 2017 年企业合并案例 3。

和 SHELL 所持有的 GYXIS 的股份转让以确保出资比例低于 20%，辞去 GYXIS 中来自昭和 SHELL 的董事等措施，而 JX 提出了在 3 个月内转让东燃通用所持有的 GYXIS 的全部股份，全部撤回赴 GYXIS 任职的董事等措施。

此外公平交易委员会还指出，在汽油、煤油、轻油以及 A 重油的主燃油的各总经销领域，进口压力等竞争压力无法有效地发挥作用，因此可能产生实质性限制竞争的影响。对此，当事经营者提出了如下措施，包括采取替代石油总经销商以外的经营者承担在进口主燃油之际被附加的储备义务等促进进口的措施；明确约定不以已进口主燃油为理由在主燃油的销售过程中对交易对象采取不利措施等。

对此，公平交易委员会指出，在实施上述救济措施的前提下不会在一定的交易领域产生实质性限制竞争的影响。

而第 10 条第 2 款（以及基于此的政令）中还规定，国内营业额合计超过 200 亿日元的公司；收购股份发行公司及其子公司的国内合计营业额超过 50 亿日元的股份发行公司的股份；持有有表决权股份比例超过 20% 或 50% 的情形下的股权收购，必须事前向公平交易委员会申报。

在申报受理之日起的 30 日内，原则上股权收购公司不得取得申报所涉及的股权（第 10 条第 8 款）。

第 11 条【银行或保险公司表决权持有的限制】

概 要

作为实现“促进公平且自由的竞争”的手段之一，《反垄断法》在目的条款（第 1 条）中设置了“防止业务支配力的过度集中”的内容，本条与第 9 条均是对此作出回应的规定。

本条是鉴于金融公司通过提供资金以及持有股份的方式支配业务公司并对日本经济的民主运营带来阻碍的历史，为防止金融公司业务支配力过度集中而设置的规定。

本条与第 9 条相同属于一般集中规制，但是同时又具有防止特定市场发生竞争问题的作用，因此在这一意义上也具有市场集中规制的一面。

最初的《反垄断法》在第 11 条中禁止金融公司（指银行业、信托业、保险业、信贷业、证券业。而信用金库、信用合作社因不属于公司而不在对象范围内）收购其他公司发行股份总数超过 5% 的股份。在 1953 年的修订中，该持股比例的上限从 5% 提高至 10%。而在 1977 年的修订中，又将持股比例的上限从 10% 再次恢复至 5%（鉴于保险公司作为资产运用持有股份等，将其比例固定在 10%），并在 2002 年的修订中将规制对象缩小为银行和保险公司，将证券业等排除在规制对象范围外。此外，在 2001 年的《商法》修订中，将原规定的包含无表决权股份的持有比例变更为有表决权股份持有比例。

而被认为不具有导致业务支配力过度集中等可能性的例外情形，包含如下：

（1）根据公平交易委员会规则事先获得公平交易委员会许可的情形（第 11 条第 1 款但书）；

（2）银行、保险公司作为业务取得股份等（同款第 1~5 项）；

（3）作为不会限制其他国内公司经营活动的情形而由公平交易委员会规则所规定的情形（同款第 6 项）。

对于在事前获得公平交易委员会许可的情形［上述（1）］，应根据公平交易委员会在 2002 年发布的《关于反垄断法第 11 条规定中金融公司表决权持有等的许可的思考》进行认可。

第 12 条　删除（2012 年 6 月法律第 214 号）

第 13 条【董事兼任的限制】

概 要

本条禁止通过公司董事或员工兼任（不包含派遣、借调等）其他公司董事的方式在一定的交易领域实质性限制竞争的行为。

1. 禁止公司董事或员工兼任其他公司董事并参与经营，造成支配市场的行为

在《企业合并指南》中，对董事兼任设置了如下安全港条款［《企业合并指南》第 1 的 2（4）①］。

（1）仅是由无代表权的人进行的兼任，且在所兼任的当事公司中，其他当事公司的董事或者员工在董事总数中的占比小于 10% 的情形。

（2）仅是在表决权持有比例在 10% 以下的公司间，由非专职董事进行的兼任，且在所兼任的当事公司中，其他当事公司的董事或者员工在董事总数中的占比小于 25% 的情形。

2. 适用案例

"广岛电铁案"（公取委同意审决昭和 48・7・17 审决集第 20 卷第 62 页）（参考案例 7）。

第 14 条【公司以外经营者股份持有的限制】（略）

第 15 条【合并的限制、申报义务】

概 要

本条规定禁止在一定的交易领域产生实质性限制竞争影响的合并行为。

1. 第 15 条第 1 款

关于“在一定的交易领域”以及“实质性限制竞争”，请参考前文“企业合并规则”部分的相关说明。

（1）第 15 条第 1 款第 1 项的主要运用案例

Ⅰ新日本制铁与住友金属工业的合并[①]

对于从事钢铁产品制造、加工的当事公司的本次合并，公平交易委员会对无方向性电磁钢板、钢矢板等约 30 个交易领域进行了审查，并指出，本次合并可能实质性限制无方向性电磁钢板以及高压气体管道工程业务的市场竞争，但是如果按照当事公司提出的救济措施实施将不会产生实质性限制竞争的影响。而对于除上述以外的交易领域，公平交易委员会则认为本次合并的实施不会产生实质性限制竞争的影响。

Ⅱ古河斯凯与住友轻金属工业的合并[②]

对于从事铝压延产品制造销售等业务的当事公司的合并计划，公平交易委员会认为，本次合并的实施对于铝板制品、铝箔制品、纯铜管等领域均不会产生实质性限制竞争的影响。

Ⅲ全家与 UNY 的经营整合[③]

在本次合并中，从事便利店业务的全家拟作为存续公司、UNY 拟作为消亡公司进行整合（合并后的全家称为“整合公司”），其后，再通过吸收分立将 UNY 的全资子公司 CIRCLE K SUNKUS（CSK）作为继承公司，由 CSK 继承整合公司的便利店业务。公平交易委员会认为，本次整合并不会对便利店领域带来实质性限制竞争的影响。

Ⅳ雅培制药与圣犹达医疗（SJM）的合并[④]

双方当事公司总部均位于美国，计划将从事保健品研究、开发、制造以及销售的雅培制药的子公司与从事心脏血管用医疗器械的研究、开发、制造以及销售

① 2012 年企业合并案例 2。

② 2013 年企业合并案例 3。

③ 2016 年企业合并案例 9。

④ 2017 年企业合并案例 9。

的圣犹达医疗合并。尽管公平交易委员会认为本次合并将在一定的交易领域产生实质性限制竞争的影响，但是如果采取当事公司提出的救济措施则可以避免上述限制竞争影响的出现。

本案当时是在与韩国公平交易委员会互相交换信息的过程中推进审查的。

（2）第 15 条第 1 款第 1 项的主要运用案例中对“一定的交易领域”的判断

Ⅰ商品、服务范围

ⅰ新日本制铁与住友金属工业的合并[①]

本案中替代钢矢板施工工艺的工艺是混凝土墙施工工艺。在钢矢板价格相对上涨的情形下，可以将钢矢板的施工工艺转换为混凝土墙施工工艺使用，甚至将包含上述工艺在内的挡土施工工艺整体界定为商品市场也并非不可。但基于作为挡土以及止水等的手段的钢矢板施工工艺在日本国内得到更广普及这一市场特征，以及日本国内需求者对钢矢板施工工艺与其他施工工艺之间替代性的认识，最终将商品范围界定为“钢矢板”。

ⅱ古河斯凯与住友轻金属工业的合并[②]

对于本案涉及的铝板制品，从需求者的角度来看，饮料罐盖以及易拉罐的引出板不具有替代性，从供给者的角度来看，其不仅需要具备一定规模的制造设备，还需要涂抹保护材料这一工序以防止因接触饮料造成腐蚀，因此也不具有替代性，独立构成一类商品范围。但除此以外的板制品虽不存在需求可替代性，但可以在同一制造设备上生产，具有供给可替代性，形成同一商品范围。因此，本案将商品范围分别界定为“板制品（一般材料）”以及“板制品（引出板）”。

ⅲ全家与 UNY 的经营整合[③]

由于同一连锁便利店加盟店之间多是依据总部提示的建议价格、建议商品进行销售，相互之间的竞争有限，而各连锁便利店之间通过加盟店开展竞争，且与超市等其他零售店相比在便利性、商品齐全性、价格区间等均存在差异，消费者

① 2012 年企业合并案例 2。

② 2013 年企业合并案例 3。

③ 2016 年企业合并案例 9。

会根据其目的区分利用便利店及其他业态的零售店，因此认定便利店业与其他业态的零售店之间的替代性有限，将本案的服务范围界定为“便利店业”。

ⅳ雅培制药与圣犹达医疗（SJM）的合并[①]

在插管治疗时填塞患者动脉开孔的装置有通路辅助装置（CAD）以及血管通路装置（VCD）。雅培制药销售的是小型 VCD，而圣犹达医疗销售的是 CAD 以及小型 VCD。

公平交易委员会指出，在全球医疗实务中，对于超过 8fr 的大型血管闭塞通常通过外科缝合或使用大型 VCD 的方法、对于 8fr 以下的小型血管闭塞通常通过手动压迫或使用 CAD 以及小型 VCD 的方法进行救治，因此在大型 VCD 与小型 VCD 之间不存在需求替代性；在难度较高的手术中，多数会从血管较粗的脚插入导管，而只有小型 VCD 可以插入脚的血管，此外，与小型 VCD 无法从手和脖子的血管插入相比，CAD 可以在脚、肘和手腕上使用，CAD 与小型 VCD 之间也不存在需求替代性。据此，将商品范围界定为“小型 VCD”。

Ⅱ地域范围

ⅰ新日本制铁与住友金属工业的合并[②]

对于无方向性电磁钢板，由于国内需求者反映即便国内厂商将价格提高 5%~10% 其也无法转换至国外的厂商，且国内的交易价格与在东亚各国交易的价格之间不存在联动关系，提出国外厂商的供应价格也无法实现与国内厂商的价格交涉，此外，从日本国内厂商在日本的市场份额较高、在东亚的市场份额较低等情形来看，无方向性电磁钢板的地域范围不应被界定为东亚而应被界定为“日本全国”。

ⅱ古河斯凯与住友轻金属工业的合并[③]

对于铝板制品，日本的铝产品与东亚进口产品之间存在一定的价格差距，且需求者中多数认为日本的铝产品与东亚进口产品质量不同，因此认定铝板制品的

---

① 2017 年企业合并案例 9。

② 2012 年企业合并案例 2。

③ 2013 年企业合并案例 3。

地域范围不包含东亚地区而仅限于“日本全国”。

ⅲ全家与 UNY 的经营整合[①]

本案认定以店铺为中心半径 500 米范围为便利店的商圈，因此将地域范围界定为以当事经营者便利店为中心半径 500 米的范围。

（3）第 15 条第 1 款第 1 项的主要运用案例中对“实质性限制交易”的判断

Ⅰ因单独行为实质性限制竞争

ⅰ新日本制铁与住友金属工业的合并[②]

本次合并实施后当事经营者在无方向性电磁钢板市场上将拥有约 55% 的市场份额，而对于高品质的产品，国外厂商并没有制造国内需求者在国内市场所寻求的高品质产品，不存在进口压力，由此可以认定容易出现当事经营者在一定程度上对价格进行单独地自由操控的状况，具有产生限制竞争效果的可能性。

ⅱ古河斯凯与住友轻金属工业的合并[③]

本次合并实施后，合并公司在板制品（引出板）市场将拥有 70% 的市场份额，鉴于作为需求者的饮料罐厂商会一同购买引出板以及饮料罐侧面和底部所使用的罐身材料，而罐身材料市场上存在其他有力的供应商，需求者在当事经营者提高价格后可以变更罐身材料的采购对象，因此，来自需求者的竞争压力能有效发挥；从现实情形来看，作为需求者的饮料罐厂商出于对东亚地区铝制品质量以及供应稳定性上的不安并不从东亚地区进口，但是东亚地区铝制品的品质与当事经营者的产品相比毫不逊色，且不认定存在其他有碍进口的原因，本案认定合并后不会导致合并公司在一定程度上对价格进行单独地自由操控的状况，不具有产生限制竞争效果的可能性。

ⅲ全家与 UNY 的经营整合[④]

本案运用了综合涨价压力指数（GUPPI），对被认为受整合影响较大的地域，即“本次整合完成后，在 500 米范围内竞争的连锁便利店将从 2 家变为 1 家，且

① 2016 年企业合并案例 9。

② 2012 年企业合并案例 2。

③ 2013 年企业合并案例 3。

④ 2016 年企业合并案例 9。

互相邻1公里的商圈内不存在与其竞争的便利店”的地域进行了详细的分析，认定存在来自相邻地域的便利店和超市的竞争压力，且各地域存在特殊性（在以汽车顾客为主要利用者的地域，除单纯的距离外，鉴于汽车移动所需的时间认定存在来自其他店铺的竞争压力等）。因此，本次整合不具有产生限制竞争效果的可能性。

ⅳ雅培制药与圣犹达医疗（SJM）的合并[①]

除当事经营者外，在国内市场占据约45%市场份额的A经营者也从事小型VCD的生产和销售，尽管如此，当事经营者在全球的市场份额约为75%，而A经营者在全球的市场份额约为25%，因此，A经营者可能不具有向国内供应的余力，且国外市场上除当事经营者以及A经营者外几乎不存在其他小型VCD的供应商，作为需求者的医疗机构往往通过负责医师选择商品，一般具有不随意变更惯用商品的倾向，来自需求者的竞争压力有限，因此认定具有产生限制竞争效果的可能性。

Ⅱ因协同行为实质性限制竞争

ⅰ新日本制铁与住友金属工业的合并[②]

本案合并实施后，国内无方向性电磁钢板市场上的经营者将从3家减少至2家，且不存在进口压力和竞争压力，因此认定其协同行为可能产生实质性限制竞争的效果。

ⅱ古河斯凯与住友轻金属工业的合并[③]

本案合并实施后，板制品（引出板）市场上的经营者虽然将从3家减少至2家，但由于存在来自需求者的竞争压力以及进口压力的可能性，最终认定其协同行为不可能产生实质性限制竞争的效果。

（4）第15条第1款第1项的主要运用案例中对“救济措施”的判断

Ⅰ新日本制铁与住友金属工业的合并[④]

对于无方向性电磁钢板，住友商事提出了包含在合并后的5年间对住友金属

① 2017年企业合并案例9。

② 2012年企业合并案例2。

③ 2013年企业合并案例3。

④ 2012年企业合并案例2。

目前面向国内需求者销售的全部等级产品设置基于成本的取回权等救济措施。对此公平交易委员会指出，尽管住友商事不是制造商，但是能有效牵制新的市场进入，且存在影响将来进口压力的盖然性等，因此认定上述救济措施妥当。

Ⅱ雅培制药与圣犹达医疗（SJM）的合并①

当事经营者提出了将SJM集团在全球的小型VCD业务全部出售给泰尔茂（TERUMO）的救济措施。对此公平交易委员会指出，泰尔茂在“手腕CAD”的TR-Band领域占有约60%的市场份额，属于出售业务的合适对象，因此认定上述救济措施恰当。

2. 本条的适用案例

案例 118　新日铁合并案

（公取委同意审决昭和44・10・30审决集第16卷第46页）

1. 案情概要

在粗钢市场占据市场份额第1位的八幡制铁以及在该市场占据市场份额第2位的富士制铁签订合并协议并向公平交易委员会提出申报。但是，公平交易委员会以合并企业将在铁轨市场占据100%的市场份额、在用于食品罐头的镀锡铁皮市场占据61.2%的市场份额、在铸件用生铁市场占据56.3%的市场份额、在钢板桩市场占据98.3%的市场份额，且不存在其他能够对其产生有效牵制的竞争对手为由，认定合并将会对上述产品的生产销售市场产生实质性限制竞争的效果，开始审判程序。

2. 案件焦点

本项合并是否会对上述4类产品市场产生实质性限制竞争的效果。

3. 公平交易委员会的判断

本审决指出，“合并的实施使得市场结构较合并之前向非竞争状态变化、

---

① 2017年企业合并案例9。

特定经营者将在市场上取得市场支配地位的情形”被《反垄断法》第 15 条第 1 款第 1 项所禁止，并在列举说明“东宝・新东宝案”（东京高判昭和 28・12・7 高裁民集第 6 卷第 13 号第 868 页［27486731］）（参考案例 35 以及案例 46）中取得市场支配地位的具体情形的基础上，以“如果竞争经营者无法自主开展经营活动，可以认定前述特定经营者在该市场具有市场支配地位”为由，认定合并企业在上述 4 类产品市场上将取得市场支配地位。但是公平交易委员会也指出，如果市场上存在其他将会对合并企业产生“有效牵制的经营者”，也很难认定合并企业在上述 4 类产品市场上取得市场支配力。最终公平交易委员会在命令当事经营者采取向竞争经营者提供制造技术支持、转让股份等排除措施的前提下，作出了许可合并的同意审决。

4. 注意事项

本案审决对《反垄断法》第 15 条第 1 款第 1 项作出了解释，即“合并的实施使得市场结构较合并之前向非竞争状态变化、特定经营者将在市场上取得市场支配地位的情形”是第 15 条第 1 款第 1 项所禁止的合并情形。在此基础上，还引用了“东宝・新东宝案”东京高等法院判决说明了取得市场支配地位的情形。

审决指出，“如果竞争经营者无法自主开展经营活动，可以认定前述特定经营者在该市场具有市场支配地位”，但如果存在“有效牵制的经营者”，则不认定具有市场支配地位。并且，如果八幡制铁和富士制铁采取审决所要求的措施，则认为合并企业将难以在铁轨市场、用于食品罐头的镀锡铁皮市场、铸件用生铁市场以及钢板桩市场上取得市场支配地位。另外，学术界对于本案审决所作出的如果存在“有效牵制的经营者”则不会产生实质性限制竞争的效果的宽松解释进行了严厉的批判，认为其没有考虑企业的综合实力而只是局限于 4 类产品进行单独判断。

3. 第 15 条第 2 款、第 3 款

（1）事前申报制度

与股权收购相同，第 15 条第 2 款对一定规模以上的企业合并也采用了事前申报制度。

（2）对国外企业的合并规制

1998 年的《反垄断法》修订将规制对象由“国内企业”修改为“企业”，与美国、欧盟等的竞争法相同，将国外企业纳入规制对象范围内。据此，尽管不能对国外企业合并本身进行规制，但是可以在事前阻止国外企业在合并的过程中因对国内营业所或国内子公司的整合而形成市场支配力量。

（3）合并等的审查期限

公平交易委员会的合并审查是在事前申报阶段进行的。在申报被受理之日起 30 日以内不得实施合并［合并禁止期，但是该期限可以缩短（第 15 条第 3 款、第 10 条第 8 款）］。

公平交易委员会在合并禁止期内对该项合并是否会在一定的交易领域产生实质性限制竞争的效果进行审查，如需采取排除措施则应将该主旨通知当事经营者（第 15 条第 3 款、第 10 条第 9 款、第 10 条第 10 款）。审查是以自受理之日起 120 日或者自所有报告等的受理之日起 90 日中较晚日期为限。但是，①合并企业计划采取的重要措施在期限内已实施的情形，②合并计划中对于重要事项存在虚假说明的情形，不受上述期限的约束。

第 15 条之 2【分立的限制、申报义务】

概 要

本条规定禁止在一定的交易领域产生实质性限制竞争影响的共同新设分立以及吸收分立行为。

1. 第 15 条之 2 第 1 款

关于“在一定的交易领域”以及“实质性限制竞争”，请参考前文“企业合并规则”部分的相关说明。

①第 15 条之 2 第 1 款的主要运用案例

Ⅰ三菱重工业与日立制作所的火力发电系统业务整合[①]

三菱重工业集团（三菱重工业 G）和日立制作所集团（日立制作所 G）均计划将各自的火力发电系统业务通过吸收分立由 MH 电力系统承接，以此整合双方的火力发电系统业务。公平交易委员会重点对“超临界压火力成套设备供应业务”“超临界压力锅炉”“大型汽轮机”“大型燃气轮机联合循环（GTCC）发电成套设备供应业务”进行了审查，并认定 本次整合不会对上述交易领域造成实质性限制竞争的影响。

Ⅱ科斯莫（COSMO）石油、昭和 SHELL 石油、住友商事、东燃通用的液化气业务整合[②]

从事液化气总经销业务等的科斯莫石油、昭和 SHELL 石油、住友商事、东燃通用等，计划通过吸收分立的方式将液化气总经销业务交由 GYXIS 继承，以此整合液化气总经销业务。

Ⅲ日本隧道系统（JTSC）与三菱重工机械系统（MS）的盾构掘进机业务整合[③]

作为主要经营重工业制品制造销售业务的 IHI 的子公司、从事挖建隧道时铺设上下水道和燃气管道等所使用的盾构掘进机的制造销售业务的日本隧道系统（JTSC）所设立的日本隧道系统分立准备公司（JTSC 准备公司），计划通过吸收分立的方式从 JTSC 继承盾构掘进机的制造销售业务；并同样通过吸收分立的方式从三菱重工业的完全子公司三菱重工机械系统（MS）继承盾构掘进机的制造销售业务；作为对价，将 JTSC 准备公司 40% 的股份转移给 MS。对

① 2014 年企业合并案例 10。

② 2015 年企业合并案例 5。

③ 2017 年企业合并案例 7。

此公平交易委员会认为，本次整合不会在一定的交易领域造成实质性限制竞争的影响。

②第 15 条第 1 款的主要运用案例中对“一定的交易领域”的判断

Ⅰ商品、服务范围

日本隧道系统（JTSC）与三菱重工机械系统（MS）的盾构掘进机业务整合[①]

盾构掘进机根据维持切削刀盘方式的不同，大体可以分为利用泥水压力的泥水式盾构掘进机以及利用泥土压力的泥土压式盾构掘进机。其中，泥水式盾构掘进机需要将钻井土的泥沙和水分离的装置设置在地面上，可能出现因施工现场地面状况而无法使用的情况。由于使用哪一类盾构掘进机在工程项目的公告阶段就已经决定，而并不由作为需求者的综合建筑商决定，二者之间不存在需求替代性。但是国内盾构掘进机的制造销售商均拥有两类盾构掘进机的技术，可以根据工程项目公告的内容采取相对应的方式制造盾构掘进机。

盾构掘进机的口径由作为工程项目招标方的国家等决定，作为需求者的综合建筑商无法进行选择，因此不具有需求替代性。但是即便是口径不同的盾构掘进机，其基本构造一致，各制造商可以在一定范围内制造销售口径不同的盾构掘进机，且国内制造销售商可以根据能否制造口径超过 8m 的盾构掘进机进行分类。在口径不足 8m 的盾构掘进机之间以及在口径超过 8m 的盾构掘进机之间分别具有供给替代性，但是在口径不足 8m 的盾构掘进机与口径超过 8m 的盾构掘进机之间不具有供给替代性。

国外用于隧道挖掘的隧道钻探机在多为复杂土质的日本几乎无法使用，不具有需求替代性，且与盾构掘进机的切削刀盘等的构造也存在差异，也不具有供给替代性。

综上所述，本案将商品范围界定为“中小口径盾构掘进机”和“大口径盾构掘进机”。

① 2017 年企业合并案例 7。

Ⅱ地域范围

科斯莫（COSMO）石油、昭和 SHELL 石油、住友商事、东燃通用的液化气业务整合①

液化气的价格根据具体公式决定，但是从运费的角度考虑，其运送范围大概可以分为各炼油厂或进口基地所在的区域范围，因此本案界定的地域范围为“日本全国”以及“各区域”的双重市场。

③第 15 条之 2 第 1 款的主要运用案例中对“实质性限制交易”的判断

Ⅰ三菱重工业与日立制作所的火力发电系统业务整合②

资源能源厅在 2012 年 9 月制定发布了关于超临界压火力成套设备供应业务的《新火力电源投标运用指南》，指出在一般电气经营者自行增设 1 兆瓦以上火力电源的情形下，必须进行火力电源采购投标（IPP 投标）。对此，公平交易委员会指出，“在 IPP 投标中，一般电气经营者为招标方，而多个经营者作为投标方为获得为该电气经营者供应电力的机会而参加投标，且在 IPP 投标项目中标之后，经营者还需向成套设备制造商订购超临界压火力成套设备……虽然参与 IPP 投标的经营者是委托成套设备制造商提供估算金额，但是即便在多个经营者共同参与同一个 IPP 投标项目的情形下，计划建设的超临界压火力成套设备的规模可能不同，且各经营者委托提供估算金额的成套设备制造商也不同……成套设备制造商如向参与IPP投标的经营者提供较高的估算金额等可能导致该经营者丧失竞争力，该经营者可能因无法获得盈余而放弃参与 IPP 投标，或者即便参与 IPP 投标也无法中标。在此情形下，也会从结果上导致成套设备制造商无法获得向该经营者提供超临界压火力成套设备的机会。如此，IPP 投标使得既有的竞争形态变得复杂化，可以认为这会对整合公司的单独行为或与竞争对手之间的协同行为产生一定的牵制”。据此，鉴于 IPP 投标所带来的牵制效果以及来自需求者的较大的竞争压力的存在等，公平交易委员会认为本案不会产生实质性限制竞争的效果。

① 2015 年企业合并案例 5。

② 2014 年企业合并案例 10。

Ⅱ科斯莫（COSMO）石油、昭和SHELL石油、住友商事、东燃通用的液化气业务整合[①]

本案中，公平交易委员会认可了来自城市煤气、电力、汽油的相邻市场压力以及其他区域给各区域带来的竞争压力，同时鉴于下游市场竞争活跃、需要者容易变更交易对象的情况，认为本案不会产生实质性限制竞争的效果。

Ⅲ日本隧道系统（JTSC）与三菱重工机械系统（MS）的盾构掘进机业务整合[②]

尽管当事经营者的合计市场份额约为60%位列第一，但是市场上还存在市场份额约为35%的竞争对手以及市场份额虽仅为约10%但拥有较高技术竞争力的竞争对手。作为需求者的综合建筑商，如果盾构掘进机制造销售商的报价高于以往则被会要求作出说明或是再次报价，来自需求者的竞争压力在一定程度上发挥作用。因此认为本案不会产生实质性限制竞争的效果。

2. 第15条之2第2款、第3款

与股份取得等相同，在国内合计营业额超过200亿日元的公司与国内合计营业额超过50亿日元的公司通过继承全部业务的方式共同新设分立等情形下，一定规模以上公司的新设分立以及吸收分立需要进行事前申报（第15条之2第2款、第3款，实施条例第19条）。

第15条之3【共同股份转移的限制、申报义务】

概 要

本条规定禁止在一定的交易领域产生实质性限制竞争影响的共同股份转移行为。

1. 第15条之3第1款

关于“在一定的交易领域”以及“实质性限制竞争”，请参考前文“企业合并规则”

① 2015年企业合并案例5。

② 2017年企业合并案例7。

部分的相关说明。

①第 15 条之 3 第 1 款的主要运用案例

Ⅰ美思佰乐（MAXVALU）关东与丸悦、KASUMI 的业务整合①

作为永旺的子公司、在关东地区经营超市业务的美思佰乐关东与在关东地区经营超市业务的丸悦、KASUMI 计划通过共同股份转移的方式设立持股公司，并使该持股公司成为永旺的关联子公司。对此，公平交易委员会认为本次整合不会对一定的交易领域造成实质性限制竞争的影响。

Ⅱ东京都民银行与八千代银行的共同股份转移②

作为地方银行从事银行业务的东京都民银行与八千代银行计划通过共同转移股份的方式将双方的业务进行整合。对此，公平交易委员会认为本次整合不会对一定的交易领域造成实质性限制竞争的影响。

②第 15 条之 3 第 1 款的主要运用案例中对“一定的交易领域”的判断

Ⅰ商品、服务范围

美思佰乐（MAXVALU）关东与丸悦、KASUMI 的业务整合③

鉴于在生鲜食品等经营商品种类上的差异，区别于便利店、药妆店、家居中心等市场，本案将包含综合超市以及食品超市在内的“超市业”界定为服务范围。此外，还将永旺集团的“MYBASKET”以及丸悦的“小丸悦”这类“小型超市”（卖场面积大概在 500 平方米以下）包含在“超市业”范围内，并将小型超市与超市的差异作为一个要素进行了考量。

Ⅱ地域范围

ⅰ美思佰乐（MAXVALU）关东与丸悦、KASUMI 的业务整合④

本案将以店铺为中心半径在 500~3000m 的圆形范围认定为各店铺的商圈并将其界定为地域范围。

---

① 2015 年企业合并案例 9。

② 2015 年企业合并案例 10。

③ 2015 年企业合并案例 9。

④ 2015 年企业合并案例 9。

ⅱ东京都民银行与八千代银行的共同股份转移[①]

与当事经营者存在交易关系的需求者多为在当事经营者分行等所在的市区町村居住的个人或住所地在其所在市区町村的法人，且从当事经营者从事与地域紧密联系的营业活动的实际情况考虑，最终将“市区町村”界定为地域范围。

③第 15 条之 3 第 1 款的主要运用案例中对“实质性限制交易”的判断

Ⅰ美思佰乐（MAXVALU）关东与丸悦、KASUMI 的业务整合[②]

与一般超市相比，小型超市与便利店等其他业态的零售店铺之间的竞争关系更强、存在一定的竞争压力，且还有来自相邻地区市场的竞争压力，因此认定不会产生实质性限制竞争的影响。

Ⅱ东京都民银行与八千代银行的共同股份转移[③]

在当事经营者中的仅由其中任意一方经营业务的区域，虽然可能会导致在当事经营者之间后续市场进入的可能性消灭，但是在这些地区，有多个城市银行和地方银行从事经营活动，且与互联网银行间也存在竞争关系，此外还有来自信用金库、信用合作社这类相邻市场的竞争压力，因此认定不会产生实质性限制竞争的影响。

2. 第 15 条之 3 第 2 款、第 3 款

与股份取得等相同，在要实施共同股份转移的公司中，如果有一家公司在国内合计营业额超过 200 亿日元且其他任意一家公司在国内合计营业额超过 50 亿日元，就有义务对公司的共同股份转移行为进行事前申报（第 15 条之 3 第 2 款，实施条例第 20 条）。

---

① 2015 年企业合并案例 10。

② 2015 年企业合并案例 9。

③ 2015 年企业合并案例 10。

第 16 条【业务受让等的限制、申报义务】

概 要

本条规定禁止在一定的交易领域产生实质性限制竞争影响的业务受让等行为。

1. 第 16 条第 1 款

（1）概要

关于“在一定的交易领域”以及“实质性限制竞争”，请参考前文“企业合并规则”部分的相关说明。

（2）本条的违法案例

案例 119　东宝・斯巴鲁案

（东京高判昭和 26・9・19 审决集第 3 卷第 166 页、高裁民集第 4 卷第 14 号第 497 页［27486725］）

1. 案情概要

公平交易委员会作出审决认定东宝租赁斯巴鲁剧场以及 ORION 剧场的行为将在一定交易领域产生实质性限制竞争的效果。东宝对此不服并向东京高等法院提出了请求取消审决的诉讼。

2. 案件焦点

有关影院的“一定的交易领域”应当如何界定。

3. 法院的判断

“在多数影院开设在临近某一区域的情形下，该区域自然而然地形成了聚集的客户群，这一客户群通常在这一区域内选择各自喜好的影院入场观看，而这一客户群也成为该区域内影院经营者的共同客户。据此，应当将比旧东京市更窄的市场界定为‘一定的交易领域’。”

“从影院的角度来看，以银座为中心连接的京桥、日比谷、新桥、筑地区域……存在近20家影院，可以认为上述各家影院以该区域聚集的共同客户群为对象从事影院经营。因此，应当认定该区域成立影院的‘一定的交易领域’。必须说，作出同样主旨认定的审决具有充分证明其观点的实质证据。”

4. 注意事项

一定的交易领域依据供给者和需求者的关系进行界定，而本案更加重视到有乐町一带观看电影的顾客在电影以及影院上的选择范围，依据需求方或影院顾客群方进行界定。

此外，尽管当时的情形与现在相比已发生诸多变化，但是本案所明示的基本思路在如今依旧通用。

（3）本条的运用案例

①第16条第1款的主要运用案例

Ⅰ TOKUYAMA与中央玻璃关于苏打灰和氯化钙销售业务的整合①

从事玻璃类和粉末洗涤剂中所使用的苏打灰以及防冻液等中所使用的氯化钙（苏打灰、氯化钙统称为“本案商品”）等的生产销售的TOKUYAMA，计划与同样从事本案商品等的生产销售的中央玻璃共同出资设立从事本案商品销售业务的公司并将双方的上述业务转让给该共同出资公司以实现该业务的整合。对此，公平交易委员会认为本次业务受让不会对一定的交易领域造成实质性限制竞争的影响。

Ⅱ RIDGEBACK受让宝洁日本业务②

从事宠物食品生产销售的玛氏公司（总部美国）设立的子公司RIDGEBACK（总

① 2014年企业合并案例1。

② 2015年企业合并案例2。

部美国）计划从同样经营宠物食品生产销售的宝洁（总部美国）的日本法人宝洁日本（P&G）处受让其在日本国内的全部宠物食品销售业务。对此，公平交易委员会认为本次业务受让不会对一定的交易领域造成实质性限制竞争的影响。

Ⅲ日本 DYNAWAVE 包装公司受让 WEYERHAEUSER NR 公司的液体纸容器制造销售业务[①]

隶属于日本制纸集团的日本 DYNAWAVE 包装公司（总部美国）计划从 WEYERHAEUSER NR 公司（总部美国）受让在美国华盛顿州拥有据点的 WEYERHAEUSER NR 公司的液体纸容器（LPB）制造销售业务。对此，公平交易委员会指出，如果当事公司采取其所提出的救济措施，本次业务受让将不会对一定的交易领域造成实质性限制竞争的影响。

②第 16 条第 1 款的主要运用案例中对“一定的交易领域”的判断

Ⅰ商品、服务范围

ⅰ TOKUYAMA 与中央玻璃关于苏打灰和氯化钙销售业务的整合[②]

尽管苏打灰还可以分为合成灰或天然灰、重灰或轻灰等，但是由于需求者在使用时基本对此未作区分，对各需求者而言具有一定的替代性，因此将“苏打灰”界定为商品范围。

尽管可以将颗粒状氯化钙溶解为液体氯化钙使用，但是在颗粒状氯化钙作为防冻剂或家用除湿剂使用时无法用液态氯化钙代替，对颗粒状氯化钙以及液体氯化钙的需求者而言其替代性仅仅是被单向承认。

液体氯化钙在作为颗粒状氯化钙的原料时，制造液体氯化钙以及颗粒状氯化钙的厂商无须承担追加费用，只要减少液体氯化钙的产量提高颗粒状氯化钙的产量即可。但实际上，不生产颗粒状氯化钙而仅仅生产液体氯化钙的厂商如要制造颗粒状氯化钙必须投资数亿日元以上的设备等，就供给者而言，颗粒状氯化钙与液体氯化钙之间的替代性有限。因此，将“颗粒状氯化钙”以及“液体氯化钙”分别界定为单独的商品范围。

---

① 2017 年企业合并案例 1。

② 2014 年企业合并案例 1。

ⅱ RIDGEBACK 受让宝洁日本业务[①]

狗粮和猫粮可以分为干粮、湿粮和食疗用粮，各类型间均不具有需求和供给上的替代性，因此分别界定商品范围。

ⅲ 日本 DYNAWAVE 包装公司受让 WEYERHAEUSER NR 公司的液体纸容器制造销售业务[②]

由于液体纸容器（LPB）需要填充液体，与其他白板纸相比在耐久性、耐水性、加工适宜度等方面都存在较大差异，对需求者而言不存在替代性，且其制造工序也与其他白板纸不同，供给替代性有限，因此将“LPB” 界定为商品范围。

Ⅱ 地域范围

TOKUYAMA 与中央玻璃关于苏打灰和氯化钙销售业务的整合[③]

由于需求者积极采购美国产以及中国产的本案商品，在国内价格相对上涨的情形下，国外产品的进口量在短期内增加的可能性很大。而鉴于当事经营者在以日本全国为地域范围的前提下提交日本市场上的市场份额数据，公平交易委员会将地域范围界定为“日本全国”，并在此基础上考虑国外产品带来的进口压力。

③第 16 条第 1 款的主要运用案例中对“实质性限制交易”的判断

Ⅰ TOKUYAMA 与中央玻璃关于苏打灰和氯化钙销售业务的整合[④]

由于在苏打灰以及颗粒状氯化钙市场上存在较大的进口压力，而在液体氯化钙市场上尽管不存在进口压力，但是还存在来自颗粒状氯化钙等相邻市场的较大的竞争压力，最终公平交易委员会认为本案不会产生实质性限制竞争的影响。

Ⅱ 日本 DYNAWAVE 包装公司受让 WEYERHAEUSER NR 公司的液体纸容器制造销售业务[⑤]

日本 DYNAWAVE 包装公司在继续与母公司日本制纸的竞争对手交易的情形下，鉴于日本制纸在下游市场屋顶型液体纸容器的市场份额将占据第 1 位，且砖

① 2015 年企业合并案例 2。

② 2017 年企业合并案例 1。

③ 2014 年企业合并案例 1。

④ 2014 年企业合并案例 1。

⑤ 2017 年企业合并案例 1。

型液体纸容器的生产销售商包含日本制纸在内仅有两家，日本制纸与竞争对手之间采取协同行为的可能性较高。尽管如此，公平交易委员会指出，如果当事公司采取其所提出的切断信息等救济措施，将不会产生实质性限制竞争的影响。

④第 16 条第 1 款的主要运用案例中对“救济措施”的判断

日本 DYNAWAVE 包装公司受让 WEYERHAEUSER NR 公司的液体纸容器制造销售业务[①]

对于日本制纸集团中从事液体纸容器（LPB）业务的员工等可能通过该业务获得下游市场竞争对手在竞争上的有利信息的问题，当事经营者提出了不向日本制纸集团中从事液体纸容器（LPB）业务的员工等公开信息渠道等切断信息的救济措施。公平交易委员会认为在前述措施等得以实施的前提下，本案行为将不会产生实质性限制竞争的影响。

2. 第 16 条第 2 款、第 3 款

与股份取得等相同，对于国内合计营业额超过 200 亿日元的公司实施的一定规模以上的业务受让，当事经营者有义务进行事前申报（第 16 条第 2 款、实施条例第 21 条）。

第 17 条【禁止规避法律的行为】（略）

第 17 条之 2【排除措施】（略）

第 18 条【合并、分立无效之诉】（略）

① 2017 年企业合并案例 1。

第 5 章

不公平的交易方法

第 18 条之 2【与不公平的交易方法相关的课征金的定义】（略）

第 19 条【禁止不公平的交易方法】

概 要

本条是禁止不公平的交易方法的基本规定。

本条规定直接禁止不公平的交易方法。而关于“不公平的交易方法”的概述及其主要案例，请参照“第 2 条第 9 款”的内容。

第 20 条【排除措施】

概 要

根据本条规定，可以责令违反第 19 条（禁止不公平的交易方法）的经营者采取如下必要措施，包括（1）停止违法行为，（2）删除合同条款，以及（3）其他为排除该行为所必要的措施。而“（3）其他……必要的措施”包括广泛告知交易对象经营者、需求者和消费者将来不再实施类似行为等。

基于本条规定的排除措施的具体内容，可参考如下案例。

1.20 世纪福克斯日本案

（公取委劝告审决平成 15・11・25 审决集第 50 卷第 389 页）

本案中，当事经营者签订限制电影票价格的合同，约定在自己享有放映权的电影作品上映时由其决定电影票价格以及是否对电影票实施价格优惠等。上述行为被认定符合一般指定第 13 款（现第 12 款）的规定，构成违反第 19 条的行为。公平交易委员会责令当事经营者删除该合同条款并将合同条款删除之事广泛告知经营者以及消费者，且将来不再实施类似行为等。

2. 索尼电脑娱乐案

（公取委审判审决平成 13・8・1 审决集第 48 卷第 3 页）

销售家用游戏机的厂商在销售该游戏机的软件时，要求零售商以及批发商按照其提示的建议零售价销售，并签订了限定销售对象的合同。上述行为被认定符合一般指定第 13 款（现第 12 款以及第 2 条第 9 款第 4 项）的规定，构成违反第 19 条的行为。公平交易委员会责令当事经营者取消按照建议零售价销售的要求、删除限定交易对象的合同条款，并将采取的上述措施广泛告知经营者以及消费者等。

3. 日本微软案

（公取委劝告平成 10・12・14 审决集第 45 卷第 153 页）

销售表格计算软件"EXCEL"的软件厂商要求希望在电脑上安装"EXCEL"的电脑厂商同时安装打字软件"WORD"以及日程管理软件"OUTLOOK"的行为，被认定符合一般指定第 10 款的规定，构成违反第 19 条的行为。公平交易委员会除责令当事经营者停止上述行为外，还要求其在电脑厂商提出单独安装上述软件或变更许可捆绑安装的合同内容的申请时予以接受等。

4. 松尾乐器商会案

（公取委劝告审决平成 8・5・8 审决集第 43 卷第 204 页）

作为美国斯坦威公司德国汉堡分店（以下简称斯坦威汉堡分店）生产销售的钢琴的进口总代理的当事经营者，调查低于定价销售的平行进口商品的生产编号，通知斯坦威汉堡分店要求其调查销售渠道，并通过斯坦威汉堡分店警告代理店不得销售给平行进口商，给国内平行进口商品的销售带来困难。上述行为被认定符合一般指定第 15 款（现第 14 款）的规定，构成违反第 19 条的行为。公平交易委员会责令当事经营者取消要求斯坦威汉堡分店调查平行进口商品销售渠道的方针，停止让斯坦威汉堡分店要求代理店停止向平行进口商销售商品的行为等。

5. 日产化学工业案

（公取委排除措施命令平成 18・5・22 审决集第 53 卷第 869 页）

一手进口美国孟山都公司生产销售的名为"Roundup Highroad"除草剂的农药制造销售商，通过批发商要求家居中心等零售商按照其提供的建议零售价销售该商品。上述行为被认定符合一般指定第 12 款（现第 2 条第 9 款第 4 项）的规定，构成违反第 19 条的行为。公平交易委员会责令当事经营者停止以限制零售价为目的掌握零售价以及利用产品批号调查向家居中心供应产品的交易对象批发商的行为等排除价格限制的措施等。

6. 新泻市出租车券共同拒绝交易案

（公取委措施命令平成 19・6・25 审决集第 54 卷第 485 页）

本案中，都出租车以及其他 19 家出租车经营者拒绝与 3 家乘车通用券经营者、3 家小额运费公司签订乘车通用券相关协议，并在此基础上，共同要求新泻出租车中心拒绝与 3 家乘车通用券经营者、3 家小额运费公司签订新泻交通圈内乘车通用券相关协议。上述行为被认定符合旧一般指定第 1 款（现第 2 条第 9 款第 1 项）的规定，构成违反第 19 条的行为。公平交易委员会责令当事经营者（1）停止上述行为并取消含有上述内容的董事会等决议，（2）告知政府机关、企业等采取了（1）的措施以及今后不再实施类似行为，（3）将来不再实施类似行为，（4）董事会对（3）的内容进行确认。

第 20 条之 2【与共同拒绝交易相关的课征金】（略）

第 20 条之 3【与差别对价相关的课征金】（略）

第 20 条之 4【与不正当廉价销售相关的课征金】（略）

第 20 条之 5【与限制转售价格相关的课征金】（略）

第 20 条之 6【与滥用优势地位相关的课征金】

概 要

本条除规定对特定的滥用优势地位行为适用课征金缴纳命令的要件（持续

性、依据本条规定计算的课征金金额超过100万日元）外，还规定了课征金的计算方法。

1. 课征金缴纳命令的要件

（1）违法行为

第2条第9款第5项所规定的滥用优势地位行为。

（2）持续性

滥用优势地位行为与不公平的交易方法的其他类型不同，不是在违法行为反复出现的情形下适用课征金，而是在被认定“持续”的情形下，即便是第一次实施也适用课征金。

所谓“持续性”，不仅仅指对同一对象反复实施行为，在依次对多个对象实施行为的情形下以及在所实施的是滥用优势地位行为类型（第2条第9款第5项第1、2、3目）中的多个行为类型的情形下，如果该行为被视为一系列关联行为，则被认为具有持续性。

2. 课征金金额的计算

（1）违法行为期间

能够被视为一个违法行为的范围，是指自对某一交易对象开始实施违法行为起至一系列的违法行为全部结束的期间［日本玩具反斗城案（案例120）］。

如果该期间超过10年，则是自该行为结束之日起向前追溯10年的时间。

（2）对象营业额的计算方法

以在上述期间内与该违法行为相关的交易对象间的交易额（营业额或采购额）的全部作为计算的基础。与不公平的交易方法的其他类型不同，不是按照特定商品或特定对象的营业额来计算。

（3）营业额以及采购额的计算方法

该计算方法规定在实施条例第30条以及第31条中。

在下列情形下，可以从前项营业额中扣除。在采购额的计算中也可以同样进行扣除（实施条例第30条）。

①在违法行为期间内因商品分量不足、质量不良、破损或其他原因扣除价款的全部或部分的情形：扣除额。

②在违法行为期间内退货的情形：退货商品的金额。

③交付商品或提供服务的经营者就依据交付或提供的业绩支付回扣作出明确书面约定的情形：依据该书面约定计算违法行为期间内相关业绩的回扣金额。

在签订商品销售或服务提供合同时与违法行为的对象约定交付商品或提供服务的价格的情形下，如果在违法期间交付的商品或提供的服务的合计金额与违法期间所签订合同中规定的商品销售或服务提供的价格存在明显差异的，按照违法行为期间签订的合同中约定的商品销售或服务提供的合计金额计算营业额。对于采购的情形也同样适用（实施条例第 31 条）。

（4）计算比例

以与违法行为相关的交易对象间的交易额（营业额或者采购额）的全部为基础，以其 1% 作为课征金的金额。由于计算方法特殊，计算比例在不同行业种类间不做区分。

案例 120　日本玩具反斗城案

（公取委审判审决平成 27・6・4 审决集第 62 卷第 119 页）（参考案例 59 以及案例 64）

1. 案情概要

被审理人至少在 2009 年 1 月 6 日至 2011 年 1 月 31 日，利用其相较于供应商中的 117 家供应商（以下简称特定供应商）的优势地位，参照正常的商业惯例不正当地从事下列行为，包括在收到特定供应商中 63 家供应商的交易相关商品后要求上述供应商取回该商品，降低特定供应商中 80 家供应商的交易价格。上述行为被认定构成第 2 条第 9 款第 5 项规定的行为，违反第 19 条的规定（本案违法行为）。根据第 20 条之 6 的规定（笔者注：当时），本案违法行为的实施期间是 2009 年 1 月 6 日至 2011 年 1

月 31 日，对于在《反垄断法》修订后开始正式实施的 2010 年 1 月 1 日以后实施的本案违法行为，分别依据被审理人与特定供应商中 61 家供应商之间的采购额（合计 369 亿 866 万 5689 日元）计算课征金，金额为 3.6908 亿日元。

2. 案件焦点

如何认定本案违法行为的实施期间（第 20 条之 6 所规定的违法行为的开始日期到结束日期的期间，下同）。

3. 公平交易委员会的判断

“根据滥用优势地位规定的主旨，构成第 2 条第 9 款第 5 项或者旧一般指定第 14 款（第 1 项或第 4 项）的滥用行为，即便存在多个行为，或者即便对多个交易对象实施滥用行为，如果存在可以认定为是有组织有计划实施的一系列行为等可以将上述行为视为行为人滥用优势地位的整体行为的情形，在《反垄断法》上可以将其视为一个滥用优势地位行为进行规制，计算课征金所依据的违法行为实施期间便是以此为前提，将滥用行为最初实施的日期作为‘违法行为的开始日期’、滥用行为结束的日期作为‘违法行为的结束日期’。

本案中……被审理人是有组织且有计划地实施一系列本案滥用行为，可以认定本案滥用行为是滥用优势地位实施的一个整体行为，因此可以视为《反垄断法》上的一个滥用优势地位行为进行规制。

鉴于此，正如以本案排除措施命令所认定的违法行为为依据作出的本案课征金缴纳命令中所认定的，本案违法行为的实施期间是指 2009 年 1 月 6 日至 2011 年 1 月 31 日这一期间……而由于被审理人在上述违法期间内重复实施上述滥用行为，很明显上述行为是持续实施的行为。”

4. 注意事项

本案中被审理人在 2009 年 1 月 6 日至 2011 年 1 月 31 日的 2 年多时间

里要求特定供应商取回其已收到的商品以及降低交易价格。因此，本案违法行为的开始日期应为2009年1月6日、结束日期应为2011年1月31日。但是，课征金的计算期间则是在《反垄断法》修订并正式实施的2010年1月1日以后至2011年1月31日的1年多。

第20条之7【与不正当限制交易限制等相关的课征金规定的准用】（略）

第6章

适用除外

第21条【知识产权的行使】

概 要

本条规定列举了知识产权法并确认被认定为行使知识产权的行为不适用《反垄断法》。

1. 不被认为是行使知识产权的行为

本条规定的重要性在于，如果对本条内容进行反向解释就是不被认为属于行使知识产权的行为应受到《反垄断法》的规制。

“行使权利”是指排除无权者侵害的行为，以不作为请求为典型。[①]

① 使用知识产权在某些情形下也可称为权利的“行使”(参照《著作权法》第65条第2款),上述“行使”也适用第21条的规定。

不被认为属于行使权利的行为包含如下两个情形。

（1）外形上不属于行使权力的情形；

（2）尽管外形上属于行使权利的行为但是实质上无法被认定为行使权利的情形。

上述（1）的情形包含在权利存续期届满后行使的情形等。

在上述（2）的情形下，不让他人使用或限制他人使用的行为从行为的目的、方式以及对竞争带来的影响考虑，如果被认为脱离知识产权制度让经营者发挥创意、活用技术的宗旨，或者被认为违反该制度的目的，则无法认定其属于行使权利的行为（《知识产权指南》2007 年 9 月 28 日颁布，2010 年 1 月 1 日、2016 年 1 月 21 日修订）。

2. 技术市场、消灭竞争的效果以及对竞争产生较大影响的情形

（1）序言

《知识产权指南》中，对于如何判断是否属于前文 1（2）中所指的“实质上无法被认定为行使权利”的情形，作出了如下关于认定技术市场以及分析竞争消灭效果的说明，并在此基础上，列举了多个对竞争产生较大影响的示例。

（2）关于市场

要判断是否限制技术的使用，必须根据限制行为所影响的交易对交易的技术市场、使用该技术供给的产品市场以及其他技术或产品的市场进行评估，进而分析对竞争带来的影响（此外，从不公平的交易方法的观点，可能还需要分析竞争手段是否不正当、是否对自由竞争造成侵害）。

技术市场的界定方法与商品或服务相同，主要是从需求替代的角度对技术以及使用该技术的各类产品的市场进行界定。但是，由于技术受到运输的限制较小，并且还存在从现有用途转移至其他领域使用的可能性，也存在该技术在现阶段未进行交易的领域也被纳入市场范围的情形。

（3）消灭竞争的效果的分析方法

判断限制使用技术是否会消灭市场竞争，除考虑限制的内容和方式、该技术的用途和竞争力外，还应当分别对各对象市场上与该限制行为相关的经营者之间

是否存在竞争关系，当事经营者的地位（市场份额、顺位等），对象市场的整体状况（当事经营者竞争对手的数量、市场集中度、交易商品的特性、差异化程度、流通路径、市场进入的难易程度等），是否存在实施限制行为的合理理由，研究开发的动机以及对获得知识产权许可意愿的影响等进行综合判断。

（4）对竞争产生较大影响的情形

《知识产权指南》中列举了如下对竞争产生较大影响的情形。

①竞争者间的行为

限制使用技术的行为如发生在竞争者之间，与发生在非竞争者之间的情形相比，更容易导致当事经营者之间规避竞争以及排除竞争对手的情况发生。

②有竞争力的技术

被认为具有竞争力的技术，与其他技术相比，对其使用的限制将会对竞争带来更大的影响。

此外，看一项技术是否具有竞争力，不是看该技术是否优劣，而应当综合考虑产品市场上该技术的使用情况、迂回发明的开发或者向替代技术转换的难易程度、拥有该项技术权利的经营者在技术市场以及产品市场上的地位等。

（5）根据产品份额认定所产生的消灭竞争效果属于轻微的情形以及不属于轻微的情形

在对如下事项进行限制的情形下，即便使用对象技术从事经营活动的经营者的产品份额不足20%，也不能认定其产生的消灭竞争的效果轻微。

①销售价格；

②销售数量；

③销售份额；

④销售地域以及销售对象；

⑤研究开发活动；

⑥改良技术的转让义务、独占许可义务。

除对上述①至⑥进行限制的情形外，如产品份额合计不足20%，原则上认为所产生的消灭竞争的效果轻微。而在产品份额无法计算或者不适合根据产品份额判断对技术市场带来的影响的情形下，除该技术外，如果存在4家以上拥有对经营活动不产生显著障碍的可利用的替代技术的经营者，也可以认定其产生的消灭竞争的效果轻微。

3.《反垄断法》违法类型

在知识产权以及《反垄断法》的违法行为中，因专利池、收购、多方专利许可等构成私人垄断（排他行为）和不正当限制交易的案例较多，此外，在许可协议中进行上述2（5）①至⑥限制的情形以及因拒绝许可造成妨碍交易等不公平的交易方法的案例也较多。

4. 其他

由于本条规定属于确认规定，本条所列举的知识产权法也仅仅是示例，《种苗法》、《关于半导体集成回路的回路配置的法律》以及《反不正当竞争法》的部分内容等也可同样适用。

本条之所以作为确认规定，是因为《反垄断法》与知识产权法拥有促进创新的共同目的，二者原本就具有互补关系，而非新设的适用除外，是出于慎重而进行的确认。

5. 本条的适用案例

（1）序言

只要适用《反垄断法》就不符合本条规定。然而，并不是说所有适用《反垄断法》的案件在是否属于行使知识产权的行为上都存在争议。下文介绍的案件中也有涉及知识产权的案例，但并非都是在本条适用上存在争议的案件（该类案例实际并不多）。

（2）私人垄断（排他行为）

与知识产权相关的私人垄断（排他行为）案例包括“日本音乐著作权协会（JASRAC）案”（最三小判平成27·4·28民集第69卷第3号第518页[28231502]）（著作权等管理业务的合同方式等存在问题的案例）（案例19）、“老虎机专利池案”（公取委劝告审决平成9·8·6审决集第44卷第238页）（存在专利池问题的案例）（案例 11）、“八乐梦案”（公取委劝告审决平成 10・3・31 审决集第 44 卷第 362 页）（存在专利劫持问题的案例）（案例 12）以及“北海道新闻社案”（公取委同意审决平成 12・2・28 审决集第 46 卷第 144 页）（商标申请存在问题的案例）（案例 14）。

此外，下文将介绍的“苹果对三星专利侵权（FRAND）案”（案例 121）的判决中尽管未对是否违反《反垄断法》进行判断，但《知识产权指南》其后依据此案进行了修订。

案例 121　苹果对三星专利侵权（FRAND）案

（知财高决平成 26・5・16 判夕第 1402 号第 166 页［28222303］）

1. 案情概要

（1）受到专利侵权的各项商品（以下简称本案各商品）达到了以促进第 3 代移动通信技术等的普及及相关规格国际标准化为目的的民间团体 3GPP 制定的通信标准，即 UMTS 标准。

（2）ETSI（欧洲电信标准化协会）作为组成 3GPP 的标准化团体之一，制定了有关知识产权使用的“IPR 政策”。

（3）抗告人（债权人）根据 ETSI 的 IPR 政策告知 ETSI 包含本案专利在内的知识产权是否属于与 UMTS 标准相关的必要标准专利以及成为必要标准专利可能性的高低，并以“公平、合理、无歧视条款”（FRAND 条款）向其作出不可取消许可的承诺（本案 FRAND 承诺）。

（4）抗告人以对方（债务人）实施的上述产品的生产、转让、进口等行为造成了对抗告人所拥有的专利权（以下简称本案专利权）的侵害等为由，将基于本案专利权的停止请求权作为被保全权利请求对对方采取停止本案各产品的生产、转让、进口等以及执行官保全的临时处分（一审驳回，本案为抗告审）。

2. 案件焦点

因存在本案 FRAND 承诺，抗告人基于本案专利权行使停止请求权是否构成权利滥用。

3. 法院的判断

法院就本案作出如下判决，认定抗告人基于本案专利权行使停止请求权构成权利滥用。

“计划从事符合 UMTS 标准的产品的生产、销售等活动的经营者清楚，在从事符合 UMTS 标准的产品的生产、销售等活动所需的专利中，至少对于 ETSI 会员所拥有的专利会根据 ETSI 的 IPR 政策第 4.1 款等的规定要求应需在适当的时候进行必要披露，并根据 IPR 政策第 6.1 款等的规定要求作出 FRAND 承诺，且他们相信，与专利权人进行必要交涉的结果将会是获得基于 FRAND 条款的许可，而这一信赖是具有保护的价值的。因此，如果允许无限制地对已作出本案FRAND承诺的本案专利行使停止请求权，将对保有这一期待的从事符合 UMTS 标准的产品的生产、销售等活动的经营者的信赖造成伤害。

对于包含作出本案 FRAND 承诺的抗告人在内的 ETSI 的 IPR 政策所要求的 FRAND 承诺的经营者，由于其根据自身意愿作出了以不可取消许可作为 FRAND 条款的承诺，只要能够获得在 FRAND 条款下的价格，就应当认为无法期待通过停止请求权的行使维持其垄断状态，可以说认可相关经营者停止请求权的行使、保护垄断状态的必要性不高。

在 UMTS 标准中，绝大多数的专利权由多数经营者所拥有……对于这些由多数人拥有的多数专利，考虑到在逐一进行必要性确认的基础上获得事前使用许可存在显著困难，在认可不对作出许可使用宣言的标准必要专利的停止请求进行限制的情形下，将可能导致 UMTS 标准无法被实际采用。如果允许上述事态的发生，那么将阻碍 UMTS 标准的普及，并有违致力于实现通信标准的统一和普及的ETSI的IPR政策的目的，最终将导致社会无法获得因通信标准的统一和普及而应当获得的各种便利。

对于必要承诺许可，允许作出FRAND承诺的经营者对依据FRAND条款具有获得许可意愿的经营者行使基于专利权的停止请求权，并不妥当。”

“综上，对于作出本案FRAND承诺的抗告人基于本案专利行使停止请求权的行为，如果对方能够成功证明抗告人作出本案FRAND承诺且能够证明对方基于FRAND条款具有获得许可的意愿，即可认定其行为构成滥用权利（《民法》第1条第3款）而不被允许。”

“苹果公司……多次提出计算依据以及具体的许可费率，并与抗告人在多次面谈的基础上进行集中的专利交涉，因此应当认为苹果公司和对方基于FRAND条款均具有获得许可的意愿。”

4. 注意事项

本案判决指出，作出FRAND条款承诺的专利权人无法对基于FRAND条款具有获得许可意愿的经营者行使停止请求权（构成权利滥用）。

受此判决影响，《知识产权指南》作出规定“作出FRAND承诺的必要标准专利的所有者，对基于FRAND条款具有获得许可意愿的经营者实施拒绝许可或提起停止请求权诉讼的行为以及撤回FRAND承诺并对基于FRAND条款具有获得许可意愿的经营者实施拒绝许可或提起停止请求权诉讼的行为，将可能造成采用该标准的产品的研究开发、生产以及销售出现困难，并可能因此对其他经营者的经营活动造成排除限制的影响”。

（3）不正当限制交易

与知识产权相关的不正当限制交易案例除下文介绍的“福冈市下水道铁盖案”（案例122）以及“甲氧氯普胺警告案”（案例123）外，还有“混凝土桩案”（公取委劝告审决昭和45·8·5审决集第17卷第86页）（6家公司间签订许可协议限制销售数量的案例）。

案例 122　福冈市下水道铁盖案

（公取委审判审决平成 5・9・10 审决集第 40 卷第 3 页）

1. 案情概要

X 公司与 6 家经营者约定，X 公司将其关于公共下水道铁盖的实用新型设计以及其他设计许可给其他经营者使用，同时，(1) 要求 6 家经营者提出的铁盖报价高于 X 公司的报价，(2) 决定 X 公司以及 6 家经营者向施工经营者的交付价格以及施工经营者的利润率，(3) 约定 X 公司的销售数量占比为 20%、剩下的再由 X 公司和 6 家公司平均分配。

2. 案件焦点

上述 (1) 至 (3) 的行为是否构成不正当限制交易行为。

3. 公平交易委员会的判断

经营者共同决定铁盖的销售价格、销售数量比例以及销售对象的行为违反公共利益，对铁盖销售市场造成了实质性限制，构成不正当限制竞争行为。

4. 注意事项

本案是有关双重许可的案例，并最终认定当事人不正当地行使了知识产权（本案指实用新型专利权）。

在双重许可的许可方与多个被许可方受到共同限制的情形下，对该技术的使用范围、使用该技术生产的产品的销售价格、销售数量以及销售对象等的限制行为构成对上述经营者经营活动的相互约束，如果对该产品交易市场的竞争造成实质性限制，该行为即构成不正当限制交易行为。此外，在同样的情形下，对该项技术的改良和应用研究、成果技术的许可对象、替代技术的使用等进行限制的行为也会对该产品交易市场的竞争造成实质性限制，同样构成不正当限制交易行为。

案例 123　甲氧氯普胺警告案

（公取委警告昭和 57・4・23 昭和 57 年公取委年度报告）

1. 案情概要

F 制药公司获得了国外企业所拥有的有关甲氧氯普胺制剂的制造方法的专利发明的独占使用权，自 1965 年起开始生产该制剂产品。其他公司（3 家）自 1971 年起也开始生产销售该制剂，但是 F 制药公司在 3 家公司采用的制造方法可能侵害专利权的情况下，与 3 家公司之间签订了包含如下内容的和解协议：（1）相互之间在专利上不进行竞争（不竞争条款），（2）3 家公司的专利与 F 公司共享，（3）不向第三人许可专利，（4）不向第三人提供甲氧氯普胺制剂的活性成分，（5）3 家公司的出厂价格等应低于备忘录中的规定价格，（6）3 家公司的市场份额按照备忘录的约定进行分配。

本案除存在私人垄断（排他行为）的问题外，（1）、（5）以及（6）的行为还存在构成不正当限制交易的问题。公平交易委员会认为，通过上述协议，4 家关联公司具有共同排除其他经营者并共同决定甲氧氯普胺制剂销售价格以及各家公司生产份额的嫌疑，以有可能违反《反垄断法》第 3 条为由对上述当事人作出了警告。

2. 注意事项

本案是日本少有的类似反向支付的案件。[①] 所谓反向支付，以药品为例，是指大型医药制造商通过将依靠其专利独占的利益与后起的医药品制造商共享（如不进行和解则可能与进入市场的品牌医药制造商形成利益争夺关系）以避免其专利失效的行为。在解决专利请求诉讼的纠纷时，对于被告

① 小田切宏之:《创新时代的竞争政策——研究、专利、平台的法与经济》,有斐阁 2016 年版,第 77 页。

提出专利无效的主张，如不对专利的有效性进行争论而是通过提出和解并也给予被告一定利益（在专利期届满前给予其生产销售许可等）作为补偿予以解决，则会损害消费者因专利无效而获得的利益，因此，该行为被认定违反《反垄断法》的规定。在美国的FTC v.Actavis Inc.案件（570 U.S.，2013年6月17日判决）中类似的和解协议尽管不是直接被认定为违法，但其指出不应当以“简略化的合理原则”（quick look doctrine）进行考量，而应当根据“合理原则”（rule of reason）进行判断。

（4）不公平的交易方法

与知识产权相关的不公平的交易方法案例除下文将介绍的“微软不争议条款案”（案例124）、第2条第9款第1项部分介绍的“手机铃声案”（公取委审判审决平成20·7·24审决集第55卷第294页）（共同拒绝许可音乐原版唱片使用的案例）（案例49）、一般指定第14款中介绍的“第一兴商案”（公取委审判审决平成21·2·16审决集第55卷第500页）（要求关联公司拒绝许可的案例）外，还有“高通案”（公取委排除措施命令平成21·9·28审决集第56卷第2分册第65页）（回授条款存在问题的案例）以及“环氧乙烷案”（公取委劝告审决平成7·10·13审决集第42卷第166页）（进口限制条款存在问题的案例）。

案例124　微软不争议条款案

（公取委审判审决平成20·9·16审决集第55卷第380页）

1. 案情概要

美国微软公司（以下简称MS）在向电脑制造商进行Windows系统的许可授权时，与Windows系统的被许可人签订了包含其不以Windows侵害专利权为由对 MS 以及其他被许可人等提起诉讼的条款（NAP 条款，Non-assertion of Patents）的合同，在交易过程中对电脑制造商的经营活动附加了不正当地限制条件。

2. 案件焦点

附加 NAP 条款是否构成不公平的交易方法。

3. 公平交易委员会的判断

公平交易委员会以上述行为违反第 19 条的不公平的交易方法（旧一般指定第 13 款，现第 12 款“附加约束性交易条件”）为由作出了劝告。MS 就此在审判中进行争辩，同时在收到劝告后立即从合同中直接删除了 NAP 条款。然而，公平交易委员会仍以 NAP 条件对将来的影响效果依旧存在为由作出本案 NAP 条款违法的审决（确定）。

4. 注意事项

本案不认定 NAP 条款是对知识产权的正当行使。

《知识产权指南》中规定“许可人对被许可人附加被许可人不得向许可人以及许可人指定的经营者行使其拥有或取得的全部或部分权利的义务的行为，如果可能促使许可人强化其在技术市场以及产品市场的有利地位以及通过限制被许可人的权利行使妨害被许可人研究开发的动机或阻碍新技术的开发，则具有公平竞争阻碍性，构成不公平的交易方法（一般指定第 12 款）”。而本案就是在这一问题上产生争议的案例。

第 22 条【一定的合作社的行为】

概 要

本条规定，具备一定要件且依法设立合作社的行为原则上不适用《反垄断法》。

1. 适用除外的宗旨

本条的宗旨在于，通过为因业务规模较小无法成为独立的有效竞争单位的零散经营者开拓以合作社的形式进行业务合作的途径，提高上述经营者的竞争力，促进公平且自由的竞争。

2. 适用除外的合作社

根据本条规定不受《反垄断法》规制的合作社（包括合作社的联合会）要求具备如下4个要件，以小规模经营者或消费者的相互扶助为目的的；可自由设立且合作社成员可自由加入或退出的；各合作社成员享有平等的表决权的；对合作社成员进行利益分配时其限度由法令或章程规定的，同时，还必须是依法设立的（第22条）。

根据《中小企业等协同合作社法》（以下简称《中协法》）设立的业务协同合作社等，如果合作社成员未超过一定规模，可视为符合本条第1项规定要件的情形（《中协法》第7条第1款），如果包含超过一定规模的合作社成员，则由公平交易委员会对其是否属于具备本条第1项所规定要件的合作社进行判断（《中协法》第7条第2款）。

而鉴于本条的宗旨，在即便只有1名大规模经营者加入的情形下，尽管其属于基于《中协法》而设立的业务协同合作社等，公平交易委员会仍将认定其欠缺本条第1项的要件，适用《反垄断法》的规制。

同时，《中协法》第107条规定，在合作社的成员经营者因固定员工数量超过100人而被认定不属于实质上的小规模经营者的情形下，公平交易委员会可以要求该经营者退出合作社。

（1）东京都面包协同合作社联合会案

（公取委审判审决昭和38・9・4审决集第12卷第1页）

公平交易委员会从从业人员数、资本金额、总资产额、交易对象店铺数量、生产能力、小麦面粉的使用袋数、面包的销售业绩等综合判断该合作社的9家成员经营者均不属于小规模经营者，该合作社不满足第1项规定的要件要求，适用《反垄断法》的规定。

（2）岐阜混凝土协同合作社案

（公取委审判审决昭和50·12·23审决集第22卷第105页）

公平交易委员会认定包含1家不被认为属于小规模经营者成员的混凝土协同合作社不属于以小规模经营者相互扶助为目的的合作社，不满足第1项规定的要件要求，适用《反垄断法》的规定。

（3）东日本湿毛巾协同合作社案

（公取委劝告审决平成7·4·24审决集第42卷第119页）

因东日本湿毛巾协同合作社中包含不被认定属于小规模经营者的成员，公平交易委员会认定该合作社不属于以小规模经营者相互扶助为目的的合作社，不满足欠缺第1项规定的要件要求，适用《反垄断法》的规定。

（4）ASANO混凝土案

（公取委劝告审决昭和50·1·21审决集第21卷第329页）

公平交易委员会认为，作为大规模水泥制造商的子公司、从业人员数达235人的ASANO混凝土不属于实质意义上的小规模经营者。基于《反垄断法》将以小规模经营者相互扶助为目的的业务协同合作社的行为排除适用这一宗旨，公平交易委员会要求ASANO混凝土从各混凝土协同合作社中退出。

3. 适用除外的行为

本条适用除外的对象是“合作社的行为”。所谓“合作社的行为”，是指各合作社基本法所规定的业务，如其行为超过规定的业务范围，则适用《反垄断法》的规定。

“合作社的行为”包含合作社实施共同销售、共同采购等合作社成员的共同经济业务的情形以及实施与合作社成员业务相区别的自身业务的情形，且上述情形下又分别存在属于经营者行为的情形以及属于经营者团体行为的情形。

在行为对象上，又进一步分为与合作社的外部交易对象交易的情形，以及与合作社的内部成员交易的情形。

此外，合作社作为经营者与其他合作社或经营者共同实施限制竞争的行为，不属于“合作社的行为”。农协指南(《关于农业协同合作社活动的反垄断法指南》，2007 年 4 月 18 日）就规定“单位农协作为经营者与其他经营者或单位农协共同实施限制价格或数量的行为（卡特尔）等，因不属于《反垄断法》第 22 条中规定的合作社的行为，不属于适用除外”。

4. 第 22 条但书的例外情形

即便属于本条所规定的“合作社的行为”，如采用不公平的交易方法或者通过在一定的交易领域实质性限制竞争而不正当地提高价格的，作为例外不属于适用除外（第 22 条但书）。

（1）适用第 22 条但书前部分规定的案例

①合作社在经营共同经济业务时，因对外部交易对象采用了不公平的交易方法而在《反垄断法》的适用上存在争议的审决例

Ⅰ大阪刷子工业协同合作社案

（案例 125）

公平交易委员会认为，在该合作社统一拒绝由政府发起的刷子制造招标项目中以低价中标的经营者发出的分包工程的行为中，有部分行为不构成不正当拒绝交易的行为。

Ⅱ冈山县南混凝土协同合作社案

（公取委劝告审决昭和 56・2・18 审决集第 27 卷第 112 页）

本案中，混凝土协同合作社将混凝土批发的对象经营者（代销店）限定于批

发商协同合作社的成员，并在与代销店签订的基础协议中限制其向混凝土协同合作社成员以外的经营者采购混凝土。对此，公平交易委员会认为上述行为构成不正当拒绝交易以及附加不正当限制交易条件的行为。

Ⅲ神奈川县混凝土协同合作社案

（公取委劝告审决平成 2・2・15 审决集第 36 卷第 44 页）

本案中，混凝土协同合作社在与混凝土批发的对象经营者签订的协议中不认可其经营非成员经营者的混凝土，并对非成员经营者与混凝土需求者以及水泥制造商之间的交易进行直接或间接妨碍。对此，公平交易委员会认为上述行为构成附加排他性交易条件以及不正当妨碍交易的行为。

②因合作社在实施自身业务过程中对外部经营者采取不公平的交易方法而适用《反垄断法》的审决例

Ⅰ大分县乳畜业协同合作社案

（公取委劝告审决昭和 56・7・7 审决集第 28 卷第 56 页）

本案中，占据大分县内生乳销售过半的乳畜业协同合作社强迫非旗下乳畜业经营者向其购买所需的全部生乳并以拒绝未向其购买生乳的乳畜业经营者的产品为条件与非旗下乳畜业经营者进行交易。对此，公平交易委员会认为上述行为构成附加排他性交易条件以及附加不正当限制交易条件的行为。

Ⅱ全国农业协同合作社联合会案

（公取委劝告审决平成 2・2・20 审决集第 36 卷第 53 页）

本案中，全国农业协同合作社联合会为维持并扩大其支配的纸箱销售系统渠道、阻止系统外渠道的销售，对指定厂商等采取了多项措施和要求。对此，公平交易委员会认为上述行为构成不公平的交易方法（附加不正当限制交易条件、间接拒绝交易、滥用优势地位）。

③因合作社在经营共同经济业务的过程中对合作社成员采取的控制行为是否属于不公平的交易方法存在争议的审决、判决例

Ⅰ八重山地区混凝土协同合作社案

（案例 126）

合作社对成员实施的事实上强迫其参加共同销售业务的行为不被认定属于不公平的交易方法。

Ⅱ东建设案

（案例 127）

原审认为合作社的除名决议有效，且认定强制实施共同购买业务的行为不属于第 24 条（现第 22 条）但书规定的行为。然而最高法院判决在事实认定上否认了合作社专用义务（参加共同购买的义务）的存在，并认定除名决议无效。

④合作社在经营自身业务的过程中因对合作社成员采取不公平的交易方法而适用《反垄断法》的审决例

Ⅰ雪印乳业及农林中金案

（案例 128）

公平交易委员会认为对农协联合会的单位农协以及合作社成员实施的差别对待行为构成附加约束性交易条件的行为。

Ⅱ浜中村主畜农业协同合作社案

（公取委劝告审决昭和 32・3・7 审决集第 8 卷第 54 页）

本案中，将合作社成员生产的生乳发货给北海道黄油的农协，对发货给明治乳业的合作社成员实施拒绝接受销售委托以及融资、要求使用合作社设施时只能以现金交易并劝说其退出合作社等行为。对此，公平交易委员会认为上述行为属

于在经营者团体内部实施的不正当差别对待以及不正当排斥行为。

Ⅲ斐川町农业协同合作社案

（公取委劝告审决昭和 51・3・29 审决集第 22 卷第 144 页）

本案中，面向合作社成员开展农业近代化资金融资的农协决定并实施了仅向购买合作社所销售的设备等的经营者进行上述资金融资的行为。对此，公平交易委员会认为上述行为构成附加排他性交易条件的行为。

Ⅳ山口县经济农业协同合作社联合会案

（公取委劝告审决平成 9・8・6 审决集第 44 卷第 248 页）

本案中，农协联合会为提高会员农协在供给农药和肥料的渠道的利用率，实施了根据利用率提供回扣的行为。对此，公平交易委员会认为上述行为构成附加不正当限制交易条件的行为。

（2）适用第 22 条但书后部分规定的案例

目前尚未有案例被认定适用第 22 条但书后部分规定。

对于“不正当地提高价格”这一要件，并不要求实际上提高价格，只要该行为具有提高价格的可能性即可。但是，在“八重山地区混凝土协同合作社案”（案例 126）中，尽管其实际提高了价格，但因认为其行为不具有具体危险，最终也未被认定适用第 22 条但书后部分规定。

5. 第 22 条但书与“合作社的行为”

在合作社（合作社联合会）适用《反垄断法》的部分案例中，公平交易委员会并非依据第 22 条但书的规定而认为其原本就不属于“合作社的行为”的案例包含如下。

（1）富山县混凝土协同合作社案

（公取委劝告审决昭和 48・3・29 审决集第 19 卷第 192 页）

本案中，混凝土协同合作社与在县内混凝土总销售量占比过半的 2 家非成员混凝土制造商共同决定混凝土的销售价格。对此，公平交易委员会认为上述行为构成不公平限制交易行为，违反第 3 条后半段规定。

（2）纲走辖区混凝土制品协同合作社案

（公取委排除措施命令平成 27・1・14 审决集第 61 卷第 138 页）

本案中，混凝土制品协同合作社分别给每个需求者分配 1 家合作社成员作为预订签约人，并决定销售价格的折扣率应控制在 10% 以内。对此，公平交易委员会认为上述决定限制了合作社成员的交易对象以及交易价格，不属于第 22 条规定的"合作社的行为"，应当适用《反垄断法》的规定，构成第 8 条第 1 项规定的行为（经营者团体实施的在一定的交易领域实质性限制竞争的行为）。

（3）福井县经济农业协同组合联合会案

（公取委排除措施命令平成 27・1・16 审决集第 61 卷第 142 页）

本案中，农业联合会在谷物设施的工程招标中，全面掌控让特定经营者中标的投标程序。对此，公平交易委员会认为相关一系列行为支配了投标参与者的经营活动、限制了竞争，构成第 3 条前半段规定的私人垄断行为。

案例 125　大阪刷子工业协同合作社案

（公取委审判审决昭和 30・9・20 审决集第 7 卷第 20 页）

1. 案情概要

经营便携式刷子的共同中标业务且合作社成员便携式刷子的产量在全国总产量中占比约 80% 的大阪刷子工业协同合作社，对于在保安厅发起的刷子招标项目中以低价中标的中标方发起的分包，通过规定只能以合作社形式中标而不得以个人形式中标且分包价格应高于中标价的方式，实质性拒绝了该中标人的分包。

上述行为被认为可能构成不正当共同拒绝交易行为（旧一般指定第1项，现第2条第9款第1项）。

2. 案件焦点

合作社一致拒绝分包的行为是否具有正当性。

3. 公平交易委员会的判断

“不得不说该行为是一开始就无视标准并收取不正当利益的恶性行为。但是从结果上来看可以认为，正是因为前述保安厅在检查过程中以及工业品检查所杂货部长在证明过程中存在的重大过失才使得相关经营者有机可乘，除清洗用刷子外，被审理人大阪刷子合作社的预想均成为现实……如此看来，保安厅如果对衣用刷以及鞋用刷进行合理的产品检查，要按照中标价格生产符合该厅标准的产品存在很大困难，由此可以认为中标人事先就有以无视标准的品质交付产品的打算。据此，无法认定拒绝该经营者分包的审理人大阪刷子合作社的行为不当。”

4. 注意事项

公平交易委员会认定，对于清洗用刷子，大阪刷子合作社在禁止合作社成员直接参与分包的前提下又拒绝参与分包的行为具有不正当性，但是对于衣用刷以及鞋用刷，以保安厅在验收检查上的草率导致不正当的低价中标为由，否定了拒绝中标者分包的合作社的对抗行为的不正当性。

案例126　八重山地区混凝土协同合作社案

（那霸地石垣支判平成9·5·30审决集第45卷第495页、判时第1644号第149页［28032824］）

1. 案情概要

作为八重山地区混凝土协同合作社（原告）会员的被告，未通过经由原告共同销售的方式而是通过独自与交易对象直接签订买卖合同的方式销售混凝土。原告根据共同销售业务规则、违反行为制裁规定以及保证金处理规定，在临时总会上对被告作出过失罚款、没收保证金（5000万日元的票据）以及除名处分。其后，由于被告未交出前述票据，原告提起诉讼要求被告支付票据以及尚未支付的过失罚款（请求认可）。

2. 案件焦点

事实上强迫合作社成员参与共同销售的行为是否构成第24条（现第22条）但书前半段所规定的不公平的交易方法，以及是否构成后半段所规定的不正当地提高价格的行为。

3. 法院的判断

“……本案中的制裁规定在事实上是强迫合作社成员对其主要经营商品即混凝土全部以共同销售的方式进行销售，因此，围绕本案制裁规定就产生了是否具有公平竞争阻碍性、是否构成‘不公平的交易方法’（……而非‘附加约束性交易条件’）的疑问。但是，本案中又存在确保共同销售有效实施的事由……如前文所述，无法立即认定其内容本身具有不合理性。即为了避免作为由无法成为有效竞争单位的中小企业组成联合体的合作社在内部出现过度竞争，有必要确保共同销售活动的有效性，据此认定其阻碍公平竞争并不妥当。此外，虽说是强迫共同销售，但是允许成员的自由退出（原告章程第12条），在此前提下对自己竞争力有信心的合作社成员随时都可以在退出合作社后与合作社展开公平竞争，甚至可以说如此共存的方式将有利于促进公平竞争。综上，本案制裁规定虽说在事实上强迫成员进行共同销售，但是不能认定其构成不公平的交易方法。”

“……原告在被告退出合作社之前几乎垄断了石垣岛混凝土的销售，无法否定其造成‘在一定的交易领域实质性限制竞争’的后果。但是，在‘不正当地提高价格’的构成要件上，即便行为人在现实中提高了价格，如果没有足以证明存在具体危险的证据，最终也无法认定其具有《反垄断法》

第 24 条但书所规定的该法适用除外的例外事由。”

4. 注意事项

本案判决指出，基于《中小企业等协同合作社法》成立的业务协同合作社在事实上强迫合作社成员进行共同销售的行为是不得已的行为，无法认定其构成不公平的交易方法，且即便不正当地提高了价格也无法认定其具有具体的危险，合作社的行为不构成适用除外规定的例外事由。可以说本案判决强调了设置有关合作社行为适用除外规定的主旨。

案例 127　东建设案

（最一小判平成 9・9・18 审决集第 44 卷第 746 页［28140086］）

1. 案情概要

在包含都城市在内的都北地区工程中，都北地区建筑业务协同合同社（被上告合作社）的成员建筑商几乎毫无例外地通过被上告合作社向由混凝土制造商组成的协同合作社购买混凝土。然而，上告公司（东建设株式会社）在某一期间内未通过被上告合作社而是直接向宫崎市内一家混凝土公司购买了 3000 立方米的混凝土。于是，被上告合作社在临时总代表会上以上告公司的行为满足章程规定的除名条件（妨碍合作社业务）为由，作出了将上告公司从成员中除名的决议。对此，上告公司提起了要求确认除名决议无效的诉讼。在一审中该请求得到了认可。其后，被上告合作社提起了控诉。

原审｛福冈高宫崎支判平成 5・10・27 平成 4 年（ネ）225 号公开物未刊登［28140123］｝认为，被上告合作社是以实施共同购买业务为目的而设立的，经营者既然成了合作社成员，就应当以实施共同购买业务为义务，可以说在被上告合作社与合作社成员之间实质上成立了专用合同（规定合作社成员只利用该合作社设施的合同），上告公司的行为违反了该义务，并对被上告合作社的业务构成了妨碍，因此除名决议有效。此外原审还指出，本案强迫共同购买并不构成第 24 条（现第 22 条）但书前半部分规定的行为。

上告公司不服提起上告（要求撤销原判、驳回控诉）。

2. 案件焦点

以规定业务协同合作社成员对合作社的专用义务为前提的本案除名决议是否有效。

3. 法院的判断

“如私人之间一方要给另一方施加义务，需要有法律上的依据，或者存在成立前述义务的基础合意。但是，《中小企业等协同合作社法》中并没有设置施加本案专用义务的依据规定，原审中不认定被上告合作社的章程中存在前述依据规定，在证据上也不认可存在前述依据规定……被上告合作社和上告公司之间也不存在明示对上告公司施加本案专用义务的合意，虽说被上告合作社的设立原委正如前述认定事实所述，但也不能认定被上告合作社和上告公司之间存在默示对上告公司施加本案专用义务的合意。因此，原审认为上告公司不负有本案专用义务并在此前提下认为上告公司的本案购买行为满足被上告合作社章程所规定的除名事由的判断，是对法律的错误解释和违法适用，并最终对原审判决的结论造成了影响。”

4. 注意事项

对于业务协同合作社依据《中小企业等协同合作社法》对未参与共同购买业务的成员从合作社除名的行为，控诉审在认可成员专用义务且除名有效的基础上，认定强迫共同购买并不构成有关合作社行为的适用除外规定的例外事由，表明了与“案例 126”判决的相同立场。但是，最高法院在事实认定上不认可专用义务的存在。

案例 128　雪印乳业及农林中金案

（公取委审判审决昭和 31・7・28 审决集第 8 卷第 12 页）（参考案例 8）

1. 案情概要

从事乳制品生产销售的雪印乳业和北海道黄油（以下简称两家公司）在北海道地区的牛奶采集市场占有约 80% 市场份额。两家公司计划通过融资增加所在地区牧农的奶牛饲养数量，同时稳定乳畜业农民的经营并节约工厂采集牛奶的成本。在获得农林中央金库（以下简称农林中金）以及北海道信用农业协同工会联合会（以下简称北信连，保障农林中金的融资并作为其窗口提供服务）的同意后，两家公司制定了在农林中金 10 亿日元资金的支持下 3 年间增加 1 万头奶牛的计划。农林中金和北信连在获得两家公司的充分同意后，仅对为两家公司提供生乳的单位农协及其成员提供融资和保证，并暗示将对成员中存在与两家公司以外的乳制品经营者交易的单位农协的其他农业经营资金的融通进行不利对待等，以保障本资金专门服务于两家公司，并用于压制其他乳制品经营者的经营活动。

2. 案件焦点

对农协联合会的单位农协及其成员的差别对待行为是否违反《反垄断法》。

3. 公平交易委员会的判断

两家公司试图排除其他乳制品经营者的牛奶采集活动并全面维持和强化其已经取得的牛奶采集量在北海道地区占比约 80% 市场份额的行为，违反第 3 条前段（排他型垄断）的规定。

农林中金不正当地拒绝向特定经营者提供资金的行为构成不正当拒绝交易、以资金融资对象必须将生乳销售给两家公司为条件的行为构成不正当附加限制性条件，违反第 19 条的规定。

北信连以与两家公司交易为条件为单位农协提供融资保证的行为构成

不正当附加约束性条件，违反第 19 条的规定。

4. 注意事项

尽管作为农协联合会的北信连（以及与之紧密联系的农林中金）与两家公司的私人垄断不无关联，但或许是鉴于第 22 条适用除外的规定，并未追究其承担私人垄断的责任，而仅认定其对成员实施了不公平的交易方法。

第 23 条【转售价格维持】

概 要

生产商对批发商或者批发商对零售商实施的限制销售价格的行为，在剥夺销售商自由决定价格的权利的同时，还限制了销售商之间的价格竞争，原则上构成违反第 2 条第 9 款第 4 项的不公平的交易方法的行为。但是根据本条规定，以公平交易委员会所指定的特定商品以及著作物为对象实施的转售价格维持行为，则在一定情形下属于例外情形。

1. 适用除外的宗旨

“第 1 次奶粉（和光堂）案”（案例 129）中对于制定本条规定的宗旨作出了如下阐释，即“为了防止因销售商的不正当廉价销售以及钓鱼营销等造成制造商商标信用下降等危害的出现，从保障竞争的要求考虑，仅对于认为允许维持价格具有合理性的特定商品或有特殊历史原因的著作物的转售价格维持行为不予考虑是否具有‘正当理由’而例外地认定其行为并不违法”。而在“第 1 次奶粉（明治商事）案”（案例 130）中也表明了同样的观点。

对于适用除外的行为，生产商或者销售商决定并维持该商品的销售对象及其转售价格（包含再转售价格）的行为属于正当行为。

2. 指定转售制度

公平交易委员会指定应当签订转售价格维持协议的商品的制度（第 23 条第 1

款、第 2 款）被称为指定转售制度。指定的要件包括（1）属于易于识别的质量相同的商品，（2）属于消费者日常使用的商品，（3）围绕该商品展开自由竞争的商品。其中，（1）就是所谓的商标商品，而设置（1）和（2）要件是出于其容易成为不正当廉价销售以及钓鱼营销的对象这一考虑。（3）指的是品牌间进行充分竞争的情形。转售价格维持会对品牌内的竞争带来限制，然而在品牌间的竞争无法有效展开的情况下，限制品牌内竞争所带来的危害就不会很大。

公平交易委员会以告示的方式进行指定。然而，在 1972 年以后，公平交易委员会指定商品的范围逐渐缩小，截至 1996 年年末，指定商品被全部取消。

3. 著作物的转售制度

著作物的转售价格维持行为并不是由公平交易委员会指定，而是在本条第 4 款中以适用除外的形式进行规定。围绕该制度适当与否的争论已持续多年，但由于对该制度的废止一直无法形成有效的国民性合意，公平交易委员会在 2001 年 3 月宣布“当前保留该制度较为合适”。

公平交易委员会将著作物的对象范围限定为书籍、杂志、报纸、唱片、音乐磁带、音乐 CD 这 6 类，而不包含视频、DVD、电子书、电脑软件、游戏软件等新兴事物。

4. 转售制度的界限

不正当地损害消费者利益的情形以及销售该商品的经营者所实施的行为违反生产该商品经营者的意愿的情形，即便属于指定商品或著作物也不适用转售制度（第 23 条第 1 款但书）。原本，正是因为考虑到前述危害才认为应当废止相关商品的转售制度。如前文所述，该制度在 1996 年年末就已被全部废止，且其后公平交易委员会未再作出任何指定。

此外，出于可能阻碍团体福利业务实施的考虑，即便属于指定商品或著作物，农协、消费生活协同合作社（以下简称生协）等以小规模经营者和消费者互助为目的设立的团体也不得签订转售价格维持协议（第 23 条第 5 款）。

资生堂案

（公取委同意审决平成 7・11・30 审决集第 42 卷第 97 页）

本案中，资生堂通过销售公司，以生协的董事等个人以及关联法人的名义，就指定转售商品（当时）与生协签订转售价格维持协议。对此，公平交易委员会指出，没有正当理由在向依据旧法第 24 条之 2 第 5 款规定不能签订转售协议的团体供应商品时附加维持销售价格条件的行为符合旧一般指定第 12 款第 1 项（现法第 2 条第 9 款第 4 项第 1 目）规定的情形，违反第 19 条的规定。

案例 129　第 1 次奶粉（和光堂）案

（最一小判昭和 50・7・10 民集第 29 卷第 6 号第 888 页、审决集第 22 卷第 173 页［27000369］）

1. 案情概要

参考案例 57。

2. 案件焦点

第 24 条之 2（现第 23 条）规定的宗旨为何。

3. 法院的判断

“论述主张，对通过转售价格维持行为限制价格的‘正当理由’的否定，与法律第 24 条之 2 的规定相矛盾。但是，前述规定是以转售价格维持行为构成附加约束性交易条件且如不存在‘正当理由’便构成违法为前提。为了防止因销售商的不正当廉价销售以及钓鱼营销等造成制造商商标信用的下降等危害的出现，从保障竞争的要求考虑，仅对于认为允许维持价格具有合理性的特定商品或有特殊历史原因的著作物的转售价格维持行为不予考虑是否具有‘正当理由’而例外地认定其行为并不违法，这一规定与以维护销售商之间的竞争为目的的一般指定 8（笔者注：当时的附加约束性条件的规定）之间存在经济政策上的观点差异。因此，被上告委员会对于不属于前述例外商品的转售价格维持行为分别根据是否阻碍竞争来决定是否具有‘正当理由’的做法，与法律第24条之2的规定并不矛盾。”

4. 注意事项

本案判决指出本条规定是为了防止因销售商的不正当廉价销售以及钓鱼营销等造成制造商商标信用的下降等问题发生而作出的例外规定，其与以维护销售商之间的竞争为目的的一般指定之间存在经济政策上观点差异。

案例130　第1次奶粉（明治商事）案

（最二小判昭和50・7・11民集第29卷第6号第951页、审决集第22卷第198页［27000368］）

1. 案情概要

参考案例56。

2. 案件焦点

第24条之2（现第23条）规定的宗旨为何。

3. 法院的判断

“论述主张，对于在事实上满足第24条之2……所规定要件的商品，即便在形式上未得到被上告委员会的指定也可以认定其转售价格维持行为具有前述‘正当理由’。然而，第24条之2第1款的规定是以转售价格维持行为具有竞争阻碍性才构成违法为前提，而为了防止因销售商的不正当廉价销售或钓鱼营销等导致制造商的商标信用受损或者给其他销售者的利益造成侵害的问题出现，在该条第1款和第2款所规定的要件基础上，被上告委员会综合各项情形考量认为应当允许价格维持而指定的特定商品，其转售价格维持行为被例外地认定并不违法，这与以维护销售商之间的竞争为目的的一般指定8之间存在经济政策上的观点差异。因此……只要未经被上告委员会的指定，就可以说该商品事实上符合该条第1款和第2款所规定的要件，无法直接认定其转售价格维持行为具有前述‘正当理由’。”

4. 注意事项

本案判决指出本条规定是为防止因销售商的不正当廉价销售或钓鱼营销等造成制造商商标信用受损等问题发生而作出的例外规定，其与以维护销售商之间的竞争为目的的一般指定的规定之间存在经济政策上的观点差异。

第 7 章

停止请求及损害赔偿

第 24 条【停止请求权】

概 要

本条规定是在 2000 年《反垄断法》修订时设置的（2001 年 4 月 1 日起实施）。根据本条规定，对于因与不公平的交易方法相关的《反垄断法》违法行为而受到现实侵害或者在不久的将来可能受到侵害的当事人，可以请求停止（停止、预防）侵害自身利益的行为。因《反垄断法》违法行为造成的损害多是持续的，对受害者过去受到的损害在事后以金钱赔偿的方式进行救济实际上并不充分。而本制度就是为充实受害者的救济方式而设置的民事救济制度，是对公平交易委员会通过行政处分排除违法行为这一“公共途径”的辅助和补充。

1. 停止请求的对象行为

本制度的适用对象仅限于违反第 8 条第 5 项（禁止经营者团体实施不公平的交易方法）或第 19 条（禁止不公平的交易方法）规定的违法行为，而违反第 3 条（禁止私人垄断以及不正当限制交易）规定的行为等则不在适用对象范围内。

将适用对象限定于不公平的交易方法的理由包括其较易适用于民事诉讼以及其较易对违法行为进行举证等。

2. “显著损害”的要件

虽然不公平的交易方法存在问题的行为范围很广，但是本条的适用对象仅限于“产生或可能产生显著损害的情形”。这就要求具备与被认定损害赔偿请求的情形相比更高的违法性。

“关西国际机场报纸销售案”（案例 131）就指出“违反《反垄断法》第 19 条规定的行为，应当具备与认定损害赔偿请求的情形相比更高的违法性”，而“对于具备与否的判断，应当综合考虑该违法行为及损害的方式、程度等”。

“邮政包裹不正当廉价销售案”（案例 132）也指出“显著损害”应当以高度的违法性为前提，并且指出“当事经营者有可能因受到市场排除或市场进入阻碍等《反垄断法》违法行为的侵害而产生难以恢复的损害的情形以及通过金钱赔偿无法充分救济的情形符合该要件的要求”，认为其快递业务在邮政包裹引入新的费用体系后仍可能提高营业收益，维持市场份额第 1 的顺位、甚至进一步扩大，因此不认为其会产生“显著损害”。

3. 停止请求的内容

本条规定 “可以……提出停止或预防侵害的请求”，请求的内容中除停止违法行为外，还包括停止作为确保违法行为实效性的手段的措施、将停止事宜通知交易对象等。

除不作为命令外，对于是否还包含作为命令的问题，“软银对 NTT 东西案”（案例 133）中指出，由于不公平的交易方法也可能以不作为的方式实施，“‘提出停止或预防侵害的请求’应当包含停止或预防因不作为而带来的损害的作为命令”，认为请求行为只要限定在可以进行强制执行的程度范围内即可。

4. 停止请求的状况

自2001年4月本条规定的停止请求制度开始实施后的相当一段时间内，被认定停止请求的案件一直未出现。原本，不被认定属于不公平的交易方法而被驳回的案例就有很多［如日本TECHNO案（案例134）、液化气销售差别对待停止请求案（案例135）、7–11日本停止请求案（案例136）等］，而认定“显著损害”的门槛则更高。

然而近年来，开始出现了一些被认定适用的案例［如干冰临时处分案（案例137）、神铁出租车案（案例138）等］，而今后也可期待该条款会得到更为积极地运用。

案例131　关西国际机场报纸销售案

（大阪高裁平成17·7·5审决集第52卷第856页［28151370］）

1. 案情概要

作为报纸销售商的控诉人，向5家全国性报纸的系列批发商提出了在关西国际机场岛批发销售全国性报纸的申请，却被上述批发商以机场岛的报纸需经由5家公司共同设立的销售公司购买为由被拒。因此，控诉人依据第24条的停止请求权提起了请求停止拒绝申请的诉讼。

控诉人在主张各公司拒绝申请的行为构成违法的共同拒绝交易行为的同时，对于要认定停止请求所需的“显著损害”指出，如果不存在上述拒绝行为，其可以按照原价70%的价格采购全国性报纸并以原价80%的价格进行销售，但是由于上述拒绝行为，控诉人不得不以原价75%的价格进行采购，应得利益损失大半。

2. 案件焦点

本案各拒绝交易行为（共同拒绝供应）是否具有公平竞争阻碍性。

是否满足认定停止请求所需的“显著损害”要件。

3. 法院的判断

“……要认定5家批发商共同实施的本案各拒绝交易行为构成不公平的交易方法，就要求其行为不存在正当理由，即存在损害公平竞争的可能性（公平竞争阻碍性）……而公平竞争阻碍性在通常情形下是指可能对公平的竞争秩序带来不良影响的情形，但是对于共同拒绝交易这一情形下的具体内容，主要还应根据是否侵害自由的竞争状态进行判断。”

“……控诉人虽说被5家批发商拒绝了全国性报纸的采购，但其可以从5家批发商以外的销售商采购，且实际上其也从B公司进行了采购。此外，被控诉人关东销售公司也对控诉人提出了为其做好了应对全国性报纸买卖交易的准备，因此可以推定，如果控诉人未执着于与5家批发商直接进行交易而是向被控诉人的关东销售公司提出交易申请可以很容易采购到全国性报纸。据此无法认定5家零售商所做出的本案拒绝交易行为具有公平竞争阻碍性。”

“……停止请求的认定要求不存在正当理由的共同拒绝交易行为‘产生或可能产生显著损害’（以下简称显著损害）的后果。对于这里所说的‘显著损害’是指何种情形的讨论……由于广泛的行为都可能被视为违反《反垄断法》第19条规定的行为，为了从中选出被认为有停止必要的行为，《反垄断法》第24条便以‘产生或可能产生显著损害’作为要件。基于此，存在显著损害且认为具有停止必要的情形应当是指，违反《反垄断法》第19条规定的行为具有比被认定具有损害赔偿必要的情形更高违法性的情形，即在与比损害赔偿的情形相比被侵害的利益更大、侵害行为的性质更为恶劣的情形下才可认定具有停止的必要，而对于这一必要性的有无，应当从该违法行为及其损害的形态、程度等进行综合判断。”

“……本案各拒绝交易行为会造成控诉人无法或可能无法进入全国性

报纸销售市场以及会造成控诉人不得不或可能不得不退出该市场等证明有必要停止本案各拒绝交易行为的依据均无法得到认可。”

“……根据以‘显著损害’为要件的规定……已经进入市场且虽说仅占有5%的市场份额但仍获得一定利润的控诉人仅仅凭借如果不被共同拒绝交易将会获得更大利益的主张，无法说明相关行为满足有必要停止的‘显著损害’的要件。”

4. 注意事项

本案判决指出，要认定第24条的停止请求，除要求具有相较于认定损害赔偿请求的情形更高的违法性外，对于控诉人提出的因本案拒绝交易行为导致的利益减损的主张，仅仅凭借如果其不被共同拒绝交易将会获得更大利益的举证，无法说明相关行为满足有必要停止的“显著损害”的要件。

此外，就本案提出的上告以及上告受理申请也均未得到认可。

案例132　邮政包裹不正当廉价销售案

（东京高判平成19·11·28审决集第54卷第699页、判时第2034号第34页［28140088］）

1. 案情概要

参照案例55。

2. 案件焦点

邮政包裹新运费系统下的服务提供是否构成不正当廉价销售。

劝诱原本属于大和运输代理店的便利店成为邮政包裹代理店的行为是否构成以不正当利益引诱顾客、妨碍竞争对手交易的行为。

是否满足认定停止请求所需的“显著损害”要件。

3. 法院的判断

“……作为停止请求要件的‘属于不公平的交易方法的行为’，要求在事实审的口头辩论结束时停止的必要性仍持续存在，主观诉讼[①]的停止请求所依据的利益侵害和显著损害也要求在事实审的口头辩论结束时持续存在或者具有发生的盖然性。”“……无法认定构成不公平的交易方法的行为仍持续存在……”

“……《反垄断法》第24条中的‘显著损害’要件要求，认定停止请求的行为应比认定损害赔偿请求的行为具有更高的违法性，在此基础上，应注意与《反不正当竞争法》等其他法律规定的停止请求权相协调，同时应注意避免因过为严格的要件要求而降低停止请求制度的利用价值。可以认为，可能从市场中排除相关经营者或阻碍新的市场进入等因《反垄断法》违法行为的实施而造成难以恢复的损害的情形、金钱赔偿并不足以救济的情形等就满足该要件的要求。”“……在一般邮政包裹（YOUPACK）引入新运费系统的2004年10月以后，控诉人尽管被迫降低宅急送的价格，但是其营业额和利润依旧不断上涨，控诉人自身也预测这一倾向今后仍可能持续。同时，尽管控诉人的宅急送的平均价格高于被控诉人及其他经营者的价格，但是在2003年至2006年3月，控诉人仍维持市场份额（快递数量）第1的市场地位，且仍有持续扩大的倾向……被控诉人将便利店作为其代理店，并根据新运费系统提供一般邮政包裹（YOUPACK）服务，并不会对控诉人构成《反垄断法》第24条中的‘显著损害’。”“此外，所谓‘可能产生显著损害的情形’，是以事实审的口头辩论结束时的各项状况为依据，并包含具有在不久的将来造成显著损害的盖然性的情形，而本案中……没有充分证据证明与以往相比‘可能产生显著损害’。”

4. 注意事项

对于日本邮政公司依据新运费系统提供邮政包裹服务以及劝诱原本属

① 主观诉讼是指以保护公平个人的权利和利益为目的的诉讼，与此相对，客观诉讼是指以维护客观的法律秩序和确保行政活动合法性的诉讼，与原告个人的权利和利益无关。

于大和运输代理店的便利店成为其邮政包裹代理店的行为，大和运输尽管依据第 24 条的规定提出了停止请求，但是依据新运费系统提供邮政包裹服务并不被认定构成不正当廉价销售，劝诱便利店成为代理店的行为也不被认定构成不正当利益引诱顾客和妨碍交易的行为，同时也不被认可存在充分证据证明存在“显著损害”以及存在产生损害的盖然性。向最高法院提出的上告以及上告受理申请也最终未获得认可。

案例 133　软银对 NTT 东西案

（东京地判平成 26・6・19 审决集第 61 卷第 234 页、判时第 2232 号第 102 页［28222862］）

1. 案情概要

为独栋住宅提供 FTTH 服务（利用光纤设备为独栋住宅提供通信服务）的原告（SOFTBANK TELECOM・SOFTBANK BB）对设置第一类指定电信设备（用户光纤通信线路）的被告（NTT 东・NTT 西）提出了以 1 个分歧终端线路为单位进行连接的请求，但是被告以连接单位应为 1 个主网终端线路（8 个分歧终端线路）为由予以拒绝。

原告以被告的拒绝行为构成滥用优势地位以及不正当限制交易行为为由，依据第 24 条的规定提出了按照原告希望的方式进行连接的主位请求（驳回请求），以及确认原告负有相关连接义务的预备请求（驳回请求）。

2. 案件焦点

“作为命令”是否属于第 24 条的对象。

第 24 条与《电信法》之间的关系。

3. 法院的判断

“……《反垄断法》第 24 条规定，因违反不公平的交易方法相关规定的行为而受到或可能受到权益侵害的当事人，可以对侵害或可能侵害其利益的经营者提出‘停止或防止侵害’的请求。然而，由于这里所说的违反不公平的交易方法相关规定的行为也可能包含不作为的情形，停止请求的对象‘停止或防止侵害’也便认为应当包含停止或防止因不作为而导致的侵害……此外，本案主位请求中的行为内容……仅限于禁止可能采取强制执行措施的行为……”

“……虽说《电信法》对此类连接作出了义务性规定，但是从《反垄断法》来看，被告只要没有获得与本案请求相关的负责有关连接合同等的总务大臣的许可，对被告施加连接义务就是对被告施加的相互矛盾的法律义务，根据《反垄断法》第 24 条的规定，无法对被告提出类似的连接请求。”

4. 注意事项

本判决认定基于第 24 条规定的作为请求合法，但对原告的请求予以驳回。判决为确定判决。

案例 134 日本 TECHNO 案

（东京地判平成 16·3·18 审决集第 50 卷第 766 页、判夕第 1155 号第 161 页[28091732]）

1. 案情概要

日本 TECHNO 株式会社是生产销售电子安全系统（以下简称 ES 系统）的公司，其在与日本电气保安服务协会（以下简称日电协）保持密切的合作关系下开展销售活动。购买 ES 系统的客户一般会与隶属于日电协的电气管理技术方签订电气保安业务委托合同，并与之前的电气管理技术方（原告）解除保安合同。

就此，约 660 名原告指出，日本 TECHNO 要求客户解除与原告签订的保安合同并与日电协的技术人员签订保安合同的行为构成不正当妨碍交易行为；日电协技术方的报酬低于原价，构成不正当廉价销售；日本 TECHNO 销售的 ES 系统的产品宣传与实际性能存在差距，构成欺骗性引诱顾客行为；将廉价的电气保安业务作为主商品／服务、将 ES 系统作为从商品／服务进行捆绑销售，以及将 ES 系统作为主商品／服务、将日电协技术方提供的电气保安服务作为从商品／服务进行捆绑销售等。并以上述为由，依据第 24 条的规定要求日本 TECHNO 停止鼓动顾客解除与原告签订的保安合同，停止鼓动顾客订购电气保安服务并签订保安合同等，同时提出了基于债权侵害的损害赔偿请求（请求驳回）。

2. 案件焦点

第 24 条中“受到或可能受到权益侵害者”是否是对原告的适格条件作出的规定。

日本 TECHNO 向顾客销售 ES 系统时实施的行为是否构成对竞争者的交易妨碍、不正当廉价销售、骗性引诱顾客以及捆绑销售。

3. 法院的判断

“《反垄断法》第 24 条在为因《反垄断法》违法行为而受到侵害的受害者提供充分的民事救济的同时，还从防止违法行为发生的角度赋予了私人停止请求的权利。但是，《反垄断法》第 24 条的表述不同于实体法中成立停止请求权的发生要件事实，不能将其理解为该条规定了当事人基于该停止请求权便拥有提起诉讼的资格。”

“……对于‘不正当’的判断，应当从引诱的手段是否会在客观上对顾客的自由意思决定造成阻碍进行判断。然而……无法认定被告日本 TECHNO 的行为构成不正当妨碍交易行为。”

“……无法认定日电协技术方从顾客收取的检测费低于原价……无法认定日电协技术方存在不正当廉价销售，对于为日电协技术方推荐电气保安业务和代办合同签署的被告日本 TECHNO，没有以不正当廉价销售为由要求其停止劝诱以及代办合同签署的必要。”

“……被告日本 TECHNO 对顾客采取的劝诱行为中，不存在足以造成顾客对商品／服务选择作出错误意思决定的虚伪宣传，无法认定构成骗性引诱顾客行为。”

“……对主商品／服务为电气保安业务系统，从商品／服务为 ES 系统以及基于该系统的系统管理服务的主张进行分析……不存在被告日本 TECHNO 将电气保安业务等与 ES 系统等进行捆绑销售的事实关系……原告的主张理由不足。”“……接下来对主商品／服务为 ES 系统以及基于该系统的系统管理服务，从商品／服务为电气保安业务系统的主张进行分析。两个商品／服务要进行捆绑销售，就应当以如不购买从商品／服务就无法购买主商品／服务的形式作为主从商品／服务的销售条件……被告日本 TECHNO 在劝诱时并不是以与日电协技术方签订电气保安业务委托合同作为购买 ES 系统等的条件……而客户……是因为感受到好处才与日电协技术方签订电气保安业务委托协议，所以无法认定两个商品／服务是通过捆绑的方式进行销售。”

4. 注意事项

本案中，电气保安业务经营者以销售电子安全系统的经营者实施的劝诱顾客签订电气保安业务委托合同的行为构成不公平的交易方法（不正当妨碍交易、不正当廉价销售、骗性引诱顾客以及捆绑销售）为由，依据第 24 条的规定提出了停止请求，但均未获得认可。本案是基于第 24 条规定提出正式停止请求诉讼的第一例判决。该判决在控诉审和最高法院的审理中均得到了维持。

案例 135　液化气销售差别对待停止请求案

［东海案（东京高判平成 17・4・27 审决集第 52 卷第 789 页［28221687］）、日本燃气案（东京高判平成 17・5・31 审决集第 52 卷第 818 页［28221690］）］

1. 案情概要

（1）X 等是经营液化气零售的中小经营者，其销售区域为神奈川县全域以及东京都、埼玉县、千叶县的部分区域。

Y是总店设在静冈市的东证一部上市公司，在燃气领域主要从事的是将采购的液化气销售给零售商和最终客户的业务，销售区域除静冈县外，还包括东京都、神奈川县以及千叶县等。

Y在销售一般家用液化气的过程中，对新客户，在首都圈范围内是按每10立方米4300日元的价格、在静冈县范围内是按每10立方米5600~5950日元的价格销售，而对老客户，在首都圈范围内是按每10立方米6000日元左右的价格销售。

（2）X等是经营液化气零售的中小经营者，其销售区域为神奈川县全域、东京都、埼玉县的部分区域以及千叶县的部分区域。

Y是总店设在东京都的东证一部上市公司，在燃气领域主要从事的是将采购的液化气销售给零售商和最终客户的业务。

Y在首都圈范围内销售一般家用液化气的过程中，对老客户是按每10立方米高于5000日元的价格、对新客户是按每10立方米3505日元（不含税）至4404日元（含税）的价格销售。

基于上述事实，X以Y的价格设定存在差别对待为由，依据第24条的规定提起了请求停止Y廉价销售液化气行为的诉讼。一审判决（东京地判平成16·3·31判夕第1151号第275页［28092026］、东京地判平成16·3·31判夕第1151号第285页［28092025］）均判定不构成差别对价，对此，X提起了控诉。

2. 案件焦点

如何判断在不同地区之间销售价格差异的公平竞争阻碍性。

3. 法院的判断

控诉均被驳回。

（1）“一般来说，市场上商品或服务之间的价格差异……发生在行为人设定的价格不低于成本的情形下，只要不认为存在行使不正当力量等特殊事由……就不可以指责其行为具有公平竞争阻碍性”，但是，“已经在市场上占据较大市场份额并拥有强大竞争力的经营者，依靠其力量，通过在不同地区或不同对象之间设置差距较大的价格的方法，抢夺目标市场竞争经营者的客户、强化自身在该市场上的支配力以消灭市场竞争等情形下”则构成行使不正当力量。

本案中，首都圈对于液化气销售商而言是一个具有巨大市场参与价值的市场，价格竞争下客户切换速度加快，存在以3000多日元或4000多日元销售液化气的经营者；尽管Y在静冈县液化气的用户数位居第一，约8.7%，但并不拥有足以支配市场价格竞争的实力；首都圈最低销售价格也有低于4300日元的，对于试图参与首都圈市场竞争的Y而言，设定每10立方米不低于成本的4300日元的价格，应当认为是基于合理的经济核算而确定的。

此外，本案中，无法凭借Y在静冈县的市场力量认定在首都圈内只有Y有能力设定4300日元的价格，或是利用其力量设置差别对价；无法通过Y以价格竞争的方式进入首都圈市场、争夺新客户的事实认定Y具有试图将竞争经营者从市场中排除的主观意图，因此不认定Y的价格设定构成差别对价。

（2）“要判断是否构成不正当的差别对价，应当以该销售商是否采取了迫使与其具有相同效率或更高效率的经营者（竞争经营者）无法在市场上存续的价格政策为标准进行判断。”

“由于竞争经营者是指参与效率竞争的竞争单位，可以认为是能够设置与相关销售商可能获得利润的价格相对抗的价格的效率竞争单位。因此，有必要对竞争经营者的效率进行考虑，并且在判断是否构成不正当差别对价时，还有必要对是否低于成本进行考虑。”

向消费者销售的液化气的总销售成本，由液化气的采购价格、直接费用以及间接费用组成。Y的液化气采购价格为每10立方米980日元到

1060 日元，即便加上直接费用每 10 立方米也不超过 1500 日元，甚至再加上间接费用总销售成本也不超过 3000 日元。

本案中，Y 的差别性低价并不低于总销售成本；液化气的客户可以解除供应合同，且市场上存在多数液化气供应商，价格竞争激烈，甚至还有低于本案低价进行销售的其他经营者存在；Y 在首都圈销售市场的份额不到 10%；Y 仅向新客户提供低价，老客户无法享受该价格，因此，不认定 Y 的价格设定构成差别对价。

4. 注意事项

本案作为依据第 24 条提出停止请求的案件是第一个就在不同地区采取差别对价行为的不正当性进行争论的案件。一审判决就差别对价是否具有公平竞争阻碍性的问题指出了“以相关销售商是否采取了迫使与其具有相同效率或更高效率的经营者无法在市场上存续的价格政策为标准进行判断”的标准，并从 Y 并不是市场上的有力经营者；4300 日元（每 10 立方米）的销售价格并不低于成本等认定不具有公平竞争阻碍性，该观点在之后的判决中也得到支持。

案例 136　7–11 日本停止请求案

[东京地判平成 23・12・22 审决集第 58 卷第 2 分册第 255 页、判夕第 1377 号第 221 页（28180099），控诉审：东京高判平成 24・6・20 平成 24 年（ネ）第 722 号公刊物未刊登（28212365）]

7–11 的连锁加盟店以 7–11 强迫其提供代收公共费用服务等以及深夜经营的行为构成滥用优势地位行为为由基于第 24 条提出了停止请求。但是，参考正常的商业惯例，上述行为并未给原告带来不利影响，因此，法院以被告的上述行为不构成滥用优势地位行为为由驳回其请求（控诉和上告也驳回其请求）（参考案例 63）。

案例 137　干冰临时处分案

（东京地决平成 23・3・30 公刊物未刊登）

1. 案情概要

债权人受债务人委托对干冰进行加工并交付给债务人的客户，同时将从债务人采购的干冰进行加工并销售给自己的客户，其后，债权人与 A 公司也开始了相同的交易。然而，债务人在事后指出债权人的行为违反合同中的竞业禁止义务，在向债权人提出巨额损害赔偿请求的同时将交易终止，并告知 A 公司以及债权人的客户债权人违反合同中的竞业禁止义务、债权人将无法继续提供干冰、债权人近期将破产的消息，让客户停止与债权人的交易。

因此，债权人基于第 24 条的规定提出要求债务人停止妨碍债权人与客户、以及债权人与 A 公司交易行为的请求，并基于《反不正当竞争法》第 3 条的规定提出要求债务人停止对顾客以及 A 公司的告知行为的选择性请求，并申请临时处分（部分认可）。

2. 案件焦点

债务者的行为是否构成对竞争者的不正当妨碍交易（第 2 条第 9 款第 6 项第 6 目、一般指定第 14 款）。

是否具备停止的要件（产生或可能产生显著损害）。

3. 法院的判断

“……债权人从块状干冰制造商处购买块状干冰，并将加工后的产品销售给自行开拓的客户，另外，债务人也根据自身客户的订单通过委托干冰加工商对块状干冰进行加工、配送等方法开展干冰加工产品的销售。此外，债权人和债务人还同时向上述加工产品的需求者销售球状干冰。因此，债权人与债务人之间在国内块状干冰加工产品以及球状干冰的销售市场上存在竞争关系。”

“……基于前述事实，债权人与A公司之间开展的包含球状干冰生产委托在内的交易，并不违反本案代理店合同等中规定的竞业禁止义务，债务人承认上述交易属于竞业禁止义务范围外交易的事实明显，债务人……以本案代理店合同等为借口、以违反竞业禁止义务为理由解除代理店协议的行为违反信义原则，不能得到支持。”

“据此，本案中的告知行为……构成对债权人的中伤毁谤，债务人向债权人依靠自身渠道加工销售块状干冰的客户和A公司做出中伤毁谤债权人并使其停止交易的行为，阻碍了公平竞争……因此，债务人的上述行为构成《反垄断法》第2条第9款第6项第6目、一般指定第14款的不正当妨碍交易行为。”

“……在交易受到债务者妨碍的客户之间，流传着债权人前景堪忧的声音；与A公司的交易也受到债务人的妨碍，并导致A公司在2010年3月对债权人停止球状干冰的生产委托并在2011年3月告知债权人全面停止交易的后果；干冰业务占据了债权人年营业额的大半，一旦A公司停止与债权人的交易……将导致债权人干冰业务再难持续等……在此基础上……综合考虑债务人妨碍交易的行为方式、原委等，可以明确认定债权人因此受到权益侵害并可能遭受严重损害。”

“……鉴于在受到债务人的交易妨碍后A公司在2011年3月告知债权人全面停止交易的事实，为避免债权人发生严重损害或急迫危险，应当认定此情形符合必要情形（《民事保全法》第23条第2款），有必要采取保全措施。”

4. 注意事项

本案认定，以作为干冰加工销售商的委托方和采购方的制造销售商的顾客为对象实施的中伤毁谤行为构成不正当妨碍交易并产生或可能产生显著损害，据此不要求提供担保而认可了其提出的停止临时处分的请求。本案是基于第 24 条提出的停止请求首次得到认可的具有划时代意义的案例。

案例 138　神铁出租车案

（大阪高判平成 26・10・31 审决集第 61 卷第 260 页、判夕第 1409 号第 209 页［28224852］）

1. 案情概要

神铁出租车（被告）主张神户铁路铃兰台站前以及北铃兰台站前的出租车等待处是其专用场地，以顽固的态度拒绝了原告等个人出租车经营者提出的进入申请。事实上，原告在进入北铃兰台站前的出租车等待处时，原告的出租车或是被被告乘务员阻拦或是被被告的出租车插队，原告出租车进入等待处以及在等待处成为前列车辆均受到妨碍。此外，被告乘务员甚至还直接坐到成为前列车辆的原告的出租车的门边或者挡在其车前，妨碍原告出租车载客出发。

因此，3 名原告依据第 24 条的规定请求被告停止在本案出租车等待处物理性妨碍原告载客的行为，同时以对 2 名原告过去实施的妨碍行为构成不法行为为由提出了损害赔偿请求。但是，原审尽管认定过去的妨碍行为构成不正当妨碍交易，但是却不认可会产生或可能产生“显著损害”，驳回了其停止请求，且仅认可了部分损害赔偿请求。双方均提起了控诉（两个请求均得到部分认可）。

2. 案件焦点

原告与被告之间是否存在竞争关系。

被告的行为是否构成对竞争对手的不正当妨碍交易行为（一般指定第 14 款）。

能否说对原告产生或可能产生显著损害。

3. 法院的判断

"……一般指定第 14 款中的'竞争关系'是指，自己与其他经营者之间，在其正常的经营活动范围内，并且在对该经营活动的设施或方式没有作出重要改变的前提下，向或可以向同一需求者提供同种或类似商品或服务的关系（《反垄断法》第 2 条第 4 款第 1 项）。"

"……在铃兰台站前以及北铃兰台站前附近，除本案各出租车等待处外，没有其他方便出租车等待乘客的场所，来自两个车站的乘客等在两个车站附近想要乘坐出租车的人一般都要到本案各出租车等待处乘车。因此，本案各出租车等待处的出租车乘客构成上述'同一需求者'……从前文认定的原告的业务据点所在地来看，原告在本案各出租车等待处等待乘客并没有不合理之处。据此，原告在本案各出租车等待处等待乘客的行为，是在原告正常的经营活动范围内，且在该经营活动的设施或方式没有作出重要改变的情形下试图向同一需求者提供与被告所提供服务同种类服务的行为，因此可以说，原告与被告之间存在一般指定第 14 款所说的'竞争关系'。"

"……被告被原告告知原告方的出租车将进入本案各出租车等待处后，制定了有组织对抗原告方出租车进入的方针，事实上……在共计 4 天的时间里被告让其员工、有时甚至由被告的代表亲自出动，对原告方出租车的进入以及在北铃兰台站前附近招揽乘客的行为进行有组织的对抗。其手段包括，通过挡在试图进入等待处的原告方出租车的前方、被告的出租车插到原告出租车前方等方式阻碍原告方出租车进入等待处或成为前列车辆，或是通过直接坐到成为前列车辆的原告出租车的门边、挡在原告等出租车前面方式阻碍原告出租车载客出发。被告过去在北铃兰台站前出租车等待处实施了上述有组织的对抗行动，并在其后一直坚持主张本案各出租车等待处是被告的专用场地、不允许被告出租车以外的出租车利用该场地……可以推测，不仅在北铃兰台站前出租车等待处，如果原告的出租车要试图进入铃兰台站前出租车等待处，被告也将会采取相同的行动。被告让其员工实施的且今后仍可能继续实施的上述妨碍行为，可能会对本案各出租车等待处的交通带来危险，甚至以违反《道路交通法》（第76条第4款第2项等）规定的方式，通过物理力量妨碍乘客与出租车之间运输合同的缔结。据此可以认定被告的行为构成一般指定第14款中的不正当妨碍交易行为。”

“……被告……在共计4天的时间里，通过实施一般指定第14款中的不正当妨碍交易行为，几乎完全剥夺了竞争经营者原告A和原告B在北铃兰台站前出租车等待处与乘客缔结运输合同的机会，可以推测今后在本案各出租车等待处，被告也仍会通过相同的行动完全剥夺原告与乘客缔结运输合同的机会，这与《反垄断法》促进公平且自由的竞争这一目的以及理念完全相反，应当予以否定。此外，原告还有组织地采用物理力量进行妨碍，从上述损害的内容、程度以及《反垄断法》违法行为的方式等综合考虑，可以认定被告实施的违反《反垄断法》第19条的行为对原告造成或可能造成的损害显著。”

4. 注意事项

本案判决指出“被告不得通过让其员工或其他人员挡在原告驾驶的供一般乘客乘坐的机动车前面或者让被告的员工或其他人员驾驶供一般乘客乘坐的机动车插队的方式妨碍试图乘坐原告车辆的乘客与原告缔结运输合同……不得妨碍原告进入……场所”。

此前依据第24条提起的停止请求的案例还有“板桩免费巴士案”（宇都宫地大田原支判平成23·11·8），但是该案在控诉审中被确定取消，本案是在高等法院层面对依据第24条提起的停止请求首次作出认可判决的案例。向最高法院提起的上告和上告受理申请均被驳回，本案得以确定。

此外，对于2名原告提出的损害赔偿请求，尽管本案认定原告在本案出租车等候处的营业利益受到不法侵害，但是与原审相比降低了认可的金额，鉴于原告所主张的4日内的妨碍行为至少导致每天被剥夺1次获得乘客的机会，最终损害金额按照起步价扣除50%费用后的330日元以及320日元计算。

第25条【无过失损害赔偿责任】、第26条【损害赔偿请求权在审判上主张的限制、消灭时效】

概要

第25条以及第26条规定了《反垄断法》违法行为受害者的损害赔偿请求权，并规定了经营者等即便不存在故意或过失也不能免除损害赔偿责任的无过失损害赔偿责任（第25条第2款），同时是以公平交易委员会下达的排除措施命令的确定或在未下达该命令的情形下以课征金缴纳命令的确定作为在诉讼中主张权利的前提（第26条第1款），以减轻受害者的举证责任。

最高法院对于第25条中关于无过失损害赔偿责任的规定以及第26条以审决（当时）的确定为前提的规定指出，“这些规定让各受害者所受到的损害更加容易得到填补，是与审判中作出的排除措施命令相辅相成并以提高对该法违法行为抑制的效果为目的的附随性制度”［惠比寿食品企业合作社案（案例139）、鹤冈煤油案（案例141）］。

1.《反垄断法》第25条诉讼与《民法》第709条诉讼的关系

《反垄断法》违法行为的受害者，并不是只能依据第25条诉讼的规定请求损害赔偿，其行为只要符合《民法》上对于不法行为的规定，无论公平交易委员会是否下达排除措施命令等，都可以依据《民法》第709条的规定请求损害赔偿［惠比寿食品企业合作社案（案例139）、鹤冈煤油案（案例141）］。

也就是说，《反垄断法》违法行为的受害者既可以选择依据第25条的规定也可以选择依据《民法》第709条的规定进行救济。然而，或许是受到排除措施命令前置主义（2005年修订前为审决前置主义）以及专属管辖（2013年改革前为东京高等法院，改革后为东京地方法院）的约束，一直以来，与《民法》第709条诉讼的运用相比，依据第25条的诉讼规定进行救济的案件较少。例如，“鹤冈煤油案”（案例141）当时虽然发生在公平交易委员会下达审决确定后，但是为了避开东京高等法院，最终当事人依据《民法》第709条向当地的地方法院提起诉讼。

此外，第25条诉讼的请求权不同于《民法》第709条诉讼的请求权，两处在民事诉讼中的诉讼标的不同，因此，在依据《民法》第709条提起的诉讼中败诉的原告再另行依据第25条提起诉讼也是合法的［三井住友银行利率互换案（案例142）］。

利用第25条规定提起诉讼的案件有“惠比寿食品企业合作社案”（案例139）、“东京煤油案”（案例140）、“三井住友银行利率互换案”（案例142）、“松下电器产业损害赔偿请求案”（案例143）、“NIPRO损害赔偿请求案”（案例144）、“7-11廉价销售损害赔偿请求案”（案例145、146）等。

而在依据《民法》第709条提起诉讼的案件中，占据压倒性比例的是有关自治体串通投标的案件，其多数请求最终得到了认可，但是除串通投标以外的案件最终得到认可的数量却不多。得到认可的案例包括，“东芝电梯案”（案例147）、“日本游艺枪协同合作社案”（案例148）、“诺薇雅（NOEVIR）化妆品案”（案例149）、“有线BROAD-NETWORKS损害赔偿请求权案”（案例150）等。

2. 对象违法行为及当事经营者

第25条诉讼的对象行为是违反第3条、第6条、第19条规定的经营者的行为以及违反第8条规定的经营者团体的行为。

而承担本条责任的仅限于违法行为的主体经营者或经营者团体，对于经营者团体实施的第8条违法行为，不能以成员经营者为被告。

此外，将依据第25条规定提起的损害赔偿请求限定为《反垄断法》违法行为人的直接交易对象的解释并无依据，即便像最终消费者这样的间接交易对象也可以提起损害赔偿请求［鹤冈煤油案（案例141）、松下电器产业损害赔偿请求案（案例 143）]。

3. 损害的范围以及损害额的认定

（1）损害及损害额的认定方法

对于损害及损害额的认定，第 25 条诉讼与《民法》第 709 条诉讼之间没有区别。二者都要求由原告承担举证责任。对于在损害额的举证上难度较大的案件，《民事诉讼法》第 248 条（1998 年 1 月开始实施的修订《民事诉讼法》中新设）规定“在认定损害发生的情形下，如果从损害性质对其额度进行举证存在较大困难，法院可以根据口头辩论的全部主旨以及证据调查的结果认定相当的损害额”，以此来减轻损害额的举证难度。

（2）损害的范围

赔偿所认定的损害的范围，应当是与违法行为具有一定因果关系的损害。

①受害者为违法行为人的直接交易对象的情形

价格上涨协议的受害者的损害一般认为是协议期间实际的购买价格与在不存在该协议的情形下假定的购买价格之间的差额。串通投标行为的受害者的损害，一般认为是因违法行为导致的中标价格与不存在违法行为的情形下假定的中标价格之间的差额。而拒绝交易和限制转售价格行为的受害者的损害，一般认为是在不存在违法行为的情形下可能获得的利益（损失利益）。

②受害者为违法行为人的间接交易对象的情形

在价格上涨协议的对象商品在流通阶段未经加工或变更进行流通、销售商按照采购价格的上涨幅度提高销售价格进行转售的情形下，至少可以认为制造商根据该协议提高销售价格的部分是消费者的损害。

而在销售商销售商品的价格提高幅度高于流通阶段采购价格的上涨幅度的情形下，虽然往往存在被提高部分如何认定的问题，但如果制造商与销售商共同参与决定消费者的购买价格等，那么该提高部分也应当认为是消费者的损害。

（3）损害额的认定

对《反垄断法》违法行为造成的损害额的认定，应当将实施违法行为后的实际财产状况与不存在违法行为的情形下的假定财产状况进行比较，并以金钱方式进行估价。这里的假定财产状况的价格是实际上并不存在的价格，在具体计算上存在事实上的不可能，因此，认可具有一定合理性的计算方法。

对于价格上涨协议，判例指出“一般情形下，只要在价格协议实施前后作为形成该商品零售价格前提的经济条件、市场结构以及其他经济因素等没有发生变动，可以将协议实施前的零售价格推定为假定价格”［东京煤油案（案例 140）、鹤冈煤油案（案例 141）］，即采纳了所谓前后理论（Before and After Theory）的观点。

另有判决指出，在违法行为实施前可能就存在同样的行为、不适合依据之前的价格进行推定的情形下，可以根据违法行为结束后的价格进行推定［冈崎管工损害赔偿案（东京高判平成 18・2・17 公刊物未刊登）等］。

而其他计算方法包括标尺理论（在价格上涨协议的情形下，以未实施该协议的地区的价格为基础，推定实施价格上涨行为地区的假定价格，将该价格与协议期间的价格之间的差额作为损害额进行认定的方法）、市场份额理论（在通过拒绝交易妨碍市场进入的情形下，以受害者在未受到妨碍的其他类似市场中的市场份额为基础推定受害者在未受到该阻碍的情形下可能在该市场上取得的市场份额，并将此换算成营业额推定其在不存在违法行为的情形下的利益，以此来计算损害额）、回归分析方法（在价格上涨协议的情形下，在可测量的范围内综合考虑价格形成的主要原因并推定假定价格的方法）等。

有关串通投标的损害赔偿请求多是依据《民法》第 709 条的规定以居民代位诉讼（修订前的《地方自治法》第 242 条之 2 第 1 款第 4 项）的方式提起损害赔偿请求的，自治体的损害一般认为是基于假定中标价格的协议金额与基于串通中标的实际协议金额之间的差额，由于假定中标价格并非实际存在的价格，在具体认定上存在困难，更多判例是依据《民事诉讼法》第 248 条的相当损害额（合同金额的 5% 等）进行认定［垃圾焚烧炉（多摩新城）损害赔偿请求案（案例 151）］。

4. 公平交易委员会的认定和事实推定

第 25 条的请求权以公平交易委员会排除措施命令以及课征金缴纳命令的确定

为要件（第 26 条第 1 款），尽管如此，不是说依据第 25 条的诉讼就不需要对违法行为进行认定，而是公平交易委员会的认定也不会对法院形成约束［东京煤油案（案例 140）、松下电器产业损害赔偿请求案（案例 143）］。

当然，排除措施命令等是由作为专门机构的公平交易委员会依程序对违法行为作出的认定，有助于对违法行为的存在进行事实上的推定［鹤冈煤油案（案例 141）、松下电器产业损害赔偿请求案（案例 143）］。而该事实上的推定不仅对依据第 25 条的诉讼发挥作用，对依据《民法》第 709 条的诉讼也同样发挥作用。

5. 消灭时效的期间和起算点

第25条请求权的消灭时效是从公平交易委员会命令确定之日起3年的时间（第 26 条第 2 款），而在依据《民法》第 709 条提起诉讼的情形下是从损害以及加害者知道之日起 3 年的时间（《民法》第 724 条前半段），因此，如依据第 25 条提起诉讼可以对更早的行为提出请求。

案例 139　惠比寿食品企业合作社案

（最一小判昭和 47・11・16 民集第 26 卷第 9 号第 1573 页、审决集第 19 卷第 215 页［27000532］）

1. 案情概要

惠比寿食品企业合作社以受到香肠类食品采购经营者实施的不正当限制交易以及不公平的交易方法的侵害为由，向公平交易委员会提交了事实报告，要求公平交易委员会对此采取适当的措施。但是，公平交易委员会对上述行为并未作出任何处分。对公平交易委员会的不作为，该合作社依据《行政不服审查法》提出了异议申诉。但是，公平交易委员会对于该异议申诉依旧未作出任何决定等，其后还通知该合作社决定对报告不予过问。

因此，该合作社提出了确认公平交易委员会对合作社因公平交易委员会的不作为而提出的异议申诉不作出任何决定的行为违法、确认公平交易委员会不予过问的决定的不存在、请求对因公平交易委员会未按照法律规定及时采取排除措施而使合作社受到的损害进行赔偿的诉求。但该合作社的上述请求均因被认定为不合法而被驳回。该合作社随后提出的控诉依旧被驳回，后又提起了上告（驳回上告）。

2. 案件焦点

第 25 条规定的受害者是否有提出审决申请的权利。

3. 法院的判断

“该法第 45 条第 1 款仅仅是有关被上告人公平交易委员会依职权开始审查程序的规定，不能理解为是赋予报告人要求公平交易委员会采取适当措施的具体请求权的规定。并且，《反垄断法》所规定的审判制度本着眼于从保护公共利益的角度纠正违法状态，而不是对因违法行为受到侵害的受害者的个人利益进行救济。尽管该法在第 25 条规定了特殊的损害赔偿责任，并在第 26 条规定了前述损害赔偿请求权只能在相关审决确定后才可在裁判中主张，但是这些规定仅仅是让各受害者所受到的损害更加容易得到填补，是与审判中作出的排除措施命令相辅相成、以提高对该法违法行为抑制的效果为目的的附随性制度。作为因违法行为受到权利侵害的当事人寻求救济的手段，只要该行为构成《民法》上的不法行为，无论审决的有无，都可以另行提起损害赔偿请求诉讼。因此，即便当事人属于《反垄断法》第 25 条所称的受害者，也不能认为就赋予了其特殊的权利或利益。”

4. 注意事项

本案判决指出，如因《反垄断法》违法行为而受到权益侵害，只要该行为构成《民法》上的不法行为，无论审决的有无，都可以依据《民法》第 709 条提起损害赔偿请求诉讼，因此，第 25 条所称的受害者并不具有提出审决要求的特殊权利或利益。

案例 140　东京煤油案

（最一小判昭和 62・7・2 民集第 41 卷第 5 号第 785 页、审决集第 34 卷第 119 页［27800027］）

1. 案情概要

在 1972 年 10 月至 1973 年 12 月发生第一次石油危机之际，12 家石油总经销商 5 次签订并实施了提高石油产品价格的协议。对此，公平交易委员会以构成不正当限制交易为由，基于各销售商的应诺作出了劝告审决。借此，主妇联合会以及川崎生活协同合作社的约 100 名消费者以上述协议行为使其购买了高价煤油以致权益受损为由，依据第 25 条的规定向东京高等法院提出了针对 12 家石油总经销商中的 6 家石油总经销商的损害赔偿请求诉讼。

原审（东京高判昭和 56・7・17 行裁例集第 32 卷第 7 号第 1099 页［27412042］）指出，由于价格上涨除协议外还另有其他原因，即便当时协议没有实施，也难以确保能够以比实际更低的价格购买到煤油，最终以无法断定原告权益受损为由驳回其请求。对此，消费者方提出上告（上告驳回）。

2. 案件焦点

劝告审决中对违法行为存在的认定是否会对法院产生约束。

消费者因价格协议权益受损提出损害赔偿请求时，应当就何事项进行举证。

如何证明损害金额。

3. 法院的判断

"……并不是以劝告审决中公平交易委员会的违法行为认定作为要件，本案审决的存在虽然可以作为推定违法行为存在的一个资料，但是不能认为前述审决对违法行为存在的认定会对法院产生约束。"

"……因石油总经销商违法价格协议的实施而使该商品购买者遭受的

损害，应当是因该价格协议而不得不支出的额外费用。本案中最终消费者如果要以遭受前述损害为由获得石油总经销商的赔偿，就要求该价格协议造成的总经销价格上涨被转嫁至批发价格并在最终消费阶段导致零售价格上涨的关系存在，如果相关价格协议并未实施，则要求具备实现比前述现有零售价更低的可能，而这些都需要由作为受害者的消费者进行举证。然而，在该价格协议并未实施的情形下可能形成的零售价（以下简称假定购买价格）是在现实中并不存在的价格，如果价格协议实施前后作为形成该商品零售价前提的经济条件、市场构造及其他经济要素等没有发生变动，通常应依据协议实施前的零售价来推定假定购买价格，但是如果在协议实施至消费者购买商品这一期间影响零售价形成的经济要素发生了显著变动，则不能仅仅依据协议实施前的零售价来推定假定购买价格，除前述零售价外，还应当对该商品价格形成的特征、经济变动的内容和程度以及其他影响价格形成的要素进行综合分析并基于此进行推测。”

“……本案第三个协议实施时，在民用煤油的总经销阶段，经济条件、市场构造等均发生了明显变动，应当说在前述协议实施前后影响零售价形成的经济要素发生了显著变动，因此，本案不能依据协议实施前的零售价来推定假定购买价格。基于此，原审在判断上告人是否遭受损害时，没有采取依据协议实施前的零售价推定假定购买价格的做法并不违法。”

“……此外，原审……根据前述各项事实指出，当时具有造成煤油价格显著上涨的重要原因，即通商产业省对前述1000日元涨价的批准以及对1973年9月末价格的冻结指导，再加上前述原因，不仅使各石油总经销商的部分涨价期望得到了满足，同时还可以将民用煤油的总经销价格控制在比自由形成的价格更低的价格水平。在1973年10月至1974年3月，即便本案第三个协议没有实施，也可以推定其总经销价格不会与前述冻结价格出现差异，进而可以推定在零售阶段的假定购买价格也不会低于实际零售价，且并不清楚1973年8月和9月的假定购买价格是否低于实际零售价格。

原审的前述判断……基于本案事实关系不能不予肯定，不能说原判决中的认定违法。”

“本案中，暂且不说基于本案第三个协议的总经销价格上涨是否导致涨价转嫁至批发价格并在最终消费阶段导致零售价格上涨，由于无法证明如果前述协议未实施一定会出现比现有零售价更低的零售价，无法认定上告人因本案第三个协议的实施而遭受损害，因此认定上告人的本案请求理由不足的原审判断妥当，原判决中的认定并不违法。”

4. 注意事项

同样因石油总经销商的价格协议由消费者提出损害赔偿请求的案件还有依据《民法》第 709 条提起诉讼的鹤冈煤油案（案例 141），而本案是依据《反垄断法》第 25 条提起的诉讼。

本案判决指出，在价格协议实施前后，对煤油的零售价形成带来影响的经济要素发生显著变动，故不能仅仅依据协议实施前的零售价来推定假定购买价格，并且，应当由作为受害者的消费者来证明假定购买价格比实际零售价低，但本案中消费者无法证明。本案是最高法院对以违反《反垄断法》为由提起的损害赔偿请求诉讼首次作出明确判断的案件。

案例 141　鹤冈煤油案

（最二小判平成元・12・8 民集第 43 卷第 11 号第 1259 页、审决集第 36 卷第 115 页［27805321］）

1. 案情概要

以“案例 140”中的劝告审决为契机，来自山形县鹤冈市内的生活协同合作社等 1600 多名购买过煤油的消费者，以因被迫购买高价煤油导致其权益受到侵害为由，依据《民法》第 709 条的规定向山形地方法院鹤冈支部提起了损害赔偿请求诉讼。

一审判决（山形地鹤冈支判昭和 56・3・31 判时第 997 号第 18 页

［27423655］）驳回了原告的请求，但原审判决（仙台高秋田支判昭和60·3·26判夕第553号第92页［27486824］）认可了价格协议与零售价上涨造成的损害之间的因果关系，并指出尽管损害是指实际购买价格与假定购买价格之间的差额，但是在没有特殊事由的情形下，应依据价格协议前的总经销价格推定假定总经销价格或者以价格协议前的零售价推定假定购买价格，据此认定存在证明损害额的证据，判决消费者方胜诉。就此，总经销商方提起了上告（撤销原判、驳回控诉）。

2. 案件焦点

能否不依据第25条而依据《民法》第709条提起与《反垄断法》违法行为相关的损害赔偿请求诉讼。

损害赔偿的请求主体是否仅限于直接的交易对象。

劝告审决中所示的违法行为的事实推定力如何。

消费者在基于价格协议请求损害赔偿的立场上应当就何事项进行证明。

应当如何证明损害额。

3. 法院的判断

"……《反垄断法》……所规定的审判制度，本着眼于从保护公共利益的角度纠正违法状态，而不是对因违法行为受到侵害的受害者的个人利益进行救济。尽管该法在第25条规定了有关特定《反垄断法》违法行为的无过错损害赔偿责任……并在该法第26条规定了前述损害赔偿的请求权只能在相关审决确定后才可在裁判中主张，但这仅仅是确保受害者受到的侵害容易获得填补，是与审判中作出的排除措施命令相辅相成、以提高对该法违法行为抑制效果为目的的附随性制度。因此不能说不通过上述方法就不能对本法违法行为提起损害赔偿请求诉讼。在该法违法行为下，对于法律利益受到侵害的当事人，只要被告的相关行为构成《民法》上的不法行为，无论是否存在对此行为作出的审决，都不妨碍其另行提起损害赔偿请求诉讼。”

“……在基于不法行为的损害赔偿请求诉讼中，主张拥有对诉讼标的的损害赔偿请求权的当事人往往不存在原告不适格的情形，而即便从该当事人所主张的事实关系来看其并不拥有相关损害赔偿请求权，也仅仅会以此为由驳回其请求，而不会因原告主体不适格认定其违法。……此外，在将《反垄断法》违法行为（不正当限制交易）作为责任原因提起的不法行为诉讼中，没有将有权提起损害赔偿请求诉讼的主体限定于实施不正当限制交易行为的经营者的直接交易对象的依据，与普通案件相同，只要可以肯定该法的违法行为与损害之间存在相当的因果关系，无论是经营者的直接交易对象，还是与直接交易对象进行进一步交易的间接交易对象，都可以提起损害赔偿请求诉讼。”

“……劝告审决以劝告的应诺为要件，而不是以认定《反垄断法》违法行为的存在为要件……因此，并不是通过劝告审决来确认前述违法行为的存在。由于劝告的应诺是对违法行为采取排除措施的应诺……不可否认事实推定违法行为的存在在其中的作用……但是从劝告审决以劝告的应诺为要件、而不是以认定违法行为的存在为要件来看，其事实推定的效果与依据公平交易委员会有关违法行为的证据进行事实认定的审判审决以及以被审理人违法行为的事实自认为要件的同意审决相比更低……不能仅仅依据劝告审决指出存在的事实推定其审决书中记载的《反垄断法》违法行为存在。”

“……本案石油产品的最终消费者，要以石油总经销商实施违法价格协议使其权益受到侵害为由向石油总经销商提出赔偿请求，就应当对如下事实进行主张和证明……（1）欲证明基于价格协议的石油产品总经销价格上涨转嫁至批发价并在最终消费阶段导致实际零售价上涨的因果关系存在，需要由作为受害者的最终消费者主张和证明……（2）因石油总经销商违反价格协议的实施使商品购买者受到的损害是指其因该价格协议而不得不支出的部分，因此，本案中石油产品的最终消费者若要求石油总经销商进行损害赔偿，就应当证明如果未实施该价格协议将形成比现有的零售价（以下简称现有零售价）更低的零售价，作为受害者的最终消费者有责任对此进行主张和证明。然而，在该价格协议并未实施的情形下可能形成的零售价（以下简称假定购买价格）在现实中并不存在，很难对其进行直接推定，因此允许以现实存在的市场价格为依据进行推测。一般来说，从价格协议实施至消费者购买商品的期间内只要作为该商品零售价形成前提的经济条件、市场构造及其他经济要素等没有发生变动，便可以依据协议实施前的零售价来推定假定购买价格，但是如果从协议实施至消费者购买商品的期间内影响零售价形成的经济要素等发生了显著变动，那么就失去了进行前述事实推定所需的前提，这样就不能仅仅依据协议实施前的零售价来推定假定购买价格，除前述零售价外，还应当从该商品价格形成的特征、经济变动的内容和程度以及其他影响价格形成的要素进行综合分析并据此进行推测……此外，前文已说明了假定购买价格的举证责任在最终消费者一方，只要提出之前的价格与此相当的主张，作为确保其推定妥当的前提要件事实，即从协议实施至消费者购买商品的期间内影响零售价形成的经济要素等未发生变动的事实关系，就应当由最终消费者证明。如果无法证明，那么前述推定也无法得到认可，因此，通过前述综合分析进行推测所需的基础资料，包括该商品价格形成的特征、经济变动的内容和程度以及其他影响价格形成的要素，都应当由消费者来主张和证明。”

“……综合考虑上述事实，从本案各协议实施至被上告人购买白煤油的期间内，民用煤油总经销阶段的经济条件、市场构造等发生了明显变动……这就缺少了以之前价格推定假定购买价格的前提条件。以之前价格推定假定购买价格的原审判决法律解释适用错误，并因此对判决的结果产生影响……对原判决予以撤销……被上告人在本案诉讼中主张，应当将之前价格作为假定购买价格计算损害金额，并坚持认为不依靠该方法就无法计算损害额……对于作为进行前述推定的基础资料所需的民用煤油价格形成的特征、经济变动的内容和程度以及其他影响价格形成的要素（特别是假定各协议未实施时假定购买价格的形成原因），被上告人均未作出证明，因此无法认定在本案各协议未实施的情形下会形成比现有零售价更低的零售价……被上告人的请求理由不足……应当认为驳回前述请求的一审判决在结论上是正当的。”

4. 注意事项

尽管在提起本案诉讼时公平交易委员会的审决已经确定，但为避开东京高等法院，当事人选择以《民法》第 709 条作为其起诉的依据（第 25 条诉讼当时由东京高等法院负责一审专属管辖）并向当地的山形地方法院鹤冈支部提起了诉讼。

本案判决指出，在从价格协议实施至消费者购买商品期间影响零售价形成的经济要素等发生显著变动的情形下，无法仅依据之前价格推定假定购买价格，而除之前价格外，还应当从该商品价格形成的特征、经济变动的内容和程度以及其他影响价格形成的要素进行综合分析并据此进行推测，并最终认定本案中当事人没有对损害进行有效的证明。

在损害额等对消费者而言实际很难证明的认识基础上，本案判决在补充意见中提出了应当对第 25 条诉讼中消费者损害额的认定设置相应推定规则的建议。尽管《反垄断法》没有做出相应的修改，但是在 1998 年《民事诉讼法》修订时在第 248 条中增加了有关损害额的认定规则条款。

案例 142　三井住友银行利率互换案

（东京高判平成 19・11・16 审决集第 54 卷第 725 页［28221697］）

1. 案情概要

被告（三井住友银行）在向原告（CREATIVE ADACE 株式会社）提

供融资的过程中要求其必须购买利率互换产品。对此，公平交易委员会以构成不公平的交易方法（滥用优势地位）为由对被告作出了劝告审决。在此之前被告对原告提起了因互换协议的解除导致其损失的损害赔偿请求诉讼，最终双方在法院的调解下以原告的支付义务为内容达成和解。审决确定后，原告依据第 25 条就支付的和解金等向东京高等法院提出了损害赔偿请求诉讼（驳回请求）。

2. 案件焦点

第 25 条的请求权与《民法》第 709 条的请求权是否不同。

前诉的和解清算条款的效力是否会影响本案损害赔偿请求。

3. 法院的判断

“基于法律第 25 条的损害赔偿请求权，不仅在实体上与《民法》第 709 条规定的损害赔偿请求权存在差异，例如其适用于无过失责任（该条第 2 款）、时效的起算点为审决的确定日（第 26 条第 2 款）等，而且还设置了一些特殊的规定，例如在行使过程中须以审决的确定为前提（该条第 1 款）、东京高等法院为一审管辖法院等。因此，基于第 25 条的损害赔偿请求权与基于《民法》第 709 条的损害赔偿请求权应当说是两个相互区别的请求权，在民事诉讼过程中也有所区别。”

“基于法律第 25 条的损害赔偿请求权，虽然与作为本案前诉的基于《民法》第 709 条的损害赔偿请求权不同，但又都是有关填补因本案利率互换合同的签订给原告造成损害的权利，应当认为前诉的和解清算条款的效力也会影响基于法律第 25 条的损害赔偿请求权……尽管基于法律第 25 条的损害赔偿请求权由东京高等法院一审管辖，但是对于此类地方法院不具有管辖权的纠纷，地方法院也能够进行调解。”

4. 注意事项

本案判决指出，基于法律第 25 条的损害赔偿请求权是不同于基于《民法》第709条的损害赔偿请求权的请求权。其后，当事人提起的上告以及上告受理申请均被驳回。

案例143　松下电器产业损害赔偿请求案

（东京高判昭和52·9·19审决集第24卷第313页、高裁民集第30卷第3号第247页［27486759］）

1. 案情概要

松下电器产业要求批发商不得向进行廉价销售的零售商销售其生产的家用电器产品，并要求批发商按照其指定的批发价进行销售等。对此，公平交易委员会认为松下电器产业在与批发商的交易过程中不正当地对批发商与交易对象零售商之间的交易中附加约束性交易条件，对松下电器产业作出了违反第19条的劝告，并在之后作出了同意审决。

原告是从零售商购买松下电器生产的彩电的消费者，其以松下电器违反《反垄断法》的行为造成销售价格不正当地维持在高价并使其遭受了实际购买价格与合理价格之间差额的相当损害为由，依据第25条的规定向东京高等法院提起了损害赔偿请求诉讼（驳回请求）。

2. 案件焦点

第25条的受害者是否包含消费者。

确定审决中公平交易委员会认定的事实是否会对法院产生约束。

如何证明损害额。

3. 法院的判断

“……在经营者使用不公平的交易方法的情形下，权益因此受损的受害者不仅限于与其存在竞争关系的经营者，消费者即便与其关系间接，也存在权益受损的情形……在使用不公平的交易方法使商品的零售价不正当地维持在高价的情形下，以该高价购买商品的消费者，是受到在不使用该不公平的交易方法的情形下可能因自由公平的竞争而形成的合理价格与前述高价之间差额相当的损害的当事人，该损害不能说仅仅是不公平的交易方法带来的事实上的反射性损害。根据《反垄断法》第25条的规定，应当认为使用不公平的交易方法的经营者的损害赔偿责任对象受害者包含前述情形下的消费者。"

"……在依据《反垄断法》第25条提起的损害赔偿请求诉讼中，虽说审决中公平交易委员会的事实认定不会对法院产生约束，但是公平交易委员会作为《反垄断法》执法的专业机构，是拥有准司法权的行政委员会，在《反垄断法》上……应当尊重公平交易委员会做出的事实认定。鉴于此，如果能够证明确定审决的存在，也可以在事实上推定该审决所确定的《反垄断法》违法行为的存在……被告在对该违法行为的存在进行争辩时，应当提出足以动摇前述推定的反证。"

"……至少在本案同意审决作出前，可以推定大部分松下产品的零售价都受到前述违法行为的影响。但是，从零售店购买松下产品的消费者，若证明因被告的前述违法行为而遭受损害，需要明确该损害不是购买价格的全部，而只是该价格中因被告的违法行为而被不正当地维持在高价的部分，并且应当明确前述价格中哪些部分是属于前述被不正当地维持在高价的部分。在此前提下，还应当明确，在代理店不受被告约束采购商品并以在自由公平的竞争环境下形成的批发价销售给零售店、零售店也在未受代理店约束的自由公平的竞争环境下以加上适当收益的价格销售给消费者的情形下，零售价的应有价格……由于原告无法提出证据证明各自的购买价格中是否包含因被告实施的本案《反垄断法》违法行为而不正当地维持在高价的部分，且无法提供能够认定该金额的证据，最终认定原告没有足以认定各损害的证据。"

4. 注意事项

本案判决在认定大部分产品的零售价受到本案违法行为影响的同时，

以没有证据证明购买价格中是否包含被不正当地维持在高价的部分及其具体金额为由驳回原告的请求。1998 年《民事诉讼法》在第 248 条中设置了有关损害额认定的规定，如果本案判决时也有该规定的话，或许本案的请求可以得到认可。而本案判决最终得到确定。

案例 144　NIPRO 损害赔偿请求案

（东京高判平成 24・12・21 审决集第 59 卷第 2 分册第 256 页［28221704］）

1. 案情概要

诉外人日本电气硝子（以下简称 A 公司）是日本国内安瓿用玻璃管的唯一制造商，并在日本国内市场占据绝大多数市场份额。在西日本对该公司生产的安瓿用玻璃管进行垄断销售的被告（NIPRO），因作为安瓿加工商（将安瓿用玻璃管加工成安瓿并销售给制造公司的经营者）的原告（NAIGAI 以及内外销子工业）使用进口玻璃管，对其施加了提高销售价格、拒绝供应玻璃管、拒绝除现金外的结算等制裁。对此，公平交易委员会作出了上述行为构成私人垄断（第 2 条第 5 款）、违反第 3 条规定的审判审决，并最终确定。基于此，原告依据第 25 条的规定向东京高等法院提出了有关因违法行为导致其无法以合理价格购买玻璃管而遭受的损害（价格损害）、因丧失交易而遭受的损害（交易损害）、因被强加的不必要支出而遭受的损害（费用损害）等的损害赔偿请求诉讼（请求被部分认可）。

2. 案件焦点

被告的行为是否构成违法行为。

能否对损害进行认定。

3. 法院的判断

“……本案《反垄断法》违法行为中的第 1 行为、第 3 行为以及第 4 行为，均属于《反垄断法》第 2 条第 5 款规定的排他型私人垄断行为，因被告实施了本案《反垄断法》违法行为，认定其违反《反垄断法》第 3 条的规定。因此，依据该法第 25 条第 1 款的规定，被告有责任对与上述行为存在相关因果关系的损害进行赔偿。”

“A 公司生产的玻璃管的价格在本案反垄断行为结束后的实际自由竞争环境下并没有降低……在对进口玻璃管的持续或扩大使用进行牵制的意图丧失的 2002 年之后，产品的价格也没有降低。因此，难以认定本案《反垄断法》违法行为影响了 A 公司生产的玻璃管的市场价格，且无法认定如果不存在本案《反垄断法》违法行为可能会出现价格下降。”

4. 注意事项

本案判决没有认可价格损害，而只认可了部分交易损害和费用损害。对于价格损害，由于价格在违法行为前后没有发生明显变化，无法认定如果不存在违法行为将出现价格上涨。但是，在对该违法行为产生的定性损害进行事实确认基础上，可以依据《民事诉讼法》第 248 条对损害额进行认定。原告其后提出的上告和上告受理申请均被驳回。

案例 145　7–11 廉价销售损害赔偿请求案

（东京高判平成 25・8・30 审决集第 60 卷第 2 分册第 261 页、判时第 2209 号第 10 页［28212844］）

1. 案情概要

在废弃商品的成本由连锁加盟店自行负担的运作体系下，作为总部的 7–11 日本（被告）迫使计划实施或已经实施即日商品（容易变质的食品和饮料，原则上每天向店铺供应）降价销售的加盟店不得不停止降价销售。对此，公平交易委员会认为，被告的前述行为使得加盟店无法通过自主合理的经营判断减轻即日商品的废弃成本负担，以构成不公平的交易方法中的滥用优势地位行为为由，在 2009 年 6 月 22 日向被告发出了排除措施命令，其后该命令得到确定。

鉴于此，4 名加盟店所有者（原告）以被告的妨碍降价销售行为使其遭受损害为由，依据第 25 条规定向东京高等法院提起了要求被告赔偿共计 1.4 亿日元的损害赔偿诉讼（部分请求被认可）。

2. 案件焦点

能否说被告的各项行为构成排除措施命令中所认定的违法行为。

如何认定损害及其金额。

3. 法院的判断

"……基于第 25 条的损害赔偿请求权的发生要件，不仅在实体法上与基于《民法》第 709 条的损害赔偿请求权存在较大差异，在诉讼程序上也不是三审制而是二审制，从当事人在审级上的利益考虑，在依据第 25 条提起的本案损害赔偿请求诉讼中，作为审理对象的损害赔偿请求权只能针对在本案排除措施命令中被认定为违法行为的行为提出。"

"……本案排除措施命令并不将违法行为限定为本案的违法行为，而是指向包含本案违法行为在内的对计划实施或已经实施降价销售的加盟商实施的迫使其不得不停止降价销售的行为，前述的本案违法行为的记载仅是一个示例……被告根据本案加盟店合同，要求加盟店所有者通过对符合顾客需求的商品及其数量进行预测以实现高精度订货，希望在如此重复的过程中降低废弃商品的数量，提升 7-11 品牌的价值，同时还能让加盟店分享其中的好处。基于这一观念，被告在贯彻单品管理的同时，不建议进行降价销售，而是建议和指导加盟店在尽可能的范围内维持建议价格进行销售，在这一情形下不能认定其行为属于本案排除措施命令的违法行为。但是，根据加盟店合同，被告与其加盟店所有者均是独立的经营者，加盟店的所有者只要不违反加盟合同上的义务规定，均可以根据自主的经营判断开展经营活动，且不被强制要求按照被告提示的建议价格进行销售，商品的销售价格均由加盟店所有者自行决定。据此，被告对加盟店提出的按照建议价格销售即日商品的要求超过了建议和指导的范围，并通过告知加盟店降价销售是违约行为以及如果实施降价销售将无法更新加盟店合同等，对加盟店施加了会对其经营判断产生影响的事实上的强制，妨碍了加盟店所有者商品价格决定权的行使，并使其不得不停止降价销售。在此情形下，应当认为被告的行为属于本案排除措施命令所认定的违法行为。”

“……接下来对被告是否实施了有组织地妨碍降价销售行为进行分析……无法认定被告对计划实施降价销售或者已经实施降价销售的各加盟店所有者实施了妨碍其商品价格决定权的行使、迫使其不得不停止降价销售的行为。”

“……接下来对被告是否实施了个别妨碍降价销售行为进行分析……OFC（经营顾问）禁止即日商品降价的言论，对加盟店是否实施降价销售的经营判断产生事实上的强制影响，妨碍计划实施降价销售的加盟店所有者商品价格决定权的行使，迫使其不得不停止降价销售，因此构成本案排除措施命令所述的违法行为。”

“由于被告利用在交易上优越于原告的地位实施了妨碍降价销售的行为，被告对原告实施的前述各项违法行为是参照正常的商业惯例实施的不正当交易行为，并给原告带来了不利影响，构成一般指定第 14 款第 4 项的行为，属于违反第 19 条规定的违法行为。”

“在废弃商品成本由加盟店所有者自行负担的运作体系下，被告的违法行为剥夺了原告在商品废弃前通过降价销售库存商品挽回损失的机会，因此使被告遭受的经济上的不利是指如不存在违法行为可能获得的利益，即如不存在妨碍降价行为可能避免的损失，具体来说是指从（1）在某时点开始实施降价销售的情形下获得的利益中扣除，（2）在某时点开始不实施降价销售的情形下获得的利益后与得到的金额相当的损失。”

“但是，要得到前述（1）和（2）……所需要素不仅包括各店铺顾客的购买行为……还与其他诸多要素相互交织、互相影响……不得不说在证据认定上存在较大困难。本案中，虽然认定了原告所受的损害，但是从损害性质证明其金额难度较大，因此，基于《民事诉讼法》第248条的规定，根据口头辩论的主旨以及证据调查的结果对相当的损害金额进行认定……尽管损害额的计算存在困难，但是既然要求被告承担损害赔偿义务，在计算赔偿金额时就应当在一定程度上予以谦抑且谨慎地认定。”

4. 注意事项

本案判决将排除措施命令中记载的违法行为作为示例，指出被告妨碍加盟店所有者商品价格决定权的行使、迫使其不得不停止降价销售的行为包含在认定的违法行为之内，并在此基础上认定被告对原告实施了个别妨碍降价销售的行为。在损害额的认定上尽管依据《民事诉讼法》第248条的规定进行计算，但采取了谦抑的态度（总金额1140万日元）。

此后尽管双方均提出了上告以及上告受理申请，但均被驳回，本案判决最终确定。

案例146　7-11廉价销售损害赔偿请求案

（东京高判平成26・5・30判夕第1403号第299页［28223895］）

1. 案情概要

在7-11日本（被告）被作出“案例145”提及的排除措施命令后，作为加盟店所有者的原告，以因妨碍降价销售行为而受到损害为由，依据第25条向东京高等法院提起了要求被告赔偿约875万日元的损害赔偿请求诉讼（驳回请求）。

2. 案件焦点

能否说被告的各项行为构成排除措施命令中认定的违法行为。

能否在事实上推定构成排除措施命令所指出的违法行为的存在。

3. 法院的判断

"……参照各项规定，基于第25条的损害赔偿请求权只能针对在本案排除措施命令中被认定为违法行为的行为而提出。"

"被告……采用了不建议对即日商品实施降价销售的经营方针，贯彻单品管理，并通过维持建议价格进行销售的方法来提升7–11的品牌形象。被告……在经营活动自由得到保障、自行开展经营的加盟店中构建统一的店铺形象，以实现与其他同类型连锁店相区别的经营方针，这当然应当得到认可。但是，根据加盟店基本合同的规定，加盟者也是独立的经营者，只要其不违反加盟店基本合同上的义务，就不得妨碍其根据自主的经营判断开展经营活动，其中，也明显包含自主决定商品的销售价格……综上，本案排除措施命令中被认定为违法行为的行为应当认为是被告对加盟店提出超过建议和指导范围的按照建议价格销售即日商品的要求、通过告知加盟店降价销售构成违约行为以及如果实施降价销售将对加盟店带来基本合同上的不利影响等威胁加盟店应遵循被告的经营指导、妨碍加盟店所有者商品价格决定权的行使并使其不得不停止降价销售的行为。"

"接下来对原告以共通妨碍行为为由主张的各项行为是否构成本案违法行为进行分析……原告在建议加盟店贯彻实施品牌管理的同时，建议和指导加盟店在尽可能的范围内维持建议价格进行销售的行为如前文所述不构成本案违法行为……并没有充分证据证明上述行为超过了上述建议和指导的范围……因此，无法认定原告主张的共通妨碍行为构成本案违法行为。"

"……原告主张，由于被告被作出排除措施命令，在不存在特殊事由的情形下，可以从事实上推定被告对个别加盟者也实施了本案违法行为。然而，对被告是否对个别加盟者实施了构成本案违法行为的具体行为的判断，因各案情形的不同而有所差异，本案排除措施命令也并非认定被告对所有加盟者均实施了本案违法行为，因此无法因本案排除措施命令的存在而从事实上推定被告对原告也实施了构成本案违法行为的行为……此外，也无法认定原告所主张的个别妨碍行为构成本案违法行为。”

4. 注意事项

本案判决虽然与案例145相同认为排除措施命令中认定的违法行为是指超过对加盟店提出的建议和指导的范围、妨碍加盟店所有者商品价格决定权的行使并迫使其不得不停止降价销售的行为，但同时也指出原告所主张的共通妨碍行为以及个别妨碍行为并不属于违法行为所指向的行为。对于在相同事实前提基础上的案件，东京高等法院作出了不同的判断。当事人其后提出了上告以及上告受理申请，但均被驳回。

案例147　东芝电梯案

（大阪高判平成5·7·30审决集第40卷第651页、判夕第833号第62页［27817181］）

判决指出，电梯制造商系列的维修商不向与系列外维修商签订维修协议的大楼所有者出售替换零件且如不与替换零件服务一同向其采购则不受理其订单的行为，构成《反垄断法》上的捆绑销售行为，此外，在事实上拒绝向系列外维修商提供替换零件的行为，构成《反垄断法》上对竞争对手施加不正当地交易妨碍的行为，并在此基础上认可了基于上述不法行为的损害赔偿请求。

（参考案例83）

案例148　日本游艺枪协同合作社案

（东京地裁平成9·4·9审决集第44卷第635页、判夕第959号第115页［28030441］）

本案中，作为由玩具气枪制造商组成的经营者团体的被告合作社，要求由全国大多数批发商组成的下属批发商团体及其零售店不得与销售不符合自主标准的产品的非合作社成员的原告进行交易。本案判决认为，上述行为构成鼓励经营者实施不公平的交易方法（共同抵制），其妨碍行为构成不正当限制交易，侵害了原告在自由市场上的销售利益，且不具有阻却违法性的特殊事由，认定成立《民法》上的不法行为，并认可了原告提出的损害赔偿请求。

（参考案例 113）

案例 149　诺薇雅（NOEVIR）化妆品案

（东京高判平成 14·12·5 审决集第 49 卷第 788 页、判夕第 1139 号第 154 页［28080506］）

本案判决指出，通过连锁销售系统销售化妆品的被告公司，在不致力于改善销售系统自身问题的情况下，作为对原告提出的退货申请以及计划经营其他公司化妆品的报复而解除商品销售委托合同的行为，可能构成《反垄断法》上的不正当拒绝交易行为，具有较高的违反第 19 条不公平的交易方法规定的可能性，且从事情的原委来看被告的行为明显违反了信义原则，因此认定被告非法侵害了原告作为合同上的受托人的利益，构成不法行为，认可了原告提出的损害赔偿请求。

（参考案例 71）

案例 150　有线 BROAD-NETWORKS 损害赔偿请求案

（东京地判平成 20·12·10 审决集第 55 卷第 1029 页、判夕第 1288 号第 112 页［28150156］）

在商用有线音乐播放业位居首位的反诉被告（有线 BROAD-NETWORKS，后更名为“USEN”）为排除位居次位的反诉原告（CANSYSTEM 株式会社）的经营活动，在同时挖走大量反诉原告员工的基础上，开展了仅针对反诉原告的客户的低价促销活动并因此抢夺走反诉原告的大量顾客。判决指出，上述行为并非单纯的引诱跳槽的违法挖人行为，构成侵害反诉原告员工合同债权的不法行为，同时构成利用差别对价这一不公平的交易方法的私人垄断行为（第 2 条第 5 款）、违反第 3 条的规定，构成违法侵害反诉原告营业利益的不法行为，认可了处以相当 2 年营业利润约 20 亿日元的损害赔偿请求。

（劝告审决参考案例 15）

案例 151　垃圾焚烧炉（多摩新城）损害赔偿请求案

（东京高判平成 18・10・19 审决集第 53 卷第 1110 页、东高民时报第 57 卷 1=12 号第 13 页［28112194］）

1. 案情概要

在由作为地方公共团体业务合作社的多摩新城环境合作社发起的垃圾焚烧炉建设工程指名竞争投标活动中，因参与的 5 家公司串通投标，最终被告（日立造船）以不正当的价格中标，并导致环境合作社权益受损。以此为由，居民代位环境合作社起诉，提出依据《民法》第 709 条要求被告对损害进行赔偿（请求赔偿相当于中标价格的 15% 约 38.6 亿日元）的损害赔偿请求以及对环境合作社管理人员怠于行使《民法》第 709 条损害赔偿请求权进行确认的违法确认请求。

原审认可了部分请求（损害额认定为合同金额的 5% 约 12.86 亿日元，在要求被告支付上述金额的同时，确认了环境合作社管理人员怠于追究被告损害赔偿的事实违法）。对此，被告提起了控诉（驳回控诉）。

2. 案件焦点

能否认定存在串通投标（基本串通投标和个别串通投标）。

如何计算串通投标产生的损害金额。

地方公共团体的负责人仅选择了依据第 25 条的损害赔偿请求权，能否认定在审决确定前怠于行使损害赔偿请求权的事实违法。

3. 法院的判断

“……可以认定，上文所述的本案 5 家公司之间的本案基本串通投标成立，在汇集本案5家公司的营业负责人的集会上，对于由地方公共团体发起的斯托克炉建设工程，本案5家公司依据斯托克炉处理能力的差异，商议决定每个项目的预定中标人，该预定中标人在投标前，调整参加投标的各公司的投标价格并告知各公司，以此确保该预定中标人中标。即便对控诉公司所提交的证据予以考虑，也不能左右前述认定。”

“……的确，很难找到明显且直接证明本案工程中存在个别串通投标的供述或物证……但综合考虑可以推定，本案工程中实际实施了基于本案基本串通投标的个别串通投标，本案5家公司事先将控诉公司定为预定中标人，并互相联系调整投标价格以确保控诉公司中标，各公司按照调整后的价格投标，并最终促使控诉公司在本案工程中中标。”

“……如果不存在本案串通投标，中标人将可能在投标参与者的公平竞争中产生，因此，基于竞争环境下可能形成的假定中标价格而签订的承包合同的合同金额，与按照被告公司与本案合作社之间签订的基于本案串通投标而决定的中标价格签订的实际承包合同的合同金额之间的差额，应当就是被告公司对本案合作社所带来的损害。但是，假定中标价格是实际上并不存在的价格，且在公平竞争投标中的中标价格……也是在多种因素的相互作用下形成的，不得不说要具体证明本案投标中的假定中标价格存在实际困难。因此，本案中，尽管能够认定本案合作社的损害发生，但是要从损害性质证明金额则存在较大困难，因此，基于《民事诉讼法》第248条的规定，根据口头辩论的主旨以及证据调查的结果对相当的损害额进行认定……综合考虑本案的所有事实可以认定，被告公司因本案串通投标而使本案合作社遭受的损害额为相当于本案工程中被告承包合同合同金额5%的12.8647亿日元。”

“……《地方自治法》以及其他法令中，对于基于《反垄断法》第25条的损害赔偿请求权以及基于《民法》第709条的损害赔偿请求权，并没有规定地方公共团体的负责人等具有单独选择行使基于《反垄断法》第25

条的损害赔偿请求权而在确定审决之前不提起诉讼的权限，也无法认为《地方自治法》第 242 条以及第 242 条之 2 第 1 款以赋予地方公共团体负责人等上述权限为前提……”

“……尽管基于《反垄断法》第 25 条的损害赔偿请求具有在将来提起的可能性，但是这并不是不对正在发生的《民法》第 709 条的不法行为行使损害赔偿请求权的正当理由……应当说，管理者未依据上述《民法》第 709 条对不法行为行使损害赔偿请求权的行为违法。”

4. 注意事项

对于 5 家斯托克炉大型制造商在自治体发起的斯托克炉建设工程投标活动中实施的串通投标，各地居民代位提起了包含本案在内的 13 起基于《民法》第 709 条的损害赔偿请求诉讼。其中，多数诉讼的一审和二审均是原告胜诉。

本案也认可了居民的请求。在损害金额的认定上，本案以从损害性质证明金额存在困难为由适用《民事诉讼法》第 248 条的规定，认定损害额为相当于中标的实际承包金额 5% 的金额。

被告在提出的上告及上告受理申请均被驳回后，向环境合作社支付了共计约 18.65 亿日元的损害赔偿金。

第8章

公平交易委员会

第1节　设置、任务、主管事务及组织等（略）

第2节　程序

第45条【违法事实的报告、探知】

概　要

本条规定了公平交易委员会案件调查的开展方式（包括一般人报告以及职权探知）及其程序。

认为存在《反垄断法》违法事实者，无论是违法行为的受害者、消费者还是其他任何人，只要发现违法行为就可以向公平交易委员会报告（公平交易委员会称为“申告”）（第1款）。

公平交易委员会在收到申告案件后必须对此展开调查（第45条第2款），如果申告是根据审查规则第29条第1款规定的方式进行的书面申告或网络申告（审查规则第29条第2款），最终处理结果也必须以书面的方式通知申告者（第45条第3款、审查规则第29条第3款）。但是，在公平交易委员会决定不采取措施的情形下，申告者不得依据本条规定要求公平交易委员会采取任何措施，即便申告者是受害者也相同［惠比寿食品企业合作社案（案例139）］。

即便在没有申告的情形下，如果公平交易委员会发现《反垄断法》违法事实或者符合垄断状态的事实（职权探知），也可以采取调查等合理措施（第45条第4款）。

《反垄断法》违法案件的处理程序如图8-1所示。

第46条【向主管大臣通知垄断状态、向主管大臣发表意见】（略）

第47条【为调查采取的强制处分】

概 要

本条规定了公平交易委员会在审查活动中实施的各类强制调查（以下简称行政调查）的权限及方法等。这里的强制不是公平交易委员会强行实施的直接强制，而是在不服从公平交易委员会处分的情形下，通过适用1年以下有期徒刑或300万日元以下罚款的处罚规定（第94条），在心理上确保其协助调查的间接强制。

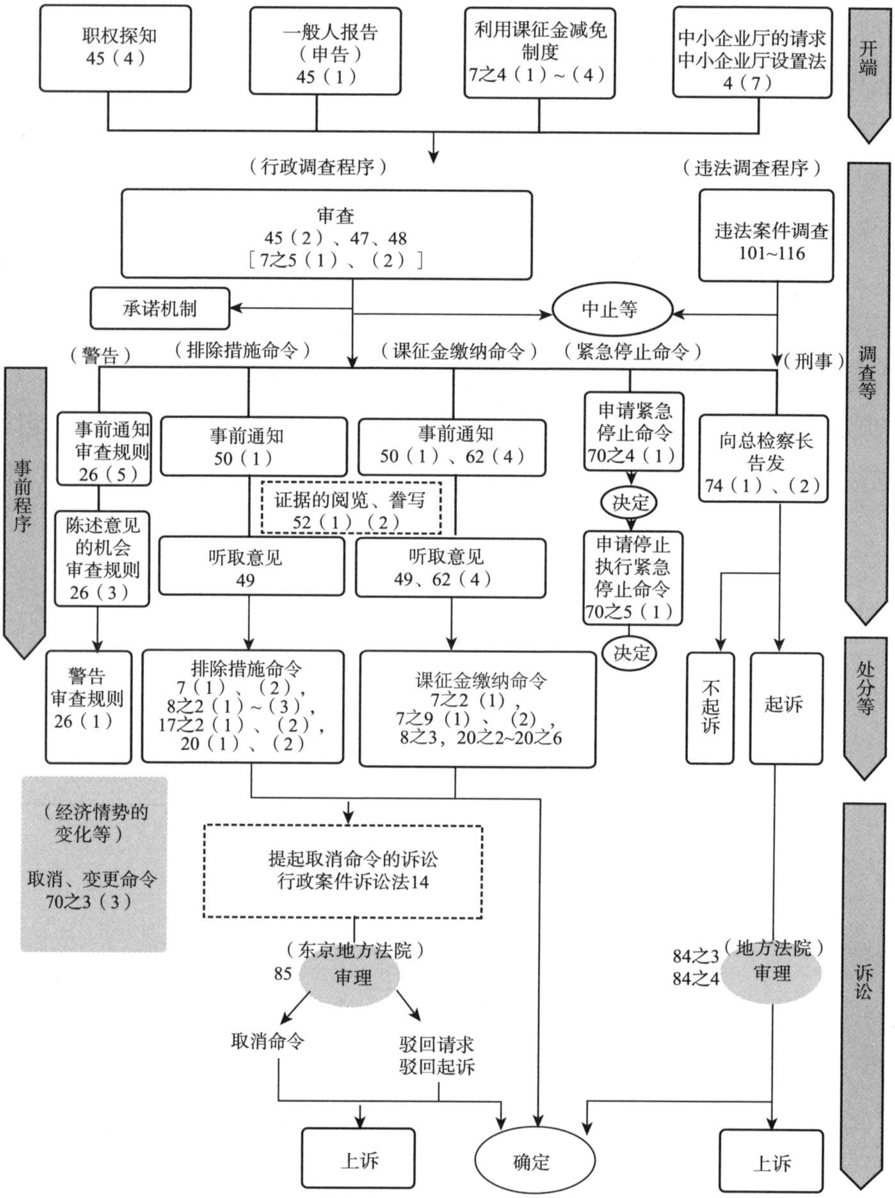

图 8-1　违法案件处理程序

资料来源：公平交易委员会主页（https://www.jftc.go.jp/dk/seido/shorizu.html）。

1. 调查的方法

第 1 款规定的调查，依据案件情形的不同，由从公平交易委员会事务总局审查局（除违法审查部外）、地方事务所及其分所的职员中选出具备案件审查所需的法律以及经济方面的知识和经验的人作为审查官负责执行（第 2 款，关于《反垄断法》第 47 条第 2 款审查官指定的政令）。下文将对各项调查方法进行说明。

（1）现场调查（第 1 款第 4 项）

审查官可以进入“案件相关人员的营业场所”及“其他必要场所”对业务及财产状况、账簿资料及其他物品进行检查。即便是职员的住所等，如果怀疑存放疑似违法案件的相关资料，在审查官认为对于案件调查具有合理的必要性的情形下，也可以将其作为“其他必要场所”纳入现场调查的对象范围内［审查程序指南第 2.1（3）］。

进行现场调查的审查官，应携带证明身份的证件（审查官证，审查规则第 8 条），向相关人员出示（第 3 款），并将写有案件名称、疑似违法事实的概要、相关法律内容的文书（疑似违法事实等告知书）交付相关人员（审查规则第 20 条）。但在违法调查中，只需出示许可证（第 105 条），无须交付对方。

根据审查程序指南第 2.1（2）的规定，疑似违法事实等告知书中还需写明行政调查的条文依据并交付给现场调查场所的负责人等。此外，审查官还应向对方说明如不配合调查将可能对其适用相关处罚规定（第 94 条），同时将供经营者等阅读的说明资料[①]亲手交付对方。

在现场调查时，除要求现场调查场所的负责人等到场外，公平交易委员会还认可律师在不妨碍现场调查顺利进行的范围内的在场，但是这“并不是说违法嫌疑经营者等拥有要求律师到场的权利”，因此“没有必要等律师到场后才开始现场调查”［审查程序指南第 2.1（5）］。

审查官在结束现场调查后，应当制作包含案件名称、调查目的、日期和场所、调查时在场人员的姓名和职业以及写有调查结果的调查笔录［审查程序指南第 2.1（5）］。

---

① 该资料可以从下列链接中获取：https：//www.jftc.go.jp/dk/guideline/unyoukijun/shinsagaiyou_files/gaiyou.pdf，最后访问日期：2021 年 2 月 7 日。

（2）提交命令、留置（第1款第3项）

对于调查疑似违法案件所必要的资料等物品，可以向持有人发出提交命令并留置所提交的物品。如果审查官认为对案件调查具有合理必要的物品可以责令持有人提交并留置[审查程序指南第2.1（4）①]，且不限于在现场调查时发现的物品。甚至对于个人的记事本、手机等隐私性较高的物品，公平交易委员会也无须特别顾虑，可以统一将其纳入对象范围内[审查程序指南第2.1（4）①]。

提交命令除应写明责令提交的物品外，还需送达附有物品目录清单的提交命令书（审查规则第9条第1款第4项、第3款），“责令提交该物品的原物（原件）”，对于“服务器、客户端电脑等储存的电子数据（包括电子邮件等数据），责令提交复制并保存在存储介质上的物品（根据需要可以要求直接提交客户端电脑等）”[审查程序指南第2.1（4）①]。

对于提交物品的留置，“应当在现场调查场所的负责人等的面前对物品进行逐件清点，所有物品必须与目录清单进行核对”[审查程序指南第2.1（4）①]。核对完的物品，由公平交易委员会保管（留置）原物。留置的审查官应当制作写明案件名称，所有人和提交人的姓名、职业、住所、就业场所以及留置的年月日和场所的留置笔录，并附上留置物品目录（审查规则第15条）。此外，还应以附有留置物品目录复印件的留置物通知书的形式通知提交人（审查规则第16条第1款、第2款，第15条第3款）。

对于提交物品的誊写，根据审查程序指南的规定，“尽管不被认为是违法嫌疑经营者等的权利，但是对于属于日常经营活动所需的物品，可以在不会对现场调查的顺利进行带来妨碍的范围内进行”[审查程序指南第2.1（4）③]。

此外，只要不会对案件的审查带来特别的妨碍，可以在事后对所提交的物品进行查阅或誊写（审查规则第18条第1款）。在此情形下，公平交易委员会应当与提交人协商日程，以便其尽早[①]进行查阅或誊写[审查程序指南第2.1（4）③]。

---

① 一般在现场调查结束后的2周至3周内可以进行查阅或誊写（白石忠志、多田敏明：《论点体系 反垄断法》，第一法规2014年版，第404页）。

誊写除了使用复印机[①]外，也可以使用电子相机、扫描机等［审查程序指南第2.1（4）③］。

对于无须再做留置的物品，不必等到案件结束就应当将其返还（审查规则第17条第1款），且审查程序规则要求必须迅速返还［审查程序指南第2.1（4）④］。此外，还可以根据所有人以及提交人的请求予以返还（审查规则第17条第2款）。

对于公平交易委员会提出的协助提交文件或物品的要求，经营者可以依据其要求任意提交（参照审查规则第19条），但是由于任意提交不属于审查规则第18条中所规定的誊写的对象，在任意提交前应当事先复印留存。

（3）到场命令、审讯（第1款第1项）、听取供述

向案件相关人员和证人确认事实关系的直接方法有作为强制调查的到场命令及审讯（第1款第1项），但通常都采用非强制性的任意到场邀请及听取供述。[②]对于负有供述义务的审讯，有观点指出其与拒绝自我归罪权（《宪法》第38条第1款）之间的关系存在问题，但是“川崎民商案”（最大判昭和47·11·22刑集第26卷第9号第554页［21040750］）从税务调查中的问卷调查一般不会涉及刑事责任等理由认定其符合《宪法》，据此可以认为审讯也同样不违背《宪法》。[③]

每次审讯时都应当将写有日期、场所等的到场命令书送达相关人员（审查规则第9条第1款第1项、第2款），要求其到场。在审讯完成后，应当制作审讯笔录（审查规则第11条）。《反垄断法》以及审查规则中没有关于审讯笔录具体形式的规定，但一般是以一问一答的形式制作。[④]

① 在事后誊写的情形下，事实上公平交易委员会机关大楼内未放置付费复印机，而只能由提交人自行携带复印机到现场誊写。

② 根据内阁府《关于反垄断法审查程序的座谈会报告》资料集第9页的内容，2003年1月以后开始审查的案件，至2014年9月末，在案件审查中进行审讯的共计60次，尽管2011年案件数仅为13件，但是进行的非强制性的听取供述共涉及供述人1400人，平均听取次数为2.8次。

③ 在内阁府《关于反垄断法审查程序的座谈会报告》资料集第34页中，也不认可拒绝自我归罪特权。

④ 公平交易委员会在2015年12月25日发布的《关于〈反垄断法审查程序指南〉（草案）的意见概要及其思考》（No.92）中指出，法律上没有规定以一问一答的形式制作，以审查官认为合适的方式制作即可。此外，审查程序指南也指出“并不要求像速记笔录那样一字一句地记录”［第2.2（5）①］。

任意听取供述需确认听取对象的情形［审查程序指南第 2.2（2）①］，并对日程进行协调。供述笔录只需在公平交易委员会认为有必要的时候制作即可（审查规则第 13 条第 1 款），一般是在几次听取供述后制作，并以独白形式进行整理。

在完成审讯笔录以及供述笔录后，应当读给供述人听或让供述人阅读以确认是否有误，如果供述人提出需要进行增减修改，必须将其供述记录在笔录中（审查规则第 11 条第 1 款、第 13 条第 2 款）。如果供述人未提出异议，可以要求其在笔录中签名盖章。如果供述人拒绝签名盖章，应当将此记录在笔录中（审查规则第 11 条第 2 款、第 4 款，第 13 条第 2 款）。

（4）报告命令（第 1 款第 1 项）

公平交易委员会可以要求相关人员对案件调查的重要事项进行报告。报告命令应写明法律依据、报告事项、报告期限、不服从命令所适用的处罚规定等，送达报告命令书时应当一同附上报告书（回答）的格式表格［审查规则第 9 条第 1 款第 1 项、第 2 款，审查程序指南第 2、3（2）］。

要求报告的事项包括案件关系人的设立年月日、资本金、员工数量，以及商品的流通渠道、销售总额，各客户的具体销售额明细，价格上涨的交涉时间等，[①] 且一般限于在客观上和外形上相对明确的事实。[②]

此外，也有依据本条规定的非间接强制，即以任意配合的方式委托其提交报告（报告委托），对于案件关系人以外的对象通常都是先进行报告委托。[③]

（5）鉴定（第 1 款第 2 项）

可以向拥有特定学识经验或有专业知识的人送达鉴定命令书，要求其到场鉴定（审查规则第 9 条第 1 款第 3 项），并要求其以鉴定书的形式进行报告（审查规则第 14 条）。

---

① 白石忠志、多田敏明：《论点体系　反垄断法》，第一法规 2014 年版，第 405 页。

② 参考《反垄断审查程序座谈会第 12 次会议纪要》第 5 页，公平交易委员会经济交易局松尾胜正的发言。

③ 白石忠志、多田敏明：《论点体系　反垄断法》，第一法规 2014 年版，第 405 页。

2. 拒绝调查的正当理由

尽管法律中没有作出明文规定，但可以认为如有正当理由可以拒绝行政调查。

公平交易委员会在审决中［森永商事案（公取委审判审决昭和 43·10·11 审决集第 15 卷第 84 页）］也指出“基于《反垄断法》第 46 条（笔者注：现第 47 条）进行的临场调查（笔者注：现为现场调查）等是以被审人的同意为前提，如果没有正当理由不得拒绝，刑事处罚便是在此主旨基础上设置的”，可以理解，如果有正当理由，则可以拒绝同意、拒绝强制调查。

审查程序指南中规定“如果违法嫌疑经营者等在没有正当理由的情形下拒绝，可以对其适用处罚规定”［审查程序指南第 2.1（1）］。而公平交易委员会假定的正当理由包括公平交易委员会职员因未携带证件等导致程序上的瑕疵、天灾、身患重疾等。[①]

3. 公平交易委员会在听取供述上的留意事项

审讯以及任意听取供述（以下统称听取供述）原则上限定为 1 天 8 小时（休息时间除外），如超过 8 小时应获得听取对象的同意，除非有不得已的情形，应当避免持续到深夜（22 时以后）［审查程序指南第 2.2（4）①］。听取供述如果长时间持续，出于对听取对象身体状况等的考虑，应确保适时适度的休息时间。在休息时间里原则上不限制听取对象的行动，但是如果是以多个相关人员为听取对象且是在同一天的相近时间里进行的，如担心听取对象可能在休息时间里与其他案件相关人员接触、串供等，作为例外可以有审查官陪同［审查程序指南第 2.2（4）①］。

记录听取时间以及休息时间［审查程序指南第 2.2（4）③］。

为避免对案件事实的辨明造成妨碍，不允许听取供述时律师在场（审查官等为确保供述笔录合理顺利进行而提出要求的情形除外）、提取供述过程中录音录像、制作笔录时将笔录复印件交予听取对象以及听取供述时听取对象记录笔记（审查官等为确保供述笔录合理顺利进行同意听取对象记录的除外）［审查程序指南第 2.2（3）①］。

---

① 公平交易委员会在 2015 年 12 月 25 日发布的《关于〈反垄断法审查程序指南〉（草案）的意见概要及其思考》（No.17）。

但是，在休息时间里允许听许对象与律师联系、根据记忆记录笔记。此外，在吃饭时间等时间相对较长的休息时间里，在不妨碍听取供述的情形下，根据听取对象的要求可以适当考虑给予其与律师等商谈的合理时间［审查程序指南第2.2（3）①］。

4. 申诉、投诉

依据第1款各项规定受到处分的当事人如对处分不服，在受到处分之日起1周内，可以携带写明其理由的文书向公平交易委员会提出异议（审查规则第22条第1款）。公平交易委员会如认可其异议理由，应当命令审查官撤回、取消或变更被提出异议的处分（审查规则第22条第2款）。如异议被驳回，则应通知申诉人并说明理由（审查规则第22条第3款）。

如在任意听取供述的过程中审查官存在违反审查程序指南第2.2的言行等，当事人可以在被听取供述之日起的1周内以书面方式向公平交易委员会投诉（审查程序指南第2.4）。审查程序指南中的规定虽然仅限于任意听取供述的情形，但是在供经营者等阅读的说明资料中写明“即便在上述程序外，除对案件负责部门的调查手段外，如果对调查中的案件也有异议，我们将真诚应对”，可以认为对于听取供述以外的任意调查投诉也同样会被受理。

第1款各项中规定的处分不适用《行政程序法》和《行政不服审查法》（第70条之11、第70条之12）。

5. 行政调查收集的证据用于违法调查的情形

本条第4款中规定“不得将第1款规定的处分权限解释为违法搜查的权限”，不认可将行政调查权限作为违法调查的手段行使。

但是，概不认可向违法调查移送的通过行政调查掌握的违法案件事实又有些过于僵硬。最高法院在判决中对于一项国税的违法调查，就曾认可其作为线索的税务调查（行政调查）向违法调查的移送，《反垄断法》的违法调查也同样应作此理解。

第 48 条【制作笔录】（略）

第 48 条之 2【关于确认程序的通知】（略）

第 48 条之 3【排除措施计划相关认定的申请、认定、申请的驳回、计划变更相关的认定】（略）

第 48 条之 4【排除措施计划相关认定的效果】（略）

第 48 条之 5【排除措施计划相关认定的取消】（略）

第 48 条之 6【关于既往行为确认程序的通知】（略）

第 48 条之 7【排除确保措施计划相关认定的申请、认定、申请的驳回、计划变更相关的认定】（略）

第 48 条之 8【排除确保措施计划相关认定的效果】（略）

第 48 条之 9【排除确保措施计划相关认定的取消】（略）

专栏

6

承诺机制的引入

伴随2018年12月30日生效的《跨太平洋伙伴关系协定》（TPP）的签订以及《有关完善跨太平洋伙伴关系协定相关法律的法律》（2016年法律第108号）的修订，日本设立了基于公平交易委员会与经营者双方的合意就《反垄断法》疑似违法行为以自主方式进行解决的承诺机制（确认程序）（《反垄断法》第48条之2至第48条之9）。并且，公平交易委员会还制定了明确机制运用的承诺机制规则及其应对方针。

与在构成要件以及程序上更为严格的排除措施命令以及课征金缴纳命令等法律措施相比，承诺机制试图以更为灵活的方式在早期解决《反垄断法》疑似违法行为在竞争上的问题。该机制是在公平交易委员会认为对促进公平且自由的竞争确实有必要的情形下，向《反垄断法》疑似违法行为的经营者发出承诺机制通知，收到该通知的经营者，在60日以内制作为排除违法嫌疑行为所需的排除措施计划以及排除措施确保计划（以下统称承诺计划）并向公平交易委员会申请对此的认可，如公平交易委员会认可该计划且经营者按计划履行，则不对其采取排除措施命令以及课征金缴纳命令。在承诺机制通知发出后，为确保承诺机制的顺利推进第47条的行政调查也停止进行。由于该承诺机制通知并不是确定经营者违反法律规定的文件，对经营者不具有强制力，经营者还可以在通知前后与公平交易委员会进行商谈。此外，由于该机制是在“认为对促进公平且自由的竞争确实有必要的情形下”（包含尽管违法行为已不存在但仍认为有必要的情形）实施的，对于串通投标、中标调整、价格卡特尔、数量卡特尔等10年内再犯的行为以及对国民生活造成广泛影响的重大恶性违法嫌疑行为，则不适用承诺机制。根据公平交易委员会的应对方针，公平交易委员会会对确定的承诺计划的概要等进行公开并征求公众意见。

对经营者而言，在被公平交易委员会指出行为具有反垄断违法嫌疑后，如其能够理解行为具有违法的可能性，则应当以既往的排除措施命令案件等的内容为参照在60天的期限内研究制定出确实可行的承诺措施方案［可以以公平交易委员会在《关于承诺机制的应对方针》第6项（3）中所列的承诺措施示例为参考］。以往，公平交易委员会行政调查介入后法律效力随即发生，其后经营者就不得不对之后将可能面临的排除措施命令以及课征金缴纳命令作出应对，与此相比，承诺机制的引入可以让经营者在事前与公平交易委员会保持沟通的同时预防违法状态的出现，对经营者而言可以说是一个具有预防性的灵活应对方案。但是，虽然说是公平交易委员会的裁量，但是“认为对促进公平且自由的竞争确实有必要的情形”究竟具体指向何种行为依旧值得探讨，而今后承诺机制的运用也将备受关注。

（清水 规广）

第49条【关于排除措施命令的意见听取】（略）

第50条【听取意见的通知】（略）

第51条【代理人】

概 要

本条规定了对听取意见过程中收到通知者（当事人）的权利保护，同时还从确保程序顺利且迅速推进的角度允许选任代理人。[①]

① 岩成博夫等编著：《逐条解说2013年修订反垄断法》，商事法务2015年版，第66页。

本条并未对代理人的资格进行限制（第 1 款）。

2013 年修订前的《反垄断法》第 49 条第 4 款将事前程序以及审判程序中的代理人限定为“律师、律师法人以及公平交易委员会认可的合适人选”。这是因为，审判程序相当于诉讼程序中的一审程序，在对审[①]构造上因为采用了与诉讼类似的严格程序，所以对代理人的资格进行了限定（2005 年修订前的《反垄断法》第 52 条第 2 款），而在 2005 年《反垄断法》引入事前程序之际，就不再规定与审判程序相同的限定。但是由于《行政程序法》以及《行政不服审查法》等一般行政程序中均没有对代理人作出这样的限定，2013 年在废止审判制度的同时，也废止了关于代理人资格的限制。[②]

代理人可以进行证据的查阅或誊写（第 52 条）、陈述意见（第 54 条）、提交陈述书代替到场（第 55 条）等一切与听取意见相关的行为。对当事人的各种通知等也可以向代理人送达。

当事人在选定代理人后，应当向公平交易委员会提交委任状（听取意见规则第 11 条第 1 款）。

第 52 条【证据的查阅、誊写】

概 要

如收到听取意见通知者（当事人）知悉公平交易委员会用于事实认定的证据，将有利于促进其在听取意见过程中更加有效地进行意见陈述和举证、充分行使防御权，因此本条对证据的查阅或誊写作出了规定。

《行政程序法》中的征询意见程序仅对证据的查阅作出了规定（《行政程序法》第 18 条），而本条则包含了对证据誊写的规定，虽然仅限于本公司提交的证据，但可以说相对宽容。

① 在民事诉讼方面指言词辩论，在刑事诉讼方面指审判程序。

② 岩成博夫等编著：《逐条解说 2013 年修订反垄断法》，商事法务 2015 年版，第 66 页。

1. 查阅的对象证据（第 1 款前半段）

查阅的对象证据是公平交易委员会所认定的证明事实的证据，具体包括当事人等提交的物品、供述笔录、依据报告命令提交的报告书等。

在证据的范围上，与 2015 年修订前的审查规则旧法第 25 条相同，公平交易委员会将其限定为“为认定事实奠定基础的必要证据”，即，仅限于积极证明认定事实的证据，而不包括对认定事实存疑的证据以及出现意见分歧的证据。[①]

对于不提供查阅的证据，公平交易委员会会根据针对排除措施命令等的取消诉讼的需要在一定范围内允许查阅。[②]

2. 誊写对象证据（第 1 款前半段）

在 2013 年法律修订前允许当事人在公平交易委员会说明（审查规则旧法第 25 条）之际对提示的证据进行查阅，但是不允许进行誊写。而在《行政程序法》的征求意见程序中也未对证据的誊写作出规定，是否允许誊写交由行政机构进行裁量。

2013 年《反垄断法》的修订中，虽然仅限于本公司提交的证据，但至少认可了当事人对证据的誊写。

誊写的对象证据包括所查阅证据中该当事人及其员工提交的留置物品及任意提交的物品、扣留物品及扣押物品、审讯笔录及供述笔录、质问笔录（第 52 条第 1 款，听取意见规则第 13 条第 1 款）。

之所以不将其他公司提交的证据纳入对象范围是出于如下考虑，（1）在国际卡特尔案件中，如果将公平交易委员会保有的证据供其他公司誊写则有可能成为

① 岩成博夫等编著：《逐条解说 2013 年修订反垄断法》，商事法务 2015 年版，第 70 页。

② “在取消诉讼中公平交易委员会提出的证据原则上限定为供查阅的证据”（岩成博夫等编著：《逐条解说 2013 年修订反垄断法》，商事法务 2015 年版，第 69 页），“对于在听取意见程序阶段虽然已经存在但不供查阅的证据，仅仅在具有合理理由的情况下（如在意见听取程序中未出现争议的事项在取消诉讼中出现争议而有必要进行补充的情形），才对允许提供证据的应对措施进行讨论”（白石忠志、多田敏明：《论点体系　反垄断法》，第一法规 2014 年版，第 425 页）。

美国等国家证据开示的对象，[①] 因此，经营者一般不愿意让其他公司誊写其提交的证据；（2）在排他型私人垄断以及滥用优势地位等行为类型中，其他公司被假定为处于受害者立场的交易对象经营者等，如果自己的供述笔录等证据被违法经营者誊写，则可能担心受到有形或无形的报复。[②]

3. 拒绝查阅或誊写的理由（第 1 款后半段）

即便属于查阅或誊写的对象，在“可能损害第三人利益或存在其他正当理由”的情形下，公平交易委员会也可以拒绝相关证据的查阅或誊写。

但这不是说不允许对所有证据进行查阅或誊写，如果相关内容只是证据的一部分，则可以采取将相关内容涂黑或者允许查阅或誊写其他部分内容的方式。

“可能损害第三人利益或存在其他正当理由”的情形，是指与影响个人私生活的个人隐私相关的事项以及记载排除措施命令对象经营者以外的交易对象经营者的秘密的证据等。而“第三人”包含当事人的董事、员工以及同一案件的其他违法行为人。在当事人因查阅或誊写本公司员工供述笔录的内容而可能对该员工采取处罚等不利行为的情形下，也属于“可能损害第三人利益”的情形。[③]

“其他正当理由”的情形则是指，因与公平交易委员会审查方法相关的信息等的泄露而可能对审查活动造成妨碍的情形，以及为延长听取意见程序而对程序的合理推进造成妨碍的情形等。[④]

4. 听取意见推进过程中对必要证据的处理（第 2 款）

通过听取意见过程中当事人和审查官的沟通，公平交易委员会如果发现存在证明所需的新事实，应当追加证明该新事实的证据。为了确保当事人防御权的充分行使，应当认可当事人对追加证据的查阅或誊写，并将追加证据纳入查阅或誊写的对象。

---

① 有观点指出，即便是本公司提交证据，如果誊写并持有公平交易委员会保有的证据可能因证据开示而负有提交义务，因此，有必要不进行誊写，而应当由律师查阅并作为律师制作的文书资料形成查阅报告书（榊原美纪：《详说　反垄断法审查程序》，弘文堂 2016 年版，第 232 页）。

② 岩成博夫等编著：《逐条解说 2013 年修订反垄断法》，商事法务 2015 年版，第 72 页。

③ 岩成博夫等编著：《逐条解说 2013 年修订反垄断法》，商事法务 2015 年版，第 73 页。

④ 岩成博夫等编著：《逐条解说 2013 年修订反垄断法》，商事法务 2015 年版，第 73 页。

公平交易委员会应当将追加证据的证据目录通知当事人（听取意见规则第12条第4款），听取意见官根据查阅日来决定继续进行听取意见的日期（听取意见规则第12条第5款）。

5. 查阅或誊写的程序（第3款）

证据的查阅或誊写，可以在收到听取意见通知时起至听取意见结束之前进行。当事人应当根据规定的样式填写并提交证据查阅或誊写申请书（听取意见规则第12条第1款）以申请证据的查阅或誊写。实务中，在送达听取意见通知书以及证据目录时，会一同附上证据查阅或誊写申请书。[①] 在证据查阅或誊写申请书中，可以根据证据目录选择希望查阅或誊写的物品，并填写希望查阅或誊写的日期。

在证据查阅或誊写申请书中，还有“根据本申请书进行证据查阅或誊写的目的，是为听取意见程序或者排除措施命令等的取消诉讼做准备，而不为除此以外的其他目的使用”的宣誓。例如，在与滥用优势地位相关的案件的意见听取过程中，因查阅交易对象员工供述笔录的内容而对该交易对象经营者进行有形或无形的报复或者因查阅或誊写本公司员工供述笔录的内容而可能对该员工采取处罚等不利行为的情形，就属于用于“其他目的”，应当予以注意。[②]

收到查阅或誊写申请的公平交易委员会，可以指定查阅或誊写的日期和地点（第52条第3款）。这是为了确保基于本条第1款后半部分的规定对有必要限制查阅或誊写的证据中的部分内容进行覆盖等准备工作的时间以及证据保全所适合的地点等。在存在多个当事人的情形下，可能出现因各当事人期望的时间重复而无法满足的情形。

此外，公平交易委员会还可以指定查阅或誊写的方法（听取意见规则第12条第2款、第13条第2款）。证据的查阅通常被安排在公平交易委员会的办公室等，并有公平交易委员会的人员在场。查阅过程允许在一定范围内记录笔记（包括用电脑记录），但是超过该范围则视同于誊写，因此不允许誊写证据的全部内容、

① 岩成博夫等编著：《逐条解说2013年修订反垄断法》，商事法务2015年版，第75页。

② 岩成博夫等编著：《逐条解说2013年修订反垄断法》，商事法务2015年版，第75~76页。

使用相机等拍摄、使用扫描机、朗读证据内容并录音等行为。[①]

公平交易委员会在指定日期等时，不应对陈述意见等的准备造成妨碍（听取意见规则第 12 条第 3 款后半部分，第 13 条第 2 款），因此不得将日期指定在听取意见日期的前一日。

证据的誊写，除使用复印机[②]外，也可以将证据电子化后保存于 DVD 等电磁存储媒介后借给当事人，当事人从该媒介输出、保存必要数据后再将该媒介返还给公平交易委员会。[③]

第 53 条【指定职员主持听取意见】

概 要

本条第 1 款规定，听取意见的程序由公平交易委员会依据各案指定的公平交易委员会职员主持（以下，将主持听取意见程序的职员称为听取意见官）。

为确保听取意见程序的中立性和公正性，在第 2 款中还规定了听取意见官的回避事由（此外，听取意见规则第 14 条第 3 款中也有规定）。

如上，本条在第 1 款中所指定的听取意见官为公平交易委员会的职员。该听取意见官的指定是在听取意见通知（第 50 条第 1 款）之前进行（听取意见规则第 14 条第 1 款）。并且，公平交易委员会在指定听取意见官后，必须向当事人告知指定职员的姓名（听取意见规则第 14 条第 4 款）。

本条第 2 款规定，如职员存在如下回避事由则不得将其指定为听取意见官。

（1）曾担任该案审查官的职员。

（2）曾负责该案调查事务的职员。

在此基础上，听取意见规则中还规定了辅助听取意见官工作的职员的回避事

---

① 榊原美纪：《详说反垄断法审查程序》，弘文堂 2016 年版，第 237 页。

② 复印机由当事人自带。在座谈会报告书第 12 页中有观点提出，希望公平交易委员会能放置用于誊写的复印机。

③ 岩成博夫等编著：《逐条解说 2013 年修订反垄断法》，商事法务 2015 年版，第 76 页。

由（第 15 条第 2 款），以确保中立性和公正性。此外，对于在可能存在不公正履行职务的情形下当事人申请撤销职务履行的申请回避权，在有关听取意见官及其辅助职员的条款中均未作规定。

第 54 条【听取意见的日期】

概 要

本条规定了有关听取意见日期的审理方式以及当事人的权能等。

第 2 款中提及的证据提交的方法，在听取意见规则第 18 条中有相应规定，应当遵照该规定的要求。

而该款中由于有“证据提交”的表述，可以认为这里的“证据”不包括证人。在将供述作为证据提交的情形下，应当提交供述人签名盖章的文书（听取意见规则第 18 条后半部分）。

第 3 款中规定，听取意见官可以督促当事人提交证据，但是从确保当事人防御权这一听取意见的宗旨来看，可以认为仅限于督促对当事人自身而言有利证据的提交。[①]

第 4 款中规定听取意见的程序不对外公开。原本，该程序就不要求像诉讼程序等那样进行公开，而法律之所以这么规定是因为在案件性质上，对当事人的秘密（经营者的秘密）以及当事经营者员工隐私保护的要求较为强烈等。

第 55 条【提交陈述书等代替到场】

概 要

本条规定，当事人可以通过在听取意见的期限内向听取意见官提交陈述书以

① 村上正博 :《条解反垄断法》，弘文堂 2014 年版，第 723 页。

及证据的方式替代在听取意见之日到场。

本条规定给予了不希望在听取意见之日到场的当事人以书面方式陈述意见的机会并保障了无法在听取意见之日到场的当事者陈述意见的机会。

陈述书以及证据要求在“听取意见的期限内”提交。

证据提交的方法依照听取意见规则第 18 条的规定。

根据听取意见规则第 19 条的规定，陈述书中的记载事项包括当事人的姓名或名称、住所或所在地、案件名称以及第 50 条第 1 款和第 2 款中所列事项。

此外，本条中的“证据提交”中的“证据”与第 54 条第 2 款相同，也不包含证人。

第 56 条【继续进行的日期指定】

概 要

本条规定了继续听取意见的必要性判断及其日期指定。

从本条规定可以明确，听取意见可能多次进行，根据第 1 款的规定，由听取意见官对继续进行的必要性进行判断。

本条规定虽不认可当事人要求继续听取意见的权利，但是听取意见官在判断是否继续时，往往会将当事人的要求作为考量。

本条第 2 款中规定，继续听取意见的日期及地点，除直接告知在听取意见之日到场的当事人的情形外，必须事先以书面形式通知当事人。

第 57 条【当事人未到场等情形下听取意见的结束】

概 要

本条规定了在当事人未到场等情形下听取意见的结束。

第 1 款规定，如当事人实施视为放弃陈述意见等权利的行为，则听取意见结束。

“正当理由”除因天灾、交通中断等不可归责于当事人的理由外，还包括因生病或事故住院、境外出差等被认为不得已的理由。①

第 2 款规定，在当事人在持续相当长的时期内都无法按期到场听取意见的情形下，即使当事人拥有在日期内无法到场的正当理由，从早日恢复竞争秩序的角度也可以结束听取意见。

第 58 条【笔录等的制作】

概 要

本条对听取意见官制作的听取意见日的笔录以及听取意见报告书作出了规定。根据本条规定制作的笔录以及报告书，在公平交易委员会决定排除措施命令时会得到充分地参酌（第 60 条）。

1. 听取意见笔录、听取意见报告书

听取意见笔录由听取意见官按日期制作。听取意见笔录的记载事项规定在听取意见规则第 20 条第 1 款中。

与民事诉讼中的言词辩论笔录不同，没有关于听取意见笔录的证明效力的规定（《民事诉讼法》第 160 条第 3 款）。

听取意见报告书由听取意见官在听取意见完成后制作。听取意见报告书的记载事项规定在听取意见规则第 20 条第 4 款中。

听取意见笔录以及听取意见报告书制作完成后，应当告知当事人并告知其可以申请查阅（听取意见规则第 21 条）。

2. 听取意见笔录、听取意见报告书的查阅等

申请查阅的程序规定在听取意见规则第 22 条中，原则上应提交规定的查阅申

① 白石忠志、多田敏明：《论点体系　反垄断法》，第一法规 2014 年版，第 429 页。

请书进行申请。

申请查阅的期限并没有特别的限制，这是为了方便收到排除措施命令的当事人开展事后程序（取消诉讼等）。

但没有关于誊写的规定，不认可当事人申请誊写的权利。然而，这并不是说《反垄断法》禁止根据裁量交付副本文件。

此外，也不认可当事人对笔录和报告书的更正权利。但是，如果记载内容确实有误，当事人可以提出更正申请，以促进听取意见官的职权行使。

第 59 条【听取意见的恢复】

概 要

本条是有关公平交易委员会对已结束的听取意见程序作出恢复命令的规定。在听取意见结束后至采取排除措施命令期间，如当事人提交了可能左右事实认定等的新证据等，公平交易委员会可以向当事人收取该新证据等，并给予当事人陈述意见的机会。

恢复的理由仅限于“鉴于意见听取结束后的状况变化，在认为确实有必要的情形下”。具体包括如下情形。①

（1）发现新证据的情形；

（2）现有证据存在瑕疵的情形；

（3）最高法院等采用了与之前不同的违法要件解释的情形。

如当事人因发现了新证据等要求提交新证据并据此进行意见陈述，当事人可以向公平交易委员会提出听取意见的恢复申请，以此促进公平交易委员会行使职权。

① 白石忠志、多田敏明：《论点体系　反垄断法》，第一法规 2014 年版，第 442 页。

第 60 条【公平交易委员会的参酌义务】（略）

第 61 条【排除措施命令】

概 要

本条规定了排除措施命令的形式和内容，以及依副本送达而发生效力。

1. 在排除措施命令书中，主文应写明排除违法行为或者确保违法行为被排除的必要措施，而其后的理由应写明公平交易委员会认定的事实以及所适用的法令，并在形式上要求委员长和出席合议的委员签名盖章，并在排除措施命令书的副本送达命令的下达对象时生效。

2. 命令的下达对象应对有关违法行为的认定事实以及基于何种事实关系依据何项法律条文下达该排除措施命令等排除措施命令书记载的内容进行确认，否则无法判断是否对命令提出不服。然而，在“邮政编码自动识别机案”（案例 88）的东京高等法院判决（平成 16・4・23 审决集第 51 卷第 857 页、高裁民集第 57 卷第 2 号第 6 页［28092284］）之前，公平交易委员会是在未对“认为确实有必要的情形”（第 7 条第 2 款、第 8 条之 2 第 2 款、第 20 条第 2 款）作出明确说明的情形下对之前的违法行为作出排除措施命令的。①

上述东京高等法院判决指出，“《行政程序法》在第 14 条中规定，行政机构在作出不利处分时，应当同时对处分对象说明作出该不利处分的原因。与行政处分（不利处分）要求说明理由相同，由于公平交易委员会的审决也会对被审人的营业活动自由等造成限制，应在抑制主观随意、确保判断慎重及公正妥当的同时，将审决的理由告知被审人，以为其提供进行不服申诉的便利”“本案审决书中应写明的理由（被告的事实认定及法律适用），除关于违法行为的事实认定外，还应当让被审人根据审决书的内容明白是基于何种事实关系、适用何项法律规定作出的排除措施命令。如果仅是列出排除措施的法律依据，从法律第 57 条所要求的

① 白石忠志、多田敏明：《论点体系　反垄断法》，第一法规 2014 年版，第 642 页。

审决书的记载事项来看显然是不够的，当然，基于事实关系能明确该规定适用的情形另当别论”，而对于法律第54条第2款中“认为确实有必要的情形”该判决指出“对于违法行为尽管在审决时已不存在但是将来可能再次出现的情形，以及该违法行为的结果尚存、竞争秩序还未完全得到恢复的情形等，由于有作出排除违法行为的命令的必要，上述情形被认定为‘认为确实有必要的情形’应当对其下达排除措施命令”“但是，本案审决书在法律适用上，仅仅记载了本案排除措施适用的法律依据（第54条第2款），而作为适用基础的事实关系，即对上述‘认为确实有必要的情形’的要件认定却未作出明确说明”。此外，对于“认为确实有必要的情形”“由于本案中收到负责官等的信息提示是认定违法行为的重要前提条件”，从该前提条件已不存在的事实来看无法认定其属于“认为确实有必要的情形”，因此以理由不充分以及无法认定事实为由取消了该审决。

3.“邮政编码自动识别机案”（最一小判平成19·4·19审决集第54卷第657页、判タ第1242号第114页［28131083］）（案例88）虽然未明确将公平交易委员会认定的情况作为法律适用基础的事实，但是从审决书整体内容来看可以知晓这一事实，因此撤销原判发回重审。

4.但是本案审决书中虽然大量描述了两家公司以往的违法事实，但是却未从将来的角度说明“认为确实有必要的情形”的事实和证据，而只列出了法律依据。高等法院在判决中提及的《行政程序法》第14条，并没有说明应对行政处分作出何种程度的理由说明，而是从抑制行政机构的主观随意、便于不服申诉这一理由附记制度的宗旨目的进行解释。[①] 关于这一问题的相关案例有最二小判昭和38·5·31民集第17卷第4号第617页［21017720］、最三小判昭和60·1·22民集第39卷第1号第1页［27100001］、最一小判平成4·12·10判タ第813号第184页［27815214］等。上述案例均与本案相同在审决书中仅列出了法律依据。在审决书中应当在理由中写明让处分对象能够具体明白为什么对其作出不利处分的内容，如有已制定并对外公布的相关审查标准或指南等还应当在说明理由中写

① 铃木恭藏：《对既往违法行为的排除措施》，载舟田正之、金井贵嗣、泉水文雄编：《经济法判例·审决百选》，有斐阁2010年版，第204页。

明具体事实关系相对应的标准等，如无相关标准等则应当说明其合理理由。本案中，最高法院以公平交易委员会的专业裁量为理由降低了对“认为确实有必要的情形”要件的明示义务要求。但是，即便在违法行为已不存在的情形下，认定属于“认为确实有必要的情形”并作出排除措施命令，往往是出于防止行为再次发生以及恢复竞争秩序的目的。这样，在审决书中仅说明过去曾实施过违法行为的事实还远远不够，还应当在审决书上明示将来再次发生的可能性、存在反竞争危害的可能性及其合理理由。

第 62 条【课征金缴纳命令】

概 要

本条规定了课征金缴纳命令的形式和内容、依副本送达发生效力、缴纳期限、事前的听取意见义务等课征金缴纳命令的程序。

1. 事前程序

在作出课征金缴纳命令之前，应当经过听取意见程序（根据本条第 4 款适用第 49 条至第 60 条规定）。

2. 命令书的形式

公平交易委员会在完成听取意见程序后，在认为满足第 7 条之 2、第 7 条之 9 以及第 20 条之 2 至第 20 条之 6 等要件的情形下通过命令书下达课征金缴纳命令。在命令书中，必须记载如下事项，并经委员长以及出席合议的委员签名盖章（第 1 款）。

（1）应缴纳的课征金金额；

（2）课征金的计算基础；

（3）与课征金相关的违法行为；

（4）缴纳期限。

3. 缴纳期限

课征金缴纳命令书中记载的缴纳期限，是指从命令书的副本发出之日起 7 个月（第 3 款）。

4. 效力的发生

缴纳命令的效力，自缴纳命令对象收到命令副本时生效。因此，因副本延迟送达造成超过缴纳期限的，应重新制作课征金缴纳命令书并送达。

5. 课征金的税务

已支付的课征金不被视为必要经费和损失款项（《所得税法》第 45 条第 1 款第 9 项、《法人税法》第 55 条第 4 款第 3 项）。

第 63 条【课征金缴纳命令作出后对刑事罚款及课征金的调整】

概 要

本条规定了在课征金缴纳命令发出后在对同一案件作出刑事罚款的判决确定的情形下对课征金金额的调整。

1. 第 7 条之 7 规定，在被同时处以课征金和刑事罚款的情形下，如是在刑事罚款确定判决作出后下达课征金缴纳命令的，应当作出相当于该罚款的 1/2 金额的降额调整。与此相呼应，本条规定，在课征金缴纳命令作出后刑事罚款被确定的情形下，则对已作出的课征金金额进行调整（如果刑事罚款的 1/2 金额大于课征金金额，则予以取消）。

在课征金缴纳命令作出后确定刑事处罚的情形有，在等待刑事审判结果的过程中因课征金缴纳命令的除斥期间即将届满而导致等不及刑事罚款的确定而先行下达课征金缴纳命令的情形。

2. 第 1 款规定，在对已下达课征金缴纳命令的经营者作出刑事处罚的确定判决的情形下，从已作出缴纳命令的课征金金额中扣除相当于刑事罚款的 1/2 金额。但是，在从课征金金额扣除刑事罚款一半金额后变为负数的情形以及变更后的金额不足100万日元的情形下，应取消之前的课征金缴纳命令（第2款）。

3. 根据第1款、第2款的规定作出的变更或取消决定，应以记载如下事项并有委员长及出席合议的委员签名盖章的文书(决定书)副本送达该决定的下达对象，且该决定自送达时其生效（第3款、第4款）。

（1）决定的主旨以及公平交易委员会认定的事实；

（2）上述（1）适用的法令。

4. 第5款规定，如在变更或取消课征金缴纳命令后课征金金额降低或变为零、从而出现应当返还已缴纳金额的，应当返还该部分金额。变更等后多付的金额，属于国家的不当得利，应当立即返还。

此情形下一般不支付利息。这是因为之所以返还，并非因课征金缴纳命令存在瑕疵，而是基于同时对经营者作出课征金和刑事罚款处罚会给经营者带来过多不利影响的考虑而根据法律的规定返还已缴纳的课征金，这也称为撤回行政行为，因此无须支付利息。

即便返还“根据变更或取消前的缴纳命令已缴纳的金额”，也不返还因延迟课征金缴纳而收取的滞纳金（第69条第2款，第5款括号内容）。应当返还的课征金金额根本上属于出于政策考虑的调整金额，当初所处罚的课征金要求在期限内缴纳，因未及时缴纳而被收取的滞纳金便不在调整对象范围内。

第64条【竞争恢复措施命令】（略）

第65条【命令、认定及决定的决议方法】（略）

第66条【非公开合议】（略）

第 67 条【相关国家机构、公共团体的意见陈述】（略）

第 68 条【排除措施命令等作出后以调查为目的的强制处分】（略）

第 69 条【课征金及滞纳金的缴纳和督促】

概 要

本条规定了课征金未在缴纳期限内缴纳时采取的措施、征收方法、消灭时效等。

1. 如当事人未在课征金的缴纳期限（第 62 条第 3 款）内缴纳课征金，公平交易委员会应向其发去督促函，指定期限督促其缴纳（第 1 款）。在督促函中，还应包含对滞纳金缴纳的督促。

2. 在发去督促函后，公平交易委员会可以就督促的课征金征收从缴纳期限的次日起至缴纳之日止的年 14.5% 的滞纳金（第 2 款）。课征金金额不足 1000 日元的不对其征收，不足 100 日元的，舍去该尾数（第 2 款但书、第 3 款）。

3. 对督促对象强制征收课征金及滞纳金，可以依照国税滞纳处分的惯例，执行《国税征收法》第 47 条下的滞纳处分扣押等程序（第 4 款）。此外，还规定了有关课征金债权的优先顺位，即位列国税和地方税之后（第 5 款）。

消灭时效期间为 5 年（《国税通则法》第 72 条第 1 款）。

4. 对于违法行为人进入破产程序时课征金债权的处理问题，“东方白石（ORIENTAL SHIRAISHI）案”（案例 152）根据公司更生计划认可的决定判决免除了当事人对未申报的课征金债权的责任。

案例 152　东方白石（ORIENTAL SHIRAISHI）案

（东京高判平成 25・5・17 审决集第 60 卷第 2 分册第 2 页、判夕第 1416 号第 78 页［28211700］）

1. 案情概要

公平交易委员会对在 2004 年 10 月由国家发起的桥梁工程招标中实施串通投标的原告作出了排除措施劝告，由于原告未作出应诺，随即决定对其进行审决。2008 年 12 月东京地方法院决定对其启动更生程序，2010 年 2 月作出更生计划认可决定，且该决定在同年 7 月确定。其后，公平交易委员会向原告的更生财产管理人作出审判程序的开始请求，而审判程序真正开始是在 2011 年 10 月，由于法院作出了更生程序终结的决定，原告又从财管管理人接手了审判案件，最终公平交易委员会对原告作出了课征金缴纳命令的审决。对此，原告指出，《公司更生法》第 204 条第 1 款规定，在作出更生计划认可决定时对于未申报的租税等请求权予以免责，因此本案的课征金债权权利丧失，据此以该审决违法为由提起了请求取消审决的诉讼。

2. 案件焦点

（1）且不说本案课征金债权是否因更生计划认可决定而免责，公平交易委员会能否作出课征金缴纳命令。

（2）未进行债权申报的本案课征金债权是否因更生计划认可决定而免责。

3. 法院的判断

（1）判决认为，能否下达课征金缴纳命令，与公司更生程序无关，对在过去 10 年间曾受过课征金缴纳命令的原告适用课征金加重计算比例作出的审决具有不可小视的法律效力甚至意义。无论是否存在（2）的争议焦点，本案判决认可了作出缴纳命令的本案审决，驳回原告的请求。

（2）作为附带意见，当时的第64条之2第4款（现行法第64条第4款）规定“按照国税滞纳处分的惯例”，本案的课征金债权属于《公司更生法》第2条第15款的“租税等请求权”，根据该法第204条第1款的规定如怠于申报债权则与一般的更生债权、更生担保权相同因更生计划认可决定而免责，因此，应当认为原告因确定的更生计划认可决定而免责。此外判决还指出“《公司更生法》在更生程序上，以法律性质存在差异为由将租税等请求权与罚金等请求权进行了明确的区分，并作为不同类型的独立请求权进行完全不同的对待。因此，《反垄断法》上的课征金虽说与罚金相同具有制裁的特点以及有抑制违法行为的功能，但是在作出债权申报的情形下可以作为优先更生债权的租税等请求权获得有利对待的本案课征金债权，如未进行债权申报，在无明文规定的情形下，对无论是否作出债权申报均将其作为劣后更生债权的罚金等请求权类推适用免责的例外规定且不因更生计划认可决定而进行免责，则肆意动摇了法律框架，超越了法律解释的界限，因此不能得到允许”。

4. 注意事项

公平交易委员会在本案判决确定后，向原告归还了原告临时缴纳的课征金全额5.373亿日元。

据报纸报道，公平交易委员会此后，即便是在《反垄断法》的违法调查阶段，如果对象公司申请公司更生程序，也对此进行课征金金额未定的债权申报。

即便成为更生公司，如果对课征金债权进行申报，在《公司更生法》上可以作为优先更生债权成为更生计划的权利变更对象，尽管在减免的决定上需要获得公平交易委员会的决定，但是在一定限度内的减免仅需听取其意见（《公司更生法》第169条）。

而《金融商品交易法》第185条之16以及《赠品表示法》第20条中，

对破产、民事再生、公司更生等破产程序都作出了将课征金以及滞纳金视为罚金等请求权的规定，即便没有进行债权申报也不会被免责（如《公司更生法》第 204 条第 1 款第 30 项）。

第 70 条【课征金的返还】

概 要

本条对已缴纳课征金的返还以及应在返还金额中加算的金额作出了规定。

第 7 条之 8 第 4 款规定，如违法行为经营者在违法经营活动结束之日（调查开始日）后将该违法业务进行转让、公司分立等，公平交易委员会可以对继承该业务的经营者（特定业务继承子公司等）下达课征金缴纳命令。在此情形下，如果存在多个特定业务继承子公司等，可能因连带责任对上述多个公司重复征收课征金。对此，本条规定，应当返还多缴纳的金额（第 1 款），并且还应在返还金额中加算自缴纳之日次日起一个月后的次日起算至决定支付该金额之日为止的相应利息。利率比例在不超过年 7.25% 的范围内由政令具体规定（实施条例第 32 条第 2 款）。此外，对于加算金额，与第 69 条第 2 款以及第 3 款中关于滞纳金的规定相同，课征金金额不足 1000 日元的不征收，不足 100 日元的舍去尾数（第 3 款）。

第 70 条之 2【认可申请的驳回】

概 要

本条规定了在公平交易委员会收到第 11 条第 1 款或者第 2 款的认可申请时，如认为该申请的理由不成立，对其予以驳回的程序。

第11条第1款或者第2款对从事银行业或保险业的公司取得或持有其他国内公司表决权的比例作出了限制性规定，如果取得或持有的表决权超过该限制应事先向公平交易委员会申请认可。而本条规定适用第45条第2款的规定，在向公平交易委员会提出认可申请时，公平交易委员会应进行必要的调查。但是，由于不适用第47条的规定，该调查并非强制处分的调查。

如认定不具有申请理由，适用第63条第3款以及第4款的规定，以文书形式作出决定，并应在文书中写明公平交易委员会认定的事实及适用的法律，并由委员长及出席合议的委员签字盖章。决定效力自送达时生效。

驳回决定虽属于不利处分，但是根据第70条之12的规定不适用《行政不服审查法》的规定，而是根据《行政诉讼法》第3条第1款的规定适用取消诉讼。

尽管是2013年《反垄断法》修订前的案例，但驳回认可申请的案例有“铁屑采购协定延长案”（公取委认可申请驳回审决昭和49·10·9审决集第21卷第293号）。

第70条之3【认可、排除措施命令等的取消或变更】

概 要

本条规定即便公平交易委员会已作出认可决定，但是在作为认可条件的事实发生变化（后发事由）导致认可要件消灭等情形下，鉴于第11条规定的宗旨可以对认可进行取消或变更，并规定了相应的程序。

1. 认可的取消或变更

公平交易委员会在决定取消或变更认可时，因重新取消或变更已经得到认可的决定属于不利处分，适用第49条至第60条的规定应履行听取意见程序，但在决定驳回认可申请时，则不适用第49条至第60条的规定。

在2013年《反垄断法》修订前，是根据审判程序下的审决方法对认可进行取消或变更，但由于修订后审判程序被废止，本条规定在内容上也进行了相应的调整。

对于取消或变更的决定方式及决定的效力，适用第 63 条第 3 款以及第 4 款的规定，与驳回决定认可申请相同，在决定书的副本送达当事人时生效。

2. 排除措施命令等的取消或变更

公平交易委员会在作出排除措施命令或竞争恢复措施命令（以下统称排除措施命令等）后，因其后经济状况的变化等（后发事由）导致继续维持上述命令“不适合”的情形下，可以取消或变更上述命令。

“经济状况的变化及其他事由”包括“整体经济状况的变化、命令对象所属行业整体状况的变化以及命令对象自身在行业中市场份额地位的变化等”被认为不再适合继续维持排除措施命令等的一切事由。①

本条规定延续了 2005 年修订前第 66 条第 2 款以及 2013 年修订前第 70 条之 12 的内容，而旧法第 66 条第 2 款规定的“被认为不当且违反公共利益的情形”，与本条规定相比取消或变更的事由更为严格，因此，通过修订适当放宽了其要件要求。

基于上述沿革，被认为“不适合”的情形，应当认为不仅指从竞争秩序的角度来看排除措施命令等的效率维持存在不当、违反公共利益的情形，还指该排除措施命令等的维持会对命令的对象经营者的经营活动带来过度限制的情形。②

然而，排除措施命令等的取消或变更不适用于损害命令对象利益的情形。如对排除措施命令等进行变更会对当事人附加较之前命令更重的义务，则不允许依据本条规定进行变更，而应当作为新的案件重新进行调查。

案例 153　出光兴产案

（东京高判昭和 50・9・29 审决集第 22 卷第 220 页、行裁例集第 26 卷第 9 号第 1088 页［27200485］）

1. 案情概要

出光兴产等 11 家石油总经销商自 1972 年 11 月下旬以来，其责任人商

① 白石忠志、多田敏明：《论点体系　反垄断法》，第一法规 2014 年版，第 459 页。

② 村上正博：《逐条解释反垄断法》，弘文堂 2014 年版，第 754 页。

议决定共同提高石油产品的销售价格并决定销售数量，并基于前述决定提高零售价。据此，公平交易委员会对相关经营者作出了排除措施命令。其后因相关经营者已不存在违法行为，提出了取消排除措施命令的请求。

2. 案件焦点

能否适用修订前第 66 条第 2 款的规定。

3. 法院的判断

法院判决指出“在一般的取消行政处分的诉讼中，只要法律没有作出特殊规定，就应当以作出该处分的时点为基准对处分是否违法进行判断，而不考虑处分后的情形变化，即便对于审决取消诉讼也没有作出不同解释的根据。然而，尽管《反垄断法》第 66 条第 2 款规定‘公平交易委员会根据经济状况的变化及其他事由，在认为维持该审决存在不当、有违公共利益的情形下，可以取消或变更该审决’，但从前述规定可以明显看出，这只是认可了作为行政机关的被告拥有对审决进行取消或变更的权限，而并非关于取消审决诉讼的规定，因此不认为构成前述的特殊规定。原告提出的应对本案审决后的情形变化予以考虑的主张并不妥当。”

4. 注意事项

在排除措施命令的取消诉讼审理中，法院认为以修订前的第 66 条第 2 款为依据、以处分后的后发事由为原因提出取消处分的主张有失妥当。

案例 154　日本出版协会案

（东京高判昭和 28・8・29 高裁民集第 6 卷第 11 号第 667 页［27486730］）

1. 案情概要

本案是在第二次世界大战结束后不久发生的有关出版用纸分配的案件。在公平交易委员会作出排除措施命令的审决后，因作为依据的《经营团体法》修订排除措施的依据丧失。本案就是关于取消该审决的案件。

2. 案件焦点

能否适用修订前第 66 条之 2 的规定，法院的审查对象为何。

3. 法院的判断

判决指出，“为政府制作有关原材料等分配的草案或计划并向政府提交的行为在旧法中被禁止，但是因法律的修订该行为变为无条件的合法行为。在新法实施后，经营者团体可以自由地开展活动，因此可以认为，对作为被审人的原告作出禁止上述行为命令的审决主文第 1 款，因前述修订使得法律自身在效力上丧失了其内容对将来事物的实质约束力，也无法在其后对原告发生持续的禁止效力。法律原则上不可能在一方面认定行为符合现行法律的同时，又在其他方面认定行为违法并予以禁止。审决内容的约束力因法律的修订而失效，无须等待其他程序。因此公平交易委员会以及法院无须特意取消审决或宣布无效，且由于相关审决在内容上的约束力丧失也无法对该审决进行取消”。此外判决还指出，“原告的主张总体上指向依据《经营团体法》第 9 条而适用的《反垄断法》第 66 条第 2 款中所指的‘因经济情形的变化及其他事由使得审决的基础事实消灭或变更’，但是在请求取消或变更审决的诉讼中，法院认为缺乏足以判断审决是否正当的资料，这在审决作出后法律被修订的状况下也没有发生改变。因此，不仅被告不得自行根据《经营团体法》第 9 条、《反垄断法》第 66 条第 2 款通过审判程序凭借审决要求取消或变更之前的审决，法院也不得依据相关理由取消或变更审决。据此认为，原告的前述主张理由不成立。”

案例 155　野田酱油审决取消案

（公取委审判审决平成 5・6・28 审决集第 40 卷第 241 页）

1. 案情概要

1955 年 12 月 27 日，公平交易委员会以构成《反垄断法》第 3 条前段的私人垄断行为为由对野田酱油［其后商号变更为“龟甲万”（KIKKOMAN）］作出审决［野田酱油案（公取委劝告审决昭和30・12・27审决集第7卷第108页）］。而本案是其后公平交易委员会根据第66条第2款的规定对审决内容作出部分变更的案件。

2. 案件焦点

能否适用修订前第66条第2款的规定。

3. 法院的判断

“为防止该审决认定的违法行为发生，前述审决在主文第1款第1句中禁止KIKKOMAN以任何名义、形式或方法对自行生产的酱油的转售价格表明自己的态度，但是综合考虑审决之后酱油流通路径的变化、各流通阶段交易及价格形成的实际情形、商品多样化的状态等，可以认为审决中禁止表明态度的必要情形已不存在。

因此可以认为，维持1954年（判）第2号审决（笔者注：昭和30・12・27公取委劝告审决）主文第1款第1句存在不当且违反公共利益。”

4. 注意事项

昭和30・12・27公取委劝告审决主文第1款的内容为“被审人对其生产的酱油的转售价格，不得以建议价格、标准价格或其他名义，以及以任何形式或方法表达自己的态度，也不得让其董事、员工、代理人或其他任何人表明”。对于本案审决中构成“因经济情形的变化及其他事由”的“酱油流通路径的变化、各流通阶段交易及价格形成的实际情形、商品多样化的状态等”的具体内容，可以参考公平交易委员会事务所职员对此的解说（《公正取引》第515号第30页）。

第 70 条之 4【紧急停止命令】

概 要

在公平交易委员会对违法行为人作出排除措施命令之前虽然有一段时间，但是在认为有紧急必要时，公平交易委员会可以向法院申请由法院对该违法行为发出紧急停止命令，以防止竞争秩序陷入难以恢复的状态。

1. 紧急停止命令包括如下要件：（1）有紧急必要；（2）存在违反《反垄断法》实体规定（第 3 条、第 6 条、第 8 条、第 9 条第 1 款或第 2 款、第 10 条第 1 款、第 11 条第 1 款、第 13 条、第 14 条、第 15 条第 1 款、第 15 条之 2 第 1 款、第 15 条之 3 第 1 款、第 16 条第 1 款、第 17 条或者第 19 条）的疑似违法行为。

2. “有紧急必要”，是指在公平交易委员会作出排除措施命令之前为防止竞争秩序受到侵害、竞争秩序陷入难以恢复的状态而有必要发出紧急停止命令的情形。

3. 紧急停止命令的内容是对相关违法行为、表决权的行使或公司董事的业务执行的临时停止，以及对该命令的取消或变更。

在“大阪读卖新闻社案”（案例 157）中，在采取责令广泛告知停止违法行为措施之前，就要求“被申请人应及时采取适当措施广泛告知前项内容”。

4. 紧急停止命令是在下达排除措施命令的前一阶段采取的临时措施，其判决是根据《非诉讼案件程序法》以不公开、非对审的方式进行的。

案例 156　千叶新闻案

（东京高决昭和 30・4・6 审决集第 7 卷第 163 页、高裁民集第 8 卷第 2 号第 177 页［27486733］）

1. 案情概要

参考案例 70。

2. 案件焦点

是否构成“认为有紧急必要” 的情形。

3. 法院的判断

本案判决指出，“本案中，如果实施前述附加排他性交易条件以及拒绝购买千叶新闻的行为，千叶新闻社将可能失去大部分报纸读者，并可能被排除在千叶县报纸销售市场之外。而一旦失去客户，其不仅是丧失客户，还可能永久地废止营业等，造成千叶县报纸销售市场公平竞争受阻的后果。如按照通常程序通过命令排除措施的审决进行应对，可能导致前述被侵害的法益无法得到恢复。”

4. 注意事项

本案是首个在报纸销售市场认定竞争秩序难以恢复的案件。

案例 157　大阪读卖新闻社案

（东京高决昭和 30・11・5 判时第 65 号第 3 页［27486735］）

1. 案情概要

大阪新闻社为获得客户计划对继续订阅报纸的读者开展包含现金在内总额为 2 亿日元的抽奖活动的行为被认定构成不公平的交易方法，并对其作出紧急停止命令。

2. 案件焦点

是否构成“认为有紧急必要”的情形。

3. 法院的判断

“根据申请人提交的审判开始决定书可以知道公平交易委员会已经决定对被申请人的前述行为开始审判。众所周知，审判需相当长的时间，但是鉴于被申请人发布抽奖活动以来读者接连停止购买其竞争对手的报纸并成为被申请人的读者的状况，从性质上可以明显看出如果这一事态持续，将会给其他竞争对手带来严重的打击，且难以确保有得以与这一趋势进行有效对抗的策略回应，这将使终于得以确立的报纸界的正常的商业惯例再次面临崩溃、公平竞争秩序濒临毁灭，因此具有在作出前述审决前采取临时措施的紧急必要。尽管被申请人以距抽奖活动开始的明年4月还有一段时日为由对紧急必要进行了否认，但是本次抽奖活动将在开始抽奖前持续引诱竞争对手的客户并持续对其产生约束，姑且不说抽奖活动是安排在日期无法确定的无期限的将来的情形，在抽奖活动可以预期将在不久将来的某一具体时间开展的情形下，因会对读者带来较大的影响而无法否定本案的紧急性。”

4. 注意事项

本案是认为报纸销售市场的竞争秩序难以恢复的案例。判决对以抽奖等形式接连获取客户的行为及经营上的打击的认定等都是很好的参考。

案例158　中部读卖新闻社案

（东京高决昭和50·4·30审决集第22卷第301页、高裁民集第28卷第2号第174页［27486753］）

1. 案情概要

参考案例52。

2. 案件焦点

是否构成“认为有紧急必要”的情形。

3. 法院的判断

本案判决指出“被申请人在发行中部读卖新闻后，在后东海三县拥有竞争关系的中日、朝日、每日及其他地方报纸的客户陆续停止订购报纸，并接连开始订购中部读卖新闻。如果在申请人收到审决下达的排除措施命令前放任这一事态的继续，其他竞争对手势必将采取各种手段与此进行对抗，这将导致该地区报纸销售的公平竞争秩序受到影响，甚至造成难以恢复的后果。因此，被申请人的前述行为具有需立即停止的紧急必要性。”

4. 注意事项

本案是认为报纸销售市场的竞争秩序难以恢复的案例。应当留意的是，本案根据竞争对手之间相互采取对抗手段而认定该地区报纸销售的公平竞争秩序受到影响。

第 70 条之 5【因存管豁免执行紧急停止命令】（略）

第 70 条之 6【应送达的文件】（略）

第 70 条之 7【文件的送达】（略）

第 70 条之 8【公示送达】（略）

第 70 条之 9【电子信息处理组织的处分通知】（略）

第 70 条之 10【政令委任】（略）

第 70 条之 11【行政程序法的适用除外】（略）

第 70 条之 12【行政不服审查法的适用除外】（略）

第 3 节　杂则

第 71 条【特定经营领域不公平的交易方法的指定程序】（略）

第 72 条【不公平的交易方法指定的告示】（略）

第 73 条　删除（2013 年 12 月法律第 100 号）

第 74 条【告发、不起诉处分的报告】

概　要

本条规定了告发的原则，公平交易委员会通过调查确认行为违法时应当向总检察长告发，总检察长对于公平交易委员会告发的案件决定不提起公诉时，应当向内阁总理大臣报告等。

1. 专属告发

第 1 款和第 2 款规定公平交易委员会应当对《反垄断法》犯罪行为进行告发。其中，基于对作为《反垄断法》专门机构的公平交易委员会专业性的尊重，第 96 条第 1 款规定第 89 条至第 91 条规定的罪行应当以公平交易委员会的告发为诉讼条件，如果没有公平交易委员会的告发，检察官不得起诉，因此，这也被称为“公平交易委员会的专属告发”。本条第 1 款和第 2 款规定中使用了“应……告发”的表述，但二者均非义务规定，而被认为属于训示规定，其并不表示应当对所有违反《反垄断法》规定的犯罪行为都进行告发，而只是应当对应追究刑事责任的犯罪行为进行告发。对《反垄断法》违法案件是采取行政处分还是进行告发，由在经济构造以及企业行动方面具有专业知识的公平交易委员会进行判断较为合适，无论是判例还是普遍说法都认为公平交易委员会具有对是否进行告发的自由裁量权（参考案例 159）。

2. 向内阁总理大臣报告

本条第 3 款设置了对公平交易委员会提出的告发不予起诉的情形下，总检察长应通过法务大臣以文书形式向内阁总理大臣报告的特别规则。本款规定是基于尊重《反垄断法》专门执法机构公平交易委员会的判断这一宗旨而设置的，以文书形式向总理大臣报告，可以达到抑制检察官主观随意性的效果，在不起诉的情况下也不得向检察审查会申请审查（《检察审查会法》第 30 条）。

3. 公平交易委员会的告发标准

公平交易委员会在 1990 年 6 月明确了告发标准的方针，即，对（1）被认为会对国民生活造成广泛影响的恶性重大案件，（2）反复实施违法行为的经营者或行业、不服从排除措施的经营者等、依靠行政处分无法达到《反垄断法》目的的案件，应积极进行要求采取刑事处罚的告发。从历史来看，日美结构性障碍协议（Structural Impediments Initiative，SII）中约束了对《反垄断法》及其运用的强化，并在该协议最终报告中明确记载“今后将有效运用刑事处罚”，基于此，公平交易委员会发布了该标准，明确了对相关案件将积极进行告发的方针，但是在此之后，该告发标准被下文的指南所取代（何种案件可以被称为“恶性重大案件”，请具体参照案例 159 以及案例 160）。

4.《告发违法调查指南》的公布

公平交易委员会在 2005 年 10 月发布了关于告发以及违法案件调查的方针《告发违法调查指南》。该指南在 2009 年 10 月 23 日、2020 年 12 月 16 日进行了部分修订，其内容具体如下。

《告发违法调查指南》

1. 关于告发的方针

(1) 公平交易委员会对于

①在一定的交易领域实质性限制竞争的价格卡特尔、限制供应量卡特尔、划分市场协议、串通投标、共同抵制、私人垄断及其他违法行为，被认为会对国民生活造成广泛影响的恶性重大案件；

②反复实施违法行为的经营者或行业、不服从排除措施的经营者等实施违法行为中，被认为依靠公平交易委员会的行政处分无法达到《反垄断法》目的的案件。

应积极进行要求采取刑事处罚的告发。

(2) 但是

①在调查开始前单独且最早提交课征金免除相关事实报告及资料的经营者［是指根据《反垄断法》第 7 条之 4 第 1 款的规定提交事实报告及资料的经营者。但是符合《反垄断法》第 7 条之 6 各项(第 3 项及第 7 项除外)(如果该经营者报告的事实或提交的资料中包含虚假的内容、被要求追加事实报告或资料提交而未提交或提交虚假的事实报告或资料的、强迫其他经营者实施违法行为或妨碍其他经营者停止实施违法行为的、妨碍其他经营者提交事实报告或资料或者申请《反垄断法》第 7 条之 5 第 1 款的协议的或者向第三人表明其已提交事实报告或资料的) 中任一情形的经营者除外］。

②在调查开始前与其他经营者共同最早提交课征金免除相关事实报告及资料的经营者［是指根据《反垄断法》第 7 条之 4 第 4 款以及同条第 1 款的规定提交事实报告及资料的经营者。但是符合《反垄断法》第 7 条之 6 各项（同条第 3 项及第 7 项除外）（如果该经营者报告的事实或提交的资料中包含虚假的内容、被要求追加事实报告或资料提交而未提交或提交虚假的事实报告或资料的、强迫其他经营者实施违法行为或妨碍其他经营

者停止实施违法行为的、妨碍其他经营者提交事实报告或资料或者申请《反垄断法》第 7 条之 5 第 1 款的协议的或者向第三人表明其已提交事实报告或资料的）中任一情形的经营者及与该经营者共同提交事实报告及资料的经营者除外］。

③符合前述①和②的经营者中实施《反垄断法》相关违法行为的董事、员工等，就该经营者向公平交易委员会提交的事实报告或资料以及之后对公平交易委员会调查的应对等，被认为应当对其作出与该经营者同等评价的。

不予告发。

2. 违法案件的调查（略）

3. 告发问题协议会

为确保告发的顺利有效进行，应当与检察当局召开检察当局方面由最高检察厅财政经济检察官职位以下的检察官、公平交易委员会方面由犯罪审查部长职位以下的负责长官组成的"告发问题协议会"，就相关案件的具体问题点等进行意见和信息的交换。

案例 159　保鲜膜价格卡特尔刑事案件

（东京高判平成 5・5・21 高裁刑集第 46 卷第 2 号第 108 页［27815703］）

1. 案情概要

在商用保鲜膜市场占据 98% 市场份额的三井东压化学等 8 家公司达成共同提高商用保鲜膜销售价格的协议，并决定自 1990 年 9 月 1 日起出厂的标准品以每根涨价 150 日元后的价格作为所有产品的销售价格，此外，自同年 11 月 1 日起出厂的标准品以每根涨价 250 日元后的价格作为所有产品的销售价格。

法院对被告 8 家公司作出了罚款（600 万日元至 800 万日元），并对被告个人作出了有期徒刑（6 个月至 1 年）缓期 2 年执行的有罪判决。

2. 案件焦点

本案告发是否偏离裁量权构成违法。

本案是否构成告发标准所规定的“恶性重大案件”。

3. 法院的判断

（1）“公平交易委员会作为我国唯一的《反垄断法》执法机构，拥有对《反垄断法》违法行为进行单独调查和制裁的权限，在行为被认为违反《反垄断法》的情形下，拥有对其开展调查并根据该违法行为对国民经济带来的影响等决定对其不予处罚或者对其采取行政措施，甚至为申请刑事处罚而对其进行告发的裁量权。如前所述，公平交易委员会作为我国唯一的《反垄断法》执法机构，应当广泛考虑对国民经济带来的影响及其他情形，决定对《反垄断法》违法行为应采取的措施，而在认为反垄断违法行为构成犯罪时又负有告发义务，特别是对于违反《反垄断法》第 89 条至第 91 条的行为，即便从以公平交易委员会的告发作为诉讼条件的规定来看，且不说极其例外的情形，在一般情形下应当认为公平交易委员会进行的告发是有效的，且不存在偏离裁量权的违法告发。”

（2）“本案告发……参照公平交易委员会的告发标准也可以认为是具有充分理由的。

①本案商用保鲜膜在日本的超市、便利店等零售店中广泛用于各类生鲜食品的包装，是与消费者生活密切相关的商品，其市场为全国市场，在 1990 年的年销售额超过了 300 亿日元，并且，本案联合涨价协议是由占据市场份额约 98% 的被告 8 家公司共同达成并实施的，对国民生活带来的影响不可小觑。

②为防止各公司因协议发生纠纷，本案联合涨价协议包含剥夺相关公

司商业权利在内的各项决定权内容，要求相关公司无条件服从该协议并设置裁定者团等。此外，本案联合涨价协议还是通过包含与全国分部会、事务联系委员会进行商议等细密且周到的准备和协商，在充分确认相互意思后而形成的具有较高相互约束力的卡特尔。

③本案联合涨价协议充分认识到其违反《反垄断法》的规定，对协议期间资料的销毁等、公平交易委员会的应对问题也进行了商讨。

④本案联合涨价协议是在公平交易委员会 1990 年 6 月 20 日公布今后对《反垄断法》违法案件进行积极告发的告发方针后达成并实施的，且在仅仅数月的时间内就达成了 2 次协议（本案辩护律师主张，本案第一次联合涨价协议是在公平交易委员会发布告发方针的 6 月 20 日之前达成的，且在公平交易委员会发布告发方针时被告人对该方针还未形成认识，但本案认定第一次联合涨价协议是在公平交易委员会告发方针发布后达成的。即便如辩护律师所主张的本案第一次联合涨价协议是在公平交易委员会发布告发方针之前达成的且被告人在方针发布当时对该方针还未形成认识，被告人在其后也没有毁弃该协议，并依旧督促分店等的营业人员实施本案第一次联合涨价协议，甚至在其后达成并实施本案第二次联合涨价协议。因此，无论是从本案告发的有效性判断，还是从被告公司以及被告人的犯罪情形判断，都无法认同辩护律师提出的有关本案第一次联合涨价协议达成时点的主张）。

⑤被告公司中的多数都有过违反《反垄断法》的记录。

综合判断上述本案各联合涨价协议的成立原委及成立状况，即便考虑辩护律师所主张的各项事由，也无法认定本案告发违反前述告发标准，应当认定公平交易委员会的本案告发具有充足的理由。”

（3）“依据相关证据，特别是从最近我国经济在世界经济中的地位来看，我国当前重要的政策课题是在确保消费者利益的同时，开辟国际市场，促进我国经济的健康发展，促进自由竞争，维护今后我国的市场经济秩序。积极提出刑事处罚申请的告发方针的公布被视为是公平交易委员会探讨的各项政策中的重要一环，从要求《反垄断法》严格执法的当前形势来看，被告人以仅限于对相当于石油卡特尔案件的案件进行告发以及在过去 17 年里未有过告发案件为由认为本案告发存在不当的主张不能被得到认同。而对于辩护律师所提出的与水泥卡特尔案、印刷油墨卡特尔案进行对比的主张，如前所述，拥有裁量权的公平交易委员会是在综合考虑本案卡特尔的规模、案件发生的时期及方式、被揭发前后相关人员的应对、收集证据的内容、对国民生活的影响程度等当时的诸多要素后得出了与水泥卡特尔案、印刷油墨卡特尔案不同的结论，不能认为这是公平交易委员会偏离其裁量权的范围而作出的肆意的带有差别性的结论，不能认为本案告发无效。

因此，辩护律师对此的主张中，无论是有关被告人以及被告公司的具体情形的主张，还是驳回本案公诉的主张，都无法采用。”

（4）“不仅要谴责被告人无视《反垄断法》存在的行业特质……被告公司员工……甚至作出了合唱模仿广告歌曲而制作的名为《能否越过公平交易委员会加油干呢》的歌曲等不端行为，这些都揭示了被告人对《反垄断法》的认识及态度，应当进行强烈谴责。”

4. 注意事项

本案判决以“对于违反《反垄断法》第 89 条至第 91 条的行为，即便从以公平交易委员会的告发作为诉讼条件的规定来看，且不说极其例外的情形，一般认为公平交易委员会的告发是有效的”为由，在认可公平交易委员会广泛的裁量的同时，指出了构成告发标准中“恶性重大案件”的具体事实，是实务中的重要参考案例。

案例 160　标签串通投标刑事案

（东京高判平成 5・12・14 高裁刑集第 46 卷第 3 号第 322 页［27817495］）

1. 案情概要

参考案例 36。

2. 案件焦点

本案是否构成告发标准所规定的“恶性重大案件”。

3. 法院的判断

（1）“《反垄断法》以‘促进公平自由竞争’‘促进国民经济民主健康发展’为目的，是为维护和促进国内自由经济秩序而制定的有关经济活动的基本法律。在国内外强烈呼吁遵守前述理念的当前社会经济形势下，该法应得到从事经济活动的相关人员的共同遵守。而以我国印刷行业大型龙头企业的大日本印刷为代表的、在商业领域占据主导地位的其他 3 家被告公司，具有更高的责任尊重前述理念、率先实现对自由竞争经济秩序的维护和促进。

然而，印刷领域串通投标的特质向来明显，在经营者之间以合作为名义广泛进行着回避自由竞争的串通投标。在本次社会保险厅开展的有关本案标签的招标过程中，被指名参与投标的 3 家被告公司以及替代被指名公司 BF 参与投标的日立信息，就放弃了前述的社会责任，为确保各被告公司的营业额、追求利益，通过各种巧妙的计划安排最终实施了本案违法行为，令人倍感遗憾，本案的犯罪行为可以说恶性且重大。”

（2）“如进一步对案情进行分析可以发现，各被告公司员工在小林记录纸 H 的指示下对每次的投标价格以及每次的降价幅度都进行了详细的协商。由于社会保险厅会要求提交作为预定中标价格参考的有关卷材标签的印刷、加工费用等的参考报价单，为在投标时以高价中标、获得高额利润，各被告公司员工在 H 的主导下提交了远高于市场价格的报价单，致使社会保险厅过高估算了预定中标价格；在投标时，各被告公司员工开始先以远高于预想的预定中标价格投标，此后再逐步降低价格，以尽可能以接近预定中标价格的价格中标、获得最大限度的利益；在接近预定中标价格之前，由预定中标人以外的公司以最低价格投标，以防止串通投标暴露等。

1990 年 6 月公平交易委员会公布了积极对《反垄断法》违法事实要求刑事处罚的告发方针；1991 年 7 月和 11 月公平交易委员会对大日本印刷等展开了现场调查；11 月上旬，报纸报道了公平交易委员会对商用保鲜膜价格协议案做出刑事告发的新闻；1992 年 4 月 21 日公平交易委员会依据《反垄断法》第 48 条第 2 款对高速公路磁卡通用券等印刷品订购投标作出了劝告，并被报道在第二天的报纸上。上述都给予了当事人对串通投标的违法性进行再认识以及停止串通投标的机会，但是当事人对此却未进行任何反省和自诫，而仅仅因担心为分配利益而实施的'疏通'行为会变成行为暴露的把柄而停止了该行为，但仍旧继续实施串通投标并最终形成本案犯罪行为。

因上述串通投标的实施，本案标签招标项目的中标人，除投标负责人出现差错的 1 次投标（1992 年 5 月 1 日进行的 A 类和 C 类投标）外，其余均是以达到预定中标价格 99% 以上的高价中标的，据此获得的不正当利益也在相关公司之间进行了分配。不得不说，本案串通投标的形式非常巧妙且性质恶劣。

上述串通投标的结果与基于合理的预定中标价格进行自由竞争投标的情形相比较，4 家被告公司仅在 1992 年度就给社会保险厅甚至国民带来了约 4 亿 2000 万日元（尽管对一张标签的合理价格问题产生过争议，但是根据相关证据……本案一张标签的合理价格应认定为 7 日元左右，损害额正是依此计算的）的巨额损失，而之前年度甚至更高。由此也可以认为，本案罪行应受到强烈的社会谴责。

此外，从各被告公司均曾多次实施类似违法行为的事实来看：TOPPAN

MOORE（包含商号变更前行为，以下各公司相同）1次违反《反垄断法》，以该公司作为成员组成的经营者团体2次违反《反垄断法》；大日本印刷3次违反《反垄断法》，以该公司作为成员组成的经营者团体2次违反《反垄断法》；小林记录纸H1次违反《反垄断法》，以该公司作为成员组成的经营者团体2次违反《反垄断法》；以日立信息作为成员组成的经营者团体2次违反《反垄断法》。”

4. 注意事项

本案中，各被告公司为确保营业额、追求利益，通过各种巧妙的安排实施了串通投标行为。本案构成告发标准所规定的“恶性重大案件”。本案判决列出了其判断时考虑的事实，具体参考“案例159”。

5. 告发与课征金减免制度的关系

《告发违法调查指南》1（2）中指出，对于在调查开始前最早提交课征金免除相关的事实报告及资料的经营者及其董事、员工等不进行告发。依照公平交易委员会被赋予的专属告发权（第96条）来看，公平交易委员会对此方针的公布意味着对于第一个提供信息的经营者等给予了免除刑事责任的法律保障，以此确保2005年修订并新增的课征金减免制度作用的顺利发挥。

6. 告发问题协议会

《告发违法调查指南》3中规定，在告发时应当召开由公平交易委员会负责长官和检察当局检察官组成的“告发问题协议会”。对于是否进行告发的问题，虽说由公平交易委员会进行判断，但事实上，为了确保与检察厅相互协调并进行顺利且合理的处理，对不同案件都会召开该协议会，就与案件相关的具体问题点等进行意见或信息的交换，并当场决定是否进行告发。

专栏

7

告发标准的诞生秘闻

1．告发标准制定的契机

在1990年的日美结构性障碍协议中，美国对日本指出“对《反垄断法》违法行为几乎没有进行刑事告发。应当采取更加积极的应对”。基于此，1990年4月，公平交易委员会、法务省刑事局及东京高检共同设置了“关于违反《反垄断法》行为刑事处罚有效运用的联络协议会”，开始了告发标准的制定工作。参与者有来自法务省的松尾刑事课长（后任总检察长）、来自东京高检的东条检察官（后任大阪高检检察长）以及来自公平交易委员会的本人（时任审查部首席课长）。

经过商议，1990年10月明确了（1）价格卡特尔、串通投标等对国民经济造成广泛影响的恶性重大案件，以及反复实施违法行为、仅通过行政处分无法实现《反垄断法》目的的案件进行积极告发的方针；（2）依各案与检察当局设置“告发问题协议会”商议可否告发等事宜。该“告发问题协议会”是以国税当局与检察当局商议能否就逃税案件进行刑事告发的“告发与否勘察协议会”为模型而设立的。

2．16年未进行刑事告发的原因

美国指出了自1974年“石油黑市卡特尔案”至1990年的16年，公平交易委员会几乎没有进行过刑事告发的事实。公平交易委员会为何没有（不能）进行刑事告发，这其实是因公平交易委员会在“石油黑市卡特尔案”中的行为激怒了检察厅所致的。

原总检察长伊藤荣树所著的《秋霜烈日》(朝日新闻社)就是对此的证明。从该书中的下述内容（第163~164页）可以探知当时的情形。

“在我担任东京地检副检察长的1974年，由于刚过完年，在正要着手早已计划开始审理的案件的2月19日，在事前没有进行商谈的情况下，公平交易委员会的人到最高检察厅向总检察长提交了告发状。其内容是有关石油联盟实施的‘生产调整’、12家石油总经销商实施的‘价格协同’等的‘石油黑市卡特尔’的《反垄断法》违法告发。

该告发案件，被移交给《反垄断法》违法案件一审管辖法院对应的东京高检，该高检又委托东京地检负责搜查。因为是公平交易委员会提出的告发案件，所以当时必须优先于其他所有案件着手搜查。

但是，由于告发内容中事实认定部分较为粗糙，且在事前未和检察部门进行过商谈，材料中一个可以作为刑事案件使用的证据都没有。直率地说，都是一些不得不对公平交易委员会的实力产生怀疑的糟糕材料。因此，只能从零开始重新确认证据。

而比较稳妥的做法，在价格协同等问题上，就是从石油总经销商的加油站等销售终端的实际情形开始一点点收集证据。然而，仅这一点，当时就必须对1.2万多个站点进行搜查。这个数字几乎相当于检察厅职员的总数，可以说几乎是不可能完成的任务。

因此，虽然说是‘邪门歪道’，最终采取了突然要求12家公司分别派2名领导过来、以检察长1对1的方式一气让其‘投降’的方法。或许是出于对特搜部这一名字的敬畏，很幸运，该方法最终成功了。此后，搜查也得以顺利推进，东京高检也最终于5月28日成功向东京高院提起了诉讼。”

3. 检察当局的“愤怒”及误会

如上，当时激怒检察当局的原因有两个。其一，公平交易委员会是在事前未和检察部门商谈的情形下进行的告发；其二，公平交易委员会的事实认定较为粗糙。但是，暂且不说“其一”，就“其二”的内容有必要做下解释。对于“石油黑市卡特尔案”的证据，公平交易委员会是根据《反垄断法》第47条第1款（行政调查权限）的规定进行现场调查和听取供述的。但是，该条第4款中规定“不得将第1款规定的处分权限解释为违法搜查的权限”，公平交易委员会所收集的证据不能作为刑事判决的证据使用。因此，要进行刑事处罚，当然得“从零开始重新确认证据”。当时，对于相关批评，公平交易委员会也只能接受“冤枉”。

另外，伊藤先生指出要固定价格协同的证据必须从对1.2万多个站点进行搜查开始。对石油总经销商价格协同的举证完全没有对1.2万个加油站进行调查的必要，因此，这只能说明检察当局当时还没有充分理解何为“价格协同”。

4．如进行事前商谈能否成功告发？

在进行刑事告发时并不要求公平交易委员会必须在事前与检察当局进行商谈，因此，当时公平交易委员会的行为在法律上不存在问题。当时，即便公平交易委员会与检察当局进行了事前商谈，对于前述“没有充分理解”的检察当局而言受理此案的可能性也很低。从这一意义上可以说，对石油总经销商成功追究刑事责任的最大原因在于公平交易委员会激怒检察当局的行为。

5．《秋霜烈日》的功绩

16年处于“冷战状态”的公平交易委员会与检察当局共同制定告发标准，并在其后开始以约每2年1件的比例进行刑事告发，创造该契机的应该说是美国。如果没有该国指出前文中的问题，公平交易委员会与检察当局之间的“冷战状态”或许还将持续。从本人在日美结构性障碍协议上与美方的交涉经验来看，可以推测，美国或许通过调查发现了伊藤先生所著的《秋霜烈日》才指出上述问题。因此可以认为，该书对告发标准的制定发挥了重要作用。

（铃木　满）

第 75 条【参考人及鉴定人的差旅费、津贴】（略）

第 76 条【委员会的规则制定权】（略）

第9章

诉　讼

第77条【与排除措施命令等相关的抗告诉讼的被告】

概 要

本条就与公平交易委员会作出的排除措施命令等（排除措施命令、课征金缴纳命令、竞争恢复措施命令以及依据第8章第2节的决定，第76条第2款）相关的抗告诉讼的适格被告，规定了《行政诉讼法》的特殊规则，即为确保公平交易委员会职权行使的独立性，规定被告为公平交易委员会。

1. 抗告诉讼的适格被告

2004年修订的《行政诉讼法》中规定抗告诉讼的适格被告为“作出该处分或判决的行政机构所属的国家以及公共团体”。因此，与隶属于国家的行政机构公平交易委员会作出的处分相关的抗告诉讼的适格被告，在未设置特殊规则的情形下，就应当是“国家”，而根据《有关在涉及国家利害关系的诉讼中法务大臣的权限等的法律》（1947年法律第194号）第1条的规定，诉讼相关的行为均由法务大臣代表国家行使。而《反垄断法》在2005年的修订中设置了关于适格被告的特殊规则，从公平交易委员会职权行使的独立性观点出发，作为《行政诉讼法》的特殊规则，规定公平交易委员会是与公平交易委员会审决相关的抗告诉讼的被告。

2.2013年法律修订后有关排除措施命令等的抗告诉讼的适格被告

在2013年《反垄断法》修订中废止了审判制度，有关审决的抗告诉讼不复存在，如对排除措施命令等不服，无须再通过公平交易委员会的审决程序就可以直接向法院提起抗告诉讼。与旧法第78条相同，本条设置了有关排除措施命令的抗告诉讼的特殊规则。

在《国家行政组织法》上，公平交易委员会依据《内阁府设置法》第49条第3款的规定设立，且作为行政委员会行使职权的独立性也受到保障。在《反垄断法》上，根据该法第27条的规定，其在隶属于内阁总理大臣管辖的基础上，以实现《反垄断法》的目的为职责在职权行使上被赋予独立性（第28条）。根据本条规定，对公平交易委员会作出的处分中有关排除措施命令等的抗告诉讼设置了公平交易委员会作为被告的特殊规则，是为确保公平交易委员会职权行使的独立性而设置的规定。对于有关排除措施命令等的抗告诉讼，除本条规定外，还在第88条中规定“不适用根据《有关在涉及国家利害关系的诉讼中法务大臣的权限等的法律》第6条的规定”，确保了公平交易委员会可以不受法务大臣的指挥、基于其自主的判断应对诉讼。

此外，正如本条以及第88条中明确作出的表述，即便属于与公平交易委员会相关的诉讼，如果是有关排除措施命令等抗告诉讼以外的抗告诉讼或者关于公平交易委员会管理或监督事项的国家赔偿诉讼等，则不适用本条及第88条的规定，原则上以国家为被告，且在应诉过程中需要接受法务大臣的指挥。这一点应引起注意。

3.2013 年法律修订废止审判制度的原委

（1）2005 年法律修订前的事前审判制度

1947 年《反垄断法》制定后至 2005 年，如对象当事人不服，作为其事前程序，应在完成审判程序的基础上作出排除措施命令或课征金缴纳命令的审决。

（2）2005 年法律修订后至 2013 年法律修订期间的事后审判制度

2005 年法律修订后至 2013 年法律修订期间采取的制度是，先对相关行为作出排除措施命令或课征金缴纳命令的处分，如处分对象对此不服，再进行作为处分事后检查的审判程序，作出裁决命令适当与否的审决（旧法第 66 条）。对排除措施命令等不服的当事人，在审决作出之前都不得接受法院的裁判（旧法第 77 条第 3 款）。

（3）2013 年法律修订废止审判制度

2013 年的法律修订废止了审判制度。据此，其后对排除措施命令等不服的当事人，可以不经审判请求而直接向东京地方法院提起抗告诉讼。在之前的审判取消诉讼中，采用的是尊重公平交易委员会在审决中的事实认定的实质证据法则（旧法第 80 条），并且规定不得提出在公平交易委员会审判程序中未提出的新证据（旧法第 81 条），然而，这些规定均被废止。对于排除措施命令等的抗告诉讼的审理，基本上与一般行政处分的抗告诉讼相同。但是，鉴于《反垄断法》违法案件的特殊性，也设置了相应的特殊规则。

4.2013 年法律修订后排除措施命令等的抗告诉讼审理的特殊规则

对于有关排除措施命令等的抗告诉讼的审理，鉴于《反垄断法》违法案件的特殊性，主要设置了如下特殊规则。而本条规定以外的特殊规则具体参照各条文中的说明。

（1）不得依据《行政不服审查法》进行不服申诉（第 70 条之 12）；

（2）抗告诉讼的被告不是国家而是公平交易委员会（本条），且应对诉讼无须受法务大臣的指挥（第 88 条）；

（3）一审由 3 名或 5 名法官组成合议庭进行，由东京地方法院进行专属管辖（第 85 条第 1 项、第 86 条），在东京高等法院进行的控诉审同样由 3 名或 5 名法官组成合议庭进行审理及裁判（第 87 条）。

5. 关于排除措施命令等的抗告诉讼审理的实务注意事项

（1）上诉期间

如对排除措施命令等不服，可以在知道该命令之日起 6 个月内或者作出该命令之日起 1 年以内提起抗告诉讼（《行政诉讼法》第 14 条第 1 款、第 2 款）。

而 2013 年修订前的《反垄断法》中规定，有关排除措施命令等的审判审决的取消诉讼的上诉期间为审决生效之日起 30 日内（旧法第 77 条）。

（2）适格原告

对于排除措施命令等的抗告诉讼的适格原告，由于《反垄断法》中没有设置特殊规则，依据《行政诉讼法》的规定进行认定，但是对于处分取消诉讼的适格原告，要求适格原告应当是对要求取消的处分"具有法律上利益的人"（《行政诉讼法》第 9 条）。将排除措施命令的对象认定为适格原告一般不存在异议，但是，对于命令对象以外的第三人能否被认定为适格原告的问题，判例中指出"规定该处分的行政法规，不限于将不特定多数人的具体利益吸纳至一般公共利益中，还应当对归属于个人的个别利益进行保护"，以此来判断拥有法律上利益的人，而《行政诉讼法》在 2005 年修订后逐渐扩大适格原告的范围，也出现了一些在反垄断领域备受关注的案件。

①"日本音乐著作权协会（JASRAC）案"（东京高判平成 25・11・1 审决集第 60 卷第 2 分册第 22 页、判タ第 1413 号第 106 页［28213984］）认定作为排他型私人垄断受害者的竞争经营者属于违法审决取消诉讼的适格原告。该判决指出："关于《反垄断法》排除措施命令的规定（该法第 7 条、第 49 条第 6 款、第 66 条）……在竞争经营者可能因违法行为受到营业上的直接损害且程度严重的情形下，应当认为，公平交易委员会通过对该违法行为作出排除措施命令或者认可排除措施的审决所保护的在公平且自由的竞争环境中开展经营活动的相关竞争经营者的利益，也包含了各竞争经营者的个别利益。"

此外，还有②一律否定普通消费者属于适格原告的"果汁标识案"（最三小判昭和 53・3・14 民集第 32 卷第 2 号第 221 页［27000252］），以及③对于因排除措施命令权益受到侵害的命令对象以外的第三人等，因认为“排除措施命令只是为实现该法所规定的目的的行政手段，并不具有直接左右对象行为等私法效果的效力”而认定排除措施所要求删除的违反《反垄断法》第6条规定的合同的相对方不属于适格原告的“天野制药·NOVO（国际协议）案”（东京高判昭和46·5·19审决集第17卷第297号、行裁例集第22卷第5号第761页[27200765]）。

进一步分析上述①中认为排除措施命令包含保护受害者的宗旨的判决观点，“作为个别利益保护”所解释的对象范围尽管今后有可能继续扩大，但是依据现行的《反垄断法》的表述实际上并不容易实现。

（3）新证据提出的限制以及实质证据法则的废止

正如前述3.（3）中介绍的，2013年《反垄断法》的修订废止了关于抗告诉讼中限制提出新证据的规定，修订前“关于在审判中认定事实的证据，仅限于在审判中公平交易委员会没有正当理由对该证据不予采用的情形，以及证据提交申请人对未能提交新证据不存在重大过失的情形”这一程序限制被废止，诉讼的双方当事人在抗告诉讼阶段均可以根据各自的主张自由地提出证据。此外，“法院对于审决的事实认定，不应从独自的立场重新认定，而应当对从审判中调查的证据判断该事实认定是否合理这一问题进行审查”的所谓实质证据法则（旧法第80条）也被废止，对法院的事实认定不再进行限制，而回归到一般的行政诉讼原则，采用依据理性良心自由判断言词辩论的主旨以及证据调查的结果的自由心证主义进行裁判。

（4）《行政诉讼法》第30条的适用

尽管2013年《反垄断法》的修订废止了审判制度，但是从2005年《反垄断法》修订后反对废止审判制度的立场来看，在规定取消裁量处分要件的《行政诉讼法》第30条（“对于行政机构通过裁量作出的处分，只有在其超过裁量权的范围或者存在滥用的情形下，法院才有权取消该处分”）的适用问题上，有观点指出，审判制度一旦被废止就无法对是否满足《反垄断法》违法要件进行正面讨论，从而给原告带来不利影响。[①]然而，法院一般在抗告诉讼中会对处分所依据的法律进行

① 白石忠志、多田敏明：《论点体系　反垄断法》，第一法规2014年版，第480页。

解释，并对证据事实依据进行认定，最终对处分是否存在违法性（包含《行政诉讼法》第30条适用在内）进行判断，因此，对于违法要件的满足（要件裁量）以及措施内容的选择（效果裁量），在处分机关是否有权裁量的问题上对《反垄断法》进行通盘讨论往往不切实际。例如，排除措施命令是从恢复竞争秩序以及防止违法行为再次发生的角度作出的，有判决指出对于是否应该作出命令以及在作出命令的具体情形下应作出何种内容的命令应当交由公平交易委员会裁量［邮政编码自动识别机案（最一小判平成19·4·19审决集第54卷第657页、判タ第1242号第114页［28131083］）（案例88）］；与此同时，课征金等则属于非裁量型的制度设计，裁量的范围依据处分的种类不同而不同。此外在《行政诉讼法》第30条的适用问题上，对于在何种情形下可以说裁量存在偏离或滥用的问题往往在分析的观点和方法上都有所差异，以往判决更多是依据“违反信义原则”“违反平等原则”“违反比例原则”等进行判断，但在2004年以充实强化司法审查为目的的《行政诉讼法》修订后，最高法院开始注重从考虑因素来审查行政机关作出相关裁量处分的判断过程的合理性，并在判决中指出“重视不应当被重视的考虑因素……另一方面，对于应当考虑的因素又未予充分考虑，结果导致从社会一般理念来看显著缺乏妥当性”的处分因裁量的偏离以及滥用而违法［吴市（广岛市教职员合作社）案（最三小判平成18·2·7民集第60卷第2号第401页［28110353］）］。这一判断标准在之后的实务中逐渐受到认可并确定下来。[①]在对排除措施命令等进行司法审查时，对于应当以何种形式适用《行政诉讼法》第30条的规定、公平交易委员会的裁量判断应当受到何种程度的尊重等问题，应当在各排除措施命令等的取消诉讼中依据案件的具体情形进行判断。

（5）诉讼的提起以及执行停止

对于停止执行的问题，通常适用行政诉讼的“不停止执行原则”，取消诉讼的提起不妨碍处分的效力、处分的执行以及程序的继续进行。因此，请求停止执行处分的原告，应当根据《行政诉讼法》第25条的规定申请停止执行。在满足具

① 对法院判决的展开进行详细讨论的论文有桥本博之的《行政裁量及判断过程统制》（载《法学研究》第81卷第12号，第507页）。

有防止重大损害的紧急必要等一定要件的情形下，停止执行的例外情形也被认可（《行政诉讼法》第 25 条）。

对于课征金缴纳命令，由于金钱赔偿对应的是可能的财产损害，一般认为其造成重大损害的可能性较低。

目前在反垄断领域鲜有被认定停止执行的案例，但在制度上，2013 年《反垄断法》的修订使得根据《行政诉讼法》第 25 条的规定申请停止执行成为可能，其今后的发展值得关注。

（6）裁判记录的查阅

2013 年《反垄断法》修订后，如提起有关排除措施命令以及课惩金缴纳命令的抗告诉讼，所提出的证据等成为诉讼证据，适用《民事诉讼法》第 91 条、第 92 条的规定。根据《民事诉讼法》第 91 条的规定，第三人可以对记录进行查阅或誊写。而在 2013 年《反垄断法》修订前的审判制度下，对于在审判程序中提出的证据等案件记录，虽然规定利害关系人可以申请查阅或誊写，但是在一定情形下公平交易委员会可予以拒绝（旧法第 70 条之 15）。在旧法第 70 条之 15 中明文规定了审判案件记录的查阅或誊写制度中对被审人以外的第三人的秘密的保护，而《民事诉讼法》第 92 条规定对于当事人保有的商业秘密，只有“该当事人”能够申请对查阅或誊写的限制，而第三人不可申请限制，这就使得对第三人的秘密保护存在问题。

第 78 条【以不正当目的提起诉讼的担保提供】

概 要

本条是有关停止请求诉讼中的担保提供命令的规定。

如停止请求诉讼是以不正当目的提起的，被当作被告的经营者等将因此受到不正当的利益侵害。鉴于此，出于防止滥用停止请求诉讼的目的设置了本条规定。

1. 沿革

本条与 2013 年《反垄断法》修订前第 83 条之 2 的内容相同，是为了防止停止请求的滥诉而在第 24 条中规定停止请求权的同时在 2000 年修订中新增的。

2. 关于“不正当目的”

本条第 2 款规定，被告要提起应当予以担保的申请，应当阐明该诉讼是以不正当目的（以获取不正当利益为目的、以损害他人为目的及其他不正当目的）提起的。如本案理由欠缺的事实明确，在一定程度上可以推定其存在“不正当目的”。

3. “相应的担保”的计算标准

本条规定，在停止请求诉讼的提起属于不正当诉讼构成不法行为的情形下，作为被告从原告取得的损害赔偿请求权的担保，在计算“相应的担保”的金额时，以被告因被起诉而遭受的损害为标准计算，同时考虑应诉所需费用以及因被起诉而受到的精神损害等，由法院进行裁量。

4.《民事诉讼法》规定的适用

根据《民事诉讼法》第 81 条的规定，本条的担保适用《民事诉讼法》第 75 条第 4 款（拒绝应诉）、第 5 款（担保的金额及期间）、第 7 款（即时抗告）以及第 76 条至第 80 条（担保提供的方法、被告对担保物的权利、不提供担保的后果、担保的取消或变更）的规定。

第 79 条【就停止请求诉讼向委员会发出的通知等】

概 要

对于第 24 条规定停止请求诉讼，在有效利用《反垄断法》专门机构公平交易委员会的知识和经验的同时，鉴于法院和公平交易委员会的判断可能龃龉不合，为确保《反垄断法》解释、适用的整体性而设置了本条规定。

1. 沿革

本条与2013年《反垄断法》修订前的第83条之3内容相同，是2000年修订时在第24条规定停止请求权的同时新增的。

2. 向公平交易委员会通知

本条第1款规定，如当事人提起停止请求诉讼，法院应当将其情况通知公平交易委员会。

3. 公平交易委员会的意见

本条第2款规定，如当事人提起停止请求诉讼，法院可以就该案相关的《反垄断法》适用及其他必要事项向公平交易委员会征求意见。本条第3款规定，公平交易委员会在获得法院的许可后可以向法院就本案相关的法律适用及其他必要事项陈述意见。

对于意见的内容，本条规定中使用了“就有关该案件的本法适用及其他必要事项”这一包含广泛事项的表述，与不公平的交易方法的要件相关的法律理论等《反垄断法》上要件的解释或适用、与事实相关的资料、与命令设计相关的资料等都可以提供。

4. 法院的许可

本条第3款从公益保护的角度规定公平交易委员会可以陈述意见，但是对于意见陈述的必要性和时期，由于其相当于负责审理该停止请求诉讼的法院的判断，有必要获得“法院许可”。此外，从《宪法》第76条第2款（行政机关不得作为终审裁判）的精神来看，法院并不受公平交易委员会的意见的约束。

第80条【资料的提交等】

概 要

为灵活运用第24条规定的停止请求诉讼制度并使其审理更为充实，本条规定了与法院资料提交命令相关的特别规则。

1. 沿革及制度的概要

在2009年《反垄断法》的修订中，关于第24条的停止请求诉讼新增了本条的资料提交命令以及保密命令制度（现行第81条至第83条）的内容。尽管条文的序号在2013年的修订中有所变化，但本条内容与2013年修订前的第83条之4内容相同。

本条第1款规定除非有拒绝提交资料的“正当理由”，法院可以责令当事人提交证明该侵害行为所必要的资料，第2款规定法院在认为有必要对是否存在拒绝提交的“正当理由”进行判断时可以要求资料持有者提交资料并规定了相应的暗室程序（In Camera程序），第3款规定法院在认为有必要对是否存在拒绝提交的“正当理由”进行判断时可以责令当事人及诉讼代理人等披露相关资料并向其听取意见。本条第1款至第3款规定的程序也适用于查证中的标的物的提交（第4款）。

资料提交命令与保密命令相关的各项命令（现行第80条至第83条）在《专利法》等与知识产权相关的法律中均有同样的规定（《专利法》第105条等），且内容基本相同。

2. 在停止请求诉讼程序中设置有关资料提交命令的特别规则的理由

《反垄断法》第24条的停止请求诉讼中，请求停止的受害者（原告）承担对存在侵害行为的事实进行证明的责任，但是有关侵害行为的证据多被侵害行为人（被告）持有，并且证明侵害行为的资料中还有不少可能涉及商业秘密（《反不正当竞争法》第2条第6款规定的商业秘密）。《民事诉讼法》中虽然规定了资料提交命令制度，但是如果相关资料中涉及与技术以及职业相关的秘密事项，资料持有者也有权拒绝提交（《民事诉讼法》第197条第1款第3项、第22条第4项③），停止请求人即便依据《民事诉讼法》的资料提交命令，往往也难以获得相关资料。因此，为应对证据分布的不均，以《专利法》上的资料提交命令为参考，本条设置了仅限于存在“正当理由”的情形下才可以拒绝提交资料等的特别规则。

3.“正当理由”的判断标准

资料的持有人承担对存在本条第1款但书中的“正当理由”的证明责任。而“正当理由”的判断标准则可以参考作出相同规定的《专利法》的解释以及判例，但是，对于《专利法》第105条第1款但书中的“正当理由”，有判例指出不能仅凭借属于商业秘密就认定其具有“正当理由”（东京高决平成9·5·20判时1601号第143页［28021137］）。在判断是否存在“正当理由”时，除判断相关资料是否属于商业秘密外，还应当考虑在其诉讼应对上的必要性，并通过比较衡量披露商业秘密可能给资料持有人带来的不利影响与不提交资料可能给诉讼当事人带来的不利影响进行判断。

4.与保密命令制度的关系

本条第2款规定了法院的暗室程序，第3款则是从保障申请人程序正当的角度规定法院为判断“正当理由”认为有听取意见的必要时，可以要求申请方当事人、诉讼代理人等披露文件。而本条出于保护商业秘密之目的，设置了保密命令制度（现第81条至第83条、第94条之3）。

5.本条第1款的申请程序等

《民事诉讼法》上的资料提交命令，命令的对象也包括第三人（《民事诉讼法》第223条第3款、第225条），而本条规定是对当事人提出的资料提交命令，命令的对象仅限于当事人。此外，本条资料提交命令的对象披露资料，仅限于证明“侵害行为”所必要的资料。

本条是作为《民事诉讼法》资料提交命令的特别规则而制定的，对于在本条中未作规定的资料提交命令的申请方式（《民事诉讼法》第221条）、资料的指定程序（《民事诉讼法》第222条）、部分甚至全部资料的提交命令（《民事诉讼法》第223条第1款）、即时抗告（《民事诉讼法》第223条第7款）、不服从资料提交命令的后果（《民事诉讼法》第224条），则适用《民事诉讼法》的规定。

第 81 条【保密命令】

概 要

本条对保密命令作出了规定，即为防止因披露给经营活动带来阻碍，在第 24 条规定的停止请求诉讼中，当事人或诉讼关系人等不得将商业秘密进行在应对相关诉讼以外的其他目的使用或披露。

1. 沿革及制度的概要

本条与 2013 年《反垄断法》修订前的第 83 条之 5 内容相同，是在 2009 年法律修订时与资料提交命令的特别规则（现第 80 条）一同新增的。

本条分别在第 1 款中规定了作出保密命令的实体要件、在第 2 款中规定了申请书的记载事项、在第 3 款中规定了作出命令的程序、在第 4 款中规定了命令的生效时间、在第 5 款中规定了即时抗告的内容。

2. 保密命令制度的目的

在停止请求诉讼中，资料提交命令（第 80 条）有可能导致包含商业秘密的资料被要求提交，设置确认是否存在拒绝资料提交的“正当理由”的暗室程序（同条第 2 款）又使得资料提交命令的申请人有机会接触到商业秘密（同条第 3 款），而原本停止请求诉讼中的诉讼活动就很可能涉及包含商业秘密的证据。因此，为防止停止请求诉讼的当事人泄露商业秘密，本条规定从便于在诉讼中将商业秘密作为证据使用的角度设置了保密命令制度。

无论是否是对资料提交命令的应对，保密命令制度缓和了当事人向法院提交包含商业秘密的资料的抵触情绪，使得停止请求诉讼能够被更为灵活、有效地被运用。

3. 商业秘密

保密命令的对象信息就是《反不正当竞争法》第 2 条第 6 款中所指的“商业秘密”，且必须满足秘密管理性、实用性以及非公知性的要件。

此外，保密命令的对象“商业秘密”还被要求记载在准备资料中且包含在证据内容中（第 1 款第 1 项）。

4. 申请的程序等

（1）申请人

能够申请保密命令的“当事人”仅限于商业秘密的持有人。

（2）命令对象

第 80 条第 3 款规定，保密命令的命令对象是指“当事人（法人的情形下为其代表人）、当事人的代理人（诉讼代理人及其助手除外）、使用人及其员工”。而诉讼中共同被告当事人等也是命令对象。

（3）必要性

商业秘密有可能因在相关诉讼外目的的使用或披露给当事人基于该商业秘密的经营活动造成阻碍，因此为防止上述情形的发生有必要对该商业秘密的使用或披露进行限制（第 1 款第 2 项）。

（4）除外事由的不存在

第 1 款但书中规定“在该申请之前，如当事人等、诉讼代理人或者助理通过第 1 项规定的准备资料的查阅或同项规定的证据调查或披露以外的方法取得或者持有该商业秘密的，不在此限”。

实际上，该要件可能存在问题的是命令作出后命令对象提出取消申请（第 82 条）的情形。

5. 刑事处罚

对于保密命令的命令对象违反该命令的行为，在双罚制下设置了刑事处罚（第 94 条之 3、第 95 条第 3 款）。

保密命令制度以保护商业秘密所有者的利益为目的，违反保密命令的罪行属于亲告罪。

6. 商业秘密以及诉讼记录的查阅限制申请

准备文件以及证据提交给法院，编缀成诉讼记录后，任何人都可以申请查阅诉讼记录（《民事诉讼法》第 91 条），因此，将包含商业秘密的准备文件以及证据提交给法院后，应立即申请查阅限制（《民事诉讼法》第 92 条第 1 款第 2 项）。如不申请查阅限制，则欠缺作出保密命令的要件。

在这一问题上，与本条内容相同的《专利法》第 105 条之 4 的取消保密命令的相关案例有“蓝色 LED 案”（大阪地决平成 20・12・25 判タ第 1287 号第 220 页［28150316］）。在该案中，包含保密命令的对象商业秘密的准备文件被提交给法院，并编缀成诉讼记录，置于可供不特定多数人查阅的状态。然而，至作出终审判决为止当事人一直未申请查阅限制，从而导致该秘密因管理性的缺失而欠缺作出保密命令的要件，最终被取消保密命令。

7. 临时处分程序中保密命令申请是否被允许

在与本条规定主旨相同的《专利法》第 105 条之 4 相关的临时处分案有许可了保密命令申请的“液晶显示器案”（最三小决平成 21・1・27 民集第 63 卷第 1 号第 271 页［28150209］）。

该案指出，在临时处分案件中认可保密命令的理由也存在于保密命令制度的制度宗旨（为了避免商业秘密所有者担心对方当事人将商业秘密在应诉目的以外的其他目的使用等而不将该商业秘密在诉讼中披露并因此导致无法进行充分的主张举证而设计的）之中，参照该理由，在有关《反垄断法》的停止请求临时处分案件中也应当许可保密命令申请。

第 82 条【保密命令的取消】

概 要

本条规定了保密命令取消的要件及程序。

1. 沿革及制度的概要

本条与 2013 年《反垄断法》修订前的第 83 条之 6 内容相同，与规定保密命令制度的第 81 条和第 83 条规定一起，是在 2009 年法律修订时新增的内容。为通过提高审理速度来确保效力的早期稳定，即便对作出的保密命令不服，也不得对作出的命令提出即时抗告。并且，保密命令的效力无期限限制。因此，如对作出的保密命令不服，或者在作出保密命令后商业秘密性丧失等情形发生变化的，命令对象可以根据本条规定申请取消命令。

2. 取消的申请

保密命令的申请人或者保密命令的对象应当向保存诉讼记录的法院申请。如果因超过诉讼记录 5 年的保管年限（《案件记录等保存规章》第 4 条）而导致没有保存记录的法院的，则可以向作出保密命令的法院申请（本条第 1 款）。

欠缺商业秘密性这一保密命令作出的要件、属于第 81 条第 1 款但书的除外事由、事后欠缺作出命令的要件等都可以作为申请的理由，由申请人予以释明。

3. 决定后的程序

无论是取消决定还是驳回决定，决定书都应当向申请人及对象当事人双方送达（本条第 2 款）。并且，在作出上述任一决定的情形下，都可以提起即时抗告（本条第 3 款）。

取消决定未经确定不发生效力（本条第 4 款）。

如保密命令的对象当事人中仅有部分当事人申请取消并最终取消有关该部分当事人的命令的，法院应立即将对该部分当事人取消保密命令的决定事宜通知其他对象当事人（本条第 5 款）。

第 83 条【查阅诉讼记录等请求的通知】

概 要

本条规定了在作出保密命令、决定限制诉讼记录的查阅等的诉讼中非保密命令对象的当事人申请对诉讼记录中记载秘密部分的查阅等的请求程序。

1. 沿革及制度的概要

本条与2013年《反垄断法》修订前的第83条之7内容相同，与同样规定保密命令制度的第81条和第82条规定一样，是在2009年法律修订时新增的内容。

本条规定，在由保密命令的命令对象以外的当事人提出诉讼记录查阅等申请的情形下，法院应立即通知申请诉讼记录查阅限制的当事人，同时在查阅请求提出之日起的2周内不得允许其查阅，以为查阅限制申请人判断是否申请对查阅请求者的保密命令提供一定的时间。

为防止因诉讼记录的查阅等泄露商业秘密，可以通过限制对诉讼记录的查阅（《民事诉讼法》第92条）来限制诉讼当事人以外的第三人的查阅。但是，该方法无法限制诉讼当事人的查阅。尽管为防止诉讼当事人的秘密泄露设置了保密命令制度，但是该保密命令也可能存在并非以全体诉讼当事人及其诉讼代理人为对象，而仅以部分当事人为对象的情形。在此情形下，可能存在非保密命令的命令对象当事人通过诉讼记录查阅等泄露秘密的可能性，因此设置了本条程序。

2. 通知的程序等

非保密命令的命令对象以当事人的身份申请对诉讼记录的涉密部分进行查阅等时，法院书记官应当立即将该请求事宜告知《民事诉讼法》上限制查阅等的申请人（本条第1款），在该请求提起之日起2周内（如在该期限内该查阅申请人被提出了保密命令申请，则是至该申请判决确定之日为止）不得允许该请求申请人对涉密部分的内容进行查阅等（本条第2款）。收到通知的《民事诉讼法》上的限制查阅等的申请人，如在上述2周内未以该查阅申请人为对象提出新的保密命令申请，可能因该查阅申请人的查阅等导致涉密部分的商业秘密性丧失。

此外，如果《民事诉讼法》上限制查阅等的申请人一致同意该查阅申请人对涉密部分的查阅等，则不适用本条第1款和第2款的规定（本条第3款）。

第 84 条【征求委员会关于损害额的意见】

概 要

本条规定，在依据第 24 条（停止请求权）的规定提起诉讼的情形下（第 1 款）以及依据第 25 条规定提出的损害赔偿请求在裁判过程中被主张抵销的情形下（第 2 款），法院可以向公平交易委员会征求关于《反垄断法》违法行为产生的损害额的意见，即关于损害、违法行为与损害之间的因果关系以及损害额的意见。

1. 任意征求意见制度

法院向公平交易委员会征求的意见，是关于《反垄断法》违法行为产生的损害额的意见，即关于损害、违法行为与损害之间的因果关系以及损害额的意见。在 2009 年《反垄断法》修订前征求意见被规定为义务，但 2009 年法律修订时将其变更为法院可以根据需要向公平交易委员会征求意见的任意征求意见制度。

但其不适用于依据《民法》第 709 条等的损害赔偿请求诉讼。

在损害额的认定上，1996 年《民事诉讼法》的修订中设置了如下规定“在认定损害发生的情形下，如果从损害性质证明其金额存在较大困难的，法院可以根据口头辩论的全部主旨以及证据调查的结果认定相应的损害额”（《民事诉讼法》第 248 条），以此减轻损害额的证明难度（甚至认可损害额的裁量认定）。该规定在实务中得到了较为活跃的运用。

2. 意见的处理

公平交易委员会的意见尽管受到法院的尊重，但是其只不过是法院在判断损害存在与否以及损害额时的一个参考，并不会对法院产生约束［东京煤油案（最一小判昭和 62・7・2 民集第 41 卷第 5 号第 785 页，审决集第 34 卷第 119 页［27800027］）（案例 140）］。

3. 研究会的研讨结果

公平交易委员会根据《反垄断法》损害赔偿制度研究会整理的研讨结果《关于反垄断法损害赔偿请求诉讼制度》（1990 年 6 月 25 日，公平交易委员会第 477 号第 81~84 页），明确了有效利用损害赔偿制度的方针，并在其中指出，根据本条规定向法院提出意见时，“在详细说明有关违法行为与损害之间的关联性或因果关系、损害额及其计算方法的同时，还应当尽可能详细地提供相关证明资料”。

对于《反垄断法》违法行为造成的损害的计算方法及作为其前提的相关违法行为与损害之间的关联性或因果关系，研究会受公平交易委员会的委托，将研讨结果整理为《基于反垄断法第 25 条的损害赔偿请求诉讼的损害额计算方法等》（载《Jurist》1991 年第 983 号，第 44~49 页）并发表。

第 84 条之 2【停止请求诉讼的管辖】

概 要

本条规定了依据第 24 条规定提起的停止请求诉讼的管辖特例。

1. 沿革及制度的概要

本条是《反垄断法》在 2000 年修订时新增的内容。本条第 1 款规定，停止请求诉讼除向《民事诉讼法》规定的有管辖权的地方法院提起外，也可以向该地方法院所在区域的高等法院管辖区域内的地方法院以及东京地方法院提起。

本条第 2 款规定，在一个诉讼中，除依据第 24 条的停止请求外，如果还同时提出其他请求（如依据《民法》第 709 条提出损害赔偿请求），也可以向本条第 1 款规定所认可的法院（高等法院管辖区域内的地方法院和东京地方法院）提起诉讼，并可以同时适用对合并请求问题作出规定的《民事诉讼法》第 7 条的规定。

2. 停止请求诉讼中管辖的特例（第 1 款）

依据第 24 条规定提起的停止请求诉讼通常为民事诉讼，可以依据《民事诉讼法》第 4 条（普通管辖地）以及第 5 条（特别管辖地）的规定向有管辖权的法院提起诉讼（停止请求诉讼是《民事诉讼法》第5条第9项规定的不法行为之诉，可以向对不法行为发生地有管辖权的法院提起诉讼），而本条第1款除认可上述依据《民事诉讼法》规定的管辖外，还认可了东京地方法院以及各高等法院管辖区域内的地方法院的任意管辖。

本条第1款中规定了管辖的特例，将停止请求诉讼集中于特定的法院，以期由具有专业知识和经验的法官进行专业、统一的判断。此外，由于同一《反垄断法》违法行为的受害者往往存在多个，在不同原告在多个地方法院提起停止请求诉讼的情形下，可以通过将案件移交至1个地方法院的方式进行统一审理。

另外，鉴于原告接受裁判的权利（《宪法》第32条）以及便于其应对诉讼，不设置特定地方法院的专属管辖，而在一般的管辖法院基础上增加了可供原告选择的任意管辖。

3.《民事诉讼法》第7条的合并请求中的特例适用（第2款）

《民事诉讼法》第7条规定，在一个诉讼中包含多个诉讼请求的情形下，如其中一个诉讼被认定属于该法第4条至第6条之2（《民事诉讼法》第6条第3款除外）规定下的管辖，即可以在该法院提起诉讼。

可以想象，停止请求一般会与对相关《反垄断法》违法行为产生损害的赔偿请求合并提出，对于此类合并请求，本款规定对于依据本条第1款的规定被赋予管辖权的法院也可以适用《民事诉讼法》第7条关于合并请求管辖的规定。

第84条之3【刑事诉讼的一审裁判权】

概 要

本条规定，与第89条（私人垄断、不正当限制交易、经营者团体实质性限制竞争之罪），第90条（违反国际协定等、经营者团体的禁止行为、确定排除措施命令及竞争恢复措施命令之罪）以及第91条（违反限制持有银行以及保险公司表决权等之罪）相关的刑事案件一审裁判权归地方法院所有。

1. 沿革及制度的概要

第 89 条至第 91 条的犯罪行为事关日本经济且尤为重要。从统一司法判断的宗旨出发，2005 年修订前的《反垄断法》规定与第 89 条至第 91 条的犯罪行为相关的诉讼由东京高等法院负责一审（2005 年修订前旧法第 85 条）并由东京高等法院 5 名法官组成特别合议庭进行审理（同旧法第 87 条）。但是，鉴于当年的修订设置了违法调查权，公平交易委员会的刑事告发变得日益积极，认为有必要对上述犯罪行为的被告的审级利益予以考虑，因此在 2015 年修订中删除了旧法第 85 条和旧法第 87 条的规定，通过新增本条规定的内容赋予全国的地方法院一审管辖权。如果没有本条的特别规定，对于第 95 条的双罚规定，由于其性质上仅涉及罚款，将导致一审变为简易法院（《裁判所法》第 24 条第 2 项、第 33 条第 1 款第 2 项），而通过本条的设置则进一步明确了地方法院拥有管辖权。本次修订，也使得地方检察机构可以从正面应对《反垄断法》的刑事案件（包含双罚规定）。

2. 合议庭的审理

根据本条修订，上述《反垄断法》违法案件由地方法院进行审理，但对于重大且复杂的案件等法院认为确实有必要的情形下，可以根据其判断将上述案件作为裁定合议案件由 3 名法官组成合议庭进行审理（《裁判所法》第 26 条第 2 款）。

第 84 条之 4【刑事诉讼的一审管辖】

概 要

本条规定，与第 89 条（私人垄断、不正当限制交易、经营者团体实质性限制竞争之罪），第 90 条（违反国际协定等、经营者团体的禁止行为、确定排除措施命令及竞争恢复措施命令之罪）以及第 91 条（违反限制持有银行以及保险公司表决权等之罪）相关的刑事案件，作为《刑事诉讼法》第 2 条中规定的犯罪地、被告人住所 / 居所或者现在所在地等的管辖法院在第 84 条之 2 第 1 款各项所列法院拥有管辖权的情形下，与第 84 条之 2 第 1 款有关停止请求诉讼的规定相同，该地方法院所在区域的高等法院管辖区域内的地方法院以及东京地方法院拥有管辖权。本条是 2005 年《反垄断法》修订时新增的内容。

第 89 条至第 91 条相关的犯罪行为，被告人数量众多且遍布全国各地，而违法行为人大多都在东京、大阪等大都市设有总店或分店等，从判断的统一性以及迅速处理的角度来看，认可多个法院的管辖权集中由一个法院进行审理具有一定的合理性。因此，本条规定对于与第 89 条至第 91 条相关的刑事诉讼，与作为第 24 条停止请求诉讼（民事）法院管辖特例的第 84 条之 2 的规定相同，追加认可了高等法院管辖区域内的地方法院以及东京地方法院的管辖，从而使得在上述法院进行集中、统一审理成为可能。

通过上述规定的设置，检察机关特别是地方检察机关能够更容易地对与第 89 条至第 91 条相关的《反垄断法》违法行为进行集中应对。

第 85 条【东京地方法院的专属管辖】

概 要

本条规定从确保法院对《反垄断法》违法案件判断的专业性和统一性的宗旨出发，规定一审管辖权归东京地方法院专属。

1. 沿革及制度的概要

本条规定是伴随 2013 年审判制度的废止而修订的。

本条第 1 项规定了与第 76 条第 2 款定义的公平交易委员会的排除措施命令等相关的抗告诉讼的管辖。第 76 条第 2 款定义的排除措施命令等，是作为行政机构的公平交易委员会为行使公权力而作出的。本条第 1 款所指的《行政诉讼法》第 3 条第 1 款中规定的抗告诉讼是指“对行政机构公权力的行使不服的诉讼”，包括取消处分诉讼、不作为的违法确认诉讼、附加义务诉讼、停止请求诉讼等。2013 年法律修订前的旧法第 85 条规定审判制度下有关审决的抗告诉讼一审由东京高等法院专属管辖，但本条第 1 款修改了该内容，规定与排除措施命令等相关的抗告诉讼的标的物管辖和地域管辖归东京地方法院专属。

本条第 2 项规定，东京地方法院还专属管辖其他相关的案件（紧急停止命令相关案件、排除措施命令罚款案件等）。

2. 标的物管辖的例外废止

标的物管辖讨论的是将简易法院、地方法院、家庭法院以及高等法院中的哪一个法院作为一审法院的问题。一般情形下，行政案件诉讼一审的标的物管辖归地方法院（《裁判所法》第 24 条第 1 项、第 33 条第 1 款第 1 项，《行政诉讼法》第 12 条、第 38 条第 1 款），本条规定也遵循了该原则。

2013 年修订前的《反垄断法》，规定审决的抗告诉讼由东京高等法院负责一审（2013 年修订前的旧法第 85 条），从而省略了一个审级，但该标的物管辖的例外最终被废止。

3. 关于本条地域管辖的修订

地域管辖是在行使同种裁判权的法院之间进行的地域上的职务分工。《行政诉讼法》规定，被告的普通管辖关系所在地或者行政机构所在地的地方法院为管辖法院（《裁判所法》第 24 条第 1 项、第 33 条第 1 款第 1 项，《行政诉讼法》第 12 条、第 38 条第 1 款）。此外，被告也可以向管辖原告的普通管辖地的高等法院管辖区域内的地方法院提起诉讼（《行政诉讼法》第 12 条第 4 款、第 38 条第 1 款、第 43 条第 1 款和第 2 款），以避免居住在地方的人的起诉不便并确保行政案件诉讼中司法审查的专业性。

而本条规定，则是在上述《行政诉讼法》规定的基础上作出的进一步修订，并赋予东京地方法院专属管辖权。其原因在于《反垄断法》违法案件多为复杂的经济案件，在法律与经济上的专业性很高，鉴于此，法院在不断积累专业知识的同时还有必要确保判断标准的统一。而对于违反确定的排除措施命令的刑事案件（第 90 条第 3 款）的管辖，则不限于东京地方法院（第 84 条之 3）。

第 85 条之 2【无过失损害赔偿请求诉讼的一审裁判权】

概 要

1. 沿革

本条规定是在对《反垄断法》违法行为民事救济制度进行完善的 2000 年《反垄断法》修订时新增的，在 2013 年法律修订前原本由东京高等法院负责一审（修订前第 85 条之 2），随着 2013 年审判制度的废止，改为由东京地方法院对抗告诉讼进行专属管辖（第 85 条第 1 项），同时还新增了本条规定的内容，将修订前第 25 条诉讼的一审裁判权由之前的东京高等法院改为由东京地方法院专属管辖。

2. 交由特定法院集中处理的原因

有关第 25 条规定的损害赔偿的诉讼是指，因《反垄断法》违法行为受到损害的当事人对经营者或者经营者团体提起的损害赔偿请求诉讼。该诉讼只有在排除措施命令、课征金缴纳命令确定后才可以提起（第 26 条第 1 款）。

对于将第 25 条诉讼交由特定法院集中处理的原因，公平交易委员会作出了如下说明（1）该诉讼的提起以公平交易委员会判断的确定为前提，（2）为确保对有关《反垄断法》违法行为的诉讼在判断上的专业性和统一性。而在 2013 年法律修订时，对于将一审裁判交由东京地方法院进行集中管辖的原因，公平交易委员会也是维持了同样的说明。

3. 关于本条规定的表述

本条规定除意味着在地域管辖上交由东京地方法院集中管辖外，不论请求金额的多寡，在标的物管辖的分配上，一审裁判权均交由作为地方法院的东京地方法院而非简易法院。通常情形下，如果诉讼的标的金额在 140 万日元以下，应交由简易法院而非地方法院负责一审（《裁判所法》第 24 条第 1 项、第 33 条第 1 款第 1 项），但本条是其例外规定。这与仅对地域管辖作出规定的现行法第 85 条的规定在主旨和表述上均有差异，因此单列一条进行规定。

第 86 条【东京地方法院合议庭的构成】

概 要

为确保法院对《反垄断法》违法案件的慎重审理及专业判断，本条设置了《裁判所法》的特别规则，在有关第 85 条（有关排除措施命令等的抗告诉讼等）以及第 85 条之 2（第 25 条的损害赔偿请求）的诉讼中，由东京地方法院 3 名法官组成合议庭进行审理及裁判。

1. 沿革

2013 年法律修订前的第 87 条规定，东京高等法院设置仅处理审决取消诉讼等的特别合议庭，并且规定该合议庭由 5 名法官组成。这是因为，《反垄断法》违法案件尤其需要专业的判断，且集中管辖对于确保专业且统一的判断尤为重要，司法上有必要进行慎重的合议。

尽管 2013 年的法律修订废止了审判制度，但是为保障法院进行专业且统一的裁判，设置了有关管辖的特别规则，规定有关排除措施命令等的抗告诉讼等的一审裁判案件由东京地方法院集中管辖（第 85 条、第 85 条之 2）。

但是，由于地方法院的审理和裁判原则上由 1 名法官进行（《裁判所法》第 26 条第 1 款），作为对裁判体系构成的制度性补充在 2013 年的法律修订中设置了本条规定。

2. 合议庭的构成

本条对集中管辖的东京地方法院附加了由 3 名法官组成合议庭进行审理及裁判的义务（第 1 款），并且作出特别规定，对于重大案件等，如有必要可以根据该合议庭的判断决定由 5 名法官组成合议庭进行审理及裁判（第 2 款）。而由于本条是有关东京地方法院的合议庭对第 85 条以及第 85 条之 2 的裁判的规定，其不适用于第 24 条的停止请求诉讼以及与《反垄断法》相关的一般民事诉讼等。

3. 关于第 3 款

法官助理是法官的一种，由完成司法研修的人担任（《裁判所法》第 43 条），除不允许担任审判长以及除法律特别规定的情形外不允许单独进行裁判外，也不允许同时有 2 名以上的法官助理加入合议庭（《裁判所法》第 27 条）。此外，《民事诉讼法》还规定，在地方法院由 5 名法官组成合议庭对大规模诉讼等进行审判及裁判的情形下，“不得同时有 3 名以上的法官助理加入合议庭或者成为审判长”（《民事诉讼法》第 269 条、第 269 条之 2）。

为确保法院审理及裁判的适当，对于东京地方法院 5 名法官组织合议庭审理《反垄断法》违法案件的情形，本条第 3 款作出了与《民事诉讼法》相同的限制。

第 87 条【东京高等法院合议庭的构成】

概 要

本条对东京地方法院关于第 85 条以及第 85 条之 2 的裁判被上诉至东京高等法院时的合议庭的组成作出了规定，即作为《裁判所法》的特别规则，可以根据合议庭的判断由 5 名法官组成合议庭。

1. 沿革及适用范围

为继续维持有关《反垄断法》违法案件的专业、统一判断，2013 年法律修订前的第 87 条规定在东京高等法院设置专门处理审决取消诉讼等的特别合议庭，且该合议庭由 5 名法官组成。而 2013 年法律修订废止审判制度后，有关排除措施命令的抗告诉讼（第 85 条第 1 项）、基于第 25 条的损害赔偿请求诉讼（第 85 条之 2）的一审改为由东京地方法院负责，且第 85 条第 2 项所列案件也由东京地方法院管辖，并对上述的审判和裁判附加了以合议庭（必要时可以由 5 名法官合议庭）进行审理的义务（第 86 条）。本条是在 2013 年的法律修订中对旧法第 87 条规定内容的修订，规定了在上诉审以及抗告审中东京高等法院的审理和裁判体制。因此，不适用于基于第 24 条的停止请求诉讼以及与《反垄断法》相关的一般民事诉讼等。

2. 合议庭组成的特别规则

高等法院的裁判原则上由 3 名法官组成合议庭进行（《裁判所法》第 16 条），而本条规定继承了旧法第 87 条由 5 名法官组成合议庭的主旨，但并不要求必须设置特别合议庭。与第 86 条相同，本条规定原则上由 3 名法官组成合议庭，但可以根据案件的具体情形由该合议庭决定由 5 名法官组成合议庭。

第 87 条之 2【有关停止请求诉讼的移送】

概 要

本条规定，如果其他法院也在审理依据第 24 条规定提起的有关同一或同种行为的停止请求诉讼，法院在根据规定认定适当的情形下，可以将诉讼移送至其他法院，以此便于对多个同类诉讼进行统一审理。

1. 缓和《民事诉讼法》第 17 条移送要件的特别规则

针对《反垄断法》违法行为提起的停止请求诉讼，有可能出现存在多个原告并在多个法院提起诉讼的情形，为确保判断的专业性和统一性，将上述诉讼集中到一个法院进行集中审理更为合理。本条规定就是从这一观点出发，作为《民事诉讼法》第 17 条（“为避免诉讼的显著延迟以及实现当事人间的均衡而认为确实有必要的情形下……可以移送至其他管辖法院”）的特别规则，设置了允许更大范围的移送的规定。在符合本条规定的移送要件情形下，可以向同时审理该诉讼的其他法院以及根据第 84 条之 2 第 1 款的规定拥有管辖权的法院移送。

2. 本条规定的移送要件

（1）同一或者同种行为

不限于“同一”行为，即便属于“同种行为”也可以移送。

尽管条文中未对何为“同种行为”作出明确规定，但是本条规定中指出仅限于“在考虑当事人的住所或所在地、应接受审讯的证人的住所、争议焦点或证据的共性及其他情况后认为适当的情形”才可移送，据此可以认为，《反垄断法》

违法事实关系中具有统一审理更为合理的高度关联性的行为属于“同种行为”。

（2）当事人的住所或者所在地、应接受讯问的证人的住所、争议焦点或证据的共性及其他情形

上述要件大体上与《民事诉讼法》第 17 条的内容重复，但“争议焦点的共性”这一要件是本条规定所特有的，可以认为本条强烈突出了确保与《反垄断法》相关的法院判断的统一性这一认识。

（3）认为适当的情形

《民事诉讼法》第 17 条规定“为避免诉讼的显著延迟以及实现当事人间的均衡而认为确实有必要的情形下……可以移送至其他管辖法院”，与此相比，本条规定扩大了法院的裁量。在多个地方法院同时审理有关同一或同种行为的停止请求诉讼的情形下，为确保由特定的法院进行专业且集中地处理，对于是否需要根据本条规定将案件移送至第 84 条之 2（有关停止请求诉讼的管辖）中规定的存在竞合管辖的法院的判断，有观点指出，如果有利于减轻被告的应诉负担以及证人的负担，应重视判断的统一性，允许移送；如果可能对原告的诉讼活动带来预想不到的负担，应重视原告选择管辖的权利，谨慎移送。对于“认为适当的情形”的判断标准，在实务中也备受关注。

第 88 条【《法务大臣权限法》的适用除外】

概 要

本条规定，为确保公平交易委员会职权行使的独立性，有关排除措施命令等的抗告诉讼不适用《法务大臣权限法》第 6 条的规定，公平交易委员会不受法务大臣的指挥。

1. 沿革及排除适用《法务大臣权限法》第 6 条规定的原因

有关公平交易委员会审决的诉讼，自《法务大臣权限法》制定之初就规定不适用该法第 6 条的规定，其原因在于，公平交易委员会委员长以及委员在职权行

使上的独立性得到认可（第 28 条），其在诉讼中也不受法务大臣的指挥，允许其依据自主的判断进行诉讼活动。

随着2013年审判制度的废止，旧法第88条中“有关公平交易委员会审决的《行政案件诉讼法》第3条第1款规定的抗告诉讼”被修订为“有关排除措施命令的《行政案件诉讼法》第3条第1款规定的抗告诉讼”，但适用除外的宗旨与修订前相同。

2. 适用除外的范围

一方面，对于有关排除措施命令等《行政案件诉讼法》第 3 条第 1 款规定的抗告诉讼，公平交易委员会作为被告（第 77 条），有必要对维持原处分进行主张、举证，而如果该诉讼活动适用《法务大臣权限法》第 6 条的规定则需要接受法务大臣的指挥。因此，为确保《反垄断法》运用的公正性、中立性和一惯性以及确保公平交易委员会进行高度专业的执法，2013年《反垄断法》的修订保留了关于《法务大臣权限法》第 6 条的适用除外规定。

另一方面，有关排除措施命令等以外的行政处分的抗告诉讼以及有关公平交易委员会管理、监督事项的国家赔偿请求诉讼等，由于不适用第 77 条的规定，国家作为当事人，适用《法务大臣权限法》第 6 条的规定，公平交易委员会需要接受法务大臣的指挥。

第 10 章杂则

第 88 条之 2【政令及规则修订、废止时的过渡措施】（略）

第 11 章

罚　　则

第 89 条【私人垄断、不正当限制交易、经营者团体实质性限制竞争之罪】

概 要

本条对私人垄断罪、不正当限制交易罪、经营者团体实质性限制竞争之罪作出了规定。

刑事案例中多数是与价格卡特尔和串通投标相关的不正当限制交易罪。

2009 年的修订将法定量刑从之前的“3 年以下徒刑”提高至“5 年以下徒刑”。尽管在此之前尚未出现因不正当限制交易罪而被作出实刑判决的案例，但是此次法律量刑的提高意味着可能对实施违法行为的自然人不再予以缓期执行，因此可以说具有重大意义。

本条规定罪行的主体是自然人，但第 3 条规定的主体是“经营者”。因此，以本条规定为依据处以刑事处罚的对象为自然人经营者。

在经营者为法人等的情形下，则应当先明确员工等自然人的违法行为。其后，在法人的员工等实施了与业务或财产相关的违法行为的情形下可以依据“对行为人进行处罚”的第95条规定对实施违法行为的员工进行处罚。

而由于第95条规定对“对法人或者自然人”均可进行刑事处罚，即也可以处罚法人经营者。

此外，本条规定的罪行以公平交易委员会的告发为诉讼条件（第96条）。

1. 实行行为

不正当限制交易罪的实行行为是指“对经营活动进行相互约束并具体实施”（第2条第6项），在公平交易委员会的实务当中，共同实施为从属性概念，不具有独立的意义。[①]

就与相互约束并列规定的实施行为（共同实施）是否属于实行行为的问题，曾有过如下讨论。

“第1次东京都水表串通投标刑事案”（案例161）对于不正当限制交易罪的问题指出“……通过前述相互约束行为等对竞争进行实质性限制，虽然构成既遂，但是行为在该时点尚未结束，实质性限制竞争这一行为结果在消灭之前继续成立，如在此期间为继续实施、维持甚至强化最初的相互约束行为等而进行的行为等，则成为该罪行实行行为的一部分”。该判决虽然认可了实施行为也属于实行行为，但是同时指出，从与检察官提出的起诉理由之间的关系来看“构成犯罪的事实……相互约束”。

“防卫厅石油制品串通投标刑事案”（案例163）列举了同时成立相互约束行为（基本合意）以及实施行为（个别调整行为）中“构成犯罪的事实”，据此认定“……相互约束、实施……”。

“第1次东京都水表串通投标刑事案上告审”（最二小决平成12·9·25刑集第54卷第7号第689页［28055326］）以及“防卫厅石油制品串通投标刑事案”（最二小决平成17·11·21刑集第59卷第9号第1597页［28105476］）也对实

① 山田耕司：《最高裁判所判例解说刑事篇》，法曹会2005年版，第603页。

行行为作出了分析。

“日本道路公团钢桥串通投标刑事案”（案例 164）在指出“不仅经营者间相互约束的行为成立实行行为，根据该相互约束行为具体实施的行为也成立另一个实行行为”的基础上，指出“本案中相互约束的行为，一定的人……鉴于以往中标的实际业绩等在决定预订中标公司的同时，还就以确保该预订中标公司得以中标的价格等进行投标的事项达成合意”“本案的实施行为是根据相互约束的合意决定预订中标公司的行为”。

刑事案件的判例中，认为基于相互约束的实施行为是独立的实行行为的观点（实施行为说）已经基本确立。

案例 161　第 1 次东京都水表串通投标刑事案

（东京高判平成 9・12・24 高裁刑集第 50 卷第 3 号第 181 页［28035051］）

1. 案情概要

参考案例 48。

2. 案件焦点

（1）本案的一定的交易领域是指“接受东京都以指名竞争投标等方式发出的水表订单”这一由各年度共同构成的整体市场，而不是每一年度单独构成一个市场，且限制交易行为使得 1994 年的中标竞争受到了实质性限制，并在 1995 年和 1996 年依旧持续。因此，两个年度的行为尽管从外表上看属于独立的限制交易行为，但其仅是确认行为，并不构成对新的法益的侵害，作为不可罚的事后行为不另行成立独立的罪名。

（2）1994 年、1995 年以及 1996 年的串通投标是否从整体上构成一个罪名。

（3）本案串通投标的主要目的是在指名竞争投标等的限制下，各被告公司也能够确保以往的订单比例并共同发展，而不是防止投标价格的降低，且实际上并没有因投标而获得不正当的利益。上述能否成为量刑的裁量事由。

3. 法院的判断

（1）①“《反垄断法》第 89 条第 1 款第 1 项规定的不正当限制交易罪是将经营者通过与其他经营者共同对经营活动进行相互约束并具体实施、违反公共利益、并在一定的交易领域实质性限制竞争的行为作为处罚对象（该法第 2 条第 6 款），在一定的交易领域实质性限制竞争的、对经营活动相互约束的行为及其实施行为都是实行行为。该罪将维护自由竞争经济秩序作为其保护的法益（参考最高裁昭和 59 年 2 月 24 日判决・刑集第 38 卷第 4 号第 1287）。此外，对实施不正当限制交易行为的经营者进行处罚的课征金，原则上是以作为实施行为的相关经营活动开始之日起到该经营活动结束之日这一期间为基础计算的（该法第 7 条之 2 第 1 款）。

据此，通过前述相互约束行为等对竞争进行实质性限制，虽然构成既遂，但是行为在该时点尚未结束，实质性限制竞争这一行为结果在消灭之前继续成立，如在此期间为继续实施、维持甚至强化最初的相互约束行为等而进行的行为等，则成为该罪实行行为的一部分（东京高裁平成 8 年 5 月 31 日判决・高刑集第 49 卷第 2 号第 320 页，对此作出了相同的解释）。

此外，在实施了其他相互约束行为等的情形下，是成立新的罪名，还是作为既有罪名的继续，应当根据该行为是否造成实质性限制竞争的新的事态发生，又或者仅是对之前行为产生的实质性限制竞争的效果持续进行判断。”

②“不正当限制交易罪是将包含 3 个年度的串通投标在内的整体视为继续犯罪而成立一个罪，不是说 1995 年以及 1996 年的合意作为不可罚的事后行为而认为其无罪。”

（2）“由于各年度的串通投标均分别产生了新的不正当限制竞争的法

益侵害，应当将每年度的犯罪行为合并论罪，而没有理由进行整体评价认为其构成包括的一罪。”

（3）“因本案当时的中标价格与留有合理自由竞争余地的东京都的预定单价几乎一致而认为其与合理自由竞争下形成的价格没有差别的判断并不妥当。”

4. 注意事项

基于保护法益以及课征金的主旨等，本案判决指出本案串通投标为继续犯罪。

此外，本案判决还指出不能将与预定价格几乎一致的中标价格与合理自由竞争下形成的价格（市场价格）同等看待，否定了将预定价格视为合理价格的观点。

案例 162　下水道业务团体串通投标刑事案

（东京高判平成 8・5・31 高裁刑集第 49 卷第 2 号第 320 页［28015160］）

1. 案情概要

1993 年在下水道业务团体以指名竞争投标的方式发起的新的电气设备工程招标项目中，日立制作所等 9 家被告公司达成合意，在同一年度发出招标的工程名称、预算金额等基础上根据一定比例决定 9 家公司中标的分配比例和分配程序，并在接受招标负责人前述工程名称、预算金额等的指导后，相互联系并决定预定中标公司，同时以确保预定中标公司得以中标的价格进行投标。据此，各被告公司被分别处以 4000 万 ~6000 万日元的罚款，被告个人被分别处以 8~10 个月的有期徒刑（缓刑 2 年执行）。

2. 案件焦点

在达成中标调整的基本合意时，《反垄断法》违法犯罪行为已构成既遂，本案中标行为是否构成不可罚的事后行为。

3. 法院的判断

“本案中，通过中标调整限制竞争的行为很明显是每个年度独立实施的，从各年度的规则修改到选拔会议的一系列操作都应当被视为限制交易的实行行为。因此，辩护律师所提出的1990年达成中标调整的合意即构成犯罪既遂、其后的行为均为不可罚的事后行为的主张不能被采用。”

“如构成前述罪名的事实所示，自1993年3月10日规则修改……时起至同年6月15日选拔会议上，决定预定中标人等的一系列由17名被告人实施的有关本案中标调整的行为为实行行为，并因此成立不正当限制交易罪，且犯罪既遂。”

4. 注意事项

本案违法行为（当时）的公诉时效为3年（《刑事诉讼法》第250条）。因此，1990年时本案基本合意已成立，若如辩护律师所说在当时已经构成既遂，那么在1993年时效届满（其后的个别串通投标则成为不可罚的事后行为）。然而本案判决指出“本案中，通过中标调整限制竞争的行为很明显是每个年度独立实施的，从各年度的规则修改到选拔会议的一系列操作都应当被视为限制交易的实行行为”。而在2009年《反垄断法》的修订中，公诉时效被修改为现在的5年。

案例163　防卫厅石油制品串通投标刑事案

（东京高判平成16·3·24判夕第1180号第136页［28095470］）

1. 案情概要

在防卫厅调度实施总部作为1998年第1季度的临时配额、第2季度配额、第3季度配额以指名竞争投标的方法发起的石油产品招标活动中，10家被告公司（石油总经销商）根据前年度不同种类石油的中标业绩决定预定中标人，并进行中标调整，以确保该预定中标人得以以中标的价格进行投标。

公平交易委员会于 1999 年 10 月 13 日作出了请求刑事处罚的告发。

各被告公司被分别处以 300 万至 8000 万日元的罚款，被告个人被分别处以 6 个月至 1 年 6 个月的有期徒刑（缓期 2 年至 3 年执行）。

2. 案件焦点

基于基本合意的个别调整行为是否构成不正当限制交易罪的实行行为。

3. 法院的判断

“如前文所认定的，在被告公司等的负责人之间达成的‘根据前年度不同种类石油的中标业绩决定预定中标人，同时以确保该预定中标人得以以中标的价格进行投标’这一基本规则的合意可以追溯到更早之前（第 2 条之 2、第 4 条）。并且，在每季度招标时，被告公司等的负责人都会不时召开中标调整会议，先对基本规则的遵循进行确认并达成合意，再依据该合意决定当季个别的中标调整内容。

在判决所示的各个季度中，被告人 A 会在各季度的投标说明会前后告知被告公司等的负责人中标调整会议的日程，相关负责人如约出席中标调整会议后，被告人 A 便说‘我们开始吧’等，出席人员未提出异议，随即进入议程，并按照顺序决定预定中标公司。因此，在各中标调整会议的开始，就当期招标而言，出席人员之间也会对与以往相同的基本规则进行确认并达成合意，其后，各出席人员再针对个别招标工程依据该基本规则决定预定中标公司。据此，各被告公司就调度实施总部以指名竞争投标的方法招标的本案各石油产品的招标活动共同进行对各被告公司等的经营活动进行相互约束并具体实施的行为，均构成本罪的实行行为。”

4. 注意事项

本案判决将基本规则与个别调整行为定位为对经营活动进行的相互约束行为及其实施行为，并将上述行为视为实行行为（包括的一罪）。

案例 164　日本道路公团钢桥串通投标刑事案

（东京高判平成 19・9・21 审决集第 54 卷第 773 页［28135442］）

1. 案情概要

本案是有关国土交通省的 3 个地方整备局（以下简称三地整备局）以及日本道路公团（以下简称 JH）分别发起的钢桥上部工程的串通投标案。

法院对各被告公司分别处以 1.6 亿日元至 6 亿日元的罚款、对各被告人处以 1 年的有期徒刑（缓期 3 年执行）。

（1）就三地整备局 2003 年和 2004 年发起的钢桥上部工程招标活动，各被告公司分别在 2003 年 2 月 18 日至同年 4 月 8 日、2004 年 3 月 23 日至同年 4 月 15 日召开集会并达成合意，由事先选出的负责公司根据以往中标的实际业绩等决定在三地整备局 2003 年和 2004 年在以一般竞争投标、公募型指名竞争投标、工程意向型指名竞争投标以及指名竞争投标的方式发起的钢桥上部工程招标项目中的预定中标公司，同时决定以确保该预定中标公司得以中标的价格投标。

其后根据合意，对于 2003 年的招标在截至 2004 年 3 月左右、对于 2004 年的招标在截至 2005 年 3 月左右的期间内协商决定在上述招标工程中的预定中标公司。

（2）各被告公司就 JH 2003 年和 2004 年发起的钢桥上部工程招标活动，分别在 2003 年 2 月 18 日至同年 4 月 8 日、2004 年 3 月 23 日至同年 4 月 15 日依次召开集会并达成合意，由被告人 K 根据以往中标的实际业绩等决定在 JH 2003 年和 2004 年以一般竞争投标以及公募型指名竞争投标的方式发起的钢桥上部工程招标项目中的预定中标公司，同时决定以确保该预定中标公司得以以中标的价格投标。

其后根据合意，各被告公司对于 2003 年的招标在截至 2004 年 3 月左右、对于 2004 年的招标在截至 2005 年 3 月左右的期间内协商决定在上述招标工程中的预定中标公司。

2. 案件焦点

由于对三地整备局发起的钢桥上部工程招标达成相互约束的合意以及对 JH 发起的钢桥上部工程招标达成相互约束的合意是在同一个机会下实施的一个行为，能够基于观念竞合的关系认定成立科刑的一罪。

3. 法院的判断

《反垄断法》“第 89 条第 1 款第 1 项以及第 3 条所规定的不正当限制交易罪，不仅认为经营者之间相互约束的行为构成实行行为，还将基于该相互约束而具体实施的行为也认定成立另一个实行行为（参考东京高裁平成 16 年 3 月 24 日判决·判例 TIMES 第 1180 号第 136 页、东京高裁平成 9 年 12 月 24 日判决·判例时报第 1635 号第 36 页）。本案中的相互约束行为是就一定的经营者（对于三地整备局发起的钢桥上部工程招标是 K 会以及 A 会的正副常任负责公司的负责人、对于 JH 发起的钢桥上部工程招标是 K）根据以往中标的实际业绩等决定预定中标公司同时以确保该中标公司得以以中标的价格投标为内容的合意，在相互约束的合意成立的时点即成立不正当限制交易罪。而本案的实施行为是依据该相互约束的合意决定预定中标公司的行为（参考上文东京高裁平成 16 年 3 月 24 日判决），在预定中标公司决定的时点即成立不正当限制交易罪。此外，在实行相互约束行为及其相关实施行为的情形下，应当认为成立不正当限制竞争罪包括的一罪。”

“本案中，对三地整备局以及 JH 发起的钢桥上部工程招标的中标进行相互约束的行为应当认为是在 2003 年度和 2004 年度的 K 会和 A 会的总会以及 2003 年年初和 2004 年年初正副常任负责公司的集会的同一次机会下实行的行为。

但是正如前文所述，不正当限制交易罪不仅指相互约束行为，其后基于该相互约束而具体实施的行为也被视为另一个实行行为，在实行相互约束行为及其相关实施行为的情形下，应当认为成立不正当限制竞争罪包括的一罪。此外，如前文所述，本案的实施行为是基于相互约束的合意决定预定中标公司的行为，在2003年度以及2004年度，对于三地整备局发起的钢桥上部工程是由K会和A会的正副常任负责公司的各负责人出席名为'WORK'的会议实行的，对JH发起的钢桥上部工程是K在被告人B的建议下实行的。在三地整备局相关案件以及JH相关案件中的实施行为是主体、日期、场所均存在差异的独立行为。

2003年以及2004年的两个案件，尽管被视为是在同一次机会下实行的相互约束行为，但是分别在相互约束行为外实行了相关实施行为，且该实施行为均为另外的独立行为，因此，不能认定构成《刑法》第54条第1款规定的'一个行为'，而应当以合并罪进行解释。"

4. 注意事项

本案判决明确指出，在同时存在相互约束行为（基本合意）以及实施行为（个别调整行为）的两个实行行为的情形下，应认定为包括的一罪。

此外，尽管基本合意是在同一次机会下达成的，但是如果个别调整行为是主体、日期、场所等存在差异的独立行为，构成合并罪。

2. 既遂时期

"石油价格卡特尔刑事案"（最二小判昭和59·2·24刑集第38卷第4号第1287页［27801091］）采用了合意时说的观点（参考第2条第6款"专栏3"）。

3. 不正当限制交易罪的退出

不正当限制交易中在什么情形下认可其退出违法行为呢？

在刑事案件中，对于退出共犯关系的问题，"日本道路公团钢桥串通投标刑事案"（案例164、案例165）在继续犯的前提下指出"要认可罪行持续过程中退出共犯关系，不仅需要行为人表明退出犯罪行为的意思、其他共犯对此未提出异议，还需要行为人从客观上看采取了充分措施阻止犯罪行为的继续”。尽管行政处分中也有关于退出违法行为的案例，如“冈崎管工排除措施案”（案例105），但相比之下，刑事案件中对退出的解释更为严格。

案例165　日本道路公团钢桥串通投标刑事案

（东京高判平成19・9・21审决集第54卷第773页［28135442］）

1. 案情概要

参考案例164。

2. 案件焦点

能否认定被告公司新日铁在2004年10月5日公平交易委员会对其进行现场调查之后决定立即停止参与串通投标行为等，并最晚在2004年10月末退出了共犯关系。

3. 法院的判断

“不正当限制交易罪被视为继续犯罪（参考东京高裁平成9年12月24日判决）。通常在继续犯罪的情形下，如果在犯罪危险现实化的情形下放任该状态，那么将导致犯罪的持续，因此要认定行为人从继续犯罪的共犯关系中退出，就要求其采取客观看来阻止犯罪继续的充分措施（参考有关监禁罪的东京高裁昭和46年4月6日判决・判例TIMES第265号第280页）。因此，即便在属于继续犯罪的不正当限制交易罪的情形下，要认定行为人从继续犯罪的共犯关系中退出，除要求行为人表明从犯罪行为中退出的意思、其他共犯对此未提出异议外，还要求行为人采取客观看来阻止犯罪继续的充分措施。”

“（1）基于相关证据可以认为，①被告公司新日铁在2004年10月5日公平交易委员会对其进行现场调查之后，决定立即停止参与串通投标行为并全面配合公平交易委员会的调查，并由负责人C的直属上司对C作出了上述内容的重要指示。②C在公平交易委员会进行现场调查后的2004年10月18日左右，给时为K会常任负责公司的J公司的负责人L打电话并表明了退出K会的意向。在约1周后C与到访的L在被告公司新日铁的会议室面谈，并向L表明了公司有这一重要指示、且今后都不再参与任何串通投标活动的意思。③包含C在内的被告公司新日铁的负责人在公平交易委员会现场调查后，在公平交易委员会的情况调查中如实供述了事实关系。④被告公司新日铁的法务负责人在公平交易委员会现场调查后，劝说K会及A会的会员公司中同属于钢铁行业的分立前的共同被告公司S公司和T公司的董事等配合公平交易委员会的调查，两家公司其后也因此配合了公平交易委员会的调查。⑤被告公司新日铁的法务负责人在2004年11月12日与公平交易委员会的负责审查长会面时，表明了配合调查的态度。⑥由于C及其下属负责人与A会副常任负责公司H公司的负责人R之间又有老乡这一层亲密关系，在收到R的试探电话后并没有表现出毅然的态度，而是对投标价格的预测作出了一定程度的回应。尽管如此，在2004年10月以后包含C在内的被告公司新日铁的负责人未再出现积极参与三地整备局发起的钢桥上部工程串通投标的事实。

（2）但是，相关证据同时表明，在C与L进行上述会面后，被告公司新日铁的法务负责人以及包含C在内的负责人，并没有劝说S公司以及T公司以外的其他K会以及A会的会员停止实施行为，而是放任K会以及A会的各会员公司继续进行串通投标。因此不能说包含C在内的被告公司新日铁的负责人等采取了客观看来阻止犯罪继续的充分措施。

（3）基于此，无法认定被告公司新日铁在2004年10月末以后退出共犯关系。”

4. 注意事项

本案是引入课征金减免制度前的案例，并以不正当限制交易罪为继续犯罪作为理解的前提。

在引入课征金减免制度后，有观点[①]指出本案判决所指出的退出共犯的要件过于严格，无法与课征金减免制度并立，因此，应谨慎对本案作为先例的价值进行分析。

4. 违法阻却性事由

关于违法阻却性事由，请具体参照第2条第6款的解说。

5. 违法阻却性事由的错误

“石油联盟生产调整刑事案”（案例40、案例166）指出“相信生产调整为正当职务，且完全未意识到行为的违法性，而只是忠诚地执行其职务”的供需委员长存在未认识到违法性的正当理由，据此判定其无罪。

案例 166　石油联盟生产调整刑事案

（东京高判昭和 55・9・26 高裁刑集第 33 卷第 5 号第 359 页［27486275］）（参考案例 40）

1. 案情概要

由石油精炼业商、石油产品销售商以及同时从事石油精炼和石油产品销售的经营者作为会员组成的石油联盟，决定会员的石油处理量并要求会员实施。

公平交易委员会在对上述行为作出审决的同时，提起了要求刑事处罚的告发。

① 白石忠志：《反垄断法案例要点（21）》，载《法学教室》2007 年第 327 号，第 102 页。

2. 案件焦点

（1）“实质性限制竞争”是指何种状态。抽象要件是否违反罪刑法定原则。

（2）被告人是否存在故意。

3. 法院的判断

（1）“《反垄断法》第 8 条第 1 款第 1 项所规定的经营者团体的禁止行为中的‘实质性限制竞争’，根据该法的解释在行为方式上应包含对不正当限制交易作出定义的该法第 2 条第 6 款所规定的所有行为，可以理解该法第 89 条第 1 款第 2 项的罚则是在该解释的基础上使用了与前述禁止规定相同的表述，并将对其的违反作为构成要件，因此，该构成要件的预定行为方式是明确的（参考第 6 条之 3）。作为该方式下行为的结果或效果的实质性限制竞争，关注一定交易领域内整体的竞争状态，应当被理解为是指造成在该交易领域几乎不可能期待有效竞争的状态（参考第 6 条之 3）。

而这里的‘实质性’是一个价值概念的词语，无法通过一概的具体标准进行说明，从某种程度上说还有些抽象，但是‘实质性’也是在日常生活中的常用词语，具有正常判断能力的一般人都能够理解其含义。而在具体环境下判断相关行为是否适用前述条款时，可以通过例如受限制的经营者的范围、销售数量、对价格等的限制方法等具体事实判断是否构成实质性限制，这通常也并不困难。因此，《反垄断法》第 89 条第 1 款第 2 项的规定并不违反罪刑法定原则、不违反《宪法》第 31 条的规定。”

（2）“基于前述事实，根据《石油业法》、通商产业省的指导和要求实施的作为石油联盟协同措施的生产调整的历史过程可以认为，被告人被选任为供需委员长后，相信生产调整为正当职务，且完全未意识到行为的违法性，而只是忠诚地执行其职务。由于该被告人未意识到违法是出于前述正当理由，该被告人实施的本案各项行为无法从《刑法》上进行谴责、无法将责任归于该被告人。因此认为该被告人在这一点上不具有故意，即‘犯罪的意向’。”

4. 注意事项

本案判决认为，在石油联盟中对生产调整起到主导作用的供需委员长未意识到违法性，且其未意识到违法性具有正当的理由，因此认定其无罪。

本案可以说是在对“正当理由”的分析上值得参考的案例。

6. 官商串通投标的招标方责任

追究招标方责任的案例有“下水道业务团体串通投标刑事案”（案例 167）以及“日本道路公团钢桥串通投标刑事案”（案例 168）等。

两个案件的区别在于，前者为帮助犯、后者为共谋共同正犯。在后者（日本道路公团钢桥串通投标刑事案）中，被告人指出，其是为确保包含将来的自己在内的日本道路公团职员的再就业这一个人利益而实施的《反垄断法》违法行为，应作为“个人犯罪行为”。

案例 167　下水道业务团体串通投标刑事案

（东京高判平成 8・5・31 高裁刑集第 49 卷第 2 号第 320 页［28015160］）

1. 案情概要

参考案例 162。

2. 案件焦点

对于与本案串通投标密切相关的招标负责人的量刑应予以考虑的事由为何。

3. 法院的判断

（1）“本案中，作为招标方的下水道业务团体的负责人与中标调整系统的成立密切相关，且在实施层面上也发挥了重大的作用，可以说是‘公民一体’的犯罪行为。”

（2）“被告人 N 是从横滨市公务员调任至下水道业务团体的，其依据下水道业务团体上层的指示而不得不延续前任的做法、参与本案中标调整，如果对其作出有期徒刑的处罚，则会成为与地方公务员身份相关的制裁并因此产生不利影响。”

4. 注意事项

本案判决认定，被告人 N 对预定招标的所用工程项目名称、预算金额、自治体意向的有无和内容等进行了指导，与预定中标人的决定过程密切相关，并在其中发挥了重要的作用。本案是首个认定招标方负责人是不正当限制交易罪的帮助犯的案件。

案例 168　日本道路公团钢桥串通投标刑事案

（东京高判平成 19・12・7 判タ第 1259 号第 142 页［28145191］）

1. 案情概要

作为日本道路公团（以下简称 JH）理事的被告，在与担任 JH 理事兼技师长和副总裁的 A、甲公司的顾问 B 以及本案 47 家公司的负责人共谋的基础上，分别在 2004 年 3 月 23 日以及同年 4 月 15 日召开集会，由 B 根据以往中标的实际业绩等决定在 JH 2004 年以一般竞争投标以及公募型指名竞争投标的方式发起的钢桥上部工程招标项目中的预定中标公司，同时决定以确保该预定中标公司得以中标的价格进行投标。

其后根据合意，在 2005 年 3 月协商决定了该招标项目的预定中标公司。

被告人以渎职罪被起诉，并被判处 2 年的有期徒刑（缓期 3 年执行）。

2. 案件焦点

能否说被告人不存在与负责人共谋的事实以及实施串通投标的行为。

3. 法院的判断

“被告人作为理事，是拥有对本案《反垄断法》违法对象的钢桥上部工程招标项目的认可权限的 JH 方的负责人，其受 A 委托接受了 B 提交的分配表，这意味着 B 的分配得到了 JH 的权威认可。被告人在使 B 得以顺利进行中标调整的同时，在知悉 B 根据分配表进行中标调整的情形下，在理事说明会上对更多的钢桥上部工程的招标项目作出了认可。可以说，被告人的上述行为作为钢桥上部工程招标方责任人的行为，与 A 的行为一同是本案《反垄断法》违法行为中极其重要且不可缺少的行为。并且，被告人对于 A、B 以及本案 47 家公司的负责人接连实施的违反《反垄断法》的共谋行为也已有充分的认识。此外，被告人与 A 相同，是为了实现确保自己将来的就业以及其他 JH 员工就业的私利而实施的上述行为，可以说是作为个人的犯罪行为而实施的本案《反垄断法》违法行为。

基于上述事实，被告人作为对象工程招标方负责人之一，为谋取个人利益，在本案《反垄断法》违法行为中发挥了极其重要和不可缺少的作用。被告人的本案《反垄断法》违法行为，不是单纯地帮助犯罪，而是在与 A、B 以及本案 47 家公司负责人共谋的基础上作为个人的犯罪行为而实施的行为，因此被告人应当承担无身份者共谋共同犯罪正犯的责任。”

4. 注意事项

本案是追究招标负责人责任的案件。

与因从横滨市公务员调任至下水道业务团体而不得不依据下水道业务团体上层指示延续前任做法、最终被认定构成中标调整的帮助犯的“下水道业务团体串通投标刑事案件”（案例 167）不同，本案因当事人的行为是为确保 JH 员工的再就业这一个人利益而实施的，且在违法行为中发挥了极其重要且不可缺少的作用，最终追究其正犯责任。

7. 与课征金的关系

除作为刑事处罚处以刑事罚款外，责令缴纳课征金是否违反禁止双重处罚的《宪法》第39条的规定，可具体参照对第7条之2第1款的解说。

案例169　保鲜膜价格卡特尔刑事案件

（东京高判平成5·5·21高裁刑集第46卷第2号第108页［27815703］）

1. 案情概要

参考案例159。

2. 案件焦点

对于依课征金缴纳命令缴纳课征金的经营者，进一步依据《反垄断法》处以刑事处罚，是否违反禁止双重处罚的《宪法》第39条的规定。

3. 法院的判断

"《反垄断法》中的课征金是国家通过征收因一定卡特尔行为而获得的经济得利从而使违法行为人难以保持该得利的方式，在确保社会公正的同时，抑制违法行为，确保禁止卡特尔规定的实效性而实施的行政措施，其与着眼于卡特尔行为的反社会性和反道德性并对相关行为进行制裁的刑事处罚在主旨、目的、程序等方面均存在差异，因此，同时做出课征金和刑事处罚并不违反禁止双重处罚的《宪法》第39条的规定。"

4. 注意事项

对于双重处罚的问题，与第7条之2的规定相关联，可一同参考标签串通投标课征金案［最三小判平成10·10·13判夕第991号第107页［28033085］（案例90）］。

8. 其他案例的介绍

“球墨铸铁管份额协定案”（东京高判平成 12・2・23 审决集第 46 卷第 733 页［28075052］）中，3 家球墨铸铁管制造商共同决定 1997 年球墨铸铁管接受订单的份额，并对接受订单的数量进行调整以使实际接受订单的份额与前述决定相同。本案是在价格卡特尔以外首个受到刑事告发的案例。

专栏

8

继续犯还是状态犯

关于不正当限制交易罪，包含认为在因合意成立导致一定的交易领域的竞争受到实质性限制的时点成立既遂、犯罪行为亦终止的“状态犯说”，以及与之相对的，认为在合意成立后只要该合意仍然存续法益就继续受到侵害、犯罪行为亦未终止的“继续犯说”。观点的不同会使在讨论时效以及退出共犯时出现问题。

如果采用状态犯说，在串通投标案件中，因基本合意的成立导致不正当限制交易罪既遂，其后基于基本合意而进行的个别调整行为因属于不可罚的事后行为不构成犯罪。但是从认为除相互约束行为外、基于此的共同实施行为也属于实行行为的观点来看，个别调整行为亦属于实行行为。

对此，“日本道路公团钢桥串通投标刑事案”（东京高判平成 19・9・21 审决集第 54 卷第 773 页［28135442］）（案例 165）中未对认定其为继续犯的理由进行说明。而“防卫厅石油制品串通投标刑事案”（东京高判平成 16・3・24 判夕第 1180 号第 136 页［28095470］）（案例

163）中的观点则看似更支持状态犯说，且有观点认为状态犯说更为妥当（《最高裁判所判例解说刑事篇（2005年）》，法曹会编，山田耕司，第607页。）

作为个案的律师，则应当分别从状态犯说以及继续犯说的立场进行分析，以此决定辩护的方针。

（星原 正明）

第90条【违反国际协定等、经营者团体的禁止行为、确定排除措施命令及竞争恢复措施命令之罪】

概 要

本条第1项和第2项排除了第6条以及第8条规定的违法行为中对属于不公平的交易方法的行为的适用。这是因为不公平的交易方法限制竞争的程度较低且违法行为的内容也并不一定明确。

第3项中的规定旨在提高排除措施命令等的实效性。违反课征金缴纳命令的行为不适用本项规定，而适用第69条的规定。此外，目前尚未有适用竞争恢复措施命令的案例。

关于第3项的案例有，因违反根据《赠品表示法》第6条规定作出的排除命令而适用本项规定的“三爱土地案”（案例170）。

案例170　三爱土地案

（东京高判昭和46·1·29刑裁月报第3卷第1号第20页［27486249］）

1. 案情概要

公平交易委员会于1969年1月17日对经营住宅用地和建筑物交易的被告公司作出了内容为今后不得在有关住宅用地的交易中进行不正当标识

并提交今后一年广告的排除命令。该排除命令在审决中得到确定后，该公司在同年 9 月后仍多次进行不正当标识，且未将广告提交给公平交易委员会。

对此，法院对被告公司作出罚款 20 万日元、对被告人作出有期徒刑 1 年（缓期 3 年执行）以及罚款 10 万日元的处罚。

2. 注意事项

本案是在 2009 年 9 月《赠品表示法》将管辖权从公平交易委员会移交至消费者厅管辖前的案件，因此是“排除命令”。

对于不遵守《反垄断法》排除措施命令的经营者的制裁，除本条规定外，还可以同时参考第 97 条的解说。

第 91 条【违反限制持有银行以及保险公司表决权等之罪】（略）

第 91 条之 2【违反申报等相关规定之罪】（略）

第 92 条【并处徒刑以及罚款】（略）

第 93 条【违反保密义务罪】

概 要

本条对违反第 39 条有关公平交易委员会委员长、委员、职员以及曾担任上述职务的人员的保密义务规定者的刑事处罚作出了规定。

本条旨在保护经营者秘密，同时确保对公平交易委员会保护企业秘密的一般信赖、促进公平交易委员会适当且顺利地行使职权。

《国家公务员法》第 100 条第 1 款规定了国家公务员的保密义务。对于违反保密义务的当事人，处以 1 年以下徒刑或者 50 万日元以下的罚款（同法第 109 条第 12 项），而由于公平交易委员会职员等具有更大的职务权限，本条规定了比该法第 109 条第 12 项更重的处罚。

与本条规定的相关案例有“环氧树脂案”（案例 171）等。

案例 171　环氧树脂案

（东京地判昭和 53・7・28 刑裁月报第 10 卷 6=8 号第 1162 页［27486761］）

1. 案情概要

被告人 A 作为公平交易委员会事务局官房审判官室长辅佐，统一负责审决的执行等事务。在 1976 年 11 月 19 日作出劝告审决的通用环氧树脂销售价格协定案的审决执行之际，被告人 A 将其在职务上获得的资料内容告知被告人 B 和 C，泄露了经营者的秘密。

被告人 B 和 C 分别是出版社的代表董事和董事，在得知公平交易委员会对前述案件进行临场调查的事实后，计划联系之前因应酬交往密切的被告人 A 让其提供相关前述案件的经营者秘密的资料，并以此发行出版物。经议，二人于 1976 年 9 月 22 日在饭店要求被告人 A 提供资料，并唆使被告人 A 泄露经营者秘密、实施犯罪。

对此，法院对被告人 A 作出有期徒刑 8 个月缓期 2 年执行、对被告人 B 和 C 作出有期徒刑 6 个月缓期 1 年执行的判决。

2. 注意事项

《国家公务员法》在第 100 条第 1 款规定“不得泄露职务上得知的秘密”，《反垄断法》在第 39 条中也规定“不得泄露或盗窃因职务而获知的经营者的秘密”。

但要注意，《国家公务员法》与《反垄断法》上规定的“秘密”在范围上存在区别，且《反垄断法》对“窃取”行为也予以禁止等。

第94条【妨碍检查等罪】

概要

本条规定了对拒绝案件相关必要调查的当事人等的刑事处罚，以确保公平交易委员会依据第47条第1款的规定进行行政调查的实效性。

第47条是关于强制性行政调查的规定，但这并不是指在违反当事人意愿的情形下也能强行进行调查的直接强制，而是以本条规定的处罚为背景，在获得当事人同意后进行的间接强制。

对此，尽管第47条和本条都没有作出明文规定，但是“森永商事案”（公取委审判审决昭和43·10·11审决集第15卷第84页）指出“根据法律第46条（笔者注：当时）规定进行的临场调查等，是以被审人的同意为前提，且没有正当理由不得拒绝，并在此基础上设置了刑事处罚的规定，但这并不是允许公平交易委员会直接强行进行调查”，因此，只要具有“正当理由”，也可以拒绝强制调查。在此情形下就不适用本条处罚规定。

此外，从本条与《宪法》第38条第1款的关系来看，案件相关人员在涉及刑事责任追究时可以拒绝供述，且有观点指出此情形也不适用本条第1项的规定。[①]

第94条之2【违反以调查为目的的强制处分等之罪】（略）

第94条之3【违反保密命令罪】（略）

① 白石忠志：《反垄断法》(第3版)，有斐阁2016年版，第590页。

第 95 条【双罚规定】

概 要

本条是有关《反垄断法》违法犯罪行为的双罚规定。

如适用本条规定，对于不拥有“经营者”身份的员工等以及非自然人经营者的法人经营者也可以进行处罚。关于这一点的分析，请具体参照第 89 条的概说。

在第 89 条以及第 90 条第 3 项中的部分犯罪行为中，针对业主的罚款金额被大幅度提高，这也被称为“业主重罚”。这是因为自然人员工等与业主所感受到的罚款威慑力和深刻度相差甚远，如果不对大规模经营者等处以高额的罚款，其效果未必能达到理想。

第 95 条之 2【对未防止违法行为等的法人的代表人的罚则】（略）

第 95 条之 3【对未防止违法行为等的经营者团体的理事等的罚则】（略）

第 95 条之 4【宣告经营者团体解散】（略）

第 96 条【专属告发】

概 要

本条规定，是否应当请求对第 89 条至第 91 条规定的罪行进行刑事处罚，交由《反垄断法》的专门机构公平交易委员会进行最初的判断。

"保鲜膜价格卡特尔刑事案件"（东京高判平成 5・5・21 高裁刑集第 46 卷第 2 号第 108 页［27815703］）（案例 159）指出，公平交易委员会在"在行为被认为违反《反垄断法》的情形下，拥有对其开展调查并根据该违法行为对国民经济带来的影响等决定对其不予处罚、采取行政措施甚至为申请刑事处罚而对其进行告发的裁量权"。有关"保鲜膜价格卡特尔刑事案件"（案例 159）以及告发标准请参照第 74 条的解说。

对共犯中的 1 人或数人的告发，对其他共犯也同样有效（《刑事诉讼法》第 238 条），因此，对实施违法行为的经营者或者其员工等中的 1 人或者数人的告发，效力也波及其他共犯。尽管如此，在实务中，都是对提起公诉的所有对象作出告发。[①]

第 97 条【违反排除措施命令的罚款】

概　要

本条规定了对违反排除措施命令行为的行政处罚，以确保排除措施命令的实效性。

行政罚款属于行政处罚，在排除措施命令的对象为非自然人的情形下，则对该非自然人进行行政罚款。

罚款的程序依照《非诉案件程序法》的规定。此外，原本由东京高等法院专属管辖，在 2013 年法律修订后，由东京地方法院专属管辖（第 85 条第 2 项）。

1. 本条的对象排除措施命令是否仅限于未确定的命令

对于违反已确定的排除措施命令的行为，根据第 90 条第 3 项的规定进行刑事处罚，因此，本条规定的"排除措施命令"就存在是否不包含已确定的命令而仅限于未确定的命令这一问题。

① 白石忠志、多田敏明：《论点体系　反垄断法》，第一法规 2014 年版，第 528 页。

对此，“石油价格协定行政罚款案”（案例 172）中指出“本条所说的审决仅指结果上未确定的审决”，表明了以未确定的排除措施命令为对象的观点。

与该案件的判决观点相对，有观点指出从第 90 条第 3 项的罪行是公平交易委员会专属告发的对象行为（第 96 条）来看，不能说应当对所有确定的排除措施命令的违法行为都进行刑事处罚，而如果本条规定中的“排除措施命令”限定为未确定的命令，则可能有损于保障排除措施命令的实效性这一目的。① 但该案例是 2005 年法律修订前的案例，由于 2013 年的修订废止了审判制度，该案例作为先例是否依旧有效需要慎重讨论。

而本条但书仅指出刑事处罚和行政罚款不得并处，可以认为本条中的“排除措施命令”并不仅限于未确定的命令。

2. 服从审决是否意味着自认行为违法

前述“石油价格协定行政罚款案”的抗告审中，对确定前的审决提出的当事人以“尽管决定并实施了……但是由于公平交易委员会对该公司所实施的行为作出了违反《反垄断法》的审决，因此服从该审决而放弃前述决定”为内容发布报刊广告的行为是否属于使违法行为人自认行为违法而违反《宪法》第 38 条第 1 款的规定的问题进行了分析。而“石油价格协定行政罚款案”（案例 173）则指出不属于强迫违法行为人自认违法的行为。

2013 年法律修订后审判制度被废止，排除措施命令在该命令书的副本送达命令对象时即生效（第 61 条第 2 款），只要不停止执行该命令（《行政诉讼法》第 25 条第 2 款），命令对象就有义务履行该命令。

因此，尽管服从确定前的排除措施命令存在是否属于自认行为违法的问题，但是从前述最高法院裁判的主旨来看，其只不过是具体说明命令的内容，而非强迫自认违法。

① 白石忠志、多田敏明：《论点体系　反垄断法》，第一法规 2014 年版，第 529 页。

案例 172　石油价格协定行政罚款案

（东京高决昭和 51・6・24 高裁刑集第 29 卷第 2 号第 79 页［27486755］）

1. 案情概要

出光兴产等 12 家石油总经销商因共同决定提高石油产品销售价格而被公平交易委员会作出劝告。出光兴产等对该劝告作出了应诺。

其后公平交易委员会作出劝告审决，劝告生效，但出光兴产等却未履行审决主文中的命令事项。

2. 案件焦点

本条的适用对象是否仅限于未确定的排除措施命令。

3. 法院的判断

“被审人指出，现在本案审决对象的行为因违反《反垄断法》而受到刑事起诉且裁判仍在进行，因此符合《反垄断法》第 97 条但书规定的情形，不得对被审人处以行政罚款。

但是，《反垄断法》第 97 条但书的主旨在于对应受到刑事处罚的行为不再就违反审决而作出行政罚款，是在作为行政处罚的审决在确立前也具有执行力的前提下，作为对违反审决的行为的罚款制裁而施加的法律强制，在不遵循确定审决的情形下另行依据该法第 90 条第 3 项的规定作出刑事处罚，这时就不再进行行政罚款。因此，本条所说的审决仅指结果上未确定的审决。被审人对该点的主张，是在适用前提下对本条作出的错误解释，很明显本案审决尚未确定，因此不能采纳被审人的主张。”

4. 注意事项

对违反确定排除措施命令的行为处以 2 年以下有期徒刑以及 300 万日元以下的刑事罚款（第 90 条第 3 项），而对于不遵守确定前的排除措施命令则处以 50 万日元以下的行政罚款（第 97 条）。本案属于后者。

本案认为，抗告人即便遵循了审决也不是对违法行为的自认，驳回了抗告人的主张。

案例 173　石油价格协定行政罚款案

（最二小决昭和 52・4・13 金融高事第 548 号第 40 页［27486757］）

1. 案情概要

本案是案例 172 的抗告审。

2. 案件焦点

服从审决是否是对违法行为的自认。

3. 法院的判断

"抗告人主张，公平交易委员会在本案审决主文第 2 款所列的以该委员会认可的方法进行广泛通知的要求，实际上是让抗告人对当前受到刑事起诉的违法价格协定的实施进行自认，其通过附加行政罚款的方式强迫抗告人遵守前文要求的行为违反《宪法》第 38 条第 1 款的规定。

然而，本案审决在责令抗告人放弃违法价格协定的同时，还要求抗告人根据该命令将其采取的措施广泛告知交易对象及其需求者。从主旨上看，公平交易委员会的前述要求，在内容上有必要就抗告人违法行为的内容进行具体说明，不能认为这是抗告人的自认。"

4. 注意事项

本案是案例 172 的抗告审，案件事实相同。

3. 不处以本条规定的行政罚款的案例

"BEAMS 违反排除措施命令案"（案例 174）指出"《反垄断法》第 97 条规定对违反排除措施命令的当事人处以 50 万日元以下的行政罚款，根据该条规定的主旨，在法院经审理认定行为违反排除措施命令的情形下，原则上应当对该行为的实施人处以行政罚款，但是鉴于违法行为的方式、程度及其他情形，在认为没有处罚的必要时，也可以决定不对上述当事人进行处罚。”

案例 174　BEAMS 违反排除措施命令案

（最一小判平成 20・3・6 判タ第 1267 号第 172 页［28140649］）

1. 案情概要

（1）从事服装销售的被审人，从 A 公司购买了其进口的 B 公司生产的裤子，在 2000 年 2 月至 2004 年 7 月，通过零售店向消费者销售。本案商品的吊牌标识为“意大利产”，但实际上是在罗马尼亚缝制的。

（2）公平交易委员会在 2007 年 1 月 30 日对本案作出审决。被审人向东京高等法院提起了审决取消诉讼，但是并未根据第 62 条第 1 款的规定提出免除执行的申请。

（3）公平交易委员会在要求被审人履行审决的同时，在 2007 年 4 月 26 日公平交易委员会事务总长署名的警告书中告知被审人，如不在同年 5 月 11 日前提交有关审决主文所列措施的认可申请等，将根据《反垄断法》第 97 条采取相应措施。但是，被审人其后未作出任何回复或应答。因此，公平交易委员会在同年 6 月 21 日向东京高等法院发出了不履行审决的违法事实通知。东京高等法院作出了对被审人不处以行政罚款的决定。因对该决定不服，总检察长提出了许可抗告。

（4）其后，被审人从公平交易委员会获得了对公示方法的认可，在同年 12 月 20 日的朝日新闻早报以及产业新闻早报的社会版进行了公示，并向公平交易委员会进行了报告。被审人在本案决定的时点，已经全部履行完本案审决作出的命令。

2. 案件焦点

本案中是否应当对行为人处以行政罚款。

3. 法院的判断

“《反垄断法》第 97 条规定，对违反排除措施命令的当事人处以 50 万日元以下的行政罚款，从该条的宗旨来看，如果法院审理认定相关行为构成违反排除措施命令的行为，原则上应当对该行为当事人处以行政罚款，但是从违法行为的方式、程度以及其他诸多事项考虑认为没有处罚的必要时，也可以决定不对上述当事人进行处罚。

本案中，尽管当事人收到了公平交易委员会作出的审决，且作为排除消费者误认的措施要求其立即对本案商品的原产国标识与实际不符、会造成消费者误认的内容进行公示，当事人却怠于履行该审决。但是，当事人本案商品的不正当标识在收到该审决的约 2 年半前就已经停止，且在网络以及店铺公告中也公布了进行了不正当标识的事实，并对商品的召回和货款的返还作出了应对，为排除消费者的误认作出了努力。鉴于上述事实，应当肯定决定不对当事人进行处罚的原审判决的结论。”

4. 注意事项

本案尽管认定了相关行为违反排除措施命令，但却未依据第 97 条的规定对其处以行政罚款。

如今，《反垄断法》的执行免除制度（2005 年修订前第 62 条以及 2013 年修订前第 70 条之 6）已经被废止，如要停止排除措施命令的效力，则需依据《行政诉讼法》申请执行停止（该法第 25 条第 2 款）。

第 98 条【违反紧急停止命令的罚款】

概 要

本条规定了对违反紧急停止命令（第 70 条之 4 第 1 款）的行为进行的行政罚款，以确保紧急停止命令的实效性。

法院在认为有紧急必要的情形下，根据公平交易委员会的申请，可以对疑似违法行为作出责令临时停止的紧急停止命令（第70条之4），本条还规定了如违反该命令将被处以30万日元以下的罚款。

与本条相关的案例有“每日新闻举母专卖所违反紧急停止命令案”（案例175）等。

案例175　每日新闻举母专卖所违反紧急停止命令案

（东京高决昭和30·10·12审决集第9卷第147页［28222155］）

1. 案情概要

尽管向当事人送达了内容为“被申请人A不得为确保读者订阅以及继续订阅每日新闻而以订阅费的收款手续费为名义向订阅人支付金钱或提出支付金钱的希望，以及不得提供电视接收机、荧光灯、电熨斗、台灯或绸缎等或提出提供希望”的决定，但是在1950年8月，当事人仍以每日新闻订阅费的收款手续费为名义3次支付了共计8590日元。

2. 法院的判断

处以行政罚款1万日元。

3. 注意事项

2013年的修订，将东京高等法院专属管辖变更为东京地方法院专属管辖（第85条第2项）。

第99条　删除（1949年6月法律第214号）

第100条【宣告取消专利或实施权以及禁止与政府签订合同】（略）

第 12 章

违法案件的调查等

第 101 条【询问、检查、扣留】

概 要

本条对违反案件的调查方法中不具有法律强制力的任意调查作出了规定。

1. 赋予违法调查权限的原委

有关违法调查权限的一系列规定（本条至第 116 条）是在 2005 年法律修订时新增的。

在该修订前第 47 条第 1 款所规定的强制调查权限（以下简称行政调查）是为行政处分而进行的调查，而不得解释为为违法搜查而进行的调查（同条第 4 款）。因此，依据行政调查的结果进行告发，从确保程序合理的角度来看存在问题。此外，公平交易委员会在行政调查过程中制作的供述笔录，从保障沉默权等的关系来看，要将其作为公审的证据，还需要检察官进行重新处理，需要花费大量的劳力和时间。

鉴于此，为促进为进行刑事告发而实施的调查更加透明和有效，法律作出修订，赋予了公平交易委员会与国税厅以及证券交易等监视员会相同的违法调查权限。通过这一系列规定，不仅确保了程序合理，还使公平交易委员会收集的证据等向检察机构的移交以及在公审中的使用成为可能。

2. 违法调查与行政调查的关系——防火墙规则

违法调查是依据法院下达的文件进行的，在行使过程中应当尊重违法嫌疑人等的人权。与此相对，行政调查是为调查行为人的违法行为而进行的，对基本人权的顾及程度与违法嫌疑人等的情形有所不同。因此，如果不将行使这两类权限的人员进行分离，则行政调查很可能最终变成违法调查，从保障程序合理的角度来看容易出现问题。因此，为了将两个调查部门隔离，公平交易委员会采取以下3项措施作为防火墙规则。

第一，将负责违法案件的违法案件调查员归属于“违法审查部”，与归属于审查局的行政调查负责人员分属于不同部门。不得将违法审查部的职员指定为行政调查的审查官（关于《反垄断法》第47条第2款审查官指定的政令）。

第二，只能在违法审查部的职员中指定违法案件的调查人员（违法规则第2条）。

第三，在行政调查中获得的事实如可能成为违法案件的线索，审查官应当立即向事务总局审查局长报告并接受指示，而不得将该事实直接向违法案件调查人员报告（违法规则第4条第4款）。

3. 行政调查收集的证据用于违法调查的情形

第47条第4款规定，“不得将第1款规定的处分权限解释为违法搜查的权限”，不认可将行政调查权限作为违法调查的手段行使。

但是，概不认可通过行政调查掌握的违法案件事实向违法调查的移送又有些过于僵硬。最高法院在判决[①②]中对于一项国税的违法调查就曾认可其作为税务调查（行政调查）的线索向违法调查的移送，《反垄断法》的违法调查也同样应作此理解。

4. 违法调查收集的证据用于行政调查的情形

强制性违法调查是在获得法院的许可证后实施的，在询问（听取案情）过程中保障当事人的沉默权。违法调查收集的证据原则上允许用于行政调查，但是将违法调查权限作为行政调查的手段行使则构成违法。

但是在租税领域，最高法院曾在判决中[③]认可将依据《国税违法取缔法》进行违法调查的结果用于行政处分。

5. 根据违法调查提出刑事告发的案件

公平交易委员会行使违法调查权限进行调查并向总检察长进行刑事告发的案件，截至 2017 年 3 月 31 日共有下面所示的 7 个案件（见表 12–1）。

表 12–1 根据违法调查提出刑事告发的案例

案件名及告发对象	违法调查开始之日	告发之日	判决内容	课征金缴纳命令的日期、内容 *
粪便处理设施建设工程串通投标案 株式会社 KUBOTA 及其他 10 家、个人 11 名	2006 年 4 月 25 日	2006 年 5 月 23 日（同年 6 月 12 日追加告发）	对被告公司处以 7000 万日元至 2.2 亿日元的罚款，对被告人处以 140 万日元至 170 万日元的罚款以及 1 年 4 个月至 2 年 6 个月的徒刑（缓期执行 3 年至 4 年）	2007 年 1 月 16 日 对 4 家公司分别处以 1 亿 275 万日元至 6 亿 233 万日元，合计 20 亿 7189 万日元的课征金

① 最二小判昭和 51・7・9 裁判集刑第 201 号第 137 页［21054930］。

② 最二小判平成 16・1・20 刑集第 58 卷第 1 号第 26 页［28095046］。该案判决指出，在行使行政调查权限时，即便认为其可以作为违法案件的证据使用，也不得直接作为违法调查的手段行使。

③ 最一小判昭和 63・3・31 判夕第 667 号第 92 页［22002360］。

续表

案件名及告发对象	违法调查开始之日	告发之日	判决内容	课征金缴纳命令的日期、内容 *
名古屋市营地铁土木工程串通投标案 株式会社大林组及其他4家、个人5名	2007年1月24日	2007年2月28日（同年3月20日追加告发）	对被告公司处以1亿日元至2亿日元的罚款，对被告人处以1年6个月至3年的徒刑（缓期执行3至5年）	2007年11月12日 对14家公司分别处以3276万日元至4亿1403万日元，合计19亿2030万日元的课征金
绿色资源机构发包的有关绿色资源干线林道业务的地质调查以及调查测量设计业务的串通投标案 财团法人林业土木咨询及其他3个法人、个人5名、绿色资源机构原理事1名及原课长1名	2007年4月19日	2007年5月24日（同年6月13日追加告发）	对被告公司处以4000万日元至9000万日元的罚款，对被告人处以6个月至8个月的徒刑（缓期执行2至3年），对绿色资源机构原董事处以1年6个月至2年的徒刑（缓期执行3至4年）	2007年12月25日 对13家公司分别处以159万日元至1910万日元，合计9612万日元的课征金
熔融镀锌钢板价格卡特尔案 日铁住金钢板株式会社及其他2家、个人6名	2008年1月24日	2008年11月11日（同年12月8日追加告发）	对被告公司处以1亿6000万日元至1亿8000万日元的罚款，对被告人处以10个月至1年的徒刑（缓期执行3年）	2009年8月27日 对3家公司分别处以36亿7567万日元至63亿4076万日元，合计155亿718万日元的课征金
轴承制造销售商价格卡特尔案 日本精工株式会社及其他2家、个人7名	2011年7月26日	2012年6月14日	对被告公司处以1亿8000万日元至3亿8000万日元的罚款，对被告人处以1年至1年2个月的徒刑（缓期执行3年）	2013年3月29日 对3家公司分别处以5亿939万日元至72亿3107万日元，合计133亿6587万日元的课征金

续表

案件名 及告发对象	违法调查 开始之日	告发之日	判决内容	课征金缴纳命令的 日期、内容 *
铁道・运输机构发包的北陆新干线融雪・消雪基地机械设备工程串通投标案 高砂热学工业株式会社及其他 7 家、个人 8 名	2013 年 9 月 4 日	2014 年 3 月 4 日	对被告公司处以 1 亿 2000 万至 1 亿 6000 万日元的罚款，对被告人处以 1 年 2 个月至 1 年 6 个月的徒刑（缓期执行 3 年）	2015 年 10 月 9 日 对 7 家公司分别处以 1467 万至 3 亿 4288 万日元，合计 10 亿 3499 万日元的课征金
东日本高速道路株式会社东北分公司发包的有关东日本大地震铺装灾害修复工程串通投标案 株式会社 NIPPO 及其他 9 家、个人 11 名	2015 年 1 月 28 日	2016 年 2 月 29 日	对被告公司处以 1 亿 2000 万至 1 亿 8000 万日元的罚款，对被告人处以 1 年 2 个月至 1 年 6 个月的徒刑（缓期执行 3 年）	2016 年 9 月 6 日 对 11 家公司分别处以 2395 万至 2 亿 9452 万日元，合计 14 亿 951 万日元的课征金

* 课征金额是基于《反垄断法》第 63 条调整前的金额。

6. 各款的概要

第 1 款规定，违法案件调查员可以对违法嫌疑人提出到场接受调查的要求、对其进行询问、检查其持有的物品等、扣留其任意提交的物品等。在扣留上，是否提交对象物品虽属违法嫌疑人的任意，但是一旦提交就不再允许自由返还以及誊写提交的物品，因此在提交之前应事先做好誊写。[①]

第 2 款规定，作为任意调查的一个环节，违法案件调查人员可以要求政府机关等报告必要的事项。本款规定使用了与《刑事诉讼法》第 197 条第 2 款相同的表述进行规定，被要求报告的政府机关等负有报告义务，一旦收到本款规定的报

① 白石忠志、多田敏明：《论点体系　反垄断法》，第一法规 2014 年版，第 534 页。

告要求，由于属于法律上规定的义务，可以认为该政府机关等的负责人员并不违反保密义务。[①]

如对方不回应基于本条的调查或询问，并未规定强制履行的手段。即便拒绝基于第 1 款规定的到场要求以及询问等，也不会受到任何处罚。

第 102 条【临场调查、搜查、扣押】

概 要

本条对违反案件的调查方法中具有直接法律强制力的强制调查作出了规定。

1. 各款规定的内容

第 1 款规定，违法案件调查人员在认为为实施违法案件调查确有必要的情形下，可以凭借公平交易委员会所在地的东京地方法院或者东京简易法院的法官发放的许可证进行临时调查、搜查、扣押的强制处分。

“临场调查”是指对于违法嫌疑人等所有的与违法案件相关的物品或场地、住所及其他场所，通过五官的作用对其存在、性质、形状、现象进行以感知、认识为目的的强制处分。“搜查”是指为发现需扣押物品而对违法嫌疑人等的身体或场地进行的强制处分。“扣押”是指取得被认为属于违法案件证据的物品的占有的强制处分。[②]

此外，尽管有规定允许对在行政调查中提交的资料进行查阅或誊写（审查规则第 18 条），但是没有规定允许对在违法案件调查中扣押的资料进行查阅或誊写。

第 2 款规定，在应该扣押的物品为电子计算机的情形下扣押该电子计算机或其他相关记录介质的方式。

第 3 款规定，在有急切需要的情形下，作为例外，可以不向东京地方法院或

① 诹访园贞明：《2005 年修订反垄断法》，商事法务 2005 年版，第 173 页。

② 白石忠志、多田敏明：《论点体系　反垄断法》，第一法规 2014 年版，第 534 页。

东京简易法院而向实施强制处分的场所等的管辖地方法院或简易法院的法官申请许可证。

第 4 款规定，违法案件调查人员在申请许可证时，应提交认定存在违法案件的资料（证据）。这里的资料一般包括内部调查的报告书、对参考人的询问笔录、相关机构提供的资料、来信等。① 此外，在对相关案件进行强制处分之前，如经营者已申请课征金减免，资料也包括该经营者的董事或员工的供述笔录。②

第 5 款规定，法官在交付许可证时应当在许可证中写明必要事项（临场调查的场所、搜查的场所、身体或物品、应扣押的物品、要求记录或复制的电磁记录及进行记录或复制的人、申请人的官职和姓名、有效期、到期限后不得执行并归还的事宜、交付的日期及法院名称。此外，如果违法嫌疑人的姓名或者违法事实清晰的，也应当写明）并签名、盖章。

此外，虽然法律中没有明文规定，但是在许可证的申请方式存在问题的情形下以及在不认定违法案件存在或确认没有强制处分的必要性等没有申请许可的理由的情形下，可以驳回申请。③

第 6 款规定，在应该扣押的物品为电子计算机时，除第 5 款规定的事项外，还应在许可证中写明通过电信线路连接到应扣押的电子计算机的记录介质、该电磁记录应复制的范围。

第 7 款规定，收到许可证的违法案件调查人员可以将该许可证交付给其他违法案件调查人员进行临场调查、搜查和扣押。

2. 临场调查及搜查的场所范围

临场调查及搜查的场所范围一般认为特指许可证中记载的违法嫌疑人所有的营业场所，但是在实际的执行中，重点是对营业场所中与违法案件相关的业务部门进行临场调查及搜查。

对于营业场所中与疑似违法事实明显无关的部门，如果确认基本没有存在证

① 诹访园贞明编著：《2005 年修订反垄断法》，商事法务 2005 年版，第 175 页。

② 白石忠志、多田敏明：《论点体系　反垄断法》，第一法规 2014 年版，第 545 页。

③ 诹访园贞明编著：《2005 年修订反垄断法》，商事法务 2005 年版，第 173 页。白石忠志、多田敏明：《论点体系　反垄断法》，第一法规 2014 年版，第 544 页。

据的可能性，可以将其排除在临场调查及搜查的对象范围外。①

除经营者的营业场所外，违法嫌疑人的员工的住宅也可以成为临场调查及搜查的对象，但是由于该场所隐私性高，应注意避免将其属于违法调查对象之事暴露于邻里，并应当提供由违法嫌疑人的员工向同居的家人说明的机会。②

3. 认可拒绝扣押的案例

尽管《反垄断法》中没有明文规定，但是通过适用《刑事诉讼法》第 103 条至第 105 条的规定可以认为，扣押的对象如包含与公务秘密或与律师等业务秘密相关的内容，可以拒绝扣押。③

违法嫌疑人所属的律师（公司内部律师）也包含在律师范围内，对于其接受所属单位委托保管、持有的物品或物件如果涉密，也可以拒绝扣押。④但是，如果所属单位委托的业务范围不清，或者受委托保管或持有的物品或物件的范围与营业场所等在客观上无法明确区分的，则可能导致拒绝扣押的可能范围变得不明确，因此，在保管或持有所属单位委托的涉密资料时应当注意明确该物品或物件的范围。⑤

第 103 条【扣押邮件等】

概 要

本条规定，对于通信秘密（《宪法》第 21 条第 2 款），如受到保护的邮件等，参照《关税法》的规定，在获得许可证后可以进行扣押。

---

① 有观点指出，法务部门是在公司内部推行遵守包含《反垄断法》在内的法律的部门，会收到来自营业部门等一线部门关于经营活动合法性的商谈或询问，如果将积极进行上述商谈、询问的部门也纳入现场调查的对象，可能导致该部门对商谈、询问的应对变得犹豫和不积极，反过来将不利于企业合规的推进，因此，提出了在原则上不应当对法务部门进行现场调查的希望（榊原美纪:《详说　反垄断法审查程序》，弘文堂 2016 年版，第 72 页）。

② 白石忠志、多田敏明 :《论点体系　反垄断法》，第一法规 2014 年版，第 548 页。

③ 诹访园贞明编著 :《2005 年修订反垄断法》，商事法务 2005 年版，第 174 页。

④ 白石忠志、多田敏明 :《论点体系　反垄断法》，第一法规 2014 年版，第 548 页。

⑤ 榊原美纪 :《详说　反垄断法审查程序》，弘文堂 2016 年版，第 104 页。

对于邮件或电信相关资料（通话记录等），违法案件调查人员在获得法院许可证后可以对违法嫌疑人为发件人或收件人的邮件或电信相关资料(通话记录等)（第1款）以及被认为与违法案件的疑似违法事实存在关联的邮件或电信相关资料（通话记录等）（第2款）进行扣押。

而对于电子邮件，根据本条规定对从事通信业务的经营者不仅可以通过扣押电子邮件发送履历的方式进行扣押，还可以通过复制电脑内电子邮件数据的方式进行扣押。

第103条之2【要求保全通信记录的电磁记录】（略）

第103条之3【代替扣押电磁记录相关记录介质的处分】（略）

第104条【夜间执行的限制】

概 要

本条规定对临场调查、搜查以及扣押（以下统称强制处分）的执行时间设置了原则限制（第1款），并允许在日落前开始的强制处分在日落后继续进行（第2款）。

原则上禁止夜间执行强制处分，如果法院的许可证中无记载可以在夜间（日落至日出期间）执行则不得执行（第1款）。但是，对于在日落前开始的强制处分，在认为确实有必要的情形下，可以在日落后继续进行（第2款）。

设置这样的时间限制，目的是保障接受强制调查的当事人夜间私生活的平静。由于没有如《刑事诉讼法》第118条那样允许中途停止执行后间隔一段时间再继续的规定，一旦执行停止，该时点的执行即视为终了，如要再次开始，必须再次申请许可证。①

在实践当中，一般从中午开始对对象营业场所同时展开强制处分，如进行过程中日落，往往很难认定没有再继续的必要，因此通常都会持续到夜间。②

第105条【许可证的出示】

概 要

为确保程序公正，本条规定，委员会职员应当向接受临场调查、搜查、扣押处分的当事人出示许可证。

许可证的出示，不仅是让对方确认许可证的存在，还必须给予当事人一定时间理解许可证记载的内容，在此基础上，即便没有把许可证亲手交给对方、读给对方听、让对方誊写或是给予复印拍照的机会，也都不认为是违法。③

与此相对，行政调查中的现场调查则要求必须将疑似违法事实告知书交付给对方（审查规则第20条），同时为便于当事人考虑调查开始之日以后的课征金减免申请，认可了当事人对许可证记载内容以及疑似违法事实内容进行充分确认的必要性，在接受处分的当事人没有反抗或阻挠执行的行为且协助处分的执行的情形下，如果当事人有誊写或拍照的要求，违法案件调查人员应尽可能允许。④

如果接受处分的当事人不在场，由于无法向其出示许可证，也可以向在场的见证人出示。⑤

---

① 白石忠志、多田敏明：《论点体系　反垄断法》，第一法规2014年版，第554页。

② 榊原美纪：《详说　反垄断法审查程序》，弘文堂2016年版，第103页。

③ 有关规定许可状出示的《刑事诉讼法》第110条的判例有，东京地决昭和34·5·22下级刑集第1卷第5号第1339页［27760649］。

④ 榊原美纪：《详说　反垄断法审查程序》，弘文堂2016年版，第98页。

⑤ 榊原美纪：《详说　反垄断法审查程序》，弘文堂2016年版，第178页。

第 106 条【身份的证明】

概 要

本条设置的目的是通过明确处分执行人的身份关系，消除接受处分者内心的恐惧，以确保违法调查的顺利进行。

不用说强制处分，即便是任意处分，也多少会对接受处分者的自由和权利带来影响。为消除接受处分者内心的恐惧、确保违法调查的顺利进行，公平交易委员会职员在为违法调查而进行询问、检查、扣留、临场调查、搜查、扣押时，应当携带显示拥有处分权限的委员会职员身份的证件，在违法嫌疑人所属企业的董事等相关人员要求时进行出示。

身份证件的具体内容，在违法规则中有具体规定。

第 107 条【进行临场调查、搜查、扣押时的必要处分】

概 要

本条规定了进行强制处分等时可以采取的必要措施。

第 1 款规定，为进行强制处分而认为有必要时，违法案件调查员可以采取开锁、开封及其他必要的处分。

其他的必要处分包括解锁电子数据的密码、复原被删除的电子数据、制止裁剪或废弃纸质或电子数据等证据资料等毁灭证据的行为、拍照等。[①]

当然，对于这些处分的内容和方法并不是没有限制，仅限于为达成强制处分的目的而进行的最小必要限度的处分。

第 107 条之 2【要求接受处分者配合】（略）

① 白石忠志、多田敏明：《论点体系　反垄断法》，第一法规 2014 年版，第 558 页。

第 108 条【处分期间禁止出入】

概 要

本条规定是为防止证据的分散遗失、排除外部妨碍、确保违法案件调查人员合理且顺利地推进调查而设置。

在禁止出入的情形下，对于不服从的人员，违法案件调查人员可以采取强硬措施将其带走或让其离开，在进行临场调查、搜查以及扣押的强制处分的情形下，还可以请求警察的援助（第 110 条）。①

在条文上，即便对于询问、检查以及扣留这些任意处分也可以采取禁止出入场所的措施，但是与强制处分不同，其不是获得法院许可证而进行的处分，因此应当谨慎采取强硬措施。②

即便采取了禁止出入场所的措施，与法务部门以及律师的电话联系因不属于"出入场所"而不受限制。但是，又存在收到联系的律师能否进入被采取禁止出入措施的场所进行在场见证的问题。对于禁止出入措施的对象，条文上说的是"任何未经许可的人员"，因此可以认为包括要求在场的律师离开。但是，本条设置的目的是防止证据的分散遗失、排除外部妨碍，如果律师不会做出造成上述危害的行为，就欠缺将其作为禁止出入对象的必要性。而关于第 47 条的调查，审查程序指南（2015 年 12 月 25 日公平交易委员会决定）第 2.1 条（5）中认可了"在不会妨碍现场调查顺利进行的范围内的律师在场"，在违法调查手续上也没有理由不认可律师的在场。③

---

① 诹访园贞明编著：《2005 年修订反垄断法》，商事法务 2005 年版，第 180 页。

② 诹访园贞明编著：《2005 年修订反垄断法》，商事法务 2005 年版，第 180 页。
此外，有观点指出，对于任意调查，即使在事实上不得已的情况下也不能采取禁止出入的措施，只有在有必要防止有具体危险的人从外部消除证据的隐灭行为和妨碍调查行为等的情况下，才能采取本条的措施（白石忠志、多田敏明:《论点体系　反垄断法》，第一法规 2014 年版，第 560 页）。

③ 榊原美纪：《详说　反垄断法审查程序》，弘文堂 2016 年版，第 100 页。

此外，律师也可以作为强制处分场所管理人的代理人在场（第109条第1款）。①

第109条【负责人等的现场见证】

概要

本条第1款和第2款是为保障受处分者的权利、确保程序的公正而设置的，而第3款则是从女性名誉的特殊性考虑、通过同性（女性）在场以确保公正而设置的。

第1款中以住所、府邸、建筑物为示例，规定无论在任何场所进行强制处分都必须有见证人在场。即便在同一建筑物内部的多个场所同时进行强制处分，每个场所也都必须分别有见证人在场。②③

第2款规定，如果应当在场见证的人员无法到场见证，可以由其成年邻居或者当地的警察、地方公共团体的职员到场见证。

第3款规定是从顾及女性名誉的角度要求同性在场见证，其与以确保程序公正为目的的第1款以及第2款规定的主旨不同，因此，只要是女性，哪怕是违法案件调查人员的在场见证也可以。④

① 实际上也有律师在场见证的情形（白石忠志、多田敏明:《论点体系　反垄断法》，第一法规2014年版，第551页）。

② 白石忠志、多田敏明：《论点体系　反垄断法》，第一法规2014年版，第561页。

③ 与本款作出同样规定的《刑事诉讼法》第114条第2款的相关案例有东京地决昭和40・7・23下级刑集第7卷第7号第1540页［27760785］、东京地判昭和51・4・15判时第883号第82页［27422794］等。

④ 白石忠志、多田敏明：《论点体系　反垄断法》，第一法规2014年版，第561页。

第 110 条【警察的援助】

概 要

本条规定在违法案件调查人员无法或难以自行排除对其执行职务带来外部障碍的情形下，可以请求警察通过强硬方式进行援助以排除障碍。

本条规定违法案件调查人员在进行强制处分时，在仅仅凭借其力量难以或无法排除受处分者等的抵抗的情形下，可以获得警察的援助以排除抵抗。

而基于本条的援助是排除对违法案件调查人员执行职务的抵抗，警察不得代替违法案件调查员进行临场调查、搜查或扣押。[①]

第 111 条【笔录的制作】

概 要

本条规定设置的目的是确保违法案件调查人员在进行询问、检查、扣留、临场调查、搜查、扣押时职务执行的适当而设置的。同时，该笔录还可作为该违法案件提起公诉的证据使用。

笔录中应当写明进行询问或检查等处分的日期、处分的事实、场所、时间以及答辩的主要内容，且应当通过读给受询问者以及见证人听或由其阅读的方式确认记载内容是否有误。确认后，如有当事人提出变更或删除记录的申请，应当记录在笔录中。[②]在记录处分的日期时，应当特别指出措施减免制度的调查开始日期。[③]

接受询问者以及见证人没有签名盖章的义务，如果上述人员拒绝签名盖章或

① 诹访园贞明编著：《2005 年修订反垄断法》，商事法务 2005 年版，第 183 页。

② 诹访园贞明编著：《2005 年修订反垄断法》，商事法务 2005 年版，第 183 页。

③ 诹访园贞明编著：《2005 年修订反垄断法》，商事法务 2005 年版，第 184 页。

者因受伤无法签名盖章的，将该情形记录在笔记中即可（本条但书）。

第 112 条【扣留目录等的制作】

概 要

本条规定违法案件调查人员在进行扣留或扣押时，为明确事实，应当制作对象物品的目录并交付给物品所有者等。

如果对象物品可能分散遗失或被夺回，除非在处分现场制作存在困难或认为不当的情形下，应当在处分现场制作目录，并将其副本交给所有者。[①]

违法案件调查人员在交付目录前，应当将扣留或扣押的对象物品与目录进行逐一核对，但是在难以对扣留或扣押对象物品的内容进行详细核对，或者强制处分持续到夜间时，对象物品的实际管理人无法在核对现场见证的情形下，由于即便在之后对目录进行确认也难以具体确认扣押对象物品的具体内容，有观点指出，应当在扣押前就当前必要物品等进行交涉并要求获得复印件。[②]

第 113 条【扣留物品等的保管】

概 要

本条规定了不便搬运或保管的扣留物品及扣押物品的保管方法。

对于不便搬运或保管的扣留物品及扣押物品，经其所有人、持有人或其他违法案件调查人员认为合适的人员的同意，可以令其进行保管。如果由所有者进行保管的，必须要求其提交保管证。

由上述人员进行保管，仅限于不存在毁灭证据的情形。保管者如果随意处分

① 諏访园贞明编著：《2005 年修订反垄断法》，商事法务 2005 年版，第 184 页。

② 白石忠志、多田敏明：《论点体系　反垄断法》，第一法规 2014 年版，第 566 页。

保管物品则构成侵占罪，如果损害保管物品则构成毁坏财物罪。[①]

第 114 条【扣留物品等的返还等】

概 要

本条规定了扣留物品和扣押物品在丧失扣留的必要时的返还程序。

第 1 款中丧失扣留的必要是指认为该物品无法作为证据使用或者没有作为证据使用的必要，由公平交易委员会综合考虑各项情形进行判断。

如公平交易委员会已向总检察长告发，扣留物品及扣押物品转交检察官，依据《刑事诉讼法》进行扣押（参照第 116 条）。

接受返还者通常为该物品的任意提交者或者被扣押者。如果接受返还者为保管者（第 113 条），应当将解除扣留或扣押事宜以文书形式通知对方并予以返还，同时将保管证返还给保管者。

扣留或扣押因返还而效力消灭，物品返还后如再有对其取得占有的必要，应当重新办理扣留或扣押手续。

在无法知晓接受返还者的住所或居所以及因其他事由无法返还的情形下，应当进行公告（第 2 款），如自公告之日起满 6 个月仍未收到返还申请的，上述物品收归国库（第 3 款）。

在实务中，有观点指出，不应当对每一个扣留物品或扣押物品是否具有留置的必要进行一一分析，而应当在调查结束等作为证据使用的可能性丧失的时点将其视为“丧失留置的必要”进行处理。[②]

---

① 諏访园贞明编著 :《2005 年修订反垄断法》，商事法务 2005 年版，第 184 页。此外，有观点指出，即便在搬运或保管上多少存在不便，更多情况下优先考虑的是证据确保（白石忠志、多田敏明 :《论点体系　反垄断法》，第一法规 2014 年版，第 567 页）。而本条规定的交由所有者等保管的情形在实际中并不多见。

② 白石忠志、多田敏明 :《论点体系　反垄断法》，第一法规 2014 年版，第 568 页。

第 114 条之 2【转移后扣押的记录介质的交付等】（略）

第 114 条之 3【鉴定等的委托】（略）

第 115 条【向委员会报告调查结果】

概 要

本条规定的设置是为确保调查程序与告发在法律上的衔接。

违法案件的调查属于公平交易委员会职员的权限（第 101 条、第 102 条），而告发则是由公平交易委员会进行（第 74 条）。完成违法案件调查的公平交易委员会职员，有义务明确案件的线索、调查的经过、事实概要、相关法律条文以及调查人员对违法案件的意见（违法规则第 5 条），并将调查的结果向公平交易委员会报告。

第 116 条【扣留物品的移交等】

概 要

本条规定了违法案件调查的结果是在向总检察长告发的情形下扣留物品以及扣押物品向检察官的移交。

经违法案件调查，公平交易委员会向总检察长告发的，应当将扣留物品以及扣押物品与目录一起移交给检察官（第 1 款）。

扣留物品以及扣押物品如是依据第 113 条的规定由所有者或持有者保管的，则应当将保管证移交给检察官，并将相关事宜通知保管者（第 2 款）。

扣留物品以及扣押物品因告发而移交至检察官的，应当依据《刑事诉讼法》

的规定对上述物品进行收押（第 3 款）。接受移交的检察官可以根据《刑事诉讼法》的规定进行保管、废弃、出售、价款保管、返还、临时返还等（《刑事诉讼法》第 121 条至第 123 条、第 222 条第 1 款）。

违反案件调查中没有关于所有者等返还请求的规定（参照《刑事诉讼法》第 114 条），但是《刑事诉讼法》规定在收押时所有者、持有者、保管者等可以申请临时返还（《刑事诉讼法》第 123 条第 2 款、第 222 条第 1 款）。对是否予以临时返还，尽管由检察官进行自由裁量（横滨地决昭和 45・7・7 刑裁月报第 2 卷第 7 号第 755 页［27940301］），但是在对扣留物品以及扣押物品出现使用必要性进行说明后申请临时返还的，实务中确实有被返还情形。[①]

本条对于扣留物品以及扣押物品以外的证据没有作出规定，但可以认为违法调查制作的供述笔录等在告发时也进行了移交。但是，违法案件调查人员制作的供述笔录因符合《刑事诉讼法》第 321 条第 1 款第 3 项的规定，如未获得被告人方的同意则作为证据被采用的可能性较低，事实上一般也由检察官进行调查并制作检察官当面调查书（《刑事诉讼法》第 321 条第 1 款第 2 项）。[②]

第 117 条【行政程序法的适用除外】

概 要

本条就基于第 12 章的规定进行的处分、行政指导不适用《行政程序法》第 2 章至第 4 章作出了规定。

违法调查程序相当于刑事程序中的搜查程序，与行政程序相比更具有司法程序的特征，并且与确保法院的程序适当相关。因此，本条规定，对于公平交易委员会以及违法案件调查人员根据《违法调查规定》（第 12 章）进行的（行政）处分以及行政指导，与关于国税、地税、金融商品交易的违法调查相同（《行政程

① 白石忠志、多田敏明：《论点体系　反垄断法》，第一法规 2014 年版，第 570 页。

② 白石忠志、多田敏明：《论点体系　反垄断法》，第一法规 2014 年版，第 570 页。

序法》第3条第1款第6项），不适用《行政程序法》第2章至第4章（对申请的处分、不利处分以及关于行政指导的规定）。

《反垄断法》中没有关于对违法调查程序提出不服申诉的规定，并在本条以及下一条中规定不适用《行政程序法》以及《行政不服审查法》。在与同样未对不服申诉作出规定的《国税违法取缔法》相关的、对于法官作出的扣押许可以及征税官作出的扣押处分适用《刑事诉讼法》关于扣押的准抗告不服并进行申诉的案件中，最高法院否定了对《刑事诉讼法》的适用，认为应当依据《行政诉讼法》进行判断（最大决昭和44·12·3刑集第23卷第12号第1525页［21031830］），对于《反垄断法》违法调查程序的判断也应该相同。

但是实际上依据《行政诉讼法》仅可以针对在返还前法律效果依然存续的扣押提起取消诉讼，而临场调查以及搜查因执行时行政处分的效果发生、其后法律效果不再、诉讼利益欠缺，致使诉讼因不合法而被驳回的可能性较高。①

第118条【不服申诉的限制】

概要

本条规定基于第12章规定进行的处分、行政指导不适用《行政不服审查法》的审查请求。

违法调查虽属于行政程序，但实际上是违法调查，并将通过告发（第74条第1款）过渡到刑事程序，对于在这一过程中作出的（行政）处分及其不作为［即，对依法提出的申请不作任何处分。（《行政不服审查法》第3条）］是否适当，不应当由行政机关进行判断。因此，本条规定，对于公平交易委员会以及违法案件调查人员根据《违法调查规定》（第12章）作出的处分及其不作为，与关于国税、地税、金融商品交易的违法调查相同（《行政不服审查法》第7条第1款第7项），不得提出审查申请（《行政不服审查法》第2条、第3条）。

① 白石忠志、多田敏明：《论点体系　反垄断法》，第一法规2014年版，第552页。

附录1　禁止私人垄断及确保公正交易法

1947年法律第54号

最后修订：2019年法律第45号

第一章 总则（第一条、第二条）

第二章 私人垄断及不正当限制交易（第二条之二至第七条之九）

第三章 经营者团体（第八条至第八条之三）

第三章之二 垄断状态（第八条之四）

第四章 股份的持有、董事的兼任、合并、分立、股份转移以及业务受让（第九条至第十八条）

第五章 不公平的交易方法（第十八条之二至第二十条之七）

第六章 适用除外（第二十一条至第二十三条）

第七章 停止请求及损害赔偿（第二十四条至第二十六条）

第八章 公平交易委员会

第一节 设置、任务、主管事务及组织等（第二十七条至第四十四条）

第二节　程序（第四十五条至第七十条之十二）

第三节 杂则（第七十一条至第七十六条）

第九章 诉讼（第七十七条至第八十八条）

第十章 杂则（第八十八条之二）

第十一章 罚则（第八十九条至第一百条）

第十二章 违法案件的调查等（第一百零一条至第一百一十八条）

附则（略）

第一章 总 则

第一条【目的】本法的目的是，禁止私人垄断、不正当限制交易以及不公平的交易方法，防止业务支配力过度集中，通过排除基于合并、协定等方法对生产、销售、价格、技术等造成的不正当限制及其他一切对业务活动的不正当约束，促进公平且自由的竞争，发挥经营者的创造性，繁荣经营活动，提高就业及国民实际收入水平，以此确保消费者的利益，促进国民经济民主健康发展。

第二条【定义】

1. 本法所称“经营者”，是指从事商业、工业、金融业及其他业务者。为经营者的利益而从事活动的董事、员工、代理人及其他人员，在适用下款或第三章的规定时，视为经营者。

2. 本法所称“经营者团体”，是指以增进经营者共同利益为主要目的的两个以上经营者的结合体或联合体，包括下列几种形式。但是，两个以上经营者的结合体或联合体，拥有资本或成员经营者的出资，以经营营利性的商业、工业、金融业及其他业务为主要目的，且仍在经营该业务的除外。

（1）以两个以上经营者为成员（包括准成员）的社团法人及其他社团；

（2）由两个以上经营者控制其理事或管理人的任免、业务的执行或其存立的财团法人及其他财团；

（3）以两个以上经营者为成员的合作社或基于合同由两个以上经营者组成的结合体。

3. 本法所称“董事”，是指理事、董事、执行董事、执行业务的员工、监事或监察人员或与此相当的人、经理、以及本店或分店的业务主任。

4. 本法所称“竞争”，是指两个以上经营者在其正常的经营活动范围内，并且在对该经营活动的设施或方式没有作出重要改变的前提下，实施或可以实施下列行为的状态。

（1）向同一需要者提供同种或类似的商品或服务；

（2）接受同一供应商提供的同种或类似的商品或服务。

5. 本法所称“私人垄断”，是指经营者单独、与其他经营者合并或共谋、或采取其他任何方式，排除或支配其他经营者的经营活动，从而违反公共利益，在一定的交易领域实质性限制竞争。

6. 本法所称“不正当限制交易”，是指经营者以合同、协议及其他任何名义，与其他经营者共同决定、维持或提高价格，或者限制数量、技术、商品、设备或交易对象等，对经营活动进行相互约束并具体实施，从而违反公共利益，在一定的交易领域实质性限制竞争。

7. 本法所称“垄断状态”，是指同种商品（包括无需对与该同种商品相关的正常经营活动的设施或方式作出重要改变就能够提供的商品）（本款下称一定的商品）以及在国内提供的具有显著类似功能或功效的其他商品（出口商品除外）的价格（扣除对该商品直接征收的租税后的金额）或者在国内提供的同种服务的价格（扣除对接受服务者征收的与该服务相关的租税后的金额）在政令规定的最近一年内合计金额超过1000亿日元时，在与该一定的商品或服务相关的一定的经营领域中，存在以下市场结构以及市场弊端。

（1）在该一年内，一个经营者在经营领域的市场份额［在国内提供的该一定的商品以及与其具有显著类似功能或功效的其他商品（出口商品除外）或在国内提供的该服务的数量（不适于依据数量计算的情形下，依据其价格计算。本款下同）中，该经营者提供的该一定的商品以及与其具有显著类似功能或功效的其他商品或服务的数量所占的比例。本款下同］超过二分之一、或者两个经营者在各自的经营领域市场份额合计超过四分之三的。

（2）其他经营者在该经营领域内开展新的经营存在显著困难的。

（3）该经营者提供的该一定的商品或服务，在相当的期间内，与供需的变动及供应所需费用的变化相比，价格上升显著或下降甚微，且该经营者在此期间内存在以下任何一项情形的：

①获得显著超过该经营者所属的政令所规定的行业中政令所规定的种类的标准利润率的利益的；

②支出与该经营者所属经营领域的经营者的标准销售费用及一般管理费用相

比明显过高的销售费用及一般管理费用。

8. 因经济状况发生变化导致国内生产者的发货状况及批发价格发生显著变动时，应考虑上述状况，在政令中对前款金额另行规定。

9. 本法所称“不公平的交易方法”，是指符合下列任何一项情形的行为。

（1）没有正当理由，与竞争对手共同实施以下任何一项行为的：

①拒绝向某一经营者供应、或者限制向其提供的商品或服务的数量或内容；

②要求其他经营者拒绝向某一经营者供应、或者限制向其提供的商品或服务的数量或内容。

（2）在不同的地区或对象中以不正当的差别性价格持续地提供商品或服务，并可能使其他经营者的经营活动出现困难的；

（3）没有正当理由，以显著低于供应所需费用的价格持续提供商品或服务，并可能使其他经营者的经营活动出现困难的；

（4）没有正当理由，在提供商品时，对购买自己提供的商品的交易对象附加下列任何一项约束性条件：

①要求交易对象维持其规定的所售商品的销售价格、以及其他限制交易对象自由决定该商品销售价格的行为；

②规定经营者购买交易对象所售商品的销售价格，并让交易对象维持该商品向该经营者的销售价格，以及其他通过交易对象限制该经营者自由决定该商品销售价格的行为。

（5）利用自己在交易上优越于交易对象的地位，参照正常的商业惯例不正当地实施下列任何一项行为：

①要求与其进行持续性交易的交易对象（包括计划进行新的持续性交易的交易对象，②同）购买与该交易相关的商品或服务以外的商品或服务；

②要求与其进行持续性交易的交易对象，为自己提供金钱、服务及其他经济上的利益；

③拒绝从交易对象收取与交易相关的商品，在从交易对象收取与交易相关的商品后将该商品退回给交易对象，拖延向交易对象支付交易货款或减少该金额，

以及其他对交易对象施加或变更不利于交易对象的交易条件、或实施不利于交易对象的交易的行为。

（6）除上述各款所列内容外，符合以下任何一项行为，可能阻碍公平竞争、并由公平交易委员会指定的行为：

①不正当地对经营者实施差别对待的；

②以不正当的价格进行交易的；

③不正当地引诱或强迫竞争对手的顾客与其交易的；

④不正当地施加约束交易对象经营活动的条件进行交易的；

⑤不正当地利用自己在交易上的地位与交易对象进行交易的；

⑥不正当地妨碍在国内与自己或自己担任股东或董事的公司存在竞争关系的其他经营者与其交易对象之间的交易，或者在该经营者是公司的情形下不正当地引诱、唆使或强迫其公司股东或董事实施对该公司不利的行为。

第二章　私人垄断及不正当限制交易

第二条之二【有关课征金的定义】

1. 本章所称“市场份额”，是指在一定的交易领域、在一定期间内提供的商品或服务的数量中由一个或两个以上经营者提供的或接受提供的该商品或服务的数量所占的比例，或者在一定的交易领域、在一定的期间内提供的商品或服务的价额中由一个或两个以上的经营者提供的或接受提供的该商品或服务的价额所占的比例。

2. 本章所称“子公司等”，是指经营者的子公司｛法人包括其全体股东（包含总员工，下同）的表决权［在股东大会上可以决议的所有事项中不能行使表决权的股份的表决权除外，包含《公司法》（平成十七年法律第八十六号）第八百七十九条第三款规定的被视为有表决权的股份的表决权及《关于公司债券、股票等转帐的法律》（平成十三年法律第七十五号）第一百四十七条第一款或者第一百四十八条第一款规定的不能与发行人对抗的股份相关的表决权。本款及下款同］过半数的公司。在此情形下，法人及其一个或两个以上的子公司、或在法人的一个或两个以上的子公司的全体股东的表决权中拥有过半数表决权的其他公司视为该法人的子公司。本款下同｝、母公司（以公司为子公司的其他公司。本款下同）或与该公司拥有同一母公司的其他公司。

3. 本章所称“完全子公司等”，是指经营者的完全子公司（拥有其全体股东的全部表决权的其他公司。在此情形下，法人及其一个或两个以上的完全子公司、或法人的一个或两个以上的完全子公司拥有全体股东的全部表决权的其他公司，视为该法人的完全子公司。本款下同）、完全母公司（以公司为完全子公司的其他公司。本款下同）、或者与该经营者拥有同一完全母公司的其他公司。

4. 本章所称“供应子公司等”，是指实施了第七条之二第一款以及第七条之九第一款或第二款规定的违法行为中任意一项违法行为（除第十三款和第十四款外，本条下称违法行为）的经营者的子公司等、并在该违法行为相关的一定的交易领域提供了与该违法行为相关的商品或服务的公司等。

5. 本章所称 “违法供应子公司等”，是指作为供应子公司等的、在违法行为经营者实施的违法行为相关的一定的交易领域实施该违法行为的子公司等。

6. 本章所称 “非违法供应子公司等”，是指作为供应子公司等的、在违法行为经营者实施的违法行为相关的一定的交易领域未实施该违法行为的子公司等。

7. 本章所称“特定非违法供应子公司等”，是指在非违法供应子公司等中，与违法行为经营者存在完全子公司等关系的，就其向其他经营者提供与该违法行为有关的商品或服务，从该经营者接受指示或获得信息，并根据该指示或信息提供该商品或服务的子公司等。

8. 本章所称“购买子公司等”，是指违法行为经营者的子公司等，在与该违法行为相关的一定的交易领域购买该违法行为相关的商品或服务的子公司等。

9. 本章所称“违法购买子公司等”，是指购买子公司等，在与违法行为经营者的违法行为相关的一定的交易领域实施该违法行为的子公司等。

10. 本章所称 “非违法购买子公司等”，是指购买子公司等，在与违法行为经营者的违法行为相关的一定的交易领域未实施该违法行为的子公司等。

11. 本章所称“特定非违法购买子公司等”，是指在非违法购买子公司等中，与违法行为经营者存在完全子公司等关系的，就其从其他经营者购买与该违法行为有关的商品或服务，从该经营者接受指示或获得信息，并根据该指示或信息购买该商品或服务的子公司等。

12. 本章所称“事前通知”，是指在根据第七条之二第一款以及第七条之九第一款或第二款的规定作出课征金缴纳命令的情形下，根据第六十二条第四款替换适用第五十条第一款的规定、公平交易委员会向违法行为经营者作出的通知。

13. 本章所称“实施期间”，是指与实施第七条之二第一款以及第七条之九第一款规定的违法行为的经营者相关的实施该违法经营活动之日［对该经营者就其违法行为最初作出第四十七条第一款第一项或第三项或第四项规定的处分、第一百零二条第一款或第二款规定的处分、或者第一百零三条之三的各项规定的处分之日（未对该经营者进行该处分的，是指该经营者收到该违法行为的事前通知之日）超过十年的，是指该日］起至该违法经营活动结束之日的期间。

14. 本章所称“违法行为期间”，是指与实施第七条之九第二款规定的违法行为的经营者相关的违法行为实施之日［对该经营者就其违法行为最初作出第四十七条第一款第一项或第三项或第四项规定的处分、第一百零二条第一款或第二款规定的处分、或者第一百零三条之三的各项规定的处分之日（未对该经营者进行该处分的，是指该经营者收到该违法行为的事前通知之日）超过十年前的，指该日］起至该违法行为结束之日的期间。

15. 本章（第七条之四除外）所称 “调查开始日”，是指就违法行为相关案件最初作出第四十七条第一款第一项或第三项或第四项规定的处分、第一百零二条第一款或第二款规定的处分、或者第一百零三条之三的各项规定的处分之日（未对该经营者进行该处分的，是指该经营者收到该违法行为的事前通知之日）。

第三条【禁止私人垄断或不正当限制交易】经营者不得实施私人垄断或不正当限制交易行为。

第四条和第五条 删除

第六条【禁止特定的国际协定或合同】经营者不得签订包含不正当限制交易或不公平的交易方法内容的国际协定或国际合同。

第七条【排除措施】

1. 存在违反第三条或前条规定的行为时，公平交易委员会可以根据第八章第二节规定的程序，责令经营者停止该行为、转让部分业务、以及采取其他排除违反上述规定的行为所必要的措施。

2. 即使违反第三条或前条规定的违法行为已不存在，公平交易委员会在认为确实有必要的情形下，也可以根据第八章第二节规定的程序，责令下列人员采取对违法行为已不存在之事的普遍告知措施及其他确保排除该行为所必要的措施。但是，自该行为消失之日起经过七年的，不在此限。

（1）实施该行为的经营者；

（2）在实施该行为的经营者为法人的情形下，如该法人因合并而不复存在，则是合并后存续或者通过合并而设立的法人；

（3）在实施该行为的经营者为法人的情形下，通过分立从该法人继承与该行为相关的全部或部分业务的法人；

（4）从实施该行为的经营者处受让与该行为相关的全部或部分业务的经营者。

第七条之二【与不正当限制交易相关的课征金的计算基础等】

1. 经营者通过不正当限制交易或包含不正当限制交易内容的国际协定或国际合同对商品或服务的价格相关事项、商品或服务的供应量或购买量、市场份额、或交易对象进行实质性限制的，公平交易委员会应根据第八章第二节规定的程序责令该经营者缴纳在第一项至第三项所示金额的合计金额基础上乘以百分之十后得到的金额，以及第四项所示金额的合计金额相当金额的课征金至国库。但是，该金额不满一百万日元的，不得责令缴纳。

（1）该经营者及其特定非违法供应子公司等在与该违法行为（仅限于商品或服务提供的相关行为。本项下同）相关的一定的交易领域提供的该商品或服务（该特定非违法供应子公司等向该经营者提供的商品或服务，以及该经营者或该特定非违法供应子公司等向该经营者的供应子公司等提供的商品或服务除外），以及该经营者及该特定非违法供应子公司等在该一定的交易领域向该经营者的供应子公司等提供的该商品或服务［该供应子公司等（仅限于违法供应子公司等或特定非违法供应子公司等的情形）为向其他经营者提供该商品或服务而从该经营者或该特定非违法供应子公司等购买的商品或服务除外］根据政令规定的方法计算的在该违法行为实施期间的销售额。

（2）该经营者及其特定非违法购买子公司等在与该违法行为（仅限于商品或服务购买的相关行为。本项下同）相关的一定的交易领域购买的该商品或服务（该特定非违法购买子公司等从该经营者购买的商品或服务，以及该经营者或该特定非违法购买子公司等向该经营者的购买子公司等提供的商品或服务除外），以及该经营者及该特定非违法购买子公司等在该一定的交易领域从该经营者的购买子公司等购买的该商品或服务［该购买子公司等（仅限于违法购买子公司等或特定非违法购买子公司等的情形）从其他经营者处购买并提供给该经营者或该特定非违法购买子公司等的商品或服务除外］根据政令规定的方法计算的在该违法行为实施期间的采购额。

（3）作为该经营者及其完全子公司等（仅限于未实施该违法行为者，下项同）所实施的政令规定的与该违法行为相关的商品或服务的全部或部分的制造、销售、管理及其他与该商品或服务密切相关的业务的价款相当金额、根据政令规定的方法计算出的金额。

（4）就不向其他经营者（该经营者的供应子公司等、实施该违法行为的其他经营者及其供应子公司等除外）提供与该违法行为有关的商品或服务、或者不从其他经营者（该经营者的购买子公司等、实施该违法行为的其他经营者及其购买子公司等除外）购买该商品或服务的行为，不论以程序费、报酬还是其他任何名义，作为该经营者及其完全子公司等得到的金钱及其他财产上利益的相当金额，根据政令规定的方法计算出的金额。

2. 在前款情形下，相关经营者属于下列任何一项经营者（该经营者的一个或两个以上的子公司等不属于各项中任何一类情形的除外）的，前款中“百分之十”改为“百分之四”。

（1）资本金额或出资总额在三亿日元以下的公司、以及固定员工人数在三百人以下的公司及个人，以制造业、建筑业、运输业及其他行业（下项至第四项所示行业以及第五项中政令规定的行业除外）为主要业务从事经营的；

（2）资本金额或出资总额在一亿日元以下的公司、以及固定员工人数在一百人以下的公司及个人，以批发业（第五项中政令规定的行业除外）为主要业务从事经营的；

（3）资本金额或出资总额在五千万日元以下的公司、以及固定员工人数在一百人以下的公司及个人，以服务业（第五项中政令规定的行业除外）为主要业务从事经营的；

（4）资本金额或出资总额在五千万日元以下的公司，以及固定员工人数在五十人以下的公司及个人，以零售业（下项中政令规定的行业除外）为主要业务从事经营的；

（5）资本金额或出资总额在政令依行业规定的金额以下的公司，以及固定员工人数在政令依行业规定的数量以下的公司及个人，以政令规定行业为主要业务从事经营的；

（6）协同业务合作社以及其他依据特别法律以合作开展业务为主要目的设立的合作社（包含合作社联合会）中，根据政令规定，在前文各款规定的相应行业中具有与该各款规定规模相当的规模的。

3. 在根据第一款规定作出课征金缴纳命令的情形下，如该经营者对于公平交易委员会或根据第四十七条第二款规定指定的该违法行为相关案件的审查官及其他从事该案件调查相关事务的职员提出的报告作为与该违法行为相关的课征金计算基础的相关事实或提交相关资料的要求不予回应的，公平交易委员会可以利用从该经营者、其特定非违法供应子公司等或特定非违法购买子公司、供应该违法行为相关商品或服务的其他经营者、或购买该商品或服务的其他经营者处获得的资料或其他资料，按照公平交易委员会规则规定的合理方法对与该经营者相关的实施期间中因未提交相关事实报告或资料导致无法掌握作为课征金计算基础的事实的期间内的第一款各项所示金额进行推算，并责令缴纳课征金。

第七条之三【与不正当限制交易相关的课征金的加算比例】

1. 在根据前条第一款规定责令缴纳课征金的情形下，如该经营者属于下列各项所列经营者之一的，该款（包括在同条第二款中替换适用的情形）中的“合计金额”是指“合计金额乘以一点五后得到的金额”。但是，该经营者为适用第三款规定的经营者时，不在此限。

（1）从该违法行为相关案件调查开始日起追溯十年之内，收到根据前条第一款或第七条之九第一款或第二款规定的命令（仅限于该命令确定的情形）、根据下条第七款或者第七条之七第三款规定的通知、或根据第六十三条第二款规定的决定（下款称为缴纳命令等）者（仅限于在该缴纳命令等之日后实施该违法行为的情形）；

（2）除符合前项规定的经营者外，从该违法行为相关案件调查开始日起追溯十年之内，其完全子公司收到缴纳命令等（仅限于在该命令之日是该经营者的完全子公司的情形）者（仅限于在该缴纳命令等之日后实施该违法行为的情形）；

（3）除符合前项规定的经营者外，从该违法行为相关案件调查开始日起追溯十年之内，与收到过缴纳命令等的其他作为经营者的法人合并的作为经营者的法人，或从该其他作为经营者的法人受让与该缴纳命令等相关的违法行为的相关业务的全部或部分、或通过分立继承该业务的全部或部分的作为经营者的法人（仅限于在该合并、受让或分立之日后实施该违法行为的情形）。

2. 在根据前条第一款规定责令缴纳课征金的情形下，如该经营者属于下列各项经营者之一的，该款（包括在同条第二款中替换适用的情形）中的“合计金额”是指“合计金额乘以一点五后得到的金额”。但是，该经营者为适用下款规定的经营者时，不在此限。

（1）企图单独或共同实施该违法行为以及通过要求、委托或唆使其他经营者实施该违法行为或不得停止该违法行为而使其实施或不得停止该违法行为者；

（2）依据其他经营者的要求单独或共同地持续对其他经营者与该违法行为相关的商品或服务相关的价格、供应量、购买量、市场份额或交易对象者进行指定者；

（3）除前二项所列经营者外，单独或共同实施下列任一行为，且实施了促使该违法行为容易实施的重要行为者。

①要求、委托或怂恿其他经营者做出或不得停止该违法行为；

②对其他经营者指定与该违法行为有关的商品或服务相关的价格、供应量、购买量、市场份额、交易对象以及相关违法经营活动（专门指定自己交易的情形除外）；

③要求、委托或唆使其他经营者在公平交易委员会调查时隐藏有关该违法行为或作为计算与该违法行为相关的课征金的基础事实的资料、或者伪装或提交与该事实相关的虚假事实报告或资料。

（4）要求、委托或唆使其他经营者不得提交下条第一款第一项、第二款第一项到第四项、或者第三款第一项或第二项规定的事实报告和资料，或者不得申请第七条之五第一款规定的协议。

3. 在根据前条第一款的规定责令缴纳课征金的情形下，该经营者如属于第一款各项中的任一情形和前款各项中的任一人员的，同条第一款（包含在同条第二款中替换适用的情形）中“合计金额”是指“合计金额乘以二后得到的金额”。

第七条之四【与不正当限制交易相关的课征金减免】

1. 根据第七条之二第一款规定缴纳课征金的经营者为下列任一人员的，不受同款规定的限制，公平交易委员会不得责令该经营者缴纳课征金。

（1）根据公平交易委员会规则规定，单独且在实施该违法行为的经营者中最初向公平交易委员会提交与该违法行为相关的事实报告及资料者［在该违法行为相关案件的调查开始之日（是指第四十七条第一款第四项所示的处分或者第一百零二条第一款所规定的处分最初实施之日。本条下同）（未实施相关处分的情形是指该经营者就该违法行为收到事前通知之日。下项及下款同）以后提交该事实报告及资料的情形除外］。

（2）在该违法行为相关案件的调查开始之日以后，未实施该违法行为者。

2. 在第七条之二第一款的情形下，公平交易委员会将该减免计算前的课征金金额分别减去如下金额计算，该经营者属于第一项以及第五项规定的人员时在减免计算前的课征金金额（是指根据前两条的规定计算得出的课征金金额。本条及下条同）基础上乘以百分之二十后得到的金额、该经营者属于第二项以及第五项或第三项规定的人员时在减免计算前的课征金金额基础上乘以百分之十后得到的金额、该经营者属于第四项以及第五项规定的人员时在减免计算前的课征金金额基础上乘以百分之五后得到的金额。

（1）根据公平交易委员会规则规定，单独且在实施该违法行为的经营者中第二个向公平交易委员会提交与该违法行为相关的事实报告及资料者（在该违法行为相关案件的调查开始之日以后提交该事实报告及资料的情形除外）；

（2）根据公平交易委员会规则规定，单独且在实施该违法行为的经营者中第三个向公平交易委员会提交与该违法行为相关的事实报告及资料者（在该违法行为相关案件的调查开始之日以后提交该事实报告及资料的情形除外）；

（3）根据公平交易委员会规则规定，单独且在实施该违法行为的经营者中第四个或第五个向公平交易委员会提交与该违法行为相关的事实报告及资料（第四十五条第一款规定的报告或同条第四款的措施及其他已由公平交易委员会掌握的相关事实除外。下项同）者（在该违法行为相关案件的调查开始之日以后提交该事实报告及资料的情形除外）；

（4）根据公平交易委员会规则规定，单独且在实施该违法行为的经营者中第六个以后向公平交易委员会提交与该违法行为相关的事实报告及资料者（在该违法行为相关案件的调查开始之日以后提交该事实报告及资料的情形除外）；

（5）在该违法行为相关案件的调查开始之日以后，未实施该违法行为者。

3. 在第七条之二第一款的情形下，公平交易委员会将该减免计算前的课征金金额分别减去如下金额计算，该经营者属于第一项以及第三项规定的人员时在减免计算前的课征金金额基础上乘以百分之十后得到的金额、该经营者属于第二项以及第三项规定的人员时在减免计算前的课征金金额基础上乘以百分之五后得到的金额。

（1）在提交第一款第一项或前款第一项至第三项规定的与该违法行为相关的事实报告或资料者不足五人的情形下，在该违法行为相关案件的调查开始之日后至公平交易委员会规则规定的日期前，根据公平交易委员会规则规定，单独向公平交易委员会提交与该违法行为相关的事实报告及资料（第四十七条第一款各项所示处分或第一百零二条第一项规定处分及其他已由公平交易委员会掌握的相关事实除外。下项同）者（仅限于提交第一款第一项或前款第一项至第三项规定的事实报告或资料者的数量以及提交本项规定的事实报告或资料者的数量合计不足五人，且提交本项规定的事实报告或资料者的数量合计不足三人的情形）。

（2）调查开始之日后至公平交易委员会规则规定的日期前，根据公正交易委员会规则规定，单独向公平交易委员会提交与该违法行为相关的事实报告及资料（符合前项规定者除外）。

（3）在提交前两项规定的事实报告及资料之日以后，未实施该违法行为者。

4. 实施第七条之二第一款规定的违法行为的经营者中两个以上的经营者（仅限于公司的情形）根据公平交易委员会规则的规定，共同向公平交易委员会提交与该违法行为相关的事实报告及资料时，仅在符合第一项且符合第二项或第三项中任意一项者的情形下视为单独提交该事实报告及资料，对于两个以上经营者提交该事实报告及资料的适用前三款的规定。在此情形下，计算提交第一款第一项、第二款第一项至第四项以及进行前款第一项和第二项规定的事实报告和资料的经营者的数量时，将该两个以上的经营者视为一个经营者。

（1）该两个以上的经营者在提交该事实报告及资料时相互间存在子公司等的关系；

（2）在该两个以上的经营者中，与该两个以上的经营者中的其他经营者共同实施该违法行为的，仅限于与该其他经营者共同实施该违法行为的全部期间（从实施该事实报告及资料提交之日起追溯十年以内的期间）与其他经营者之间存在子公司等关系；

（3）在该两个以上的经营者中，没有与该两个以上的经营者中的其他经营者共同实施该违法行为但存在下列任意一项事实的。

①该经营者向该两个以上经营者中的其他经营者转让与该违法行为相关的全部或部分业务，或者通过分立使其继承与该违法行为相关的全部或部分业务，并且，自该其他经营者转让或分立之日起开始实施该违法行为的；

②该经营者从该两个以上经营者中的其他经营者受让与该违法行为相关的全部或部分业务，或者通过分立继承与该违法行为相关的全部或部分业务，并且，

自该其他经营者受让或分立之日起开始实施该违法行为的。

5. 公平交易委员会在收到第一款第一项、第二款第一项至第四项、或者第三款第一项或者第二项规定的事实报告和资料后，应立即以书面形式通知提交该事实报告和资料的经营者。

6. 除下条第一款的协议（包含以实施同条第二款各项所示行为为内容的协议）情形外，公平交易委员会对于提交第一款第一项、第二款第一项至第四项、或者第三款第一项或第二项规定的事实报告及资料的经营者，在作出第七条之二第一款规定的命令或者下款或第七条之七第三款规定的通知期间，可以要求该经营者追加提交与该违法行为相关的事实报告或资料。

7. 在公平交易委员会不作出第一款规定的课征金缴纳命令的情形下，在对符合同款规定的经营者实施违法行为的相关案件中该经营者以外的经营者作出第七条之二第一款规定的命令时（在不作出同款规定的命令的情形下，应在公平交易委员会规则规定的期间之前），应同时以书面形式通知该经营者。

第七条之五【与不正当限制交易相关的课征金的调查合作减免】

1. 提交前条第二款第一项至第四项、或者第三款第一项或第二项规定的事实报告和资料的经营者（本条下称报告等经营者）就下列各项所示行为提出协议申请的，视为报告等经营者之间的协议、根据该事实及资料获得的并根据第一项所示行为进行报告、或根据提交的事实或资料足以解开案件真相的资料，应根据公平交易委员会规则规定考虑事项相关事实的内容及其他情形，且公平交易委员会可以根据公平交易委员会规则规定与报告等经营者之间以报告等经营者实施同项所示的行为，并实施第二项所示行为为内容达成合意。

（1）下列行为

①在该协议中，向公平交易委员会提出报告或提交申请的事实或资料在该合意达成后应立即报告或提交；

②对于前条第二款第一项至第四项或者第三款第一项或第二项规定的事实报告及资料的提交或因①所示行为而得到的事实或资料，应公平交易委员会的要求，报告事实、提交资料、允许公平交易委员会对报告等经营者实施物件检查（在③

及下款第一款②中简称为检查）及其他行为；

③对于公平交易委员会调查判明的事实，应公平交易委员会的要求，报告事实、提交资料、允许检查及其他行为。

（2）减免计算前的课征金金额根据下列①或②所示经营者的划分，在该①或②规定的比例（下款第二项称为上限比例）范围内，从减免计算前的课征金金额减去乘以该合意中规定的特定比例（同项及第三款中称为特定比例）后得到的金额计算。

①进行了前条第二款第一项至第四项规定的事实报告及资料提交的经营者百分之四十以下。

②进行了前条第三款第一项或第二项规定的事实报告及资料提交的经营者百分之二十以下。

2. 公平交易委员会在认为通过前款协议中报告等经营者说明的同款第一项所示行为得到的事实或资料是迅速查明案件真相所必要的、同时认为报告等经营者在同款合意后有关该案件的新事实或资料较有可能利于掌握与同款公平交易委员会规则规定事项相关事实的情形下，如认为该新事实或资料的报告或提交在需要该合意后一定时间的，公平交易委员会可以要求报告等经营者在该合意中包含报告等经营者在同项所示行为基础上增加第一项所示行为的内容，并且可以要求以第二项所示行为代替该款第二项所示的行为作为该合意的内容。

（1）下列行为

①该合意后，如果掌握了新的事实或资料，应立即向公平交易委员会报告该新事实或提交新资料；

②对通过①所示行为得到的事实或资料，应公平交易委员会的要求，报告事实、提交资料、允许检查及其他行为。

（2）减免计算前的课征金金额在以特定比例为下限、报告等经营者对于前项所示行为可进一步减少减免计算前课征金金额的比例的根据公平交易委员会规则规定该协议中规定比例的加算比例（仅限于上限比例以下的比例）作为上限的范围内，公平交易委员会将乘以通过该行为得到的前款公平交易委员会规则规定的事款相关的事实内容进行评价并决定的比例（下款以及第五款中称为评价后比例）后得到的金额，并从该减免计算前的课征金金额中扣除计算。

3. 在第七条之二第一款的情形下，如存在第一款合意（包含以前款各项所示行为为内容的合意。本条及下条中同）的，除根据前条第二款或第三款规定减少的金额外，还应根据该合意的内容从减免计算前的课征金金额扣除减免计算前的课征金金额乘以特定比例或评价后比例得到的金额计算。

4. 第一款的合意应通过公平交易委员会及报告等经营者签名或签名盖章的书面文件明确其内容。

5. 公平交易委员会在达成以进行第二款第二项所示行为为内容的第一款合意的情形下，应在前款规定的书面文件中写明同款规定的通过公平交易委员会的评价及评价后比例决定的方法。

6. 在第一款的合意中，公平交易委员会可以要求报告等经营者说明报告等经营者实施的同款第一项①所示的行为、或者提交的事实或者资料的概要。

7. 在未成立第一项合意的情形下（报告等经营者未按照第二款的要求、仅以第一款各项所示行为为内容达成合意的情形除外），公平交易委员会不得在同款合意中记录报告等经营者说明的内容、不得以文件及其他物品为证据。

8. 协议申请期间及其他第一款协议相关的必要程序，由公平交易委员会规则规定。

9. 报告等经营者在实施第一款协议时，可以选任代理人（仅限于律师或律师法人。下款及第十一款中称为特定代理人）。

10. 公平交易委员会在实施第一款协议时，应以书面形式告知作为该协议交易对象的报告等经营者可以选任特定代理人。

11. 对于报告等经营者根据第九款规定选定特定代理人时第一款及第四款规定的适用，第一款中“间的协议”替换为“或与特定代理人（是指第九款规定的特定代理人，第四款中同）间的协议”、第四款中“以及报告等经营者”替换为“以及报告等经营者及特定代理人”。

第七条之六【与不正当限制交易相关的课征金减免失格事由】

公平交易委员会在对提交第七条之四第一款第一项、第二款第一项至第四项或者第三款第一项或者第二项规定的事实报告和资料的经营者作出第七条之二第一款规定的命令或者第七条之四第七款规定的通知之前的期间，在认定存在符合下列任一事实的情况下，不受同条第一款至第三款以及前条第三款规定的限制，均不适用前述规定。

（1）该经营者（该经营者为第七条之四第四款规定的事实报告及资料提交者时，为在该经营者及与该经营者共同提交该事实报告及资料的其他经营者中的任意一个以上的经营者。本项至第三项同）报告的事实或者提交的资料或者该经营者通过实施前条第一款第一项或者第二款第一项所示的行为获得的事实或资料中包含了虚假的内容。

（2）该经营者（仅限于提交第七条之四第一款第一项规定的事实报告及资料的经营者）对于依据同条第六款规定提出的要求，不提交事实报告或资料，或者提交虚假的事实报告或资料。

（3）该经营者（仅限于提交第七条之四第二款第一项至第四项或第三款第一项或第二项规定的事实报告及资料的经营者）对依据同条第六款规定提出的要求，提交虚假事实报告或资料。

（4）在该经营者实施该违法行为的相关案件中，该经营者强迫其他经营者（该经营者是第七条第四款规定的事实报告及资料的提交者时，该经营者及与该经营者共同提交该事实报告及资料的其他经营者中的任意一个以上的经营者，对该经营者及与该经营者共同提交该事实报告及资料的其他经营者以外的经营者）做出违反第七条之二第一款规定的行为或妨碍其停止该违法行为。

（5）该经营者妨碍其他经营者（该经营者为第七条之四第四款规定的事实报告及资料提交者时，该经营者及与该经营者共同提交该事实报告及资料的其他经营者中的任意一个以上的经营者，对该经营者及与该经营者共同提交该事实报告及资料的其他经营者以外的经营者）提交同条第一款第一项、第二款第一项至第四项、第三款第一项或第二项规定的事实报告及资料或者申请前条第一款的协议。

（6）该经营者没有正当理由向第三方明确其提交了第七条之四第一款第一项、第二款第一项到第四项、或者第三款第一项或第二项规定的事实报告和资料或者进行了前条第一款的合意或协议（该经营者为第七条之四第四款规定的事实报告及资料提交者时，该经营者及与该经营者共同提交该事实报告及资料的其他经营者中的任意一个以上的经营者，对该经营者及与该经营者共同提交该事实报告及资料的其他经营者以外的经营者）。

（7）该经营者未实施违反前条第一款合意的与该合意相关的行为。

第七条之七【与不正当限制交易相关的罚款及课征金的调整】

1. 公平交易委员会在第七条之二第一款的情形下，对于同一事件，如存在针对该经营者的刑事罚款的确定判决，代替根据同条、第七条之三、第七条之四第二款或第三款、或者第七条之五第三款的规定计算得出的金额，从该金额中扣除相当于该罚款金额二分之一的金额后的金额作为课征金的金额。但是，根据第七条之二、第七条之三、第七条之四第二款或第三款、或者第七条之五第三款的规定计算得出的金额不超过相当于该罚款金额的二分之一金额时，或者扣除后的金额不满一百万日元时，不在此限。

2. 在前款但书情形下，公平交易委员会不得作出课征金缴纳命令。

3. 公平交易委员会根据前款规定未作出课征金缴纳命令的，在对该经营者以外的经营者就该经营者所实施的违反第七条之二第一款规定的违法行为相关案件作出同款规定的命令时（如不作出该命令，则是在公平交易委员会规则规定日期前），应同时以书面形式通知被处以罚款的经营者。

第七条之八【与不正当限制交易相关的课征金缴纳义务等】

1. 收到第七条之二第一款规定的命令者，应缴纳根据同条、第七条之三、第七条之四第二款或第三款、第七条之五第三款或者前条第一款的规定计算得出的课征金。

2. 根据第七条之二、第七条之三、第七条之四第二款或第三款、第七条之五第三款或前一条第一款规定计算得出的课征金金额如有小于一万日元的尾数的，应将该尾数舍去。

3. 在实施第七条之二第一款规定的违法行为的经营者为法人的情形下，该法人因合并而不复存在时，该法人的违法行为以及该法人所收到的同款规定的命令、根据第七条之四第七款以及前条第三款规定的通知以及第六十三条第二款规定的决定（本款及下款称为命令等）视为在合并后存续或因合并而设立的法人所实施的违法行为以及在该合并后存续、或因合并而设立的法人所收到的命令等，适用第七条之二至本条的规定。

4. 在实施违反第七条之二第一款规定的违法行为的经营者为法人的情形下，该法人向其一个或两个以上的子公司等转让该违法行为相关的全部业务、或者该法人（仅限于公司的情形）通过分立由其一个或两个以上子公司等继承该违法行为相关的全部业务、且因合并以外的事由而不复存在时，该法人所实施的违法行为以及该法人所收到的命令等，视为受让该业务的全部或部分、或通过分立继承该业务的全部或部分的子公司等（下称特定业务继承子公司等）所实施的违法行为以及该特定业务继承子公司等收到的命令等，适用同条至本条的规定。在此情形下，如当该特定业务继承子公司等有两个以上的，第七条之二第一款中的“对该经营者”替换为“对特定业务继承子公司等（是指第七条之八第四款规定的特定业务继承子公司等，本款及同条第一款中同），与收到本款规定的命令的其他特定业务继承子公司等连带”，第 1 款中“收到的人”替换为“收到的特定业务继承子公司等与受到同款规定命令的其他特定业务继承子公司等连带”。

5. 在前两款规定的情形下，有关第七条之四及第七条之五规定适用的必要事款由政令规定。

6. 自实施期间结束之日起经过七年的，公平交易委员会不得责令缴纳与该违法行为相关的课征金。

第七条之九【与支配型私人垄断或排他型私人垄断相关的课征金】

1. 经营者实施私人垄断（仅限于支配其他经营者的经营活动）、通过对其他经营者（本款下称被支配经营者）提供的商品或服务的价格相关事项、或被支配经营者提供的商品或服务的数量、市场份额或交易对象进行实质性限制进而影响其价格的，公平交易委员会应按照第八章第二节中规定的程序，责令该经营者将根据第一项及第二项所示金额的合计金额乘以百分之十后得到的金额以及第三项所示金额的合计金额相当的课征金缴纳至国库。但是该金额不足一百万日元时，不得责令其缴纳。

（1）该经营者及其特定非违法供应子公司等向被支配经营者提供的该商品或服务（包含该被支配经营者在与该违法行为相关的一定的交易领域内提供该商品或服务所需的商品或服务，下项及第三项同）、在该一定的交易领域中该经营者及该特定非违法供应子公司等提供的该商品或服务（该特定非违法供应子公司等向该经营者提供的以及该经营者或该特定非违法供应子公司等向被支配经营者及该经营者的供应子公司等提供的产品除外）以及在该一定的交易领域中该经营者及该特定非违法供应子公司等向该经营者的供应子公司等提供的该商品或服务［该供应子公司等（仅限于违法供应子公司等或特定非违法供应子公司等）为向其他人提供该商品或服务而从该经营者或该特定非违法供应子公司等处购买的产品除外］根据政令规定的方法计算得出的在与该违法行为相关的实施期间内的销售额；

（2）政令规定与该违法行为相关的商品或服务的全部或部分的制造、销售、管理及其他与该商品或服务密切相关的业务，根据政令规定的方法计算得出的相当于该经营者及其完全子公司等（仅限于为实施该违法行为的，下项同）所实施的价格的金额；

（3）不向他人（该经营者的供应子公司等以及实施该违法行为的其他经营者及其供应子公司等除外）提供与该违法行为相关的商品或服务的，不论手续费、报酬或其他名义如何，根据政令规定的方法计算得出的相当于该经营者及其完全子公司等获得的金钱及其他财产上的利益的相当金额。

2. 经营者实施私人垄断（限于通过排除其他经营者经营活动实施的情形，且符合前款规定情形的除外）的，公正交易委员会应根据第八章第二节规定的手续，责令该经营者将在与该违法行为相关的一定的交易领域中对该经营者及其特定非违法供应子公司等提供的商品或服务（在该一定的交易领域内向提供该商品或服务的其他经营者供应的除外）、在该一定的交易领域中该经营者及该特定非违法供应子公司等向提供该商品或服务的其他经营者（该经营者的供应子公司等除外）

提供该商品或服务（包含该其他经营者为提供该商品或服务所需的商品或服务），以及在该一定的交易领域中该经营者及该特定非违法供应子公司等向该经营者的供应子公司等提供的该商品或服务［该供应子公司等（仅限于违法供应子公司或特定非违法供应子公司等）为向他人提供该商品或服务而从该经营者或该特定非违法供应子公司等处购买的除外］根据政令规定的方法计算得出的在与该违法行为相关的违法实施期间内的销售额乘以百分之六后得到的金额作为课征金缴纳至国库。但是该金额不足一百万日元时，不得责令其缴纳。

3. 第七条之二第三款、第七条之三第一款（但书除外）、第七条之七以及前条第一款至第四款以及第六款的规定，适用于实施第一款规定的违法行为的情形。在此情形下，下表上栏所示的规定的同表中栏所示的字句分别替换为同表下栏所示的字句。

<table>
<tr><td rowspan="3">第七条之二第三款</td><td>第一款的</td><td>第七条之九第一款的</td></tr>
<tr><td>第一款各项</td><td>第七条之九第一款各项</td></tr>
<tr><td>或特定违法购买子公司等或</td><td>或者</td></tr>
<tr><td rowspan="2">第七条之三第一款</td><td>前条第一款的</td><td>第七条之九第一款的</td></tr>
<tr><td>同款（包含在同条第二款中替换适用的情形）</td><td>同项</td></tr>
<tr><td rowspan="2">第七条之七第一款</td><td>第七条之二第一款</td><td>第七条之九第一款</td></tr>
<tr><td>同条、第七条之三、第七条之四第二款或第三款、或者第七条之五第三款</td><td>在同款或同条第三款中替换适用第七条之二第三款或第七条之三第一款（但书除外）</td></tr>
<tr><td>第七条之七第一款但书</td><td>第七条之二、第七条之三、第七条之四第二款或第三款、或者第七条之五第三款</td><td>在第七条之九第一款或同条第三款中替换适用第七条之二第三款或第七条之三第一款（但书除外）</td></tr>
<tr><td>第七条之七第二款</td><td>前款但书</td><td>在第七条之九第三款中替换适用前款但书</td></tr>
<tr><td rowspan="2">第七条之七第三款</td><td>前款</td><td>在第七条之九第三款中替换适用前款</td></tr>
<tr><td>第七条之二第一款</td><td>同条第一款</td></tr>
</table>

续表

前条第一款	第七条之二第一款	下条之二第一款
	同条、第七条之三、第七条之四第二款或第三款、第七条之五第三款或者	在同款或同条第三款中替换适用第七条之二第三款或第七条之三第一款（但书除外）或者
前条第二款	第七条之二、第七条之三、第七条之四第二款或第三款、第七条之五第三款或者	在下条第一款或同条第三款中替换适用第七条之二第三款或第七条之三第一款（但书除外）或者
前条第三款	第七条之二第一款	下条第一款
	第七条之四第七款以及	在同条第三款中替换适用
	通知以及	通知及
	第七条之二至本条	在下条第一款以及同条第三款中替换适用第七条之二第三款、在第七条之三第一款（但书除外）、前一条以及第一款至下款以及下条第三款中适用第六款
前条第四款	第七条之二第一款	下条第一款
	同条至本条	在同款以及同条第三款中替换适用第七条之二第三款、在第七条之三第一款（但书除外）、前一条以及第一款至本款以及下条第三款中适用第六款
	特定业务继承子公司等（是指第七条之八第四款规定的特定业务继承子公司等。本款以及同条第一款中同）	特定业务继承子公司等
	第一款	在同条第三款中替换适用第一款
	收到命令的特定业务继承子公司等，同款	收到命令的特定业务继承子公司等（是指在同条第三款中替换适用第四款规定的特定业务继承子公司等），同条第一款

4. 第七条之二第三款、第七条之三第一款（但书除外）、第七条之七以及前条第一款至第四款以及第六款的规定，适用于实施第二款规定的违法行为的情形。在此情形下，下表上栏所示的规定的同表中栏所示的字句分别替换为同表下栏所示的字句。

第七条之二第三款	第一款的	第七条之九第二款的
	实施期间	违法行为期间
	第一款各项所列	第七条之九第二款规定的
	或特定非违法购买子公司等或者	或者
第七条之三第一款	前条第一款的	第七条之九第二款的
	同款（包含在同条第二款中替换适用的情形）	同款
	合计金额	营业额
第七条之七第一款	第七条之二第一款	第七条之九第二款
	同条、第七条之三、第七条之四第二款或第三款、或者第七条之五第三款	在同款或同条第四款中替换适用第七条之二第三款或第七条之三第一款（但书除外）
第七条之七第一款但书	第七条之二、第七条之三、第七条之四第二款或第三款、或者第七条之五第三款	在第七条之九第二款或同条第四款中替换适用第七条之二第三款或第七条之三第一款（但书除外）
第七条之七第二款	前款但书	在第七条之九第四款中替换适用前款但书
第七条之七第三款	前款	在第七条之九第四款中替换适用前款
	第七条之二第一款	同条第二款
前条第一款	第七条之二第一款	下条第二款
	同条、第七条之三、第七条之四第二款或第三款、第七条之五第三款或者	在同款或同条第四款中替换适用第七条之二第三款、第七条之三第一款（但书除外）或者

续表

前条第二款	第七条之二、第七条之三、第七条之四第二款或第三款、第七条之五第三款或者	在下条第二款或同条第四款中替换适用第七条之二第三款、第七条之三第一款（但书除外）或者
前条第三款	第七条之二第一款	下条第二款
	第七条之四第七款以及	在同条第四款中替换适用
	通知以及	通知及
	第七条之二至本条	在下条第二款以及同条第四款中替换适用第七条之二第三款、第七条之三第一款(但书除外)、前条以及第一款至下款、以及第六款
前条第四款	第七条之二第一款	下条第二款
	同条至本条	在同款以及同条第四款中替换适用第七条之二第三款、第七条之三第一款（但书除外）、前条以及第一款至本款、以及第六款
	特定业务继承子公司等（是指第七条之八第四款规定的特定业务继承子公司等。本款以及同条第一款中同）	特定业务继承子公司等
	第一款	在同条第四款中替换适用第一款
	收到命令的特定业务继承子公司等，同款	收到命令的特定业务继承子公司等（是指在同条第四款中替换适用第四款规定的特定业务继承子公司等，本款下同），同条第二款
前条第六款	实施期间	违法行为期间

第三章　经营者团体

第八条【经营者团体的禁止行为】经营者团体不得实施下列任何一项行为：

（1）在一定的交易领域实质性限制竞争；

（2）签订第六条规定的国际协定或国际合同；

（3）在一定的经营领域限制现在或将来的经营者的数量；

（4）不正当限制成员经营者（指经营者团体的成员经营者，下同）的机能或活动；

（5）要求经营者实施属于不公平的交易方法的行为。

第八条之二【排除措施】

1. 存在违反前条规定的行为时，公平交易委员会可以按照第八章第二节规定的程序，责令经营者团体停止该行为、解散该团体以及其他为排除该行为所必要的措施。

2. 第七条第二款的规定适用于违反前条规定的行为。

3. 公平交易委员会在责令经营者团体采取在第一款或前款中准用的第七条第二款中规定的措施时，在认为确实有必要的情形下，可以按照第八章第二节规定的程序，责令该团体的董事或管理人或其成员经营者（包含为经营者利益而行为的董事、员工、代理人及其他人员为成员经营者的情形，第二十六条第一款中同）采取确保在第一款或前款中适用的第七条第二款中规定的措施所必要的措施。

第八条之三【对成员经营者的课征金处罚以及课征金的减免】第二条之二（第十四款除外）、第七条之二、第七条之四（第四款第二项及第三项除外）、第七条之五、第七条之六以及第七条之八第一款、第二款和第六款的规定适用于实施违反第八条第一项(仅限于实施与不正当限制交易相当行为的情形)或者第二项(仅限于签订包含不正当限制交易内容的国际协定或者国际合同的情形）规定行为的情形。在此情形下，在下表的上栏所示的规定中，同表中栏所示的字句分别替换为同表下栏所示的字句。

第二条之二第二款	本章	本章（第八条之三中替换适用第七条之四第四款第一项的除外）
第二条之二第四款	第七条之二第一款、第七条之九第一款或第二款规定的违法行为中的任何一个违法行为（第十三款及第十四款除外	第八条之三规定的违法行为
	经营者	经营者团体的成员经营者（为经营者利益而行为的董事、员工、代理人及其他成员经营者的情形下，包含该经营者。本章下称特定经营者）
第二条之二第五款	经营者	经营者团体
	实施	实施违法经营活动
第二条之二第六款	经营者	经营者团体
	未实施	未实施违法经营活动
第二条之二第七款	与经营者	与经营者团体的特定经营者
	从经营者	从特定经营者
第二条之二第八款	经营者	经营者团体的特定经营者
第二条之二第九款	经营者	经营者团体
	实施	实施违法经营活动
第二条之二第十款	经营者	经营者团体
	未实施	未实施违法经营活动
第二条之二第十一款	与经营者	与经营者团体的特定经营者
	从经营者	从特定经营者
第二条之二第十二款	第七条之二第一款、第七条之九第一款或第二款	第八条之三
	经营者	经营者团体的特定经营者

续表

第二条之二第十三款	实施第七条之二第一款或第七条之九第一款规定的违法行为	实施违法行为的特定经营者
第二条之二第十三款	经营者	特定经营者
第二条之二第十五款	经营者	经营者团体的特定经营者
第七条之二第一款各项所列事项外的部分	经营者	经营者团体
第七条之二第一款各项所列事项外的部分	经营者	经营者团体的特定经营者
第七条之二第一款各项	经营者	特定经营者
第七条之二第一款第三项	未实施	未实施违法经营活动
第七条之二第一款第四项	实施违法行为	实施违法行为的特定经营者
第七条之二第一款、第二款及第三款	该经营者	该特定经营者
第七条之四第一款各项所列事项外的部分	经营者	特定经营者
第七条之四第一款第一项	实施违法行为	实施违法行为的经营者团体的
第七条之四第一款第一项	经营者	特定经营者
第七条之四第一款第二项	未实施	未实施违法经营活动
第七条之四第二款各项所列事项外的部分	经营者	特定经营者
第七条之四第二款各项所列事项外的部分	前二条	同条
第七条之四第一款第一项至第四项	经营者	经营者团体的特定经营者

续表

第七条之四第一款第五项	未实施	未实施违法经营活动
第七条之四第三款各项所列事项外的部分	经营者	特定经营者
第七条之四第三款第三项	未实施	未实施违法经营活动
第七条之四第四款各项所列事项外的部分	实施违反第七条之二第一款规定的行为	实施违反第八条第一项（仅限于实施相当于不正当限制交易的行为的情形）或第二项（仅限于签订包含不正当限制交易内容的国际协定或国际合同）规定行为的经营者团体的
	经营者	特定经营者
	符合第一项、且符合第二项或第三项中任何一项	符合第一项
第七条之四第四款第一项	经营者	特定经营者
	子公司等	子公司等［特定经营者的子公司（第二条之二第二款规定的子公司）、母公司（指同款规定的母公司，本项下同）或该特定经营者与母公司为同一其他公司］
第七条之四第五项及第六项	经营者	特定经营者
第七条之四第七项	经营者	特定经营者
	实施的违法行为	提交该款第一项规定的事实报告及资料
第七条之五第一款各项所列事项外的部分	实施的经营者	实施的特定经营者
	报告等经营者	特定报告等经营者
第七条之五第一款第一项第2目	报告等经营者	特定报告等经营者

续表

第七条之五第一款第二项	经营者	特定事业者
第七条之五第二款、第四款、第六款、第七款以及第九款至第十一款	报告等经营者	特定报告等经营者
第七条之六（第四项除外）	经营者	特定经营者
第七条之六第四项	经营者所实施的	经营者团体所实施的
	该经营者	该特定经营者
	其他经营者	其他特定经营者
	该经营者	该特定经营者
	及经营者	及特定经营者
	一个以上的经营者	一个以上的特定经营者
	以外的经营者	以外的特定经营者
	实施	实施违法经营活动
	停止	停止违法经营活动
第七条之八第一款	该条、第七条之三	该条
	第七条之五第三款或前条第一款	或第七条之五第三款
第七条之八第二款	第七条之二、第七条之三	第七条之二
	第七条之五第三款或前条第一款	或第七条之五第三款

第三章之二　垄断状态

第八条之四【针对垄断状态的措施】

1. 存在垄断状态时，公平交易委员会可以按照第八章第二节规定的程序，责令经营者采取转让部分业务及其他恢复该商品或服务竞争所必要的措施。但是，如该措施的实施可能导致该经营者提供该商品或服务所需的费用显著上涨、经营规模缩小、财务出现问题或难以维持其国际竞争力的，以及可以采取足以恢复该商品或服务竞争的其他措施的，不在此限。

2. 公平交易委员会在责令前款措施时，应根据下列各项事项对该经营者及相关经营者的业务活动的顺利进行以及该经营者所雇的员工的生活安定进行考量。

（1）资产、收支及其他财务状况；

（2）董事及员工的状况；

（3）工厂、车间及办公场所的位置及其他选址条件；

（4）经营设备的状况；

（5）专利权、商标权及其他无形产权的内容及技术特质；

（6）生产、销售等的能力及状况；

（7）资金、原材料等的获取能力及状况；

（8）商品或服务的供应及流通状况。

第四章　股份的持有、董事的兼任、合并、分立、股份转移以及业务受让

第九条【对造成业务支配力过度集中的公司设立等的限制、申报义务】

1. 禁止设立因取得其他国内公司的股份（包含员工股份，下同）而导致业务支配力过度集中的公司。

2. 公司（包含外国公司，下同）不得通过取得或持有其他国内公司的股份而成为在国内业务支配力过度集中的公司。

3. 前两款所称“业务支配力过度集中”，是指公司、子公司及其他通过持有该公司股份支配其经营活动的其他国内公司的综合业务规模在相当数量的业务领域中显著较大，因与这些公司的资金相关的交易对其他经营者的影响力显著较大，或者这些公司通过在相互关联的相当数量的业务领域中各自占据有利的地位而对国民经济产生巨大影响、妨碍公正自由的竞争的。

4. 下列各项公司，如该公司及其子公司的总资产额（根据公平交易委员会规

则规定的方法计算得出的资产合计金额，本款下同）中与国内公司相关的部分根据公平交易委员会规则计算得出的金额在不低于各项所示金额的范围内超过政令规定的金额的，在每一个经营年度结束之日起三个月内，应当根据公平交易委员会规则规定向公平交易委员会提交该公司及其子公司的业务报告。但是，该公司为其他公司的子公司时，不在此限。

（1）子公司股份的取得价额（最终资产负债表中有其他附加价额时，为该价额）的合计金额占该公司总资产额的比例超过百分之五十的公司（下项称为控股公司）六千亿日元。

（2）经营银行业、保险业或者第一种金融商品交易业［指《金融商品交易法》（一九四八年法律第二十五号）第二十八条第一款规定的第一种金融商品交易业，下条第三款和第四款同］的公司（控股公司除外）八兆日元。

（3）前二项所列公司以外的公司 二兆日元。

5. 前两款所称“子公司”，是指拥有其全体股东表决权（在股东大会上能够决议的所有事项中针对不能行使表决权的股份的表决权除外，包含根据《公司法》第八百九十九条第三款规定视为具有表决权的股份的表决权。本条至第十一条、第二十二条第三项及第七十条之四第一款同）半数以上的其他国内公司。在此情形下，公司及其一个或两个以上的子公司、或公司的一个或两个以上的子公司具有其全体股东表决权过半数的其他国内公司视为该公司的子公司。

6. 在前款情形下，公司所拥有的表决权以及公司及其一个或两个以上的子公司或公司的一个或两个以上的子公司所拥有的表决权，包含根据《关于公司债券、股票等转帐的法律》第一百四十七条第一款或第一百四十八条第一款的规定不可与发行人对抗的股份的表决权。

7. 新设立的公司在该公司成立时符合第四款规定的，应根据公平交易委员会规则规定，在其设立之日起三十日内向公平交易委员会申报。

第十条【公司股份持有的限制、申报义务】

1. 如公司通过取得或持有其他公司的股份将在一定的交易领域实质性限制竞争，则不得取得或持有该股份、以及不得以不公平的交易方法取得或持有其他公司的股份。

2. 在公司计划取得其他公司股份的情形（与金钱或有价证券的信托相关的股份，在自己能够成为委托人或受益者并行使表决权的情形或者可以对受托人指示行使表决权的情形下，包括让受托人取得股份发行公司股份的情形）下，如该公司的国内营业额（是指公正交易委员会规则规定的在国内提供的商品及服务的价格在最终业务年度的合计金额，下同）和该公司所属企业合并集团［是指公司及该公司的子公司及该公司的母公司、非其他公司的子公司及由该母公司的子公司（该公司及该公司的子公司除外）组成的集团，下同］下属的该公司以外的公司等［公司、合作社（包括相当于外国合作社会的组织），下同］的国内营业额根据公平交易委员会规则规定的方法计算得出的合计金额（下称国内营业额合计金额）不低于二百亿日元且超过政令规定金额的（本条下称股份取得公司）、取得的其他公司的国内营业额及该其他公司的子公司的国内营业额根据公平交易委员会规则规定的方法计算得出的合计金额不低于五十亿日元且超过政令规定金额的（本条下称股份发行公司），在该股份取得公司取得该股份后所拥有的该股份发行公司的股份相关的表决权数与该股份取得公司所属企业合并集团下属的该股份取得公司以外的公司等（第四款称为该股份取得公司以外的公司等）所拥有的该股份发行公司的股份相关的表决权数的合计表决权数在该股份发行公司全体股东的表决权数中所占的比例不低于百分之二十且超过政令规定的数值（在规定多个数值的情况下，则为根据政令分别规定的数值）的情况下，根据公平交易委员会规则的规定，应在事前将该股份取得相关计划向公平交易委员会申报。但是，如根据公平交易委员会规则的规定进行事前申报存在困难的，不在此限。

3. 在前款规定的情形下，该股份取得公司在该取得后所拥有的该股份发行公司的股份相关的表决权中，不包含与金钱或有价证券的信托相关的股份的表决权（仅限于委托人或受益人可以行使或者可以指示受托人行使的情形）、该股份取得公司为经营银行业或保险业的公司（经营保险业的公司，不包含公平交易委员会规则规定的公司。下款以及下条第一款及第二款中同）且在计划取得其他国内公司（经营银行业或保险业的公司及其他公正交易委员会规则规定的公司除外。

下款以及下条第一款及第二款中同）股份的情形下该股份取得公司在取得该股份后所拥有的股份相关的表决权、以及该股份取得公司为经营第一种金融商品交易业的公司且在作为业务计划取得股份的情形下该股份取得公司取得该股份后所持有的股份相关的表决权，包含与金钱或有价证券的信托相关的股份相关的表决权且自己可以作为委托人或受益者行使或者指示其行使的表决权（公平交易委员会规则中规定的表决权除外，下款同）以及根据《关于公司债券、股票等转帐的法律》第一百四十七条第一款或者第一百四十八条第一款规定不得与发行人对抗的股份相关的表决权。

4. 在第二款规定的情形下，该股份取得公司以外的公司等拥有的该股份发行公司的股份相关的表决权中，不包含与金钱或有价证券的信托相关股份的表决权（仅限于委托人或受益人可以行使或者可以指示受托人行使的情形）、在该股份取得公司以外的公司等为经营银行业或保险业的公司的情形下取得该股份公司以外的公司等拥有的其他国内公司的股份相关的表决权、以及在该股份取得公司以外的公司等为经营第一种金融商品交易业的公司的情形下该股份取得公司以外的公司等作为业务拥有的股份相关的表决权，包括与金钱或者有价证券的信托相关股份的表决权且自己可以作为委托人或受益者行使或者指示其行使的表决权以及根据《关于公司债券、股票等转账的法律》第一百四十七条第一款或者第一百四十八条第一款的规定不得与发行人对抗的股份的表决权。

5. 在作为公司子公司的合作社（仅限于根据《民法》（明治二十九年法律第八十九号）第六百六十七条第一款规定的合作社合同成立的合作社、根据《有关投资业务有限责任合作社合同的法律》（平成十年法律第九十号）第二条第二款规定的投资业务有限责任合作社（下条第一款第四项简称投资业务有限责任合作社）、根据《有关有限责任业务合作社合同的法律》（平成十七年法律第四十号）第二条规定的有限责任业务合作社、以及基于外国法令设立的团体中类似上述合作社的团体（本款称为特定合作社类似团体），本款下同的成员（包括特定合作社类似团体的成员，本款下同）计划取得股份发行公司的股份作为合作社财产（包括特定合作社类似团体的财产，本款下同）的情形（与金钱或有价证券的信托相关的股份，在作为公司子公司的合作社的全体成员可以成为委托人或受益人并行使表决权的情况或者可以指示受托人行使表决权的情况下，包含要求受托人取得股份发行公司的股份的情形）下，视为该合作社的母公司（该合作社有两个以上母公司时，是指该合作社母公司中其他所有母公司的子公司。本款下同）计划取得所有股份；在股份发行公司的股份属于作为公司子公司的合作社财产的情形（关于属于作为公司子公司的合作社财产的金钱或有价证券的信托相关的股份，包括该合作社的所有成员都可以成为委托人或受益人行使表决权的情形或者可以指示受托人行使表决权的情形）下，视为该合作社的母公司持有其全部股份，适用第二款的规定。

6. 第二款及前款的“子公司”是指公平交易委员会规则规定的拥有其全体股东的表决权过半数的股份公司及其他该公司支配其经营的公司等。

7. 第二款及第五款的“母公司”是指公平交易委员会规则规定的支配公司等经营的公司。

8. 根据第二款的规定进行申报的公司，在申报受理之日起经过三十天之前，不得取得该申报所涉及的股份。但是，公平交易委员会认为有必要的，可以缩短该期限。

9. 公平交易委员会根据第十七条之二第一款的规定计划对该申报所涉及的股份取得采取必要措施时，应在根据前款正文规定的三十天期限或者同款但书规定的缩短期限［公平交易委员会要求股份取得公司在各自的期间内根据公正交易委员会规则规定提交必要的报告、信息或资料的（本款下称报告等），在前款的申请受理之日起经过了一百二十天的日期与受理所有的报告等之日起经过九十天较晚日期的期限内］（本条下称通知期限）内根据第五十条第一款的规定通知股份取得公司。但是，下列情形不在此限。

（1）在该申报所涉及的股份取得计划中，根据第一款规定的重要事项在该计划实施期限内未予实施的；

（2）在该申报所涉及的股份取得计划中，重要事项存在虚假内容的；

（3）就该申报所涉及的股份取得，在根据第四十八条之二的规定作出通知的情形下，在第四十八条之三第一款规定期限内未根据同款规定申请认定的；

（4）就该申报所涉及的股份取得，在根据第四十八条之二的规定作出通知的情形下，根据第四十八条之三第一款规定撤回认定申请的；

（5）就该申报所涉及的股份取得，在根据第四十八条之二的规定作出通知的情形下，对于根据同条第六款的规定提交的认定申请存在基于第四十八条之三第一款的决定的；

（6）就该申报所涉及的股份取得，根据第四十八条之五第一款（限于第一项相关部分）的规定作出的第四十八条之三第三款的认定（包含根据同条第八款规定的变更认定）被取消的；

（7）就该申报所涉及的股份取得，根据第四十八条之五第一款（限于第二项相关部分）的规定作出的第四十八条之三第三款的认定（包含根据同条第八款规定的变更认定）被取消的；

10. 在符合前款第一项规定的情形下，公平交易委员会根据第十七条之二第一款的规定计划对该申报所涉及的股份取得采取必要措施时，应在该项规定的期限起算一年时间内作出前款正文的通知。

11. 在符合第九款第三项规定的情形下，公平交易委员会根据第十七条之二第一款的规定计划对该申报所涉及的股份取得采取必要措施时，应在通知期限上加算六十日的时间内作出第九款正文的通知。

12. 在符合第九款第四项规定的情形下，公平交易委员会根据第十七条之二第一款的规定计划对该申报所涉及的股份取得采取必要措施时，应在通知期间上加算第四十八条之二规定的通知之日起至同款规定的撤回之日为止的期限的时间内作出第九款正文的通知。

13. 在符合第九款第五项规定的情形下，公平交易委员会根据第十七条之二第一款的规定计划对该申报所涉及的股份取得采取必要措施时，应在通知期间加算九十日的时间内作出第九款正文的通知。

14. 在符合第九款第六项规定的情形下，公平交易委员会根据第十七条之二第一款的规定计划对该申报所涉及的股份取得采取必要措施时，应在第四十八条之五第一款规定的决定之日起计算一年时间内作出第九款正文的通知。

第十一条【银行或保险公司表决权持有的限制】

1. 经营银行业或保险业的公司在持有其他国内公司的表决权占其全体股东的表决权超过百分之五（经营保险业的公司为百分之十，下款同）的情形下，不得取得或持有该表决权。但是，根据公平交易委员会规则的规定预先得到公平交易委员会认可的情形以及符合下列任一情形的，不在此限。

（1）因行使担保权或者领取代物清偿取得股份，或者通过持有取得或持有表决权的。

（2）因其他国内公司取得自己的股份，其持有股份相关的表决权在全体股东表决权的占比增加的。

（3）取得与金钱或有价证券的信托相关的作为信托财产的股份，或通过持有取得或保有表决权的。

（4）投资业务有限责任合作社的有限责任合作社成员（本项称为有限责任合作社成员）作为合作社财产通过取得或持有股份而取得或持有表决权的。但是，有限责任合作社成员可以行使表决权的情形、有限责任合作社成员可以指示投资业务有限责任合作社的无限责任合作社成员行使表决权的情形、以及自拥有该表决权之日起超过政令规定的期限持有该表决权的情形除外。

（5）根据《民法》第六百六十七条第一款的规定通过合作社合同约定对公司经营投资业务而成立的合作社(仅限于委托一个或几个成员执行该业务)的成员(被委任执行业务者除外，本项下称非业务执行成员）作为合作社财产通过取得或持有股份而取得或持有表决权的。但是，非业务执行合作社成员可以行使表决权的情形、非业务执行合作社成员可以指示受托业务执行者行使表决权的情形、以及自拥有该表决权之日起超过政令规定的期限持有该表决权的情形除外。

（6）除前述各项所示情形外，公平交易委员会规则中规定的可能限制其他国内公司的经营活动的情形。

2. 在前款第一项至第三项以及第六项的情形（在同款第三项的情形下，该表决权的取得者或持有者以外的委托人或受益者可以行使表决权的情形、以及该委托人或受益者可以指示受托人行使表决权的情形除外）下，如计划自持有其他国内公司的表决权超过其全体股东的表决权百分之五之日起超过一年持有该表决权的，应根据公平交易委员会规则的规定，事先得到公平交易委员会的许可。在此情形下，公平交易委员会的许可，除该款第三项的情形外，应以经营银行业或保险业的公司迅速处分该表决权为条件。

3. 公平交易委员会计划进行前两款许可时，应事先与内阁总理大臣协商。

4. 前款内阁总理大臣的权限委托给金融厅长官。

第十二条 删除

第十三条【董事兼任的限制】

1. 公司的董事或员工（持续从事公司业务的董事以外的人员，本条下同）通过兼任其他公司的董事而在一定的交易领域实质性限制竞争的，不得兼任该董事。

2. 公司不得通过不公平的交易方法强迫在国内与自己存在竞争关系的其他公司同意自己的董事兼任该公司的董事或员工、或者自己的员工兼任该公司的董事。

第十四条【公司以外经营者持有股份的限制】公司以外的经营者通过取得或持有公司的股份而在一定的交易领域实质性限制竞争的，不得取得或持有该股份、以及不得以不公平的交易方法取得或持有公司的股份。

第十五条【合并的限制、申报义务】

1. 公司符合下列任一项情形的，不得合并。

（1）因该合并而在一定的交易领域实质性限制竞争的；

（2）该合并是基于不公平的交易方法的。

2. 在公司计划实施合并的情形下，如计划实施该合并的公司（本条下称合并公司）中任一公司的国内营业额合计金额不低于二百亿日元且超过政令规定的金额、且其他任一公司的国内营业额合计金额不低于五十亿日元且超过政令规定的金额的，应根据公平交易委员会规则的规定事先就该合并相关计划向公平交易委员会申报。但是，所有的合并公司属于同一企业合并集团的，不在此限。

3. 第十条第八款至第十四款的规定适用前款规定的申报所涉及的合并限制以及公平交易委员会根据第十七条之二第一款规定作出的命令。在此情形下，在第十条第八款以及第十款至第十四款规定中的“取得股份”替换为“合并”、同条第九款中“取得股份”替换为“合并”、“取得股份公司”替换为“合并公司中至少一家公司”、“股份取得公司”替换为“合并公司”。

第十五条之二（分立的限制、申报义务）

1. 公司符合下列任一项情形的，不得共同新设分立（是指公司与其他公司共同进行的新设分立，下同）或吸收分立。

（1）因该共同新设分立或该吸收分立而在一定的交易领域实质性限制竞争的；

（2）该共同新设分立或该吸收分立是基于不公平的交易方法的。

2. 在公司计划共同新设分立的情形下，如符合下列任一项情形的，应根据公平交易委员会规则规定事先就该共同新设分立相关计划向公平交易委员会申报。但是，所有计划共同新设分立的公司属于同一企业合并集团的，不在此限。

（1）计划实施该共同新设分立的公司中的任一公司［仅限于由该共同新设分立设立的公司继承该业务的全部的情形（本款下称全部继承公司）］的国内营业额合计金额不低于二百亿日元且超过政令规定的金额，并且其他的任一公司（仅限于全部继承公司）的国内营业额合计金额不低于五十亿日元且超过政令规定的金额的；

（2）计划实施该共同新设分立的公司中的任一公司（仅限于全部继承公司）相关的国内营业额合计金额不低于二百亿日元且超过政令规定的金额的，且其他任一公司［仅限于由通过该共同新设分立设立的公司继承该业务的重要部分的情形（本款下称重要部分继承公司）］的该继承对象部分相关的国内营业额合计金额不低于三十亿日元且超过政令规定的金额的；

（3）计划实施该共同新设分立的公司中的任一公司（仅限于全部继承公司）相关的国内营业额合计金额不低于五十亿日元且超过政令规定的金额的，且其他任一公司（仅限于重要部分继承公司）的该继承对象部分相关的国内营业额合计金额不低于一百亿日元且超过政令规定的金额的（符合前项规定的情形除外）；

（4）计划实施该共同新设分立的公司中的任一公司（仅限于重要部分继承公

司）的该继承对象部分相关的国内营业额合计金额不低于一百亿日元且超过政令规定的金额的，且其他任一公司（仅限于重要部分继承公司）的该继承对象部分相关的国内营业额合计金额不低于三十亿日元且超过政令规定的金额的。

3. 在公司计划实施吸收分立的情形下，如符合下列任一项情形的，应根据公平交易委员会规则规定事先就该吸收分立相关计划向公平交易委员会申报。但是，所有计划吸收分立的公司属于同一企业合并集团的，不在此限。

（1）计划实施该吸收分立的公司中，计划分立的任一公司［仅限于通过该吸收分立继承该业务的全部的情形（下项称为全部继承公司）］相关的国内营业额合计金额不低于二百亿日元且超过政令规定的金额，且通过分立计划继承业务的公司相关的国内营业额合计金额不低于五十亿日元且超过政令规定的金额的；

（2）计划实施该吸收分立的公司中，计划分立的任一公司（仅限于全部继承公司）相关的国内营业额合计金额不低于五十亿日元且超过政令规定的金额，且通过分立计划继承业务的公司相关的国内营业额合计金额不低于二百亿日元且超过政令规定的金额的（符合前项规定的情形除外）；

（3）计划实施该吸收分立的公司中，计划分立的任一公司［仅限于由通过该吸收分立继承该业务的重要部分的情形（下项称为重要部分继承公司）］的该分立对象部分相关的国内营业额合计金额不低于一百亿日元且超过政令规定的金额，且通过分立计划继承业务的公司相关的国内营业额合计金额不低于五十亿日元且超过政令规定的金额的；

（4）计划实施该吸收分立的公司中，计划分立的任一公司（仅限于重要部分继承公司）的该分立对象部分相关的国内营业额合计金额不低于三十亿日元且超过政令规定的金额，且通过分立计划继承业务的公司相关的国内营业额合计金额不低于二百亿日元且超过政令规定的金额的（符合前项规定的情形除外）。

4. 第十条第八款至第十四款的规定适用于前两款规定的申报相关的共同新设分立及吸收分立的限制以及公平交易委员会根据第十七条之二第一款的规定作出的命令。在此情形下，在第十条第八款及第十款至第十四款规定中的“取得股份”替换为“共同新设分立或吸收分立”、同条第九款中的“取得股份公司”替换为“共同新设分立或吸收分立”、“取得股份公司”替换为“计划共同新设分立或吸收分立的公司中的至少一家公司”、“股份取得公司”替换为“计划共同新设分立或吸收分立的公司”。

第十五条之三【共同股份转移的限制、申报义务】

1. 公司符合下列任一项情形的，不得实施共同股份转移（是指公司与其他公司共同实施的股份转移，下同）。

（1）因该共同股份转移而在一定的交易领域实质性限制竞争的；

（2）该共同股份转移是基于不公平的交易方法的。

2. 在公司计划实施共同股份转移的情形下，如计划实施该共同股份转移的公司中的任一公司的国内营业额合计金额不低于二百亿日元且超过政令规定的金额，并且其他的任一公司的国内营业额合计金额不低于五十亿日元且超过政令规定的金额的，应根据公平交易委员会规则规定事先就该共同股份转移相关计划向公平交易委员会申报。但是，所有计划共同股份转移的公司属于同一企业合并集团的，不在此限。

3. 第十条第八款至第十四款的规定适用于前款规定的申报所涉及的共同股份转移的限制以及公平交易委员会根据第十七条之二第一款的规定作出的命令。在此情形下，在第十条第八款及第十款至第十四款规定中的“取得股份”替换为“共同股份转移”、同条第九款中的“取得股份”替换为“共同股份转移”、“股份取得公司”替换为“计划实施共同股份转移的公司中的至少有一家公司”、“股份取得公司”替换为“计划实施共同股份转移的公司”。

第十六条【业务受让等的限制、申报义务】

1. 公司因采取下列行为而在一定的交易领域实质性限制竞争的，不得采取该行为，且不得以不公平的交易方法实施下列行为。

（1）受让其他公司业务的全部或重要部分的；

（2）受让其他公司业务上的固定资产的全部或重要部分的；

（3）租赁其他公司业务的全部或重要部分的；

（4）受托经营其他公司业务的全部或重要部分的；

（5）与其他公司签订共同承担经营上全部盈亏的合同。

2. 作为公司，在该公司的国内营业额合计金额不低于二百亿日元且超过政令规定金额的情形下，如符合下列任一情形的，应根据公平交易委员会规则的规定事先就业务或业务上的固定资产（本条下称业务等）的受让计划应向公平交易委员会申报。但是，计划受让业务等的公司以及计划转让该业务等的公司属于同一企业合并集团的，不在此限。

（1）计划受让国内营业额不低于三十亿日元且超过政令规定金额的其他公司的业务全部的情形；

（2）计划受让其他公司业务的重要部分或业务上的固定资产的全部或重要部分时，该受让对象部分的国内销售额不低于三十亿日元且超过政令规定的金额的。

3. 第十条第八款至第十四款的规定适用于前款规定的申报所涉及的业务等的受让限制以及公平交易委员会根据第十七条之二第一款的规定作出的命令。在此情形下，在第十条第八款及第十款至第十四款规定中的“取得股份”替换为“受让业务或业务上的固定资产”、同条第九款中的“取得股份”替换为“受让业务或业务上的固定资产”、“股份取得公司”替换为“计划受让业务或业务上的固定资产的公司”。

第十七条【禁止规避法律的行为】不论以何种名义，都不得实施规避第九条至前条规定禁止或限制的行为。

第十七条之二【排除措施】

1. 如存在违反第十条第一款、第十一条第一款、第十五条第一款、第十五条之二第一款、第十五条之三第一款、第十六条第一款或前条规定的行为，公平交易委员会可以按照第八章第二节规定的程序，责令经营者处分全部或部分股份、转让部分业务以及采取其他为排除违反前述规定的行为所必要的措施。

2. 如存在违反第九条第一款或者第二款、第十三条、第十四条或前条规定的行为，公平交易委员会可以按照第八章第二节规定的程序，责令违法行为人处分全部或部分股份、辞退公司董事以及采取其他为排除违反前述规定的行为所必要的措施。

第十八条【合并、分立无效之诉】

1. 公平交易委员会可以对违反第十五条第二款以及同条第三款中替换适用第十条第八款规定的公司合并提起公司合并无效之诉。

2. 前款的规定，适用于违反第十五条之二第二款及第三款、以及同条第四款中替换适用第十条第八款的规定而实施的共同新设分立或吸收分立的情形。在此情形下，前款中的“合并无效之诉”替换为“共同新设分立或吸收分立无效之诉”。

3. 第一款的规定适用于违反第十五条之三第二款以及同条第三款中替换适用第十条第八款的规定而实施的共同股份转移的情形。在此情形下，第一款中的“合并无效之诉”替换为“共同股份转移无效之诉”。

第五章　不公平的交易方法

第十八条之二【与不公平的交易方法相关的课征金的定义】

1. 本章中的“违法行为期间”，是指与实施第二十条之二至第二十条之六规定的违法行为中任何一个违法行为的经营者相关的自该违法行为实施之日｛第四十七条第一款第一项、第三项或第四项所示的有关该经营者实施的该违法行为的处分的第一次执行日［未对该经营者进行该处分的，为该经营者收到该违法行为的事前通知（在根据第二十条之二至第二十条之六的规定命令缴纳课征金的情况下，根据第六十二条第四款中替换适用的第五十条第一款的规定公正交易委员会对实施第二十条之二至第二十条之六规定的违法行为中的任何一个违法行为的经营者作出的通知。下项同）之日］在十年内的，为该日｝起至该违法行为结束之日的期间。

2. 本章中的“调查开始日”，是指就第二十条之二至第二十条之五规定的违法行为中任何一个违法行为相关的案件第一次进行第四十七条第一款第一项、第三项或第四项所示处分之日（未进行该处分的，为实施该违法行为的经营者收到有关该违法行为的事前通知之日）。

第十九条【禁止不公平的交易方法】经营者不得采用不公平的交易方法。

第二十条【排除措施】

1. 存在违反前条规定的行为时，公平交易委员会可以按照第八章第二节规定的程序，责令经营者停止该行为、删除合同条款及其他为排除该行为所必要的措施。

2. 第七条第二款的规定适用于违反前条规定的行为。

第二十条之二【与共同拒绝交易相关的课征金】经营者符合下列任何一项情形、且实施了违反第十九条规定的行为（仅限于符合第二条第九款第一项的行为）的，公正交易委员会应按照第八章第二节规定的程序，责令该经营者缴纳违法行为期间该经营者拒绝供应的或者限制与该供应相关的商品或服务的数量或内容的竞争经营者的供应的、与该项①规定的商品或服务相同的商品或服务［对于该项②规定的违法行为，为该经营者向该项②规定的其他经营者（本条下称拒绝经营者）提供的与该项②规定的商品或与服务相同的商品或服务（包含该拒绝经营者为供应该同一商品或服务所必要的商品或服务）、拒绝经营者拒绝供应的或该经营者向限制与其供应相关的商品或服务的数量或内容的竞争经营者供应的该同一商品或服务、以及拒绝经营者向该经营者供应的该同一商品或服务］根据政令规定的方法计算得出的营业额乘以百分之三得出的金额相当的课征金至国库。但是，该经营者收到有关该违法行为的基于第七条之二第一款（包含在第八条之三中替换适用的情形。下条之第二十条之五同）或第七条之九第一款或第二款规定的命令（仅限于该命令确定的情形。第二十条之四以及第二十条之五同）的、或基于第七条之四第七款或第七条之七第三款规定的通知的、或基于第六十三条第二款规定的决定的，或本条规定的课征金金额不足一百万日元的，不得责令其缴纳。

（1）从该违法行为相关案件调查开始日起追溯十年之内，收到前条规定的命令（仅限于第二条第九款第一项相关的命令，下项同）或者本条规定的命令者（仅限于该命令确定的情形，下项同）。

（2）从该违法行为相关案件调查开始日起追溯十年之内，该完全子公司收到前条规定的命令（仅限于作出该命令之日是该经营者的完全子公司的情形）或者本条规定的命令者（仅限于作出该命令之日是该经营者的完全子公司的情形）。

第二十条之三【与差别对价相关的课征金】经营者符合下列任何一项情形、且实施了违反第十九条规定的行为（仅限于符合第二条第九款第二项的行为）的，公正交易委员会应按照第八章第二节规定的程序，责令该经营者缴纳违法行为期间该经营者拒绝供应的该项规定的商品或服务根据政令规定的方法计算得出的营业额乘以百分之三得出的金额相当的课征金至国库。但是，该经营者收到有关该违法行为的基于第七条之二第一款或者第七条之九第一款或第二款规定的命令（仅限于该命令确定的情形。第二十条之四以及第二十条之五同）的、或者基于第七条之四第七款或第七条之七第三款规定的通知的、或基于第六十三条第二款规定的决定的，或者本条规定的课征金金额不足一百万日元的，不得责令其缴纳。

（1）从该违法行为相关案件调查开始日起追溯十年之内，收到第二十条规定的命令（仅限于第二条第九款第一项相关的命令，下项同）或者本条规定的命令者（仅限于该命令确定的情形，下项同）。

（2）从该违法行为相关案件调查开始日起追溯十年之内，其完全子公司收到第二十条规定的命令（仅限于作出该命令之日是该经营者的完全子公司的情形）或者本条规定的命令者（仅限于作出该命令之日是该经营者的完全子公司的情形）。

第二十条之四【与不正当廉价销售相关的课征金】经营者符合下列任何一项情形、且实施违反第十九条规定的行为（仅限于符合第二条第九款第三项的行为）的，公正交易委员会应按照第八章第二节规定的程序，责令该经营者缴纳违法行为期间该经营者拒绝供应的该项规定的商品或服务根据政令规定的方法计算得出的营业额乘以百分之三得出的金额相当的课征金至国库。但是，该经营者收到了有关该违法行为的基于第七条之二第一款或者第七条之九第一款或第二款规定的命令的、或者基于第七条之四第七款或第七条之七第三款规定的通知的、或基于第六十三条第二款规定的决定的，或者本条规定的课征金金额不足一百万日元的，不得责令其缴纳。

（1）从该违法行为相关案件调查开始日起追溯十年之内，收到第二十条规定的命令（仅限于第二条第九款第三项相关的命令，下项同）或者本条规定的命令者（仅限于该命令确定的情形，下项同）。

（2）从该违法行为相关案件调查开始日起追溯十年之内，其完全子公司收到第二十条规定的命令（仅限于作出该命令之日是该经营者的完全子公司的情形）或者本条规定的命令者（仅限于作出该命令之日是该经营者的完全子公司的情形）。

第二十条之五【与限制转售价格相关的课征金】经营者符合下列任何一项情形、且实施违反第十九条规定的行为（仅限于符合第二条第九款第四项的行为）的，公正交易委员会应按照第八章第二节规定的程序，责令该经营者缴纳违法行为期间该经营者拒绝供应的该项规定的商品或服务根据政令规定的方法计算得出的营业额乘以百分之三得出的金额相当的课征金至国库。但是，该经营者收到了有关该违法行为的基于第七条之二第一款或者第七条之九第一款或第二款规定的命令的、或者基于第七条之四第七款或第七条之七第三款规定的通知的、或基于第六十三条第二款规定的决定的，或者本条规定的课征金金额不足一百万日元的，不得责令其缴纳。

（1）从该违法行为相关案件调查开始日起追溯十年之内，收到第二十条规定的命令（仅限于第二条第九款第四项相关的命令，下项同）或者本条规定的命令者（仅限于该命令确定的情形，下项同）。

（2）从该违法行为相关案件调查开始日起追溯十年之内，其完全子公司收到第二十条规定的命令（仅限于作出该命令之日是该经营者的完全子公司的情形）或者本条规定的命令者（仅限于作出该命令之日是该经营者的完全子公司的情形）。

第二十条之六【与滥用优势地位相关的课征金】经营者实施违反第十九条规定的行为（仅限于符合第二条第九款第五项的行为）的，公正交易委员会应按照第八章第二节规定的程序，责令该经营者缴纳违法行为期间与该违法行为对象之间的根据政令规定的方法计算得出的营业额（如该违法行为是针对接受商品或服务供应的对象的，为与该违法行为的对象之间的根据政令规定的方法计算得出的采购额，如该违法行为有多个对象的，为分别于该违法行为的各对象之间的根据政令规定的方法计算得出的营业额或采购额的合计额）乘以百分之一得出的金额相当的课征金至国库。但是，该金额不足一百万日元的，不得责令其缴纳。

第二十条之七【与不正当限制交易限制等相关的课徵金规定的准用】第七条之二第三款、第七条之八第一款至第四款以及第六款的规定适用于第二十条之二至前一条规定的违法行为的情形。在此情形下，下表中上栏所示规定中同表中栏所示的字句分别替换为同表下栏所示的字句。

<table>
<tr><td rowspan="4">第七条之二第三款</td><td>第一款的</td><td>第二十条之二至第二十条之六的</td></tr>
<tr><td>实施期间</td><td>第十八条之二第一款规定的违法行为期间</td></tr>
<tr><td>第一款各项所示</td><td>第二十条之二至第二十条之六规定的</td></tr>
<tr><td>该经营者、其特定非违法供应子公司等或特定非违法购买子公司等</td><td>该经营者</td></tr>
<tr><td rowspan="2">第七条之八第一款</td><td>第七条之二第一款</td><td>第二十条之二至第二十条之六</td></tr>
<tr><td>该条、第七条之三、第七条之四第二款或第三款、第七条之五第三款或前条第一款</td><td>在上述规定或第二十条之七中替换适用第七条之二第三款</td></tr>
<tr><td>第七条之八第二款</td><td>第七条之二、第七条之三、第七条之四第二款或第三款、第七条之五第三款或前条第一款</td><td>在第二十条之二至第二十条之六的规定或第二十条之七中替换适用第七条之二第三款</td></tr>
<tr><td rowspan="3">第七条之八第三款</td><td>第七条之二第一款</td><td>第二十条之二至第二十条之六</td></tr>
<tr><td>该法人收到同款规定的命令、第七条之四第七款、前条第三款规定的通知、以及第六十三条第二款规定的决定（本项及下项称为命令等）的，合并后存续的或合并设立的法人实施的违法行为以及该合并后存续的或合并设立的法人收到的命令等</td><td>合并后存续的或合并设立的法人实施的违法行为</td></tr>
<tr><td>第七条之二至本条</td><td>在上述规定以及第二十条之七中替换适用第七条之二第三款、第一款至下款以及第六款</td></tr>
</table>

续表

第七条之八第四款	第七条之二第一款	第二十条之二至第二十条之六
	违法行为以及该法人收到的命令等	违法行为
	违法行为以及该特定业务继承子公司等收到的命令等	违法行为
	该条至本条	在上述规定以及第二十条之七中替换适用第七条之二第三款、第一款至本款、以及第六款
	第七条之二第一款中该	第二十条之二至第二十条之六规定中该
	对特定业务继承子公司（指第七条之八第四款规定的特定业务继承子公司等。本款及该条第一款中同）等，本项	对特定业务继承子公司等，本条
	第一款	在第二十条之七中替换适用第一款
	收到命令的特定业务继承子公司等，该款	收到命令的特定业务继承子公司等（指在第二十条之七中替换适用第四款规定的特定业务继承子公司等。本款下同），其
第七条之八第六款	实施期间	第十八条之二第一款规定的违法行为期间

第六章　适用除外

第二十一条【知识产权的行使行为】本法规定不适用于依据《著作权法》、《专利法》、《实用新型法》、《外观设计法》或《商标法》行使权利的行为。

第二十二条【一定的合作社的行为】本法规定不适用于具备下列各项所示的要件且依法设立的合作社（包含合作社的联合会）的行为。但是，通过采用不公平的交易方法、或通过在一定的交易领域实质性限制竞争而不正当地提高价格的，不在此限。

（1）以小规模经营者或消费者的相互扶助为目的的；

（2）可自由设立且合作社成员可自由加入或退出的；

（3）各合作社成员享有平等的表决权的；

（4）对合作社成员进行利益分配时，其限度由法令或章程规定的。

第二十三条【转售价格维持】

1. 本法规定不适用于生产或销售公平交易委员会指定的且易于识别的质量相同的商品的经营者与该商品的销售对象经营者为决定并维持该商品的转售价格（指由对方经营者或购买对方经营者所销售的该商品并进行转售的经营者销售该商品的价格，下同）而实施的正当行为。但是，该行为不正当地损害消费者的利益、以及销售该商品的经营者所实施的行为违反生产该商品的经营者的意愿的，不在此限。

2. 除非符合下列各项情形，公平交易委员会不得按照前款规定进行指定。

（1）该商品应为消费者日常使用的商品的；

（2）围绕该商品展开自由竞争的。

3. 第一款规定的指定以告示方式进行。

4. 发行著作物的经营者或销售该发行物的经营者与该物品的销售对象经营者为决定并维持该商品的转售价格而实施的正当行为，与第一款相同。

5. 第一款或前款规定的作为销售对象的经营者，不包括根据以下法律规定设立的团体。但是，根据第七项和第十项所示的法律规定设立的团体，仅限于业务协同合作社、业务协同小合作社、协同合作社联合会、工商合作社或者工商合作社联合会购买供该业务协同合作社、协同合作社联合会、工商合作社或者工商合作社联合会的直接或者间接成员消费所用的第二款规定的商品或前款规定的物品的情形。

（1）国家公务员法；

（2）农业协同合作社法；

（3）消费生活协同合作社法；

（4）水产业协同合作社法；

（5）有关行政执行法人劳动关系的法律；

（6）劳动合作社法；

（7）中小企业等协同合作社法；

（8）地方公务员法；

（9）有关地方公营企业等劳动关系的法律；

（10）有关中小企业团体组织的法律；

（11）国家公务员共济合作社法；

（12）地方公务员等共济合作社法；

（13）森林合作社法。

6. 第一款规定的经营者签订旨在决定并维持该款规定的转售价格的合同时，应根据公平交易委员会规则的规定，在该合同成立之日起三十日内，将相关事宜向公平交易委员会申报。但是，公平交易委员会规则有规定的，不在此限。

第七章　停止请求及损害赔偿

第二十四条【停止请求权】因发生违反第八条第五项或第十九条规定的行为而受到或可能受到权益侵害者，在由此产生或可能产生显著损害的情形下，可以向侵害其利益的经营者或经营者团体、或可能侵害其利益的经营者或经营者团体提出停止或预防侵害的请求。

第二十五条【无过失损害赔偿责任】

1. 实施违反第三条、第六条或第十九条规定行为的经营者（违反第六条规定行为的经营者，仅限于在该国际协定或国际合同中不正当限制交易或自行使用不公平的交易方法的经营者）以及违反第八条规定行为的经营者团体，对受害者承担损害赔偿责任。

2. 经营者及经营者团体证明其无故意或过失的，也不能免除其前款规定的责任。

第二十六条【损害赔偿请求权在审判上主张的限制、消灭时效】

1. 前条规定的损害赔偿请求权，只有在第四十九条规定的排除措施命令［未下达排除措施命令的，则为第六十二条第一款规定的缴纳命令（针对实施违反第八条第一项或者第二项规定行为的经营者团体的成员经营者的除外）］确定后，才能在诉讼中主张。

2. 前款的请求权，自同款的排除措施命令或缴纳命令确定之日起经过三年的，时效消灭。

第八章　公平交易委员会

第一节　设置、任务、主管事务及组织等

第二十七条【任务、管辖】

1. 根据《内阁设置法》（一九九九年法律第八十九号）第四十九条第三款的规定，设置以实现第一条目的为任务的公平交易委员会。

2. 公平交易委员会由内阁总理大臣管辖。

第二十七条之二【主管事务】 公平交易委员会为了完成前条第一款的任务，主管以下事务。

（1）规制私人垄断；

（2）规制不正当限制交易；

（3）规制不公平的交易方法；

（4）规制垄断状态；

（5）主管事务的国际合作；

（6）除以上各项外，法律（包括基于法律的命令）规定属于公平交易委员会主管的事务。

第二十八条【职权行使的独立性】 公平交易委员会的委员长及委员独立行使其职权。

第二十九条【组织、委员长及委员的任命及身份】

1. 公平交易委员会由委员长及四名委员组成。

2. 委员长及委员由内阁总理大臣经两议院同意从年龄满三十五周岁、具有法

律或经济相关知识和经验的人中任命。

3. 天皇对委员长的任免进行认证。

4. 委员长及委员为官员。

第三十条【任期】

1. 委员长及委员的任期为五年。但是，候补委员长及委员的任期为前任的剩余任期。

2. 委员长及委员可以连任。

3. 委员长及委员在年满七十周岁时卸任。

4. 在委员长或委员任期届满或者出现空缺的情形下，如因国会闭会或众议院解散而不能得到两议院的同意的，内阁总理大臣可以从具有前条第二款规定的资格的人中任命委员长或委员。在此情形下，应在任命后的第一次国会上获得两议院的事后批准。

第三十一条【身份保障】委员长及委员除具有下列任何一项情形外，不得在任职期间违背其意愿将其罢免：

（1）被下达破产程序开始决定的；

（2）受到惩戒免职处分的；

（3）违反本法规定被处以刑罚的；

（4）被处以监禁以上刑罚的；

（5）经公平交易委员会决定因身心问题不能执行职务的；

（6）在前条第四款的情形下，未得到两议院的事后批准的。

第三十二条【罢免】在前条第一项或者第三项到第六项的情形下，内阁总理大臣应罢免该委员长或者委员。

第三十三条【委员长】

1. 委员长总管公平交易委员会的会务，代表公平交易委员会。

2. 公平交易委员会应事先从委员中确定委员长因故不能执行职务时代理委员长职务的人员。

第三十四条【会议】

1. 公平交易委员会在委员长及两名以上委员未出席的情形下不得进行议事表决。

2. 公平交易委员会的议事需经出席者过半数同意通过。如赞成者与反对者数量相同，则由委员长决定。

3. 公平交易委员会根据第三十一条第五项的规定作出决定时，不受前款规定的约束，应经除本人外的全体人员一致同意通过。

4. 委员长因故不能执行职务而适用第一款的规定时，应将前条第二款规定的代理委员长职务的人视为委员长。

第三十五条【事务总局、职员】

1. 公平交易委员会设置事务总局处理公平交易委员会的事务。

2. 事务总局设置事务总长。

3. 事务总长主管事务总局的局务。

4. 事务总局设置官房及局。

5.《内阁府设置法》第十七条第二款至第八款的规定，适用于前款官房及局的设置、主管事务的范围及内部组织。

6. 根据第四款规定设置的官房及局的数量应在三个以内。

7. 事务总局的职员中应当包含检察官、任命时已经是律师或具有律师资格的人。

8. 前款作为检察官的职员所承担的职务仅限于违反本法规定的案件。

第三十五条之二【地方事务所、分所】

1. 在需要的地方设置地方事务所作为公平交易委员会事务总局的地方机构。

2. 前款的地方事务所的名称、位置及管辖区域由政令规定。

3. 第一款的地方事务所可以在所需地点设置分所，分管地方事务所的事务。

4. 前款分所的名称、位置及管辖区域由内阁府令规定。

第三十六条【报酬】

1. 委员长及委员的报酬另行规定。

2. 在委员长及委员任职期间不得违背其意愿减少其报酬。

第三十七条【禁止特定行为】委员长、委员及政令规定的公平交易委员会的职员在任职期间不得从事下列各项行为。

（1）成为国会或者地方公共团体的议会的议员，或者积极参加政治运动；

（2）除获得内阁总理大臣许可外，从事其他有报酬的职务；

（3）从事商业及其他以金钱利益为目的的业务。

第三十八条【禁止发表意见】委员长、委员及公平交易委员会的职员不得就案件相关事实的有无以及法令的适用对外发表意见。但是，本法有规定或发表本法相关研究结果的，不在此限。

第三十九条【保密义务】现任或曾任委员长、委员及公平交易委员会的职员者，不得泄露或盗窃因职务而获知的经营者的秘密。

第四十条【调查的强制权限】公平交易委员会为履行职务，在必要时可以责令国家机关、依据特别法令设立的法人、经营者或经营者团体及其员工到场接受调查，或者要求提交必要的报告、信息或资料。

第四十一条【调查委托】公平交易委员会为履行职务，在必要时可以委托国家机关、依据特别法令设立的法人、学校、经营者、经营者的团体、有相关知识和经验者及其他人员进行必要的调查。

第四十二条【听证会】公平交易委员会为履行职务，在必要时可以召开听证会征求一般意见。

第四十三条【公布必要事项】为确保本法的有效执行，公平交易委员会可以向公众公布除经营者秘密外的一般必要事项。

第四十三条之二【向外国竞争执法机构提供信息】

1. 公平交易委员会可以向执行与本法相当的国外法令的机构（本条下称外国竞争执法机构）提供有助于其履行职务（仅限于相当于本法规定的公平交易委员会的职责，下款同）的信息。但是，如果该信息提供可能会妨碍本法的有效执行、或有可能侵害我国利益的，不在此限。

2. 公平交易委员会在向外国竞争执法机构提供前款规定的信息时，应确认下列事项。

（1）该外国竞争执法机构可以向公平交易委员会提供与前款规定的信息相当的信息；

（2）对于根据前款规定提供的信息中作为秘密提供的信息，根据该国法令，确保可在该国获得与我国同等程度的保密；

（3）该外国竞争执法机构对于根据前款规定提供的信息，不得用于执行其职务以外的目的。

3. 对于根据第一款规定提供的信息，应采取恰当的措施确保其不被用于外国法院或法官实施的刑事程序。

第四十四条【对国会的报告、意见的提交】

1. 公平交易委员会应通过内阁总理大臣每年向国会报告本法的实施情形。

2. 公平交易委员会可以通过内阁总理大臣就实现本法目的所必要的事项向国会提出意见。

第二节　程序

第四十五条【违法事实的报告、探知】

1. 任何人在认为存在违反本法规定的事实时，均可以向公平交易委员会报告该事实、并要求采取适当措施。

2. 公平交易委员会在收到前款规定的报告时，应对案件进行必要的调查。

3. 根据公平交易委员会规则的规定，在第一款规定的报告是以书面形式具体揭示事实的情形下，公平交易委员会应将对报告相关案件采取适当措施或不采取措施的决定及时告知该报告人。

4. 公平交易委员会在认为存在违反本法规定的事实或构成垄断状态的事实时，可以依职权采取适当措施。

第四十六条【向主管大臣通知垄断状态、向主管大臣发表意见】

1. 公平交易委员会在认为存在构成垄断状态的事实并决定采取前条第四款规定的措施时，应当将相关事宜通知主管该经营者所经营业务的主管大臣。

2. 在接到前款通知时，该主管大臣可以就是否存在垄断状态以及第八条之四第一款但书规定的足以恢复竞争的其他措施向公平交易委员会发表意见。

第四十七条【为调查采取的强制处分】

1. 公平交易委员会为对案件进行必要的调查，可以作出下列各项处分。

（1）责令案件相关人员或参考人到场接受审讯，或者向其征求意见或报告；

（2）要求鉴定人到场鉴定；

（3）责令账簿资料及其他物品的持有人提交该物品或是留置该物品；

（4）进入案件相关人员的营业场所及其他必要场所，对业务及财产状况、账簿资料及其他物品进行检查。

2. 公平交易委员会在认为合适的情形下，可以根据政令规定，将公平交易委员会的职员指定为审查官，令其执行前款规定的处分。

3. 根据前款规定令职员进行现场调查时，应携带证明身份的证件并向相关人员出示。

4. 不得将第一款规定的处分权限解释为违法搜查的权限。

第四十八条【制作笔录】公平交易委员会在对案件进行必要调查时，应将要旨记录在笔录中，特别是在进行前条第一款规定的处分时，应写明处分的年月日及其结果。

第四十八条之二【关于确认程序的通知】公平交易委员会在认为存在违反第三条、第六条、第八条、第九条第一款或者第二款、第十条第一款、第十一条第一款、第十三条、第十四条、第十五条第一款、第十五条之二第一款、第十五条之三第一款、第十六条第一款、第十七条或者第十九条规定的事实的情形下，在促进公正且自由的竞争上认为有必要时，可以就疑似违法行为将下列事项以书面形式通知该行为人。但是，已根据第五十条第一款（包含在第六十二条第四款中替换适用的情形）的规定作出通知的，不在此限。

（1）该行为的概要；

（2）涉嫌违反的法令条款；

（3）可以依据下条第一款的规定申请认定。

第四十八条之三【排除措施计划相关认定的申请、认定、申请的驳回、计划变更相关的认定】

1. 收到依据前条规定的通知者，如计划自行制定并实施为排除疑似违法行为所必要的措施，可以根据公平交易委员会规则规定制作拟实施措施（本条至第四十八条之五称为排除措施）的相关计划（本条至四十八条之五称为排除措施计划），并在该通知之日起六十日内提交给公平交易委员会申请认定。

2. 排除措施计划中应写明下列事项。

（1）排除措施的内容；

（2）排除措施的实施期限；

（3）其他公平交易委员会规则规定的事项。

3. 公平交易委员会在收到依据第一款规定的认定申请后，如该排除措施计划符合下列各项要求的，应予以认定。

（1）排除措施足以排除疑似违法行为；

（2）排除措施预计可以得到确实实施。

4. 前款认定应以文书形式进行，委员长以及根据第六十五条第一款的规定出席合议的委员应在认定书上签名盖章。

5. 第三款的认定在认证书的副本送达其对象时生效。

6. 公平交易委员会在收到第一款规定的认定申请后，如认为该排除措施计划不符合第三款任何一项的要求时，应通过决定予以驳回。

7. 第四款及第五款的规定适用于根据前款规定的决定。在此情形下，第四款和第五款中的“认定书”替换为“决定书”。

8. 获得第三款认定者，如要变更该认定相关的排除措施计划，应根据公平交易委员会规则的规定接受公平交易委员会的认定。

9. 第三款至第七款的规定适用于基于前款规定的变更的认定。

第四十八条之四【排除措施计划相关认定的效果】第七条第一款及第二款（包括适用第八条之二第二款及第二十条第二款中的情形）、第七条之二第一款（包括在第八条之三中替换适用的情形）、第七条之九第一款及第二款、第八条之二第一款及第三款、第十七条之二、第二十条第一款及第二十条之二至第二十条之六的规定，在公正交易委员会作出前条第三款认定（包含根据同条第八款的规定变更的认定）的情况下，不适用于该认定相关的疑似违法行为以及排除措施相关行为。但是，根据下条第一项的规定作出的决定，不在此限。

第四十八条之五【排除措施计划相关认定的取消】

1. 在符合下列任一情形下，公平交易委员会应通过决定取消第四十八条之三第三款的认定。

（1）未根据第四十八条之三第三款认定的排除措施计划实施排除措施的；

（2）判明接受第四十八条之三第三款认定者是基于虚假或不正当的事实获得该认定的。

2. 第四十八条之三第四款及第五款的规定适用于前款规定的决定。在此情形下，同条第四款和第五款中的“认定书”替换为“决定书”。

3. 根据第一款规定取消第四十八条之三第三款的认定后，如该取消是在第七条第二款但书（包括在第八条之二第二款及第二十条第二款中适用的情形，本款下同）所规定的期限届满之日的前两年内作出的，根据第七条第二款（包括在第八条之二第二款及第二十条第二款中适用的情形）或者第八条之二第三款规定对该疑似违法行为作出的命令，不受第七条第二款但书规定的约束，可以在该取消决定作出之日起两年内执行。

4. 前款规定适用于根据第七条之二第一款（包括在第八条之三中替换适用的情形）、第七条之九第一款或第二款、或者第二十条之二至第二十条之六的规定作出的命令。在此情形下，前款“第七条第二款但书（包括在第八条之二第二款及第二十条第二款中”替换为“在第七条之八第六款（包括在第七条之九第三款及第八条之三中适用的情形以及在第七条之九第四款及第二十条之七中替换”、“第七条第二款但书”替换为“第七条之八第六款”。

第四十八条之六【关于既往行为确认程序的通知】即便疑似违反第三条、第六条、第八条或者第十九条规定的行为已经消失，为了促进公正且自由的竞争，在认为确实有必要的情形下，公平交易委员会可以将第二项所列事项以书面形式通知第一项所列人员。但是，已根据第五十条第一款（包括在第六十二条第四款中替换适用的情形）的规定作出的通知，不在此限。

（1）下列人员

①实施疑似违法行为者；

②在疑似违法行为者为法人的情形下，如该法人因合并而不复存在，则是合并后存续或者通过合并而设立的法人；

③在疑似违法行为者为法人的情形下，通过分立从该法人继承与该行为相关的全部或部分业务的法人；

④从疑似违法行为者处受让与该行为相关的全部或部分业务的经营者。

（2）下列事项

①疑似违法行为的概要；

②疑似违反的法令条款；

③可以依据下条第一款的规定申请认定。

第四十八条之七【排除确保措施计划相关认定的申请、认定、申请的驳回、计划变更相关的认定】

1. 收到前条规定的通知者，如计划自行制定并实施为确保排除疑似违法行为所必要的措施，可以根据公平交易委员会规则规定制作拟实施措施（本条至第四十八条之九称为排除确保措施）的相关计划（本条至第四十八条之九称为排除确保措施计划），并在该通知之日起六十日内提交给公平交易委员会申请认定。

2. 排除措施确保计划中应写明下列事项。

（1）排除确保措施的内容；

（2）排除确保措施的实施期限；

（3）其他公平交易委员会规则规定的事项。

3. 公平交易委员会在收到依据第一款规定的认定申请后，如该排除确保措施计划符合下列各项要求的，应予以认定。

（1）排除确保措施足以排除疑似违法行为；

（2）排除确保措施预计可以得到确实实施。

4. 第四十八条之三第四款及第五款的规定适用于前款规定的认定。

5. 公平交易委员会在收到第一款规定的认定申请后，如认为该排除确保措施计划不符合第三款任何一项的要求的，应通过决定予以驳回。

6. 第四十八条之三的第四款及第五款的规定适用于根据前款规定的决定。在此情形下，同条第四款和第五款中的“认定书”替换为“决定书”。

7. 获得第三款认定的人员，如要变更该认定相关的排除确保措施计划，应根据公平交易委员会规则的规定接受公平交易委员会的认定。

8. 第三款至第六款的规定适用于基于前款规定的变更的认定。

第四十八条之八【排除确保措施计划相关认定的效果】第七条第一款及第二款（包括适用第八条之二第二款及第二十条第二款中的情形）、第七条之二第一款（包括在第八条之三中替换适用的情形）、第七条之九第一款及第二款、第八条之二第一款及第三款、第二十条第一款及第二十条之二至第二十条之六的规定，在公平交易委员会作出前条第三款认定（包含根据同条第七款的规定变更的认定。下一条、第六十五条、第六十八条第二款以及第七十六条第二款亦同）的情况下，不适用于该认定相关的疑似违法行为以及排除确保措施相关行为。但是，根据下条第一项的规定作出的决定，不在此限。

第四十八条之九【排除确保措施计划相关认定的取消】

1. 在符合下列任一情形下，公平交易委员会应通过决定取消第四十八条之七第三款的认定。

（1）未根据第四十八条之七第三款认定的排除确保措施计划实施排除确保措施的；

（2）判明接受第四十八条之七第三款认定者是基于虚假或不正当的事实获得该认定的。

2. 第四十八条之三第四款及第五款的规定适用于前款规定的决定。在此情形下，同条第四款和第五款中的“认定书”替换为“决定书”。

3. 根据第一款规定取消第四十八条之七第三款的认定后，如该取消是在第七条第二款但书（包括在第八条之二第二项及第二十条第二项中适用的情形，本款下同）所规定的期限届满之日的前两年内作出的，根据第七条第二款（包括在第八条之二第二项及第二十条第二项中适用的情形）或者第八条之二第三款规定对该疑似违法行为作出的命令，不受第七条第二款但书规定的约束，可以在该取消决定作出之日起两年内执行。

4. 前款规定适用于根据第七条之二第一款（包括在第八条之三中替换适用的情形）、第七条之九第一款或第二款、或者第二十条之二至第二十条之六的规定作出的命令。在此情形下，前款“第七条第二款但书（在第八条之二第二款及第二十条第二款中）”替换为“在第七条之八第六款（在第七条之九第三款及第八条之三中适用的情形以及在第七条之九第四款及第二十条之七中替换”，“第七条第二款但书”替换为“第七条之八第六款”。

第四十九条【关于排除措施命令的意见听取】公平交易委员会计划根据第七条第一款或第二款（包括在第八条之二第二款以及第二十条第二款中适用的情形）、第八条之二第一款或第三款、第十七条之二或第二十条第一款的规定作出命令（以下称为排除措施命令）的，应听取该排除措施命令的下达对象的意见。

第五十条【听取意见的通知】

1. 公平交易委员会在进行前条的意见听取时，应在听取意见日之前的一定期间内，以书面形式将下列事项通知排除措施命令的下达对象。

（1）预定的排除措施命令的内容；

（2）公平交易委员会认定的事实及适用的法令；

（3）听取意见的日期及场所；

（4）负责听取意见相关事务的组织名称及所在地。

2. 在前款书面通知中，应指明下列事项。

（1）可以在听取意见之日到场陈述意见、提交证据、或者提交陈述书及证据代替在听取意见之日到场；

（2）在意见听取结束之前，可以要求根据第五十二条的规定查阅或誊写证据。

第五十一条【代理人】

1. 收到前条第一款规定的通知者（本节下称当事人）可以选任代理人。

2. 代理人可以各自为当事人实施有关听取意见的一切行为。

第五十二条【证据的查阅、誊写】

1. 当事人在收到根据第五十条第一款的规定作出的通知时起至意见听取结束期间，可以申请对公平交易委员会就该意见听取相关案件所认定的事实证据进查阅或誊写（誊写仅限于对公平交易委员会规则所规定的相关证据中属于该当事人或其员工提交的证据、或记录该当事人或其员工供述的证据进行誊写。本条下同）。在此情形下，除非有可能损害第三人利益或存在其他正当理由，公平交易委员会不得拒绝其查阅或誊写。

2. 前款规定不妨碍当事人根据意见听取的进展情况进一步要求查阅或誊写必要的证据。

3. 公平交易委员会可以指定前两款的查阅或誊写的日期和地点。

第五十三条【指定职员主持听取意见】

1. 公平交易委员会应依据各案指定主持听取意见的职员（下称指定职员）。

2. 公平交易委员会不能指定曾担任前款规定的案件的审查官的职员以及其他从事过与该案件调查相关事务的职员为主持意见听取的职员。

第五十四条【听取意见的日期】

1. 指定职员应在最初的听取意见日的一开始要求根据第四十七条第二款的规定指定的审查官及其他从事该案件调查相关事务的职员（下款及第三款、第五十六条第一款中称为审查官等）向在意见听取日到场的当事人说明预定的排除措施命令的内容、公平交易委员会认定的事实、第五十二条第一款规定的证据中的主要证据以及公平交易委员会认定事实所适用的法令。

2. 当事人可以在听取意见之日到场陈述意见、提交证据、经指定职员许可后向审查官等提问。

3. 在听取意见之日，指定职员在认为确实有必要的情形下，可以向当事人提问、督促其陈述意见或者提交证据，或者要求审查员等进行说明。

4. 意见听取之日的意见听取不对外公开。

第五十五条【提交陈述书等代替到场】当事人可以在听取意见的期限内向指

定职员提交陈述书及证据替代在听取意见之日到场。

第五十六条【继续进行的日期指定】

1. 在听取意见之日，指定职员在当事人陈述意见、提交证据、提问以及审查员等的说明（第五十八条第一款及第二款称为当事人的意见陈述等）后，在认为有必要继续听取意见的情形下，可以进一步指定新的日期。

2. 在前款情形下，应提前以书面形式通知当事人下一次意见听取的日期及地点。但是，对于在听取意见之日到场的当事人，在该意见听取之日告知即可。

第五十七条【当事人未到场等情形下听取意见的结束】

1. 指定职员在当事人没有正当理由未在听取意见之日到场、且未提交第五十五条规定的陈述书或证据的情形下，可以不给当事人再次陈述意见和提交证据的机会，结束意见听取。

2. 除前款规定的情形外，在当事人未在听取意见之日到场、且未提交第五十五条规定的陈述书或证据的情形下，如可以预见该当事人在持续相当长的时期内将无法在听取意见之日到场，指定职员可以要求该当事人在规定期限内提交陈述书及证据，并在该期限到期时结束听取意见。

第五十八条【笔录等的制作】

1. 指定职员应制作记录当事人在意见听取之日陈述意见等的过程的笔录，并在该笔录中写明当事人对第五十条第一款第一项及第二项所列事项的陈述要点。

2. 在听取意见之日，如当事人的意见陈述等已完成，应按日期制作前款规定的笔录，如当事人的意见陈述等未完成，应在听取意见结束后立即制作前款规定的笔录。

3. 在第一款规定的笔录中，应附上提交的证据（根据第五十五条规定提交陈述书及证据的，所提交的陈述书及证据）。

4. 指定职员在听取意见结束后，应立即整理该意见听取相关案件的争议点，制作记录所整理的争议点的报告书，并与第一款规定的笔录一同提交给公平交易委员会。

5. 当事人可以申请查阅第一款规定的笔录以及前款规定的报告书。

第五十九条【听取意见的恢复】

1. 公平交易委员会鉴于意见听取结束后的状况变化，在认为确实有必要的情形下，可以退回根据前条第四款规定提交的报告书，并命令指定职员重新开始听取意见。

2. 第五十六条第二款正文的规定适用前款的情形。

第六十条【公平交易委员会的参酌义务】公平交易委员会在作出排除措施命令相关的决议时，应充分参酌第五十八条第一款规定的笔录以及同条第四款规定的报告书的内容。

第六十一条【排除措施命令】

1. 排除措施命令以文书形式作出，排除措施命令书应写明排除违法行为或者确保违法行为被排除的必要措施、公平交易委员会认定的事实以及所适用的法令，并由委员长和出席合议的委员根据第六十五条第一款的规定应签名盖章。

2. 排除措施命令在排除措施命令书的副本送达其下达对象时生效。

第六十二条【课征金缴纳命令】

1. 第七条之二第一款（包含在第八条之三中替换适用的情形）、第七条之九第一款或第二款以及第二十条之二至第二十条之六的规定的命令（下称缴纳命令）应当以文书形式作出，课征金缴纳命令书应写明应缴纳的课征金金额、课征金的计算基础、与课征金相关的违法行为和缴纳期限，并由委员长和出席合议的委员根据第六十五条第一款的规定签名盖章。

2. 缴纳命令在课征金缴纳命令书的副本送达下达对象时生效。

3. 第一款的课征金缴纳期限为自课征金缴纳命令书的副本发出之日起经过七个月之日。

4. 第四十九条至第六十条的规定适用于缴纳命令。在此情形下，第五十条第一款第一项中的“预定排除措施命令的内容”替换为“拟命令缴纳的课征金金额”、同款第二项中的“公平交易委员会认定的事实以及所适用的法令”以及第五十二条第一款中的“公平交易委员会认定的事实”替换为“课征金的计算基础及课征金相关的违法行为”、第五十四条第一款中“预定的排除措施命令的内容、公平交易委员会认定的事实、第五十二条第一款规定的证据中的主要证据以及公平交易委员会认定事实所适用的法令”替换为“拟命令缴纳的课征金的金额、课征金的计算基础及与课征金相关的违法行为以及根据第六十二条第四款的规定替换适用第五十二条第一款规定的证据中的主要证据”。

第六十三条【课征金缴纳命令作出后对刑事罚款及课征金的调整】

1. 公平交易委员会根据第七条之二第一款、或者第七条之九第一款或第二款的规定作出缴纳命令后，对于同一事件，如已经存在对该缴纳命令的下达对象处以刑事罚款的确定判决，公平交易委员会应在决定中将该缴纳命令相关的课征金金额变更为从该金额中扣除相当于该判决所命令的罚款金额二分之一金额后的剩余金额。但是，该缴纳命令相关的课征金金额未超过该罚款金额的二分之一金额、或者该变更后的金额不足一百万日元的，不在此限。

2. 在前款但书的情形下，公平交易委员会应在决定中撤销根据第七条之二第一款、或者第七条之九第一款或者第二款的规定作出的缴纳命令。

3. 根据前两款规定的决定应以文书的形式作出，决定书中应写明公平交易委员会认定的事实及所适用的法令，并由委员长及出席合议的委员根据第六十五条第一款的规定签名盖章。

4. 根据第一款及第二款的规定作出的决定，在其决定书的副本送达下达对象时生效。

5. 在第一款和第二款的情形下，根据变更或取消前的缴纳命令已经缴纳的金额（第六十九条第二款规定的滞纳金除外）中如存在应当返还的金额的，公平交易委员会应立即以金钱形式返还。

第六十四条【竞争恢复措施命令】

1. 第八条之四第一款规定的命令（下称竞争恢复措施命令）应以文书形式作出，竞争恢复措施命令书应写明恢复垄断状态相关的商品或服务竞争所必要的措施、公平交易委员会认定的事实以及所适用的法令，并由委员长及出席合议的委员根据下条第一款的规定签名盖章。

2. 竞争恢复措施命令在竞争恢复措施命令书的副本送达下达对象时生效。

3. 竞争恢复措施命令应在确定后执行。

4. 第四十九条至第六十条的规定适用于竞争恢复措施命令。

5. 公平交易委员会计划根据前款规定下适用的第五十条第一款的规定进行通知时,应与主管该经营者所经营业务的主管大臣商议,并召开听证会征求一般意见。

第六十五条【命令、认定及决定的决议方法】

1. 排除措施命令、缴纳命令、竞争恢复措施命令、第四十八条之三第三款的认定、第四十八条之七第三款的认定以及根据本节规定的决定(第七十条第二款规定的支付决定除外,下同)应经委员长及委员的合议。

2. 第三十四条第一款、第二款以及第四款的规定适用于前款的合议。

3. 竞争恢复措施命令的作出不受前款规定适用的第三十四条第二款的规定的限制,需三人以上意见一致。

第六十六条【非公开合议】公平交易委员会的合议不得公开。

第六十七条【相关国家机构、公共团体的意见陈述】为保护公共利益,相关国家机构、公共团体可以向公平交易委员会陈述意见。

第六十八条【排除措施命令等作出后以调查为目的的强制处分】

1. 公平交易委员会根据第四十八条之三第三款的规定作出认定后,在认为确实有必要的情形下,可以根据第四十七条的规定作出确认是否符合第四十八条之五第一款中任何一项的必要处分、或者责令其职员进行处分。

2. 公正交易委员会根据第四十八条之七第三款的规定作出认定后,在认为确实有必要的情形下,可以根据第四十七条的规定作出确认是否符合第四十八条之九第一款中任何一项的必要处分、或者责令其职员进行处分。

3. 公平交易委员会在下达排除措施命令后或者在竞争恢复措施命令确定后,在认为确实有必要的情形下,可以根据第四十七条的规定作出确认上述命令中命令的措施是否得到实施的必要处分、或者责令其职员进行处分。

第六十九条【课征金及滞纳金的缴纳和督促】

1. 如存在未在期限内缴纳课征金者,公平交易委员会应发出督促函指定期限督促其缴纳。

2. 在按照前款规定进行督促时，公平交易委员会可以在该督促相关的课征金金额在不超过年百分之十四点五的范围内按照政令规定的比例，征收依据从缴纳期限的次日至缴纳之日为止的天数计算得出的滞纳金。但是，滞纳金的金额不足一千日元的，不在此限。

3. 根据前款规定计算得出的滞纳金金额中尾数不足一百日元的，舍去该尾数。

4. 如根据第一款规定的被督促者未在指定期限内缴纳应缴纳金额，公平交易委员会可以按照国税滞纳处分的惯例征收该督促相关的课征金以及第二款规定的滞纳金。

5. 前款规定的征收金的优先顺位在国税和地方税之后，其时效按照国税的惯例处理。

第七十条【课征金的返还】

1. 公平交易委员会根据第七条之八第四款（包含在第七条之九第三款或第四款、或者第二十条之七中替换适用的情形）的规定责令缴纳第七条之二第一款、第七条之九第一款或第二款、或者第二十条之二至第二十条之六规定的课征金时，如根据上述规定的缴纳命令已缴纳的金额中存在应当返还的金额的（第六十三条第五款规定的情形除外），应立即以金钱形式返还。

2. 公平交易委员会在返还前款金额时，应根据从该金额缴纳之日的次日起一个月后的次日起算至决定支付该金额之日为止的期间天数，在其金额上加算不超过年百分之七点二五的范围的政令规定的比例相乘得出的金额作为应返还的金额。

3. 前条第二款但书以及第三款的规定适用于根据前款规定加算的金额。

第七十条之二【认可申请的驳回】

1. 公平交易委员会在收到第十一条第一款或者第二款的认可申请时，如认为该申请的理由不成立的，应通过决定予以驳回。

2. 第四十五条第二款的规定适用于申请前款认可的情形。

3. 第六十三条第三款及第四款的规定适用于根据第一款规定作出的决定。

第七十条之三【认可、排除措施命令等的取消或变更】

1. 公平交易委员会在作出第十一条第一款或第二款认可的情形下，如认为作为该认可条件的事实已消失或变更的，可以通过决定予以取消或变更。

2. 第四十九条至第六十条以及第六十三条第三款和第四款的规定适用于前款规定的决定。

3. 公平交易委员会认为因经济状况的变化及其他事由不适合维持排除措施命令或竞争恢复措施命令时，可以通过决定予以取消或变更。但是，排除措施命令或竞争恢复措施命令的下达对象的利益会因此受到损害的，不在此限。

4. 第六十三条第三款及第四款的规定适用于前款规定的决定。

第七十条之四【紧急停止命令】

1. 法院在认为有紧急必要时，可以根据公平交易委员会的申请，责令疑似违反第三条、第六条、第八条、第九条第一款或第二款、第十条第一款、第十一条第一款、第十三条、第十四条、第十五条第一款、第十五条之二第一款、第十五条之三第一款、第十六条第一款、第十七条或者第十九条规定的行为人临时停止该行为、临时停止表决权的行使或者公司董事的业务执行，或者取消或者变更该命令。

2. 前款规定的裁判依据《非诉讼案件程序法》（二零一一年法律第五十一号）进行。

第七十条之五【因存管豁免执行紧急停止命令】

1. 根据前条第一款规定进行的裁判，可以通过对法院规定的保证金或有价证券（包含《关于公司债券、股票等转账的法律》第二百七十八条第一款规定的转账债券，下款同）的存管豁免对其的执行。

2. 在根据前款规定进行存管的情形下，如根据前条第一款规定的裁判已确定，法院可以根据公平交易委员会的申请，没收存管的全部或部分保证金或有价证券。

3. 前条第二款的规定适用于前两款规定的裁判。

第七十条之六【应送达的文件】应送达的文件，除本法规定的文件外，还有公平交易委员会规则规定的文件。

第七十条之七【文件的送达】关于文件的送达，适用《民事诉讼法》（一九九六年法律第一百零九号）第九十九条、第一百零一条、第一百零三条、第一百零五条、

第一百零六条、第一百零八条以及第一百零九条的规定。在此情形下，该法第九十九条第一款中的“执行官”替换为“公平交易委员会的职员”、同法第一百零八条中的“审判长”以及同法第一百零九条中的“法院”替换为“公平交易委员会”。

第七十条之八【公示送达】

1. 公平交易委员会在下列情形下可以采取公示送达的方式。

（1）送达对象的住址、居所及其他应送达的地址不明的；

（2）对于应送达至国外的，无法根据前条替换适用《民事诉讼法》第一百零八条的规定、或者据此依旧无法送达的；

（3）根据前条替换适用《民事诉讼法》第一百零八条的规定向外国管辖机构发出委托后经过六个月仍未收到送达文件证明的。

2. 公示送达应在公平交易委员会的公告栏上刊登随时将送达文件交付给送达对象的内容。

3. 公示送达自前款规定的刊登开始之日起经过两周生效。

4. 对于应向外国送达的文件的公示送达，前款的期间为六周。

第七十条之九【电子信息处理组织的处分通知】公平交易委员会的职员根据《关于在行政程序等中使用信息通信技术的法律》（二零零二年法律第一百五十一号）第七条第一款的规定使用该法第六条第一款规定的电子信息处理组织执行该法第三条第九号规定的处分通知等根据该法或公平交易委员会规则规定的文件送达相关事务时，替代制作和提交写明依据第七十条之七替换适用《民事诉讼法》第一百零九条规定的有关送达事项的文件，而应使用该电子信息处理组织将相关事项记录在公平交易委员会使用的电子计算机（包括输出设备）配备的文档里。

第七十条之十【政令委任】除本法规定事项外，与公平交易委员会调查相关的程序及其他案件的处理以及与第七十条之五第一款存管相关的必要事项由政令规定。

第七十条之十一【行政程序法的适用除外】公平交易委员会下达的排除措施命令、缴纳命令、竞争恢复措施命令、第七十条之二第一款规定的认可申请相关处分以及本节规定的认定、决定及其他处分（包含根据第四十七条第二款的规定由审查官作出的处分以及根据本节的规定由指定职员作出的处分），不适用《行政程序法》（一九九三年法律第八十八号）第二章及第三章的规定。

第七十条之十二【行政不服审查法的适用除外】对于公平交易委员会的排除措施命令、缴纳命令和竞争恢复措施命令，以及本节规定的认定、决定及其他处分（包含根据第四十七条第二款的规定由审查官作出的处分以及根据本节的规定由指定职员作出的处分）或者其不作为，不得提起审查请求。

第三节　杂则

第七十一条【特定经营领域不公平的交易方法的指定程序】公平交易委员会拟根据第二条第九款第六项的规定指定特定经营领域的特定交易方法时，应听取使用该特定交易方法的经营者和经营同种业务的经营者的意见，并召开听证会征求一般意见，在充分考虑上述意见的基础上进行指定。

第七十二条【不公平的交易方法指定的告示】第二条第九款第六项规定的指定，以告示的形式进行。

第七十三条 删除

第七十四条【告发、不起诉处分的报告】

1. 公平交易委员会根据第十二章规定的程序进行调查并确认违法时，应向总检察长告发。

2. 除前款规定情形外，公平交易委员会在认为存在违反本法规定的犯罪时，应向总检察长告发。

3. 对于根据前两款规定告发的案件作出不提起公诉的处分时，总检察长应及时通过法务大臣将相关事宜及其理由以文书形式向内阁总理大臣报告。

第七十五条【参考人或鉴定人的差旅费、津贴】根据第四十七条第一款第一项或第二项以及第二款的规定被命令到场或者进行鉴定的参考人或者鉴定人，可以根据政令的规定申请差旅费及津贴。

第七十六条【委员会的规则制定权】

1. 公平交易委员会可以就其内部纪律、案件的处理程序及申报、认可或认可申请及其他事项的必要程序制定规则。

2. 根据前款规定对案件的处理程序制定规则时，应充分确保排除措施命令、缴纳命令、竞争恢复措施命令、第四十八条之三第三款的认定、第四十八条之七第三款的认定，以及前节规定的决定（下称排除措施命令等）的下达对象陈述自己的主张及证明机会等，以确保该程序的适当性。

第九章　诉　　讼

第七十七条【与排除措施命令等相关的抗告诉讼的被告】与排除措施命令等相关的《行政案件诉讼法》（一九六二年法律第一百三十九号）第三条第一款规定的抗告诉讼，以公平交易委员会为被告。

第七十八条【以不正当目的提起诉讼的担保提供】

1. 在有关第二十四条规定的停止或预防侵害的诉讼被提起时，法院可以根据被告的申请，通过决定命令原告提供相应的担保。

2. 提出前款申请时，应阐明该款诉讼的提起是基于不正当的目的（指以获取不正当利益为目的、以损害他人为目的及其他不正当的目的）。

第七十九条【就停止请求诉讼向委员会发出的通知等】

1. 法院在有关第二十四条规定的停止或预防侵害诉讼被提起时，应将该情况通知公平交易委员会。

2. 在前款诉讼被提起时，法院可以就有关该案件的本法适用及其他必要事项征求公平交易委员会的意见。

3. 在第一款诉讼被提起时，经法院许可，公平交易委员会可以向法院就有关该案件的本法适用及其他必要事项陈述意见。

第八十条【资料的提交等】

1. 在有关第二十四条规定的停止或预防侵害的诉讼中，法院可以根据当事人的申请责令当事人提交证明该侵害行为所必要的资料。但是，该资料的持有者有正当理由拒绝提交的，不在此限。

2. 法院在认为有必要对是否存在前款但书中规定的正当理由进行判断时，可以要求资料持有者提交该资料。在此情形下，任何人都不得要求公开所提交的资料。

3. 在前款情形下，法院在认为就是否存在前款但书中规定的正当理由的判断有必要披露前款事项的资料并听取意见时，可以向当事人等［指当事人（法人的情形下为其代表人）、当事人的代理人（诉讼代理人及其助理除外）、使用人及其员工。下条第一款同］、诉讼代理人或助理披露该资料。

4. 前三款的规定适用于在根据第二十四条规定的停止或预防侵害的诉讼中，证明该侵害行为所必要的验证为目的的提交。

第八十一条【保密命令】

1. 在有关第二十四条规定的停止或预防侵害的诉讼中，对于该当事人持有的商业秘密［《反不正当竞争法》（一九九三年法律第四十七号）第二条第六款规定的商业秘密，下同］，在存在符合下列任何一项事由的情形下，法院可以根据当事人的申请，通过决定责令当事人等、诉讼代理人或助理不得将该商业秘密在该诉讼目的以外的目的使用、或者向与该商业秘密相关的该款规定的命令对象以外的人披露。但是，在该申请之前，如当事人等、诉讼代理人或者助理通过第一项规定的准备资料的查阅或同项规定的证据调查或披露以外的方法取得或者持有该商业秘密的，不在此限。

（1）在已经提交或者应该提交的准备资料中写有当事人持有的商业秘密、或已经被调查或应调查的证据（包括根据前条第三款的规定披露的资料）的内容中包含当事人所持有的商业秘密；

（2）前项的商业秘密被用于该诉讼的目的以外的目的使用，或该商业秘密的披露有可能对基于该商业秘密的当事人的经营活动造成障碍，为了防止此类情形发生，有必要限制该商业秘密的使用或披露。

2. 前款规定的命令（下称为保密命令）的申请，应在书面材料中写明下列事项。

（1）保密命令的对象；

（2）确定应将商业秘密列为保密命令对象的充分事实；

（3）符合前款各项所列事由的事实。

3. 在作出保密命令时，应将该决定书送达保密命令的对象。

4. 保密命令在决定书送达保密命令的对象时生效。

5. 对于驳回保密命令申请的裁判，可以提起即时抗告。

第八十二条【保密命令的取消】

1. 申请保密命令者或保密命令的对象，可以以不满足或已经不满足前条第一款规定的要件为由，向保存诉讼记录的法院（没有保存诉讼记录的法院，则为作出保密命令的法院）申请取消保密命令。

2. 对申请取消保密命令进行裁判的，应当将其决定书送达申请人及其对象。

3. 对于申请取消保密命令的裁判，可以提起即时抗告。

4. 取消保密命令的裁判，在未确定的情形下不发生效力。

5. 法院在作出撤销保密命令的裁判后，除取消保密命令的申请人或其对象以外，如在作出该保密命令的诉讼中还存在其他与该商业秘密相关的保密命令的对象时，应立即将已经作出撤销保密命令的裁判事宜通知上述对象。

第八十三条【查阅诉讼记录等请求的通知】

1. 有关保密命令的诉讼（撤销所有保密命令的诉讼除外）的诉讼记录，在存在《民事诉讼法》第九十二条第一款的决定的情形下，如当事人申请查阅同款规定的涉密内容等、且该申请人并非该诉讼中保密命令的对象的，法院书记官应当在该申请提出后立即通知该款申请的当事人（该请求申请人除外，第三款同）该请求事宜。

2. 在前款情形下，法院书记官在该款申请提出之日起两周内（对进行该请求程序的人的保密命令申请在该日之前作出的情形下，为该申请相关裁判确定之前的期间），不得允许该申请人查阅该款涉密内容等。

3. 提出《民事诉讼法》第九十二条第一款申请的当事人一致同意提起第一款申请的人查阅该款涉密内容时，不适用前两款的规定。

第八十四条【征求委员会关于损害额的意见】

1. 在有关第二十四条规定的停止或预防侵害的诉讼被提起的情形下，法院可以就违反本条规定的行为所产生的损害额向公平交易委员会征求意见。

2. 前款规定，适用于根据第二十五条规定的损害赔偿请求在裁判过程中出于抵消之目的而被主张的情形。

第八十四条之二【停止请求诉讼的管辖】

1. 对于第二十四条规定的停止或预防侵害的诉讼，根据《民事诉讼法》第四条和第五条的规定，在以下各项所列法院拥有管辖权的情形下，也可以分别向所列各项法院提起诉讼。

（1）位于东京高等法院管辖区域内的地方法院（东京地方法院除外）、大阪地方法院、名古屋地方法院、广岛地方法院、福冈地方法院、仙台地方法院、札幌地方法院或高松地方法院 东京地方法院。

（2）位于大阪高等法院管辖区域内的地方法院（大阪地方法院除外）东京地方法院或大阪地方法院。

（3）位于名古屋高等法院管辖区域内的地方法院（名古屋地方法院除外）东京地方法院或名古屋地方法院。

（4）位于广岛高等法院管辖区域内的地方法院（广岛地方法院除外）东京地方法院或广岛地方法院。

（5）位于福冈高等法院管辖区域内的地方法院（福冈地方法院除外）东京地方法院或福冈地方法院。

（6）位于仙台高等法院管辖区域内的地方法院（仙台地方法院除外）东京地方法院或仙台地方法院。

（7）位于札幌高等法院管辖区域内的地方法院（札幌地方法院除外）东京地方法院或札幌地方法院。

（8）位于高松高等法院管辖区域内的地方法院（高松地方法院除外）东京地方法院或高松地方法院。

2. 在一个诉讼中提出包括根据第二十四条规定的请求在内的多个请求时，在《民事诉讼法》第七条规定的适用上，将在同条中“从第四条到前条（第六条第三款除外）”替换为“从第四条到前条（第六条第三款除外）以及《关于禁止私人垄断和确保公正交易的法律》第八十四条之二第一款”。

第八十四条之三【刑事诉讼的一审裁判权】有关第八十九条至第九十一条的犯罪诉讼的一审裁判权归地方法院所有。

第八十四条之四【刑事诉讼的一审管辖】关于前条规定的犯罪相关案件，根据《刑事诉讼法》（一九四八年法律第一百三十一号）第二条的规定，在第八十四条之二第一款各项所列的法院具有管辖权的情形下，各项所列法院也可以分别管辖该案件。

第八十五条【东京地方法院的专属管辖】下列诉讼及案件归东京地方法院管辖。

（1）与排除措施命令等相关的《行政案件诉讼法》第三条第一款规定的抗告诉讼；

（2）第七十条之四第一款、第七十条之五第一款及第二款、第九十七条及第九十八条规定的案件。

第八十五条之二【无过失损害赔偿请求诉讼的一审裁判权】第二十五条规定的有关损害赔偿的诉讼一审裁判权归东京地方法院所有。

第八十六条【东京地方法院合议庭的构成】

1. 东京地方法院就第八十五条各项所列的诉讼、案件以及前条所规定的诉讼，由三名法官组成合议庭进行审理及裁判。

2. 不受前款规定所限，东京地方法院可以就同款的诉讼及案件决定以由五名法官组成合议庭的形式进行审理及裁判。

3. 在前款的情形下，不得有三人以上的法官助理同时加入合议庭或者成为审判长。

第八十七条【东京高等法院合议庭的构成】东京高等法院就对东京地方法院处理的第八十五条第一项所列诉讼或者第八十五条之二规定的诉讼的最终判决的控诉、或者对第八十五条第二项所列案件的决定的抗告，可以决定以由五名法官组成合议庭的形式对该控诉或抗告相关的案件进行审理及裁判。

第八十七条之二【有关停止请求诉讼的移送】对于有关第二十四条规定的停

止或预防侵犯的诉讼，在其他法院也在审理根据同条规定有关同一或同种行为的诉讼的情形时，法院在考虑当事人的住所或所在地、应接受审讯的证人的住所、争议焦点或证据的共性及其他情况后认为适当的情形下，可以依申请或依职权将诉讼的全部或部分根据第八十四条之二第一款的规定移送到具有管辖权的其他法院。

第八十八条【法务大臣权限法的适用除外】有关排除措施命令等的《行政案件诉讼法》第三条第一款规定的抗告诉讼，不适用《有关在涉及国家利害关系的诉讼中法务大臣的权限等的法律》（一九四七年法律第一百九十四号）第六条的规定。

第十章 杂 则

第八十八条之二【政令或规则的修改和废除的过渡措施】根据本法规定，如制定、修订或废除政令或公平交易委员会规则，可以在该政令或公平交易委员会规则中，在该制定或废除的合理必要范围内制定所需的过渡措施（包括与罚则相关的过渡措施）。

第十一章 罚 则

第八十九条【私人垄断、不正当限制交易、经营者团体实质性限制竞争之罪】

1. 符合下列任何一项的，处五年以下有期徒刑或五百万日元以下罚款。

（1）违反第三条规定实施私人垄断或不正当限制交易者；

（2）违反第八条第一款规定在一定的交易领域内实质性限制竞争的。

2. 对前款的未遂罪亦进行处罚。

第九十条【违反国际协定等、经营者团体的禁止行为、确定排除措施命令及竞争恢复措施命令之罪】符合下列任何一项的，处两年以下有期徒刑或三百万日元以下罚款。

（1）违反第六条或第八条第二项的规定，签订包含不正当限制交易内容的国际协定或国际合同的；

（2）违反第八条第三项或第四项规定的；

（3）在排除措施命令或竞争恢复措施命令确定后不予遵守的。

第九十一条【违反限制持有银行以及保险公司表决权等之罪】对违反第十一条第一款规定取得或持有股份者、或违反同条第二款的规定持有股份者、或违反对上述作出禁止或限制规定的第十七条规定者，处以一年以下有期徒刑或二百万日元以下罚款。

第九十一条之二【违反申报等相关规定之罪】对符合下列任何一项者，处二百万日元以下罚款。

（1）违反第九条第四款规定未提交报告书、或提交包含虚假内容的报告书的；

（2）违反第九条第七款规定未进行申报、或提交包含虚假内容的申报书的；

（3）违反第十条第二款规定未进行申报、或提交包含虚假内容的申报书的；

（4）违反第十条第八款规定取得股份的；

（5）违反第十五条第二款规定未进行申报、或提交包含虚假内容的申报书的；

（6）违反第十五条第三款替换适用第十条第八款规定进行合并设立或变更登记的；

（7）违反第十五条之二第二款及第三款规定未进行申报、或提交包含虚假内容的申报书的；

（8）违反第十五条之二第四款替换适用第十条第八款规定进行共同新设分立的设立登记或者吸收分立的变更登记的；

（9）违反第十五条之三第二款规定未进行申报、或提交包含虚假内容的申报书的；

（10）违反第十五条之三第三款中替换适用第十条第八款规定进行共同股份转移的设立登记的；

（11）违反第十六条第二款规定未进行申报、或提交包含虚假内容的申报书的；

（12）违反第十六条第三款替换适用第十条第八项规定实施属于第十六条第一款第一项或者第二项规定的行为的；

（13）违反第二十三条第六款规定未进行申报、或提交包含虚假内容的申报书的。

第九十二条【并处徒刑以及罚款】对第八十九条至第九十一条的犯罪行为人，可以根据情节并处徒刑和罚款。

第九十三条【违反保密义务罪】对违反第三十九条规定者，处一年以下有期徒刑或一百万日元以下罚款。

第九十四条【妨碍检查等罪】对符合下列任何一项者，处一年以下有期徒刑或三百万日元以下罚款。

（1）违反第四十七条第一款第一项或第二项对案件相关人员或参考人处分的规定不到场、不陈述或进行虚假陈述、不报告或进行虚假报告的；

（2）违反第四十七条第一款第二项或第二款对鉴定人处分的规定不到场、不鉴定或进行虚假鉴定的；

（3）违反第四十七条根据第一款第三项或者第二款对物品持有者处分的规定不提交物品的；

（4）拒绝、妨碍或回避第四十七条第一款第四项或第二款规定的检查的。

第九十四条之二【违反以调查为目的的强制处分等之罪】对违反第四十条的处分规定不到场、不提交报告或信息或资料、或提交虚假报告或信息或资料者，处三百万日元以下罚款。

第九十四条之三【违反保密命令罪】

1. 对违反保密命令者，处五年以下有期徒刑或五百万日元以下罚款，或并处。

2. 前款罪行未经控告不得提起公诉。

3. 第一款的罪行适用于在日本国外犯下同款罪行者。

第九十五条【双罚规定】

1. 法人代表、法人或自然人的代理人、员工及其他人员就该法人或自然人的业务或财产实施违反下列各项规定的行为的，除了对行为人进行处罚外，对该法人或者自然人也处以下列各项规定的罚款。

（1）第八十九条　五亿日元以下的罚款。

（2）第九十条第三项［违反第七条第一款或第八条之二第一款或者第三款规定的命令（只限于命令停止违反第三条或第八条第一项规定的行为的部分）的情形除外］三亿日元以下的罚款。

（3）第九十四条　二亿日元以下的罚款。

（4）第九十条第一项、第二项或者第三项［仅限于违反第七条第一款或第八条之二第一款或者第三款规定的命令（只限于命令停止违反第三条或第八条第一项规定的行为的部分）的情形］、第九十一条、第九十一条之二或第九十四条之二　各条相应的罚款。

2. 非法人的团体的代表人、管理人、代理人、员工及其他人员就该团体的业务或财产实施违反下列各项规定的行为的，除了对行为人进行处罚外，对该团体也处以下列各项规定的罚款。

（1）第八十九条　五亿日元以下的罚款。

（2）第九十条第三项［违反第七条第一款或第八条之二第一款或者第三款规定的命令（只限于命令停止违反第三条或第八条第一项规定的行为的部分）的情形除外］　三亿日元以下的罚款。

（3）第九十四条　二亿日元以下的罚款。

（4）第九十条第一项、第二项或者第三项［仅限于违反第七条第一款或第八条之二第一款或者第三款规定的命令（只限于命令停止违反第三条或第八条第一项规定的行为的部分）的情形］或第九十四条之二　各条相应的罚款。

3. 法人代表、法人或自然人的代理人、员工及其他人员就该法人或自然人的业务实施前条第一款的行为的，除了对行为人进行处罚外，对该法人也处以三亿日元以下罚款、对该自然人处以该款的罚款。

4. 根据第一款或者第二款的规定，就第八十九条的违法行为对法人或自然人或团体处以罚款的时效期间，依据该条罪行的时效期间。

5. 在第二款的情形下，代表人或管理人除了就该诉讼行为代表该团体外，还适用于《刑事诉讼法》关于法人为被告人或嫌疑人的诉讼行为的规定。

6. 根据第三款的规定，就前条第一款的违法行为对法人或自然人处以罚款的时效期间，依据该款罪行的时效期间。

第九十五条之二【对未防止违法行为等的法人的代表人的罚则】出现违反第八十九条第一款第一项、第九十条第一项或第三项、或第九十一条的行为时，对明知该计划违法而未采取必要的防止措施、或明知该行为违法而未采取必要的纠正措施的相关法人（违反第九十条第一项或第三项的，该法人属于经营者团体的除外）的代表人，也处以各条相应的罚款。

第九十五条之三【对未防止违法行为等的经营者团体的理事等的罚则】出现违反第八十九条第一款第二项或第九十条的行为时，对明知该计划违法而未采取必要的防止措施、或明知该行为违法而未采取必要的纠正措施的相关经营者团体的理事及其他董事或管理人或成员经营者（为经营者的利益而实施行为的董事、员工、代理人及其他人员为成员经营者时，包括该经营者），也分别处以各条相应的罚款。

第九十五条之四【宣告经营者团体解散】

1. 法院在认为有充分理由的情形下，可以在宣布第八十九条第一款第二项或者第九十条规定的刑罚的同时，宣告经营者团体的解散。

2. 根据前款的规定宣布解散的，不受其他法令的规定或章程及其他规定的限制，经营者团体因该宣告而解散。

第九十六条【专属告发】

1. 第八十九条至第九十一条的罪行，待公平交易委员会告发后再查办。

2. 前款告发以书面形式进行。

3. 公平交易委员会在进行第一款告发时，如认为应当对该告发相关的犯罪行为作出前条第一款或第一百条第一款第一项的宣告时，可以在前款资料中写明。

4. 第一款的告发在提起公诉后，不得撤销。

第九十七条【违反排除措施命令的罚款】违反排除措施命令的，处以五十万日元以下罚款。但是，对该行为应处以刑罚的，不在此限。

第九十八条【违反紧急停止命令的罚款】违反第七十条之四第一款规定的裁判的，处以三十万日元以下罚款。

第九十九条 删除

第一百条【宣告取消专利或实施权以及禁止与政府签订合同】

1. 在第八十九条或第九十条的情形下，法院可以根据情节在宣判刑罚的同时，作出如下宣告。但是，第一项的宣告仅限于该专利权或者专利发明的专用实施权或者一般实施权属于犯人的情形。

（1）取消用于违法行为的专利权的专利、或专利发明的专用实施权或一般实施权；

（2）在判决确定后六个月以上三年以下的期间，不得与政府签订合同。

2. 根据前款第一项作出的判决确定后，法院应将判决的副本交给专利厅长官。

3. 根据前款规定送达判决的副本后，专利厅长官应取消该专利权的专利或专利发明的专用实施权或一般实施权。

第十二章 违法案件的调查等

第一百零一条【询问、检查、扣留】

1. 公平交易委员会职员（限于受公平交易委员会指定者，本章下称委员会职员）出于调查违法案件（第八十九条至第九十一条罪行相关的案件，本章下同）的必要，可以责令违法嫌疑人或者参考人（本款下称违法嫌疑人等）到场、向违法嫌疑人等询问、检查违法嫌疑人等持有或弃置的物品、或保管违法嫌疑人等任意提交或弃置的物品。

2. 委员会职员可以就违法案件的调查咨询政府机关或公私团体，并要求其报告必要事项。

第一百零二条【临场调查、搜查、扣押】

1. 委员会职员出于调查违法案件的必要，可以凭借管辖公平交易委员会所在地的地方法院或者简易法院的法官预先发放的许可证进行临场调查、搜查、扣押或附记录命令的扣押［责令保管电磁记录（通过电子方式、磁性方式及其他通过人的知觉无法识别的方式制作的记录，用于电子计算机的信息处理。下同）的人及其他拥有电磁记录使用权限的人将必要的电磁记录记录或刻录在介质上，并将该记录介质扣押。下同］。

2. 应该扣押的物品为电子计算机时，可以将电信线路连接到该电子计算机的记录介质，从足以用于保管通过该电子计算机制作或变更的电磁记录或者通过该电子计算机变更或删除的电磁记录的介质，将该电磁记录复制到该电子计算机或其他记录介质，并且扣押该电子计算机或该其他记录介质。

3. 在前两款的情形下，如有急切的需要，委员会职员可以要求记录应临场调查的场所、应搜索的场所、身体或物品、应扣押的物品或电磁记录，或者凭借管辖应复制者所在地的地方法院或简易法院的法官根据预先发出的许可证进行上述款下的处分。

4. 委员会职员在申请第一款或前款的许可证（除第十四款之三第三款和第五款外，本章下称许可证）时，应提供认定存在违法案件的资料。

5. 对于前款的请求，地方法院或简易法院的法官应当将写有应临场调查的场所、应搜索的场所、身体或物品、应扣押的物件、要求记录或复制的电磁记录及进行记录或复制的人、申请人的官职及姓名、有效期、到期后不得执行并应归还的事宜、交付的日期及法院名称、并有自己的签名盖章的许可证发给委员会职员。在此情形下，如违法嫌疑人的姓名（法人则为其名称）或者违法事实清晰的，也应写明。

6. 在第二款的情形下，除前款规定的事项外，还应在许可证中写明通过电信线路连接到应扣押的电子计算机的记录介质、该电磁记录应复制的范围。

7. 委员会职员可以将许可证交付给其他委员会职员，让其进行临场调查、搜索、扣押或附记录命令的扣押。

第一百零三条【扣押邮件等】

1. 委员会工作职员出于调查违法案件的必要，在收到许可证后，可以对根据法令规定由负责通信业务的人保管或持有的由违法嫌疑人发出的或发往违法嫌疑人的邮件、信函或电信相关的资料进行扣押。

2. 委员会职员对根据法令规定负责通信业务的人保管或持有的不属于前款规定的邮件、信函或电信相关的资料，仅在足以认为与违法案件存在关联的情形下，才可在取得许可证后对其进行扣押。

3. 委员会职员根据前两款规定进行处分后，应通知发信人或收信人。但如果通知可能妨碍违法案件调查的，则不在此限。

第一百零三条之二【要求保全通信记录的电磁记录】

1. 委员会职员出于扣押或附记录命令扣押的必要，可以书面要求经营电子通信设备供应业务的人，以及出于业务需要设置能够以不特定或多数人的通信为媒介的电子通信设备的人在三十日内不得删除被指定的其业务上记录的电子通信的发信人、收信人、通信时间及其他通信履历电子记录中的必要内容。在此情形下，如对该电磁记录的扣押或附记录命令的扣押的必要性消失，应取消该要求。

2. 根据前款规定要求不得删除的期间，在认为确实有必要的情形下，可以在不超过三十天的范围内延长。但是，要求不得删除的期间合计不得超过六十天。

3. 在根据第一款规定提出要求的情形下，出于必要可以要求不得随意泄露与该要求有关的事项。

第一百零三条之三【代替扣押电磁记录相关记录介质的处分】应该扣押的物品是电磁记录相关的记录介质的，委员会职员可以进行如下处分代替扣押。

（1）将应扣押的记录介质中记录的电磁记录复制、复印或转移到其他记录介质后，扣押该其他记录介质；

（2）要求接受扣押者将应扣押的记录介质上记录的电磁记录复制、复印或转移到其他记录介质，并扣押该其他记录介质。

第一百零四条【夜间执行的限制】

1. 如果许可证上未写明可以在夜间执行，则不得在日落到日出期间进行临场调查、搜索、扣押或附记录命令扣押。

2. 在认为确实有必要的情形下，在日落前开始的临场调查、搜索、扣押或附记录命令扣押可以持续到日落后。

第一百零五条【许可证的出示】临场调查、搜索、扣押或附记录命令扣押的许可证应向受到这些处分的人出示。

第一百零六条【身份的证明】委员会职员根据本章规定进行询问、检查、扣押、临场调查、搜查、扣押或附加记录命令的扣押时，应携带证明其身份的证件，并在相关人员要求时出示。

第一百零七条【进行临场调查、搜查、扣押时的必要处分】

1. 委员会职员出于临场调查、搜索、扣押或附记录命令扣押的必要，可以进行开锁、开封及其他必要的处分。

2. 对于扣留或扣押的物品也可以采取前款的处分。

第一百零七条之二【要求接受处分者配合】当临场调查或扣押的物品是电磁记录相关记录介质时，委员会职员可以要求接受临场调查或扣押的人员配合电子计算机的操作及其他必要的协助。

第一百零八条【处分期间禁止出入】委员会职员在根据本章规定进行询问、检查、扣押、临场检查、搜查、扣押或附记录命令的扣押期间，可以禁止任何未经许可的人员进出入该场所。

第一百零九条【负责人等的现场见证】

1. 委员会职员在对自然人的住所、看守的府邸或建筑物及其他场所进行临场检查、搜查、扣押或附记录命令的扣押时，应让其所有者或管理者（包括上述人员的代表人、代理人及其他可代替上述人员的人）、上述人员的员工或同住的成年亲属到场见证。

2. 在前款情形下，如前款规定的人员不能到场见证，应让其成年邻居或当地警察或地方公共团体的职员到场见证。

3. 搜查女性身体时，应由成年女性到场见证。但紧急情况不在此限。

第一百一十条【警察的援助】委员会职员在进行临场检查、搜查、扣押或附记录命令的扣押时，可以请求警察的援助。

第一百一十一条【笔录的制作】委员会职员根据本章规定进行询问、检查、扣押、临场检查、搜查、扣押或附记录命令的扣押时，应制作写明该处分日期及其结果的笔录，向接受询问者或到场见证人出示，并与上述人员一同签名盖章。但是，接受询问者或到场见证人未签名盖章、或者不能签名盖章的，附注该情况即可。

第一百一十二条【扣留目录等的制作】委员会职员在进行扣留、扣押或附记录命令的扣押时，应制作目录并将其副本交给扣留物品、扣押物品或附记录命令的扣押物品的所有者、持有者、保管者（包含接受第一百零三条之三规定的处分的人）或可代替上述人员的人。

第一百一十三条【扣留物品等的保管】对于不便搬运或保管的扣留物品、扣押物品或附记录命令的扣押物品，经其所有人、持有人或其他委员会职员认为合适的人员的同意，可以在收缴保管证后令其保管。

第一百一十四条【扣留物品等的返还等】

1. 扣留物品、扣押物品或附记录命令的扣押物品不再有扣押的必要时，公平交易委员会应将其返还给应接受返还者。

2. 公平交易委员会在无法知晓接受前款扣留物品、扣押物品或附记录命令的扣押物品返还者的住所或居所以及因其他事由无法返还的情形下，应当进行公告。

3. 如前款公告相关的扣留物品、扣押物品或附记录命令的扣押物品自公告之日起满六个月仍未收到返还申请的，上述物品收归国库。

第一百一十四条之二【转移后扣押的记录介质的交付等】

1. 根据第一百零三条之三的规定转移的电磁记录、或转移后扣押的记录介质不再有扣押的必要时，如接受扣押者不是该记录介质的所有者、持有者或保管者，公平交易委员会应当向接受扣押者交付该记录介质、或者允许其复制该电磁记录。

2. 前条第二款的规定适用于前款规定的交付或复制。

3. 前款适用的前条第二款的规定自公告之日起满六个月仍未收到前款交付或复制申请的，无需交付或复制。

第一百一十四条之三【鉴定等的委托】

1. 委员会职员出于违法案件调查的必要，可以委托有学识经验的人对扣留物品、扣押物品或附记录命令的扣押物品进行鉴定，或者委托其进行口译或笔译。

2. 接受前款规定的鉴定委托者（第四款及第五款中称为鉴定人）经管辖公平交易委员会所在地的地方法院或简易法院法官的许可，可以破坏该鉴定相关的物品。

3. 前款的许可申请应由委员会职员进行。

4. 在收到前款申请后，法官在认为该申请适当的情形下，可以将写明违法嫌疑人姓名（法人为其名称）、罪名、应破坏的物品、鉴定人的姓名、申请者的官职及姓名、有效期、期间届满后不得执行且应归还的事宜、交付日期及法院名称、并有自己签名盖章的许可证交给委员会职员。

5. 鉴定人应向接受第二款处分者出示前款许可证。

第一百一十五条【向委员会报告调查结果】委员会职员在完成违法案件调查后，应向公平交易委员会报告调查结果。

第一百一十六条【扣留物品的移交等】

1. 公平交易委员会依据违法案件调查的结果，根据第七十四条第一款的规定进行告发的，如有扣留物品、扣押物品或附记录命令的扣押物品，应将其与扣留目录、扣押目录或附记录命令的扣押目录一起移交。

2. 如前款扣留物品、扣押物品或附记录命令的扣押物品是根据第一百一十三条的规定进行保管的物品，在将该保管证移交的同时，应将相关事宜通知保管者。

3. 依据前两款规定的扣留物品、扣押物品或附记录命令的扣押物品的移交后，该物品视为根据《刑事诉讼法》规定扣押的物品。

第一百一十七条【行政程序法的适用除外】公平交易委员会或委员会职员根据本章的规定进行的处分及行政指导不适用《行政程序法》第二章至第四章的规定。

第一百一十八条【不服申诉的限制】对于公平交易委员会或者委员会职员根据本章规定进行的处分或不作为，不得提出审查申请。

附则（略）

附录2 相关案例一览（部分）

第1章 相关案例

都营芝浦屠宰场案（最一小判平成元·12·14民集第43卷第12号第2078页、审决集第36卷第570页［27805326］）

有奖贺年明信片案（大阪高判平成6·10·14讼务月报第42卷第1号第1页［27828782］）

观音寺市三丰郡医师会案（东京高判平成13·2·16审决集第47卷第545页、判时第1740号第13页［28060844］）

日本建筑师协会案（公取委审判审决昭和54·9·19审决集第26卷第25页）

滋贺县药剂师协会案（公取委排除措施命令平成19·6·18审决集第54卷第474页）

名古屋游艺场防止犯罪合作社案（名古屋地判平成9·7·9审决集第45卷第510页［28140087］）

广岛电铁案（公取委同意审决昭和48·7·17审决集第20卷第62页）

雪印乳业与农林中金案（公取委审判审决昭和31·7·28审决集第8卷第12页）

东洋制罐案（公取委劝告审决昭和47·9·18审决集第19卷第87页）

日本医疗食品协会案（公取委劝告审决平成8·5·8审决集第43卷第209页）

老虎机专利池案（公取委劝告审决平成9·8·6审决集第44卷第238页）

八乐梦案（公取委劝告审决平成10·3·31审决集第44卷第362页）

NORDION案（公取委劝告审决平成10·9·3审决集第45卷第148页）

北海道新闻社案（公取委同意审决平成12·2·28审决集第46卷第144页）

有线 BROAD-NETWORKS 案（公取委劝告审决平成 16・10・13 审决集第 51 卷第 518 页）

英特尔案（公取委劝告审决平成 17・4・13 审决集第 52 卷第 341 页）

NIPRO 案（公取委审判审决平成 18・6・5 审决集第 53 卷第 195 页）

东日本电信电话案（最二小判平成 22・12・17 民集第 64 卷第 8 号第 2067 页［28163513］）

日本音乐著作权协会（JASRAC）案（最三小判平成 27・4・28 民集第 69 卷第 3 号第 518 页［28231502］）

奥道后温泉观光巴士案（高松高判昭和 61・4・8 判タ第 629 号第 179 页［27801641］）

野田酱油案（东京高判昭和 32・12・25 审决集第 9 卷第 57 页、高裁民集第 10 卷第 12 号第 743 页［27486743］）

福井县经济农业协同组合连合会案（公取委排除措施命令平成 27・1・16 审决集第 61 卷第 142 页）

东日本电信电话案（东京高判平成 21・5・29 审决集第 56 卷第 2 分册第 262 页、民集第 64 卷第 8 号第 2118 页［28161176］）

胶合板投标价格协定案（公取审判审决昭和 24・8・30 审决集第 1 卷第 62 页）

东芝化学审决取消请求案（东京高判平成 7・9・25 判タ第 906 号第 136 页［27828631］）

报纸销售渠道协议案（东京高判昭和 28・3・9 高裁民集第 6 卷第 9 号第 435 页［27486729］）

东宝・新东宝案（东京高判昭和 28・12・7 高裁民集第 6 卷第 13 号第 868 页［27486731］）

标签串通投标刑事案（东京高判平成 5・12・14 高裁刑集第 46 卷第 3 号第 322 页［27817495］）

石油价格卡特尔刑事案（最二小判昭和 59・2・24 刑集第 38 卷第 4 号第 1287 页［27801091］）

种苗卡特尔案（东京高判平成 20・4・4 审决集第 55 卷第 791 页［28161734］）

即食拉面价格卡特尔案（公取委劝告审决昭和 49・3・26 审决集第 20 卷第 346 页）

汇款手续费协议案（公取委劝告审决平成 16・7・27 审决集第 51 卷第 476 页）

塑料砖协同涨价案（公取委劝告审决昭和 55・2・7 审决集第 26 卷第 85 页）

石油投标价格协定案（东京高判昭和 31・11・9 行裁例集第 7 卷第 11 号第 2849 页［27486736］）

石油联盟生产调整刑事案（东京高判昭和 55・9・26 高裁刑集第 33 卷第 5 号第 359 页［27486275］）

旭矿末审决取消请求案（东京高判昭和 61・6・13 行裁例集第 37 卷第 6 号第 765 页［27800808］）

高松市豆腐价格卡特尔案（公取委劝告审决昭和 43・11・29 审决集第 15 卷第 135 页）

进口图书价格协同案（公取委劝告审决平成 8・5・31 审决集第 43 卷第 314 页）

多摩串通投标（新井组）案（最一小判平成 24・2・20 民集第 66 卷第 2 号第 796 页、审决集第 58 卷第 2 分册第 148 页［28180414］）

技研系统案（公取委审判审决平成 12・8・8 审决集第 47 卷第 224 页）

第 1 次东京都水表串通投标刑事案（东京高判平成 9・12・24 高裁刑集第 50 卷第 3 号第 181 页［28035051］）

第 1 次奶粉（和光堂）案（最一小判昭和 50・7・10 民集第 29 卷第 6 号第 888 页、审决集第 22 卷第 173 页［27000369］）

第 1 次奶粉（明治商事）案（最二小判昭和 50・7・11 民集第 29 卷第 6 号第 951 页、审决集第 22 卷第 198 页［27000368］）

东芝电梯案（大阪高判平成 5・7・30 审决集第 40 卷第 651 页、判タ第 833 号第 62 页［27817181］）

手机铃声案（公取委劝告审决平成 17・4・26 审决集第 52 卷第 348 页、公取委审判审决平成 20・7・24 审决集第 55 卷第 294 页、东京高判平成 22・1・29 审

决集第 56 卷第 2 分册第 498 页）

ROCKMAN 施工工艺案（公取委劝告审决平成 12・10・31 审决集第 47 卷第 317 页）

冈山县南生混凝土协同合作社案（公取委劝告审决昭和 56・2・18 审决集第 27 卷第 112 页）

新泻市出租车券共同拒绝交易案（公取委措施命令平成 19・6・25 审决集第 54 卷第 485 页）

日本游艺枪协同合作社案东京地方法院判决（东京地裁平成 9・4・9 审决集第 44 卷第 635 页、判タ第 959 号第 115 页［28030441］）

关西国际机场新闻销售案（大阪高裁平成 17・7・5 审决集第 52 卷第 856 页［28151370］）

第 2 次北国新闻社案（东京高决昭和 32・3・18 行裁例集第 8 卷第 3 号第 443 页［27486737］）

塑料砖销售价格上涨协议案（公取委劝告审决昭和 55・2・7 审决集第 26 卷第 85 页）

MARUETSU・HELLO MART 案（公取委劝告审决昭和 57・5・28 审决集第 29 卷第 13、18 页）

滨口石油案（公取委排除措施命令平成 18・5・16 审决集第 53 卷第 867 页）

中部读卖新闻社案（东京高决昭和 50・4・30 审决集第 22 卷第 301 页、高裁民集第 28 卷第 2 号第 174 页［27486753］）

邮政包裹不正当廉价销售案（东京高判平成 19・11・28 审决集第 54 卷第 699 页、判时第 2034 号第 34 页［28140088］）

武藤工业案（公取委劝告审决昭和 49・11・22 审决集第 21 卷第 148 页）

富士胶卷案（公取委劝告审决昭和 56・5・11 审决集第 28 卷第 10 页）

大冢制药案（公取委劝告审决昭和 58・3・31 审决集第 29 卷第 96 页）

视觉公司案（公取委劝告审决昭和 51・1・7 审决集第 22 卷第 115 页）

白元案（公取委劝告审决昭和 51・10・8 审决集第 23 卷第 60 页）

任天堂案（公取委劝告审决昭和 58・4・20 审决集第 30 卷第 3 页）

GUNZE 案（公取委劝告审决昭和 51・6・14 审决集第 23 卷第 39 页）

耐克日本案（公取委劝告审决平成 10・7・28 审决集第 45 卷第 130 页）

卫材（EISAI）案（公取委劝告审决平成 3・8・5 审决集第 38 卷第 70 页）

小口油肥案（公取委劝告审决昭和 57・6・10 审决集第 29 卷第 27 页）

松下电器产业案（公取委劝告审决昭和 46・3・12 审决集第 17 卷第 187 页）

阿迪达斯日本案（公取委排除措施命令平成 24・3・2 审决集第 58 卷第 1 分册第 284 页）

HAMANAKA 案（东京高判平成 23・4・22 审决集第 58 卷第 2 分册第 1 页［28222156］、公取委审判审决平成 22・6・9 审决集第 57 卷第 1 分册第 28 页）

山阳 MARUNAKA 案（公取委排除措施命令平成 23・6・22 审决集第 58 卷第 1 分册第 193 页）

爱电王（EDION）案（公取委排除措施命令平成 24・2・16 审决集第 58 卷第 1 分册第 278 页）

日本玩具反斗城案（公取委审判审决平成 27・6・4 审决集第 62 卷第 119 页）

三井住友银行利率互换损害赔偿请求案（福冈高判平成 23・4・27 判タ第 1364 号第 158 页［28173450］）

三越案（公取委同意审决昭和 57・6・17 审决集第 29 卷第 31 页）

KARAKAMI 观光案（公取委劝告审决平成 16・11・18 审决集第 51 卷第 531 页）

三井住友银行利率互换案（公取委劝告审决平成 17・12・26 审决集第 52 卷第 436 页）

大和案（公取委排除措施命令平成 21・3・5 审决集第 55 卷第 716 页）

RALSE 案（公取委排除措施命令平成 25・7・3 审决集第 60 卷第 1 分册第 341 页）

全国农业协同合作社联合会案（公取委劝告审决平成 2・2・20 审决集第 36 卷第 53 页）

罗森案（公取委劝告审决平成 10・7・30 审决集第 45 卷第 136 页）

Mr MaX 案（公取委劝告审决平成 16·11·11 审决集第 51 卷第 526 页）

KOHNAN 商事案（公取委劝告审决平成 16·12·6 审决集第 51 卷第 538 页）

UNY 案（公取委劝告审决平成 17·1·7 审决集第 51 卷第 543 页）

YAMADA 电机案（公取委排除措施命令平成 20·6·30 审决集第 55 卷第 688 页）

丸京（MARUKYO）案（公取委排除措施命令平成 20·5·23 审决集第 55 卷第 671 页）

岛忠案（公取委排除措施命令平成 21·6·19 审决集第 56 卷第 2 分册第 3 页）

7-11 案（公取委排除措施命令平成 21·6·22 审决集第 56 卷第 2 分册第 6 页）

岐阜商工信用合作社案（最二小判昭和 52·6·20 民集第 31 卷第 4 号第 449 页［27000280］）

ASAHI 书籍销售案（东京地判昭和 56·9·30 下级民集第 32 卷第 9=12 号第 888 页［27442185］）

7-11 日本停止请求案（东京地裁平成 23·12·22 审决集第 58 卷第 2 分册第 255 页、判夕第 1377 号第 221 页［28180099］）

FUJIO 餐饮（FUJIO FOOD SYSTEM）案（大阪地判平成 22·5·25 判时第 2092 号第 106 页［28163501］）

畑屋工机应收账款请求案（名古屋地判昭和 49·5·29 审决集第 21 卷第 488 页、下级民集第 25 卷第 5=8 号第 518 页［27441621］）

日本机电案（大阪地判平成元·6·5 判夕第 734 号第 241 页［27805410］）

千叶新闻案（东京高决昭和 30·4·6 审决集第 7 卷第 163 页、高裁民集第 8 卷第 2 号第 177 页［27486733］）

第 2 次大正制药案（公取委劝告审决昭和 30·12·10 审决集第 7 卷第 99 页）

诺薇雅（NOEVIR）化妆品案（东京高判平成 14·12·5 审决集第 49 卷第 788 页、判夕第 1139 号第 154 页［28080506］）

AUTOGLASS 东日本案（公取委劝告审决平成 12·2·2 审决集第 46 卷第 394 页）

浜中村主畜农业协同合作社案（公取委劝告审决昭和 32·3·7 审决集第 8 卷

第 54 页）。

HOLIDAY MAGIC 案（公取委劝告审决昭和 50・6・13 审决集第 22 卷第 11 页）

比利时钻石损害赔偿请求案（东京高判平成 5・3・29 审决集第 39 卷第 608 页、判夕第 861 号第 260 页 [27815492]）

野村证券股东代表诉讼案（最二小判平成 12・7・7 民集第 54 卷第 6 号第 1767 页 [28051547]）

藤田屋案（公取委审判审决平成 4・2・28 审决集第 38 卷第 41 页）

日本微软案（公取委劝告审决平成 10・12・14 审决集第 45 卷第 153 页）

学习研究社案（公取委同意审决昭和 54・12・20 审决集第 26 卷第 74 页）

北海道新闻社（对北海 TIMES）案（东京高判昭和 29・12・23 行裁例集第 5 卷第 12 号第 3027 页 [27486732]）

大分大山町农业协同合作社案（公取委排除措施命令平成 21・12・10 审决集第 56 卷第 2 分册第 79 页）

旭电化工业案（公取委劝告审决平成 7・10・13 审决集第 42 卷第 163 页）

而至齿科工业案（公取委劝告审决昭和 62・8・11 审决集第 34 卷第 21 页）

第 2 次奶粉（雪印乳业）案（公取委审判审决昭和 52・11・28 审决集第 24 卷第 65 页）

索尼电脑娱乐案（公取委审判审决平成 13・8・1 审决集第 43 卷第 3 页）

花王化妆品销售案（最三小判平成 10・12・18 审决集第 45 卷第 461 页、判夕第 992 号第 98 页 [28033492]）

资生堂案（最三小判平成 10・12・18 民集第 52 卷第 9 号第 1866 页、审决集第 45 卷第 455 页 [28033493]）

雅马哈东京案（公取委劝告审决平成 3・7・25 审决集第 38 卷第 65 页）

松下电子案（公取委劝告审决平成 5・3・8 审决集第 39 卷第 236 页）

J-PHONE 案（公取委劝告审决平成 15・9・4 审决集第 50 卷第 369 页）

20 世纪福克斯日本案（公取委劝告审决平成 15・11・25 审决集第 50 卷第 389 页）

养乐多总公司案（公取委劝告审决昭和 40・9・13 审决集第 13 卷第 72 页）

小林 KOSE 案（公取委劝告审决昭和 58・7・6 审决集第 30 卷第 47 页）

蜜丝佛陀（MAX FACTOR）案［大阪高判平成 16・2・25 平成 14（ネ）第 3216 号公刊物未刊登］

日本兴业银行案（公取委劝告审决昭和 28・11・6 审决集第 5 卷第 61 页）

三菱银行案（公取委劝告审决昭和 32・6・3 审决集第 9 卷第 1 页）

熊本鱼案（公取委劝告审决昭和 35・2・9 审决集第 10 卷第 17 页）

东京重机工业案（公取委劝告审决昭和 38・1・9 审决集第 11 卷第 41 页）

神奈川县混凝土协同合作社案（公取委劝告审决平成 2・2・15 审决集第 36 卷第 44 页）

三蒲地区混凝土协同合作社案（公取委劝告审决平成 3・12・2 审决集第 38 卷第 127 页）

东京地区 ALC 协同合作社案（公取委劝告审决平成 15・1・31 审决集第 49 卷第 261 页）

尤尼克斯（YONEX）案（公取委劝告审决平成 15・11・27 审决集第 50 卷第 398 页）

第一兴商案（公取委审判审决平成 21・2・16 审决集第 55 卷第 500 页）

YASHIRO 案（公取委劝告审决平成 2・9・5 审决集第 37 卷第 29 页）

无线电仪表交易案（公取委劝告审决平成 5・9・28 审决集第 40 卷第 123 页）

星商事案（公取委劝告审决平成 8・3・22 审决集第 42 卷第 195 页）

松尾乐器商会案（公取委劝告审决平成 8・5・8 审决集第 43 卷第 204 页）

哈根达斯日本案（公取委劝告审决平成 9・4・25 审决集第 44 卷第 230 页）

GRAND DUKES 案（公取委劝告审决平成 10・7・24 审决集第 45 卷第 119 页）

第 2 章　相关案例

三重运费案（公取委审判开始决定取消决定昭和 47・8・18 审决集第 19 卷第 57 页）

天野制药案（公取委劝告审决昭和 45・1・12 审决集第 16 卷第 134 页）

化学合成纤维（人造丝）国际卡特尔（旭化成）案（公取委劝告审决昭和47·12·27审决集第19卷第124页）

天野制药·NOVO（审决取消请求）案（最三小判昭和50·11·28审决集第22卷第260页、民集第29卷第10号第1592页［27000346］）

醋酸乙酯卡特尔案（公取委劝告审决昭和48·10·18审决集第20卷第118页）

原料乳采购卡特尔案（公取委劝告审决昭和49·5·22审决集第21卷第30页）

东洋制罐案（公取委劝告审决昭和47·9·18审决集第19卷第87页）

日本冷藏案（公取委劝告审决昭和32·7·18审决集第9卷第7页）

任天堂DS价格卡特尔案（公取委审判审决平成25·7·29审决集第60卷第1分册第144页）

车用风琴式油门等卡特尔案（公取委排除措施命令平成24·11·22审决集第59卷第1分册第227页）

诺迪安（NORDION）案（公取委劝告审决平成10·9·3审决集第45卷第148页）

日本道路公团钢桥串标案（公取委同意审决平成18·5·15审决集第53卷第181页）

野田酱油案（东京高判昭和32·12·25审决集第9卷第57页、高裁民集第10卷第12号第743页［27486743］）

斯托克炉串通投标案（东京高判平成20·9·26审决集第55卷第910页）

冈崎管工排除措施案（最二小决平成15·7·11平成15年（行ツ）第133号等公刊物未刊登［28240197］）

北海道上川支厅农业土木工程串通投标案（公取委劝告审决平成12·6·16审决集第47卷第273页）

燃油附加费等价格协定案（公取委排除措施命令平成21·3·18审决集第55卷第723页）

第1次奶粉（明治商事）案（东京高判昭和46·7·17行裁例集第22卷第7号第1022页［27200720］）

冈崎管工排除措施案（东京高判平成15·3·7审决集第49卷第624页

［28140005］）

邮政编码自动识别机案（最一小判平成 19・4・19 审决集第 54 卷第 657 页、判タ第 1242 号第 114 页［28131083］）

标签串通投标课征金案（最三小判平成 10・10・13 判タ第 991 号第 107 页［28033085］）

标签串通投标不当得利返还请求案（东京高判平成 13・2・8 审决集第 47 卷第 690 页、讼务月报第 48 卷第 10 号第 2353 页［28061140］）

机械保险联盟卡特尔课征金案（最三小判平成 17・9・13 民集第 59 卷第 7 号第 1950 页、审决集第 52 卷第 723 页［28101751］）

喷气燃料串通投标（出光兴产）案（东京高判平成 22・11・26 审决集第 57 卷第 2 分册第 194 页［28206430］）

RANGO 案（公取委审判审决昭和 59・2・2 审决集第 30 卷第 56 页）

中国涂料课征金缴纳命令审判案（公取委审决审判平成 8・4・24 审决集第 43 卷第 3 页、判时第 1567 号第 73 页）

多摩串通投标（新井组）案（最一小判平成 24・2・20 民集第 66 卷第 2 号第 796 页、审决集第 58 卷第 2 分册第 148 页［28180414］）

垃圾焚烧炉串通投标（日立造船）案（东京高判平成 24・3・2 审决集第 58 卷第 2 分册第 188 页［28234542］）

岩手串通投标（高光建设）案（东京高判平成 26・2・28 审决集第 60 卷第 2 分册第 144 页［28233963］）

协和 EXEO 案（东京高判平成 8・3・29 审决集第 42 卷第 424 页、判时第 1581 号第 37 页［28011566］）

奥能登串通投标（大东建设）案（东京高判平成 26・4・25 审决集第 61 卷第 204 页［28222129］）

土屋企业案（东京高判平成 16・2・20 审决集第 50 卷第 708 页，金融商事第 1189 号第 28 页［28090947］）

ON-POULTRY 价格卡特尔课征金案（东京高判平成 15・4・25 审决集第 50

卷第 691 页［28140003］）

聚丙烯价格卡特尔案（公取委审判审决平成 19·6·19 审决集第 54 卷第 78 页）

冈崎管工课征金案（公取委审判审决平成 17·9·28 审决集第 52 卷第 100 页）

金门制作所案（公取委审判审决平成 11·7·8 审决集第 46 卷第 3 页）

喷气燃料串通投标（东燃通用石油）案（东京高判平成 18·2·24 审决集第 52 卷第 744 页［28206292］）

喷气燃料串通投标（昭和 SHELL 石油）案（东京高判平成 24·5·25 审决集第 59 卷第 2 分册第 1 页［28233949］）

光缆卡特尔案（东京高判平成 24·11·30 审决集第 59 卷第 2 分册第 85 页［28224110］）

AIR WATER 案（东京高判平成 26·9·26 审决集第 61 卷第 217 页、判时第 2245 号第 14 页［28231014］）

栗木铁工所案（东京高判平成 20·6·20 审决集第 55 卷第 856 页［28161729］）

第 3 章　相关案例

塑料净化槽工业协会案（公取委劝告审决昭和 48·10·18 审决集第 20 卷第 125 页）

三重巴士协会案（公取委劝告审决平成 2·2·2 审决集第 36 卷第 35 页）

大阪巴士协会案（公取委审判审决平成 7·7·10 审决集第 42 卷第 3 页）

广岛粮工等案（公取委劝告审决昭和 30·8·15 审决集第 7 卷第 5 页）

东京都面包协同合作社联合会案（公取委审判审决昭和 38·9·4 审决集第 12 卷第 1 页）

全国港湾装卸振兴协会案（公取委劝告审决昭和 38·10·25 审决集第 12 卷第 18 页）

北海道芦笋卡特尔案（公取委劝告审决昭和 40·6·23 审决集第 13 卷第 46 页）

埼玉县指定驾校协会案（公取委劝告审决昭和 41·2·12 审决集第 13 卷第 104 页）

宫城县电视广播电器商业合作社案（公取委劝告审决昭和 41・8・30 审决集第 14 卷第 29 页）

石油联盟东京支部案（公取委劝告审决昭和 45・1・21 审决集第 16 卷第 138 页）

冈山县服装工业合作社案（公取委劝告审决昭和 48・6・29 审决集第 20 卷第 41 页）

家用薄纸工业合作社案（公取委劝告审决昭和 49・8・8 审决集第 21 卷第 76 页）

日本羊毛纺织会案（公取委劝告审决昭和 49・11・6 审决集第 21 卷第 127 页）

进口图书价格卡特尔（第 1 次）案（公取委劝告审决昭和 51・9・2 审决集第 23 卷第 53 页）

熊本县道路铺设协会案（公取委劝告审决昭和 54・12・3 审决集第 26 卷第 62 页）

四国区域环境整顿推进会议案（公取委劝告审决昭和 57・2・26 审决集第 28 卷第 72 页）

静冈建设业协会案（公取委劝告审决昭和 57・9・8 审决集第 29 卷第 66 页）

美军横须贺基地招标工程案（公取委课征金缴纳命令昭和 63・12・8 审决集第 35 卷第 57 页）

四国食用肉流通协议会案（公取委劝告审决平成 4・6・9 审决集第 39 卷第 97 页）

广岛县石油商广岛市联合会案（公取委审判审决平成 9・6・24 审决集第 44 卷第 3 页）

四日市市医师会案（公取委劝告审决平成 16・7・27 审决集第 51 卷第 471 页）

石油价格卡特尔刑事案件（最二小判昭和 59・2・24 刑集第 38 卷第 4 号第 1287 页［27801091］）

日本游艺枪协同合作社案（东京地裁平成 9・4・9 审决集第 44 卷第 635 页、判夕第 959 号第 115 页［28030441］）

种苗卡特尔案（东京高判平成 20・4・4 审决集第 55 卷第 791 页［28161734］）

鸟取青果商合作社案（公取委劝告审决昭和 33・2・25 审决集第 9 卷第 41 页）

千叶医师会案（公取委劝告审决昭和 55・6・19 审决集第 27 卷第 39 页）

滋贺县混凝土工业合作社（第 1 次）案（公取委同意审决昭和 58・9・30 审决集第 30 卷第 50 页）

仙台港进口木材调整协议会案（公取委劝告审决平成 3・1・16 审决集第 37 卷第 54 页）

滋贺县混凝土工业合作社（第 2 次）案（公取委劝告审决平成 5・11・18 审决集第 40 卷第 171 页）

神奈川县液化气协会案（公取委排除措施命令平成 30・3・9 审决集第 64 卷第 297 页）

观音寺市三丰郡医师会案（东京高判平成 13・2・16 审决集第 47 卷第 545 页、判时第 1740 号第 13 页［28060844］）

不动产鉴定损害赔偿请求案（东京地八王子支判平成 13・9・6 判タ第 1116 号第 273 页［28062517］）

东京都理发师协会获洼支部案（公取委同意审决昭和 28・9・28 审决集第 5 卷第 52 页）

东京国誉会案（公取委劝告审决昭和 41・10・27 审决集第 14 卷第 46 页）

大阪 KIKKOMAN 会案（公取委劝告审决昭和 43・8・10 审决集第 15 卷第 40 页）

群马县租车协会案（公取委劝告审决昭和 57・12・17 审决集第 29 卷第 82 页）

冈山县卡车协会案（公取委劝告审决昭和 58・3・31 审决集第 29 卷第 100 页）

日本制药工业协会案（公取委劝告审决昭和 58・6・30 审决集第 30 卷第 35 页）

日本冰箱协会案（公取委审判审决平成 12・4・19 审决集第 47 卷第 3 页）

多摩新闻协同合作社案（公取委劝告审决平成 4・3・18 审决集第 38 卷第 177 页）

东京湾引水区引水员协会案（公取委排除措施命令平成 27・4・15 审决集第 62 卷第 315 页）

教科书协会案（公取委劝告审决平成 11・11・2 审决集第 46 卷第 347 页）

西日本特殊橡胶制版工业合作社案（公取委劝告审决昭和 43・5・11 审决集第 15 卷第 15 页）

日本聚烯烃薄膜工业合作社案（公取委劝告审决昭和 50・3・7 审决集第 21 卷第 255 页）

日本建筑师协会案（公取委劝告审决昭和 54・9・19 审决集第 26 卷第 25 页）

关东地区登记卫生检查所协会案（公取委同意审决昭和 56・3・17 审决集第 27 卷第 116 页）

新泻市租车的士协会案（公取委劝告审决昭和 56・4・1 审决集第 28 卷第 3 页）

东日本湿毛巾协同合作社案（公取委劝告审决平成 7・4・24 审决集第 42 卷第 119 页）

广岛县石油商业合作社案（公取委审判审决平成 8・6・13 审决集第 43 卷第 32 页）

浜北市医师会案（公取委劝告审决平成 11・1・25 审决集第 45 卷第 185 页）

三重县社会保险劳务士协会案（公取委劝告审决平成 16・7・12 审决集第 51 卷第 468 页）

爱知县混凝土工业合作社案（公取委审判审决昭和 61・3・28 审决集第 32 卷第 77 页）

东京海上火灾保险案（公取委审判审决平成 12・6・2 审决集第 47 卷第 141 页）

松尾孵化场案（公取委审判审决平成 14・7・25 审决集第 49 卷第 51 页）

福田种鸡场案（公取委审判审决平成 14・9・25 审决集第 49 卷第 69 页）

一宫家禽孵化场案（公取委审判审决平成 14・9・25 审决集第 49 卷第 87 页）

ON-POULTRY 案（公取委审判审决平成 14・9・25 审决集第 49 卷第 111 页）

第 4 章　相关案例

广岛电铁案（公取委同意审决昭和 48・7・17 审决集第 20 卷第 62 页）

铁矿石生产销售企业设立共同出资企业（2011 年企业合并案例 1）

硬盘驱动器制造销售业务的整合（2012 年企业合并案例 6）

曝光装置厂商的纵向整合（2013 年企业合并案例 4）

永旺（AEON）对大荣（DAIEI）的股权取得（2014 年企业合并案例 9）

石油总经销商的整合（出光整合・JX 整合）（2017 年企业合并案例 3）

新日本制铁与住友金属工业的合并（2012 年企业合并案例 2）

古河斯凯与住友轻金属工业的合并（2013 年企业合并案例 3）

全家与 UNY 的经营整合（2016 年企业合并案例 9）

雅培制药与圣犹达医疗（SJM）的合并（2017 年企业合并案例 9）

新日铁合并案（公取委同意审决昭和 44・10・30 审决集第 16 卷第 46 页）

三菱重工业与日立制作所的火力发电系统业务整合（2014 年企业合并案例 10）

科斯莫（COSMO）石油、昭和 SHELL 石油、住友商事、东燃通用的液化气业务整合（2015 年企业合并案例 5）

日本隧道系统（JTSC）与三菱重工机械系统（MS）的盾构掘进机业务整合（2017 年企业合并案例 7）

美思佰乐（MAXVALU）关东与丸悦、KASUMI 的业务整合（2015 年企业合并案例 9）

东京都民银行与八千代银行的共同股份转移（2015 年企业合并案例 10）

东宝・斯巴鲁案（东京高判昭和 26・9・19 审决集第 3 卷第 166 页、高裁民集第 4 卷第 14 号第 497 页［27486725］）

TOKUYAMA 与中央玻璃关于苏打灰和氯化钙销售业务的整合（2014 年企业合并案例 1）

RIDGEBACK 受让宝洁日本业务（2015 年企业合并案例 2）

日本 DYNAWAVE 包装公司受让 WEYERHAEUSER NR 公司的液体纸容器制造销售业务（2017 年企业合并案例 1）

第 5 章 相关案例

20 世纪福克斯日本案（公取委劝告审决平成 15・11・25 审决集第 50 卷第 389 页）

索尼电脑娱乐案（公取委审判审决平成 13・8・1 审决集第 48 卷第 3 页）

日本微软案（公取委劝告平成 10・12・14 审决集第 45 卷第 153 页）

松尾乐器商会案（公取委劝告审决平成 8・5・8 审决集第 43 卷第 204 页）

日产化学工业案（公取委排除措施命令平成 18・5・22 审决集第 53 卷第 869 页）

新泻市出租车券共同拒绝交易案（公取委措施命令平成 19・6・25 审决集第 54 卷第 485 页）

日本玩具反斗城案（公取委审判审决平成 27・6・4 审决集第 62 卷第 119 页）

第 6 章　相关案例

苹果对三星专利侵权（FRAND）案（知财高决平成 26・5・16 判タ第 1402 号第 166 页［28222303］）

混凝土桩案（公取委劝告审决昭和 45・8・5 审决集第 17 卷第 86 页）

福冈市下水道铁盖案（公取委审判审决平成 5・9・10 审决集第 40 卷第 3 页）

甲氧氯普胺警告案（公取委警告昭和 57・4・23 昭和 57 年公取委年度报告）

高通案（公取委排除措施命令平成 21・9・28 审决集第 56 卷第 2 分册第 65 页）

环氧乙烷案（公取委劝告审决平成 7・10・13 审决集第 42 卷第 166 页）

微软不争议条款案（公取委审判审决平成 20・9・16 审决集第 55 卷第 380 页）

东京都面包协同合作社联合会案（公取委审判审决昭和 38・9・4 审决集第 12 卷第 1 页）

岐阜混凝土协同合作社案（公取委审判审决昭和 50・12・23 审决集第 22 卷第 105 页）

东日本湿毛巾协同合作社案（公取委劝告审决平成 7・4・24 审决集第 42 卷第 119 页）

ASANO 混凝土案（公取委劝告审决昭和 50・1・21 审决集第 21 卷第 329 页）

冈山县南混凝土协同合作社案（公取委劝告审决昭和 56・2・18 审决集第 27 卷第 112 页）

神奈川县混凝土协同合作社案（公取委劝告审决平成 2・2・15 审决集第 36 卷第 44 页）

大分县乳畜业协同合作社案（公取委劝告审决昭和 56・7・7 审决集第 28 卷第 56 页）

全国农业协同合作社联合会案（公取委劝告审决平成 2・2・20 审决集第 36 卷第 53 页）

浜中村主畜农业协同合作社案（公取委劝告审决昭和 32・3・7 审决集第 8 卷第 54 页）

斐川町农业协同合作社案（公取委劝告审决昭和 51・3・29 审决集第 22 卷第 144 页）

山口县经济农业协同合作社联合会案（公取委劝告审决平成 9・8・6 审决集第 44 卷第 248 页）

富山县混凝土协同合作社案（公取委劝告审决昭和 48・3・29 审决集第 19 卷第 192 页）

纲走辖区混凝土制品协同合作社案（公取委排除措施命令平成 27・1・14 审决集第 61 卷第 138 页）

福井县经济农业协同组合联合会案（公取委排除措施命令平成 27・1・16 审决集第 61 卷第 142 页）

大阪刷子工业协同合作社案（公取委审判审决昭和 30・9・20 审决集第 7 卷第 20 页）

八重山地区混凝土协同合作社案（那霸地石垣支判平成 9・5・30 审决集第 45 卷第 495 页、判时第 1644 号第 149 页 [28032824]）

东建设案（最一小判平成 9・9・18 审决集第 44 卷第 746 页 [28140086]）

雪印乳业及农林中金案（公取委审判审决昭和 31・7・28 审决集第 8 卷第 12 页）

资生堂案（公取委同意审决平成 7・11・30 审决集第 42 卷第 97 页）

第 1 次奶粉（和光堂）案（最一小判昭和 50・7・10 民集第 29 卷第 6 号第 888 页，审决集第 22 卷第 173 页 [27000369]）

第 1 次奶粉（明治商事）案（最二小判昭和 50・7・11 民集第 29 卷第 6 号第 951 页、审决集第 22 卷第 198 页 [27000368]）

第 7 章　相关案例

关西国际机场报纸销售案（大阪高裁平成 17・7・5 审决集第 52 卷第 856 页［28151370］）

邮政包裹不正当廉价销售案（东京高判平成 19・11・28 审决集第 54 卷第 699 页、判时第 2034 号第 34 页［28140088］）

软银对 NTT 东西案（东京地判平成 26・6・19 审决集第 61 卷第 234 页、判时第 2232 号第 102 页［28222862］）

日本 TECHNO 案（东京地判平成 16・3・18 审决集第 50 卷第 766 页、判タ第 1155 号第 161 页［28091732］）

东海案（东京高判平成 17・4・27 审决集第 52 卷第 789 页［28221687］）

日本燃气案（东京高判平成 17・5・31 审决集第 52 卷第 818 页［28221690］）

7–11 日本停止请求案（东京地判平成 23・12・22 审决集第 58 卷第 2 分册第 255 页、判タ第 1377 号第 221 页［28180099］），控诉审：东京高判平成 24・6・20 平成 24 年（ネ）第 722 号公刊物未刊登［28212365］）

干冰临时处分案（东京地决平成 23・3・30 公刊物未刊登）

神铁出租车案（大阪高判平成 26・10・31 审决集第 61 卷第 260 页、判タ第 1409 号第 209 页［28224852］）

惠比寿食品企业合作社案（最一小判昭和 47・11・16 民集第 26 卷第 9 号第 1573 页、审决集第 19 卷第 215 页［27000532］）

东京煤油案（最一小判昭和 62・7・2 民集第 41 卷第 5 号第 785 页、审决集第 34 卷第 119 页［27800027］）

鹤冈煤油案（最二小判平成元・12・8 民集第 43 卷第 11 号第 1259 页、审决集第 36 卷第 115 页［27805321］）

三井住友银行利率互换案（东京高判平成 19・11・16 审决集第 54 卷第 725 页［28221697］）

松下电器产业损害赔偿请求案（东京高判昭和 52・9・19 审决集第 24 卷第

313 页、高裁民集第 30 卷第 3 号第 247 页［27486759］）

NIPRO 损害赔偿请求案（东京高判平成 24・12・21 审决集第 59 卷第 2 分册第 256 页［28221704］）

7–11 廉价销售损害赔偿请求案（东京高判平成 25・8・30 审决集第 60 卷第 2 分册第 261 页、判时第 2209 号第 10 页［28212844］）

7–11 廉价销售损害赔偿请求案（东京高判平成 26・5・30 判夕第 1403 号第 299 页［28223895］）

东芝电梯案（大阪高判平成 5・7・30 审决集第 40 卷第 651 页，判夕第 833 号第 62 页［27817181］）

日本游艺枪协同合作社案（东京地裁平成 9・4・9 审决集第 44 卷第 635 页、判夕第 959 号第 115 页［28030441］）

诺薇雅（NOEVIR）化妆品案（东京高判平成 14・12・5 审决集第 49 卷第 788 页、判夕第 1139 号第 154 页［28080506］）

有线 BROAD–NETWORKS 损害赔偿请求案（东京地判平成 20・12・10 审决集第 55 卷第 1029 页、判夕第 1288 号第 112 页［28150156］）

垃圾焚烧炉（多摩新城）损害赔偿请求案（东京高判平成 18・10・19 审决集第 53 卷第 1110 页、东高民时报第 57 卷第 1=12 号第 13 页［28112194］）

第 8 章　相关案例

川崎民商案（最大判昭和 47・11・22 刑集第 26 卷第 9 号第 554 页［21040750］）

森永商事案（公取委审判审决昭和 43・10・11 审决集第 15 卷第 84 页）

邮政编码自动识别机案（平成 16・4・23 审决集第 51 卷第 857 页、高裁民集第 57 卷第 2 号第 6 页［28092284］）

东方白石（ORIENTAL SHIRAISHI）案（东京高判平成 25・5・17 审决集第 60 卷第 2 分册第 2 页、判夕第 1416 号第 78 页［28211700］）

铁屑采购协定延长案（公取委认可申请驳回审决昭和 49・10・9 审决集第 21 卷第 293 号）

出光兴产案（东京高判昭和 50・9・29 审决集第 22 卷第 220 页、行裁例集第 26 卷第 9 号第 1088 页［27200485］）

日本出版协会案（东京高判昭和 28・8・29 高裁民集第 6 卷第 11 号第 667 页［27486730］）

野田酱油审决取消案（公取委审判审决平成 5・6・28 审决集第 40 卷第 241 页）

千叶新闻案（东京高决昭和 30・4・6 审决集第 7 卷第 163 页、高裁民集第 8 卷第 2 号第 177 页［27486733］）

大阪读卖新闻社案（东京高决昭和 30・11・5 判时第 65 号第 3 页［27486735］）

中部读卖新闻社案（东京高决昭和 50・4・30 审决集第 22 卷第 301 页、高裁民集第 28 卷第 2 号第 174 页［27486753］）

保鲜膜价格卡特尔刑事案（东京高判平成 5・5・21 高裁刑集第 46 卷第 2 号第 108 页［27815703］）

标签串通投标刑事案（东京高判平成 5・12・14 高裁刑集第 46 卷第 3 号第 322 页［27817495］）

第 9 章　相关案例

日本音乐著作权协会（JASRAC）案（东京高判平成 25・11・1 审决集第 60 卷第 2 分册第 22 页、判タ第 1413 号第 106 页［28213984］）

果汁标识案（最三小判昭和 53・3・14 民集第 32 卷第 2 号第 221 页［27000252］）

天野制药・NOVO（国际协议）案（东京高判昭和 46・5・19 审决集第 17 卷第 297 号、行裁例集第 22 卷第 5 号第 761 页［27200765］）

邮政编码自动识别机案（最一小判平成 19・4・19 审决集第 54 卷第 657 页、判タ第 1242 号第 114 页［28131083］）

吴市（广岛市教职员合作社）案（最三小判平成 18・2・7 民集第 60 卷第 2 号第 401 页［28110353］）

蓝色 LED 案（大阪地决平成 20・12・25 判タ第 1287 号第 220 页［28150316］）

液晶显示器案（最三小决平成 21・1・27 民集第 63 卷第 1 号第 271 页［28150209］）

第 10 章（略）

第 11 章　相关案例

第 1 次东京都水表串通投标刑事案上告审（最二小决平成 12・9・25 刑集第 54 卷第 7 号第 689 页［28055326］）

防卫厅石油制品串通投标刑事案（最二小决平成 17・11・21 刑集第 59 卷第 9 号第 1597 页［28105476］）

第 1 次东京都水表串通投标刑事案（东京高判平成 9・12・24 高裁刑集第 50 卷第 3 号第 181 页［28035051］）

下水道业务团体串通投标刑事案（东京高判平成 8・5・31 高裁刑集第 49 卷第 2 号第 320 页［28015160］）

防卫厅石油制品串通投标刑事案（东京高判平成 16・3・24 判タ第 1180 号第 136 页［28095470］）

日本道路公团钢桥串通投标刑事案（东京高判平成 19・9・21 审决集第 54 卷第 773 页［28135442］）

石油联盟生产调整刑事案（东京高判昭和 55・9・26 高裁刑集第 33 卷第 5 号第 359 页［27486275］）

日本道路公团钢桥串通投标刑事案（东京高判平成 19・12・7 判タ第 1259 号第 142 页［28145191］）

保鲜膜价格卡特尔刑事案件（东京高判平成 5・5・21 高裁刑集第 46 卷第 2 号第 108 页［27815703］）

球墨铸铁管份额协定案（东京高判平成 12・2・23 审决集第 46 卷第 733 页［28075052］）

三爱土地案（东京高判昭和 46・1・29 刑裁月报第 3 卷第 1 号第 20 页［27486249］）

环氧树脂案（东京地判昭和 53・7・28 刑裁月报第 10 卷第 6=8 号第 1162 页

［27486761］）

森永商事案（公取委审判审决昭和43・10・11审决集第15卷第84页）

石油价格协定行政罚款案（东京高决昭和51・6・24高裁刑集第29卷第2号第79页［27486755］）

石油价格协定行政罚款案（最二小决昭和52・4・13金融高事第548号第40页［27486757］）

BEAMS违反排除措施命令案（最一小判平成20・3・6判夕第1267号第172页［28140649］）

每日新闻举母专卖所违反紧急停止命令案（东京高决昭和30・10・12审决集第9卷第147页［28222155］）

后　记

日本作为亚洲第一个制定并实施竞争法律的国家，其《反垄断法》的实施经验和制度设计一直受到我国的关注。应当说，日本《反垄断法》至今 118 个条文的形成，展现了日本自 1947 年《反垄断法》制定以来的社会经济发展、立法沉浮变化的全过程。经过七十多年的发展，日本对于《反垄断法》从被动接受到主动实施，从排斥竞争到强化反垄断，目前已经形成了一个兼容并包、西体“日”用的相对成熟的法律体系。而随着近年来社会经济发展格局的加速变化以及第四次工业革命的冲击，与其他国家一样，日本的《反垄断法》也开始面临日益严峻的挑战。作为应对，日本近年来进行了数次《反垄断法》的修订，先后废止审判制度、引入承诺机制和协助调查减免制度、加大对数字领域的反垄断监管等。可以说，日本反垄断相关法律法规的制定与实施，作为亚洲国家中的典型，对我国《反垄断法》的发展具有很好的借鉴意义。

本书的日文版《反垄断法及分包法》（第一法规出版社 2019 年版）是由在日本公平交易委员会拥有三十多年丰富执法工作经验、耄耋之年依旧作为学者和律师奋战在竞争法研究第一线、也是我学术和人生导师的铃木满先生作为主编，由神奈川县律师协会反垄断法研究会共计 14 位日本竞争法领域的资深专家及律师共同编著完成的。在内容上，该书不仅逐条对日本《反垄断法》的条文要点进行了解说，还逐条对条文相关的典型案例进行了整理并对条文中重要概念及构成要件在具体案例中的判断标准进行了详细分析，可谓“张本继末、达地知根”。

此次，本人在万分荣幸之下获得日本神奈川县律师协会反垄断法研究会的信赖和日本第一法规出版社的授权，将该著作中《反垄断法》的部分翻译成中文并最终形成本书。在内容上，本书保留了原著的架构以及“案例分析”“专栏”等特色栏目，并另行附上最新的日本《反垄断法》中文译稿以及各章的相关案例一览（部分），以供读者查阅和比照。而由于在本书日文原著发行问世后，日本对《反垄断法》的部分内容作出了修订，本书也在征得执笔人的同意后依据修订内容对原书中的部分内容进行了相应的调整。限于原著，尽管本书未能对日本《反垄断法》新增的调查合作制度、承诺机制等问题展开讨论，但还是希望读者能够通过本书更全面地了解日本《反垄断法》立法、修法的历史演变以及在行政、民事以及刑事上的反垄断实践经验，并期从实体、程序、行政和司法多个角度为我国《反垄断法》的完善提供借鉴。

本书的出版获得了华东政法大学以及华东政法大学经济法学院的资助，谨在此表示由衷的感谢。同时，向对本书的出版予以莫大支持的神奈川县律师协会反垄断法研究会的铃木满老师、清水规广老师、池田阳子老师、畑中隆而老师、苑田浩之老师、中道徹老师、村濑景子老师、田中康晃老师、田锅智之老师、芦田一宪老师、星原正明老师、岛津圭吾老师、根本雄司老师、加藤正太老师，向日本第一法规出版社编辑芝田敏昭老师，向法律出版社的田浩老师以及其他为本书编辑出版付出辛勤劳动的老师们表示诚挚的谢意。当然，本书得以顺利出版，也离不开亦师亦友的同事们的支持，更离不开家中伟大母亲的“挺身而出”以及“云配偶”宋先生的精神鼓励，在此也予以叩谢。

限于能力，本书翻译未当之处也诚挚地欢迎读者批评指正。

陈肖盈

2021年3月

图书在版编目(CIP)数据

日本反垄断法详解:逐条解说及案例百选 / 日本神奈川县律师协会反垄断法研究会编著;陈肖盈译. -- 北京:法律出版社,2022
ISBN 978-7-5197-6213-1

Ⅰ.①日… Ⅱ.①日… ②陈… Ⅲ.①反垄断法-案例-日本 Ⅳ.①D931.322.94

中国版本图书馆 CIP 数据核字(2021)第 234974 号

日本反垄断法详解
——逐条解说及案例百选
RIBEN FANLONGDUANFA XIANGJIE
—ZHUTIAO JIESHUO JI ANLI BAIXUAN

日本神奈川县律师协会反垄断法研究会 编著
陈肖盈 译

责任编辑 薛 晗 田 浩
装帧设计 鲍龙卉

出版发行 法律出版社
编辑统筹 法商出版分社
责任校对 王 丰
责任印制 胡晓雅
经　　销 新华书店

开本 710 毫米×1000 毫米 1/16
印张 42.5 **字数** 622 千
版本 2022 年 4 月第 1 版
印次 2022 年 4 月第 1 次印刷
印刷 固安华明印业有限公司

地址:北京市丰台区莲花池西里 7 号(100073)
网址:www.lawpress.com.cn
投稿邮箱:info@lawpress.com.cn
举报盗版邮箱:jbwq@lawpress.com.cn

销售电话:010-83938349
客服电话:010-83938350
咨询电话:010-63939796

书号:ISBN 978-7-5197-6213-1
定价:158.00 元
凡购买本社图书,如有印装错误,我社负责退换。电话:010-83938349